제4판

스토리 창업경영

유성은

pnc
publishing and culture
피앤씨미디어

머리말

지속적인 코로나19와 저성장경제로 2021년 20대 임금 근로자 40%가 비정규직이나 시간제 아르바이트에 머물다 보니 그냥 쉬는 청년이 늘고 있다. 통계청이 2021년 9월 발표한 경제활동인구 조사에 따르면 2021년 10월 전일제(주 36시간 이상 근무) 취업자 수는 1,652만6,000명으로, 2020년 10월 대비 444만 명(−21.2%) 급감했고, 주 36시간 미만 취업자는 1,084만 명으로, 521만4,000명(92.7%) 급증했다. 청년실업률이 높아지자 일자리 찾기에 지친 청년들이 최근 창업에 눈을 돌리면서 스타트업 열풍이 살아나는 현상을 다행이라고 해야 할까. 지금 우리 경제회복에 가장 시급한 과제는 일자리 만들기이고, 그 절대적 역할은 창업기업이 담당하며, 창업은 우리 주변에서 불편한 문제를 발견·해결하려는 도전정신이 있는 청년이라면 누구나 도전할 수 있는 성취감이 기대되는 두렵지만 흥미로운 도전과제다.

창업의 주인공인 창업가(entrepreneurs)들은 평소 익숙함을 포기하고 위험을 감수하면서 새로운 변화에 뛰어드는 용맹한 개척자들로 일자리를 만들고 경제의 활력을 높이며 기존의 패러다임(paradigm)을 바꿀 게임 체인저(game changer)들이다. 더구나 지금은 끊임없이 새로운 변화를 시도해야만 살아남을 수 있는 시대이지만 청년들 대부분이 도전을 꺼리는 이유는 현장경험 부족으로 위험(risk)을 극복하기 두려운 데다 창업에서 실패하면 실패했다는 낙인과 함께 겪게 될 경제적 고통이라는 공포 때문인 듯하다.

하지만 최근 재산 절반을 사회에 환원하겠다고 선언해 화제가 된 김범수 카카오 의장은 32세에 '한게임'을 창업했고, 한게임 매각 후에는 메신저 '카카오톡'을 개발해 시가총액 40조원이 넘는 대기업 카카오(Kakao)를 만들었다. 또 이해진 네이버 전 대표도 30세였던 1997년에 삼성SDS 사내벤처로 출발한 네이버(naver)를 시가총액 60조원이 넘는 국내 최대의 인터넷 포털 기업으로 성장시켰다. 또 2020년 20대 창업기업도 17만5,000개로 역대 최대였고 2020년 포브스

선정 아시아 글로벌리더에 우리 청년 스타트업 대표가 21명 포함됐다. 그들처럼 우리도 변화창조자로서 창업역량과 통찰력 및 도전 의지를 갖고 도전한다면 삶의 주체로서 비전실현의 주인공이 될 수 있을 뿐 아니라 국가 경제가 부활할 수 있는 밑거름이 될 수 있을 것이다.

빛의 속도로 급변하는 세상에서 정체는 곧 퇴보를 의미한다. 미국의 교육학자 존 셰드(John A. Shedd)의 "항구에 정박해 있는 배는 안전하다. 그러나 배는 항구에 묶어 두려고 만든 것이 아니다"라는 말처럼 청년의 가슴을 뛰게 할 설렘이 꼭 필요하다. 도전에는 항상 위험이 동반하지만 그렇다고 미래를 꿈꾸지 않아 가고 싶은 복표를 선정하지 못한 채 방향을 잃고 그냥 걷는 사람은 어리석다. 또 아직 덜 영근 청년들이 가치와 성장을 시도하는 가운데 실수나 시행착오를 겪는 것은 부끄러울 일이 아님에도 스스로 선택하지 않고 우물쭈물하거나 편안한 삶에 안주한다면 결과는 남이 짜놓은 프레임대로 살거나 목적 없이 떠돌다 인생을 탕진하게 될 것이다. 반면 고난을 감수하더라도 역동적 변화와 순간순간 이어지는 자신의 선택을 기반으로 도전한다면 스스로의 삶을 개척할 온전한 주체로써 비전을 실현하게 될 것이다.

이 책은 새로운 패러다임을 짜려는 창업자에게 필수역량인 창업 마인드나 창업 기술(skill)을 습득할 수 있도록 스토리 형식으로 정리함으로써 경험이 부족한 청년들이 창업가의 역량을 체득하도록 할 뿐 아니라 게임 체인저(game changer)의 역량을 갖추도록 응원하기 위해 집필하였다. 이 책의 출판을 허락해 주신 피앤씨미디어의 박노일 대표님, 그리고 독자들과 더 효과적이고 효율적인 커뮤니케이션을 위해 애쓰신 심성보 이사님께도 감사드린다.

충절공가(忠節公家)에서 **수공**(修空) **유 성 은**

차례

Chapter 1

창업환경과 창업의 이해

Chapter 1

1

세상의 변화와 창업(start-up) 시장

1) 사회변화와 창업의 기회

자동차가 개발된 19세기 중반까지 마차는 시간당 4마일(약 6.4Km)로 달렸으나 오늘날 자동차의 시속은 100km가 넘고, 테슬라의 신개념 고속철도(하이퍼루프)는 시속 1,300km(마하 1.06)로 달릴 수 있어 서울과 부산 간(441km)을 20분 만에 주파할 수 있다니 우리 삶의 속도마저 음속(speed of sound)으로 변하는 듯하다.

2016년 1월에 열린 세계경제포럼(WEF: World Economic Forum, Davos Forum)에서 소개한 제4차 산업혁명은 제3차 산업혁명을 기반으로 한 디지털 기술과 기존 제조업과의 융합혁명을 통한 새로운 창조가 전개될 것이다. 4차 산업혁명의 특징은 인공지능(AI), 3D프린팅, 사물인터넷(IoT), 클라우드(Cloud), 빅데이터(BigData), 모바일(Mobile), BT(바이오테크놀로지) 등의 융합으로 탄생할 새로운 세상이다. 특히 4차 산업혁명을 주도할 미래유망기술로 공감대가 형성된 '인공지능(AI, Artificial Intelligence)'분야는 인간의 두뇌작용을 컴퓨터 혹은 기계가 스스로 추론·학습·판단하면서 행동하는 시스템이다. IBM 인공지능 왓슨(Watson)은 수천 개의 환자 유전자 특성과 2,000만 개 논문을 비교 분석하여, 희귀한 유형의 병명(정답)을 내놓을 뿐 아니라, 인공지능 의사(AI doctor)의 수술 성공률도 탁월하고 암진단도 2배 이상 정확하다.

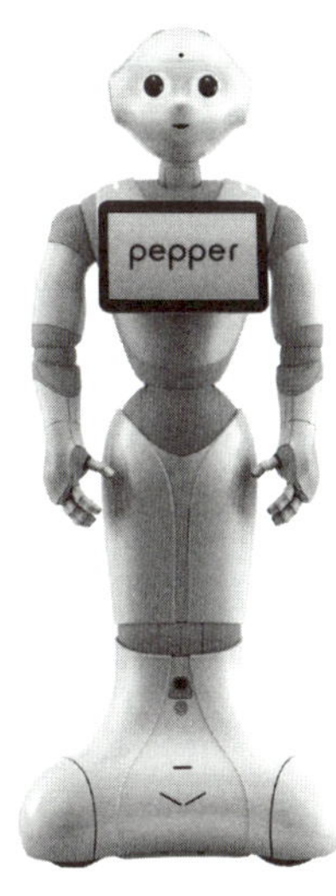

또 일본 2015년 소프트뱅크(SoftBank)가 개발한 휴머노이드 로봇「페퍼(pepper)」는 사람의 표정이나 목소리를 분석해 감정 상태를 추정하는 인공지능을 탑재하여 인간과 교감하고 커뮤니케이션도 가능한 꿈같은 현실세계를 실현하였다.

카이스트 나와 돼지고기 파는 청년 '정육각' 김재연 대표

한국과학영재학교를 나와 카이스트에서 응용수학을 전공했고 미국국무성 장학생에 선발되었고 미국유학을 8개월 앞둔 2015년말 돌연 '초신선' 콘셉트를 내세운 돼지고기 온라인몰을 창업했다. 도축 후 1~4일 이내의 초신선 돼지고기를 판매하는 온라인몰 '정육각'의 김재연(26) 대표는 벤처캐피탈(캡스톤파트너스)에서 4억원을 투자받아 대전에 공장을 세웠고, 이젠 자사 온라인몰에 입점하라는 대기업 요청이 줄을 잇고, 원하는 사료로 돼지를 키워주는 지정 농장까지 생겼다.

수학전공자가 축산업을 택한 이유는

"돼지고기를 정말 좋아한다. 초등학교 2,3학년 때부터 혼자 삼겹살을 구워먹었다. 대학 땐 친구 집에 삼겹살을 사갔는데 그집 강아지가 내가 사간 삼겹살만 먹고 원래 친구네 집에 있던 삼겹살은 안 먹어서 어라, 왜지? 안심장보기앱으로 확인하니 내가 사간 건 도축한 지 20일 된 거였고 친구집에 있던 건 100일도 더 된 냉동고기였다. 강아지가 알아챌 정도면 사람도 알 수 있겠다는 생각에 무작정 도축장을 검색해 찾아갔다. 돼지 삼겹살 20kg짜리 한 박스를 사다가 같은 아파트에 사는 이웃과 친구들에게 나눠줬다. 그때부터 다들 나만 보면 고기 어디서 사냐, 팔아볼 생각 없느냐고 물어서 유학가기 전 재미 삼아 잠시 해보자는 생각으로 시작했다."

기존 돼지고기 유통과 어떤 차이가 있나

"대형마트 냉장육은 진공포장 상태로 7~45일 동안 유통·판매된다. 우리는 도축 후 1~4일내 고기를 판다. 돼지는 도축한 후 피를 빼고 스팀으로 소독해 발골작업을 하는데 이 과정이 1~2일 정도 걸린다. 이후 3일 정도 영하 4~0도에서 비계를 굳히는 과정을 없애 우리 고기는 매끄럽지 않고 울퉁불퉁하다. 유통 단계도 줄였다. 보통 돼지고기는 원가가 한 달에 30% 오르내릴 만큼 들쭉날쭉하다. 이 때문에 일반 업자들은 30% 내려갔을 때 매입해두는 데 우리는 고객이 주문하면 그날그날 매입해 판매

한다. 또 일반적으로 서너 명의 중도매상이 끼는데 난 이 과정에서 가격이 높아지고 신선도가 떨어진다고 판단해 농장과 직거래해 소비자에게 바로 판매한다."

비쌀 때 사서 팔면 이윤이 적게 남을텐데

"공장 자동화 시스템으로 인건비를 낮췄다. 보통 정육업체의 인건비가 매출의 30% 수준이라면 우리는 자동화시스템으로 10%까지 낮췄다. 대학에서 응용수학 공부하며 소프트웨어 개발 전산이랑 연관돼 있어 그때 배운 코딩으로 소프트웨어를 개발했다. 실시간으로 고객이 주문한 데이터가 공장으로 가니 바로 대응 생산할 수 있다. 안드로이드 휴대폰 하나로 공장 시스템이 다 돌아간다. 예를 들어 대량 주문이 추가로 들어와 휴대전화로 입력하면 공장의 작업 순서가 바뀌어 대량 주문부터 출고할 수 있다. 앞으로는 작업하는 모든 고기 사진을 찍어 자동으로 출력해 고객들이 고기를 받기 전에 볼 수 있도록 할 것이다. 그렇게 하면 고기 사진을 보고 비계 부분이 많아 교체해달라고 하면 발송 전에 교체할 수 있다."

– 중앙일보, 2017.4.9.

과거 치킨로봇, 커피로봇, 헬스로봇, 방역로봇, 배달로봇 등 공장에서나 볼 수 있었던 로봇들이 일상을 빠르게 파고들면서 가사, 헬스케어, 반려로봇, 교육문화 등, * 개인서비스로봇과 의료, 건설, 농업, 해양, 물류, 사회 안전, 극한 작업, 군 등, * 전문 서비스로봇을 포함한 국내 로봇 시장규모는 2020년 기준 5조 8천억원 수준이고, 세계 로봇시장은 2019년 기준 310억 달러(약 37조원)에서 2024년 1천 220억 달러(약 146조원)로 성장할 전망이다. 이처럼 초스피드로 변화하는 세상을 선도해야 할 창업자가 위험과 기회를 품은 세상 변화에 관심을 집중해야 하는 이유는 다양한 변화 속에 새로운 기회와 위협요소가 동전의 양면처럼 담겨 있고, 그 기회(chance, opportunity)가 사업의 씨앗이 되기 때문이다.

변화의 선두주자인 구글의 인공지능 바둑 소프트웨어 알파고(AlphaGo)는 2016년 세계 정상권 바둑기사들을 대상으로 60연승을 기록하면서 인공지능 이슈를 선점했다. 엔비디아·인텔 등의 인공지능 주행 소프트웨어는 무인차의 상용화를 앞당기고 있으며, 물류와 농업, 의료, 환경보호 등 그 영역을 넓히던 드론

(Drone)을 아마존(Amazon)이 이용해 상품을 배달하기 시작하였다. 또 자율주행 무인택시의 상용화는 독일의 에어택시(air taxi) 스타트업 릴리움(Lilium)이 2019년 수직 이착륙이 가능한 비행체를 공개했고, 2020년 10월 미국 애리조나주에서 라이더 온리(rider only) 웨이모(Waymo) 서비스를 선보였으며, 2021년 5월 바이두(Baidu, 百度)가 베이징에서 무인(無人) 로보택시(robotaxi) 서비스를 개시했다. 우리나라에서도 한화시스템과 에어택시 기체(모델명 버터플라이)를 공동개발 중인 미국 오버에어(Overair, Inc.)는 2025년 에어택시 서비스 시범 운영에 들어갈 예정이다. 포르쉐컨설팅은 2035년에 에어택시 2만3,000개의 기체가 전 세계 도심의 하늘을 날아다닐 것으로 예상했다.

또 민간인 '최초' 우주여행 타이틀을 놓고 경쟁하던 글로벌기업들 가운데 영국의 억만장자 버진그룹 리처드 브랜슨(Richard Branson) 회장이 2021년 7월 11일 우주 비행선 버진 갤럭틱에 탑승해 우주 상업비행의 테이프를 끊었고, 며칠 뒤 아마존 CEO인 제프 베이조스(Jeff Bezos)가 자신이 설립한 '블루 오리진'의 우주선을 타고 우주여행에 성공했으며, 2개월 후 9월 18일 테슬라 CEO인 일론 머스크(Elon Musk)가 세운 스페이스X는 민간인 4명을 태우고 사흘간 지구 주위를 돈 뒤에 돌아오면서 우주여행 시대를 열고 있다.

2) 너무나 두려운 청년창업

일자리 찾기 무한경쟁 사회에서 취업준비생들은 전공학점과 봉사실적을 관리하며 어학인증과 각종 자격증을 따고도 일자리를 찾지 못해 미래의 꿈을 빼앗기고, 무한경쟁에 처한 청년들이 인간적 감정까지 박탈당하고 청년들은 공포에 사로잡히는 요즘 대학 졸업을 앞둔 졸업반 학생들이 조심스럽게 취업문을 두드려 보지만 취업이 녹록하지 않다. 다양한 경험과 참신하고 적극적인 인재를 요구하는 채용문화의 변화를 따라가는 것도 숨이 찰 지경이다. 한국언론진흥재단 미디어연구센터가 2015년 11월 전국 고등학생과 학부모 1,011명을 대

초·중·고 학생 희망직업은?

2019년 6~7월 초·중·고 1,200개교 학생 2만4,783명 대상 조사(초6: 7,501명, 중3: 8,917명, 고2: 8,365명)

	초등학생	중학생	고등학생
1위	운동선수	교사	교사
2위	교사	의사	경찰관
3위	크리에이터*	경찰관	간호사
4위	의사	운동선수	컴퓨터공학자/소프트웨어 개발자
5위	조리사(요리사)	뷰티디자이너	군인

* 유튜버·스트리머 등
자료: 교육부, 한국직업능력개발원

상으로 진행한 온라인 설문조사에 따르면, 고등학생과 학부모가 선호하는 직업 1위는 공무원(17.5%)이었다. 이어 공학기술자(9.5%), 교사(9.3%), 회사원(5.6%), 의사(5.1%) 등이 상위를 차지했다. 이 다섯 가지 안정적인 직업의 응답 비율이 47.0%로 전체의 절반에 이르고 있다. 또 교육부와 한국직업능력개발원이 '2019년 초·중등 진로교육 현황조사' 결과를 발표했다(2019.12.10). 2019년 초·중·고 1,200곳의 학생 2만 4,783명을 대상으로 온라인 조사결과 올해 초등학생의 1~3위 희망직업은 운동선수(11.6%)·교사(6.9%)·크리에이터(5.7%)였고, 중학생에서 희망직업 1~3위는 교사(10.9%)·의사(4.9%)·경찰관(4.9%)이었으며, 고등학생에게서 희망직업 1~3위는 교사(7.4%)·경찰관(3.8%)·간호사(3.7%)로 나타났다. 군인은 각 7위와 5위, 공무원은 8위와 9위를 차지하는 등 안정적이고 전문성 있는 직업의 선호도가 상위를 차지했다.

사실 우리 청년들이 창업을 회피하는 데는 그럴 만한 이유가 있다. 학생들은 유치원부터 고등학교 때까지 좋은 대학에 진학하는 것을 인생 최고의 목표로 강요받았고 오로지 1등을 목표로 경쟁만 생각했기 때문이다. 우리 사회는 언제나 독창성보다 정답을, 과정보다 결과를 우선으로 생각했고 성공만을 전부로 취급했다. 실패와 도전을 용인하지 않는 환경에서 창업이 활성화될 수 없다. 한국은 실패에 대한 부담(38%)을 주요 창업 장애 요인으로 꼽는 데 비해 중국의 경우 17.8%만 실패를 우려하는 것으로 분석된 것을 보더라도 우리 학생들이 실패의 두려움을 너무 크게 느낀다는 것을 알 수 있다. 안정적 직장 선호 분위기와 맞물려 창업생태계 구축이 미흡한 점도 이 같은 현상을 부추기는 요인이다. 창

서른 살 빵집 사장의 망상 노트

공부도 싫고 학교도 싫었던 아이가 청년이 되면서 '망상'을 '현실'로 만들어가는 이야기를 담은 책 「서른 살 빵집 사장의 망상 노트」가 출간됐다. 책 저자 홍준석 씨는 청년들이 보기 어려운 전통시장(하남 석바대시장) 한복판에 '힙한' 빵가게를 오픈한 청년사장이다. 변화를 두려워하던 소년은 고등학교에 가기 싫어 자퇴를 생각할 정도로 남들 다 가는 길이 싫었고 공부도 하지 않았다. 하지만 청년이 된 후 자신이 빵을 좋아한다는 것을 알게 됐고 줄곧 빵과 인생을 같이 하게 됐다. 대기업 계열 베이커리에서 시작해 개인제과점, 카페 등에 취업해서 현장을 경험했다. 돈을 벌기 위한 것뿐 아니라 좋아하는 빵을 최고로 잘 만들고 싶었기 때문이다. 이후 유튜브와 인스타그램 등 SNS를 통해 빵에 관한 정보를 찾고 실습하고 실패하면 또 하고, 좌절의 순간에도 끈기 있게 도전에 도전을 거듭했다.

자신감이 붙은 청년은 부모님 반대를 무릅쓰고 하남시 청년창업 지원사업으로 창업했지만 사업은 만만한 게 아니었고 순탄하지 않았다. 매출은 점차 떨어졌지만 어떻게 더 맛있는 빵을 만들 수 있을까 고민하며 성실히 빵을 만들고 꾸준히 홍보했다. 어느덧 손님들이 줄을 서기 시작했고 창업 1년 만에 '매일 품절' 빵집으로 거듭났다. 이제 갓 서른이 된 저자는 매출은 언제 떨어질지 모르고 경재업체들은 점점 더 많아질 것이므로 현재 상황을 '성공'이 아니라 '생존'이라고 평가했다. 청년 사장은 앞으로 매장을 확장해 더 많은 직원을 쓰고 싶고 자신이 받아보지 못해서 아쉬웠던 직원 복지도 실현하고 싶고 빵을 좋아하는 빵에 미친놈들이 미칠 수 있는 공간을 만들고자 한다고 했다. 이루지 못하면 망상이지만 이루면 망상이 아니다. 청년은 오늘도 망상을 현실로 만들기 위해 매일 맛 있을 빵을 만들고 있다 홍준석의 글은 더하고 뺄 것이 없을 정도로 간결하고 애써 미화하려 하지 않고 빵과 함께 한 자신의 인생을 들려준다. 이 책은 변화가 두려웠던 꼬마에서 방황하는 소년기를 거치며 자기가 좋아하는 일을 하고야 마는 청년의 이야기로 창업을 꿈꾸는 청년들, 앞에 닥친 현실이 두렵고 막막한 청년들과 부모들이 주목할 만하다. 현실이 두렵고 막막한 소년에서 자존감을 가지고 좋아하는 일을 하는 청년으로 성장하기란 쉬운 일이 아니지만 불가능한 일이 아니란 사실을 담담하게 들려준다.

조적 파괴를 선도하는 혁신적이고 창의적인 기업가정신이 한 사회 경제적 활력의 중요한 원천이자 경제발전의 원동력이므로 기업가정신을 살리지 못하면 우리의 미래경제는 어두울 수밖에 없다. 또 창업자는 남을 따라 하기보다 꼭 하고 싶은 일을 찾아야 하므로 청년들에게 창업을 권하면서도 실패하면 실패자로 낙인찍지 말고 어떤 분야에서든 도전하고 시도할 수 있는 사회적 분위기를 조성하는 것이 중요하다. 그러나 미국의 크리스 크로퍼드(Chris Crawford) 교수는 "한국에서 만난 청년들은 실패에 대한 불안감을 갖고 있었고 좋은 대학에 가야 한다는 압박감을 느끼고 있었다. 그래서 (대기업에 입사하거나 공무원이 되는 것보다) 창업하는 것을 부끄러워하고 두려워했다"라며 실패를 두려워하는 한국의 안정 지향적 문화를 지적한 바 있다.

취업으로 방향을 선택한 수많은 청년들이 졸업장을 쥐고도 변변한 일자리를 구하지 못해 발을 동동 구르는 것이 오늘날 우리 사회의 현실이다. 2020년 2월 23일 국회예산정책처의 '청년고용 현황의 국제비교 및 시사점' 자료에 따르면, 최근 5년간 15~29세 청년고용률은 2015년 41.2%에서 2019년 43.5%로 상승했고, 청년실업률은 같은 기간 9.1%에서 8.9%로 하락했다. 취업하기 너무 어려운 환경에서 떠밀린 청년창업으로는 '혁신'과 '일자리 창출' 모두를 기대하기 힘겨울 뿐 아니라 청년들이 의욕만 갖고 뛰어들기에는 감당하기 힘들 만큼 해결해야 할 장벽도 너무 높다. 어렵게 도전한 청년창업 과정에서 얻을 수 있는 것으로 금전(money)도 중요하지만 큰 성공은 아니더라도 생존하기 위하여 온갖 시련을 극복하는 도전정신과 아이디어가 열매를 맺는 과정에서 얻는 경험이 더 중요하다는 것이 전문가들의 공통된 의견이다. 그러나 사실 현대 사회는 청년들에게 심한 정신적 폭력을 가해지고 있다. 과거 70~80년대 당시에는 젊음이 곧 무기였고 성실히 일하면 결혼도 육아도 내 집 장만도 할 수 있었기 때문에 젊음과 성실함으로 안정된 생활을 할 수 있었다. 하지만 저성장 시대로 접어들며 전셋값은 폭등했고 물가는 치솟는데 일자리는 줄어드는 데다 '적당한 나이'에 취업을 하지 못한 청년들은 당장 길을 잃고 만다. 창업으로 눈을 돌려도 마찬가지다. 가진 것이라곤 젊음과 아이디어뿐인 청년들은 비싼 임대료와 인테리어비용 등의 초기 비용을 감당할 능력이 없다. 그래서 언젠가부터 우리 청년들이 꿈을 잃어가고 있다. 우리 사회는 실패한 사람에게 관대하지 못하다. 실패를 통해 얻은 소중한 경험은 실패와 함께 사라지고 금전적인, 정신적인 피해도 크다. 따라서 청년들이 실패를 두려워하지 않는 환경을 만드는 것이 중요하다. 청년들의 한숨과 자포자기 그리고 체념이 늘어갈수록 사회의 생산성과 활기가 떨어지기 마련이다. 이러한 악순환의 고리를 끊기 위해서는 우선 취업에 대한 불안이 해소되고 그들이 실패했을 때 재도약을 지원하는 사회 제도가 마련되어야 한다. 그래서 한국에서는 새 정부가 들어설 때마다 핵심주제로 늘 혁신(innovation)을 강조해왔고, 2019년 기준 '글로벌 혁신지수'에서 세계 11위를 기록했지만, 문제는 국내에서 혁신의 원동력인 창업(startup)이 대체로 관심과 열정보다 생계형으로 이뤄진다는 점이다. 경제협력개발기구(OECD) 통계(2018년 기준)에서도 '관심과 열정에 의해 창업을 선택한 비율'이 가장 높은 나라는 이스라엘이었고, 한국은 OECD 회원국 중 가장 낮은 것으로 나타났다. 오직 생계를 위해 창업에 뛰어든 사람은 자신의 흥미나 열정에 따라 그에 맞는 사업을 시작할 가능성이 낮고 기업가정신을 발휘하기가 어렵기 때문에 창업의 수준과 성공률을 높이려면 관심과 열정에 따라 창업을 선택하도록 하는 기회형 창업 중심의 제도적 뒷받침이 시급하다.

2

창업의 본질과 매력(魅力)

1) 창업의 본질

창업(創業)이란 창업가가 새로운 사업을 시작하거나 타인의 사업을 인수(Buy-out)하여 영리를 목적으로 사업(business)을 시작하는 일이다. 창업의 본질은 업(業)을 만드는 것으로, 세상에 없던 가치를 창출하여 꿈을 실현하는 기회이고, 독립적으로 일하는 기쁨과 만족을 느낄 수 있는 매력적인 과정이다. 창업은 목표로 하는 사업의 상품이나 서비스를 생산·판매하는 시스템을 만들어 사업기회를 포착 후 사업목표를 정하고, 자본, 노동력, 설비를 확보하여 사업을 시작하여 상품 및 서비스를 생산·판매하는 과정이다.

스타트업(startup)은 현재의 시장·사회에서 해결되지 못한 고객 문제를 찾아 이를 혁신적으로 해결하여 새로운 사업기회를 창출하는 기업이고, 스타트업 창업자는 단지 돈을 벌려는 행위가 아닌 문제를 해결하여 사회의 구조를 혁신적으로 변화시키는 역할을 하는 도전자들이라 할 수 있다. 새로이 시작한다는 새싹기업이라는 기준으로 보면 스타트업은 기존기업보다 더 불확실한 사업 환경 속에서, 사업경험과 경영능력이 부족한 소수(少數)가 모여, 부족한 자원으로 새로운 시장에서 큰 기회를 추구하는 조직이다. 밥슨 칼리지(Babson college)의 윌리암 바이그레이브(William Bygrave)는 창업이란 "창업가가 가장 효과적으로 기회를 발견하는 것이고, 사업을 시작하면서 위험을 감수하는 것은 두려운 일이지만 스릴넘치는 일"이라고 설명했다. 창업한다는 것은 투자와 경쟁이 수반되므로 늘 불안이나 위험과 마주하게 되는데 자신에게 부딪치는 위기상황은 위험이 되기도 하고, 때로 기회로 작용하기도 한다. 창업하는 과정에서 환경의 변화를 예측하고 이에 적절히 대처한다면 기회가 되겠지만 예상하지 못한 채 변화를 맞게 되면 위험이 되는데 이때 실패를 두려워하여 포기하면 아무것도 할 수 없다. 또 창업의 본질은 고객들의 미래 트렌드(future trends)를 정확히 예측해 시대를 선도하는 제품을 내놓을 수 있는 안목과 능력을 갖춰야 한다. 소비자는 자신의 편리함이나 즐거움을 기대하면서 구매선택을 하므로 창업기업은 고객의 행복(가치)을 제공할 수 있을 때 생존을 보장받고 성장할 수 있다. 따라서 기존제품 및 서비스로부터 고객이 충족되지 못한 필요(needs)와 욕구(wants)를 찾아낼 수 있는 구체적인 솔루션이 명확해야 한다. 또 시장의 반응이 불확실한 상황에서 위험에 도전하는 예비창업자가 검토할 사항은 ① 비즈니스의 새로운 목표를 추구하기 위하여 우리의 어떤 사업을 할 것인가? ② 우리의 고객은 누구인가? ③ 우리의 소비자는 무엇을 가치 있다고 여기는가? ④ 우리의 소비자는 왜 이것을 원하는가? ⑤ 경쟁사와 비교하여 우리의 장점은 무엇인가? 등이다.

> "정확한 미래 전망보다 변화의 흐름을 가장 빨리 읽는 경영자가 되라. 변화에 대응할 수 있는 적응력이 경쟁력의 핵심이다."
>
> – 잭 웰치(Jack Welch), 전 GE 회장

창업을 위하여 검토해 보아야 할 핵심사항들

① 사업기회는 적기에 포착되었는가?
② 최적 아이템을 선정하였는가?
③ 분수에 맞는 사업 규모의 결정과 사업자금의 조달은?
④ 철저한 사업타당성 분석을 하였는가?
⑤ 체계적인 사업계획서를 작성하였는가?
⑥ 기업가로서의 자질개발은 충분한가?
⑦ 블루슈머(bluesumer)의 전략은 수립되었는가?

2) 창업의 매력과 창업에 도전하는 명쾌한 이유

많은 사람이 창업을 꿈꾸지만, 창업자들에게 무엇보다 중요한 것은 내가 왜 창업을 해야 하는가를 정확히 설정하는 것이다. 예비창업자에게 "왜 창업을 하려고 하는가?"라고 질문했을 때 "다른 사람들의 성공이 부러워서", "돈을 많이 벌기 위해서"라는 이유보다 '창업을 하려는 명쾌한 이유'에 대하여 스스로 분명하게 대답할 수 있어야 한다. 그 이유가 명쾌해야 하는 이유는 조만간 사업을 중단해야 할 수많은 이유가 생길 것이기 때문이다. 당장 죽을 수도 있다는 절박함으로 도전하는 창업가들은 지금까지 없었던 새로운 것을 창조하며 세상을 바꿔나갈 비전을 담아야 하기 때문에 창업에 대한 갈증이나 가슴 속에 끓어 오르는 동인(動因)이 필요하다. 아마존의 창업자 제프 베조스(Jeff Bezos)는 "내가 80살이 되었을 때 아마존을 만들려고 시도했던 것을 후회하지 않을 것이다"라며 "후회 최소화"라는 기준으로 판단했다고 했고, 한게임과 카카오를 만든 김범수 의장은 "성공이란, 행복이란 도전하는 과정이다"라고 설명했다. 이처럼 위대한 창업자들의 창업 이야기 속에 '돈·성공·명성' 얘기는 없었고, 하나같이 '후회 없는 인생', '사람들의 편리함', '도전하는 과정', '인류의 삶의 질 향상' 또는 '상품을 사용할 고객들의 즐거움' 등 기업의 이익추구보다 사회가 공감하는 명확한 그 무엇이 정립되어 있었다. 따라서 창업가들이 창업을 하는 명확한 이유로 돈보다 자신의 운명을 개척하고 있다는 개인적인 성취감을 느낄 수 있도록 장기적인 비전과 꿈의 실현 등을 중심주제로 삼아야 한다.

또 창업자들이 의욕적으로 창업에 도전하여 돈을 벌려고 한다면 "왜 돈(money)을 벌려고 하는지"에 대한 분명한 기준을 가져야 한다. 돈을 벌려는 최종목적이 창고에 쌓아 둘 지폐뭉치 또는 예금인지? 후대를 위한 상속목적인지? 그것이 아니면 그 돈에 생명력을 부여하여 더 가치 있게 승화시킬 무엇인지를 고민해야 한다. 그 목적이 명쾌해지면 더 큰 돈을 벌 명분과 에너지가 증폭되면서 실현 가능성이 훨씬 높아질 것이기 때문이다.

창업의 가장 큰 장점

주변을 돌아보면 자신은 물론 친구와 지인의 대부분이 '남의 회사'에 취직해 일하고 있다. 이들의 삶을 들여다보면 왜 취업을 두고 '다른 사람을 위해 일하는 것'이라고 하는지 금세 알 수 있다. 가장 큰 고통은 자율성이 훼손된다는 것과 매일 같은 시간에 출근해 다람쥐 쳇바퀴 돌 듯 같은 업무를 하는 것이 째 문제다. 원하지 않는 부서에 배정을 받거나 신념에 어긋나는 업무를 지시받았을 때 과감하게 자신의 의견을 말하거나 업무시간이 끝난 후에도 자리를 뜨지 않는 상사에게 망설임 없이 먼저 퇴근하겠다고 말하기 어렵다. 무엇보다 가장 큰 문제점은 사람은 누구나 어딘가에 구속되기를 꺼려 하지만 취업하는 그 순간부터 다른 이가 정해 놓은 규칙에 자신의 몸과 정신을 모두 맞추며 살아야 한다. 그러나 창업을 하면 다른 사람이 아닌 스스로를 위해 모든 시간과 열정을 쏟을 수 있기 때문에 창업은 즐겁게 일하고, 행복하다고 느끼며 살 수 있는 유일한 방법이라고 할 수 있다. 창업의 또 다른 장점은 자신의 운명을 스스로 관리할 수 있다는 데서 찾을 수 있다. 미국 비즈니스 역사상 최고로 존경받는 CEO 잭 웰치(Jack Welch)는 "자신의 운명은 스스로 관리하라, 그렇지 않으면 남이 나의 운명을 지배할 것이다"라고 종종 말했다고 한다. 정규직으로 근무하고 있는 사람이라면 누구나 하루 최소 8시간, 일주일에 적어도 40시간을 회사에서 보낸다. 하루 이틀도 아니고 수십 년을 이렇게 지내는데 그 시간은 자신의 운명과 미래를 결정짓는 데 절대적인 영향력을 행사할 수 있는 길고 긴 시간이므로 그 긴 시간을 '남의 회사'가 아닌 '내 회사'를 위해 쓴다면, 자신의 운명을 스스로 개척하고 관리하는 기회를 가질 수 있게 된다. 창업의 장점은 정신적인 측면뿐 아니고 손에 잡히는 금전적인 보상도 즐거움 중 하나라고 할 수 있으며, 경우에 따라서는 막대한 부를 얻을 가능성도 있다.

국가 경제의 미래와 혁신성장은 젊은 청년에게 달려 있다. 미국 경제를 이끌어 가는 애플, 마이크로소프트(MS), 구글, 페이스북 같은 유명 기업 창업자들은 20대 초반에 창업해 회사를 시가총액 세계최대 기업으로 성장시켰다. 주식 시장에 상장하기도 전에 이들 기업과 버금가는 기업가치를 인정받고 있는 바이트댄스, 우버, 에어비앤비 같은 유니콘(unicorn) 기업 창업자들도 20대 후반 내지 30대 초반에 창업해 기업을 급성장시켰다. 세계 300대 유니콘 기업의 창업

당시 창업자 나이는 평균 33세이고, 25세 이하에 창업한 사례도 30여 명이라고 한다. 성공하게 된 것은 변화하는 사회 요구와 진화하는 기술을 누구보다 빠르게 받아들였고, 사업화 역량이 있었기 때문이다. 청년의 열정과 도전정신, 창의성은 대기업이나 기성세대가 따라갈 수 없었기 때문이다. 4차 산업혁명이라는 격변기를 맞고 신기술이 하루가 다르게 진보하고, 여러 산업과 융합되고 있다. 짜인 틀 안에 갇혀 있는 대기업 조직이 아니라 혁신 사고와 행동을 할 수 있는 청년창업 기업가가 절실하게 필요하다. 그러나 대학생 대부분이 취업을 생각하고 있는 이유는 창업을 제대로 모르거나 실패를 두려워해서거나 안정된 일자리와 연봉 많은 직장을 원하기 때문일 수 있다. 대기업에 입사하면 국가 경제발전을 위해 더 많은 기회를 얻고 더 크게 기여할 수 있지만 대기업이 안정된 직장인 시대는 지났다. 40~50대 퇴직이 현실이고, 수명이 길어져서 재취업이나 창업을 해야 하는 상황에 직면하지만 한창 젊은 나이 때보다 훨씬 어려울 뿐만 아니라 실패할 위험성도 더 커진다.

용기를 낸 청년들이 도전하여 제품과 서비스를 개발해서 기업을 성장시키고 일자리를 만들어 내는 기업인의 길은 대단히 매력적이다. 혁신을 지향하는 청년 기업가가 많아져야 국가 경제에 활력이 생기고, 미래 희망이 있다. 대학생 창업은 위험보다 여러 면에서 장점이 더 많다. 사업에 실패해서 신용불량자가 되는 위험을 생각하지만 학교와 정부에서 지원하는 다양한 제도를 활용하고, 무리하게 대출을 받아서 사업을 하지 않는다면 피할 수 있다. 대학생 창업은 성공할 수도, 실패할 수도 있다. 성공하면 그야말로 기업가로 성장하고 고용을 창출하는 중요한 역할을 할 수 있다. 실패하더라도 너무나 큰 경험을 자산으로 얻을 수 있고, 한층 더 크게 성장할 수 있다. 기업을 경영해 보는 일 자체가 기획, 개발, 생산, 마케팅, 영업, 인사, 재무, 회계, 세무와 같은 업무를 배울 수 있기 때문이다. 이를 경험한 학생은 취업하더라도 기업 적응에 더 빨리 성공할 수 있고, 맡은 바 일을 주도할 수 있다. 원하는 기업에 입사 지원할 경우 유리한 가산점을 받을 수 있다. 대학 시절 창업에 도전해 보지 않는다면 기회는 다시 오지 않는다. 대기업 직원과 공무원이 되려고 재수·삼수하는 대학이 아니라 창업에 도전하는 학생이 넘쳐나는 대학이 필요하다. 정부와 대학은 성공 창업을 위한 제도 정비에 더욱 신경 써야 한다. 기업가정신이란 위험을 감내하면서 새로운 기술과 혁신을 도모해 사회 가치를 창출하는 것이다. 젊은 청년이 기업가정신으로 도전하지 않으면 국가 경제의 혁신 성장은 있을 수 없다.

딜레마 해결의 눈

딜레마(Dilemma)에 대한 해결은 쉽지 않다. 모두를 취하기 어렵거나, 어느 하나를 선택하는 것도 다른 하나를 포기해야 하는 논리적 모순이 전제되기 때문이다. 딜레마 상황에서 선택권자 또는 의사결정권자에게 큰 비용이 치러지게 됨을 보게 된다. 대표적 문제 해결방법론으로 회자되는 트리즈(TRIZ)는 구소련의 겐리히 알츠슐러(Genrich Altshuller)에 의해 제창된 문제해결의 체계적 방법론이다. 알츠슐러는 특허를 심사하는 업무를 담당하면서, 발명에는 어떤 공통의 법칙과 패턴이 있음을 알게 되었고, 이를 체계적이면서도 일반적인 문제 해결책으로 집대성한 것이 트리즈 이론이다. 대형 건물에서 흔히 보게 되는 회전문은 트리즈를 접목한 대표적 사례라 할 수 있다. 회전문은 항상 닫혀 있기도 하고, 열려 있기도 하다. 문의 본질은 바람과 추위를 막아주는 것인데, 기존의 선형문은 상호 교차에 문제가 있기도 하고, 보온과 방풍의 측면에서도 효율적이지 못해 원형 콘셉트를 착안하여 선형의 단절성을 원형의 연속성으로 해결한 것이다. 이처럼 트리즈는 교착상태의 딜레마를 해결하는 데 효과적으로 활용되었다. 공통적인 현상은 딜레마 상황에서 시각을 달리하거나, 새로운 생각을 함으로써 해결을 꾀하였다는 것이다. 같은 것을 다르게 보는 눈, 새로운 눈으로 다르게 적용해 보는 것, 양쪽을 동시에 보는 것들이다. 원천적인 의문을 품고 꼭 그래야 하는가에 관해 끊임없는 물음과 고민을 통한 산물(産物)들임을 알 수 있다. 사회적 문제 해결방법론으로 트리즈를 제시하고자 한다. 사회적 문제는 갈등비용을 유발할 뿐만 아니라, 여러 파장을 불러오며 해소의 기간도 상당하게 소요된다. 사회적 문제해결의 시각을 달리할 필요가 있다. 현재의 득실과 미래가치와의 형량이 필요하고 나무와 숲을 동시에 볼 수 있는 포괄적 마인드와 균형적 판단이 절실하다.

– 제주일보, 2021.3.16.

우리가 고민하는 문제의 95% 이미 풀려 있다

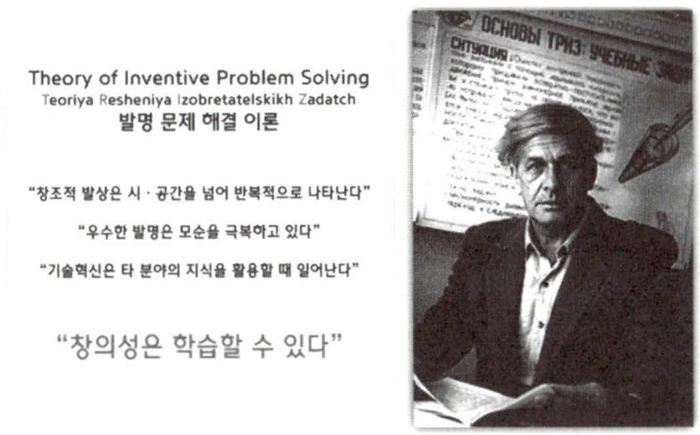

러시아어로 「창조적 문제해결 이론」이란 의미의 트리즈(TRIZ) 법칙은 구소련의 과학자 겐리히 알트슐러가 17년간 자국 내 특허 200만 건의 개발 과정을 연구한 결과물이다. 모든 창의적인 발견은 공통적으로 현재의 모순 정의, 이상적인 목표 설정, 주어진 자원 안에서의 해결책 발견이라는 세 단계를 거쳐 이뤄진다는 내용이다. 즉 "모순을 새로 정의하고 이를 극복하는 과정에서 모든 혁신은 탄생한다"는 게 '트리즈 법칙'이다. 과학기술 분야에서만 활용되던 트리즈는 1991년 구소련 붕괴 후 전 세계로 전파되며 경영 혁신전략으로 발전했고, 최근엔 스타트업계에서도 트리즈 법칙이 주목받고 있다. 트리즈는 당면한 문제를 정의하는 것에서부터 시작되는데, 새로운 기술이나 아이디어로 기존의 불편함을 해결하는 것이 스타트업의 과제인 만큼 '현재의 문제가 무엇인지'를 찾는 과정이 중요하다.

TOMS
STAND FOR TOMORROW™

2006년 6월 캘리포니아 샌타모니카에서 '내일을 위한 신발(Shoes for Tomorrow)'이라는 슬로건을 내걸고 창업한 탐스슈즈(TOMS shoes) 창업자인 블레이크 마이코스키(Blake Mycoskie)는 이미 돈을 벌고자 도전한 4번의 창업에서 실패한 후 아르헨티나에서 여행 중이었다. 그는 많은 아이들이 신발을 신지 않고 포장도 되지 않은 거리를 맨발로 뛰어다니고 있는 모습을 보게 된다. 비위생적인 환경에서 천진난만하게 뛰어노는 모습은 여행 기간 내내 머릿속을 맴돌았다. 그는 자신이 휴가 중이라는 사실도 잊은 채 아이들을 도울 방법들을 고민하기 시작했다. 가장 쉬운 방법은 기부금을 모금하는 것이었지만 이 방법은 일회성 이벤트에 그칠 뿐 지속가능하지 않았다. 그래서 그는 자신이 직접 신발을 만들어 아이들에게 나누어 주기로 한다. 그러나 이 방법 역시 재정적인 지원이 없고 수익창출원이 마련되지 않는다면 한계가 있었다. 뭔가 획기적인 아이디어를 통해 지속 가능성을 확보해야 했기에 고민 끝에 생각해 낸 아이디어는 신발 한 켤레가 팔릴 때마다 한 켤레를 빈곤국 어린이에게 선물로 제공하는 일대일 기부 방식의 '원포원(One for One)' 비즈니스모델이었다. 성공한다면 수익 창출과 새로운 기부 문화 정착이라는 두 마리 토끼를 잡을 수 있을 것 같았다. 회사 이름도 사업모델에 걸맞게 '내일을 위한 신발(TOMorrow's Shoes)'란 의미의 탐스(TOMS)로 결정했다. 기부 정신이 깃든 신발에 대한 소비자들의 반응은 생각보다 뜨거웠다. 2017년까지 1,000만 명이 넘는 소비자들이 신발을 구매해 맨발로 뛰어다니던 동일한 숫자의 아이들에게 신발을 선물했다. 탐스는 원포원 방식을 다른 품목으로 확대하고 있다. 최근에는 소비자가 선글라스 등 눈과 관련된 제품을 구입하면 시력에 문제가 있는 아이에게 안경을 기부하거나 무료로 수술을 해줘 시력을 되찾아주고 있다. 탐스가 만든 신발은 친환경 소재를 사용한 예쁜 디자인에 착용감도 좋아 제품 자체로도 나쁘지 않지만 그 정도 품질의 제품은 시장에 널려 있다. 만일 일대일 기부 전략을 채택하지 않았다면 그저 괜찮은 신발 브랜드 중 하나에 지나지 않았을 것이다. 탐스는 평범한 신발에 나눔의 정신을 가미해 소비자의 마음까지 뿌듯해지는 특별한 신발을 만들었다. 신발 제조업은 혁신과는 거리가 먼 구형 산업이다. 따라서 누군가 신발 제조기업을 퍼스트무버라고 주장한다면 대부분의 사람들이 고개를 갸우뚱할 것이다. 첨단기술과 거리가 멀고 주위에서 흔히 볼 수 있는 평범한 물건이라도 소비자들이 특별하게 생각한다면, 그 제품을 생산한 기업은 퍼스트무버가 될 수 있다. 그는 "기업의 목적은 이윤 그 이상, 사회적 니즈와 기업의 니즈를 조화시키는 것"이라고 말했다. 탐스는 창업 10년 만에 전 세계 100여 곳에 매장을 거느린 대기업으로 성장했고 2020년까지 5천만 켤레의 신발을 기부했고, 25만 주 동안 마실 수 있는 식수를 공급하였으며 36만의 시력을 회복시켜 주었다.

창업하는 '이유'가 중요한 이유

실제 창업을 하는 이유들

한 인터넷 창업 관련 포털에 소개된 국내 창업자들이 창업하는 이유는 '취업하기 어려워서', '단기간에 경제적으로 성공하고 싶어서', '원래 창업 관련 꿈을 가지고 있었기 때문에', '좋은 아이템을 가지고 있어서', '기업에서 일할 때 본인의 노력을 인정받지 못한다고 느껴서', '기업에서 해고당하거나 퇴직해서', '주변에서 창업을 하거나 창업 관련 진문가들이 많아서' 등이었다. 사업 과정은 길고 정해져 있지 않으며 성공 방적식도 다양하기 때문에 성공이라는 목적지에 도달하기 위해서는 창업을 하는 목적이 무엇보다 중요하다. 창업을 시작한 이유가 무엇인지에 따라 길고 어려운 과정을 무난히 견디며 성공이라는 목적지에 도달하는가 하면 목적지에 도달하기 전 포기하거나 다른 곳으로 이탈하기 때문이다.

창업은 나를 실현하기 위한 수단

누군가가 아마존의 창업자 제프 베조스(Jeff Bezos)에게 왜 창업을 시작했는지 물었다. 그는 "내가 언젠가 죽을 때 후회하지 않기 위해서"라고 대답했다. 해보고 싶은 것을 해야 한다는 것이다. 인간은 해보고 싶은 것을 해보고 죽어야 한다는 의미다. 삶은 해보고 싶은 것을 하는 것에 궁극적 의미가 있다. 성공하고 실패하는 것은 그다음이고 일단 해보고 싶은 것을 했다는 그 자체에 의미가 있다. 해보고 싶은 것이니 당연히 열정과 노력, 도전과 몰입은 수반된다. 해보고 싶은 것을 해 봤기 때문에 실패하더라도 크게 후회하거나 두렵지 않다. 바로 그 해보고 싶은 것을 하는 것이 '창업'이다. 애플의 창업자 스티브 잡스(Steve Jobs) 역시 암 투병 중에도 "여러분은 가슴이 말하는, 직관이 울려주는 대로 사십시오. 진정한 행복은 거기서 나옵니다. 다른 사람의 인생을 살지 마십시오"라는 말을 했다. 사람이 사는 가장 큰 의미는 그 사람이 하는 일에서 찾을 수 있는

데, 우리는 대부분 내가 원하는 일이 아니라 남이 시키는 일, 주어지는 일, 남들이 하는 일을 따라하면서 산다. 해보고 싶고 호기심 가는 일이 있지만 자신 없거나 두렵거나 용기가 없어서 그냥 포기한다. 그리고 나중에 내가 진정으로 해보고 싶은 것을 못했다고 후회한다. 창업은 자신이 하고 싶은 것을 해 보는 것이다. 그래야 죽을 때 후회하지 않는다. 창업을 해야 하는 가장 큰 내적 동기다. 이렇게 창업을 시작하면 실패에 대한 두려움도 낮아진다. 성공에 대한 강박관념도 낮아서 오히려 장기적인 차원의 노력을 하게 되고 서두르지 않으며, 오래가는 사업을 구상할 수 있다. 단기적인 실패를 하더라도 다시 시작할 수 있다.

창업은 삶의 목적이 아닌 시도하는 과정

창업을 인생의 하나의 과정이고 시도라고 생각하면 의외로 편해진다. 서두르거나 무리할 필요가 없다. 창업도 인생을 사는 하나의 과정이고 새로운 것에 도전하고 그것을 이루는 과정이다. 단기간에 승부를 낼 수 없는 일이다. 어차피 평생 해야 할 일이고 그 과정에 의미가 있고 그 과정이 내 인생이다. 새로운 것을 시도하는 그 자체가 인생이다. 결과는 그다음 문제다. 설사 실패해도 괜찮다. 시도한 그 자체에 의미가 있으니까. 창업을 시작했거나 새로 시작하려는 예비창업자들은 왜 창업을 하려고 하는지 명확하게 설정하고 다짐할 필요가 있다. 의외로 창업 과정은 길고 험난하고 불확실하다. 누구나 이야기하는 그런 흔한 이유로 대충 시작하다가는 나중에 길을 잃거나 도중에 쉽게 포기를 할 수 있다. 무슨 동기로 왜 시작하는지에 따라 계속 갈 수도 있고 포기할 수도 있다. 왜(why) 창업을 하는지에 강한 내적 동기를 가지고 자신만의 확실한 이유를 찾아서 시작하길 간절히 바란다.

– 스타트업투데이, 2020.1.17.

창업이 희망이다

창업하는 청년들처럼 없던 길을 가는 불안보다 새로운 길을 만드는 매력에 푹 빠져 과감한 도전을 시도해 보는 것이 역동적인 젊음의 특권이자 큰 매력이다. "창업하면 나의 삶을 살고, 취업하면 남의 삶을 산다"는 말처럼 나의 삶을 살기 위해서는 고난을 감수할 남다른 의지가 필요하고 성공적인 창업을 위해서는 사업계획과 시장조사 등 철저히 준비한 다음 창업을 추진하여야 한다.

창업의 장점은 나를 위해 일할 수 있다는 것이고, 취업의 단점은 남을 위해 일해야 한다는 것이다. 청년들이 창업과정에서 힘겨운 선택과 혹독한 고통을 감수하면서도 창업을 하는 가장 큰 이유는 자신이 좋아하는 일을 하면서 열정을 쏟아 부을 수 있고 설령 많은 돈을 벌지 못하더라도 짜릿한 쾌감을 느낄 수 있으며, 창업을 통해서 많은 돈을 벌지 못하더라도 나의 힘과 나의 결정으로 거둬들인 단돈 10,000원의 가치는 너무 감격스럽고 소중하며 그 자체가 행복이라는 점이다. 새로운 시도와 변화에 대한 욕구에서 시작하는 창업을 선택하면 스스로를 위해 모든 시간과 열정을 쏟을 수 있기 때문에 자신의 운명을 스스로 관리하면서 자신만의 꿈을 찾아갈 수 있다. 그러나 일단 사업을 시작하면서 위험을 감수하는 것은 두렵고 스릴 넘치는 일이지만, 더 큰 매력은 권력 이상의 성취감을 찾는 일이다. 요즘 젊은이들의 창업에 대한 열정은 넘치지만 일반적으로 성공창업의 기본인 지속가능한 사업 아이디어 발굴 능력과 좋은 아이디어와 혁신적 기술을 수익으로 연결시키는 사업화 역량의 한계도 분명하다.

청년창업과정에서 여러 어려움을 감수하며 창업을 꿈꾸는 대학생들이 자신의 아이디어를 기반으로 시제품을 만들거나 서비스를 개발해 경진대회 등에 참가했다가 한 번 떨어지면 낙심해 더 이상의 도전을 꺼리는 경우가 많다. 하지만 스티브 잡스(Apple), 래리 페이지와 세르게이 브린(Google), 마크 주커버그(facebook), 스티브 첸(YouTube) 등 많은 성공적인 창업가들은 끊임없는 호기심을 바탕으로 아이디어를 내고, 그 아이디어를 사업모델로 만드는 데 누구보다 열심이었으며, 수많은 시행착오를 극복했다는 공통점이 있다. 창업은 아이디어도 중요하지만 자금조달 같은 현실적인 문제도 마주하게 되고 마케팅에 성공하여야 수익을 거둘 수 있는 복잡한 과정이므로 도전정신만으로 달성할 수 없는 복합적인 준비도 필요하다.

또 전반적 식견을 갖춘 준비된 창업을 위해서는 ① 구상하고 있는 아이템의 시장 상황과 트렌드, 경쟁 환경, 고객 환경 등을 분석해서 사업의 기회요소와 위험요소를 파악해야 하고, ② 기회 요소와 위험요소를 감안해 사업아이템의 명확한 사업콘셉트를 정해야 하며, ③ 명확한 콘셉트를 세부적으로 연구, 분석

"수학 문제 풀듯…" 의사·교수 버리고 창업 나선 영재들

6시간 걸렸던 풍력발전기 안전 검사를 무인 비행체 드론으로 15분 만에 끝내는 기술을 개발한 니어스랩 최재혁(33) 대표, 카카오톡 회계 서비스로 전국 66만 소상공인을 고객으로 확보해 '데이터 비즈니스'를 하는 한국신용데이터 김동호(33) 대표, 이 젊은 창업자들의 공통점은 국립 한국과학영재학교를 졸업한 수학·과학 영재(英才)라는 것. "수학·과학 문제 풀 듯 사회·산업 문제를 해결할 때 짜릿한 성취감을 느낀다"는 밀레니얼 세대 영재들이 스타트업에 뛰어들고 있다. 과학영재교, 특수목적고 등 수월성(秀越性) 교육을 받은 영재들은 그동안 부모한테 등 떠밀려 의사, 대기업 연구원, 대학교수 등 안정적이면서 돈도 잘 버는 직업을 선택해왔지만 밀레니얼 세대 영재들은 탄탄대로가 보장된 길을 벗어나 창업이란 '위험한 샛길' 모험을 택했다. 또 과거 '전국 상위 1%' 학교로 유명했던 강원도 횡성의 민족사관고 출신들도 창업계에서 두각을 나타내고 있다. 신선한 식재료로 전국 '새벽배송' 시장을 장악한 김슬아(37) 마켓컬리 대표, 삼성전자에서 분사해 '스마트 벨트'로 글로벌시장을 공략 중인 강성지(34) 웰트 대표다. 이들은 각각 억대 연봉을 받는 컨설턴트, 의사로 일하다 돌연 창업에 뛰어들었다.

밀레니얼 영재들의 선택

영재들의 창업 이유는 제각각이지만 공통점이 있다. '한번 꽂히면 끝까지 간다' '문제풀이는 자신 있다' '세상을 바꾸고 싶다'는 것이다. 과학영재학교 1기생인 김동호 한국신용데이터 대표는 연세대 공대 재학 중이던 2011년 모바일 설문 조사기업 '오픈서베이', 2016년 소상공인 데이터 전문기업 '한국신용데이터' 등 두 개의 회사를 연쇄 창업했다. '왜 창업했느냐'고 묻자 그는 이렇게 답했다. "사실 문제 푸는 원리는 같아요. 기존 방법을 먼저 이해하고, 나는 어떻게 다르게 풀까 고민하고, 가설을 세운 다음 시행착오를 반복하는 거죠. 이걸 학문 쪽에서 하면 연구자, 실생활에서 풀면 창업자 아닌가요?" 공학적 사고(思考)를 한다는 면에선 공부나 사업의 본질은 같다는 것이다.

또 강성지 웰트 대표는 민사고 시절 학생발명전에서 대통령상을 받은 '발명 영재'다. 연세대 의대에 진학해 보건복지부 소속 공중보건의를 했고, 건강관리 앱을 만들었다가 쫄딱 망했다. 이후 삼성전자에 스카우트돼 사내벤처를 창업했다. 강 대표는 삼성에서 입사 제의를 받았을 때 "이병철, 이건희 회장님 같은 분이 우리나라에서 유례없는 산업 기반을 만들었는데 중국 샤오미·화웨이한테 위협받는 게 짜증나서 어떻게든 지켜보겠다고 간 것"이라고 했다. 연봉 협상 때 "내 뜻대로 일할 수 있게, 연봉은 조금만 줘도 되니 직급만 높게 달라. 상무도 좋다"고 했다고 한다. 삼성은 괴짜 취급하면서도 28세 청년에게 '최연소 과장'을 달아줬다. 강 대표는 삼성에서 허리춤에 차기만 하면 건강을 관리해주는 '스마트 벨트'를 만들어 스타트업 대표가 됐다.

– 조선일보, 2020.11.14.

해 차별화 전략을 세워 경쟁우위를 만들어야 한다. ④ 대상 지역의 특성과 핵심 고객층을 중심으로 단계별 운영전략 계획을 세우는 것이 필요하다. 이러한 절차적 지원과 함께 정부 여러 기관의 다양한 자금지원과 교육지원 및 컨설팅 지원에도 불구하고 많은 청년들이 창업을 시도하지 못하는 이유는 창업에 대한 전반적인 이해의 부족으로 마주하게 될 막연한 두려움 때문이고, 혹 어렵게 오랜 기간 고심 끝에 치밀한 준비를 거쳐 꿈꿔왔던 창업을 해도 선점하고 있는 기업들과 경쟁하며 수익을 창출하는 것은 더욱 힘겨운 일이기 때문이다. OECD가 발간한 기업가정신 보고서(2014)에 따르면 창업을 가로막는 걸림돌로 실패의 두려움(35.7%)이 가장 많았고, 창업 공간 등 인프라 부족(24.3%), 사업운영 과정의 어려움(21.3%), 창업관련 체계적인 교육 부재(17.7%) 등의 순으로 나타났다.

3

창업 준비와 창업지원(start-up support)

1) 성공적인 창업 준비와 생존율

창업은 예측할 수 없는 환경에서 새로운 비즈니스모델을 개발하여 성공을 일구는 과정에서 열정과 불굴의 의지로 도전하되 수많은 시행착오를 극복하고, 끝까지 포기하지 않아야만 성공이라는 열매를 얻을 수 있다. 창업가는 새로운 상황에 신속하게 대응하기 위하여 지속적인 학습이 필요하고, 시장에 대한 경험 및 지식을 축적하며, 정보수집에도 힘써 사업분야에서 최고의 전문가가 되어야 한다. 대부분의 창업가들은 창업과정이 자기들이 상상했던 것보다 훨씬 힘들고 어려운 과정이었다고 말하는데 창업가는 시행착오를 반복하며 때로는 심각한 좌절에 빠지고 실망을 느끼더라고 실패의 경험을 학습의 방법으로 활용하는 능력을 얻게 된다. 또 우여곡절 끝에 무사히 사업을 시작했다고 해도 그 후에 닥쳐오는 갖가지 부동산 및 세금, 매출신장 등의 현실적인 문제들을 해결하기 위하여 해당 산업에 대한 깊이 있는 공부도 필요하다. 나의 삶을 살기 위해서는 고난을 감수할 남다른 의지가 필요하고 창업자들이 성공적인 창업을 위해서는 철저한 시장조사를 바탕으로 전략적으로 충분히 준비된 창업이어야 한다. 예를 들면 산속을 자기 집처럼 누비고 다니는 자연인(약초꾼)들은 수십 년 동안 약초를 채취하는 과정에서 수많은 약초들을 직접 캐면서 나름의 안목을 얻은 후에 산에 오르면 온갖 보물(약초)을 채취할 수 있어 큰 가치를 얻게 되지만 평범한 사람들은 풀과 약초를 구별하지 못하기 때문에 '그게 그거 같은데' '비슷비슷한 다양한 풀(약초)들이 많더라!' 정도로 인지하게 된다. 창업에서도 마찬가지로 준비 안 된 초보창업자에게는 상황마다 처음 접하는 난감한 사태들뿐이니 문제의 본질을 꿰뚫지 못하면 매번 혼란스러울 수밖에 없다.

창업을 하려면 무엇을 어떻게 준비해야 하는가

창업이란 기업을 새로 만드는 것인데 인적 물적 자원을 적절히 결합하여 미리 설정된 사업목적을 달성하기 위하여 상품이나 서비스를 조달 생산 판매하거나 그와 부수된 활동을 수행하는 것을 말한다. 개인이나 집단이 자신의 책임하에 돈과 사람을 동원하여 새로 사업을 개시하는 것으로 창업을 생각하면 쉬울 것 같은데 막상 창업하려고 하면 무엇부터 준비하고 시작해야 할지 답답함을 느끼게 된다. 업종은 뭐가 좋은지, 경쟁력은 어떻게 갖추어야 하는지, 창업절차는 어떻게 되는지 궁금하고 알아야 할 것이 한두 가지가 아니다. 이럴 때 창업의 방향설정과 마음가짐에 대한 준비가 되어 구체적으로 어떻게 사업을 추진해야 하는지 방법이나 절차를 알고 진행한다면 훨씬 체계적으로 사업목표를 예상보다 더 빠르고 쉽게 성취할 수 있게 된다. 준비하는 과정과 절차에서 알고 실천해야 할 내용을 살펴본다.

- 첫째, 창업환경과 시대 흐름을 정확하게 읽고 자기분석을 통해 강점은 극대화시키고 약점을 극복하는 능력을 가져야 한다.
- 둘째, 창업 목적을 분명히 해야 한다. 사업을 하는 이유가 대부분 이윤을 남기기 위하여 시작하지만 부자가 되고 싶은 바람만으로는 사업을 시작하는 충분한 이유가 될 수 없다. 이윤을 남겨서 보다 나은 삶과 노후를 준비하기 위해서, 많은 돈을 벌어서 불우한 이웃을 돕기 위해서 할 것인지, 또 빌 게이츠처럼 모든 책상과 모든 가정에 개인용 컴퓨터를 보급하기 위해서 등 사업의 목적이 뚜렷하고 무엇을 하려는가 등의 대의명분이 뚜렷해야만 사업을 시작하려는 자신에게는 물론 남들에게도 떳떳하고 당당하게 내세울 수 있다.
- 셋째, 철저한 준비가 필요하다. 성공적인 창업을 위한 왕도는 따로 없다. 우선 창업환경을 폭넓게 이해하고 관련 지식과 정보를 축적하며 성실하게 실행하는 것이 필요하다. 또한 창업의 시기, 가족의 동의, 충분한 기술습득, 창업관련 물품조달, 충분한 자금 등 인적 물적 자원을 조달하고 배치하는 일이다.
- 넷째, 경쟁업체보다 한발 앞선 전략이 필요하다. 소자본 창업에서 사업전략의 핵심은 경쟁전략이다. 자기만 잘한다고 되는 것이 아니라 제품, 서비스, 홍보 등 모든 면에서 경쟁점포를 압도할 수 있는 경쟁력을 갖추는 일이다. 업종별로 경쟁력의 핵심을 보면 제조업은 고품질과 차별화이며, 외식업의 경우 메뉴 전문화, 맛, 분위기, 서비스이며, 도소매 서비스업은 상품과 기술, 서비스의 차별화이다.

- 다섯째, 기본에 충실해야 한다. 먼저 창업을 위한 조건이 구비되어 있는가? 아이템, 장소, 경영방침, 사업계획의 기본틀은 잡혀 있는가? 사업계획서는 작성하였는가? 자금의 조달과 용도에 대하여 구체적으로 계획을 세웠는가? 개업 준비와 사업 개시일에 대한 세부계획은 세웠는가? 등에 대하여 철저하게 준비하여 현장경험을 쌓고 이러한 조건을 구비한 후에 창업한다면 시간과 예산의 낭비를 줄이고 효과적으로 창업을 할 수 있다.

– 서울신용보증 재단 제공

파이낸셜타임스(FT)가 2015년 1월 전문경영인을 양성하기 위한 경영전문대학원(MBA) 졸업생들의 실제 창업성공률을 알기 위하여 전 세계 상위 100대 MBA 졸업생 7,800명을 대상으로 설문 조사한 결과 '창업 후 3년 생존율' 84%를 기록했다고 한다. 이는 일반적인 스타트업(신생 벤처기업)의 3년 생존율보다 현저하게 높게 나타난 것을 보면 MBA가 실질적 경영에 유용한 교육을 하고 있다는 방증이다. 또 실제 사업교육에 집중하는 밥슨 컬리지(Babson College)의 2011년 졸업생 중 39%가 창업했고, 그 가운데 93%는 3년 후에도 사업을 성공적으로 운영하고 있었다. 같은 기간 메사추세츠 공과대학(MIT) 슬로언 경영대학원은 졸업생의 36%가 창업했으며 3년 생존율은 86%를 기록했다. 이는 제대로 된 가치창출과 위험관리 그리고 철저한 준비된 창업의 경우 생존율이 대단히 높을 수 있음을 의미하는 것이다.

스스로 두 차례 회사를 창업한 경력이 있고, 그중 하나는 경제전문지 INC가 선정하는 「가장 빠르게 성장하는 500대 기업」에 두 번 이름을 올렸던 빌 올렛(Bill Aulet) MIT 슬론 경영대학원 교수는 "가장 많이 저지르는 실수는 '나는 이 제품을 팔 때 생길 수 있는 여러 가지 문제에 대한 모든 해결책을 갖고 있어'라고 자신만만해 하는 반면, 정작 고객이 누구인지, 고객이 왜 자기가 만든 제품을 원하는지에 대해서는 깊이 고민하지 않습니다. '어떻게'에 대해서만 너무 골몰한 나머지, '무엇을'이나 '왜'를 소홀히 한다는 거지요. 그들은 '나는 이러한 제품을 만들 수 있어'라고 실력을 과신하는데, 누가 그것을 원할지를 종종 간과합니다"라며 창업자들이 간과하는 핵심을 일깨운다. 사실 창업자 스스로가 느끼는 불편이나 결핍에서 창업의 시작점을 찾는 것은 아주 좋은 방법이지만, 정작 창업을 성공적으로 이끄는 것은 고객과 시장의 고통을 얼마나 잘 해결해주는지에 달려 있다. 창업하는 스타트업들이 반짝이는 아이디어를 갖고 시작해 초반에 잘나가다가 무너지기도 하는 실제 상업화 과정은 내가 아닌 고객을 이해하고 이들이 자기 스스로도 잘 파악하지 못한 욕구를 꺼내도록 해야 하며 이들의 불편과 결핍을 해결해야 하므로 지루하고 복잡하며 어렵다. 그는 "창업에서 아이디어에 대한 부분이 지나치게 과대평가돼 있지만, 실제로 중요한 것은 아주 정교한 비즈니스모델을 만들어 '상업화(Commercialization)'에 성공하는 것이다. 핵심고객이 누구인지를 딱 한 명으로 자세하게 표현할 수 있을 정도로 정확히 파악하고, 우리 회사가 이들을 위해 무엇을 할 수 있는지, 이들이 우리 제품을 어떻게 획득하게 할 것인지, 이를 통해 어떻게 수익을 확보할 것이고, 이후 비즈니스 확장은 어떻게 할 것인지를 하나하나 다 살펴야 한다"고 말했다.

2) 다양한 창업 지원

우리나라에서 2018년에만 10만 개의 신설법인이 설립되었고, 정부의 창업지원금만 8조5,000억원, 지자체나 대학 등을 포함하면 9조원 넘는 돈이 스타트업에 지원되었다. 중앙부처 6개가 참여한 2016년 이후 창업 정책을 펼치는 기관 수와 지원 사업 수는 대폭 증가해 2021년에는 중앙부처 15개, 지자체 17개로 총 32개 기관으로 늘었고 약 218개에 달하는 지원 사업을 시행하고 있으며, 각 지자체에서도 창업진흥원, 기술보증기금 등과 협력한 사업뿐만 아니라 독자적인 형태로도 수백 개에 달하는 창업 관련 지원제도가 청년창업을 지원하고 있다. 예산은 2016년 5,764억원에서 2021년 1조5,179억원으로 증가했고 사업화, R&D, 시설보육, 창업교육 등 다양하게 지원하고 있다. 정부는 기업가치 10

억 달러(약 1조원) 이상 유니콘(unicorn) 탄생 생태 조성을 위해 2020년부터 K-유니콘 프로젝트를 본격 시행해 글로벌 유니콘 기업을 육성하고 있다.

또 2021년 중소벤처기업부에 따르면 중기부 소관 창업지원 예산이 1998년 82억원에서 2016년 3,766억원, 2020년은 8,492억원까지 대폭 증가했다. 이 같은 각종 지원과 혜택을 기반으로 누구나 쉽게 링에 오르지만 우리나라 스타트업의 5년차 폐업률이 72.5%라니 10곳 중 7곳 이상이 5년 이내에 사라진다는 것이다. 유망 스타트업을 발굴하여 예비유니콘으로 육성하고 국내외에서 가치를 제대로 평가받고 투자받을 수 있도록 지원에 따라 육성된 대표적인 예비 유니콘 기업으로는 직방, 마켓컬리, 왓챠, 뱅크샐러드 등이 있다.

특히 국내 여러 대학에는 교육부, 산업부, 중기청 등을 통해 산학협력단, 기술이전센터, 창업보육센터, 실험실 창업, 창업 선도대학, 산학협력대학사업, 기술지주회사 등 다양한 방식으로 지원된다. 또 대학 내 소프트웨어(SW)중심대학사업단·링크사업단·창업 지원센터 등에서 창업동아리를 만드는 단계부터 사업 성장 단계까지 창업교육, 창업 활동 자금 지원, 멘토링, 장소 제공, 투자 유치 등 다양하게 지원하고 있다. 초기 창업 활동에 필요한 자금과 공간을 지원해 위험을 최소화해 주고, 사업경험이 많은 산·학 협력 교수나 기업 멘토가 옳은 선택을 하도록 안내하고 지도한다. 특히 2011년부터 중소기업청이 주관하는 창업선도대학 육성사업은 우수한 창업지원 인프라를 갖춘 대학을 창업선도대학으로 지정해 창업교육부터 창업아이템 발굴 및 사업화, 마케팅 등 후속지원까지 패키지화해 대학을 창업의 요람으로 육성하고 있다. 또 최근 교육부, 미래창조과학부, 중소기업청이 내놓은 '대학창업교육 5개년 계획'은 대학을 벤처창업의 요람으로 육성하기 위해 창업에 뜻이 있는 학생들과 교수들에게 각종 지원을 제공하고 있다.

2018년 기준 우리나라에서 대학생(청년)창업교육 분야에서 창업 강좌를 운영 중인 대학은 313개교(74.9%)이고, 강좌 수는 1만1,828개이며, 수강 인원은 한 해 41만여 명이었다. 또 요즘 창업 열풍으로 대학교마다 창업동아리에 대한 지원이 대폭 늘면서 283개교에서 5,596개의 창업동아리에서 4만1,440명이 활동하고 있으며, 실제로 창업을 준비하는 학생들을 위한 교육과 창업캠프도 증가하면서 창업에 관심 있는 대학생들도 증가하는 추세를 보이고 있다. 또 창업학과 및 창업 연계 전공을 개설한 대학은 71개교이고, 대체 학점을 시행하는 대학은 전체대학의 약 30% 수준이며, 창업대체학점 제도를 시행하는 대학은 124개이고, 그 제도로 인하여 2,533명이 혜택을 보고 있다. 또 학사단절을 막으려 대학생이 창업을 위해 최장 '2년간 연속 휴학'할 수 있도록 허용하는 창업 휴학제 운영학교는 2016년 217개에서 2017년 232개로 증가했다. 그 결과 2018년 대학 창업통계 조사(2019.2.11일 발표)에 따르면 2017년 대학생 창업기업 수는 전년보다 312곳이 늘어난 1,503개로 나타났다. 학생 창업기업 수는 전년(1,191개) 대비 26.2% 증가하면서 매출과 고용도 각각 40.5%, 12.0% 증가했다.

정부 "청년들 맘껏 창업해라···28개 활성화 계획 추진"

정부가 전국에 있는 창조경제혁신센터(창경센터)와 대학을 청년창업 중심 거점으로 개편하고 창경센터를 중심으로 지역창업 인프라를 연계하고, '창업중심대학'을 신규 지정해 지역의 대표 청년창업 지원기관으로 육성한다. 2020년 20대 창업기업은 전년 대비 19.1% 증가한 17만5,000개로 역대 최대치를 기록했다. 창업을 선호하는 청년은 점차 증가하고 있고, 한국 기업가정신 순위도 세계 9위까지 상승하는 등 창업생태계 전반의 분위기가 개선되고 있다.

청년창업 활성화 거점 지역별 조성

전국 17개 창조경제혁신센터(창경센터)를 중심으로 스타트업 파크, 그린 스타트업 타운, 캠퍼스혁신파크, 팁스타운, 도심융합특구, 도시재생혁신지구 같은 지역별 창업 인프라를 연계한다. 앞으로 창경센터에서는 매주 목요일 분야별 최고 전문가가 전문적인 지식을 제공하는 공개 멘토링으로 '유스데이'를, 매주 금요일에는 창업에 대한 모든 것을 누구나 묻고 상담할 수 있는 '청년창업, 무엇이든 물어보세요, 헬프데스크'가 운영된다. '유스데이'는 유니콘을 꿈꾸는 청년 스타트업 Day의 줄임말로, Youth(청년 스타트업)를 위한 날이라는 의미를 담고 있다. 또 대학생들이 학업을 포기하지 않고도 창업 활동을 계속할 수 있도록 창업휴학제도, 창업 대체학점제도 등 창업 친화적 학사제도 활성화를 유도한다.

창업 도전단계부터 성장·재도전단계까지 단계별 맞춤 지원

온라인 창업교육 콘텐츠를 청년들이 어려움을 겪는 세무·회계 분야 중심으로 맞춤형 확충·개편하고 창업교육을 이수한 청년 중 500명을 선발해 창업 아이템을 사전에 검증해 볼 수 있는 '실전창업 준비금' 300만원을 지원한다. 또 20대 청년이 창업에 처음으로 도전할 때 초기 역량을 빠르게 키울 수 있도록 '생애 최초 청년 창업지원프로그램'을 신설하고, 최대 2,000만원의 사업화 자금과 선배 창업가 멘토링, 세무·회계 등 교육프로그램을 함께 지원한다. 다양한 분야 유망 청년 창업기업 성장을 지원하기 위해 청년에게 특화된 팁스 프로그램을 신규로 운영하고 팁스타운 내 일부 공간을 청년 전용공간으로 지정해 저렴한 가격에 임대한다.

인력, 제조, 자금, 주거 등 애로사항 해결

청년 창업기업이 겪는 개발 인력난을 해소하기 위해 1년간 집중교육을 통해 창업기업 맞춤형으로 인공지능 개발자를 양성하고, 창업·벤처기업 채용까지 연계하는 '스타트업·벤처 청년인재 이어드림' 프로젝트를 추진한다. 청년들이 특히 어려움을 겪는 제조분야는 시제품을 제작하고 본격 양산할 수 있게 외주 생산업체 정보를 총망라해 체계적으로 제공하는 '온라인 종합 플랫폼'을 구축하며, 메이커스페이스가 청년들의 제조창업에 실질적인 도움이 될 수 있게 전문랩을 오는 2022년 30개까지 대폭 확충하는 방향으로 메이커스페이스 지원체계를 개편할 계획이다. 또 청년들이 주거 걱정 없이 창업 활동에만 전념할 수 있게 공공 매입·리모델링을 통한 공공임대 주택 공급 시에는 청년창업자에게 특별공급 자격을 내년에 부여할 예정이다. 청년 창업기업 자금문제를 해소하기 위해서 특별보증 프로그램으로 최대 6억원까지 보증을 공급하는 '청년 테크스타 보증' 프로그램을 신설하고, 청년 창업기업 대상 정책자금 규모도 내년 5,000억원까지 확대할 계획이다.

재도전 환경 개선

창업에 실패한 청년들이 실패 원인을 분석하고 자신감을 회복해 재창업에 도전할 수 있도록 전국 17개 창조경제혁신센터에서 매년 1,000명이 참여하는 '재도전 응원캠프'를 신설한다. 또 청년들이 신속히 재기할 수 있게 정책금융의 특수채권 원리금 감면 비율 확대(70→80%), 성실 실패 기업에 대한 채무 감면 비율 확대(90→95%) 등 채무부담을 경감한다. 재창업자 전용 프로그램으로 재창업자에게 교육·멘토링·사업화 자금 등을 패키지 방식으로 지원하는 '청년 다시-드림(Dream) 프로그램'을 내년에 신설하고, 1천만 원 이상 민간투자를 유치한 재창업자에게 사업화 자금을 지원하는 'TIPS-R(Restart)'도 지속적으로 확대해 나갈 계획이다.

— ZDNetKorea, 2021.5.28.

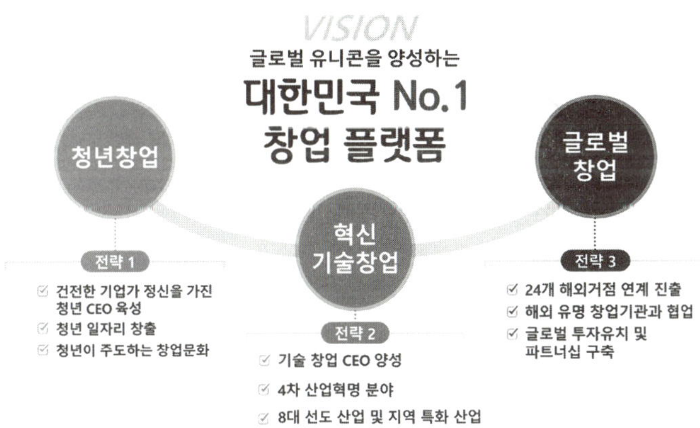

SBC 청년창업사관학교

청년창업을 지원하는 중소벤처기업진흥공단 청년창업사관학교는 우수한 청년창업기업을 발굴, 육성해 창업전반을 일체형으로 지원해 초기창업기업의 창업성공률을 높이고 지역 대표 유니콘(unicorn)기업을 양성하는 정부 창업 지원 프로그램이다. 2011년 3월 경기도 안산과 충남 천안, 경북 경산, 광주, 경남 창원 등 전국 5곳에 문을 연 청년창업사관학교는 2018년 전국 17곳으로 확대된 만 39세 이하 청년창업자의 사업계획 수립부터 사업화, 졸업 후 성장을 위한 연계 지원

스타트업, '청년창업사관학교'에서 시작하자!

중소벤처기업부의 '창업성공패키지 청년창업사관학교'는 2011년 도전의식과 창의정신을 갖춘 인재를 양성하기 위해 설립됐다. 이익 창출을 최우선으로 하는 다른 정부지원사업과 달리, 청년창업사관학교는 정부지원 사업 중 유일하게 '기업가정신'을 강조한다. 중기부는 창업 실패율이 높은 이유에 대해 스타트업들이 '기업가정신', 창업지식, 경영능력 등의 역량이 부족했기 때문이고, 이 같은 역량을 높일 수 있는 기회 또한 부족하다고 판단했다. 이를 개선하기 위해 청년창업을 체계적으로 육성할 수 있는 '창업성공패키지'를 고안해 지금의 청년창업사관학교가 설립되었다. 단순히 기업의 매출증대 목적이 아닌, 탄탄한 기본기와 '기업가정신'을 갖춘 제대로 된 사업가를 배출해 내겠다는 것이 청년창업사관학교의 취지다. 또 정부가 2020년 중소기업의 기술개발을 위해 편성한 지원 예산은 1조4,885억원으로 역대 최대 규모다. 스타트업에게 정부지원 사업은 성장 동력이자 기회의 발판이다. 청년창업사관학교의 성공패키지는 국내 가장 성공적인 창업 지원사업 중 하나라는 평가를 받고 있다. 개교 이래로 10년간 3,815명의 청년 창업가가 거쳐 갔으며, 이들은 누적 2조6,588억원의 매출액을 기록하고, 1만여 명을 고용하는 등 이례적인 성과를 달성했다. 또한, 청년창업사관학교가 배출한 스타트업의 3년 차 생존율은 86%, 5년 차 생존율은 64%에 달한다. 이 같은 수치는 다른 창업 지원사업에 참여한 스타트업과 비교했을 때, 12% 이상 높으며 경제협력개발기구(OECD) 주요국의 지원 사업들과 비교했을 때도 높은 수치다. 청년창업사관학교가 배출한 스타트업들을 보면, 간편 송금 애플리케이션인 '토스'를 운영하고 있는 '비바리퍼블리카', 모바일 의료기기 업체 '힐세리온(Healcerion)'과 부동산 직거래 플랫폼 '직방'도 청년창업사관학교를 거쳐 갔다. 이러한 성과 덕분에 안산 본교에서 시작한 청년창업사관학교는 서울, 경기 북부, 인천, 강원, 대전·세종, 충북, 전북, 전남, 부산, 대구, 울산, 제주 등을 비롯해 17곳으로 확대됐고, 지난해 투입된 예산은 1,145억원으로 초창기 180억원과 비교해 6배 이상 증가했다.

– 스타트업투데이, 2020.8.25, 강성진 에피치오 대표

까지 창업 전 단계를 원스톱으로 지원하는 사업이다. 청년창업사관학교 교육생들은 기업가정신 함양뿐만 아니라 창업지식과 실무교육 등 총 120학점의 교육프로그램을 이수해야 하며 창업 전문가들로부터 1년 동안 스파르타식 사업성

검증을 이겨야 하는데 사업수행 능력이 부족하거나 불성실할 경우 매년 10%는 탈락한다. 경험과 이론을 겸비한 청년창업사관학교의 교수진은 교육생에게 기업가정신 함양은 물론 창업아이템 선정, 제품기획, 디자인, 사업개발 및 시제품 제작, 마케팅 등 사업화 단계별로 차별화된 창업교육과 코칭을 제공한다. 또 코칭은 전담교수 1명이 1대1 밀착 코칭을 하는데 전담교수가 분야별로 산업기술, 융합기술, 생활기술, 정보통신 등의 분과로 나눠 교육생 10명 담당한다. 외부전문가로 구성된 특화코칭은 재무와 회계, 노무, 영업 등 CEO로서 기업 운영능력을 강화할 수 있도록 지원한다. 또 교육생들은 연간 사업화 지원금 총사업비의 70%를 넘지 않는 범위에서 최대 1억원, 창업 인프라, 개별 창업 준비 공간, 시제품 제작소, 시제품제작지원, 기술 창업교육, 1대1 코칭 등 지원받을 수 있다.

청년창업사관학교 교육생과 교수는 물론 교육생들끼리의 인적네트워크를 쌓기도 좋아 청년창업사관학교 졸업 후에도 졸업 기업에 대해 향후 5년 동안 청년창업사관학교 상시 모니터링을 통해 애로사항들을 해결해주며 다양한 창업지원제도를 연계한다. 청년창업사관학교는 교육생 선발과정의 1단계인 서류심사에서는 사업계획 적정성과 기술, 개발능력, 성장성 등을 평가하고, 2단계는 심층심사로 사업수행 능력과 사업화 가능성, 시장경쟁력을 평가하며, 3단계는 사업운영위원회를 열어 최종 합격자를 결정한다. 평가의 핵심은 사업성이다. 특히 '제품이나 기술의 경쟁력이 있느냐'와 '시장 확장성이 있느냐'가 관건이다. 청년창업사관학교는 개교 당시 212명의 1기 졸업생을 배출한 이후, 10년간 총 4,798명의 청년 사업가를 탄생시키고 1만3,759명의 고용을 창출했다. 2020년 코로나19 위기 속에서도 비대면(온라인) 교육·코칭 시스템 조기 도입과 방역 지침에 따른 탄력적 운영을 통해 983명의 10기 졸업생을 배출했다.

[표 1-1] 청년창업사관학교 현황(2020년 기준)

10기 졸업자	매출액	일자리 창출	벤처투자액	누적 졸업자 (1~10기)
983명	2,839억원	3,297명	4조3,000억원	4,798명

청년창업에 날개를… 지원 정책·제도 살펴보니

2020년 코로나19에도 불구하고 기술기반 창업이 22만900개나 이뤄지고 벤처펀드 신규결성(6조6,000억원)과 벤처투자(4조3,000억원)가 사상 최고치를 기록했다. 아울러 2020 벤처업계에서만 5만3,000개의 일자리가 창출된 것으로 집계됐다. 정부도 이들의 창업을 지원하기 위한 다양한 정책들을 내놓았다.

창업 교육부터 공간·마케팅·사업화 자금·경영코칭·판로 개척까지 패키지로

- **창업성공패키지(청년창업사관학교/글로벌창업사관학교)** 유망 창업아이템 및 혁신기술을 보유한 우수 창업자를 발굴, 창업사업화 등 창업 전 단계를 패키지 방식으로 일괄지원하는 '청년창업사관학교' 프로그램과 데이터·네트워크·인공지능(D.N.A) 분야 유망 창업아이템 및 혁신기술을 보유한 우수 창업자를 발굴하고 글로벌 수준의 기술교육 및 보육 프로그램을 제공해 글로벌 창업기업으로 육성하는 '글로벌창업사관학교' 프로그램이 대표적이다.
- **예비창업패키지** 혁신적인 기술을 갖춘 예비창업자에게 사업화 자금과 창업교육 및 멘토링 등을 지원하는 예비창업단계에서의 전용 패키지 프로그램이다. 2018년에 사업이 신설돼 유망분야 예비창업자를 발굴·육성 중이며 지난해부터는 전 연령 예비창업자 대상으로 창업사업화를 지원하고 있다. 최대 1억원의 창업사업화에 소요되는 자금과 창업교육, 전담멘토의 경영·자문서비스 등이 지원된다.
- **초기창업패키지** 유망 창업아이템 및 고급기술을 보유한 업력 3년 이내의 초기 창업기업을 대상으로 아이템 사업화를 위한 자금 및 창업기업 수요 기반의 맞춤형 프로그램을 제공, 초기창업기업의 성장을 지원한다. 구체적으로 시제품 제작, 지재권 취득, 마케팅 등에 소요되는 최대 1억원의 사업화 자금과 함께 아이템 검증, 투자유치 등 창업기업 맞춤형 특화 프로그램이 지원된다.
- **창업도약패키지** 도약단계(3~7년차)의 창업기업이 죽음의 계곡이라 불리는 어려운 시기를 극복하고 자생적으로 성장할 수 있도록 사업모델 혁신, 시장진입 등을 지원하는 패키지로 2016년 도입됐다. 사업모델(BM) 개선, 아이템 검증·보강 등 사업아이템 고도화, 매출증대 및 시장진입·검증 등에 소요되는 사업화 자금 최대 3억원을 지원하고 맞춤형 성장지원을 위한 디자인, 마케팅, 상장 등 최대 1억원의 서비스도

지원한다. 도약기 기업의 성과창출 및 성장지원을 위해 창업진흥원에서는 교육, 네트워킹, IR 등의 특화프로그램에 대한 지원도 이뤄진다.

- **혁신분야 창업패키지(소재 · 부품 · 장비 스타트업 100)** 소재 · 부품 · 장비 산업의 기술자립도를 높이고 대 · 중견기업의 수요 소재 · 부품에 대응할 수 있는 혁신적인 스타트업 발굴 · 육성을 위해 도입된 패키지다. 구체적으로 선정자의 사업화 정도를 진단해 시제품 제작 · 고도화, 마케팅 등에 소요되는 자금 최대 2억원이 지원된다. 또 창업, 기술분야 맞춤형 교육 · 멘토링, 네트워킹 등과 함께 기술보증기금 보증지원 최대 30억원, 중소벤처기업진흥공단정책자금 최대 100억원 등이 제공된다.

창업 도움받을 수 있는 기관과 시설

- **1인 창조기업 지원센터** 1인 창조기업의 창의적 제품 · 서비스가 성공 창업으로 이어질 수 있도록 인프라, 마케팅 등을 지원한다. 2009년에 신설돼 '1인 창조기업 육성에 관한 법률'에 따라 창의성과 전문성을 갖춘 1인 창조기업을 육성 중이다. 전국에 50개 센터가 운영 중이며 센터에서는 1인 창조기업에 대한 사무(작업)공간 및 회의실, 상담실, 휴게실 등 지원센터 공간 지원과 함께 세무 · 회계 · 법률 · 마케팅 · 창업 등 전문가 상담, 교육, 정보제공 등 경영지원, 1인 창조기업과 외부기관 간 프로젝트 연계 및 수행기회 제공, 지식서비스 거래 및 사업화 지원 등이 이뤄진다.
- **창조경제혁신센터** 전국 17개 혁신센터는 지역별 창업 허브로 활용되고 있다. 이들 창조경제혁신센터는 지난 2018년 2월 사업 개편을 통해 자율성 · 다양성 · 개방성을 기반으로 한 협업플랫폼으로서 공공액셀러레이터 역할과 지역혁신창업 거점 역할을 수행하고 있다. 센터는 예비창업자 및 창업 후 3년 미만 기업을 위주로 멘토링, 창업교육, 투자유치 IR, 창업경진대회, 지역 창업자 · 기업 간 네트워킹, 마케팅 · 판로 개척, 글로벌 진출 등 창업 지원과 창업 관련 법률 · 특허 · 금융 · 경영 등에 대한 원스톱 컨설팅을 제공한다.
- **메이커 스페이스** 제조와 창작을 위한 장비와 시설이 구비된 열린 공간으로 국민 누구나 혁신적인 아이디어를 자유롭게 구현하고 실제 창업으로 이어질 수 있도록 지원하는 공간이다. 창업 연계형 전문창작 공간인 전문랩과 생활 밀착형 창작활동 공간인 일반 랩으로 구분되며 2020까지 제조 창업 지원 목적의 전문랩 12개를 비롯해 전국에 메이커 스페이스 192개소가 구축돼 운영 중이다. 일반랩은 학생, 일반인 등을 대상으로 메이커 입문 교육과 3D프린터 등을 활용한 창작활동 체험 프로그램을 제공한다.

- **창업보육센터** 정부는 대학·연구소 등을 창업보육센터로 지정, 초기창업자에게 사업공간, 경영·기술자문 등 창업기업으로의 성장기회를 제공하고 있다. 1998년에 신설된 사업으로 2021년에는 전국 260개 창업보육센터에서 초기창업자에게 사업공간, 경영·기술 등을 제공하고 창업기업의 창업성공률을 높일 계획이다.
- **팁스타운(Tips town)** 팁스타운은 팁스 사업에 참여하고 있는 운영사, 벤처캐피탈, 창업팀, 지원기관 등이 입주해 자유롭게 교류·협력하는 보육 공간으로도 활용돼 창업기업 교육, 상담 자문, 투자유치 설명회, 교류 행사 등 창업기업 역량강화 프로그램도 진행된다. 참고로 팁스(TIPS, Tech Incubator Program for Startup) 사업이란 창업기획자, 벤처캐피탈 등 민간역량을 활용, 창업기업을 선별하고 민간투자와 정부 기술개발 자금 등을 연계해 창업기업을 육성하는 프로그램이다.

청년창업 등용문, 국내 최대 규모 창업대회가 있다?

- **도전! K-스타트업** 창업 분위기 확산을 위해 범부처 협업을 통해 유망한 창업팀을 발굴, 상금을 지급하는 국내 최대 규모의 창업경진대회다. 9개 예선리그가 개최되고 통합본선에 진출할 팀은 총 180개 팀으로 본선과 결선, 왕중왕전 각 단계별로 평가를 받게 될 것이며 왕중왕전에 진출한 최종 20팀은 순위에 따라 총상금 15억3,000만원을 수여된다.

– 대한민국 정책브리핑

창업 초기 운영자금 확보 방법 5가지

창업할 때 가장 중요한 것이 '창업자금'이다. 어떻게 해야 창업자금을 마련할 수 있는지 고민이다. 가장 쉬운 방법은 자기가 가진 재산으로 시작하는 것이지만 만약 창업 규모가 크거나 개인 자산이 부족한 경우 가족이나 지인에게 빌릴 수도 있고, 은행에서 대출할 수도 있다. 중소 벤처기업이나 소상공인의 사업 성공을 위해 여러 방법을 통해 지원하는 창업자금을 이용하는 방법이다.

설비와 제품생산을 위한 비용이 필요하다면? 시설 및 운전자금 융자

공장을 세우거나 제품 생산설비를 설치하는 경우라면 한두 푼으로 할 수 없어서 정부에서는 시설 설비나 제품 생산을 위한 자금을 융자해 준다. 시설 자금/운전 자금 융자라고 하는데 이 방법의 특징은 저금리로 융자할 수 있으면서도 고용 창출 기업의 경우 고용 창출 1인당 0.2% 이자 환급을 해주고, 수출 성과 기업의 경우 1년간 0.3%~0.4%의 이자 환급을 받을 수 있다.

기술력과 신용을 담보로 비용을 마련하려면? 기술보증기금/신용보증기금

만약 창업하려는 회사에 특별한 기술력이 있거나 신용을 보증할 수 있다면 이를 담보로 창업자금을 마련할 수 있는데 이는 기술보증기금과 신용보증기금을 이용하는 방법이다. 기술보증기금은 기업의 담보 능력이 낮더라도 회사가 보유한 기술력이 있다면 기술보증서를 발급해 주는데, 이를 금융기관에 가져가면 자금을 지원받을 수 있다. 이와 유사한 것으로 신용보증기금의 연계 투자가 있다. 비상장 중소기업 중 법인설립 후 5년이 되지 않은 창업기업이라면 기술력과 경영능력, 사업 전망 등을 토대로 신용보증기금의 연계 투자를 받을 수 있다.

청년 사업자라면? 청년 자금 지원

회사 대표가 만 39세 이하에 창업 3년 미만의 중소기업 또는 예비창업자라면 창업자금을 지원받을 수 있다. 금리는 연 2.0%이며, 기업당 1억원 이내로 융자받을 수 있다. 만약 중소벤처기업부의 창업성공패키지를 거쳐 창업했다면, 창업 7년 미만 기업도 지원받을 수 있다. 거의 예·적금수준의 저금리라니 매력적이다.

소상공인이라면? 소상공인 정책자금

소상공인에게도 역시 창업자금을 지원해 주는 제도가 소상공인 정책자금이다. 대개 소상공인은 사업을 생업으로 하는 경우가 많아서 소상공인 정책자금은 소상공인의 생업 안전망을 구축하기 위한 자금 지원이 목적이다. 상시근로자 수 5인 미만 사업자가 지원 대상인데 최고 7천만원까지 지원해 주고, 기준금리에서 0.4%p 가산한 금리가 대출금리이다.

여성가장이라면? 여성가장 창업자금

경제적 어려움에 닥친 여성 가장의 창업을 독려하기 위해 특별한 창업자금 조달기회가 주어진다. 한국여성경제인협회에서 지원하는 여성가장 창업자금으로 1인당 최고 5천만원까지 점포 임대보증금을 지원해 주며 지원금리는 연 3.0%다.

Chapter 2

창업아이디어 발굴과 아이템 선정

Chapter 2

1

가치의 발견과 창업아이디어

1) 사업아이디어 선정의 씨앗

창업은 새로운 사업아이디어(Business ideas)로 어떤 사업을 할 것인지에 대한 주제로, 어떤 가치를 담은 상품이나 서비스를 생산·판매할 것인가를 결정하는 것이므로 아름다운 보석으로 가공되기 전 원석(原石)과 같아서 곧장 창업으로 전환할 수 있는 단계는 아니다. 시장기회를 발견하는 방법을 자신이 원하는 것이 아니라 고객이 원하는 것을 찾아야 하며, 잘 모르면 시장과 고객에게 직접 물어보면 된다. 훌륭한 아이디어를 찾아 큰 성공을 이룬 기업들은, 누구나 예상하는 상식을 깨고, 아이디어를 현실화한 발상의 전환을 통해 다른 사람이 보지 못한 가치를 발견한 것이었다. 창업아이디어를 찾을 때 필요한 창의성(Creativity)이란 기존에 존재하지 않던 새롭거나 독창적인 방법으로 가치를 창출하는 행위로 호기심과 탐구하는 자세, 질문하는 자세를 바탕으로, 다양한 생각들을 시장경쟁력이 있는 아이디어로 재조합하고 혁신상품을 만들어내는 능력이다.

현실에서 보면 대부분 창조적 아이디어는 전혀 새롭고 놀라운 것을 발명하는 무에서 유를 창조하기보다 기존기술과 기술의 협력, 기술과 산업의 협력, 산업과 산업의 협력(collaboration)으로 재발명(reinvention)함으로써 탄생하는 경우가 많다. 우리는 위대한 창업가들의 창업이 새로운 발명이나 꾸준한 연구개발을 통해 엄청난 혁신을 이룬 것이라고 생각하기 쉽지만 사실은 기존의 상품(서비스)에서 충족하지 못했던 사소한 불편이나 불만에서 개선할 점을 찾아 가치를 담은 상품으로 개발한 경우가 더 많다. 그러려면 현재의 문제점을 획기적으로 변화시키는 관점이나 호기심과 상상력도 필요하고, 세상에 필요하지만 아직 없는 것이 무엇인지 찾으려는 끊임없이 노력에서 신선한 아이디어가 탄생하기도 하므로 세상에 대한 따뜻한 관심을 가질 때, 자신의 삶을 바꾸고 세상에 도움을 줄 아이디어를 찾게 된다.

또 창업을 고민할 때 창업자 대부분은 기업이 어떤 상품을 제공할 것인가에 몰두하게 되지만, 사실 더 중요한 것은 소비자의 수요를 읽는 것이고, 수요를 발견하려면 창업자의 관점이 아닌 고객의 관점에 초점을 맞춰 혁신적인 아이디어를 내고, 그것을 상품화하는 방법을 찾아야 한다.

> **"우리는 더 많이 사고할 필요는 없지만 새롭게 사고할 필요가 있다**
> (We don't need to think More; We need to think Differently)"
>
> – 알버트 아인슈타인(Albert Einstein)

세상 모든 것이 사업 아이템이 될 수 있지만 창업아이디어를 발견하기 위해서는 목표를 정해놓고 발견하려고 하기보다는, 주변에 존재하는 문제에서 발견하는 것이 훨씬 쉽기 때문에 "고객이 원하는 것" "즐겁게 할 수 있는 분야"를 선택하여 창업성공 가능성을 높이는 것이 중요하다. 흔히 아이디어가 처음

곧 일어날 미래의 사건을 예견하라

인류의 식습관을 변화시킨 레이 크록(Raymond Albert Kroc: 1902-84)은 종이컵 장사를 하다 후에 쉐이크믹스 기계를 팔아 큰돈을 벌었다. 그는 52세 때(1954년) 캘리포니아 출장 중에 한 햄버거 스낵코너에 들렀을 때 믹스 기계를 여러 대 들여놓고 대량으로 믹스 음료를 팔고 있던 리처드(Richard James McDonald)와 모리스 맥도날드(Maurice James McDonald) 형제와 만났는데, 그들은 모든 음식을 60초 안에 내놓고 있었다. 그는 마치 "포드자동차의 컨베이어 벨트를 보는 느낌이었다." "아! 바로 이거다." 크록은 53세가 되던 1955년, 자신의 연고지인 시카고의 디플레인스에서 맥도날드 1호점을 열었다. 그의 성공은 곧 일어날 미래의 사건을 예견한 것에 있었다.

– 프랑크 아르놀트(Frank Arnold), 〈경영〉, 2011.

부터 완벽해야 한다고 생각하는 사람이 많지만 괜찮은 단순한 아이디어를 일단 실행에 옮기고 상황에 따라 변화와 개선을 시도하는 것이 더 좋다. 무슨 사업을 해볼까 하는 단계에서 나오는 사업초기 아이디어는 실행과 검증단계를 거치면서 수없이 변경되고 180도 달라지는 경우도 흔히 발생하기 때문에 실행과 검증을 거치지 않은 최초의 사업아이디어는 별다른 가치가 없다. 흔히 성공하는 사업아이디어는 열정과 호기심에서 시작하는데, 초기 아이디어는 사업의 완성을 위한 씨앗일 뿐이지만 그 아이디어가 시장의 안목을 가진 지인 및 전문가들과의 대화를 통해 개발되고 다듬어지거나 과정을 거치면서 완성도가 높아진다. 보통의 사업아이디어는 일상의 문제점에 대한 가벼운 호기심에서 시작된다. 이때 어떤 아이디어인가보다 중요한 점은 아이디어 실행과 검증에 앞선 사전 검증과정의 실험정신이다. 그 아이디어를 검증하는 제품을 만들고, 고객에게 묻고, 양산에 들어가고, 판매하는 과정을 거치면서 해당 아이디어의 가치가 생성된다. 아이디어와 잠재고객에 대한 분석이 어느 정도 되면, 해당 아이디어 관련분야의 최신 주요이슈는 무엇인지, 필요한 재원은 얼마나 되고 내게 가용한 재원이 있는지, 경쟁자는 누구이며, 그들은 어떻게 이 문제를 풀고 있는지, 무엇보다 나의 목적의식에 얼마나 부합하고 이의 달성에 얼마나 도움이 되는지, 그리고 과연 이 사업아이디어가 얼마나 시장성이 있는지 등을 평가해야 한다.

밥슨 칼리지(Babson College)의 다니엘 아이젠버그(Daniel Isenberg) 교수는 기존의 창업에 대한 선입견을 깨고 완전히 새로운 것만이 창업을 성공하게 하는 것이 아니며, 기존 시장에서 새로운 발견을 통해 '더 나은 가치(better value)'로 성공한 사례가 더 많다고 강조한다. 그는 성공적인 창업을 위해 우리 모두가 아이폰(iPhone)을 만든 스티브 잡스나 모델 T(Ford Model T)를 개발한 헨리 포드처럼 창조적 파괴를 하는 혁신가일 필요는 없다며 그것이 매우 사소한 것이거나 이미 잘 알려진 사업에서도 꾸준히 실천한다면 성공할 수 있다고 말한다.

기존 시장에서 새로운 '가치'를 창출하라

창업을 통해 기업가 되려면 젊은 전문가여야 한다거나 혁신을 일으켜야 한다는 편견을 과감히 버리고 기존 시장에서 발견을 통해 새로운 가치를 만들어야 한다. 기업가정신의 핵심요소로 꼽히는 혁신(Innovation)은 완전히 새로운 것을 의미하지만 기존 시장에서 발견을 통해 사람들에게 기존에 없던 '가치'를 창출하는 경우가 많다. 아이젠버그 교수는 혁신 없는 가치 창출이 기업가들에게서 더 많이 발견된다고 했다. 1990년대 초 멀티플렉스(multiplex) 영화관이 드물었던 시절, 금융위기로 허덕이던 멕시코에 '씨네맥스(Cinemax)'라는 멀티플렉스 영화관이 들어섰다. 티켓값은 2배 이상 비쌌고 동시에 다른 영화를 여러 가지 상영한다는 것 외엔 기존 영화관과 차이도 없었다. 사람들은 금융위기에 처한 멕시코 시민들이 이를 받아들이겠냐며 비웃었지만 씨네맥스는 대박을 터뜨렸다. 씨네맥스의 창업자들은 다른 영화관들이 하던 방식을 그대로 모방하였고, 단지 영화관 숫자를 늘리고 조금 더 고급스럽게 꾸민 것뿐이지만 이들은 당시 없던 '다양한 영화를 한꺼번에, 한 곳에서 볼 수 있다'는 가치를 제공했다. 지금은 흔한 멀티플렉스가 1990년대 초엔 '새로운 가치'를 지역사회에 준 셈이다.

또 혁신 없는 가치창출의 대표적 사례인 복제약(Generics)이라는 단어는 특허가 만료돼 혁신성을 잃어버리는 지점에서 탄생하기 때문에 어쩌면 혁신적이라는 말의 반대말이다. 세계에서 세 번째로 큰 복제약 업체 아이슬란드의 액타비스(Actavis)는 임직원을 7년 동안 99명에서 1만1,000명으로 늘리면서도 그 어떤 새로운 혁신도 하지 않았으나 그들은 사람들에게 은 '새로운 가치(New value)'는 아니지만 저렴한 가격에 복제약을 공급함으로써 '더 나은(Better value)' 가치를 창출했다. 저렴한 가격에 비싼 원래 약과 비슷한 효능을 가진 약품을 공급해 많은 사람들에게 도움을 주고, 가치를 만들어낸 것이야말로 기업가정신의 핵심이다. 무조건 완전히 새로운 것만이 능사라는 편견에서 벗어날 필요가 있다. 미 뱁슨컬리지 대니얼 아이젠버그(Daniel Isenberg) 교수는 "일반적인 기업가들에게는 '혁신없는 가치창출'이 오히려 답이 될 수 있다"면서 "한 분야의 전문가로서 세상에 없던 새로운 기술을 가지고 오는 것만이 창업가와 기업가를 만들지는 않는다"고 말했다.

– Bizion, 2013.9.9, 축약(縮約)

"젊은이들을 타락시키는 가장 확실한 방법은 다르게 생각하는 사람보다는 똑같이 생각하는 사람을 존경하라고 가르치는 것이다."

– 프리디리히 빌헬름 니체(Friedrich Wilhelm Nietzsche), 독일철학자

「전략적 직관(Strategic Intuition)」 저자인 미국 컬럼비아대 경영대학 윌리엄 더간(William R. Duggan) 교수는 "애플 스티브 잡스(Steve Jobs)와 마이크로소프트(M/S) 빌 게이츠(Bill Gates)는 결코 새로운 뭔가를 발명한 것이 없다. 그들은 밖으로 나가 끊임없이 뭔가를 찾고(search) 최선의 것이 발견되면 가져와서 조합(combine)했을 뿐이다. 그것이 그들이 한 창조다"라고 설명했다. 더간 교수에 따르면, 스티브 잡스는 기존에 서로 상관없어 보이던 것들을 새롭게 연결하는 작업을 통하여 돈이 될 만한 아이디어를 두루 활용했다. 스티브 잡스(Steve Jobs) 자신 또한 "창조는 새로운 연결"이라고 강조했고, 그의 창조공식 또한 "찾고(search) 조합하라(combine)"라고 했듯이, 그는 새로운 기술을 창조하는 엔지니어라기보다 새로운 것을 계속 찾고 최선의 것이 발견되면 취해서 조합하는 전략가였다.

애플의 스마트폰(iPhone)은 흩어져 있었던 사진기와 컴퓨터와 전화기와 MP3 플레이어 등을 플랫폼이라는 개념으로 연결하여 새롭게 창조한 것이고, 아이팟(iPod)의 원천기술은 싱가포르에서 아이디어를 매입했으며, 아이패드(iPad)도 새로운 것이 없이 그냥 새로운 것을 조합했을 뿐이다. 또 제록스에 갔을 때 그래픽 유저 인터페이스(GUI)를 적용한 큰 스크린을 마우스로 작업하는 것을 본 스티브 잡스(Steve Jobs)는 제록스가 큰 모니터로 했던 아이디어를 작고 싸게 만들어 매킨토시가 탄생하였다. 인류의 위대한 창조들은 모두 이러한 새로운 연결을 할 수 있는 사람에 의해서 이어져 왔다. 이들의 생각들을 정리하면, 창의성은 "이미 존재하고 있는 지식, 경험, 기술, 개념들을 전혀 다른 시각에서 이들의 의미를 재(再)규명하고, 그들 상호 간의 결합방법을 종전과 다르게 처방해내는 능력"이므로, 창조를 과거와 단절된 채 무(無)에서 유(有)를 만드는 일로 생각하는 것은 착각이고, 전혀 새로운 것을 발명하려는 시도도 어리석은 짓이며, 창조는 창조적 조합으로 이해하는 것이 바람직할 것이다. 그러니 청년창업자들은

애플 창업자 스티브 잡스(Steve Jobs)가 강조한 “다르게 생각하라(Think different)” 라는 슬로건이나 마케팅전문가 해리 벡위드(Harry Beckwith)가 강조한 “더 잘하려고만 생각하지 말라. 다르게 생각하라”라는 본질을 기억하고, 남과 다르게 생각하다 보면 오히려 더 많은 가치 창출의 기회와 놀라운 결과를 얻을 수 있을 것이다.

“새로운 발견은 새로운 땅을 찾는 데 있지 않고, 새로운 시각으로 바라보는 데 있다.”

– 마르셀 프루스트(Marcel Proust), 프랑스 소설가

창조적인 아이디어 도출을 위한 노하우

① **법칙을 의심하라** 모두가 옳다고 알고 있는 것이 사실은 전혀 그렇지 않을 수도 있다. 의문을 던져라. 중요한 건 새롭고 혁신적인 아이디어를 어떻게 내 머릿속에 들어오게 하느냐가 아니라 어떻게 낡은 생각을 밀어내느냐이다.

② **질문으로 문제를 뒤집어보라** 엘리베이터의 속도가 아무리 빠르다 하더라도 사람들의 기다림을 충족시키진 못한다. 속도의 문제를 뒤집어 엘리베이터 옆에 거울을 설치하면 기다림의 고통은 사라진다. 거울 보며 옷매무새를 고칠 테니까.

③ **정반대로 생각하라** 역발상의 원조 톰 소여에게 담장에 페인트를 칠하는 일은 일이 아니라 놀이였다. “이 일을 어떻게 해결하지?”라고 생각하지 않고, “이 즐거운 놀이를 어떻게 혼자 다 해?”라고 정반대로 생각하자, 친구들이 도왔다.

④ **부정적인 의견에 맞서라** 아무리 브레인스토밍을 한다 해도 말하는 사람만 말하고, 상사들만 말한다. 눈치 보는 브레인스토밍이란 의미가 없다.

⑤ **남의 입장이 되어보라.** 감정이입, 즉 남의 신발을 신고 걸어봐라. 자동차는 잘 달려야 하지만, 대부분의 시간을 서 있기에 외형이 멋져야 한다.

⑥ **최악의 해법을 최상으로 바꿔라** 제일 좋거나 훌륭한 해법을 찾지 말고, 가능한 한 가장 형편없는 해결책을 찾아 그것을 역전시켜라.

⑦ **부정을 긍정으로 전환하라** 부정을 발견되기를 기다리는 긍정이라고 생각하라. 에이비스(Avis) 렌터카는 '우리는 2등입니다'라고 말해 정직하다고 사랑받는 동시에 업계 상위권이라는 이미지를 심어주었다.

⑧ **'네'라는 대답은 독이 된다** CD를 사지 않고 온라인에서 냅스터를 위해 불법복제하자 "어떻게 하면 사람들이 곡을 훔쳐가지 못할까?"라고 생각한 대신 "어떻게 하면 사람들이 음반을 사도록 만들 수 있을까?" 고민했다. 그 결과 애플의 아이튠즈 뮤직스토어(iTunes Music Store)가 탄생했고, 소비자들은 2년 미만의 기간 동안 3억 개의 곡을 사서 들었다. 문제가 손해가 아니라 도움이 되게 만들어라.

⑨ **때로는 모방이 성공을 부른다** 집락(Ziploc)은 지퍼(Zipper)에서 떠올랐고, 스타벅스는 이탈리아 에스프레소 바에서 카페풍경을 빌렸다. 창조할 수 없다면 유심히 관찰하고, 귀 기울여서 자연이나 이미 있는 것들에게서 빌려라.

⑩ **그 사람이라면 과연 어떻게 했을까?** 때론 낯선 사람이 열쇠를 쥐고 있다. "손님의 말을 들으면 부자가 된다." 최종 수요자가 누구건, 직접 다가가서 물어보라. "당신은 어떻게 생각하세요'?"

⑪ **우아한 해법을 찾아라** 솔로몬 왕은 아이를 반으로 나누라는 판결로 진짜 엄마를 찾아냈고, 케익은 누가 자르던 나중에 먹게 하면 공평하게 먹을 수 있다. 전혀 의외인데도, 매우 경제적이고, 필연적인 해법이자 우아한 해법이다.

⑫ **메모하라** 영국 버진그룹의 리처드 브랜슨은 이렇게 말했다. "나는 항상 주머니에 메모장을 가지고 다니며 사람들의 말을 정말 유심히 듣는다. 좋은 아이디어는 회의실에서만 나오는 것이 아니라 누구에게서라도 얻을 수 있다." 적어라. 그 다음엔 적어둔 대로 행동으로 옮겨라.

– HRI(현대경제연구원)

2) 사업아이디어의 선정

창업 시 빛나는 아이디어는 자체의 독창성도 중요하지만 아이디어가 시장에 숨겨진 니즈(needs)와 연결될 때 세상을 변화시킬 수 있으므로 아이디어의 성패는 연구팀이나 기업가가 아니라 시장(Market)이 결정한다고 볼 수 있다. 예를 들어 우리의 전통음식 김치 사업의 경우, 맞벌이 부부가 늘고 주거방식이 아파트 위주로 바뀌면서 김장 및 김치 담그는 환경도 불편하고 번거로운 일로 인식되면서 자연스레 김치사업의 시장 환경이 조성되었기 때문에 김치사업 초창기에는 누구나 김치사업가가 될 수 있었지만 이를 실행한 사람은 소수에 불과했다.

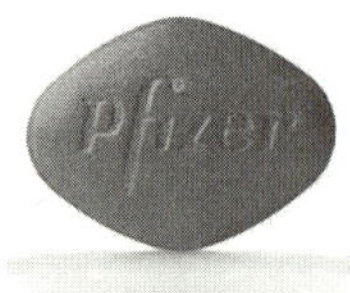

또 1849년에 미국에서 설립된 제약회사 화이자(Pfizer)가 처음에 고혈압 치료목적으로 개발하였다가 후에 협심증 치료용으로 진행된 임상실험에서 실망스런 결과와 함께 일부 임상실험 대상자가 성기능개선에 효과가 있는 것 같다는 의외의 부작용에 관심을 가지게 된 제약사의 고민에서 출발한 비아그라(Viagra)는 전 세계적인 발기부전 치료제가 되었다. 미국식품의약국(FDA)에서 1998년 3월 27일 승인된 비아그라는 20년이 지난 오늘날 전 세계 6,500만 남성에게 처방되는 엄청난 히트상품이 되었다. 이처럼 창업 성공도 혁신적 아이템의 개발이 아니라 혁신적인 관점의 변화에서 시작하는 경우가 많고, 새로운 아이디어는 평소에 세상 모든 일에 대한 꾸준한 관심에 남다른 관점에서 보는 안목에서 비롯된 경우가 많다.

마찬가지로 일상의 패러다임을 바꿔놓은 위대한 발명이 개인의 작은 아이디어에서 시작된 사례는 주변에서 흔히 찾아볼 수 있다. 페이스북(Facebook)의 탄생 비화는 '캠퍼스에서 가장 멋진 여학생과 남학생'이 궁금했던 한 컴퓨터공학도가 재학생의 실제 얼굴사진을 온라인에 게재하는 프로그램을 개발하는 사소한 호기심에서 시작하여 2019년 1월 현재 월간 이용자 약 23억 명을 돌파하는 히트작이 되었다. 또 곧은 빨대로 밀크셰이크를 먹기 힘들어하는 딸을 위해 미국의 평범한 중년남성 프리드먼이 발명한 주름 빨대는 1937년 특허출원을 시작으로 매년 50억 개 이상 생산되고 있다.

창업은 창업자 스스로의 삶에서 추구하고자 하는 꿈을 실현하는 과정이다. 창업기업이 혁신을 통하여 새로운 시장을 펼치는 아이디어의 선정 방식으로는 새로운 제품이나 기술을 만든 애플·구글·페이스북 같은 혁신기업들과 같이 미래의 시장을 새롭게 발명하는 파괴적 혁신방식의 아이디어도 있지만, 스페인의 SPA 브랜드 자라(ZARA)나 일본의 SPA 브랜드 유니클로(UNIQLO)의 경우처럼 바늘 하나 꽂을 곳 없다는 레드오션으로 알려진 패션산업의 기존 비즈니스모델에서 역발상의 혁신을 통해 리디자인(Re-design)으로 시장을 선도한 방식도 충분히 매력적일 수 있다.

사업아이디어가 갖추어야 할 4요소

1. 명확한 고객가치(Clear Customer Value)

① 누가 당신의 제품 · 서비스를 사는가?
② 왜 고객은 당신의 제품을 사는가?
③ 당신의 사업아이디어에서 가장 유니크(uniqu)한 것은 무엇인가?

2. 적절한 규모의 시장(Market of adequate size)

① 전체 시장의 규모는 어느 정도인가?
② 이 시장은 성장하고 있는가?
③ 당신이 목표로 하는 시장 및 점유율은?
④ 누가 당신의 경쟁자인가?
⑤ 경쟁자에 비해 당신의 강약점은 무엇인가?

3. 충분한 혁신(Sufficient of innovation)

① 당신은 제품 · 서비스 면에서 혁신한 것이 있는가?
② 당신은 비즈니스 시스템에서 혁신한 것이 있는가?

4. 실행 가능성 및 수익성(Feasibility and Profitability)

① 당신이 갖고 있는 아이디어를 사업화하는 데 어떤 제약이 있는가?
② 왜 다른 사람들은 이런 아이디어를 실행하지 않고 있나?
③ 당신이 계획하고 있는 사업의 Gross Margin율은 어느 정도인가?
④ 당신이 계획하고 있는 투자는? 변동비 비율은 어느 정도인가?
⑤ 개략적인 현금흐름(Cash Flow)은?

2

사업아이디어(business idea) 검토

1) 사업아이디어의 선정

창업자는 막연한 구상이나 충동에 의해서 행동하지 말아야 하며 실패하지 않기 위한 사전 준비를 철저히 해야 한다. 누구라도 창업에 부적격한 사람은 없다. 다만, 스스로에게 알맞은 창업 입종의 선택이 중요할 뿐이다. 사업 분야의 선정은 사업의 성패를 결정짓는 매우 중요한 사항이므로 충분히 검토한 다음 결정하여야 한다. 창업자가 업종선택을 할 때, 다음 항목을 고려하여 자신이 생각한 업종과 관련된 것을 찾는 것이 좋다.

① 당신의 성격에 맞는 업종인가?

② 지금까지의 경험이나 지식을 살릴 수 있는 업종인가?

③ 가족의 찬성과 협력을 얻을 수 있는 업종인가?

④ 개인 시점에서 일정의 수익이 예상되는 업종인가, 장래성은 있는가?

⑤ 고도의 기술이나 전문적인 지식을 필요한가? 만일 그렇다면 배울 방법은 있는가?

⑥ 경험이 없는 사람이 개업하기에 위험한 업종은 아닌가?

⑦ 면허·허가·등록·신고 등을 필요로 하는 업종은 아닌가? 법적 규제는 없는가? 만일 그렇다면 조건을 충족시킬 수 있는가?

⑧ 개업 업종은 어느 정도의 자금이 필요한가? 그 조달은 가능한가?

2) 사업아이디어의 선정단계별 특성

사람들에게 있어 창업은 자신의 삶에 있어 추구하고자 하는 꿈을 실현하는 과정이다. 따라서 자신의 인생 목표나 가치관과 너무 동떨어진 분야에서는 개인이 가진 능력을 극대화하기도 어렵다. 또 창업가적 자질 여부의 판단과 관련하여 창업희망자는 자신의 성격적 특성을 고려하여 자신이 창업가적 자질을 어느 정도 갖추고 있는지에 대한 판단을 내려야 한다. 창업가적 자질의 정도는 사업 분야의 선정에도 영향을 미치는데 창업가에게 요구되는 개인적·행동적 특성이 강한 사람이라면 보다 혁신적이고 새로운 변화를 반영하는 업종에, 그렇지 않은 사람이라면 비교적 안정적인 업종을 선택하는 편이 낫다. 또 경기가 불투명할 때 창업의 성공률이 가장 높은 것은 자신이 몇 년 동안 경험해 온 업종으로 시작하는 것이 바람직하다. 이 경우 어떻게 생산할 것이며, 어디에서 매입

사업아이디어의 선정단계별 특성

① 아이디어 단계(Idea stage)

- 새로운 제품/서비스라는 것이 확인
- 기업에 대한 가치와 잠재적 시장욕구 반영
- 재무 관련사항(현금흐름, 이익에 대한 공헌, 투자수익 등) 검토

② 개념화 단계(Concept stage)

- 새로운 아이디어에 대한 개념은 품질과 신뢰성 측면에서 경쟁제품/서비스와 비교하여 어떻게 생각하십니까?
- 새로운 아이디어에 대한 개념은 현재시장에서 이용 가능한 제품/서비스와 비교하여 월등 또는 열등합니까?
- 이것은 기업을 위해서 좋은 시장기회라고 봅니까?

③ 제품개발 단계(Product development stage)

- 물리적 제품/서비스에 대한 소비자의 반응이 제품개발단계에서 결정

④ 시장테스트 단계(Test marketing stage)

- 고객의 수용성 수준을 나타내는 실제적인 매출 결과를 가늠

해서 어떻게 팔 것인가? 라는 사업의 방법에 대해 어느 정도 기초지식을 가지고 있고 개업을 위해 필요한 준비방법 등도 곧 조사할 수 있으므로 자금만 있다면 개업하는 데 큰 어려움이 없을 것이니 경험 업종의 연장 선상에 있는 업종을 선택하면 성공률이 높을 것이다.

3

창업 아이템(item)의 선정

창업에 성공하려면 상권분석과 입지선정도 중요하지만 더 중요한 것은 사용자에게 의미 있는 아이템을 발굴하는 것이다. 창업 아이템 선정은 무엇을 생산·판매할 것인가를 선택하는 것이자 사업자가 고객에게 제공하는 상품 및 서비스의 속성을 의미한다. 실질적인 사업내용을 결정하는 것은 창업하려는 사람의 전공과 적성, 취미, 자금능력, 성격, 주변 여건 등을 충분히 고려한 후, 업종 및 아이템을 선택해야 한다. 이 과정에서 어떤 업종이 유망하다거나 언론에 나온 유행하는 창업 아이템보다는 내가 가장 잘할 수 있는 아이템에 초점을 맞추어서 생각해야 하며, 아이템을 조사하는 과정에서 관계자들이나 경쟁업체를 찾아가고 전반적인 상황을 관찰하여야 한다.

창업 아이템을 선택할 때 충분히 고려해야 하는 트렌드란 변화와 혁신의 과정에서 많은 사람들이 공감할 수 있는 시대적인 큰 흐름이며, 메가트렌드(Mega trends)의 좋은 예는 모바일 혁명, 디지털 시대의 도래, 노령화의 가속, 친환경의 중요성 등이다. 메가트렌드를 토대로 창업 아이템을 선정할 때에는 다음 사항들을 고려하는 것이 바람직하다. ① 자신이 경험이 있는 분야, ② 자신이 관심과 흥미가 있는 사업, ③ 가까운 사람이 추천하는 사업, ④ 전망이 매우 좋다고 판단되는 분야, ⑤ 전문가의 지원을 받을 수 있는 분야, ⑥ 창업 강좌에 참석하여 창업지식 습득, ⑦ 신문과 잡지를 읽으면서 사업 및 소비자 동향을 파악, ⑧ 위험이 적은 사업을 선택, ⑨ 해외 동향을 파악, ⑩ 프랜차이즈 사업을 고려, ⑪ 새로운 서비스, 가격인하, 품질 개선, 신속한 서비스 등을 통하여 고도의 창의력을 활용. 이러한 사항을 고려하여 소비자들의 니즈(needs)를 충족시키면서 기존 시장에는 없었던 창업 아이템을 선택하는 것이 바람직하다. 또 창업에서 유망아이템이란 유망업종 판단의 중요한 기준이 되는 성장성과 수익률이 높은 업종이고, 시장수요를 의미하는 안정적인 매출 실현 가능성과 지속적인 판매가 가능한 성장성이 높은 아이템을 선정하는 것이 바람직하다.

창업아이디어 → 아이템화 위한 3가지 조건

4차 산업혁명은 '인간과 기계의 융합' 정도로 정의할 수 있겠다. 18세기 증기기관의 발명으로 시작된 1차 산업혁명과 19세기 전기, 대량 생산이 본격화 되는 2차 산업혁명 시대에는 고전적으로 제조업 기반의 경제활동을 하던 시기이다.

1969년 인터넷과 컴퓨터를 통해 3차 산업혁명 시대를 맞이하면서 지식산업 기반의 새로운 패러다임이 생겨나기 시작했고, 앞날을 더 이상 예측하는 것이 어려운 4차 산업혁명 시대에는 창의적인 아이디어만으로도 얼마든지 글로벌한 기업으로 성장이 가능하게 되었다. 그렇다면 '아이디어 = 사업' 이라는 등식은 아니라고 생각한다. 좋은 창업 아이디어가 떠올랐다고 하더라도 이를 사업화하기까지는 대단히 많은 준비와 점검의 과정이 필요하기 때문에 아이디어 자체만으로 당장 사업화할 수 있다는 것은 아니다.

1. 아이디어	개선, 조합, 융합, 추상적
2. 아이템	조사, 검증, 실체, 구체적
3. 사업화	홍보, 마케팅, 매출, 현실적

대부분 아이디어들은 일반적으로 생활 속에서 겪은 불편함을 해소하는 차원의 아이디어, 기존의 제품들을 개선하는 아이디어, 여러 제품들을 조합하고 융합하는 아이디어, 심지어 전문가들조차도 본인의 전문지식과 경험을 기반으로 하는 아이디어들이다. 그런데 이렇게 다양하고 많은 아이디어들이 있지만 그 대부분은 이러저러한 연유로 창업까지 이어지지 못한다. "저 사업 아이디어 원래 내가 생각했던 건데"라는 말을 심심치 않게 듣는다. '원래'라는 말에도 선뜻 동의를 하기 어렵지만 무엇보다도 본인이 '실행'을 하지 못했기에 생겨난 현상이다. 아이디어를 사업으로 '실행'하는 것은 매우 힘들고 어려운 과정이고 더군다나 한 번도 창업을 경험해 보지 못한 창업자라면 아이디어를 어디서 어떻게 사업화해야 하는지 알기가 매우 어려울 것이다. 아이디어 자체만으로는 매우 추상적이고 그 실체가 존재하지 않으므로 이를 검증하고 실체화 시키는 단계가 필요한데 이 과정이 바로 '아이템화' 과정이다. 아이템화는 조사하고 검증하여 실체를 만들어 구체화하는 과정이다. 첫째로 시장, 경쟁사, 고객이 필요로 하는지를 조사해야 한다. 초기 창업기업들이 실패하는 가장 큰 이유 중의 하

나는 시장이 원하지 않는 제품을 만들기 때문이다. 둘째로 아이디어를 실제 구현할 수 있는지, 법과 제도적으로 문제가 없는지 검증하여야 한다. 셋째로 시제품이나 베타버전을 만들 때 유용할 수 있는 자금 내에서 가능한지, 실체를 만드는 과정에서 발생하는 핵심가치를 기업 내에 보유할 수 있는지, 지적재산권 확보가 가능한지를 염두에 두어야 한다. 이러한 과정들을 바탕으로 사업계획서를 작성해야 한다.

1. 새로운 시장 창출?
2. 고객의 성향, 습관 변경?
3. 다양한 가정(假定) 존재?

아이템화 단계에서 반드시 점검해야 할 사항은 다음과 같다. ① 새로운 시장을 창출해야 하는 아이템인가? ② 아이템이 고객의 성향이나 습관을 바꾸게 하는 것인가? ③ 사업이 활성화되기 위해서는 어떤 가정(假定)이 존재하는가?

첫째, 작은 스타트업이 새로운 시장을 창출한다는 것은 무척 버거운 일이다. 시장을 창출하기 위한 비용이 상상 이상으로 많이 들어간다. 바람직하지는 않다. 완전히 새로운 시장을 창출하는 사업은 대기업에게 적당한 아이템이다.

둘째, 고객의 생활 습관이나 성향을 바꾸어야 하는 아이템이라면, 이것 역시 사업화하기에 만만하지 않다. 고객은 오래된 습관이나 성향을 변경해 가면서까지 새로운 제품이나 서비스를 이용하려고 하지 않는다. 그만한 가치를 제공하려면, 작은 스타트업에게는 이 또한 매우 고난한 일이다.

셋째, 사업을 활성화하기 위해서 이러저러한 가정을 고려해야 한다면 이 가정들을 제거한(제거할 만한 상당한 준비를 한) 후에 시작하는 것이 옳다. 예를 들어, "우리가 만든 앱을 많은 사용자들이 다운 받는다면 광고료를 받는 수익모델로 연결이 가능하고"라는 가정을 하는 경우의 대부분은 많은 사용자들을 다운로드 받게 하는 것이 사업 성공의 핵심포인트다. 그런데 사업의 가장 핵심부분을 블랙박스처럼 가정으로 블랭크(blank)처리를 해 버리면 사업의 핵심에 대처할 수 있는 전략이 없기 때문에 이 사업은 사상누각(沙上樓閣)이 된다.

아이디어를 아이템화하고 그 과정 중에서 자본금을 마련하고 좋은 팀빌딩을 하였다면 이제부터 냉엄한 현실로 발을 내딛는 사업의 시작이다. 창업을 통하여 창업자가 얻고자 하던 '매출을 통한 이익 실현'이 우선 되어야 한다. 사업이 예상하고 계획한 대로만 되지는 않을 것이다. 순간순간 냉철한 판단이 필요하고, 위기를 대처하고 극복해 나가는 과정도 필연적이며, 아이템화를 충실히 준비하는 과정에서 사업을 잘 영위할 수 있는 체력이 길러진다.

— ZDNetKorea, 2018.4.5.

창업 아이템 선정 시 자가 질문

- 내가 그 일을 정말 좋아하는가? (열정)
- 내가 그 일을 정말 잘할 수 있는가? (능력)
- 내가 그 일을 성공할 가능성이 있는가? (성공)
- 내가 그 일을 자신 있게 선택할 수 있는가? (변화)

[표 2-1] 사업 아이템 평가 체크 리스트(list)

구분	내용
아이템	① 고객에게 특별한 가치를 제공할 수 있는가?
	② 경쟁상품보다 우수하거나 차별화가 가능한가?
성장성	③ 사업 분야의 성장 가능성이 높은가?
	④ 충분한 고객을 확보할 수 있는가?
	⑤ 탁월한 경쟁력확보나 치열한 경쟁을 피할 수 있는가?
수익성	⑥ 제품과 서비스의 가격이 매력적인가?
	⑦ 사업으로 충분한 수익을 얻을 수 있는가?
리스크	⑧ 대기업에 의한 위험(시장침투)요소는 없는가?
	⑨ 계절의 영향을 받지 않는 아이템인가?
	⑩ 만약 실패할 경우 투자금 회수가 가능한가?
창업자	⑪ 나의 흥미나 적성과 맞는 아이템인가?
	⑫ 관련분야 경험이나 지식을 충분히 가지고 있는가?
	⑬ 전반적으로 경쟁자보다 나은 역량을 가지고 있는가?
	⑭ 준비 중인 사업을 추진할 자금조달이 가능한가?

자료: 소상공인 창업 이런 아이템에 주목하라(2017 소상공인진흥공단)

[표 2-2] 아이템 구상 방법(1단계 ~ 8단계)

NO	단계별 순서	구체적 조사 방법
①	창업 정보수집	신문, TV, 잡지, 창업서적, 박람회, 전문가상담, 창업동아리 브레인스토밍, 창업일지 작성
②	창업자 경력 및 적성검사	근무경력, 자격증, 취미에 관한 리스트를 만들어 분석, 적성검사 정보(노동부, 소상공인시장진흥공단)
③	창업지원 정보 및 관련 정보조사	창업 유관기관(소상공인시장진흥공단, 여성경제인협회, 여성인력개발센터, 창업진흥원, 기술보증기금, 중소기업진흥공단, 정보산업진흥원, 디자인센터, 테크노파크, 인적자원개발원)
④	수집정보 분석	성장성, 수익성, 유통과정
⑤	최종아이템 선정	아이템 선정 후 관련사항 수집 및 조사
⑥	창업 시뮬레이션	관련 업체탐방 및 전문기술 습득
⑦	사업계획서 작성	자금, 상권입지조사, 인적자원구성도, 시장상황, 사업성분석, 사업장확보, 인허가관계조사
⑧	창업 준비 및 실행	오픈 3개월 영업전략 수립 및 마케팅프로그램 전략적 실행

사업의 본질은 고객에게 제대로 가치를 주는 좋은 비즈니스모델을 만드는 것이므로 고객에게 귀를 기울여 그들의 요구사항을 들어주는 것이 관건이다. 그 핵심은「무엇을 팔 것인가?(concept)」,「어떻게 팔 것인가?」우리의 비즈니스가 고객에게 주는 가치를 어떻게 정의하느냐에 따라 사업아이템은 달라진다. 창업아이템이 구체화 되면 우리의 고객은 누구인지, 우리는 그 고객을 위해 무엇을 할 수 있는지, 그 고객이 우리 제품과 서비스를 획득하는 과정을 어떻게 설계할 것인지, 수익은 어떻게 낼 것인지, 제품기획과 설계는 어떻게 할 것인지 등 그 초점을 고객과 시장에 맞춰야 한다. 우리는 고객이 '무엇'을 사는지 분석하고 그걸 찾아내 우리가 제공해주면 매출이 올라가리라 생각하지만 사실 그보다 고객이 '왜' 사느냐가 더 중요하다.

또 고객마케팅에서는 기업의 관점이 아니라 고객의 관점에서 아이템을 찾아야 한다. 패션 안경숍 브랜드 '룩옵티컬(Look Optical)'의 마케팅 문구는 '안경은 얼굴이다'이고, '현대백화점'은 '상품'이 아니라 '라이프스타일(life style)'을 팔며, '아모레퍼시픽'은 '화장품'이 아니라 '아름다움(beauty)'을 판다. 또 전 세계에서 월 1

억5,000만 개가 소비되는 '오리온 초코파이'는 '맛'을 파는 것이 아니라 한국의 정서를 대표하는 '정(情)'을 팔고 있다. 좋은 식품으로서의 이성적 측면이 아니라 정(情)이라는 감성적 측면에 초점을 맞춰 고객과 소통함으로써 엄청난 성과를 거두었다. CJ제일제당의 다시다가 이야기하는 '고향의 맛'도 제품 속성에 머무르지 않고 '고객이 바라본 가치의 관점'에서 접근하였고, 애플 아이팟 광고도 '기능적 특징'보다는 아이팟으로 고객이 누릴 수 있는 '음악의 즐거움(fun)'을 보여준다.

사실 마케팅(Marketing)은 제품 자체가 아니라 인식(認識)의 싸움이므로 '고객이 필요한'게 무엇인지 살펴보는 것 이상으로 그들이 '원하는' 것이 무엇인지 살펴보는 것이 중요하다. 특히, 사업의 아이템은 내가 좋아한다고 해서 무작정 성공을 보장해주지 않으며, 모든 중심을 '나' 아닌 '고객들'로 바꾸는 것이 성공을 위한 첫 번째 마인드다. 성공하는 비즈니스 아이템을 찾으려면 다음 중 하나를 선택해서 그들에게 필요한 가치를 만들고 전하는 방법을 구상해 보는 것이 바람직하다. ① 기분을 좋게 해 줄 수 있는 아이템, ② 문제를 해결해 줄 수 있는 아이템, ③ 교육해 줄 수 있는 아이템, ④ 외모를 발전시킬 수 있는 아이템, ⑤ 안전을 제공할 수 있는 아이템, ⑥ 긍정적인 정서를 유발할 수 있는 아이템(사랑, 행복, 웃음, 자신감 등), ⑦ 여러 욕구를 충족시키는 아이템, ⑧ 삶을 편하게 해 줄 수 있는 아이템, ⑨ 꿈과 희망을 고취시킬 수 있는 아이템…

따라서 고객과 커뮤니케이션 방법에서도 기존방식이 우리의 제품과 서비스의 물리적 속성에 초점을 맞췄다면 이제는 우리 상품(서비스)이 고객에게 제공할 수 있는 정서적 편익과 가치를 논해야 한다.

> "스타트업에게 있어 수익모델도 중요하고 사업아이디어도 중요하겠지만, 그 무엇보다 중요한 것은 가장 좋아하는 일을 해야 한다는 것이다. 못 견디게 즐겁고 좋아하는 일을 하게 된다면 거기에서 '혁신'이 탄생한다. 더불어 처음부터 그림을 크게 그릴 필요가 없다. 작게 시작해서 가장 쉽게 시장에 진입할 수 있는 방법을 찾아라. 이는 연애와 같다. 그 무엇보다 사랑하는 존재여야 한다."
>
> – 마윈(馬雲), 알리바바(Alibaba) 그룹 창업자

창업아이디어를 테스트하는 10가지 방법

수많은 창업가들 대부분은 실패한다. 사업실패에는 여러 요인이 있겠지만, 그들 대부분이 시작 전에 사업아이디어를 테스트하지 않기 때문이다. 사업에 있어서, 시장성공의 가능성을 확인하는 것은 매우 중요하다.

① **피드백 반복** 최소한의 시간으로 사업아이디어를 테스트하기 위해서는, 한정된 시간 안에 핵심사양을 집중해서 고객피드백을 받는 것이 관건이다. 피드백을 바탕으로 서비스를 단계적으로 발전시키고 핵심콘셉트를 바탕으로 잠재고객들로부터 최대한의 피드백을 얻어 그것을 기반으로 비즈니스를 발전시켜야 한다.

② **전문가** 시장과 고객을 이해하기 위해, 회사가 타깃하는 시장의 전문가로부터 피드백을 받는 것은 항상 중요하다. 기업가들을 위한 여러 이벤트에 참가하여 전문가 그룹을 만나 그들의 생각을 들어야 한다.

③ **인터뷰** 처음 사업아이디어는 검증 안 된 가설일 뿐이나 타깃고객에게 아이디어가 흥미로운지 알기 위한 좋은 방법은 직접 인터뷰를 하는 것이다.

④ **사무실에서 벗어나세요!** 사무실에 앉아서 비즈니스를 하는 미디어에서 보여주는 기업의 모습은 단지 한 부분일 뿐이고 그들도 회사를 성장시키기 위해 발품팔면서 피드백도 받고 여러 사람들도 만나고 다닌다.

⑤ **온라인커뮤니티** 회사가 타깃으로 하는 고객층이나 그들이 가진 문제점을 공유하는 커뮤니티나 블로그에서 고객들과 자연스런 대화를 할 수 있다. 회사는 잠재고객들과 소통함으로써 그들이 얼마나 문제점을 심각하게 느끼고 해결하려는지, 또는 회사가 내세우는 서비스의 특징에 관한 관심과 피드백을 얻을 수 있다.

⑥ **설문** 회사가 좀 더 명확한 사업아이디어를 갖고 있다면, 온라인·오프라인의 잠재고객에게 설문을 시도해보아야 한다.

⑦ **티저페이지**(예고 페이지) 만일 피드백을 통해 고객층이 해결하고 싶은 문제점을 확인했다면, 이제 그에 대한 해결책(사업서비스)을 테스트해야한다. 우선 웹사이트의 메인페이지를 만들고, 웹사이트의 이름을 지어야 한다. 티저페이지(coming soon 페이지)를 통해 회사의 중요한 특징을 한 문장으로 나타내고, 고객들의 행동을 유도하여야 한다.

⑧ **데모** 위의 상황을 통해 자신이 가진 서비스·상품이 정말 좋은 아이디어라고 확신이 든다면, 이제 데모버전(써보고 결정할 수 있도록 프로그램 회사가 공짜로 나눠주는 프로그램)을 개발해야 한다. 사람들이 데모버전의 서비스를 사용하는지 살펴보고 그들이 데모의 어떤 기능을 주로 사용하는지 살펴보아야 한다.

⑨ **MVP**(Minimal Valuable/Viable Product 최소한 노력과 개발로 완성할 수 있는 핵심가치의 제품) 처음부터 모든 기능이 들어간 복잡한 서비스를 개발하지 말고, 가장 핵심이 되는 기능으로 이루어진 서비스를 개발하여 그것에 대한 사용자들의 피드백을 먼저 받아야 한다. 만일, 회사의 핵심 서비스가 무엇인지 모른다면 아직 고객들의 문제점이 무엇인지 명확하게 파악하지 못했다는 뜻이다. 이럴 경우, 좀 더 고객인터뷰를 통해 문제점이 무엇인지 알아내야 한다.

⑩ **수익화** 고객들이 회사에 돈을 지불한다는 것은 사람들이 회사의 서비스를 좋아한다는 가장 명확한 증거다. 이제 회사가 할 일은 사업을 확장하고, 기존의 고객을 단골 고객으로 유지하면서 새로운 고객을 늘려야 한다.

4

창업 아이템(item) 선정 시 고려 사항

1) 소비자 불편해소와 창업기회

비즈니스에서 첫 번째 창업아이디어의 원천은 생활 속에서 느끼는 불편이며 불편을 해소할 아이디어를 떠올리면 창업 아이템은 자연스럽게 발굴할 수 있다. 슬로언 경영대학원 빌 올렛(Bill Aulet) MIT 교수도 "창업자 스스로가 느끼는 불편이나 결핍에서 창업의 시작점을 찾는 것은 좋은 방법이지만, 창업을 성공적으로 이끄는 것은 고객과 시장의 고통을 얼마나 잘 해결해주는지에 달렸다"고 강조했다. 자신의 생활 속 불편을 해결하면서 손쉽게 창업아이디어를 얻기 위해서는 우리 생활에 불편한 일에서 아이디어를 생각해 볼 수 있다.

인터넷 클라우드 서비스인 〈드롭박스(Dropbox)〉는 사용자에게 문서나 동영상 사진 등을 인터넷에 저장할 수 있는 공간을 제공하고, 사용자는 스마트폰이나 PC 등으로 언제 어디서나 저장한 자료를 쉽게 꺼내 쓸 수 있어 편리하다. 2007년 1월 당시 MIT 학생이던 드루 휴스턴(Drew Houston)은 보스턴에서 뉴욕으로 가는 버스 정류장에서 버스 출발시간까지 시간이 남아 기다리는 동안 작업을 할 생각으로 컴퓨터를 꺼냈으나 필요한 파일이 들어 있는 USB메모리를 집에 두고 온 것을 알고는 당황했고, 그 불편해결 방법으로 언제 어디서든 파일을 꺼내 쓸 수 있다면 얼마나 좋을까? 하는 생각을 하면서 인터넷 공간에 파일을 올려놓고 필요할 때 꺼내 쓸 수 있는 드롭박스 창업을 생각하게 되었다고 한다. 휴스턴의 창업아이디어는 인터넷과 서버에 대한 지식만 있으면 누구나 쉽게 생각할 수 있는 것이었으나 USB메모리 분실로 불편을 느끼고 자책했던 많은 이들과 달리 휴스턴은 자신의 불편을 해결할 방법을 찾고 그 해법으로 창업을 실행에 옮겼다. 드롭박스는 2017년말 기준 가입자 수 5억 명을 넘겼고, 2018년 3월말 미국나스닥에 상장했는데 가업가치가 무료 13조원으로 평가받았다.

또한 〈한경희생활과학〉의 경우 공무원이자 주부였던 한경희 대표가 물걸레로 집안청소를 하다 "무릎을 구부리지 않고 걸레질을 할 수는 없을까"라고 생각이 '스팀청소기' 개발로 이어졌고, 2001년 제품을 출시해 2003년부터 본격적으로 판매하면서 2005년 연매출 1,000억원대에 이르는 중견기업으로 성장했으며, 1,000만 대 이상 판매되면서 스팀청소기는 국민청소기로 자리 잡았다. 보통 사람은 문제가 무엇인지 모르지만 실제로 돈이 되는 사업아이디어는 일상의 불편함을 해결하려는 데서 나오는 경우가 많다. "도대체 왜 이럴까?"라는 수많은 의문을 통해 얻은 문제의식을 가지고 일상에서 반복적으로 겪는 불편함의 원인을 찾아내는 노력을 기울여야 멋진 사업아이디어와 큰 수익의 주인공이 될 수 있다. 최근 새롭고 차별화된 아이디어를 상품화하여 인기를 얻고 있는 상품으로는 셀카봉, 에디슨 젓가락, 스마트폰 방수케이스, 침대 노트북 거치대, 퀵서비스, 즉석식품, 테이크아웃, TV 홈쇼핑, 24시간 점포, 새벽배송 등 많은 아이템들이 생활 속 불편을 해소하면서 큰 인기를 끌고 있다.

2) 실버(Silver, 고령친화)산업과 창업기회

최근 우리 사회의 고령화가 빠르게 진행되면서 2021년 한국 인구는 5,182만 명 가운데 65세 이상은 16.5%인 854만 명이며, 2025년에는 20.3%로 초고령사회에 진입하며, 2050년 39.8%(1,900만7,000명)가 될 것으로 전망되면서 이들을 대상으로 한 시장 규모 역시 커지고 있다. 과거 산업화 시대의 실버세대들은 힘겨운 가정경제와 자녀교육에 집중하다 보니 노후에는 소비 여력이 약하고 소극적이었으나, 1970~80년대 고도 성장기를 거치며 부동산과 금융으로 경제력을 축적한 베이비부머들이 높은 경제 수준과 소비 욕구로 슈퍼소비층으로 급부상하면서 고령 친화 시장이 주목받고 있다. 한국 인구의 약 15%를 차지하는

서울경제. 액티브 시니어 시대가 온다. 2018.3.8.

1955~63년에 태어난 베이비붐 세대가 중심인 「액티브 시니어(active senior)」는 경제적 여유와 건강을 바탕으로 적극적으로 소비생활과 여가생활을 즐기며 사회활동에 적극적으로 참여하면서 소비시장의 프리미엄 고객층으로 급부상하였고, 외모나 건강관리 등 자신에 대한 투자에도 적극적이어서 식품·유통업계의 신 소비층으로 떠오르고 있다.

고령자 생활편의를 위한 신약, 의료기기, 서비스 로봇, 자율주행 자동차 등 융합 제품·서비스의 기술개발을 지원하고 관련 산업 지원과 인력양성을 통해 '고령친화산업' 생태조성에 나서고 있다. 최근 한국방송광고진흥공사 코바코(Kobaco)에 따르면 지난 1년간 액티브 시니어는 4명 중 1명꼴로 해외여행을 다녀왔고, 외모를 꾸미기 위해 돈 쓰는 것을 당연하다고 느끼는 사람들이 67%이며, 1년 이내 스마트기기 구입·교체 의향이 21%로 전 연령대에서 가장 높은 것으로 나타났다. 자신에 대한 투자를 아끼지 않는 액티브 시니어의 영향으로, 젊은 층 중심이었던 이커머스(E-commerce) 시장에서 중·고령층이 디지털 소비의 큰손으로 부상했다. 이들 중 일부는 디지털 기기에 능숙해 '실버 서퍼(Silver Surfer)', '웹버족(Webver, 인터넷을 뜻하는 Web과 노인 세대를 지칭하는 Silver의 합성어)'과 같은 신조어로 불린다. 삼성경제연구소는 2020년 액티브 시니어를 중심으로 한 소비시장의 규모가 약 125조원, 통계청은 액티브 시니어 관련 시장 규모가 2020년 149조원으로 10년 전(44조원)보다 세 배 이상 증가할 것으로 예상했다. 또 독일의 소도시에 등장한 은퇴자 슈퍼마켓이나 일본에서 특수를 노리고 있는 게임센터 및 성인용 기저귀 시장, 그리고 노인전용 서비스와 상품을 개발해 다양한 노년세대들의 욕구와 필요를 충족시키며 실버시장을 개척하고 있다.

고령화 시대 '실버 케어' 스타트업이 뜬다

노인인구가 증가하면서 고령화 시대로 접어들고 있다. 2015년 발표된 유엔 인구 통계 자료에 따르면 2015년 전 세계인구 중 65세 이상 비중은 8.2%이며 2060년에는 17.6%로 2배 넘게 늘어날 것으로 전망되고 있다. 그러나 늘어나는 노인 인구를 감당할 의료서비스 기관이 절대 부족할 전망이다. 시장조사업체 가트너는 2050년에는 선진국에서 65세 이상 노인이 인구의 3분의1에 달하지만 의료기관이 이들을 모두 수용하기 어려울 것이라는 전망에 따라 앞으로는 부족한 노인 의료서비스를 채워줄 '실버 케어' 스타트업이 각광받을 것이 예상된다. 노인을 상대로 한 범죄나 고독사로 외로이 삶을 마감하는 노인이 늘어남에 따라 노인 돌봄서비스도 새로운 시장으로 떠오르고 있다. 노인돌보미 매칭서비스 스타트업 아너(Honor)는 돌보미의 서비스 경력과 전문 기술, 언어 등을 분석해 적합한 노인에게 연결시켜줌으로써 노인 맞춤형 서비스를 제공한다. 위급용 앰뷸런스 호출시계 '라이블리(Lively)'를 개발한 스타트업 라이블리는 노인이 시계의 버튼을 누르면 자동으로 앰뷸런스가 호출될 뿐 아니라 가족에게도 알림이 간다. 실버케어 시장에는 사람뿐 아니라 인공지능(AI) 로봇도 뛰어들었다. 휴머노이드 로봇 분야 선두업체인 프랑스의 알데바란 로보틱스 업체가 개발한 '로미오(Romeo)'는 걷기, 계단 오르기, 문 열고 테이블 위 물건 놓기는 물론 간단한 대화나 인터넷 정보 수집도 가능하다. 로미오는 거동이 불편한 노인들을 부축하거나 간단한 의사소통으로 활용될 예정이다. 일본 전자업체 NEC도 2013년에 가정용 로봇인 파페로(Papero)를 내놓았다. 파페로는 기억력이 퇴화하는 노인에게 매일 약 복용시간을 큰소리로 알려주거나 혈압을 체크하는 등 간호서비스를 제공한다. 또 독거노인의 움직임이나 목소리를 인식해 SNS에 자동으로 업로드하고 이를 통해 노인과 멀리 떨어져 있는 가족들은 노인의 안전과 안부를 확인할 수 있다. 통계청에 따르면 2060년에는 노인 인구 비율이 40.1%로 급증할 것으로 전망함에 따라 한국은 노인을 위한 복지시스템이 다른 선진국에 비해 미흡하고 사각지대가 많기 때문에 실버케어 산업은 국내에서 더 매력적이며 고령화될수록 노인을 위한 헬스케어와 취미활동을 기반으로 한 창업이 활성화될 것이라고 전망했다.

– 머니투데이, 2016.2.13.

3) 펫코노미(Pet+Economy)와 창업기회

최근 고령화, 1인 가구 증가로 반려동물을 기르는 인구가 늘어나면서 반려동물 시장이 매우 빠른 속도로 성장하고 있다. 오늘날 반려동물은 사람과 같은 인격체로 대우받으며 호텔, 택시, 장례 등 서비스를 누리고 영양제를 맞으며 보험도 가입한다. 반려동물과 함께하는 가구가 늘면서 자녀를 낳는 대신 반려동물을 자식처럼 키우는 '딩펫(Dink+Pet)족'까지 등장, '펫밀리(Pet+Family, 반려동물을 가족처럼 생각해 아끼고 사랑하며 기르는 가정) 증가세를 견인하고 있다. 농림축산식품부는 반려동물을 기르는 가구 비율이 전체 가구의 26.4%를 차지한다고 추산하였고, 한국농촌경제연구원은 국내 반려동물 연관 시장규모가 2021년 3조4,000억원에서 2027년 6조원 규모에 달할 것으로 전망했다. 반려동물의 수가 늘어나면서 반려동물 관련 시장도 매년 30%씩 빠르게 성장하고 있다. 반려동물을 평생 함께하는 가족으로 대하는 반려인의 증가로 '펫팸족(Pet+Family)'이라는 신조어도 생겨났고, 한경머니 제172호(2019년 09월)에 따르면 반려인구 1,481만 시대로 성장하였으며, 세계미래학회는 반려동물 관련 시장을 뜻하는 「펫코노미(Petconomy)」를 미래 10대 전망 중 하나로 선정하였다.

국내 반려동물 관련 시장은 6조원 규모로 성장할 것이란 전망에 백화점을 비롯한 유통업체는 물론 식품, 화장품, 전자, 통신 회사까지 시장에 뛰어들고 있다. 펫코노미(petconomy)로 불리는 반려동물 관련 산업은 애견 샵, 펫 분양, 펫 사료, 펫 용품, 펫 의료 및 보험, 펫 미용, 펫 훈련, 펫 의류, 애견유치원, 펫 금융, 펫 헬스케어, 펫 여행, 펫 숙박, 펫 장례 등에서 더 발전하여 로봇을 원격조종해 반려동물과 놀아주고 케어하는 사물인터넷(IoT) 서비스, 펫 워커(반려동물 산책 담당), 펫푸드 정기배달서비스, 홈파티 방문 케이터링(출장) 서비스, 반려동물

반려동물 연관산업 규모 전망

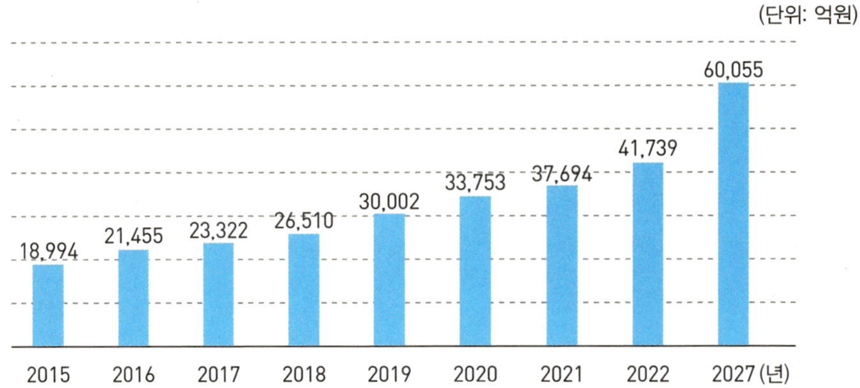

자료: 이코노믹리뷰. 또 하나의 가족, 펫금융도 뜬다. 2021.6.26.

전문 스타일리스트, 애견전문호텔과 고급요양원, 동물전문 한의원과 헬스장, 반려견과 주인이 함께하는 요가, 반려견 전원주택까지 등장하는 등 매력적인 시장으로 성장하면서 반려동물의 생산 → 유통 → 반려 → 사후처리 과정까지 한 생명체의 생애주기 전체를 감당할 정도로 발전하고 있다.

펫코노미(Petconomy)가 매력적인 창업 시장으로 주목받거나 일자리 창출의 블루오션으로 반려동물 시장이 떠오르면서 다양한 연령층에서 반려동물 관련직업을 희망하는 이들이 늘고 있고, 펫산업에 대한 전문지식을 획득하기 위하여 대학의 애완동물학과, 동물자원학과, 애견미용학과, 애완동물관리학과, 동물복지학과 등 관련 학과도 늘고 있다. 관련 자격증만도 동물간호사, 펫 유치원 교사, 애견미용사, 반려동물 훈련사, 애완동물 시어터(theatre), 반려동물 전문 사진사, 도그쇼 기획자, 반려동물 요가(Yoga) 강사, 반려동물 마사지사, 반려동물 아로마테라피스트, 반려동물 종합관리사, 애견 행동교정전문가, 펫 호텔 매니저, 펫푸드 매니저, 펫 가이더, 아질리티(Agility: 애견 장애물 게임) 트레이너 디자이너, 애완동물 운송매니저, 펫 전문 컨설턴트, 반려동물 장례지도사 등 셀 수 없을 정도이다. 한편 최근 저출산 여파로 출생아의 감소에 따른 아동복 소비인구가 줄면서 키즈(kids) 의류관련 기업들이 성장하는 반려동물 시장으로 변신을 꾀하고 있다.

4) 1코노미(1인+economy)와 창업기회

요즘 우리사회는 미래에 대한 불안으로 결혼을 미루거나 포기하는 젊은 층의 증가로 나만을 위한 투자를 늘리려는 경향이 강해지고 있다. 나홀로 생활하면서 다른 사람들로부터 자유로워질 수 있는 독립적인 생활문화가 호응을 얻으면서 그 중심에 큰 욕심을 부리지 않고 나름의 방식으로 혼자 살면서 여행하고 자기가 좋아하는 취미활동을 하면서 멋지게 살아보겠다는 욜로(YOLO, You Only Live Once)현상은 경험욕구가 강해지고 있음을 의미한다. 1990년 전체가구의 9%에 불과했던 1인 가구(singleton) 비중이 2015년엔 27.2%로 500만 가구를 넘기며 급속히 증가하였고, 통계청(2019.9.28)이 펴낸 '인구주택총조사에 따르면 2018년 1인가구는 585만 가구(29.3%)였고, 2020년이면 30%를 육박할 것으로 전망된다. 저성장이 지속되면서 국내경제는 둔화되고 있지만 『나홀로족(族)』의 급증으로 소비패턴이 개인중심으로 바뀌고 1인가구를 대상으로 한 소규모 소비재시장은 고성장을 이어가면서 1인용 주택·1인 가전·1인 가구에 맞춘 상품의 인기가 높아지고, 식당·카페 등에서 1인 식사가 자연스러운 현상으로 자리 잡으면서 혼자 패밀리 레스토랑, 회전 초밥집, 코스요리 집, 노래방, 고기 뷔페에서 고기를 구워 먹는 사람까지 생기면서 혼밥족, 혼술족, 혼행족, 혼노족, 혼영족 등 싱글족 전성시대라 할 수 있다. 또 솔로이코노미의 히트작들로 코웨이(Coway)가 출시한 초소형 한 뼘 정수기, 키친아트의 휴대용 도시락통처럼 쓸 수 있는 1인용 미니밥솥 미니미니, 파세코의 71ℓ 소형 김치냉장고, 알아서 청소를 해주는 로봇청소기 등의 최대고객도 싱글족들이다. 또 가구, 인테리어 업계의 한샘은 샘베딩, 샘싱글 등 기존 독신자용 제품에 이어 최근 '플레인'이란 브랜드의 침실가구를 내놓았다.

1인 가구로 자신들만의 생활패턴에 따라 소비하는 『싱글슈머(singlesumer)』들은 실용성과 접근성을 중요시해 대형마트보다는 편의점을 주로 이용하며 소량으로 포장된 제품을 선호한다. 편의점은 편리성과 함께 도시락, 가정식 대체식품(Home Meal Replacement) 등 식품 분야에도 강한 모습을 보이면서 급성장 중이고, 배달서비스와 금융서비스까지 이용할 수 있게 되면서 매출은 지속적으로 고성장하고 있으며, 2020년 기준 CU, GS25, 세븐일레븐, 미니스톱 등 편의점

1인 가구를 겨냥한 소량판매

1인 가구의 증가와 시장성은 기업과 창업자들에게 있어 곧 기회가 될 수 있다. 우선, 후카호리 사장이 2000년도에 창업한 '99플러스'는 일본 내에서 소량판매 전문점으로 크게 성공을 거두었다. 실제 '99 플러스'는 창업년도에 51개의 점포에서 61억 엔의 매출을 올렸으며, 4년 뒤인 2004년도에는 537개 점포에서 720억 엔의 매출을 올렸고, 2006년도에는 820개의 점포에서 1,200억 엔의 매출을 올릴 정도로 큰 성공을 이루었다. "세상은 급속도로 저 출산과 고령화가 진행되고 있으며, 소가족, 단신 부임, 싱글족, 노부부 등이 급증하고 있다. 그런 소비자의 니즈는 안전하고 저렴하며 신선한 식품재료를 '소량'만 사고 싶다는 것이다. 기존 슈퍼마켓에서 파는 것들은 1인분 치고는 양이 너무 많이 결국 버리게 되는 경우가 빈번하며 매우 아까울 뿐만 아니라, 환경적인 측면에서도 좋지 않고 쓰레기처리도 번거롭기 때문에 불만을 품었을 것"이라고 후카호리 사장은 말했다. 결국 그는 고기, 채소, 잡화 등 약 1만2,000여 개의 물품을 거의 모두 99엔에 팔기로 결단을 내리고 그것을 바탕으로 성공할 수 있었다. 또 일본의 식품기업 중에서도 고급반찬으로 인기가 있는 '로크 필드'는 다양한 채소를 먹고 싶어도 다양한 채소들을 모두 구매하기 부담스러운 소비자들을 위해 30여 종류의 채소를 섞은 샐러드를 판매함으로써 성공했다. 로크 필드의 이와타 사장은 "우리 회사가 신뢰를 얻는 이유는 안전하고 신선한 상품을 갖춰 판매하기 때문입니다. 그러니 가격이 비싸도 살 수 밖에요. 30여 종류의 채소를 섭취하는 것이 건강에 좋다고는 말하지만, 오늘날처럼 식구가 적거나 독신생활을 하는 집에서는 도저히 그 많은 종류를 살 수 없습니다. 그래서 우리 회사에서는 '샐러드의 혁명'이라는 구호를 내걸고 30여 종류의 채소를 섞은 샐러드를 팔고 있습니다"라고 말한다.

— Nobuhiko SHIMA 지음, 이왕돈, 송진명 옮김, 〈돈 버는 감성〉, 2008.

전국 매장 수는 2020년 말 기준 47,500개, 매출은 26조7,000억원을 넘어 가히 편의점 전성시대라 할 수 있다. 국내 간편식 시장규모는 2010년 8,000억원 수준에서 2020년 4조원 수준까지 성장했고, 2025년 시장규모가 5조원에 달할 것으로 전망했다(한국농수산식품유통공사).

5) 업사이클링(Up cycling)과 사업기회

2016 세계 산업트렌드로 꼽힌 업사이클링(Up cycling)은 이제 폐기물의 재활용이란 개념에 그치지 않고 미래 먹거리산업으로 성장하고 있다. 업사이클링은 기존에 버려지는 제품을 단순히 재활용하는 차원을 넘어 새로운 가치를 창출해 새로운 제품으로 재탄생시키는 것을 뜻한다. 그동안 자원으로 인정받지 못하던 트럭방수포, 현수막, 입지 않는 옷, 커피 찌꺼기 등 다양한 재료들이 가방, 드레스, 점토 등 다양한 제품으로 변신하고 있다. 2000년 초반부터 불어온 업사이클링 바람은 특히 환경을 지킬 수 있는 사회공헌적 마인드와 독특한 디자인에 세련미까지 갖춰 하나의 시장으로 성장 중이다. 국제무역연구원에 따르면 2013년 업사이클링 시장규모는 25억원을 기록했고, 2015년에는 100억원에 달하고 있다. 해외는 이미 업사이클링이 안정적으로 시장을 형성하고 있다. 트럭 방수포를 재활용해 가방을 만드는 '프라이탁(Frietag)'은 전 세계 10개 직영점과 460여 매장에서 유통되고 있고, 빈병과 음료수 파우치를 재활용하는 '테라사이클(Terracycle)' 도 글로벌브랜드로 입지를 구축했다. 국내에서 쌈지는 '슬로우바이쌈지(SLOW by ssamzie)'라는 이름의 업사이클링 브랜드로 폐신문지, 폐소방호수, 폐타이어, 버려지는 가죽, 폐현수막 등을 활용해 다양한 액세서리 제품을 선보이고 있다. 업사이클링을 기반으로 한 스타트업 창업 성공사례로 '커피큐브'는 3년

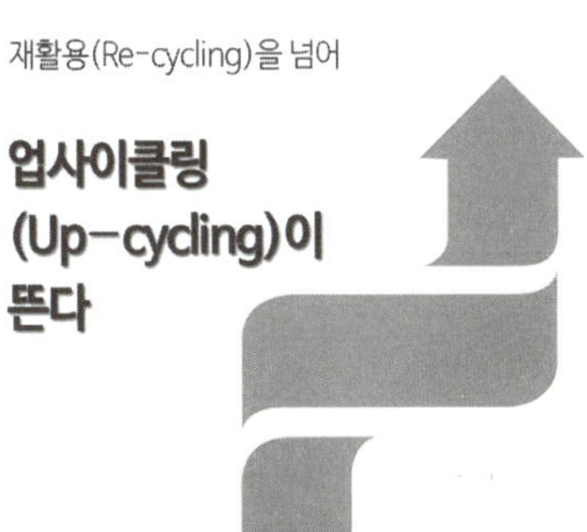

에 걸친 연구개발 끝에 2011년 '커피점토'를 특허 출원했다. 이 업체는 제휴를 맺은 커피전문점에서 커피찌꺼기를 얻어다 건조한 뒤 특수공정을 거쳐 점토를 만든다. 점토는 인체에 무해할 뿐 아니라 모양이 잘 만들어지고 커피특유의 방향, 탈취, 제습 등 효과도 탁월해 어린이 교구부터 각종 소품재료까지 다양하게 활용된다. 한국업사이클디자인협회에 따르면 국내 업사이클링 업체는 100여 곳으로 추산되는데 이 창업자들은 환경보호의 필요성에 대한 인식이 강하고, 외국 트렌드에 관한 이해도가 높은 것이 특징이다. 더구나 아이디어와 감각이 있으면 누구나 소자본으로 창업할 수 있다는 점도 업사이클링 스타트업 붐을 일으키는 요인이다. 업사이클링 제품은 공정이 복잡해 가격이 비싸지만 환경적인 측면에서 순기능을 내고 있을 뿐만 아니라 사회적 참여를 위해 자발적으로 구매하는 고객이 늘어나고 있어 신산업 시장으로서도 성장하고 있다.

폐방화복으로 만든 '착한 가방'

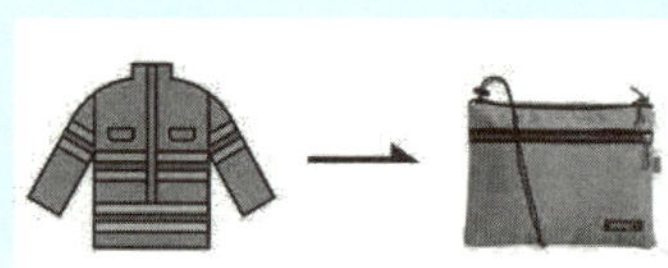

'레오백(reo bag)'은 화재 현장에서 수많은 생명을 구하는 데 쓰고 폐기하는 소방관 방화복을 업사이클링해서 만든 '착한 가방'이다. 레오(reo)는 '서로를 구한다(rescue each other)'는 뜻을 담고 있다. 목숨을 건 화재 현장에서 일하다 암이나 희귀질환에 걸렸으나 공상(公傷) 판정을 받지 못한 소방관을 위해 레오백 수익금의 50%를 기부하고 있다. 초내열성 수퍼섬유 아라미드(aramid)가 소재인 방화복 특성상 방염과 방수 등의 기능은 타의 추종을 불허한다. 건국대 동아리 '인액터스' 회장 이승우 씨가 소방관 처우개선을 고민하다 버려지는 폐방화복을 보고 아이디어를 얻어 2018년 '119REO'라는 이름으로 창업한 후 초기 제작비용 마련을 위한 크라우드 펀딩에서 목표액 200만원의 20배가 넘는 펀딩을 받아 화제가 됐었다. 이승우 대표는 "사회문제를 외면하고 비즈니스만 쫓고 싶지는 않다"며 "전 세계에서 나오는 폐방화복을 업사이클링해 수익금으로 개발도상국 등에 새 방화복을 공급할 수 있는 글로벌 소셜벤처로 성장하는 게 목표"라고 말했다.

– 이코노미스트, 폐방화복으로 만든 '착한 가방' 1496호(2019.8.12)

6) 구독경제(subscription economy)와 사업기회

과거 책이나 신문을 사서 읽는다는 의미로 쓰이던 구독(購讀)이 최근에는 월정액을 내고 정기적으로 특정 상품(혹은 서비스)을 사용하는 행위를 뜻하는 단어로 확장되면서 구독경제(Subscription Economy)라는 용어가 확산되고 있다. 구독경제란 구독이라는 전통적인 형태가 정보통신기술(ICT)과 결합하여 개인 맞춤 서비스로 발전한 소비 트렌드로, 소유가 중심이었던 '상품경제'와 빌려주고 빌려쓰는 '공유경제(sharing economy)'를 넘는 새로운 유통모델로 생활용품부터 전 산업에 걸쳐 디지털과 결합한 구독의 시대가 전개되고 있다. 구독경제(subscription economy)는 일정금액을 지불하고 회원 가입한 소비자가 상품이나 서비스를 공급자로부터 주기적으로 받는 개념으로, 그 핵심은 멤버십을 갖는 것이다. 미국의 경제지 포브스(Forbes)는 "구독경제는 물건을 소비하는 방식을 소유(ownership)에서 가입(membership)으로 바꾸고 있다"면서 "Z세대는 소유보다 경험을 추구하며, 비싼 제품으로 과시하기보다 합리적인 가격에 빌리는 것을 선호한다"고 분석했고, 영국 BBC는 "사람들은 이제 소비재를 소유하는 대신 '인생의 구독자'로 변화하고 있다"고 평가했다.

구독경제(Subscription Economy)의 시초인 미국의 결재 소프트웨어 회사 주오라(Zuora) 창업자 티엔 추오(Tien Tzuo)는 "구독서비스는 사업모델을 제품 중심에서 고객 중심으로 전환한 것"이라고 정의했다. 구독경제를 활용하는 소비자는

[표 2-3] 전통·공유·구독경제 비교

구 분	전통경제	공유경제	구독경제
소유 및 이용권	소비자가 소유권을 가짐	소비자가 일정 기간 점유 소유권 가짐	소비자는 일정기간 회원권만 가짐
대금 지불방식	소비자가 생산자에게 한꺼번에 지불	점유·소유 기간에 따라 비용 지불	일정 이용기간 만큼 비용 지불
소비자의 선택	한번 구입하면 바꿀 수 없음	선택권이 있으나 수시로 원하는 대로 바꾸기 힘듬	회원권 범위 내에서 수시로 바꿀 수 있음

자료: KB금융지주 경영연구소

편의성과 폭넓은 선택권, 비용 절감이라는 혜택이 있어 만족감을 극대화할 수 있으며, 기업은 시간과 비용을 줄이면서 재(再)구매율을 높여 소비자의 충성도를 높일 수 있고, 예측가능하고 안정적이면서 반복적으로 수익을 창출할 수 있으므로 소비자와 기업 모두 윈윈(win-win)할 수 있는 비즈니스모델이다. 넷플릭스, 우버 등 미국에서 촉발한 구독경제 모델이 이제 전 산업에 빠르게 확산되고 있으며, 속옷, 생리대, 면도기, 식재료, 영양제, 콘택트렌즈, 전자책, 자동차, 화장품, 애견용품, 생필품 등 주기적으로 대체가 필요한 상품뿐 아니라, 병원과 헬스케어, 술, 커피, 영화관람, 공간 서비스 등 구독서비스가 폭발적으로 확산되고 있다. 구독경제는 전 세계 190개국 1억6,000만 명의 유료 가입자를 확보한 글로벌 온라인 동영상 서비스(OTT) '넷플릭스(Netflix)'는 시간과 장소에 구애받지 않고 월 구독료 10달러만 내면 원하는 콘텐츠를 무제한으로 이용할 수 있는 새로운 경험을 제공하면서 구독사업의 패러다임을 바꾸었다. 구독경제의 형태 세 가지는 다음과 같다. ① 월 구독료 납부 후 상품을 일정한 날짜에 배송받는 '정기구독'모델, ② 일정한 금액을 내면 일정 횟수 또는 무제한으로 서비스를 이용하는 '무제한 구독'모델, ③ 매월 일정한 금액을 내면 품목을 바꿔가며 이용가능한 '대여(렌털)'모델이다.

또 미국 샌프란시스코의 병원 포워드는 월 149달러에 24시간 건강검진을 제공하고 있고, 신생 면도기 판매업체인 달러 쉐이브 클럽(Dollar Shave Club)은 월 1달러에 면도날 5개를 정기배송함으로써 폭발적인 사랑을 받으면서 크게 성장해 2016년 유니레버(Unilever)사에 10억 달러($1bn)에 매각되었다. 구독경제 세계 2위인 일본에서는 최근 먹는 것과 관련된 구독서비스가 인기다. 도쿄의 술집 체인인 '유유'는 월 3,000엔만 내면 술을 무제한 마실 수 있고, 도쿄의 커피체인 '커피 마피아'도 월 3,000엔에 무제한으로 커피를 마시는 서비스를 제공하면서 월평균 고객방문율이 20배나 높아졌으며, 주거구독의 경우 월 8만2,000엔을 내면 나가사키에 있는 하프 숙소 등 카페와 사무공간도 있어 주거뿐 아니라 업무공간으로도 사용하며 거주지를 여기저기 자주 옮겨 다니는 일본의 '도레스호퍼

구독경제 비즈니스 유형

	무제한형	정기배송형	렌털형
특징	언제, 어디서나 무제한 소비	정해진 날 상품 배송	품목 변경 가능, 사용 후 반납
품목	동영상, 게임, 소프트웨어 등 콘텐츠	셔츠, 면도기, 생리대, 휴지 등 생필품	자동차, 명품, 예술품 등 고가 제품
주요 서비스 사례	• 넷플릭스 • MS오피스 • 애플 아케이드 • 오리진 • 밀리의 서재 • 멜론	• 와이즐리 • 만나박스 • 꾸까 • CJ오쇼핑	• 현대 셀렉션 • 에피카 • 리본즈 • 오픈갤러리 • 핀즐

자료: 유진투자증권

족'을 겨냥한 '하프라'가 대표적이다.

우리나라에서 매주 셔츠를 수거세탁·배송해주는 서비스인 위클리셔츠(Weekly Shirts)가 젊은 직장인들 사이에서 인기를 끌고, 전자책 전문기업인 리디북스는 월정액을 지불하면 원하는 책을 마음껏 읽는 시스템을 운영 중이며, 식자재 전문유통 기업 마켓컬리는 새벽 배송 등 맞춤형 배송서비스 등을 통해 연 200%가 넘는 성장세를 보이고 있다. 또 위메프가 운영하는 W카페는 월 4만 9,900원의 구독료를 받고 한 달간 여러 지점에서 3시간마다 1잔씩 무료로 아메리카노를 마실 수 있다. 또 1인 가구나 원룸에 맞는 소형 공기청정기로 유명해진 클레어는 공기청정기에 내장된 인공지능(AI) 센서가 필터 상태와 기기 고장 여부 등을 감지해 사용자가 쓰는 휴대폰 애플리케이션(앱)으로 정보를 보내주는 정기구독 서비스 마이 클레어를 선보였다.

또 지금 유통시장에서 돌풍을 일으키면서 새로운 경제 트렌드로 자리를 잡아가는 구독경제는 반복적인 매출과 안정적인 현금 흐름을 발생할 수 있는 사업모델로 부상하고 있다. 산업계·증권가에서는 구독경제 모델이 모든 산업계로 확산될 것으로 관측한다. 미국의 시장조사업체인 가트너(Gartner)는 2020년까지 소프트웨어 공급업체 중 80% 이상이 구독 기반 비즈니스모델로 전환할 것으로 예상했다. 시장조사 업체 가트너는 2023년에 전 세계 기업의 75%가 구독서비스를 제공할 것이라고 예상했다.

Chapter 3

창업자에게 필요한 자질과 마인드

Chapter 3

1

보이지 않는 것을 볼 수 있는 통찰력(insight)

1) 통찰력(insight)의 중요성

통찰력(insight)이란 핵심을 간파하여 상황의 본질을 보는 능력으로, 새로운 사태에 직면했을 때 그 상황이 가져오게 될 결과를 명확하고 폭넓게 파악하고 대처하는데 필요한 본질을 꿰뚫어 보는 능력을 의미한다. 통찰력은 치열한 무한경쟁 시대의 생존을 위하여 문제의 본질을 파악하고 그 해결역량을 모색하는 필수 역량이며, 우리의 미래를 결정짓는 의사결정의 바탕이다. 또 기업 차원의 통찰력은 혁신기술들이 등장과 함께 이러한 기술들이 기존산업과 융합돼 새로운 시장을 창출할 기반일 뿐만 아니라 지속 성장을 보장받을 수 있는 중요한 핵심역량이라고 할 수 있다.

창업을 주도하는 CEO는 시시각각으로 발생하는 상황을 정확히 이해해야 할 뿐만 아니라 그 본질을 간파해야 하는 상황에 직면할 때 비즈니스의 성공을 이끈 비범한 통찰은 천재적 능력이나 우연한 행운의 결과가 아니라 지식과 경험을 바탕으로 문제의 본질을 재해석하고 재구성하려는 위대한 열정과 끈질긴 노력으로 빛나게 된다. 그래서 미래 분석가 말콤 글래드웰(Malcolm Gladwell)도 "지금 시대에 정확한 의사결정을 내리기 위해서는 경험과 통찰로 해답을 찾아야 한다"고 강조했다. 위대한 통찰(insight)은 세계최초의 금속활자를 발명한 것으로 알려진 구텐베르크(Gutenberg)와 조각·건축·수학·과학·음악·철학에 이르기까지 박학다식했던 레오나르도 다빈치 (Leonardo da Vinci)에게 위대한 발명가라는 타이틀을 선사했고, 애플의 창업자 스티브 잡스(Steve Jobs)와 GE의 전설적인 CEO 잭 웰치(John F. Welch Jr)를 가장 위대한 CEO로 만들었다. 특히 창업기업 CEO라면 고객이 원하는 건 드릴(drill)이 아니라 그 크기로 뚫린 구멍이라는 본질을 아

'통찰'하고 '융합'하고 '상상'하고 '창조'하라!

탁월한 리더는 빠르고 즉흥적으로 결정을 내리는 것 같은데도 왜 언제나 최고의 선택을 하는 것일까? 그 비밀은 바로 '핵심을 꿰뚫어 보는 통찰력'에 있다. 감각과 통찰의 시대, 한 치 앞을 내다보기 힘든 경영환경에서 리더는 매 순간 기업의 승패를 좌우하는 경계에 서 있다. 전 세계를 상대해야 하는 글로벌 선진기업일수록 '상상'과 '창의'를 핵심가치로 조직구성원들의 '생각하는 힘' 키우기에 전력을 쏟고 있다. '생각하는 힘'을 가진 인재만이 과거와 현재 그리고 앞으로 나타날 변화에 대해 폭넓고 깊이 있게 파악할 수 있으며, 그에 부합하는 앞선 기술과 놀라운 상품을 만들어 낼 수 있기 때문이다. 특히 신제품 개발, 새로운 시장의 창조, 마케팅 전략을 수립할 경우 통찰의 중요성이 더욱 커지고 있다. 리더의 잘못된 결정은 곧바로 기업의 명운을 위태롭게 만들기도 한다. 미래 비즈니스의 핵심은 인간, 즉 고객의 보다 나은 것을 바라는 문제를 해결하거나 욕구, 결핍을 간파해 내는데 있다. 트렌드를 읽고 미래를 내다보는 능력이 바로 모두가 갖고 싶어 하고 열망하는 통찰력의 힘이다.

오늘날 혼돈의 시대를 사는 리더의 결정은 곧 조직의 미래를 결정하는 바로미터가 된다. 조직의 리더는 현재 경쟁력을 가지고 있는 사업군의 관리 못지않게 미래의 먹거리를 만들어 내기 위한 경쟁력 있는 사업영역을 발견하고 새로운 상품을 만들어내야 한다. 이를 위해서는 현상을 파악하고 장기적 전망능력을 가진 리더의 통찰력이 과거보다 훨씬 더 중요한 경쟁력이 됐다. 통찰력은 모호함과 두려움 그리고 상상력과 판단력의 총합으로 결정되는 역량이다. 통찰력은 하루아침에 길러지지 않으며 오랜 경험을 통해 조금씩 쌓인다. 사람들 대부분은 성공과 실패의 경험, 지속적인 사색과 성찰 그리고 낯설음과의 만남을 통해 통찰력을 높여간다. 통찰력을 높이는데 유효한 방법은 세상의 보편성과 일상성에 대한 낯선 질문을 던지는 것으로 시작되고 디테일(detail)한 통계 속에서도 변화의 추세를 찾아내고, 거리의 작은 변화를 통해서도 다가올 미래를 예상할 수 있는 능력이므로 통찰력이 뛰어난 사람은 작은 변화에 대해서도 민감하다.

– 인사이트코리아, 2014.8.1.

는 것이 중요하다. 또 레블론 창업자 찰스 레브손(Revson)은 "공장에서 우리는 화장품을 만들지만, 매장에서는 '아름다워질 수 있다는' 희망을 판다"고 말했듯이 명목적인 상품 카테고리에 초점을 두면서 무엇을 팔지(what to sell)에만 매몰되지 말고, 고객들이 근본적으로 왜 사는지(why to buy)에 대하여 그 이유를 명확히 알아야 한다.

어느 순간 갑자기 섬광처럼 찾아오는 통찰의 순간, '번쩍'하고 핵심 아이디어가 떠오르는 순간이 바로 통찰의 순간이다. 어떤 사람들은 단번에 결정을 내리는 것 같은데 왜 매번 옳은 선택만 하고, 왜 어떤 사람들은 머뭇거리다가 마지못해 선택하는데 끊임없이 악수(惡手)를 두었다고 후회를 하는가? 결단력은 어떻게 키울 수 있으며, 단번에 핵심을 꿰뚫어 보는 통찰력은 어디에서 비롯되는 것일까? 인문학은 인간의 역사와 인간의 생각을 연구함으로써 시대를 읽고 미래를 내다볼 수 있는 통찰력과 상상력을 제공한다. 그러면 '통찰력'과 '직관력'은 어떤 차이가 있을까?

통찰력(洞察力, insight)은 현재 존재하는 현상이나 사물을 예리하고, 자세하게 판단하는 능력으로 오랜 경험과 수많은 사고의 훈련으로 단련된 무의식적이면서도 의식적인 판단을 말하며, 주로 이성의 영역에서 발휘된다. 이에 반해 직관력(直觀力, intuition)은 경험하지도 존재하지도 않은 현상이나 사물을 감각, 경험, 분석, 추리 등을 거치지 않고 직접적으로 판단하는 능력으로, 이성과 감정의 조화에서 발현된다. 이 두 가지는 상호보완적이지만 통찰력이 의식적인 영역에서 발휘되는 종합적인 능력이라면 직관력은 무의식의 영역에서 발휘되는 생각 또는 그 결과물이라고 할 수 있다.

오늘날 전 세계를 상대하는 글로벌 선진기업일수록 '상상'과 '창의'를 핵심가치로 삼고 조직구성원들의 '생각하는 힘(思考力量)' 키우기에 전력을 쏟는 이유는 '생각하는 힘'을 가진 인재만이 과거와 현재 그리고 앞으로 나타날 변화에 대해 폭넓고 깊이 있게 파악할 수 있으며, 그에 부합하는 앞선 기술과 놀라운 상품을 만들어 낼 수 있기 때문이다. 특히 신제품 개발, 새로운 시장의 창조, 마케팅 전략 수립에서 통찰의 중요성이 더욱 커지고 있으며 리더의 잘못된 결정은 곧바로 기업의 명운을 위태롭게 만들기도 한다. 최근 통찰의 주류는 학문적 소양이 아니라 통섭적인 능력으로서의 인문학적 활용성이 핵심인 인문학적 통찰이며 우리 선현들이 전하는 명문이나 주장, 이론을 그저 텍스트 속에서 깊이 있는 사색과 성찰을 통해 새로운 통찰을 이끄는 것이 핵심이다. 따라서 미래 비즈니스의 핵심은 보다 나은 것을 바라는 고객의 문제를 해결하거나 욕구, 결핍을 간파하는 것이고, 그러기 위해서는 한 걸음 뒤로 물러나 보통 사람과는 다른 관심과 관찰이 필요하다. 특히 생존과 성장의 갈림길에 선 초기 스타트업에게는 시장의 트렌드를 읽고 미래를 내다보는 능력이야말로 우선 획득하고 싶은 통찰력이다. 요즘처럼 기술적 차별화가 어려워지고 어디서나 지식을 얻을 수 있는 오늘날의 환경에서는 지식을 서로 연결하여 부가가치를 창출하는 인문학적 상상력이 무엇보다 필요하다. 스티브 잡스는 "애플은 인문학과 기술의 교차점에 있다"며 "소크라테스와 한나절만 있을 수 있으면 애플이 가진 모든 기술을 다 주겠다"고 했을 정도로 오늘날은 인문학을 아는 사람이 승리하는 시대다. 그러나 통찰력은 하루아침에 길러지지 않고 모호함과 두려움 그리고 상상력과 판단력의 총합으로 결정되는 역량으로, 성공과 실패의 경험, 낯설음, 그리고 지속적인

통찰력(洞察力, insight)의 의미

본다는 의미를 가진 여러 한자(漢字) 가운데 몇 가지 살펴보면, 그냥 본다는 의미의 견(見)과, 자세히 관찰한다는 관(觀), 그리고, 물리적인 눈으로 볼 수 없는 것을 본다는 진(診)도 있다. 마찬가지로 바다에 떠다니는 엄청난 크기의 빙산 가운데 물 밖으로 나온 부분인 빙산의 9.17%를 보는 것은 쉬운 일이지만 눈으로 볼 수 없는 나머지 90.83%를 보는 것이 통찰력이다.

사색과 성찰을 통해 조금씩 쌓을 수 있다. 통찰력을 높이는데 유효한 방법은 세상의 보편성과 일상성에 대한 낯선 질문을 던지는 것으로 시작된다. 너무도 당연시 해오던 것들, 왠지 어색하고 불편한 것들, 꼭 그래야만 한다고 관념화된 것들에 대해 불편한 질문을 던져 봄으로써 모호함과 두려움에 좀 더 가까이 다가갈 수 있다. 모호함과 두려움은 긴장으로 인해 보통사람들이 싫어하지만, 역설적이게도 대부분의 통찰은 모호함과 두려움 그리고 낯설음에서 발견되는 경우가 많다. 또 때로 통찰력은 디테일(detail)한 통계 속에서도 변화의 추세를 찾아내고, 거리의 작은 변화를 통해서도 다가올 미래를 예상할 수 있는 능력이기 때문에 통찰력이 뛰어난 사람은 작은 변화에 대해서도 민감하다.

세상 사물을 바라보는 좋은 눈에는 세 가지는 첫째 남보다 자세히 선명하게 볼 수 있는 눈인 '좋은 시력(視力)' 둘째 사물을 폭넓게 멀리 볼 수 있는 눈 '넓은 시야(視野)' 셋째는 '사물을 남보다 다르게 올바로 보는 눈인 다른 시각(視角)'이다. 시력·시야·시각을 통해 남들이 보지 못하는 것, 보이지 않는 것을 볼 줄 아는 능력이 기업가의 중요한 역량인 통찰력이다. 탁월한 기업가는 좋은 시력, 넓은 시야, 다른 시각을 가져야 하고 기존의 불합리한 관행과 질서를 찾고 불편과 불합리를 새로운 사고와 혁신적인 방법으로 해결하여, 새로운 사업을 일으키고, 그 결과로 돈을 벌고 또 사회 발전에 이바지할 수 있다. 기업가의 역할은 새로운 시력·시야·시각을 통해 이러한 불편과 고통, 문제를 찾아내고 새로운 지식과 기술, 사업을 통해 이를 해결하는 것이며, 이들 통해 사업은 지속적으로 발전할 수 있다. 특히 기업가들은 남들은 그냥 넘기고 마는 여러 불합리, 불공정, 불편, 고통, 기득권의 기존 질서에 반항하고, 이러한 문제들을 해결해서, 특정 분야에서 자신이 원하는 방향으로 세상을 바꾸려 한다. 세상을 바꾸는 힘, 기업의 지속 가능한 발전을 이끄는 힘은 기업가들로부터 나온다. 기업가형 경영자는 끊임없이 새로운 기회를 찾고, 생각을 현실로 바꾸는 해결 과정에 있다. 세상을 바꾸려는 기업가의 미래

비즈니스의 핵심은 더 나은 것을 바라는 고객의 문제를 해결하거나 욕구, 결핍을 간파해 내는 능력에 있다.

최근 정보통신기술의 발달로 경영자의 과학적 의사결정을 돕는 다양한 시스템들이 등장했지만, 분초를 다투는 경쟁 세계에서 경영자의 본능적 감각과 사물의 핵심을 꿰뚫어 보는 통찰력은 여전히 리더에게 의존할 수밖에 없는 결정적 능력이며, 특히 통찰력은 위기 때 결정적으로 빛을 발한다. 특히 앞으로 어떻게 행동해야 할 것인가 전체를 포괄적으로 아는 게 바로 통찰력이고, 이는 리더가 조직성장을 위해서 반드시 갖춰야 할 중요한 부분이다. 리더가 습득해야 하는 통찰력은 4차 단계가 있다. 첫째, 간파하기 단계이다. 리더는 상황을 액면 그대로 받아들여서는 안 된다. 대신 "핵심이 뭐야?"를 물을 줄 알아야 한다. 둘째, '그 이상을 보는' 단계이다. 리더는 우왕좌왕하며 단기간의 유행이나 흐름에 반응하지 말아야 한다. 대신 선로의 레일이 하나로 합쳐지는 지점 정도의 먼 앞쪽에 초점을 맞추고 "이 모든 것이 어디로 가고 있지?"라고 물어야 한다. 셋째 단계는 '내면 보기'이다. 이것은 예를 들어 고객이 뭔가 요구했을 때, 단순히 요구사항 자체뿐 아니라 요구사항 내면에 숨겨져 있는 것이 무엇인지를 파악하기 위해 애쓰는 것이다. 마지막 단계는 두 가지 측면을 모두 보는 것이다.

2) 통찰력(insight) 키우기

(1) 인문학(人文學, humanities)과 통찰력(insight)

최근 경영 분야에서 인문학에 관심이 집중되는 이유는 기업의 경영환경이 복잡할 뿐 아니라 변화가 급속하며 글로벌화도 빠르기 때문이다. 월스트리트저널(WSJ)은 기업이 이런 변화에 적응하기 위하여 갈수록 단편적인 지식보다는 인문학이 가진 종합적인 사고력과 문제해결 능력, 국제적 감각을 가진 인재를 요구하게 될 것이라는 전망이다. 특히 세상의 모든 것은 끊임없이 빠르게 변하므로 개인과 기업도 끊임없는 세상 변화에 적절히 대처하여야 하지만, 그 변화의 속도가 빛의 속도(speed of light)라서 우리가 알아차리기도 전에 지나가 버리는 경우가 허다하다. 그런 변화의 소용돌이 속에서 정체성 혼란을 겪고, 변화의 속도에 멀미를 느낄 경우, 먼저 그 변화를 투명하게 보고 인지할 수 있는 통찰력이 필요하지만 안타깝게도 청년들이 그런 통찰력을 습득한다는 것은 어렵고 먼 나라 이야기다. 특히 4차 산업혁명이 화두가 된 오늘날 사람이나 기업·국가 등 삶의 모든 경영에서 가장 시급하고도 긴요한 것이 바로 통찰(洞察)의 힘이고, 통찰의 힘을 기르는 데 최고의 자양분이 바로 인문학이다. 인문학(humanities)은 생존의 필요조건인 공통의 가치관이고, 품격 있는 삶을 위한 최소한의 조건이다.

멋진 삶을 개척하고 초기 비즈니스를 성공적으로 펼치기 위하여 불확실성의 벽을 넘어 새로운 비전과 돌파구를 찾고자 할 때, 우리에게 진정으로 필요한 것은 세상을 꿰뚫어 보는 혜안과 통찰력, 창조와 상상력의 지혜, 사람에 대한 이해와 인간적인 향기다. 이러한 자질의 자양분이 바로 인문학이고, 이것이 지금 우리가 문(文)·사(史)·철(哲)에 주목해야 하는 이유다. 특히 수백, 수천 년의 인류 역사를 통해 살아남은 지혜의 보고(寶庫)인 인문고전은 상상력과 무한한 창의력을 샘솟게 하는 샘물이다. 현대문명을 창조한 두 축은 인문적 상상력과 과학의 힘이라고 볼 수 있다. 만약 인문적 상상력이 없다면 문명이 나아갈 목표와 방향을 잃게 될 것이고, 과학의 힘이 없으면 우리의 모든 꿈과 상상력은 백일몽으로 끝날 것이다. 특히 앞으로 과학을 이끌어가는 핵심은 인문적 상상력이며 그 핵심을 일찍 깨달아 통찰력을 강조한 시카고대학교(Chicago University)는 고전 위주의 독서목록을 만들어 교육하면서 100여 년 동안 노벨상 수상자 84명을 배출해 노벨상 명문 학교로도 유명하다. 시카고대 학생들은 2년 동안 인류의 고전 100권을 필독서로 선정해 학생들에게 가르치는 폭넓은 교양과목을 공부하도록 '리버럴아츠 프로그램(Liberal Arts program)'을 실행하였고 학생들이 고전교육을 받은 후 시카고대에서 노벨상 수상자가 쏟아지기 시작했다.

통찰력(洞察力)을 가져라

"각 기업의 경영자들은 이제 경영학을 넘어 인문학에서 새로운 통찰을 구하고 있다. 즉 文(문)·史(사)·哲(철)로 표현되는 인문학적 깊이가 '건널 수 없는 차이와 통찰'을 가져다 준 것이다. 특히 역사를 바르게 인식하고 그 속에서 현재, 그리고 나를 돌아보는 힘을 갖는 것은 인문학적 사고의 출발이다."

– 유종안의 〈대한민국 브랜드 파워〉에서

우리가 살아가면서 어느 순간 문득 멍해지는 순간이 있다. 갑자기 막막함을 느낄 때, 사는 일이 너무나도 공허해 맥이 빠질 때, 삶의 허기를 느낄 때 인문학이 필요하고, 우리 사회가 복잡하고 초고속으로 변화하면서 미래를 예측할 수 없는 혼돈의 시대에도 인문학적 사고와 성찰이 중요하다. 생존의 의미, 새로운 눈으로 길을 찾는 것, 가난함과 부유함, 사람됨을 뒤집어보고 깊이 바라보는 안목이 인문학의 주제다. 인문학은 구체적 삶 속에서 우러나오는 공부로 구체적으로는 '어떻게 사는 것이 나답게 사는 것인가?', '가치 있게 살려면 어떻게 해야 할까?', '어떤 삶이 행복한 삶인가?' 등의 질문으로 이어진다. "어떻게 살 것인가?"에 대한 공부는 자신을 돌아보게 하고 새로운 삶의 방식에 눈뜨게 한다. 고대 그리스 철학인 소크라테스(Socrates)가 위대한 이유도 '너 자신을 알라!'처럼 위대한 질문을 던졌기 때문이다. 위대한 질문은 가장 근본적인 것에 대해 가장 구체적으로 묻는다. "나는 누구인가? 우리 조직은 무엇을 하는 조직인가?" 등 어리석어 보이는 게 위대한 질문들의 특징이다. 소크라테스는 "성찰하지 않는 삶은 살 가치가 없다"고 했다. 내 삶의 의미는 내가 얼마나 많이 소유하고 있는 데서가 아니라 얼마나 자신의 삶을 진실되게 반추하며 살아가느냐에 달려 있다는 것이다. 한국의 대표기업 삼성그룹을 창업한 호암 이병철 회장 또한 "내 모든 경영비법은 논어(論語)에서 나왔다"고 설명했고, 독서광 MS의 빌게이츠(Bill Gates)도 "인문학 없이는 나도, 컴퓨터도 있을 수 없다"며 인문학을 통해 창조와 상상의 세계가 가능했음을 강조했다.

또 인문학적 케이스 스터디(case study)는 경영학과는 달리 곧장 해결 방법을 제시해주지 않는다. 경영학 서적이 기업의 공통적 고민에 대한 모범 답안을 즉각 제시하는 형식이라면, 인문학 서적은 내가 가진 목표에 대한 답을 찾아가는 과정과 방법을 알려주므로 인문학을 공부하면 현실 적응력이 높아지고 포괄적인 문제해결 역량도 커진다. 이런 능력이 쌓인 CEO는 점차 통찰력을 바탕으로 기업의 생사를 좌우하는 높은 수준의 의사결정을 할 수 있게 되면서 미래를 창조할 수 있는 더 향상된 통찰력이 쌓이게 된다.

(2) 책과 신문을 통한 통찰력(insight) 키우기

통찰력(insight)이란 보이지 않는 것이 보이는 것을 지배한다는 특성을 갖는다. 지식사회에서 제대로 살아가기 위해서 많은 지식을 확보하는 것이 매우 중요하고 방법도 다양하다. 우선 직접 경험을 통하여 체득하는 방법과 강의 및 전문가와의 토론을 통한 지식습득, 책이나 신문기사를 통한 지식습득, 학문을 연구하면서 지식을 습득하는 방법이 있고, 인터넷 서핑을 통한 지식습득 등 다양하다. 그 가운데 책을 통한 지식습득은 새로운 세계에 눈을 뜨게 하고 우리에게 문제의식을 갖게 해주며 사람을 변화시킬 수 있는 가장 중요한 도구라 할 수 있다. 지식습득의 올바른 방법은 책을 읽어서 이해하고 다시 자신의 것으로 흡수하는 것이다. 특히 CEO들은 항상 올바른 의사결정을 해야 하므로 책을 읽으면서 사색을 많이 하고 거기에서 아이디어를 많이 도출해 내는 순환과정에서 통찰력을 배양하는 것이 필요하다.

미국의 33대 대통령 해리 트루먼(Harry S. Truman)은 "모든 리더(Leader)는 리더(Reader)이다"라고 말했다. 역사적으로 거의 모든 위대한 지도자들이 지닌 공통적인 특징은 엄청난 독서가들이었다. 국가와 조직을 이끄는 리더가 되려면 그만큼 많은 사람을 이끌고, 이해하고, 설득시킬 수 있는 혜안과 철학, 관용이 필요하며 이를 위해서는 독서만한 것이 없다는 의미다. 책을 많이 읽은 사람들이 모두 리더(Leader)가 되는 것은 아니지만 대부분의 성공한 리더는 책을 많이 읽은 사람이라는 말에 공감된다. 실제 지도자가 되려면 더 많이 읽고, 더 많이 듣고 그 조각들을 폭넓게 이해하고 실천하면서 머리로 배우는 학(學)의 단계를 넘어 본질을 익히는 습득(習) 수준에 도달해야 포괄적인 지혜를 얻을 수 있다. 나폴레옹은 전쟁터에서도 말 위에 앉아 책을 읽었다고 한다. 나폴레옹이 사람들에게 전쟁광이 아닌 영웅으로 남을 수 있었던 까닭은 대(大)문호 괴테(Johann Wolfgang von Goethe)와 음악가 베토벤(Ludwig van Beethoven)까지 감동시킬 정도로 뛰어난 학식과 교양, 예술적 감각이 있었기 때문이었다.

또 초등학교도 졸업하지 못한 에디슨(Thomas A. Edison)은 영감을 얻기 위해 항상 책을 읽고, 일기를 쓰고, 습관적으로 메모했다고 한다. 신문과 책, 자료를 통해 얻는 정보는 메모를 남기는 과정에서 창조적으로 바뀔 수 있기 때문이다. 또 세계적 투자자 워렌버핏(Warren Buffett)의 하루는 읽는 것으로 시작해서 읽는 것으로 끝날 정도로 일반인들의 5배 이상 되는 독서력을 자랑하는 독서광이다. 또 구글의 에릭 슈미트(Eric Emerson Schmidt) 회장 역시 매주 책 1권은 독파하는 공부벌레다. 하루가 다르게 변화하는 세계시장을 명철한 시각으로 보기 위해선 "책(book)의 위력에 의존하지 않을 수 없다"는 게 그의 설명이다. 역사를 돌아보면 성공한 사람들 뒤에는 늘 책이 있었고 대부분의 글로벌 리더들은 책 읽기를 무척 즐기는 사람들이었다. 리더는 책과 신문을 통해서 아이디어를 얻고, 인생과 경영, 정치를 읽어낸다. 또 미국의 대표적인 미래학자 앨빈 토플러(Alvin Toffler)는 "내 통찰력의 뿌리는 바로 끊임없는 독서와 사색이다. 그리고 책과 신문을 읽고, 다양한 경험을 하는 것이다"고 밝혔다. 그는 매일 아침 6~7종의 신문을 읽는 것으로 하루를 시작하느라 손끝이 까매진다고 했다. 통찰력을 갖추려면 정보를 수집하기 위한 독서, 획득한 정보를 체계화하고 분석·평가하기 위한 사색, 그리고 현실에 적용해보는 경험이 필요하다. 우리가 생활하면서 때때로 얻게 되는 조각 지식들은 살아가면서 순간순간 도움은 되지만 전반적인 상황이나 앞날을 예측하고 대처하기에는 부족하다. 그 조각들을 전체적으로 꿸 수 있는 내공이 축적된 후에야 전체 흐름과 본질을 읽게 되는 것이다.

신문읽기의 효과

한림대 최영재 교수팀의 연구에 따르면, 평소에 신문을 열심히 읽는 대학생은 사회 지식도 많고 공부도 잘한다고 분석했다. 신문읽기는 매일의 정보뿐만 아니라 세상에 대한 안목을 넓혀준다. 특히 세상을 보는 자신만의 관점을 갖고 주관 있는 글쓰기나 발표력을 향상시키기 위하여 반드시 필요하다. 어릴 때부터 신문을 읽고 스크랩을 한다면 그 아이가 자라 청소년과 대학생, 나아가 사회인이 될 때 세상의 일에 대해 자신의 생각을 갖게 하고 나아가 비판적인 관점을 심어주는 데 최고의 무기로 작용할 수 있기 때문에 신문은 세상을 보는 창문 역할도 한다.

위대한 인물들의 공통점 가운데 하나는 바로 신문 읽기다. 마이크로소프트 창업자 빌 게이츠(Bill Gates)나 미래학자 앨빈 토플러(Alvin Toffler) 등의 세계적인 인물들이 미래의 핵심인재가 되기 위한 비결로 하나같이 신문 읽기를 권한 이유는 신문읽기 속에 우리가 살아가는 데 필요한 지혜나 지식, 정보들이 모두 들어 있기 때문이다. 오늘날 혼돈 속에서도 비전을 찾아 미래를 준비하는 청년들은 더욱 종이책과 종이신문, 메모와 마인드맵 등을 통해 사색의 힘을 길러야 한다. 전통적인 정보전달 매체인 책과 신문, 그리고 깊이 있는 생각의 힘이 통찰력의 바탕이므로 청년기에는 검색보다 사색이 절실하고 세상 보는 눈을 깨쳐야 뛰어난 통찰력을 얻을 수 있게 된다.

신문기사에도 다양한 컨텐츠가 담겨 있어 책 못지않은 깊은 성찰(省察, Reflection)을 얻을 수 있다. 신문을 읽는 것은 논리적인 사고력뿐만이 아니라 생각을 조리 있게 표현하는 능력까지 길러주며, 더 성숙한 인간으로 이끄는 선생님의 역할을 한다. 신문은 폭넓은 교양 및 토론 잘하는 방법의 기반이 될 뿐만 아니라, 세상을 보는 안목, 환경, 예술적 감수성, 인격 등을 공부할 수 있어 우리의 삶을 결정하는 가장 큰 공부 자료가 될 수 있으므로 신문을 통해 정치와 경제, 사회, 교육 정책 수립에 대해서도 배울 수 있다. 김태환 코오롱생명과학 사장은 최근 "신입사원들을 선발할 때 한 주제를 던져놓고 물어보면 단답식으로만 답하고 아는 게 없다"며 "심지어 프레젠테이션을 시켜보면 인터넷 내용을 짜깁기해 발표하는 경우가 있는데 이건 말이 안 된다"며 놀라 했다.

2

성공창업의 기반, 소통과 인간관계(relationship)

사람은 혼자서 살 수 없는 사회적 동물이기 때문에 주변의 도움 없이 오직 자신의 힘만으로 살아가는 사람은 없다. 인간관계에 대한 고민 없이 살 수 없고 어떤 분야에서건 인간관계가 원만치 않은 사람은 성공할 수 없으므로 성공하려면 사회를 구성하는 사람들과 원만한 관계 속에서 협력하는 관계를 유지해야 한다. 특히 창업 및 취업 그리고 비즈니스와 인생성공의 열쇠 또한 인간관계(relationship)이고, 인간관계에서는 특히 빼어난 언변보다 상대를 존중하는 마음과 진정성 및 신의(信義)가 중요하다. 식사 후 한발 앞서 적극적으로 밥값을 계산하는 이는 돈이 많아서 그런 것이 아니라, 돈보다 관계를 더 중히 생각하기 때문이고, 일할 때 주도적으로 하는 이는 바보라서 그런 게 아니라 책임을 알기 때문이며, 다툰 후 먼저 사과하는 이는 잘못해서 그러는 게 아니라 당신을 아끼기 때문이라는 말에 공감하게 된다.

우리는 태어나면서부터 많은 사람들을 만나고, 사회생활을 하면서 지속적이고 필연적으로 인간관계를 맺으면서 살게 되며 사람과의 관계에서 모든 성공은 시작된다. 사람들은 삶의 궁극적인 목표를 행복이라고 정하고, 또 성공이라는 중간 목표를 설정하고, 성공을 실현하는 과정에서 가장 중요한 요인은 좋은 인간관계이므로 더 풍요로운 생활, 더 많은 친구, 더 큰 성공 그리고 행복에 이르는 만능열쇠가 바로 인간관계 기술인 셈이다. 특히 좋은 인간관계는 인격적인 관계, 즉 어떤 형태로든 주고받는 상호작용으로 상호 존중의 관계, 어떤 형태로든 상호 간의 도움이 되어야 하지만 그렇지 못할 상태가 계속된다면 결국 관계가 깨질 수밖에 없다. 우리는 스스로 자신을 있는 그대로 인정하고 자신이 세상에서 가장 중요한 사람이라 느낄 때 내 주변 사람들에게도 그렇게 대하게 되고 그런 바탕이 좋은 인간관계의 기초가 될 수 있다. 또 우리는 사회생활 과정에서 때로는 한마디 말로 상처를 받기도 하고, 말 한마디로 힘과 용기를 얻기 때문에 말(소통)과 인간관계는 상당한 어려움이 있더라도 소홀히 할 수 없다. 우리는 일상생활 속에서 수많은 사람들을 만날 때 좋은 인간관계의 기본은 자신이 원하는 것을 상대로부터 얻고, 상대가 바라는 것을 주는 것이다. 상대에게 아무것도 주지 않고 자신이 원하는 것만 취하고자 한다면 그 관계는 오래 지속될 수 없다.

신뢰와 소통이 창업의 시작이다

사람의 첫 이미지는 앞으로의 관계에 있어서 굉장히 중요한 역할을 한다. 어떤 분야에 종사하는 사람이건 신뢰의 문제는 다 중요하지만 특히 창업을 하고, 사업을 꿈꾸는 예비 창업인들에게는 더욱 중요한 인성과 자질이라고 할 수 있다. 벤처1세대 멘토링센터 최대양 CEO멘토의 많은 경험은 "사업은 혼자 하는 것이 아니다. 직원·고객들과 항상 호흡하면서 소통하는 마음의 자세가 필요하다"라는 '신뢰와 소통'으로 압축된다. 사업하는 사람들 모두 인식하고 있는 부분이지만 실상 그렇지 못한 경우가 많다. 특히 창업으로 사업을 시작하는 상황일수록 소통의 중요성을 더욱 인식할 필요가 있다. 같은 맥락으로 최 멘토는 '예의'를 예비창업자들이 갖추어야 할 덕목으로 강조했다. 사업은 인간관계를 통해 이루어지는 것이기 때문에 많은 사람들과 좋은 네트워크 관계를 유지하는 것이 신뢰를 주는 방법이라는 것이다. 그는 지난 2000년에 미래기술인 IPv6 기술분야의 제품을 개발하면서 본격적인 사업을 시작했다. 그 이후 2003년, 세계최초로 IPv6 레디로고를 획득하고 이를 기반으로 창업투자회사로부터 투자를 받았을 때 성공 가능성에 어느 정도의 확신이 들었다고 한다. 하지만 IPv6 시장이 급변하면서 관련 기술을 대체할 수 있는 신기술이 등장하게 됐고, 결국 이는 회사경영의 큰 어려움을 초래했다. 다행히 M&A를 통해 회사의 기술과 개발인력을 승계할 수 있었지만 중소기업으로서 미래기술과 관련한 사업을 진행할 때, 관련된 시장의 흐름을 읽을 수 있는 능력이 중요하다는 것을 뼈저리게 느꼈다. 최 멘토는 "창업하려는 사람들 대부분은 성공만을 생각하는 경향이 있지만 예상치 못한 변수와 사업환경이 언제, 어떻게 찾아올지 모른다. 따라서 성공적인 창업과 회사경영을 위해선 먼저 본인 스스로 창업자의 자질이 있는가를 스스로 깊이 생각해보고, 이에 걸맞는 자질과 능력을 구비해야 한다"고 강조했다.

– 머니투데이, 2014.1.23.

"대화를 잘하는 사람이 되기 원한다면 다른 사람의 이야기를 열심히 듣는 사람이 되어야 한다."

– 데일 카네기(Dale Carnegie), 데일 카네기의 인간관계론 저자, 컨설턴트

성공의 원인에 관한 미국 카네기 연구소(Carnegie Institution)의 연구결과, 경제적으로 성공한 사람들 가운데 15%는 자신의 기술적 지식(능력)에 의한 성공이고, 나머지 85%는 인간관계, 즉 사람들과 좋은 관계 능력 때문에 성공을 거두었다고 한다. 이 연구결과는 15%의 사람들은 남들보다 뛰어난 능력(뛰어난 법률 지식, 뛰어난 회계지식)으로 성공할 수 있었으나 85%의 사람들은 자신의 생각을 잘 표현하고 다른 사람의 생각을 잘 받아들여서 사람들과 함께 원만하게 잘 지내는 능력 때문에 인생에서 성공한다는 것이다. 또 일을 잘하는 사람들이 대체로 좋은 인간관계를 갖는 것을 보아도 성공적이고 행복한 직장생활을 위해 필요한 것은 뛰어난 업무수행 능력뿐 아니라 원만한 대인관계라는 것을 알 수 있다.

또 창업기업의 성공과정에도 구성원 간 소통과 좋은 인간관계를 기반으로 한 협력이 매우 중요하며, 미국 인터넷 매체 허핑턴포스트(The Huffington Post) 자료를 토대로 마음을 터놓는 관계를 형성하는 방법을 살펴보면 다음과 같다. ① 마음의 소리를 들어주는 사람이 되라. 우정이 연애나 결혼보다 더 오래 지속될 수 있는 이유는 서로 진솔하게 함께하고 상대의 의견을 들어주기 때문이다. 마음의 소리를 들으려고 하는 의지가 있으면 다른 사람의 생각을 충분히 듣고 이해할 수 있다. 조용히 마음의 소리를 듣는 것이 실제로는 그 어떤 조언보다 더 많은 문제를 해결할 수 있다. ② 작은 친절을 베풀면 큰 보답이 돌아온다. 매일 작은 친절을 실천할 계획을 세워보라. 꽃을 보낸다거나 특별한 커피를 사 간다거나 전화로 감사의 인사를 하는 것 등이다. 이는 당신의 마음이 열려있게 하고 당신이 친절한 사람이라는 것을 보여주기 때문이다. 많은 사람들은 누군가

의 말과 행동이 일치하는 것을 매우 중요하게 여긴다. 당신의 관심사에 대해 말하고, 그것을 표현하는 것도 포함된다. 사소한 것에 관심을 가지고 베풀게 되면 시간이 흐른 뒤 많은 것을 얻을 수 있는 관계를 형성할 수 있다. ③ 약속을 잘 지켜라. 마음과 마음을 터놓는 관계에서 가장 중요한 것은 신뢰이다. 오랫동안 지속된 관계가 신뢰가 무너지는 사소한 한 가지 때문에 깨지는 일은 많다. 어떤 사람이 무엇을 하겠다고 말을 해놓고 자신이 말한 대로 행동을 하면 신뢰가 쌓이겠지만, 그러리라고 믿었는데 그 약속을 지키지 않았다면 결국 신뢰는 무너지게 되고 그 사람의 말을 계속 신뢰하지는 않을 것이다.

> "제가 가진 최고의 자산은 부하직원들에게 열의를 불러일으키는 능력이라고 생각합니다. 사람이 가지고 있는 최고의 능력을 끌어내는 방법은 인정과 격려입니다. 저는 그 누구도 비판하지 않습니다. 저는 일하고 싶은 동기를 부여해야 한다고 믿습니다. 그래서 저는 칭찬하고 싶어 하고, 흠잡으려 들지 않습니다. 제가 정말 좋아하는 것이 있다면 진심으로 칭찬하며 그 칭찬을 아끼지 않는 것입니다."
>
> – 데일 카네기(Dale Carnegie)의 〈인간관계론〉 중 '인간관계의 중요한 비결'에서

미국 CNBC방송과 하버드대학교 연구팀은 장기간의 연구를 통해 삶을 가장 윤택하게 만드는 것은 좋은 인간관계고, 사람을 죽음에 내모는 것은 외로움이라는 결론을 도출했다. 연구책임자 로버트 월딩거(Robert Waldinger) 박사는 "가족과 친구, 공동체와의 관계를 중시하는 사람들이 좀 더 행복하고 성공적인 삶을 영위하게 된다는 것을 알 수 있었다"고 말했다. 1938년부터 성인의 삶에 관한 연구를 시작, 724명의 대상자들을 엘리트 집단과 빈민가 집단 두 그룹으로 분류해 삶을 추적해온 하버드대 연구팀은 세 가지 결론을 도출했다. 첫 번째 삶을 가장 좋게 만드는 것은 인간관계라는 것, 두 번째 인간관계의 양보다는 질이 중요하다는 것, 세 번째 좋은 인간관계는 기억력까지 높인다는 것이다. 연구책임자인 로버트 월딩거(정신과 의사) 박사는 "우리 연구는 가족, 친구 그리고 공동체와의 관계를 중시하는 사람들이 좀 더 행복하고 성공적인 삶을 영위한다는 것을 보여주고 있다"고 밝혔다. 결론적으로 행복과 성공의 잣대는 경제력이 아

노자에게서 배우는 인간관계 5계명

- 첫째, 진실함이 없는 아름다운 말을 늘어놓지 말라. 남의 비위를 맞추거나 사람을 추켜세우거나 머지않아 밝혀질 사실을 감언이설로 회유하려는 사람이 너무나 많다. 그러나 언젠가는 신뢰받지 못하여 사람위에 설 수 없게 된다.
- 둘째, 말 많음을 삼가라. 말이 없는 편이 좋다. 말없이 성의를 보이는 것이 오히려 신뢰를 갖게 한다. 말보다 태도로서 나타내 보여야 한다.
- 셋째, 아는 체 하지 말라. 아무리 많이 알고 있더라도 너무 아는 체 하지 않는 편이 낫다. 지혜 있는 자는 지식이 있더라도 이를 남에게 나타내려 하지 않는다.
- 넷째, 돈에 너무 집착하지 말라. 돈은 인생의 윤활유로서는 필요한 것임은 틀림없다. 그러나 돈에 집착한 채 돈의 노예가 되는 것은 안타까운 노릇이다.
- 다섯째, 다투지 말라. 남과 다툰다는 것은 손해다. 어떠한 일에나 유연하게 대처해야 한다. 자기의 주장을 밀고 나가려는 사람은 이익보다 손해를 많이 본다. 다투어서 적을 만들기 때문이다. 아무리 머리가 좋고 재능이 있어도 인긴관계가 좋지 않아서 실패한 사람도 많다

닌 관계성에 있다. 가난하더라도 관계성이 좋으면 행복하고 부유하더라도 관계성이 나쁘면 불행하다. 관계성은 곧 상대방을 배려하고 존중하는 소통을 뜻하며 인간관계가 좋은 사람들은 건강했고, 더 장수했다고 말했다. 사람은 태어나서 죽는 순간까지 관계 속에 살아가게 되며 그 과정에서 부딪히는 가장 큰 문제 역시 인간관계다. 인간은 자기를 좋아해 주는 사람을 좋아하고 자기를 싫어하는 사람을 싫어하는 속성을 가진 사람들 사이에서 나의 존재가치를 확인한다. 따라서 성공적인 사회생활을 위해서는 인간관계를 잘할 수 있는 기술이 필요하다. 그래서 우리는 좋은 인간관계의 첫걸음으로 누구를 만나든 항상 먼저 미소를 지으며 인사하라', '내 욕심보다는 상대를 먼저 이해하고 배려하라', '대화할

때는 상대방 처지에서 배려하고 장점을 찾아 칭찬하는 것, 상대방을 비판하거나 비난하지 않는 것, 그리고 매사에 불평하지 않고 긍정적으로 생각하는 것 등이 인간관계를 잘하는 비결이다.

창업 CEO는 고객과 협력업체, 직원들과의 관계를 모두 성공적으로 이끌어야 하며, 고객과 거래처, 직원들과 지역주민들의 관계에서 어느 한 가지라도 없으면 관계가 성공적으로 지속할 수 없기 때문이다. 또 리더에게는 리더십이 요구된다. 인간관계론 저자 데일 카네기(Dale Carnegie)가 말하는 리더십의 핵심은 '존중(respect)'이다. 아무리 실수한 직원에게라도 직접 비판하지 않고 칭찬과 감

직장인을 위한 인간관계

① **경청하자** 인간관계는 경청에서부터 시작된다고 해도 무방할 정도로 상대방의 말을 경청하는 것은 매우 중요하다. 경청은 곧 상대방에게 관심이 있다는 것이고, 기본적인 공감의 방법이기 때문에 인간관계 유지에 도움이 된다.

② **긍정적으로 말하자** 부정적인 표현은 자신뿐만 아니라 상대방에게도 불쾌한 기분을 줄 수 있다. 긍정적인 말을 듣는 것만으로도 기분을 좋게 만든다.

③ **예의 지키자** 친한 관계일수록 서로 예의는 더욱 지켜져야 하는 것은 당연하다. 친한 관계라고 소홀히 대하거나 진지한 이야기도 가볍게 넘기고 뒤에서 친한 상대를 깎아내리는 행동은 좋은 인간관계를 만들어 갈 수 없다. 더 배려하고, 양보하면서 좋은 관계를 계속 이어나가야 한다.

④ **자신을 진심으로 사랑하자** 자신을 사랑하며 행복하게 하지 못하게 하면 다른 사람도 행복하게 할 수 없다. 자존감이 뒷받침이 되어야 건강한 인간관계를 만들 수 있고, 진심으로 자신을 사랑할 때 자존감이 생기게 된다. 자신을 먼저 사랑하자.

⑤ **상대의 의견 존중하자** 사람은 보는 것, 말하는 것, 생각하는 것이 모두 다르기 때문에 친한 사이라고 할지라도 의견이 다를 수 있다. 자신의 생각과 맞지 않다고 강요하거나, 상대를 자신에게 맞추려고 힘들이지 말고 상대를 인정하고, 존중하는 마음을 가져야 한다.

사의 말로 대화를 시작함으로써 체면을 세워주고 본인의 잘못을 깨닫게 해주라고 말한다. 또 사람들은 사회생활을 하는 데 성공적인 인간관계를 필수 덕목으로 여기면서도 '일보다 인간관계가 더 어렵고 힘들다'고 말한다. 주변에서 회사를 그만두는 사람들에게 물으면 표면적인 사직의 이유로 연봉, 근무여건 등을 말하지만 정작 속내를 들어보면 이직의 가장 큰 이유는 인간관계의 실패 때문이라고 하니, 인간관계는 직장이나 비즈니스 세계 등 모든 분야에서 성패를 좌우하는 결정적인 요소임은 틀림없다. 특히 '좋은 인간관계를 맺는 7가지 습관'을 살펴보면 ① 자신을 잘 관리하라. ② 비난·비판·불평 등 '3비'를 절대 금하라. ③ 정중한 예의를 갖춰라. ④ 상대방을 존중하고 체면을 세워줘라. ⑤ 상대방의 말을 잘 들어줘라. ⑥ 인색하지 마라. ⑦ 상대방의 필요를 채워주고 배려하라 등을 제시한다. 특히 이 가운데 '인색하지 마라'는 것은 돈을 잘 써야 한다는 말이다. 돈을 잘 쓰면 그 돈이 사람을 빛나게 하지만, 인색하면 사람들과의 관계가 더 좋게 발전할 수 없다.

주변 사람들의 성공을 도와라

"주변 사람들을 부자로 만들지 않고서 부자가 되는 사람은 없다." 그러므로 진정 성공하고자 한다면 먼저 당신의 주변 사람들이 성공하도록 도와라. 당신이 가진 능력, 열정, 희망, 비전을 주변 사람들과 나누면 사람들은 자기가 가진 에너지를 당신에게 나눠줄 것이다. 내가 누군가의 성공을 위해 열심히 도와주는 것은 곧 나의 성공을 위해 도와줄 사람들의 숫자를 늘리는 것과 같다. 나를 위해 최선을 다해줄 사람들을 원한다면, 내가 먼저 남을 위해 최선을 다해야 한다. 이렇게 서로가 서로에게 최고의 조력자가 될 때, 한 사람 한 사람의 긍정적인 에너지가 모여서 커다란 힘을 발휘하게 된다.

– 강철왕 앤드류 카네기(Andrew Carnegie)

3

창업가의 올바른 마인드(mind)

1) 주인의식(ownership)과 창업 에너지

(1) 주인의식(ownership)의 본질

주인의식

Ownership

주인(主人)은 어떤 대상이나 물건을 소유한 사람, 또는 조직이나 단체를 책임감으로 이끌어가는 사람이고, 주인의식은 자신이 하는 일을 좋아하고, 책임을 다하는 것이다. 주인의식을 가진 사람은 자신이 삶과 역사의 주인이라는 것을 알기 때문에 주체적으로 생각하고 결정·진행하며, 그 결과에 대하여 자신이 책임지려 하므로 스스로 즐겁게 일하고 일에 최선을 다한다. 옛말에 "앉은뱅이 주인이 건장한 머슴 10명 몫을 한다"는 말은 수동적인 마인드를 가진 머슴에게는 주인만큼의 창의력이나 결단력 그리고 끈기를 갖기 어렵다는 의미이다.

또 편의점의 아르바이트생 점원은 6개월 넘게 일해도 상품가격을 혼동하기 쉬운데, 초등학교만 다닌 편의점 주인은 일주일 만에 점포 내 물건의 원가, 판매가격, 재고량까지 모두 기억하는 것을 보더라도 그 차이는 주인의식을 빼고 설명할 수 없다. 주인의식을 가진 사람은 남의 일을 하면서도 백 명 중 한둘은 주인처럼 생각하고 받는 시급보다 많은 일을 즐겁게 하다 훗날 진짜 오너(owner)가 되지만 자신이 하는 일이 남의 일이라는 인식을 가진 직원은 끝까지 점원의 자리에 머무는 경우가 일반적이다.

사례를 보면, 대한민국 최고의 기업 현대그룹을 창업한 고(故) 정주영 회장은 사회생활 초창기에 인천부두 하역 일꾼, 공사판 막노동꾼, 엿 공장 심부름꾼을 거쳐 신당동의 쌀가게 '복흥상회'의 배달원으로 취직하여 배달 일을 하였다. 이때 적당히 일하지 않고 배달하는 중간에도 정리정돈, 청소, 외상값 관리 등 주

주인의식과 머슴 근성

① 주인은 자기 일이니까 열심히 하지만, 머슴은 새경(급여)을 받기 위해 일한다.
② 주인은 힘든 일도 즐겁게 하지만, 머슴은 쉬운 일도 억지로 한다.
③ 주인은 일이 힘들어도 보람을 위해 참고 도전하지만, 머슴은 힘든 일은 피한다.
④ 주인은 미래를 생각하지만, 머슴은 오늘만 생각한다.
⑤ 주인은 사소한 일도 꼼꼼히 챙기지만, 머슴은 나의 일이 아니면 관심이 없다.
⑥ 주인은 남의 눈치보다 소신껏 일하지만, 머슴은 남의 눈치를 보면서 일한다.
⑦ 주인은 손해를 보더라도 필요한 일을 하지만, 머슴은 자신에게 불리하거나 손해 볼 일은 눈곱만큼도 하지 않는다.

– 조관일, 〈비서처럼 하라〉 중에서

인처럼 책임감 있게 일했고, 주인으로부터 큰 신임을 얻어 1937년 근무하던 쌀가게를 인수하면서 처음으로 사업의 주인이 되었다. 같은 일을 하더라도 주인의식을 가지고 일하겠다고 생각을 바꾸면 업무가 전혀 다르게 보이므로 주인의식을 가진 종업원은 하루하루 자신의 일과 자신의 능력이 쌓여간다는 보람을 느끼게 되므로 어떤 일을 하던 힘들이지 않고 가벼운 놀이가 된다.

주인 주(主)자는 무거운 책임을 지닌 사람이지만, 좇을 종(從)은 사람이 사람의 뒤를 따르는 형상으로, "복종하거나 남의 말을 듣고 남을 쫓아간다"는 의미가 담겨 있다. 주인의식이 모자란 사람은 눈에 보일 만큼만 적당히 일하고, 자신의 삶에 대한 자율성과 자존감을 잃고 수동적으로 살아가는 특성이 있다. 집안의 경사로 잔치를 준비하는 주인은 손님들 모두가 즐거운 시간을 갖도록 배려하고, 혹시 모자라는 음식이 없는지 확인하며, 잔치의 전 과정에 문제가 없는지 살피느라 분주하지만, 손님은 차려놓은 음식을 먹고 맛 평가만 즐기다가 잔치와 관련하여 못마땅한 일이 보이면 불평하고 비난하기 바쁘다. 따라서 편하기로 말하면 주인보다 손님이 훨씬 더 편하겠지만 오직 주인만이 보람과 기쁨 및 뿌듯함을 느낄 수 있다.

마찬가지로 창업을 신중히 고민하고 치밀하게 준비하는 예비 창업자로써, 당신은 삶을 주도하고 있는가? 그저 관망하고 있는가? 나는 삶의 주인공인가? 아니면 그저 관찰자인가? 이런 질문에 대하여 신중히 고민해 보아야 한다. 오늘날 우리 사회에는 책임감이나 자존감을 생각하지 않고, 피동적인 태도와 머슴의식으로 사는 것을 습관화한 사람도 있다. 그렇게 머슴의 의지로 사는 사람은 무슨 일에서나 책임지지 않고, 자신의 의지와 상관없이 주변인의 관점으로 생각하거나 판단하고, 유체이탈 화법으로 말하며, 자신의 고유한 권리와 인간성을 포기한 채, 삶의 무거운 짐들을 억지로 감당하며 힘겹게 살아가게 된다. 머슴은 주인의 허락 아래 늘 종(從)의 의식으로 살다 보니, 자신의 능력을 발휘하기도 어렵고, 자유인으로 자신의 삶을 즐길 수도 없다. 따라서 주인의식이 없는 사람들이 창업기업의 성장이나 시스템개선을 위해 할 수 있는 일이란 '불평(不平)'하는 일뿐이다.

> "위대한 사람은 평론가가 아니다. 관중석에 앉아서 선수가 뭘 어찌했고 어떻게 하면 더 잘할 수 있는지 지적하는 자들이 아니다. 영광은 먼지와 피와 땀으로 범벅이 된 채 경기장에서 뛰고 있는 자의 몫이다. 앞서면 이길 것이요, 뒤지면 패할 것이다. 그러나 실패하고 패배했다 해도 그는 담대하고 위대하게 진 것이다. 경기장 안에서 담대하게 뛰는 것 그것이 인생이다."
>
> – 시어도어 루즈벨트(Theodore Roosevelt), 미국 26대 대통령

(2) 기업 CEO와 구성원들의 주인의식

회사의 구성원으로 근무하겠다는 것은 해당 기업의 목표를 달성하는데 역할을 하겠다는 의지를 바탕으로 근로계약을 하는 것이며, 회사에서 주인의식으로 일한다는 것은 바로 자신의 일에 대한 권리와 책임을 바탕으로 자신과 자신의 업무에 대한 운영권을 찾음을 의미한다. 직무를 수행하면서 책임과 권한을 가지고 헌신적으로 일하느냐 마지못해 시키는 일에 반응하느냐에 따라 주인의식

은 달라지며, 또 주인의식을 가지면 친절·봉사를 넘어 창의력과 솔선수범, 목표의식과 책임감 등까지 갖출 수 있게 된다. 조직원 전체가 주인이라는 의식을 가지고 적극적으로 업무에 임하는 조직이 생존하고 성장할 수 있으므로 기업 CEO는 외부의 환경이 어려워질수록 구성원 모두가 주인의식을 갖고 한배를 탄 운명공동체라는 마음을 모으는 것이 중요하다.

반면 주인의식이 없는 직장인은 수동적으로 시간을 보내거나, 불평·불만하며, 창의력이나 적극성도 없이 일하는 경우가 많다. 그런 사람이 직장생활을 그만두고 창업을 한다면 창업에 대한 마음의 준비가 안 되고 자신감을 가질 수도 없어 성공하기 어려울 수밖에 없다. 직업의 귀천이 없는 오늘날 진짜 머슴은 없지만 아직도 머슴의식을 가진 사람은 많으며, 수동적으로 주인이 시키는 일만 하는 직원들이 많은 조직은 지금과 같은 정보홍수 시대에서는 살아남기 힘들다. 또 구성원들의 주인의식과 책임감을 전제로 하는 임파워링 리더십(empowering leadership)은 목표, 권한, 책임, 코치 등 맡은 일에 주인의식을 심어주는 리더십으로 조직에 생명력을 불어넣어 추구하는 목표를 달성토록 하는 리더십이다. 훌륭한 조직문화를 바탕으로 구성원들이 주인의식을 갖고 일하는 기업은 생산성과 수익성 향상, 고객만족도 제고 등 모든 면에서 다른 기업을 앞설 수 있는 탁월한 경쟁력을 가질 수 있다.

주인처럼 살면 주인이 된다

"주인으로서의 책임감을 갖고 최선을 다해야 성공할 수 있다. 단순히 대리인이라는 생각으로 적당히 행동해서는 결코 치열한 경쟁에서 이길 수 없다. 오너(owner)처럼 행동해야 실력도 쌓이고 궁극적으로 CEO도 되고 오너도 될 수 있다."

– 전설적인 투자자 워렌 버핏(Warren Buffett), 버크셔해서웨이(CEO)

미국 해군대학원 케네스 토머스(Kenneth Thomas)교수의 저서 〈열정과 몰입의 방법〉에 따르면, * 자신이 가치 있는 일을 하고 있다고 느낄 때, * 일에 선택권

백종원이 말하는 직원이 주인의식 갖는 방법

일할 때 주인의식을 가져야 한다고 흔히 말한다. 그에 대해 백종원의 대답은 많은 이의 공감을 샀다. 직원은 절대로 주인의식을 가질 수 없다는 말에 공감하기 전에 우리가 기억해두어야 할 3가지에 관해 이야기해보려고 한다.

첫째, 진짜 의미를 이해해야 한다.

백종원이 말한 의미는 직원에게 주인의식을 강요하거나 사장이 말로 직원에게 설득할 방법은 없다는 얘기다. 그러니 사장이 직원이 했으면 하는 행동을 몸소 실천해야 그 30% 정도를 직원이 할까 말까 한다고 말이다. 사장은 아무것도 안 하면서 말로만 지시하는데 주인의식을 가진 직원이 있을 수 없다는 얘기다.

둘째, 남에게 기대하기는 어려워도 시뮬레이션을 해볼 수는 있다.

결국 누군가가 시켜서 주인의식을 가질 수 있는 건 아니고 직원 스스로가 그렇게 생각하고 움직여야 가능하다. 내가 아닌 타인이 그렇게 해주길 바랄 수는 없는 일이다. 바꿀 수 있는 건 자기 의지뿐이다. 일에 적극적인 직원과 그렇지 않은 직원이 있을 때 사장인 당신은 어떤 사람과 일을 계속해서 하고 싶은지 말이다. 너무 당연해 보이는 일도 입장을 바꿔 생각하면 달리 보이는 법이다.

셋째, 주인의식을 갖는 직원이 소수이기에 더욱 기회가 있다.

사람들은 손해를 보고 싶어 하지 않기에 주인의식을 가지려고도 하지 않지만 기회는 어떤 상황에서 올지 아무도 모른다. 미래에 자신이 사업을 해볼 기회를 미리 경험한다고 생각한다면 굳이 스톡옵션 없이도 주인의식이 생길 수 있지 않을까? 남들이 잘 안 한다는 건 그만큼 돋보일 기회라는 것을 기억하자. 한 번 직원이 되었다고 평생 직원으로 살라는 법은 없다. 지금은 비록 급여를 받고 있지만, 훗날에는 다른 사람에게 급여를 주는 사람이 될 수 있을지는 자신의 행동력에 따라 갈린다. 현재 상황에서 불만만 말하는 사람은 새로운 기회를 보지 못하는 법이다. 그 어떤 상황도 좋은 경험이 될 수 있도록 생각을 바꿀 수 있는 것도 나 자신이라는 걸 기억하자.

– Factvirus, 2021.4.7.

이 있다고 느낄 때, * 그 일을 할 만한 기술과 지식이 있다고 느낄 때, * 진보하고 있다고 느낄 때 등 4가지 조건이 충족될 때 비로소 재미와 열정을 느끼고 주인의식을 가지고 몰입할 수 있다고 한다. 특히, 가장 주목할 한 가지는 '가치 있는 일을 하고 있다'라고 한다. 또 세계적인 미래학자 데니얼 핑크(Daniel Pink)의 책 〈드라이브(Drive)〉에서는 사람에게 내재적 동기부여를 하는 세 가지 요소로서 자율성(autonomy), 숙련(mastery), 목적(purpose)의 세 박자의 조화를 꼽으면서, 이것들이 어우러질 때, 금전적 보상이나 페널티 등의 당근과 채찍보다 훨씬 장기적이고 만족도가 높은 동기부여를 받게 된다고 한다. 즉, 내가 얼마나 스스로 일을 했다는 느낌을 받았는지(자율성)가 동기부여의 핵심영역 중 하나이며, 이러한 행위가 해당 프로젝트에 대한 주인의식을 높인다고 강조한다. 또 조직을 연구하는 학자들도 "주인의식은 구성원들이 조직에 몰입하고 충성하게 하며 이타적인 행동을 유발하는 기제로 작동한다"면서 기업이 직면한 위기를 타개하는 방책으로 주인의식 고취를 주창하고 있다.

어느 기업이건 조직원들이 주인의식을 갖기를 바란다. 분명 주인의식을 갖고 업무를 대하는 직원과 그렇지 않은 직원은 업무성과에서 큰 차이가 나기 때문에 회사는 주인의식을 고취하기 위해 강연, 합숙 훈련, 사외교육 등에 많은 투자를 한다. 흔히 산업현장에서 기업의 관리자들은 직원들에게 주인의식을 가지라고 주문하면서도 정작 회사는 주인 대접을 해주지 않는 것이 현실이다. 조직 내에 주인의식을 정착시키기 위해서는 무엇보다 회사와 조직원 간 감성적 연대의식과 회사 실적과 자신에 대한 보상이 공정하다는 믿음이 있어야 한다. 아무리 사소하더라도 자기가 회의시간에 한 발언, 자기가 주최한 회의, 자기가 쓴 미팅노트, 이 모든 게 자신의 주인의식을 점진적으로 높여준다. 그리고 그것을 통하여 자신이 성장하며, 동료들에게 피드백과 인정을 받고, 보상까지 받게 되면서 자기 긍정 메커니즘이 작동하게 되고, 자신감과 자부심의 향상으로 이어지게 된다.

2) 수익에 대한 올바른 인식

기업의 이윤(利潤, profit)이란 기업의 총수입에서 곧 지대·임금 및 이자 등 일체의 생산비를 공제한 잉여소득으로 기업가가 훌륭한 사업기회를 포착하고 기회를 사업으로 전환한 것에 대한 보상이다. 요즘 그 어느 때보다 창업에 관심이 많은 청년 창업자들에게 "왜 창업을 하려고 합니까?"라고 이유를 물으면 "돈을 많이 벌고 싶어서요"라고 대답하는 경우가 많다. 물론 사업을 시작하려는 예비창업자들이야 돈을 많이 벌고 싶은 마음이야 당연하겠지만 돈을 많이 버는 원리나 마인드를 갖지 못한 채 많은 돈을 벌고 싶다는 욕망에 빠지면 설계도 없이 건물을 지으려는 것처럼 실현 가능성이 떨어지게 된다. 〈권력과 탐욕의 역사〉의 저자 필립 지강테스(Phillippe Gigantes)가 "탐욕과 이기심은 인간생존과 번영에 필요한 요소"라고 했듯이 돈에 대한 인간의 욕망은 자연스러운 것으로, 우리 삶을 역동적으로 만들며 자본주의를 발전시키는 경제적 토대이기도 하다. 이처럼 기업이 경영성과를 추구하고 목표에 도달하는 데 있어서 적절한 욕망은 목표달성의 에너지가 되지만 그 욕망이 절제를 벗어나면 건강한 욕망을 병들게 하는 탐욕이 되기도 한다.

또 미국 대형 투자은행(IB) 골드만삭스(The Goldman Sachs Group) 회장을 역임한 짐 오닐((Jim O'neil)도 "지금까지 수없이 많은 억만장자를 만나보았지만, 오로지 부자가 되고 싶은 욕망으로 시작한 사람은 한 명도 없었다"고 말한다. 돈 벌겠다는 욕심이 아닌 사람들을 돕기 위한 이타적 마음으로 시작할 때 성공 가능성이 더 커진다는 것이다. 따라서 나누고 베풀며 도덕지수를 높이는 선택은 돈의 노예가 아니라 돈의 주인(owner)이 되는 길이다. 또 우리나라 종편채널 프로그램 〈착한 식당〉의 CEO는 누가 보든 안 보든 고달프더라도 자신의 길을 묵묵히 가는 철학을 실천하는 수익 자체에 얽매이지 않는 존경받아야 할 훌륭한 분들이다. 그들에게는 돈보다 더 소중한 그들만의 살아가는 이유, 원칙 또는 철학이 담겨 있는 모습이다. 결국 '기업의 이윤 창출은 기업의 지속가능성을 위해 필수 요건이므로 경영목표가 될 수는 있겠지만, 이윤 극대화(profit maximization)가 기업의 존재 이유가 될 수는 없다.

> "거래할 때 돈만 바라보는 것은 절대 금물이다. 나의 모든 관심이 돈 버는 데 집중되어 있다는 것을 눈치채는 순간, 상대는 거래의 진정성을 의심한다. 일단 의심이 생기면 서로 간에 적대적인 분위기가 생긴다. 상대가 고객이든 직원이든 적대적인 분위기에서는 그 어떤 거래도 성사되기 어렵다."
>
> –메리 케이 애쉬(Mary Kay Ash), 메리케이 애쉬 화장품 창업회장

일을 즐기면 돈은 따라온다

1960년부터 1980년까지 MBA 졸업생 1,500명을 추적한 연구보고서가 있다. 처음부터 졸업생들을 두 범주로 나뉘었다. 범주 A에 속한 사람들은 먼저 돈을 벌고, 즉, 돈 걱정을 해결한 후에 그들이 정말로 하고 싶은 일을 하겠다고 대답했다. 범주 B에 속한 사람들은 처음부터 관심 있는 일을 하다 보면 돈은 자연스레 따라올 거라고 대답했다. 1,500명 중에 범주 A에 속한 사람이 83% 1,245명이었다. 범주 B에 속한 사람은 17% 255명이었다. 20년 후, 그들 중에 101명이 백만장자가 되었는데 범주 A에 속한 사람은 1명에 불과했고, 나머지 100명은 범주 B에 속한 사람들이었다. 하고 싶은 일을 찾아 즐기면서 일하면 부자가 되는 행운도 따라온다. 미래 유망직업이나 직종이 무엇인지를 놓고 고민하는 사람들에게 마크 알비온(Mark Albion)은 "이것저것 고민할 것 없이 자신이 하고 싶고 좋아하는 일을 선택하라"고 분명한 메시지를 던진다.

– Making a Life, Making a Living(Mark Albion)

> "부(富, Wealth)에 이르는 비밀은 간단하다. 타인에게 그 누구보다도 더 많이 도움을 줄 방법을 찾고, 더 가치 있는 사람이 되면 된다. 더 많이 행동하고 더 많이 베풀고 더 큰 존재가 되고 더 많이 봉사하면 더 많이 벌 기회가 생긴다."
>
> – 토니 로빈스, 〈Money(부의 거인들이 밝히는 7단계 비밀)〉에서

사업을 시작하는 청년 창업자에게 "먼저 상대방의 이익을 챙겨주라. 더 많이 줄수록 더 많이 얻게 된다"라는 말을 한다면 선뜻 이해하기 어려울 것이다. 일본에서 가장 존경받는 3명의 경영자 가운데 유일한 생존자인 교세라 그룹의 창업자 이나모리 가즈오(Inamori Kazuo) 회장의 이야기를 얼핏 들으면 이해하기 어렵겠지만 사실 창업과 경영을 성공적으로 이끄는 훌륭한 경영자는 먼저 주는 사람이고, 가장 위대한 경영자는 가장 많이 주는 사람이어야 한다. 주는 것이 습관이 된 사람, 늘 더 많이 주는 것을 고민하는 창업자라면 훌륭한 경영자의 자격이 있다. 또 미라이 공업(未來工業) 창업자, 야마다 아키오(山田昭男, やまだあきお)의 책 〈생각 좀 하고 살아라〉에도 상대에게 줄 것부터 생각하라는 메시지가 담겨 있다. 그는 책에서 "일할 때의 마음가짐에서 기본으로 '상대방을 기쁘게 할 것', '상대방에게 도움이 될 것'을 강조했다. 일할 때는 항상 내가 받을 것보다 상대에게 줄 것부터 생각하라. 먼저 상대방을 기쁘게 하면 내 성과는 덩달아 올라간다"라고 설파했다. 또 사업하는 창업자라면 '얻고자 한다면 먼저 내놓아야 한다'는 도덕경 구절을 반드시 새겨야 한다. 이는 시골에서 펌프(pump)를 이용해 많은 물을 얻기 위해서는 한 바가지의 마중물을 부어야 하지만 마중물을 붓지 않고 펌프질을 해보아도 물은 전혀 품어 올릴 수 없었던 시골에서의 경험을 기억한다면 마중물의 역할을 이해할 수 있을 것이다.

그래서 역사적으로 존경받는 장수기업의 경영자(CEO)들이 지향해 온 우선적 가치는 이윤극대화가 아니라 관련된 이해관계자들의 행복추구였다. 그들은 '남을 이롭게 함으로써 내가 이롭게 된다'는 자리이타(自利利他) 정신에 투철한 기업들이었다. 그들은 눈앞에 놓인 이익을 목표로 기업 활동을 전개하는 것이 아니라 고객이 필요한 것을 먼저 찾아 그들의 불편을 해소하거나 즐겁게 또는 행복하게 해주고, 세상을 살기 좋은 곳으로 만들겠다는 대의(大義)를 추구한 기업인들이었다. 자신 혹은 일부 이해관계자의 이익에 중점을 두고 경영하는 것이 무

모한 것이라는 것은 과거 수많은 기업들의 몰락을 통해 확인되었다. 그런 기업 경영자들과는 달리 헨리 포드(Henry Ford), 샘 월튼(Samuel M. Walton), 데이비드 패커드(David Packard), 마쓰시타 고노스케(まつしたこうのすけ)처럼 역사상 가장 존경받아온 경영인들도 하나같이 고객과 직원과 기업 모두가 행복한 경영에 초점을 맞추어 성공할 수 있었다. 마찬가지로 개인이나 조직이나 남을 이롭게 함으로써 내가 이롭게 된다는 자리이타(自利利他) 정신과 자세를 터득하고 꾸준히 실천하면 누구나 창업에서 성공을 실현할 수 있지 않을까 싶다.

> "훌륭한 비즈니스를 하는 사람은 상대방에게 이익이 돌아가게 하는 사람이다. 상대에게 먼저 이익을 주면 결국 그 이익이 한 바퀴 돌아 나에게 기회라는 모습을 하고 찾아온다. 더 나아가서는 나 자신의 이익이 창출된다."
>
> – 이나모리 가즈오(Inamori Kazuo), 교세라 그룹 창업 회장

좋은 이익(Good Profit)과 나쁜 이익(Bad Profit)

기업의 이익(Profit) 중에는 회사의 성장에 도움이 되는 질 좋은 이익도 있고, 반대로 장기적으로 독(毒)이 되는 나쁜 이익도 있다. 컨설팅사 베인앤컴퍼니(Bain & Company)의 <1등 기업의 법칙>이라는 책에서는 고객가치에 반하는 나쁜 이익(Bad Profit)을 지양해야 한다고 주장했다. 나쁜 이익은 기업의 가치(또는 이미지)를 훼손하거나 고객과의 관계를 해치면서 창출된 이익이다. 즉, 부진한 판매를 살리기 위한 세일(sale)판매, 기존고객보다 신규고객만을 우대하는 이동통신 요금제도, 높은 은행수수료 등이 고객을 화나게 하는 나쁜 이익의 전형적인 사례다. 일시적으로 고객의 신뢰나 가치를 훼손해서 얻은 이익은 오래갈 수 없으며, 이러한 나쁜 이익 비중이 높은 기업은 결국 고객들의 외면을 받게 된다.

3) 성공 창업의 기반 신뢰 자산

오늘날 고객과 기업, 그리고 외부환경의 빠른 변화로 미래에 대한 불확실성이 더욱 커지고, 기술발달로 전 세계가 촘촘하게 연결된 사회에서 신뢰의 중요성과 역할이 더욱 강조되고 있다. 신뢰(trust)란 본래 믿고 의지한다는 뜻으로 타인이 나에게 도움이 되는 의도와 행동을 나타낼 것이라는 '긍정적 기대' 와 더불어 그를 돕기 위해 나의 '위험을 감수'하려는 심리적 상태이다. 즉, 위험을 무릅쓰고라도 기꺼이 서로 도움을 나눌 수 있을 때, 신뢰할 수 있는 관계라 할 수 있다. 신뢰란 조직이 작동될 수 있게 하는 윤활유로써 투명성과 높은 도덕성에 기초한 자신의 노력을 통하여 획득할 수 있는 가치다. 비즈니스 세상에서 사람들의 신뢰를 얻으려면 무엇보다 믿음을 가져야 하고, 모든 직원이 위대한 비즈니스를 구축하는 흥미로운 과정에 자발적으로 참여할 수 있도록 동기를 부여해야 한다. 특히 창업 CEO에게 최고의 덕목은 '신뢰'이고 무슨 일이든 사업이 성공하려면 신뢰에 바탕을 두어야 한다. 지도자의 신뢰는 얼마나 언행이 일치하는가, 얼마나 정직하며 도덕적인가, 대중을 얼마나 알뜰하게 사랑하고 있는가, 인내와 절제로 자신의 인격을 얼마나 갈고 닦았는가에 따라 점진적으로 형성된다. 특히, 기업이 장기적으로 신뢰받고 사랑받는 기업이 되기 위한 우선 조건은 '그대로의 나 자신을 보이고 지극한 정성을 느끼도록 하는 진정성(眞情性, true heart)'이다. 신뢰가 부족한 사회는 사회적 비용이 높을 수밖에 없고 신뢰가 국가의 부와 사회적 안정을 동시에 증진시키는 역할을 한다. 스티븐 코비(Stephen M. R. Covey)는 "신뢰야말로 기업의 성과에 직접적으로 영향을 미치는 요소"라고 말했고, 또 〈영혼이 있는 기업(Saving the Corporate Soul)〉의 저자인 데이비드 뱃스톤(David Batstone)은 기업들이 단기적인 이익만을 추구해 주변의 이해관계자들로부터 신뢰를 얻지 못한다면 지속적인 성장은 기대할 수 없다고 단언한다.

> "사업의 세계에서도 신의(信義)는 상품 이상의 가치가 있다. 그 가치를 워낙 신뢰하기 때문에 그 밖의 다른 일에 대해서는 아주 관대하게 넘어가는 경우가 많다."
>
> – 발타자르 그라시안(Balthasar Gracian), 스페인의 철학자

조엘 피터슨(Joel Peterson)은 그의 저서 〈신뢰의 힘(power of trust)〉에서 신뢰 문화가 조직구성원을 결속하고 목표를 향해 전진하게 하며, 혁신의 잠재력을 일깨우는 최고의 촉매제라고 강조했다. 비즈니스에서 신뢰는 무엇보다 조직에 경제적 이득을 보장하는 실용적 가치로써 조직을 하나로 이어주는 접착제와 같다. 신뢰를 쌓는 과정에 많은 투자가 필요하지만, 일단 신뢰가 든든하게 쌓인 조직은 지속적으로 성장할 가능성이 커지므로 이윤을 추구하는 기업에서 신뢰는 신중하게 가꾸어야 할 문화적 토양이다. 반면 거짓을 내포한 불신(不信)은 업무의 수행을 더디게 하고 혁신을 방해하며 관계를 악화시켜 미래를 어둡게 한다. 실제로 우리를 놀라게 한 뉴스 중에는 전 세계 유제품 산업을 강타한 멜라민 파동, 유명 완구사 마텔의 중금속 장남감 리콜 사태, 서브프라임에서 촉발된 금융위기 등 신뢰를 깨는 수많은 사건들이 있었고 모두 사회 전반에 엄청난 비용을 초래하고 고객의 외면을 불러왔다.

특히 전 세계가 네트워크로 빠르게 연결되는 최근 정보사회의 특징상 전 세계에서 발생하는 크고 작은 충격적인 사태들이 실시간으로 PC나 TV 또는 SNS를 통해 전달됨으로써 고객 신뢰의 영향력은 더욱 커졌고, 신뢰의 문제는 기업 비즈니스의 안정성에서 결정적 타격을 입게 될 것이다. 따라서 진정성(眞情性)이 고객의 지속적 신뢰를 확보할 수 있는 최고의 방안임을 분명하게 인식하고 고객의 관점에서 적극적으로 신뢰를 구축함으로써 장기적으로는 믿을 수 있는 기업이 되는 것만이 최고의 전략이 될 수 있을 것이다. 기업이 고객들로부터 견고한 신뢰를 얻고 '지속적으로 성장'하는 방법은 고객에게 약속한 가치를 제공하고, 고객을 기쁘게 하며, 고객이 적극적으로 추천하게 만드는 것, 즉 좋은 이익을 추구하는 것이다.

"신용을 잃은 사람은 더 이상 잃을 것이 없다."

— 퍼블릴리어스 시루스(Publius Syrus), 시리아 출신의 로마 작가

세계최초의 신용카드

1949년 시카고의 사업가 프랭크 맥나마라(Frank McNamara)는 뉴욕의 어느 레스토랑에 손님을 모시고 식사를 하러 갔다가 지갑을 집에 두고 가는 바람에 큰 곤경을 겪었다. 그 후 그는 다른 사람들이 자신과 같은 일을 겪게 된 적이 있다는 것을 알고 1950년, 그의 친구인 변호사 랄프 슈나이더(Ralph Schneider)와 함께 세계최초의 신용카드를 만들었는데, 이것이 '다이너스 클럽 카드'이다. '다이너스 클럽 카드(Diners Club Card)'라는 이름은 식사를 하다(dine)와 동료 또는 멤버십의 의미를 담고 있는 클럽(club)을 조합한 것으로 이름처럼 처음에는 레스토랑에서 식비지불용으로 사용됐다. 맥나마라와 슈나이더는 먼저 다이너스 클럽의 회원을 모으고 레스토랑과 가맹점 계약을 맺었다. 회원 200여 명은 두 사람의 친척과 친구들이 대부분이었으며, 5달러의 연회비를 받아 운영했다. 초기의 가맹점은 뉴욕에 있는 레스토랑 14곳이었다. 두 사람은 이들에게 카드 한 장을 만들어 건넸는데, 계약된 레스토랑에서는 그 카드만 보여주면 당장 계산하지 않아도 식사를 할 수 있었고 결제는 월말에 한 번에 하도록 협의했다. 이렇게 작게 시작된 사업은 1년 만에 회원 수가 2만 명 이상으로 증가하며 큰 성공을 거두었다.

또 신용(信用, credit)이란 '현재로 미뤄볼 때 앞으로도 약속이나 의무를 잘 지킬 것으로 믿는 것'으로, 사회 속에서 사람들이 규칙을 지키고, 정직하며, 협동할 것이라는 기대감이다. 경제학적으로 보면 본인이 거래한 대가를 앞으로 치를 수 있을 것으로 보이는 능력을 말한다. 신용이 있는 사람은 어떤 일이 있을 때 주변 사람들이 쉽게 도와주려고 한다. 그러면 개인은 물론 사회 전체가 화목해지고 심리적, 경제적 풍요를 얻을 수 있다. 특히 경제생활에서 매매나 고용 등 계약이 필요한 경우 지급일을 뒷날로 정하는 신용거래가 가능해지고 신용이 우리 사회에 정착될 경우 그 사람이 하는 말이나 행동들은 엄청난 금전적 가치를 가지게 되므로 신용은 곧 자본이 된다.

몇 년 전 대한상공회의소에서 성공한 상공인들을 대상으로 '성공의 요인이 무엇인가'에 대한 설문결과 가장 많은 대답은 '신용'이었다. 사업적 신용이란 대금 결제의 약속을 지키는 상업적 신용에서 출발했지만, 소비자에 대한 상품품질과 서비스에 대한 소비신용이라든지 은행신용 등 기업과 고객, 고객과 상품, 기업과 은행 관계 등의 거래뿐만 아니라 모든 네트워크 간 관계의 신뢰도를 뜻한다. 고객 가운데는 상품을 구매하는 외부고객은 물론 사업체가 속해 있는 지자체, 국세청, 자사 홈페이지에 글을 남기는 네티즌, 기업 내부고객(구성원)들에 대한 신용은 사업의 성공과 직결된다. 점포형 사업을 한다면 영업시간을 철저히 지키는 것, 상품의 품질을 꾸준히 유지하는 것, 고객에 대한 철저한 서비스 정신 등이 신용이 될 수 있다. 잠재고객이나 지인들과의 관계, 또는 거래처와도

손해 봐도 신용이 자본

해외에서 현대 신화의 바탕이 된 건설공사는 정 전 명예회장의 '신용이 곧 자본'이라는 경영철학이 토대가 됐다. 1954년 4월 시작한 고령교(대구-거창) 복구공사는 건설 장비가 거의 없어 인력에 의존했다. 이런 상황에서 물가가 치솟으며 인건비와 자재 값이 폭등했다. 공사를 시작할 때 40환이던 쌀 한 가마 값이 4,000환으로 100배나 뛰었다. 정 전 명예회장은 엄청난 물가고에 친척들 집까지 팔아 공사를 마쳤지만 적자를 보고 말았다. 비록 경제적으로 손해를 봤지만 대신 현대에 맡기면 믿을 수 있다는 신용이라는 큰 자산을 확보해 정부 공사를 대거 맡으면서 다시 일어설 수 있게 됐다. 해외에서도 마찬가지였다. 1965년 국내 기업의 첫 해외진출인 태국 파타니 나라티왓 고속도로 공사를 수주했지만 기술과 경험부족으로 난관에 부딪혔다. 폭우와 나쁜 토질 탓에 공사가 계속 중단되며 비용이 치솟아 그만두자는 건의가 빗발쳤지만 정 전 명예회장은 "이완용이 될 수 없다"며 "계약대로 마쳐야 한다"고 독려했다. 재정상 막대한 손실을 입었지만 이때 쌓은 신용으로 베트남 캄란만 준설, 알래스카 협곡 교량, 파푸아뉴기니의 지하수력발전소, 호주 항만공사 등을 줄줄이 수주해 국제 건설업체로 급성장했다. 1974년 6월 현대조선소 준공과 동시에 유조선 2척을 건조한 세계 조선사에 유일무이한 기록도 정 전 명예회장의 신용에 대한 고집이 낳은 신화였다. 현대는 2년 3개월간 방파제를 쌓아 조선소를 지으며 조선소 밖에서 쇠를 깎고 붙여 배를 만들었다.

– 한국일보, 2015.11.9.

신용을 쌓아야 그 신용을 바탕으로 초기 고객유치가 가능하므로 사업 성공의 기반이 될 수 있다.

약속이 잘 지켜지지 않는 사회, 부정과 거짓이 만연한 사회에서는 경제 주체들이 자기 것을 빼앗길지 모른다는 두려움과 약속 위반에 대한 불안감을 갖게 되어 장기적인 경제활동을 회피하게 되므로 신용이 부실한 경제는 위축될 수밖에 없다. 반면 약속이 잘 지켜지는 사회, 경제주체들이 서로 믿고 거래할 수 있는 사회에서는 장기적인 경제활동도 활성화될 수 있다. 신용은 하루아침에 증명되는 것이 아니라 지속적인 거래를 통해 보여주어야 하는 가치로서 누구나 쉽게 가질 수 있는 것은 아니다. 그러나 시장에서 한 번 쌓인 신용은 거래를 오랫동안 유지 시키며, 점증적으로 또 다른 거래를 새롭게 파생시킨다. 그래서 기업은 고객의 신용을 얻기 위해 최선을 다하고, 좋은 품질과 서비스로 고객의 신용을 얻어 낸 기업은 브랜드가치가 높아져서 지속적으로 커다란 수익을 창출할 수 있게 된다. 그런 의미에서 신용은 이윤을 창출하는 또 하나의 자본이라고 할 수 있다.

기업의 세계에서 신용은 핵심 자본이다. 중후장대 산업(重厚長大産業)의 상징 현대그룹을 창업한 아산 정주영(鄭周永) 회장은 신용을 목숨보다 소중하게 여긴 것으로 유명하다. 한국경제 급성장을 뜻하는 〈한강의 기적〉의 주인공이자 '한국경제의 거인' 또는 '불도저'로 불린 현대그룹 정주영 창업 회장은 생전에 숱한 시련과 도전의 세월을 보냈다. 정주영 회장은 "신용(信用, credit)은 나무처럼 자라는 것이고, 신용이란 명예로운 것이다. 흔히 사람들은 자본이 없어서 사업을 시작하지 못한다고 말하는데 자본보다는 신용이 훨씬 중요하다. 사업계획과 내 과거가 주위로부터 신뢰받을 수 있다면 그 규모의 대소는 크게 문제가 되지 않는다. 신뢰가 전부다"라고 강조했다. 가난에서 벗어나려 가출하여 쌀집에서 배달 일을 하던 소년은 더 빨리 배달하기 위해 밤에 자전거 타기 연습과 회계장부를 정리하고 곡물들을 분류해서 잘 쌓아놓는 등 쌀가게 주인의 신임을 얻게 된 덕분에 쌀가게 복흥상회 주인은 자기 아들이 아니라 청년 정주영에게 쌀가게를 넘겼다. 신용이 쌓이자 그가 동원할 수 있는 자본도 자신의 저축을 훨씬 더 넘었고, 심지어 돈이 없는데도 공사를 맡을 수 있었다. 정 회장은 1954년 시작한 고령교 보수공사로 전 재산을 잃게 되었을 때 주위의 포기 권유에도 아랑곳하지 않고 꿋꿋이 신용을 지켰다. 현대건설은 이전까지 대형 건설 사업을 해본 적이 없었고, 당시 살인적인 인플레까지 더해져 결국 막대한 적자를 냈지만 정주영회장은 현대건설 본사 건물과 자택을 팔고 고리 사채까지 조달하였다. 또 현대건설은 1965년 태국의 고속도로 공사를 수주하면서 국내 건설사로는 최초로 해외 건설시장에 뛰어들었다. 이후 현대건설은 48년 동안 신용을 우선시하며 해외 건설시장을 확대해 해외 건설시장에서 오랫동안 쌓아 온 두터운 신용 덕분에 2013년에 현대건설이 국내 건설업계 사상 최초로 해외수주 1,000억 달러의 위업을 달성할 수 있었다. 신용을 쌓는 것이 하루아침에 되지 않으며 오랜 시간 공들여 쌓은 신용은 일종의 자본과 같은 역할을 하여 은행에서 담보 없이도 돈을 빌릴 수 있다.

Chapter 4

창업 CEO의 리더십과 창업 성공 및 실패 요인

Chapter 4

1

창업 CEO의 리더십(Leadership)

1) 창업기업 리더(Leader)의 특성과 자질

창업 CEO(entrepreneur)는 남들이 발견하지 못한 기회를 찾아내 새로운 비즈니스모델, 나만의 기술·서비스로 창출한 가치를 통해 시장의 법칙을 만들고 자신의 책임 아래 필요한 자원을 조달해 사업을 시작한다. 세계에서 가장 성공한 레스토랑 프랜차이즈로 평가받는 서브웨이(SUBWAY restaurants)의 창업주 프레드 드루카(Fred Deluca)는 존 P. 하이어스(John P. Heyes)와 함께 쓴 〈Start Small, Finish Big, 작게 시작하여 크게 성공하라〉에서 "사업이란, 규모가 크든지 작든지 상관없이 일단 뛰어들고, 문제가 생기면, 그때그때 하나씩 부딪쳐가며 해결하는 영역이라면서, 사업의 성공 여부는 시작하기 전까지는 누구도 알 수 없다"고 했다. 그는 경험도 배움도 없이 17살에 창업해 시행착오(試行錯誤)를 통해 배웠다. 실수는 모두 발전하는 과정에서 고쳐지게 마련이다. 하늘이 무너져도 솟아날 구멍이 있는 법, 부디 용기를 잃지 마시라"라고 강조한다.

창업가는 ① 불확실성과 위험(risk)을 감수하고 기회를 포착하여, ② 실패를 두려워하지 않고 도전적으로 혁신 가치를 창출하며, ③ 이해관계자들에게 가치를 분배하는 활동을 통하여 사회의 성장과 고용을 확대하는 주체로서 고객에게 제공한 가치와 위험의 대가로서 성과를 소유할 수 있다. 사업의 결과로 얻는 부(富, Wealth) 자체가 기업의 목표는 아니더라도 위험을 떠안는 대가로 주어지는 보상(인센티브)은 사업을 일으키는 우선적 동기(motive)라고 할 수 있다. 기업가들이 위험(危險, risk)을 무릅쓰면서 사업을 시작하는 이유는 사업이 성공하면 큰 수익을 얻을 수 있다는 기대 때문이지만 만약 사업이 실패할 경우 자신이 투자한 자본을 잃는 것은 물론이고, 자신을 믿고 투자해준 출자자나 돈을 빌려준 채권

구성원 자발성을 깨우는 리더십

불확실성과 복잡성이 높은 비즈니스 환경에서는 구성원 자발성을 이끌어 내는 것이 중요하다. 리더가 혼자 진두지휘하며 의사 결정하기에는 고려해야 할 요인들이 너무 많고, 구성원들 또한 그저 집단 일원으로 취급당하며 단순히 시키는 일을 하기보다 가치 있는 공동 목표에 스스로 동참·기여하면서 성장하고 싶어 하기 때문이다. 리더가 일방적이고 지시하는 형태로 구성원을 일사불란하게 이끄는 리더십 효과는 점점 떨어지는 대신 구성원의 마음을 움직임으로써 내적으로 동기부여하여 스스로 움직이게 하는 리더십이 강조되고 있다. 구성원 자발성을 이끌기 위해 효과적인 4가지 리더십 요건들을 살펴보자.

① 조직의 현재와 미래에 대해 성찰하기(Self-Awareness)

구성원 자발성을 이끌기 위해서는 우선 리더가 조직의 현재 모습을 객관적으로 파악하고, 조직의 목적이나 철학, 실천하고 싶은 가치, 나아가야 할 방향 등을 정립하는 것이 필요하다. 조직의 목적이나 이루고 싶은 꿈에 대한 고민 없이 단기목표 달성에만 급급하면 구성원들은 일의 가치나 의미를 느끼지 못하고 수동적으로 일하게 되기 때문이다. 따라서 리더는 정신없이 돌아가는 일상 업무에서 벗어나 조직의 모습에 대해 주기적으로, 깊이 성찰하는 시간을 보낼 필요가 있다.

② 언행일치, 솔선수범을 통한 실천적 모습 보이기(Self-Regulation)

리더가 바람직하다고 생각하는 바를 행동으로 옮기는 것도 중요하다. 구성원들에게 '이렇게 하라'고 말하면서 정작 리더 본인은 뒷짐만 지고 있거나 혹은 다른 행동을 한다면, 구성원 자발성은커녕 신뢰조차 얻지 못할 것이다. 특히 구성원들은 리더의 말과 행동 하나하나에 신경을 곤두세우기 때문에 리더는 세세한 부분까지 언행일치의 모습을 보여야 한다.

③ 투명하고 솔직하게 소통하기(Relational Transparency)

구성원 자발성을 이끌기 위해서는 지속적이고 충분한 소통이 필수적이다. 그런데 소통에 있어 리더들이 흔히 착각하는 것이 있다. 소통 과정에서 불완전한 모습을 보이면 리더로서 권위가 떨어지고 사람들이 따르지 않을 것이라는 생각이다. 그래서 완벽하게 내용이 정리되고 철저하게 준비가 끝났을 때, 잘 짜인 각본대로 소통하려는 경향이 있다. 그러나 이런 소통 방식은 일방적 전달을 전제로 하고, 횟수도 제한적이라는 점에서 올바른 소통 방식이라고 보기 어렵다. 특히 오늘날과 같이 불확실성이 큰 시대, 혹은 위기가 발생한 상황에서는 완벽한 연설보다 다소 불완전하더라도 솔직하고 잦은 소통이 더 효과적이다.

④ 다양성을 합리적으로 수용하기(Balanced Processing)

구성원과 솔직하고 활발하게 소통했다면, 소통 과정에서 청취한 구성원들의 다양한 의견을 합리적으로 검토하여 의사결정에 반영해야 한다. 그러나 구성원 의견을 듣는 척만 하고, 의사 결정할 때에는 자신이 이미 정해놓은 방향대로 결론을 내리는 리더들이 적지 않다. 구성원 생각 중 받아들일 만한 부분이 있다면 충분히 인정하고 의사결정에 반영할 때, 구성원들은 더 재미를 느끼고 자발적으로 업무에 몰입하게 된다.

— LG경제연구원, 2021.10.14.

자들에게도 손해를 입히게 된다.

창업가는 개척자(혁신가)로서 남들과 다른 길, 그동안 없던 길을 만들어가는 사람으로 고객의 페인포인트(Pain Point, 불편한 점)를 정확히 파악하고 개선하는 임무를 수행하는 존재다. 만일 그들의 위험 감수와 시행착오가 없었다면 대한민국이 세계 시장을 지배하는 반도체·휴대폰·TV·자동차·조선·철강 등 한국 대표산업의 존재를 생각하기도 어려웠을 것이다. 기업가들이 중심이 된 역동적인 한국은 1인당 국민소득 3만 달러와 인구 5,000만 명을 동시에 갖춘 국가를 의미하는 '30 – 50클럽'에 가입한 7개국 중 하나로 성장하였다. 국제통화기금(IMF)이 2021년 발간한 〈세계경제전망보고서〉는 한국이 브라질을 제치고 세계 10위 경제 대국에 등극했다고 발표했다.

창업자 100만 시대, 누구는 꾸준히 투자를 받아 기업가치가 10억 달러(=1조원) 이상, 창업한 지 10년 이하인 비상장 스타트업 '유니콘(unicorn)'으로 성장하고, 누구는 영원히 생존에 매달리는 단계를 벗어나지 못해 어려움을 겪고 있다. 창업 과정에서 심한 어려움에 빠졌던 한 창업

가는 "갑판에서 뛰어내렸더니 상어가 우글거리더라"라고 회상하였다. "왜 누구도 창업의 바다에 돌아다니는 상어의 위험에 대비할 비법을 가르쳐주지 않았을까? 상어뿐만이 아닌 폭풍, 암초, 태양열과 목마름 등 수많은 위험이 도사리고 있는 것이 비즈니스의 세계이다. 생존을 담보할 만한 장비 등을 갖추고 뛰어들어도 위험을 피해가기란 쉽지 않은데 준비 없이 바다에 뛰어내린다는 것은 자살행위에 가깝다고 할 수 있다. 사업의 위험은 시장의 급속한 쇠퇴, 기술의 진부화, 자본조달의 어려움 등 다양한 원인에 의해 발생하므로 사업타당성 검토 시 창업자는 창업기업이 당면하게 될 위험과 이를 어떻게 극복할 것인가에 대한 대응전략을 수립해두어야 한다.

창업의 아픔을 겪었던 실패라도 어떤 경영자는 실패를 실패로 마감하지만, 어떤 경영자는 실패에서 성공의 발판을 만들어 전화위복의 기회로 삼기도 한다. 특히 위대한 실패를 극복하고 성공의 발판을 만든 기업가들은 "위험과 고난 없이는 얻는 것도 없다"는 비즈니스 세계의 진리를 터득하고 가치를 실현한 이 시대의 게임체인저(game changer)들이라 할 수 있다. 철저한 준비로 역경과 두려움을 극복하고 거침없이 도전하여 사업을 성공적으로 이끈 창업영웅들의 스토리를 들어 보면 창업의 성공이 단순히 어느 날 갑자기 찾아오는 행운(幸運)이 아니라, "정말 시련 없는 성공이 없구나!" 하고 느끼게 된다. 스타트업의 경우 창업 CEO 1인의 역량에 따라 기업의 성패가 결정되는 경우가 대부분이므로 창업영웅들처럼 사업(business)을 성공시키려면 관련 분야와 전반적인 경영지식도 배워야 하고 기술적 전문성, 영업과 마케팅 기획 능력, 혁신 능력 등을 포함하는 복합적인 역량을 갖추어야 하며, 부지런히 발로 뛰면서 현장 지식도 쌓아야 창업기업을 비약적인 성장의 길로 이끌 수 있다.

특히 창업 초기단계의 CEO는 멀티플레이어(multiplayer)가 되어야 한다. 회사라는 그릇이 담을 수 있는 크기가 결정되듯이 자기가 하는 사업에 필요한 기술과 마케팅, 회사의 경영, 시장에 대한 직관, 우수인력의 채용, 자금유치 등 가릴 것 없이 모든 것들을 잘 해결해야 한다. 창업에서는 실수가 용서되지 않으며

선장(captain)과 경영자(CEO)

히토쓰바시대학 경영학과 이타미 히로유키 명예교수는 "경영자가 된다는 것은 망망대해를 항해하는 배의 선장이 되는 것이다"라고 말했다. 선장은 별을 읽어야 하고, 화물주와 승객의 요구 사항, 선원들의 분위기, 배의 특성을 파악하고 있어야 한다. 선장의 임무는 모든 것을 감안한 뒤 종합적 판단을 내리는 것이다. 날씨에 순응하는 차원을 넘어 날씨를 이용하는 방법도 생각해야 한다. 그저 조류의 흐름을 타기만 할 것이 아니라, 적극적으로 바닷물의 흐름을 이용할 줄도 알아야 하고, 자연의 역학을 이용하여 역풍 속에서도 거친 바람을 이용해 앞으로 나아가는 방법을 찾아내야 한다. 태풍이 불 때 화물주의 희망, 선원의 안전 등을 종합적으로 판단해 결정을 내려야 한다. 특히 태풍이 부는 상황에서도 선장은 다양한 인간적 역학의 한가운데에서 선박을 주관하는 중심에 선 존재다. 자연의 역학, 선박의 역학, 인간의 역학 등 다양한 역학 속에서 선장은 결단을 내리게 되는 것이다. 항해 중 때로는 화물을 바다에 버려야 하는 것 역시 선장의 필수임무 중 하나이고, 선원들을 종종 가혹한 상황에 밀어붙여야 할 때도 생기게 된다. 마찬가지로 경영자가 해야 하는 가장 중요한 일은 고독한 최종결단을 자신의 책임 아래 내려야 한다는 것이다. 경영자에게까지 넘어 온 문제들이란 하나같이 복잡하고 어려운 문제들뿐이다. 그래서 때로 경영자는 결단을 뒤로 미루고 싶은 유혹에 빠지지만 결단을 미루는 것이야말로 경영자에게 가장 큰 죄악이다. 결국 경영자는 망망대해를 항해하며 자신의 책임 아래 조직에 필요한 수많은 결단을 내려야하는 존재이다. 세상에는 명쾌하고 결점이 없는 '최고의 판단'이란 존재하지 않으며 그중 좀 더 나아 보이는 결단이 있을 뿐이다. 경영이 잘 되어서 직원들의 행복지수를 높여야 할 때의 결단이나 허리띠를 졸라매자며 살을 깎는 아픔의 결단도 결국은 피할 수 없는 경영자의 몫이다.

모든 실패의 책임은 CEO 본인이 져야 한다. 창업에 필요한 Skill 중에는 기술뿐만 아니라 마케팅, 영업, 재무·회계, 세무, 인사·노무, 법률·규제, 지적재산권, 비즈니스모델 등 필요한 것들이 참 다양하다. 물론 CEO가 모든 역량을 다 갖출 수는 없겠지만 그에 대한 이해나 해결역량으로 인해 성패가 결정되는 경우가 많으니 지식과 경험이 있는 멘토들과 상의하여 위험을 관리해야 생존할 수 있다. 또 성공에 이르는 과정에는 수많은 난관을 만날 수밖에 없고, 새로운 사업에 도전하여 성공하려면 고된 시련을 겪거나 실패한 뒤에도 계속해서 도전할 수 있는 끈기, 한 가지 일에 몇 년간 지속해서 집중할 수 있는 열정(GRIT)이 꼭 필요하다.

새벽에 일찍 일어나는 이유

"내가 평생을 새벽 일찍 일어나는 것은 그날 할 일 생각에 기대와 흥분으로 설레기 때문이다. 나의 아침은 언제나 소학교 소풍날 아침. 밤에는 늘 숙면할 준비를 하고 잠자리에 든다. 날이 밝으면 즐겁고 힘차게 일하겠다는 생각에서다. 내가 행복을 느끼며 사는 것은 세상을 희망차게 보기 때문이다."

– 현대그룹 창업자 고(故) 정주영(鄭周永) 회장

2) 창업 CEO의 역량과 역할

스타트업이 비즈니스 과정에서 생존하고 성장하려면 혁신적·창조적이며 신뢰 속에서 장기적이고 미래지향적인 관심과 포괄적인 사고력을 바탕으로 미래 상황을 꿰뚫어 보는 통찰력 있는 리더십을 바탕으로 행동해야 한다. 새로운 일을 시작해서 성공시키기까지는 거쳐야 할 수많은 관문이 있고, 거침없는 도전 앞에서 주저앉느냐 앞으로 나아가느냐는 기업가의 역량에 달려 있다. 창업 CEO의 전반적인 역량은 초기기업의 생사를 가르는 결정적인 요인이므로 창업 CEO에게는 첫 번째, 대기업 및 중견기업과 비교할 때 상대적으로 자원이 부족한 초기 창업기업은 빠르게 변화할 수 있는 유연한 조직구조와 새로운 기술습득, 변화하는 시장 환경 속에서 빠르게 변화할 수 있다는 장점을 극대화할 역량을 가져야만 생존할 수 있다. 두 번째, 기업이 당면하고 있는 문제에 대해서 정확한 판단을 내릴 수 있는 지적 능력과 전문지식이 있어야 한다. 세 번째, 회사가 나아갈 방향과 구체적인 목표를 정하고 장기적인 전략과 계획을 세워 그것을 추진할 역량이 필요하다. 네 번째, 적절하게 사람을 다룰 수 있는 사업운영 및 조직 관리 능력이 필요하다. 다섯 번째, 기회추구에 대한 적극성, 결단력과 끈기, 위험 감수(Risk taking), 혁신 및 창의성(Creative), 도전의식 등 기업가정신은 필수 덕목이다. 여섯 번째 창업 CEO에게는 매일 현실을 파악하고, 조직이 올바로 가고 있는지 확인하면서 의사결정을 내릴 수 있는 역량이 필요하다. 일곱 번째 비전을 제시하고 체계적으로 추진하는 모든 과정에서 그때마다 상황의 본질을 파악하는 통찰력(insight)을 바탕으로 하는 의사결정 능력은 기업의 생존과 성장의 바탕이 된다.

또 성공하는 창업자가 되기 위한 공통적인 특성은 도덕성, 인내력, 신뢰감, 진취성, 열정, 개방적 마인드(open mind)뿐만 아니라 다양한 역량이 필요하다. 하지만 모든 역량과 태도를 갖춘 창업자는 세상에 존재하지 않으므로 부족한 부분을 하나하나 보완하되 반복된 실패를 하지 않도록 지속적으로 배우고 연구하며 전문가의 조언을 기반으로 위기를 극복하면서 역량을 축적해나가야 한다. 실제 미국의 벤처투자자(Angel)들은 투자 의사 결정을 할 때 창업가의 자질과 역량을 중시하는데 창업가 자체가 투자 가능성을 판단하는 척도(기준)가 되기 때문이다. 특히 기업가를 평가할 때 가장 우선시하는 요소가 '위기 상황에서 끈질긴 노력을 할 수 있는가?'라고 할 수 있다. 기업을 운영하다 보면 위기는 오게 마련이고 이때 어떻게 대응하는가가 사업의 성패를 결정하게 된다. 그러나 기업가 리더십에 대한 준비과정을 거치지 않고 창업을 하는 경우, 예상치 못한 여러 상황에서 그릇된 판단과 행동을 할 가능성과 창업 실패의 가능성이 높기 때문에 기업가 리더십이 중요하다.

성공하는 창업자들의 12가지 특징

① **꿈을 좇아가라** 새로 탄생시킨 창업 안이 인류의 삶을 향상시키거나 문제를 해결한다고 확신하면 꾸준히 그 꿈을 좇아가야 한다. 그 창업 안이 실현성이 있는지, 그 분야의 전문가와 상의를 해서 그 창업 안의 미래 가능성을 확인해보는 것이 중요하다.

② **모험을 감수하라** 모험 없는 창업은 없으므로 고안한 아이디어의 실패 가능성을 낮추는 노력이 필요하다. 창업을 혼자 하려고 하지 말고 투자가들을 모집하는 것이 좋지만 마땅한 투자가를 만나지 못하면 www.kickstarter.com 웹페이지를 방문하여 각종 창업 안과 원하는 모금 액수 및 모금 기한을 제시해 놓으면 투자자들을 만날 수 있다.

③ **기꺼이 희생하라** 창업하여 성장하려면 시간과 취미생활 또는 단기적인 이익 등을 희생할 각오가 있어야 창업을 성공으로 이끌 수 있다. 성공의 동반자는 희생이다.

④ **꾸준히 하라** 약간의 난관에 부딪혔거나 진행 상황이 뜻대로 되지 않는다고 해서 포기를 해버리는 자세는 성공과 멀어진다. 포기하지 않는 자세로 성공의 길을 막는 장애물을 하나 하나 제거해 나가는 인내심이 꼭 필요하다.

⑤ **고객을 파악하라** 고객 없는 사업은 없다. 창업하려면 목표 고객이 누구인지를 파악해야 하고 목표 고객이 무엇을 원하는지를 철저히 파악하여 그런 필요에 빈틈없이 대처해야 한다.

⑥ **판매의 기술과 요령을 습득하라** 사업의 핵심은 상품이나 서비스를 파는 것이므로 판매를 잘할 화술과 대인관계, 고객을 찾는 방법과 그들이 기대하는 가격, 그들이 반복 고객이 되도록 하는 정책 등 고객을 위한 정성과 정책을 수립해서 고객을 VIP로 대접하도록 교육해야 한다.

⑦ **고객을 잘 대접하라** 한 연구조사에 의하면 업체의 매출 중 65%는 기존고객이 올려준다고 한다. 새로운 고객을 유치하려면 기존고객을 유지하는 것보다 5배나 더 많은 노력과 자원이 필요하다거나 업체의 매출 중 95%를 24%의 고객이 올려준다는 연구도 있다.

⑧ **옳은 직원을 채용하라** 정직하지 않은 직원, 회사에 대한 충성심이 없는 직원, 직원 간에 분열을 조장하는 직원, 회사보다 자기의 욕심을 우선으로 하는 직원은 회사의 이익을 해칠 수 있다. 기업의 목표달성에 기여 할 직원을 찾아 채용하고 훈련하며 성취욕을 고취 시켜 그가 회사와 함께 성장하도록 해야 한다.

⑨ **직원의 가치를 알고 적절히 대우하라** 성공적인 창업자는 직원을 잘 이해하고 그들의 사기를 돋우고 높은 사기를 겸유한 직원은 실수도 적으며 수행하는 업무의 생산성도 높으며 행복한 직원은 회사를 습관처럼 자랑한다.

⑩ **승리하는 문화를 조성하라** 긍정적인 기업문화는 CEO로부터 말단 직원까지 부정적인 언어를 사용하지 않는다. 직원들의 '승리하는 문화', "하면 된다"는 신념이 직원 개개인의 마음속에 굳게 자리를 잡은 회사의 상품은 고객을 만족시키고 성장하는 회사가 될 것이다.

⑪ **멘토의 지도를 자주 받아라** 업체에 관련된 경험이 풍부하고 그런 분야에 능숙하고 유능한 멘토와 자주 의논하고 지도를 받는 것은 회사가 옆길로 빠지지 않도록 하는 안전장치다. 낭패를 당하지 않으려면 수시로 멘토들과 진행 상황을 상의하는 것이 좋다.

⑫ **의사소통을 원활하게 하라** 성공적인 스타트업에서는 원활한 의사소통의 체계를 확립해야 하고 아무리 믿는 사이라고 할지라도 의사가 제대로 전달되었는지 확인하는 절차가 있어야 한다.

– 코리아위클리 – 플로리다, 2016.5.12.

경험이 짧고 창업역량이 부족한 청년 창업가들은 사업(businesses)을 하거나 기업경영의 경험도 모두 절대적으로 부족하다. '그럼에도 불구하고' 이들은 새로운 업(業)을 일으키고 이를 생존토록 해야 하며, 성장토록 해야 하고, 또 이익을 창출해야만 한다. 이러한 창업가들에게 다음 질문에 대해 묻고 답하게 하는 과정을 통해 리더십을 내재화하고 자신만의 고유한 리더십을 발현할 수 있어야 한다. ① Perspective(Why): 나는 왜 창업을 하는가? ② Principle(How): 나의 창업 목적을 추구하기 위해 나는 어떤 경영원칙을 지녀야 하는가? ③ Practice(What):

나는 설정한 경영원칙을 일관되게 유지하기 위해 어떤 실행을 해야 하는가? 또 청년들이 창업에 도전하려는 경우 어떤 아이템을 선택할 것인가? 누구와 함께 창업을 할 것인가? 어디에서 창업할 것인가? 등의 고민에 앞서 창업자의 기본기를 다지고, 창업가의 역량을 키우는 일에서 창업은 시작된다고 할 수 있다.

또 많은 사람들이 창업자에게 가장 필요한 역량과 창업의 성공 요인으로 번뜩이는 기발한 '아이디어'를 꼽지만 사업하며 풍파를 온몸으로 겪은 창업자들은 가장 필요한 자질로 '바퀴벌레 같은 생명력'을 꼽았다. 에어비앤비의 성공 이면에도 '바퀴벌레 같은 생명력'이 있었다. 에어비앤비는 2008년 사업을 시작했지만 투자 유치에 어려움을 겪었다. 그들은 "1년 가까이 거의 실직자 또는 신용불량자 수준이었다"고 했다. 에어비앤비에 투자한 폴 그레이엄(Paul Graham) 와이컴비네이터 대표는 "에어비앤비를 육성 프로그램에 받아들인 건 숙박 공유라는 아이디어가 아니라 죽지 않겠다고 시리얼까지 팔았던 생존력 때문"이라고 말했다. 스타트업을 창업하고 산전수전을 겪은 창업자들이 번뜩이는 아이디어가 떠오른 '유레카의 순간'보다 망하지 않기 위해 '몸부림치던 순간'들을 더 큰 자산으로 여길 수밖에 없음을 보여준 사례다.

또 스타트업에게 필요한 생존과 상장의 핵심역량 가운데 내·외부 충격으로 밑바닥까지 떨어졌다가 피해를 극복하고 원래의 기능을 회복하는 회복탄력성(resilience)은 변화하는 환경에서 스트레스를 흡수하고, 중요기능을 회복해 성장능력을 축적하면서 성과로 연결하는 역량을 뜻한다. 〈무엇이 최고의 기업을 만드는가: 리질리언스, 기업 위기극복의 조건〉의 저자 매사추세츠공과대(MIT) 요시 세피(Yossi Sheffi) 교수는 위기 발생 자체는 통제가 불가능하지만, 위기를 극복한 기업들은 공통적으로 '회복탄력성(Resilience)'을 갖추고 있다고 강조한다. 비즈니스에서 누구나 역경을 경험하는데, 유사한 역경에서 어떤 사람은 이를 극복해 더 큰 성장의 기회를 얻지만 어떤 사람들은 그 자리에 주저앉거나 고통으로 힘겨운 시간을 겪는다. 특히 최근 비즈니스 환경이 점점 더 역동적으로 변하고 예측 불가능해지면서 회복탄력성의 중요성도 커지고 있다. 컨설팅기업

성공하는 스타트업 창업가의 특징

① **성공하는 창업가는 사용자를 관찰한다.** 세계적인 디자인 기업 아이디오(IDEO)의 공동창업자 톰 켈리(Tom Kelly)는 창업가에게 '다른 사람을 관찰하고 공감하는 능력'이 가장 중요하다고 말한다.

② **성공하는 창업가는 고객들에게 제품을 검증받는다.** 아이디어를 검증받는 가장 빠르고 좋은 길은 직접 내 제품을 사용하고 내 제품을 평가할 고객들에게 물어보고 관찰하고 피드백을 받자.

③ **성공하는 창업자는 아이디어보다 사람을 찾는다.** 능력이 있는 팀이라면 중요한 문제를 발견해내고, 그 해결책으로 시장에 통할 만한 기술이나 제품, 서비스를 만들 수 있다.

④ **성공하는 창업자는 아이디어를 실행한다.** 좋은 아이디어가 되려면 실행해야 한다. 아이디어의 핵심을 입증하거나 구현할 만한 싸고, 빠르고, 효과적인 방법을 생각해내서 실험해보아야 한다.

⑤ **성공하는 창업가는 실패에도 불구하고 계속 시도한다.** 세계적으로 인기를 끌었던 새 날리기 게임(?) '앵그리 버드(Angry Birds)'는 로비오(Rovio)가 52번째 만든 게임이다. 스티브 잡스와 스티브 워즈니악이 처음 만든 애플 1은 겨우 200대 정도 팔렸을 뿐, 뼈아픈 실패로 돌아갔다.

⑥ **성공하는 창업가는 게임의 규칙을 바꾼다.** 우버는 전 세계 많은 대도시에서 차량 공유 서비스를 제공하고 있지만 회사는 차량을 단 한 대도 갖고 있지 않다. 에어비앤비는 단 한 개의 방도 소유하고 있지 않지만 전 세계에서 가장 큰 숙박업을 하는 회사가 되었다.

⑦ **성공하는 창업가는 빠르게 핵심 경쟁력을 검증한다.** 스타트업이 가진 가장 효과적인 무기는 스피드다. 창업가가 해야 할 일은 MVP를 만들어 핵심 경쟁력을 검증하는 일이다.

– https://better-together.tistory.com/238 변계사 Sam의 테크 스타트업!

베인앤드컴퍼니(Bain & Company)도 최근 "혼란스러운 상황 속에서도 명확한 목표를 설정하고 경쟁사보다 한발 앞서 기회를 포착한 승자 기업은 위기상황종료 이후 경쟁자와 이익 격차를 크게 벌렸다"며 회복탄력성의 가치를 강조했다. 베인앤드컴퍼니는 회복탄력성뿐만 아니라 적응성과 예측력까지 세 가지 역량을 제시했다.

창업경영자가 버려야 할 가장 중요한 5가지

① **'지나친 욕심'** 이제 기업의 목적을 이익 극대화가 아닌 이해관계자의 성공을 돕고 기업이 이해관계자들과 함께 지속성장하는 것으로 인식해야 한다. 경영이 추구하는 것도 최적화(optimization)가 아니라 만족(satisfaction)이다. 이해관계자를 함께 생각하는 적정한 욕심이 지속성장의 비결이다.

② **'과거 성공에의 안주와 새로운 시도에 대한 두려움'** 새로운 시도가 없이는 새로운 변화나 더 가치 있는 결실은 없지만 새로운 시도나 혁신은 늘 저항과 두려움을 동반한다. 최고경영층의 기업가정신과 역량만이 이를 극복할 수 있다.

③ **'생산성을 저하하고 미래 가치를 낮추는 활동'** 비록 어떤 사업 영역이 현재 기업의 존속에는 기여한다 하더라도 생산성이 낮고 경쟁력이 없는 활동들은 결국 버려야 하고, 새로운 대안을 모색해야 한다.

④ **'타인에 대한 불평과 비판'** 사업 활동은 많은 타인과의 연계를 바탕으로 하고 있고, 어떤 잘못된 일의 원인을 따져보면 여러 요인들이 함께 작용한 경우도 많다. 다른 사람들을 비난하고 책임을 돌리기보다 우선 경영자 자신이 더 노력할 수 있는 부분을 찾고, 주도적으로 '내 탓이오'라는 마음으로 대처하는 것이 좋다.

⑤ **'나태'** 경영자들은 여러 직업 영역 중에서도 특히 변화가 크고 아주 힘든 영역에서 활동하는 사람들이다. 소명의식을 가진 경영자들은 결코 작은 성공에 만족하지 않고 도전을 거치지 않는다. 나태는 경영자들의 역할과 역량을 낭비한다.

– 대구신문, 경영자가 버려야 할 것과 지켜야 할 것, 2020.7.16, 배종태 교수

2

창업 성공과 실패의 갈림길(forked road)

신규 창업기업의 탄생과 창업의 성공확률이 높아지면 새로운 일자리창출로 이어져 산업 전반에 선순환 구조로 이어지고 새로운 신기술, 창의적인 아이디어, 혁신적 비즈니스모델 등 진보적인 변화와 혁신사례를 통해 사회 전반에 긍정의 영향을 많이 미치게 된다. 창업자는 남을 따라 하기보다 꼭 하고 싶은 일을 찾아야 하고 가장 잘할 수 있는 일을 골라 열정을 바쳐야 한다. 그러나 의욕만으로 기업을 운영해선 안 되며, 위험(risk) 대비는 얼마나 돼 있는지, 기업의 시스템은 잘 구성됐는지, 자신의 사업 아이템이 과연 승산이 있는지 냉정하게 점검하여야 한다.

통계청에 따르면, 저성장과 코로나19로 고난을 이어가고 있는 자영업자가 '2021년 1월 전국에는 533만5,000명이 비즈니스를 하고 있지만 성공한 사장이 되는 것은 참으로 어려운 일이다. 많은 사람들이 창업하지만 어떤 경영자는 사업체를 번창시키고, 또 어떤 경영자는 실패의 쓴맛을 안고 다음을 기약한다. 문제는 처음 시도로 창업에 성공하는 경우는 거의 없고 약 3번의 실패를 극복해야만 어렵게 성공하는 것으로 알려져 있으니 창업의 활성화를 위해서는 우리 사회가 실패에 관대해지고 젊은 세대들이 실패를 경험으로 말할 수 있는 사회가 되어야 한다. 실제로 창업가가 된다는 것은 불확실하고, 복잡하며, 스트레스와 압박감 속에 살며, 심지어 월급쟁이 시절보다 더욱 불안정한 수입으로 버텨야 한다는 것을 의미한다. 성공한 기업가와 실패한 기업가의 차이 가운데 분명한 것은 성공과 실패의 갈림길에서 창업자들은 많은 시간을 성공하기 위하여 생각하고 고민하고 전문가의 조언을 받는 등 여러 가지 형태로 노력했다는 것이다. 그럼에도 불구하고 결과는 성공과 실패로 나누어져서 희비가 엇갈리게 된다.

무역협회가 한·중·일 대학(원)생 534명을 대상으로 조사한 보고서에 따르면 우리 청년들이 창업에 나서지 못하는 이유로는 실패에 대한 부담(38.0%)이 첫 번째로 꼽혔다. 중국은 각종 제도 정비와 적극적인 창업지원으로 탄탄한 창업생태계 구축함으로써 2020년 1~9월 중 신설기업이 590만 개로 하루 평균 21,500

같은 아이디어가 성공과 실패로 갈리는 이유

아이디어가 실천으로 넘어가 경쟁자보다 우위를 점하려면 스피드, 팀, 절약에 관심을 가져야 한다. 이 세 가지는 내가 사업초기에 성공을 거둔 주요 요인이다. 첫째, 지금처럼 기술이 견인하는 세상, 빠르게 변하는 세상, 특히 적시성이 중요해진 세상에서는 조직의 스피드가 매우 중요하다. 따라서 시장진입에 소요되는 시간을 줄이는 데 집중해야 한다. 그래야 시장을 선점하여 다른 사람보다 먼저 고객에게 다가갈 수 있다. 둘째, 당신의 팀은 능률적으로 움직이는 기계처럼 되어서 다른 어떤 팀보다 더 열심히 일해야 한다. 이런 충고는 진부하게 들리지만, 아무리 강조해도 지나침이 없다. 하버드 대학의 노암 와서먼 교수는 <창업자의 딜레마>에서 창업자가 겪는 공통적인 문제를 설명한 적이 있다. 그는 팀이 활력과 팀원들의 주식분할에 관한 학문적인 연구 결과를 폭넓게 제시했는데, 결론은 팀에 활력을 제대로 불어넣지 못하면 기업이 성공할 확률은 현저하게 떨어진다는 것이다. 셋째, 스타트업은 자원을 절약해야 한다. 대부분 스타트업은 비용문제 때문에 아이디어를 실천에 옮기지 못하는 경우가 많다. 학교나 정부에서 지원하는 프로그램 등을 활용하여 소요비용을 제로에 가깝게 줄인다. 스타트업은 아이디어를 가지고 꿈을 추구하는 이상주의자라고 사람들은 생각한다. 이러한 편견은 스타트업이 불굴의 실천가라는 중요한 측면을 간과하게 만든다. 페이스북의 마크 저커버그는 인터넷을 통해 커뮤니케이션을 지배하려는 원대한 꿈이 있었고 자신의 생각을 누구보다도 더 잘 전달할 수 있었다. 또 그는 꿈을 실현하는 방법도 알고 있었다. 무엇보다 그는 그 꿈을 이루었다. 자신의 기막힌 아이디어의 장점에 도취하기만 하고 효과적으로 실천하지 않는다면, 결국 어려움과 맞닥뜨렸을 것이다.

– 케빈 존슨, 〈스타트업 멘토링〉, 예문사, 2016.

창업자가 스스로에게 물어야 하는 질문들

창업자들은 자신이 사업을 시작하면 모든 것이 잘 될 것이 라는 막연한 기대와 자신감을 갖는 경우가 많다. 이에 대해 미국의 경제지인 <포춘(Fortune)>은 "창업자가 스스로 물어보는 10가지 마음가짐"이란 기사를 통해 10가지의 질문에 모두 Yes라고 답할 수 있어야만 창업에서 성공할 가능성이 높다고 조언한다.

① 필요하다면 당분간 생활수준을 기꺼이 낮출 용의가 있습니까? 사업을 추진하면서 휴가일수를 줄이거나 아예 가지 않고, 외식처럼 생활에 필요하지 않은 가계 예산을 줄일 용의가 있습니까? Yes / No ?

② 직원을 채용하기 전에 전화응대부터 사무실 전구를 갈아 끼우는 것까지 모든 잡무를 스스로 처리할 준비가 되어 있습니까? Yes / No ?

③ 자기 사업을 하려는 주된 이유가 좋아하면서도 잘할 수 있는 일을 통해 인생의 비전을 구체화시키기 위해서입니까? Yes / No ?

④ 수익이 나지 않더라도 적어도 3년 동안 가정과 사업을 위한 비용을 지불할 수 있는 충분한 자금을 가지고 있습니까? Yes / No ?

⑤ 사업을 성공시키기 위해 훌륭한 인재들을 영입했거나 확보하려는 의사가 있습니까? Yes / No ?

⑥ 사업상황이 예상 밖으로 순조롭게 굴러가지 않는다면 신속하게 대응책을 마련할 수 있는 능력이 있습니까? Yes / No ?

⑦ 사업가로서 다양한 인맥 및 고객관계 관리와 사회관계를 통한 부가가치를 충분히 활용할 수 있는 자세가 되어 있습니까? Yes / No ?

⑧ 창업은 본인의 최종의사결정에 달렸지만 배우자, 자녀, 가족, 애인 등과 함께 세부적이고 구체적인 내용까지 상의할 의사가 있습니까? Yes / No ?

⑨ 개인사업자나 중소기업이 부딪힐 수 있는 세금문제를 능숙하게 다룰 수 있는 경험 많은 전문가로부터 조언을 얻거나 재무회계 담당을 고용할 생각이 있습니까? Yes / No ?

⑩ 창업은 근본적으로 위험하지만 자신의 사업계획은 훌륭하고 치밀하기 때문에 몇 년 내로 큰돈을 벌 수 있다는 착각은 하지 않을 수 있습니까? Yes / No ?

개의 기업이 새로 탄생한 것으로 나타났다. 중국에서 현재 대학에 재학 중인 학생 가운데약 90%가 창업에 관심이 있다고 대답하였고 졸업하는 대학생들 중 약 8%가 창업에 도전할 만큼 창업의 열풍이 불고 있다. 그러나 한국 대학생 가운데 0.8%가 창업을 하므로 중국의 1/10 수준인데다 우리나라 청년들은 창업 실패를 두려워하며 도전정신도 부족한 것으로 드러났다. 스타트업 창업가들이 가장 많이 저지르는 실수는 바로 아이디어만 가지고 창업에 뛰어드는 일이지만 더 중요한 것은 소비자가 누구인지, 소비자가 원하는 것은 무엇인지를 정확히 알아야 한다는 점이다. 처음부터 완벽한 아이디어란 존재하지 않는다. 소비자가 누구고, 소비자의 니즈가 무엇인지를 생각하다 보면 아이디어는 조금씩 달라지거나 다듬어지기 마련이다. 어떻게 상품을 만들지 고민하기보다 왜 이 상품을 만드는지 생각해야 한다. 소비자의 니즈(needs)를 찾아내는 가장 좋은 방법은 전형적인 소비자를 대표하는 단 한 명의 가상의 인물, 즉 성별, 나이, 거주지역, 직업 등 인구통계학적 요소뿐만 아니라 구체적인 소비정보를 얻을 수 있는 '페르소나(persona)'를 만들어보아야 한다. 또 많은 스타트업들이 페르소나를 통해 비슷한 아이디어를 찾아낸 후에도 어떤 스타트업은 큰 성공을 거두지만, 어떤 스타트업은 실패해 어려움을 겪는다.

또 창업을 준비할 때 보통은 아이템, 상권입지, 마케팅 등 운영에 관련된 공부를 하지만, 거시적인 관점에서 보면 성공과 실패를 가늠하는 중요한 키워드는 바로 사람이다. 특히 성공하는 스타트업과 실패하는 스타트업의 차이를 만드는 요소 가운데 하나는 바로 '팀(team)'이다. 일단 창업이라는 문턱을 넘어서면 혼자서는 일을 이룰 수 없고, 누군가의 지원을 받아야 성장할 수 있으므로 사람관리는 사업흥망의 열쇠라 할 수 있다. 이를 스포츠로 비유하면 스타트업은 개인전이 아니라 단체전이고 주먹을 활용하는 권투보다는 온 몸을 활용하는 종합격투기(ultimate fighting)에 가깝기 때문에 창업가는 같은 비전과 가치를 공유하면서, 서로 보완할 수 있는 기술을 가진 사람을 모을 수 있는 팀워크(teamwork) 유지 능력을 갖추어야 한다. 고객을 알고, 무엇을 원하는지 이해한 후에 이들이 원하는 것을 찾기 위해 일사불란하게 움직일 팀의 역할이 중요하기 때문이다. 그리고 창업은 단거리경주보다는 마라톤(marathon)과 같이 오랫동안 준비해야 성공할 확률이 높아지므로 성급하게 판단하지 말고, 장거리마라톤처럼 시간을 갖고 철저히 준비하여야 한다. 더불어 창업자로 성공하고 싶다면 꿈을 위해 목표를 세우고, 구체적이고 종합적인 전략을 통해 자신 스스로를 창업형 인간으로 바꾸는 노력이 필요하다.

창업을 하기 전에 스스로에게 물어야 할 10가지 질문

소기업(small business)은 경제성장과 혁신, 그리고 고용의 엔진이다. 이는 곧 더 많은 개인이 위험과 어려움을 감수하고 창업을 위한 용기 있는 결단을 내려야 함을 의미한다. 그렇다면 사업을 시작하려면 어떻게 해야 할까? 물론 좋은 아이디어가 있어야 한다. 만약 좋은 아이디어가 있다면 사업을 시작하기 전에 다음의 질문을 스스로에게 던져 보기 바란다.

① **이 일에 맞는 사람인가?** 이 사업을 성공시키는 데 도움이 될 만한 재능과 경험을 가지고 있는지 자신의 강점과 약점을 정리해보고 이 사업에 자신의 강점을 활용할 수 있는지, 어떻게 자신의 약점을 보완할 것인지 자문(自問)해보라.

② **사람들이 정말로 필요로 하는 일인가?** 누가 이 상품이나 서비스를 구입할 것이며 왜 필요로 하는지 자문해보라. 고객의 니즈가 없으면 실패할 수밖에 없다.

③ **이 일로 돈을 벌 수 있는가?** 이 사업이 론칭되고 굴러가는 동안 충분한 이익을 얻을 수 있는지, 그렇지 않다면 왜 이 사업을 해야 하는지 자문해보라.

④ **사업 계획을 가지고 있는가?** 물론 모든 일이 계획대로 이루어지는 것은 아니지만 계획을 세우는 것은 도움이 되는 일이다. 대출을 받거나 투자를 유치하려면 제대로 된 계획서가 있어야 한다.

⑤ **사업을 이끌어나갈 자금이 있는가?** 일반적으로 새로운 사업에는 당초 예상한 것보다 많은 자금이 소요된다. 현금 흐름이 플러스가 될 때까지 사업을 이끌고 생활을 유지할 수 있는지 자문해보라.

⑥ **가족이 이 일을 지원하는가?** 직계 가족과 사업 계획에 대해 토의하고 그들의 지원을 얻어내는 것은 매우 중요한 일이다.

⑦ **이 사업의 차별점은 무엇인가?** 경쟁사와 비슷하지는 않은지, 자신만의 차별화 포인트를 가지고 있는지, 왜 고객들이 경쟁사가 아닌 자신을 선택할 것인지 자문해보라. 경쟁사에 비해 더 나은 것보다 차별화가 더 중요하다.

⑧ **세일즈 및 마케팅 전략은 무엇인가?** 표적 시장은 어디이며 어떻게 거기에 접근할 것인지, 사전에 목표 고객을 대상으로 테스트를 해볼 수 있는지 자문해보라.

⑨ **자신의 약점과 경험 부족을 보완하고 도와줄 동료나 친구의 지원 네트워크를 가지고 있는가?** 성공적인 창업을 위해서는 무엇보다 파트너십이 중요하다. 만약 비즈니스 파트너가 없다면, 조언하고 후원해 줄 사람들과의 네트워크를 가지고 있는지 자문해보라.

⑩ **플랜-B를 가지고 있는가?** 사업이 계획대로 되지 않을 때 자신과 사업을 위한 대체 전략이 있는지 자문해보라. 사업의 부침에 적응하고 대처할 수 있는 충분한 유연성을 가져야 한다. 전부는 아니더라도 위의 질문에 대부분 긍정적인 답변이 나와야 한다.

– B2C, 폴 슬로안(Paul Sloane), 10 Questions To Ask Yourself Before You Start Your Own Business 번역 요약

성공 창업을 위하여 검토해 보아야 할 핵심사항들

① 사업기회는 적기에 포착되었는가?
② 최적 아이템을 선정하였는가?
③ 분수에 맞는 사업 규모의 결정과 사업자금의 조달은?
④ 철저한 사업타당성 분석을 하였는가?
⑤ 체계적인 사업계획서를 작성하였는가?
⑥ 기업가로서의 자질개발은 충분한가?
⑦ 블루슈머(bluesumer)의 전략은 수립되었는가?

3

창업 성공 요인과 실패 요인

1) 창업 성공의 길

고객 만족(행복)의 대가로 실현되는 성공하는 창업이 되기 위해선 창업 준비 및 초기단계에 집중적으로 에너지를 쏟아야 한다. 특히 창업 준비단계에서는 분명한 사업 아이템을 가지고 있어야 한다. 수요가 시장현장에서 확인되고, 시장규모가 충분히 크며, 비교우위를 확실히 가지고 있을 뿐 아니라 구현 가능성이 있는 아이템이어야 하고, 창업 초기 단계에는 처음에 수립한 사업계획을 끊임없이 업데이트(Update)해야 한다. 대부분의 창업자들이 그런 판단아래 나름의 준비를 기반으로 성공을 꿈꾸며 칭업에 도전하지만 창업시장에서 대박을 이뤄낸 극소수의 성공 창업은 창업자의 마인드(mind)에 따라 결정된다. 또 성공하는 창업가의 기본요건을 갖추는 것은 꾸준한 자기계발과 단호하게 결정할 수 있는 과감한 판단력을 기르는 것이지만 매뉴얼을 읽는 것으로 자전거를 익히기 어려운 것처럼 창업도 넘어지고 깨지면서 몸으로 익혀야 비로소 성공의 내공을 쌓을 수 있게 된다. 성공하는 사람들의 공통된 습관은 뚜렷한 목적을 갖고 창업을 준비했고 오랜 시간을 투자했다는 점, 고객 동향파악과 경쟁업체들의 시장조사를 지속적으로 펼쳤다는 점, 사람을 잘 관리하여 자신의 점포에 기여하게 만든다는 점, 보이지 않는 곳에서 남다르게 노력하는 노력가의 기질을 가지고 있다는 점 등이다.

또 구슬이 서 말이라도 꿰어야 보배란 말처럼 제아무리 톡톡 튀는 아이디어와 창업 아이템일지라도 이를 사업화로 발전시킬 수 있는 전문지식과 전반적인 식견, 그리고 감각을 갖추지 못하면 생명력을 얻지 못한다. 아이디어를 발견하고 이를 구체화하여 아이템으로 진전시키고 또 이를 새로운 가치를 가진 상품과 서비스로 전환하여야 한다. 또 스타트업계의 특징인 예측할 수 없는 불확실한 환경에서 새로운 비즈니스모델을 개발하여 성공을 실현하기 위하여 필요한 회복탄력성(resilience)과 끈기(tenacity)가 중요하다. 따라서 스타트업(새싹기업)은 열정과 불굴의 의지를 가지고 도전하되 수많은 시행착오와 어려운 난관을 극복하고 급변하는 환경에서 포기하지 않고 끝까지 생존하는 창업가만이 성공의 열매를 얻을 수 있다.

스타트업이 성공하려면 우선 기존제품이나 서비스, 플랫폼이 가지고 있는 불편함이나 한계점에 대한 철저한 고민과 파괴적 혁신을 통해 탄생한 창업아이디

창업 준비 시 반드시 점검해야 하는 것들

① **창업성**(내가 잘할 수 있는 일) 경험, 지식, 적성에 잘 맞는 일인지, 좋아하는 일인지를 확인하라.

② **경쟁성**(competitive position, 竞争性) 경쟁자의 현황, 가격 경쟁력, 품질 경쟁력, 유사제품(서비스)의 등장 가능성 등을 점검하라.

③ **시장성**(marketability, 市場性) 성장, 정체, 쇠퇴하는 시장인지, 시장점유율은 어떻게 예상되는지, 소비 트렌드는 어떻게 변하고 있는지를 확인하라.

④ **생산성**(productivity, 生産性) 제품의 생산에 문제가 없는지, 원재료 조달, 인력확보가 원활한지를 고려하라.

⑤ **경제성**(economic efficiency, 經濟性) 소요자금, 보유 자금, 부족 자금은 구체적으로 어떻게 조달할지, 매출이 발생하기까지, 손익분기점에 도달하기까지 시간이 얼마나 걸릴지 등을 고려하라.

⑥ **안전성**(safetiness, 安全性) 불황이 찾아와도 견딜 수 있는 기초 체력이 있는지, 시장의 여건이 바뀔 경우 대응할 수 있는지, 예상치 못한 외부적 환경 변화에 대응할 수 있는지를 점검하라.

어에 대한 냉철한 검증을 통하여 고객이 사고 싶고 지불한 가격 이상의 가치를 느낄 수 있어야 한다. 이를 위해선 목표 고객을 설정하고, 목표 고객에 대한 설문과 피드백에 기초한 최소기능제품을 만들어 테스트하고 다시 피드백을 반영한 업그레이드 제품을 만드는 일련의 과정이 필요하다. 성공적인 창업은 고객의 욕구를 파악하여 업종과 아이템을 선택하고 경쟁자보다 우수한 상품(goods) 및 서비스(service)를 저렴한 가격에 제공함으로써 고객만족(CS: customer satisfaction)을 추구하는 노력으로 실현된다. 특히 성공창업의 3가지 조건을 살펴보면 ① 반드시 성공할 수 있다는 자신감, ② 철저한 창업 준비, ③ 차별화된 나만의 경쟁력 확보다. 이는 성공창업을 위해 준비해야 하는 여러 자산 중 남과 다른데서 출발하는 나만의 차별화된 경쟁력이라고 할 수 있다.

〈크리에이터 코드(The Creator's Code)〉의 저자인 에이미 윌킨스(Amy Wilkinson)는 미국의 성공한 스타트업 200개를 조사한 후 "꿈을 품은 기업들이 성공한다"는 결론을 내렸다. 그저 돈벌이가 아니라 꿈을 좇을 때, 기존에 없던 새로운 가치(Value)를 시장에 만들어 내는 혁신자가 될 가능성이 높다. 꿈을 좇으려면 우선 자신이 바라는 미래의 모습을 그릴 수 있어야 한다. "이런 것이 있으면 좋겠는데" 같은 소망을 그리는 것에서부터 사람의 상상력과 창의적 사고력은 움직이기 시작한다. 꿈을 실현하기 위해서는 우선 자신이 바라는 미래상을 그려 꿈의 방향성부터 정할 수 있어야 하며, 자신의 꿈에 대하여 "이 길이 내가 가야 하는 길이다"와 같이, 자신의 마음 깊은 곳에서부터 느껴지는 사명감과 만족감을 뜻하는 〈내적 확신〉이 있어야 한다. 고객을 위하는 것도 좋고 회사를 위하는 것도 좋고 나라를 위하는 것도 좋지만, 무엇보다 중요한 것은 "난 진심으로 이 길을 원한다"라는 자신의 내적 확신이고, 그러한 확신이 있어야 내적 동기부여가 가능해진다. 많은 사람이 막연히 창업의 꿈을 꾸지만, 무엇보다 중요한 것은 내가 왜 창업을 해야 하는가를 정확히 설정해야 한다. 위대한 창업자들은 한결같이 돈이나 성공, 명성보다는 후회 없는 인생, 도전하는 과정을 창업의 이유로 언급했다. 특히 메모앱 하나로 세계를 제패한 '에버노트(EverNote)' 필 리빈(Phil Libin)

CEO는 "돈 버는 게 목표라면 차라리 큰 회사에 취직해 경력을 쌓는 게 낫지만, 10년간 밤낮없이 일할 자신감과 한 푼도 못 벌어도 좋다는 배짱이 있으면 도전해보라"고 권했다.

탁월한 기업가 빌 그로스(Bill Gross)는 자신이 만든 아이디어랩의 125개 창업기업과 그의 주변에 창업한 125개 기업의 포트폴리오를 조사해 발표한 5가지 핵심 성공 요인은 다음과 같다. ① 아이디어: 제품 아이디어는 얼마나 새로운가? 기존제품보다 10배 이상 좋아졌는가? 이미 주변에 비슷한 제품이 나와 있지 않은가? 누구와 경쟁해야 하지 않는가? 경쟁을 피해야 한다면 창업을 안 하는 것이 낫다. ② 팀 및 실행단: 창업 팀이 얼마나 효율적인가? 얼마나 효과적이며 얼마나 유연하게 적응할 수 있는가? ③ 비즈니스모델: 수익을 만들 비즈니스모델은 독특한가? 모델이 명확한가? ④ 자금 조달: 많은 사람들이 실패하는 이유가 자금조달이 충분치 않아서다. 독창적인 아이디어와 비즈니스모델이 있어 다른 사람들로부터 자금조달이 가능한가? 펀딩에 성공할 수 있는가? ⑤ 타이밍: 제품 출시가 너무 빠르지 않은가? 너무 늦은 것은 아닌가? 출시에 문제점은 없는가? 빌 그로스가 뽑은 250개 회사들 중 각 카테고리에 10개 기업을 뽑았고 이들 중 5개 회사는 수십억 달러의 기업으로 성공했다. 성공에 가장 중요한 요인을 조사··분석한 자료 가운데 가장 중요한 것이 바로 타이밍(Timing) 이었다. 타이밍은 제품출시의 타이밍이 가장 중요했다고 답한 250개 기업 CEO가 42%로 가장 많았다. 그 다음으로 창업팀의 능력 32%, 아이디어의 참신성과 진실성 28%, 비즈니스모델 24%, 자금조달 14%라고 답했다. 비즈니스모델은 세 번째였다. 에어비엔비(Airbnb)와 똑같은 비즈니스모델을 가지고 시작한 사람들이 실패한 경우가 많았지만 에어비앤비가 엄청난 성공을 거둔 것이 바로 타이밍이었다는 것이다. 그 시기가 바로 전 세계가 경기침체로 휘청대던 때이고, 사람들이 돈이 필요해 자신이 가지고 있던 여분의 주택이나 방을 세를 내고 싶어 했으며, 또 돈이 부족한 사람들이 방이나 주택을 임차하고자 했다. 또 비슷한 시기의 경기침체가 우버(Uber)를 도왔다. 타이밍은 우선 자신의 비즈니스를 보

창업성공의 11가지 법칙

① **결단의 법칙** 모든 시작은 어렵다. 모든 사람에게 똑같은 기회가 오지만 기회를 활용할 줄 아는 사람은 소수에 불과하다는 것을 명심해야 한다.

② **역설의 법칙** 창업은 모순으로 가득 차 있다. 창업가는 위대한 몽상가이며 불도저와 같은 실행가이다.

③ **열정의 법칙** 열정 없이 이룰 수 있는 일은 아무것도 없다. 열정은 주위의 사람들에게 전파되어 전체분위기를 일신하는 위력을 지닌다.

④ **도전의 법칙** 누군가 할 수 있다면 나도 할 수 있다. 최후의 승자가 되기 위해서는 많은 준비와 실행 그리고 백전불굴의 의지가 필요하다.

⑤ **혁신의 법칙** 머리로 돈을 번다. 변화의 속도와 불연속성, 그리고 혼란이 크면 클수록 사업기회는 많아지는 것이다.

⑥ **돈의 법칙** 이익을 내지 못하면 파멸이다. 돈을 벌기 위해서는 고객의 수를 늘리고, 고객 1인당 매출액을 높이고, 구매횟수를 많게 해야 한다.

⑦ **공유의 법칙** 종업원과 비전을 공유하라. 명확한 비전은 성공으로 이끄는 견인차의 역할을 하며, 어려운 시기에는 흐트러지지 않고 중심을 잡고 목표를 향해 나아가게 할 것이다.

⑧ **변화의 법칙** 빠르지 않으면 파멸이다(속자생존의 법칙). 변화의 내용과 방향을 알아차리기 위하여 촉각을 곤두세우고 그 변화에 발맞추기 위해 기민하게 움직여야 한다.

⑨ **학습의 법칙** 창업가는 태어나지 않고 만들어 진다. 창업가로서의 능력은 마치 근육과 같아서 단련하면 발달하고, 사용하지 않으면 퇴화한다.

⑩ **일인자의 법칙** 압도적인 경쟁우위를 확보하라. 사업의 세계는 어떤 분야의 제1인자 혹은 최고의 전문가에게 성공이라는 '보수'를 주는 곳이라는 것을 잊어서는 안 된다.

⑪ **놀라움(Wow!)의 법칙** 사업은 고객을 놀라게 하는 것이다(고객감동). 톰 피터스는 "아, 대단하다"는 감탄사를 연발하게 할 제품이나 서비스가 없다면 성공을 기대하기는 어려운 일이라고 말했다

고 자신의 제품을 생산해서 판매한다는 상황을 심각하게 고려한다. 그때 시장이 나의 제품을 받아들일 준비가 과연 되어 있는가를 모든 역학관계를 통해 자세히 분석해 보고, 타이밍이 맞지 않다고 판단되면 약간 질 낮은 제품을 출시하고 적기까지 기다려야 한다.

창업은 스스로 결정하고 판단하는 일의 연속이다. 순간의 판단이 엄청난 사업 성과로 이어지기도 하지만 사업의 존폐를 걱정해야 할 정도의 실패로 이어지는 일도 허다하다. 창업에 꼭 성공하기 위해서는 철저한 준비가 선행돼야 한다. 창업은 시장의 요구에 따라 사업기회를 탐색하고, 본인들의 기술과 경험이 충분히 성공할 수 있다는 확신 아래 회사경영에 대한 충분한 준비 이후에 이뤄져야 한다. 창업의 성공을 결정짓는 것은 그 창업자가 어떤 생각을 하고 있느냐에 달려 있다. 2018년 조사결과 10곳의 벤처기업 중 창업기업의 5년 생존율이 27.5%로, OECD 주요국 평균 생존율(40.9%)보다 현저하게 떨어지는 상황이다.

실패 경험(experience failure)

창업에 성공하기 위해 가장 필요한 요소에 대하여 성공한 기업가들에게 질문하면 대다수가 「실패 경험(experience failure)」을 이야기하는 이유는 기업가에게 크고 작은 실패는 성공의 과정이며, 누구도 가르쳐 주지 않는 것들을 깨우치게 하는 최고의 수단이기 때문이다. 기업가에게 실패 경험은 부끄러운 과거가 아니라 소중한 자산이다. 실리콘밸리의 성공한 창업가들의 평균 창업 횟수는 2.8회라고 하는데 성공하기 전 두 번의 실패는 실력을 쌓아가는 과정이자 값진 경험이기 때문에 실리콘밸리의 투자자들도 실패를 딛고 재도전하는 기업가를 높게 평가한다. 실패를 성공으로 가는 디딤돌로 인정하는 문화가 있을 뿐만 아니라 실패한 창업가는 새 직장도 손쉽게 얻을 수 있다. 실패를 통해 시장이 원하는 것이 무엇인지 파악하고 불확실한 상황들에 대처하는 긍정적인 배움을 얻는다고 보기 때문이다. 창업 CEO는 실패에서도 좌절하지 않고 어려울 때일수록 냉철한 판단을 해야 하며 변화를 준비하고 상황에 즉각 대응하되 사업과정에서 어려움과 부딪치더라도 침착하게 대처하면서 자신화(교훈)하여야 한다.

성공창업자들의 공통적인 요소 중의 하나가 단순한 생각이나 이론보다는 현실에 대한 준비가 철저하다는 것이고, 사업을 하면서 마주하는 크고 작은 위기 상황에 대비하고 최악의 상황을 대비하는 비상 시나리오까지 위기를 극복할 수 있는 끈기와 맷집도 필요하며 평소 작은 실수나 실패들을 통하여 내공을 갈고 닦아야 생존할 수 있다.

탁월한 창업가는 실패를 두려워하기보다는 사업하는데 실패를 당연시 생각하고 사업으로 뛰어들어야 필수역량을 배울 수 있으며 그러기 전에 사업가가 갖추어야 할 다음과 같은 몇 가지 능력을 갖추어야 한다. ① 문제를 찾는 능력－보통 돈을 벌기 위하여 사업에 뛰어들면 돈을 벌겠다는 생각에 몰입되어 사람들의 문제를 보지 못하여 문제를 풀기 어렵다. ② 해결책을 찾는 능력－나의 문제는 무엇이고 나는 어떻게 그 문제를 해결했는지를 생각하야 한다. ③ 영업능력－사업가에게는 무언가를 설득하여 팔 수 있는 영업능력이 필요하다. 영업의 가장 중요한 부분은 불확실함을 확신으로 바꾸며 믿음을 얻는 과정이다. ④ 인간관계－고객도 직원도 사람이고 문제를 찾는 것도 문제의 해결책을 주는 것도 그 해결책을 제공하는 것도 사람들이므로 사람을 많이 만날 수 있도록 폭넓은 네트워킹을 구축해야 한다. ⑤ 구조화 능력－효과적으로 제품을 제공하고, 서비스를 해주며, 고객을 늘리는 등 조직을 관리하고 극대화할 수 있는 능력이 필요하다.

2) 창업 실패의 길

창업 시장은 정직한 곳이다. 편법이 통하는 곳이 결코 아니다. 처음 시작하면 나이를 불문하고 반드시 수업료를 지불해야 하는 곳도 창업 시장이다. 청년 창업자입장에서 창업은 마라톤과도 같아서 100m 달리기의 관점으로 창업 시장에 접근하는 것은 위험한 일이다. 중장기적 관점에서 나의 경쟁력을 분석하고 사업 환경 및 시장 환경을 분석하며 사업계획 작성과 시행착오를 줄이는 실행이 뒤따랐을 때 창업 시장에의 절대강자가 탄생한다. 창업에 도전하는 용기 있는 창업자 가운데 성공하는 비율은 극소수에 불과하다. 창업의 실패 요인을 분석해 보면 아이템, 시장 환경, 운영 변수 등 여러 가지가 있지만 가장 큰 패인은 창업 주체의 경쟁력 미비라고 할 수 있다. 청년창업자도 창업 실행에 앞서서 나를 분석하는 절차가 꼭 필요하다. 먼저 아이템 선정을 할 때 남 보기에 번듯한 아이템보다는 실속 있고, 장기적인 비전을 충족시킬 수 있는 아이템에 주목해야 한다. 또 남들이 많이 뛰어드는 것보다는 남들이 하기 싫어하는 아이템, 남들이 어려워하는 아이템이 블루오션으로 자리매김할 수 있다는 사실을 염두에 둬야 한다. 일반적으로 성공창업이 어려운 첫 번째는 창업자의 사회경험을 살릴 수 있는 아이템(item)이 부족하기 때문이다. 직장생활 등 사회경험과 인맥 같은 네트워크를 가지고 있다면 그런 자본이야말로 창업분야를 선택할 때 나침반이 되고 창업 후에는 보이지 않는 든든한 자산이 된다. 두 번째는 창업아이템에 대한 실전(實戰)경험부족을 들 수 있다. 프랜차이즈 기업을 아이템으로 정한다고 해도 프랜차이즈 업체가 제공하는 매뉴얼에 의존하는 것에서 벗어나야 한다. 세 번째는 기업가정신(entrepreneurship)의 부족이다. 아무리 규모가 작더라도 창업자라면 자신의 기업철학과 기업문화와 미래상에 대한 고민이 꼭 필요하다. 기업가정신이 부족하면 어려운 상황이 닥칠 때 이를 극복하는 심적인 동력을 만들어 내기가 어렵기 때문이다. 또한, 결정적으로 대단히 멋지고 훌륭한 상품이나 서비스, 플랫폼이라도 고객이 사주지 않으면 결국 망할 수밖에 없다. 통계에 따르면 국내 창업기업이 3년 뒤에 살아남을 확률은 10%도 채 되지 않는다고 한다. 살아남은 10%의 기업 중에서도 소수만이 투자유치에 성공해서 지속적인 경영이 가능하다.

> "실패는 성공의 반대가 아니라 성공의 디딤돌입니다."
>
> — 아리아나 허핑턴(Arianna Huffington), The Huffington Post의 공동 설립자

창업 1년 안에 실패하는 사람들의 10가지 특징

자영업의 폐업비율은 창업 1년 이내가 약 36%, 3년 이내 약 60%, 5년 이내 약 82%인 것으로 알려져 있고 폐업의 원인 대부분이 사업자 자신에게 있다고 한다.

① 일을 취미로 여기는 사람
② 감정을 제어하지 못하는 사람
③ 소비자를 무시하는 사람
④ 남의 도움을 받기 싫어하는 사람
⑤ 직원을 우습게 보는 사람
⑥ 기록하지 않는 사람
⑦ 여유 자금이 없는 사람
⑧ 해당 분야에서 일해 본 경력이 직원보다 짧은 사람
⑨ 트렌드 분석을 하지 않아 소비자들의 성향을 이해하지 못하는 사람
⑩ 열심히 하지도 않으면서 열심히 한다고 믿는 사람

미국의 유명한 시장조사 기관(market research firm)인 'CB인사이트(CB insight)'에서 최근 실패한 135개의 스타트업을 분석했다. 실패 원인 첫 번째는 수요가 없는 시장(No market needs)이 42%였고, 두 번째로 운전자금부족(Running Out of Cash)이 29%로 그 뒤를 이었다. 그 외에도 팀워크가 나쁜 팀, 집중력 감소, 열정 감소 등이 실패원인으로 조사되었다. 이 요인들을 극복하기 위해서 스타트업은 초기 시장조사가 매우 중요하며 타깃 고객을 세밀하게 정하고 시장의 반응을 반영하여 아이템이나 비즈니스모델을 개선하는 피봇(Pivot) 능력도 뒷받침돼야 한다. 또 이 조사에서 흥미로운 점은 실패한 많은 스타트업이 다양한 원인을 중복적으로 가지고 있다는 점이고 이는 다음과 같이 7가지로 정리할 수 있다. ① 오만(80%): 대부분의 사업자는 자신감 없이 사업을 시작하지 않는다. 성공한 사업가를 보면 항상 자신감이 넘쳐있으나 너무 과한 자신감은 경쟁업체가 진입을

해도, 시장이 새롭게 바뀌어도 신경을 쓰지 않는 오만으로 바뀌게 된다. 이는 기업 경영에 치명적인 실패 원인이 될 수 있다. 경영자는 비판을 받아들이고 시장을 냉철하게 판단하되 과한 자신감을 조절할 필요가 있다. ② 근시안적 사고(55%): 실패한 스타트업은 시장분석을 무시한다. 불확실성에 대한 대비 없이 바로 눈앞의 상황에서만 판단을 하게 된다. 근시안적인 사고는 실패의 원인이 된다. 불확실한 위험에 대비하기 위해 기업의 자원(자금, 물적, 인적)을 유지해야 한다. ③ 마케팅의 무지(47%): 대부분의 경영자들은 자신의 제품이 최고이며 시장에 출시하면 날개 돋친 듯이 팔릴 것이라면서 마케팅과 판매 전략은 그다지 중요하지 않다고 생각한다. 그러나 기술적으로 우수한 제품을 만들어도 부진한 마케팅 전략이나 잘못된 판매 전략으로 인한 실패한 사례가 너무 많다. ④ 이기주의(36%): 스타트업은 재능있고, 경험이 풍부하고 에너지가 넘치는 직원이 필요하다. 사업에서 자기중심적 직원이나 이기주의가 발생하면 제대로 된 기업을 운영하기가 힘들다. 이기주의적 사고는 스타트업의 실패 원인이 된다. ⑤ 꼼꼼하지 못한 일처리(34%): 스타트업은 여건상 다양한 종류의 제품을 생산하기 어렵기 때문에 초기 제품에서 생존이 결정된다. 납기를 질질 끌거나 꼼꼼하지 못한 일처리는 결국 제품의 완성도가 떨어진다. 꼼꼼하지 못한 일처리는 스타트업의 실패 원인이 된다. ⑥ 생활의 불균형(30%): 스타트업은 일반 직장처럼 퇴근 시간이 정해져 있지 않다. 하루에 12시간 이상 근무하는 것은 물론이고, 주말까지 일에 매진하는 경우도 허다했다. 바쁜 일정이라도 운동이나 취미생활을 가져 정신

스타트업이 실패하는 7大 이유

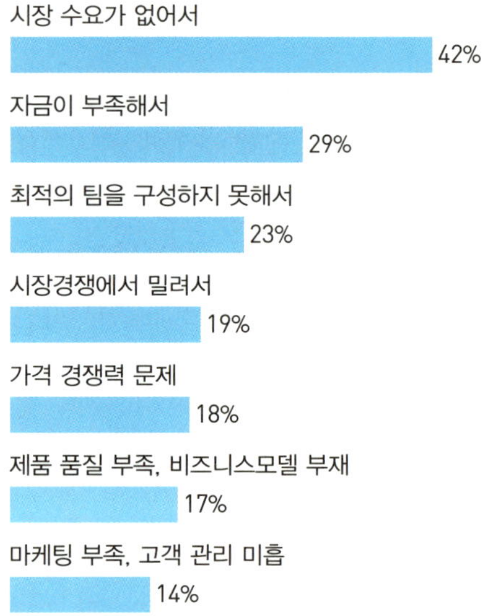

※ 복수 선택 자료: CB인사이트

적, 감성적 여유를 갖는 것이 중요하다. ⑦ 비유연성(7%): 스타트업은 고객에 따라 제품의 기능이 달라지거나 마케팅 전략에 변화를 줄 수 있기 때문에 특히 유연한 사고가 필수다. 스타트업을 경영하다 보면 초기에 세운 목표와 충돌되는 상황이 많이 발생하며 이때 고객의 피드백과 시장의 변화를 무시하고 유연하지 못한 사고로 스타트업을 운영하면 실패로 이어질 수 있다.

사업실패의 원인 7가지

① **장밋빛 환상** 창업을 결심하는 사람들 중에는 장밋빛 환상을 가지는 사람들이 많지만 창업을 하면 업체가 정상궤도에 진입할 때까지 휴일도 없을 정도로 열심히 일을 해야 한다. 독립해 창업에 성공하면 경제적으로도 샐러리맨 때보다 여유가 생기고 자신이 원하는 일을 성취했다는 보람도 느낄 수 있으나 성공은 남모르는 피와 땀의 보상이라는 사실을 명심해야 한다. 세상에 쉽게 즐기면서 돈을 벌 수 있는 길은 없다

② **퇴로의 위험** 장밋빛 환상만으로 창업을 결심하는 것도 문제지만 실패를 전제로 미리 퇴로를 만들어 놓는 것도 실패를 초래하는 원인이다. 일단 창업해놓고 잘 되면 계속하고 그렇지 않으면 샐러리맨으로 되돌아가겠다는 생각은 버려야 한다. 사업은 인생의 큰 부분을 걸고 도전하는 데 묘미가 있다. 위험이 전혀 없이 안전한 상태에서 할 수 있는 사업은 이 세상 어디에도 없다.

③ **금전감각의 마비** 일반 샐러리맨들이 한 달에 손에 쥘 수 있는 돈의 단위는 기껏해야 몇백만원 수준이다. 그러나 창업을 하게 되면 우선 창업 자금만 해도 수천만원 또는 수억원 단위가 되어 샐러리맨 때와는 금전감각이 달라져 무뎌지기 쉽다. 이를 극복하지 않으면 어느 시점에 자금 압박을 갖게 된다.

④ **자멸로 이끄는 고집** 창업의 백미는 내가 하고 싶은 일을 내가 선택하여 해보는 성취감이다. 독립을 하면 모든 것을 내가 선택하고 결정하기 때문에 객관적으로 사물을 판단하지 못해 실패를 초래하는 일이 왕왕 있다. 특히 좋아하는 취미를 창업까지 이어가는 것은 바람직하지만 고객의 니즈와 동떨어진 자기만족식 창업은 곤란하

다. 사업을 시작하기 전에는 반드시 내가 취급하는 상품이나 서비스가 고객들에게 만족을 줄 수 있을 것인가를 최우선 고려해야 한다.

⑤ **친구와의 동업** 마음 맞는 친구와 함께 사업을 하는 것은 즐거운 일이다. 미래의 장밋빛 꿈을 함께 나누어 지혜를 모아봄직도 하지만 동업에는 많은 어려움이 뒤따른다는 현실을 직시해야 한다. 그중 가장 일어나기 쉬운 문제점은 공적인 일에 있어서도 냉정한 선택을 하기 힘들어진다는 것이다.

⑥ **과거의 명함** 일단 조직을 벗어나면 과거의 명함은 아무 쓸모가 없어진다. 과거의 명함을 던져버리는 순간 자신의 허리를 낮추는 연습을 해야 한다. 세상의 무관심과 냉대를 하나하나 극복해나가는 과정에서 쾌감을 느껴야만 성공 창업의 길로 달려갈 수 있다.

⑦ **검은 그림자** 어수룩한 초보 창업자에게는 늘 검은 그림자가 따라다닌다. 창업 초기에 회사설립을 도와주겠다고 나서는 사기꾼, 문제가 있는 건물을 버젓이 임대하는 악덕 건물주 등 검은 그림자는 창업자의 약한 곳을 너무나 잘 파악하고 접근한다. 창업자는 이런 검은 그림자에 현혹 당해서는 안 된다.

– 머니크랙(https://moneycrack.tistory.com), 2015.5.28.

창업 과정에서 창업자는 나름 최선을 다했다고 생각하지만 창업이 실패하는 원인은 다양한 위험에 노출되었기 때문이다. 특히 창업 초기 단계의 스타트업들은 대부분 위험에 대처할 만한 역량이 부족했기 때문에 실패했을 수 있다. 창업자가 창업에서 실패했을 경우 그 실패를 환경 탓이나 남의 탓으로 돌리는데 환경으로 인해 실패가 있어도 그것이 주된 이유가 될 수는 없으며, 전반적인 원인은 결국 창업자의 책임이다. 실패한 창업자의 특성을 살펴보면 ① 무계획적이고 즉흥적인 사고, ② 자기 우월적이고 남을 무시하는 경향, ③ 단독으로 일을 처리하는 경향, ④ 운명론적 철학관 등이다. 또 머니투데이 조사 창업 실패의 주요 원인을 유형별로 분석해 보면, 창업 준비 부족(35%), 경영관리 미숙(23%), 동업자와 종업원의 관리 소홀(13%), 아이템선정실패(12%) 등의 순으로 나타났다. 특히 창업 준비부족에 대한 비율이 가장 높아 철저한 사전준비가 창업 성공의 가장 중요한 열쇠로 나타났다. 준비 부족은 창업 분야에 대한 사전지식이나 경험 없이 뛰어든 경우로, 입지선정, 상권분석 등이 미흡하였고, 경영관리 미숙은 충분한 자금준비 없이 시작하여 임차자금에 대한 과중한 이자 부담으로 경영악화를 가져오거나, 무리한 확장으로 인한 자금난 등이 주요 원인으로 나타났다. 그 다음 원인으로 가치관 차이 등으로 인한 불화, 직원 관리의 소홀 및 책임의식 부족 등이 원인이다. 아이템 선정의 실패는 과당경쟁 업종에 뒤늦게 무리하게 진입했거나, 값싼 유사제품의 진입, 사전준비나 분석 없이 주변의 권유로 업종을 선택한 경우 등이 실패 원인으로 작용했다. 또 이밖에도 판매망 확보부진 등 판매 전략의 부재, 유통구조의 낙후, 매출의 불확실함에도 불구하고 무리한 재투자 및 자금조달로 인한 이자 부담 등이 실패의 원인으로 분석되었다.

한편 중소기업중앙회의 소상공인 실태조사에서는, 대충대충, 얼렁뚱땅이 창업 실패의 유전인자(DNA)라고 분석했다. 창업자의 실패 요인 첫 번째는 철저한 준비 기간 부족(29.5%)이고 다음에는 경영자의 경영의식 부족(24.4%), 사업 종목 선정 실패(12.7%), 입지선정 실패(11.2%) 등의 순으로 나타났다. 구체적인 창업 필패(必敗) 7계명은 ① 조급한 마음을 가진다. ② 무리하게 시작한다. ③ 트렌드를 무시한다. ④ 경영자는 경영만 해야 한다. ⑤ 항간의 소문을 그대로 믿는다. ⑥ 사업계획 없이 잘할 수 있다. ⑦ 자신의 경험과 적성을 무시한다.

한정화 (전)중기청장이 스타트업 창업자들 대상으로 한 강연에서 창업실패의 함정 7가지에 대하여 다음과 같이 설명했다. 우선 창업자들 앞에 도사리고 있는 대표적인 함정으로 경험 부족으로 잘못된 선택에 빠지는 '선택의 함정'을 꼽았다. 치밀하지 못한 사업계획이나 근거 없는 낙관으로 출발부터 잘못되는 경우가 많다는 것이다. 또 실험실 단계의 기술을 갖고 낙관적인 전망으로 자금을 쏟아붓는 '개발의 함정', 정작 가장 중요한 고객의 수요를 제대로 파악하지 못하는'시장의 함정' 역시 조심해야 한다고 강조했다. 또 조직이 성장하면서 필연적으로 직면하는 '관리의 함정', 갑작스런 성공으로 인한 창업자의 오만한 태도와 과도한 통제욕구가 불러일으키는 '태도의 함정'도 경계해야 한다고 말했다. 아

사람들이 말 안 하는 스타트업이 망하는 진짜 이유 5가지

스타트업과 소기업을 위한 온라인 뉴스 매체인 YFS 매거진의 창업자 에리카 니콜(Erica Nicole)이 스타트업이 망하는 진짜 이유 5가지를 소개했다.

① **고된 노력보단 대박 환상에 빠져 있다.** 창업은 취직과는 완전히 다른 삶의 방식(lifestyle)을 요구한다. 우리는 창업이 가져다주는 대박 성공만 추켜세울 뿐 실패는 감추고 쉬쉬한다. 많은 스타트업이 망하는 진짜 이유는 이들이 대박만을 원할 뿐 창업에 대한 본질을 이해하지 못하고 그걸 이룰 만한 노력과 용기도 없다는 것이다.

② **잘못된 아이디어에 집착, 방향 전환을 못 한다.** 수익성이 없더라도 창업가는 자신의 아이디어를 너무나 사랑하는 경향이 있다. 자신의 아이디어가 잘못된 결과를 초래하면 얼른 방향전환을 해야 하지만 그렇지 못한 경우가 많다. 종종 창업가들은 자신의 아이디어가 시장의 요구에 부합하지 않을 때 서둘러 방향전환을 하지 못하고 잘못된 아이디어를 붙들고 질질 끈다.

③ **모든 이들을 다 만족시키려 욕심낸다.** 모든 이들을 다 만족시키려는 것은 회사를 파산으로 몰고 가는 가장 확실한 길이다. 시장은 가장 뛰어난 제품과 서비스에 가장 비싼 가격을 지불한다. 그저 그런 제품이나 서비스에 대해선 그저 그런 가격만을 지불할 뿐이다. 회사의 자원과 인력을 여러 제품이나 서비스에 분산하게 되면 결국 각각은 최고가 아닌 그저 그런 수준의 제품과 서비스가 될 뿐이다.

④ **실패를 통해 배우려 하지 않는다.** 혹시 성공한 창업가 중에 과거에 한 번도 실패하지 않았다고 말하는 사람이 있다면 이는 거짓말이다. 스타트업이 성공을 얻기 위해선 크든 작든 어느 단계에선 실패를 맛보는 게 필수다. 성공한 창업가와 실패한 이들 사이의 분명한 차이는 실패를 어떻게 보고 대처하느냐로 구분된다. 실패 자체가 창업가들을 다시 도전하지 못하게 막는 것이 아니라 실패에 따른 재정적 피해, 사회적 편견, 심리적 위축감 등이 창업가의 재도전을 막는 것이다.

⑤ **너무 서두른다.** (걷기도 전에 뛰려 한다) 2011년 3,200개 스타트업을 대상으로 한 스타트업 게놈 프로젝트를 보면 실패한 스타트업 가운데 70%가 너무 빨리 너무 많은 돈을 쓰거나, 혹은 너무 많은 직원들을 성급하게 고용하는 등 시기상조(premature scaling)로 나타났다.

– 머니투데이, 2015.1.25.

울러 '관계의 함정', '불운의 함정'도 극복해야 한다고 덧붙였다. 관계는 사업의 가장 중요한 자본이지만 양날의 칼과 같기 때문에 늘 성실한 자세를 유지해야 하고, 예상치 못한 변수로 인한 위기를 만나면 강인한 의지로 정면 돌파하거나 아니면 과감하게 포기하는 결단이 필요하다고 설명했다. 또 균형감각을 잃었을 때 실패의 함정을 만날 수 있다. 그럴 때 좋은 멘토가 필요하다며, 경영자는 진실성과 성실성, 사람에 대한 진지함이 꼭 필요하다는 미국의 경영학자 피터 드러커(Peter F. Drucker)의 말을 인용했다.

또 창업 실패 요인 중 운영자의 능력 부분의 실패 요인 첫째는 '종업원 마인드'라는 대답이 가장 많았다. 둘째, '부정적인 사고'와 '남 탓만 하는 태도'다. 무조건 남 탓, 여건 탓만 하고 스스로 문제점을 개선하려는 의지가 없는 것이 심각한 문제다. 셋째, '안일한 생각으로 일관하는 행동'과 '경쟁업체 대응전략 미비' 역시 실패하는 지름길이다. 넷째, '창업 준비미흡'과 '서비스 마인드 부족'도 실패 요인이다. 다섯째, '적성에 맞지 않는 창업' 역시 성공을 저해하는 요인이다. 여섯째, 사장이란 수많은 선택의 환경임에도 불구하고 '결정 장애' 때문에 일의 진행이 늦어지고 손해가 발생하게 된다. 일곱째, 창업시장은 소비 흐름을 모르고는 성공할 수 없음에도 '트렌드 변화에 둔감'한 것은 실패에 이르는 요인이다.

또 창업에서 실패의 과정은 누구나 피하고 싶은 경험이지만 그 실패를 극복할 수 있다면 실패는 2보 전진을 위한 자양분이 되기도 한다. 과거 사업실패는 신용불량자의 지름길이었지만, 오늘날에는 실패가 과오보다는 경험으로 인식되는 상황이 되면서 린스타트업(lean startup)이 각광받고 있다. 린스타트업은 적은 비용으로 창업하고, 과정에 도전하며, 실패 여부도 빠르게 결정하여'저지르라는 것'이다. 이는 백번 생각하는 것보다 여러 번의 실행(實行)을 통해 배우는 것이 더 많다는 의미다. 물론 그 과정에서 시장이 원하는 것을 찾아야 도전의 의미가 있음은 당연하다.

'창업 실패 두렵다'는 청년들 "'페일콘' 필요해요"

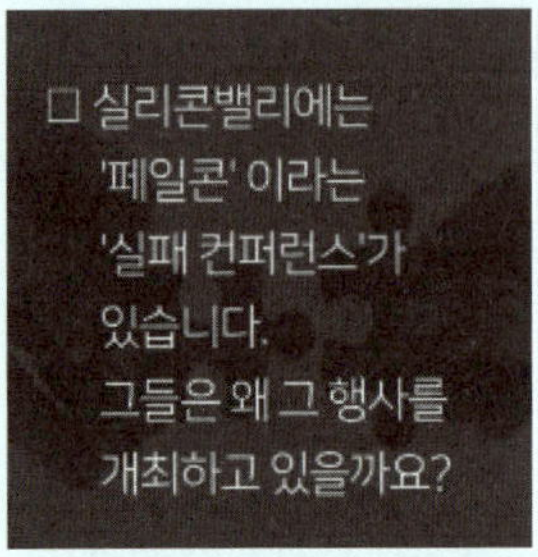

청년들이 창업을 기피하는 가장 큰 이유 중 하나로 사업실패에 대한 두려움이 꼽히면서, 국내에도 창업실패 경험을 공유하며 극복법을 찾는 '페일콘(Failcon)' 도입이 필요하다는 의견이 나온다. 페일콘은 실패를 뜻하는 'Fail'과 회의를 뜻하는 'Conference'의 합성어로, 창업가와 스타트업 관계자들이 각자의 실패 경험을 공유하는 자리를 말한다. 2009년 미국 샌프란시스코에서 처음 시작됐으며 실리콘밸리에서 크게 활성화됐다. 정부가 청년창업가 지원을 강화하는 등 청년 창업 활성화에 힘을 쏟고 있지만 대다수 청년들은 여전히 창업을 기피하고 있다. 한국직업능력개발원이 지난해 발표한 '한국교육고용패널조사'에 따르면 4년제 대학생 중 5%만이 졸업 후 진로로 '창업'을 꼽았고, 전문대 재학생 중 창업을 계획하고 있는 학생의 비율은 0%였다. '사업실패에 대한 불안감'은 창업기피 이유 중 상당 비율을 차지한다.

중소벤처기업부(중기부)가 발표한 '2017 창업인식실태조사'에 따르면, '창업을 준비하지 않고 있다'고 답한 20대 청년의 31.6%가 그 원인으로 '창업에 실패하면 재기가 어려울 것 같아서'를 꼽았다. 창업을 계획하고 있는 청년들 역시 실패에 대한 두려움을 느끼고 있다. 이에 국내에도 페일콘 도입이 시급하다는 주장이 제기된다. 창업가들이 각자의 실패경험을 공유하고 재창업 기반이 될 전략을 세우는 자리가 필요하다는 것이다. 향수브랜드 '백지' 론칭을 앞두고 있는 청년창업가는 "창업을 시작하고 보니 생각지도 못한 부분에서 문제들이 생겼다. 그럴 때마다 한번 실패해본 사람들의 이야기를 듣는 게 큰 도움이 됐다"며 "페일콘이 도입된다면 큰 참고가 될 것이다"라고 말했다. 당장 학교에서도 창업에 성공한 선배들의 강연을 들을 수 있다. 하지만 실패경험을 듣는 게 더 필요할 때가 있는데 그런 자리가 없어서 아쉽다. 페일콘이 도입됐으면 좋겠다"고 말했다. 전문가들도 페일콘 도입을 긍정적으로 보고 있다.

– 시사저널이코노미, 2018.3.19.

Chapter 5

업의 개념과 비즈니스모델(Business Model)

Chapter 5

1

사업(Business)의 본질(Essence)

사업(business)이란 각종 자원과 인력 및 자금을 투입하여 고객이 원하는 가치가 담긴 상품 및 서비스를 생산·제공함으로써, 소비자를 만족시키고 그 결과로 수익을 창출하는 활동이다. 스타트업 창업보육기관 프라이머의 권도균 대표는 "특정한 고객의 특정한 문제를 해결하는 것이 사업의 본질"이라고 강조했다. 스타트업은 창조(創造)적인 사업 아이템과 업(業)의 본질에 대한 이해가 중요하며, 창업자 대부분은 세상에 없었던 가치를 만들어야 하는 아이템의 창조과정을 어렵게 생각한다. 하지만 창업아이템 관점에서 보면 창조는 무에서 유를 만들어내는 것도 아니고 어느 날 갑자기 떠오르는 획기적인 아이디어도 아니며 창업자가 하고자 하는 비즈니스의 핵심을 찾아가는 단순한 작업이다. 창업자가 생각하는 업의 본질은 우리가 사는 세상의 문제를 해결하는 것이다. 또 업의 본질이란 '고객이 우리 기술과 제품을 사야 할 이유(value)' 즉, 고객들에게 '왜 이 제품을 사야 하는가(value)?'에 대한 답을 주는 것이다. 피터 드러커가 한 최고의 질문 중 첫 번째가 'What is our Mission?「우리 회사의 업(業, 미션)은 무엇인가?」인 이유는 미션이 있어야 비전이 생기고, 고객이 보이기 때문이다. 피터 드러커(Peter F. Drucker)는 모든 비즈니스는 반드시 위대한 미션으로부터 출발해야 한다고 강조했듯이 Mission으로 표현되는 업(業)은 단순히 일 그 자체가 아니라 세상과 고객들에게 주어진 해결해야 할 과제들이다.

미국 상무부의 통계를 보면, 매년 약 백만 명 이상이 창업하지만 창업기업 가운데 40%가 1년 안에 문을 닫고, 창업 5년 만에 80% 이상이 문을 닫으며, 창업기업 중 10년 이상 생존확률은 단 4%에 불과했다. 이 4%의 살아남은 기업들은 끊임없이 꿈을 만들고 꿈에 도전해 그것을 실현시킨 기업가가 있는 기업들이다. 이들 기업에는 일을 집행하는 사람, 최고집행책임자 CEO가 아니라 꿈을 꾸는 기업가, 즉 CDO(Chief Dream Officer)가 있다. 이들은 제품을 만드는 기술자나 시스템을 만드는 관리자를 넘어 변화하는 시장을 불평하지 않고 기회로 만든 기업가들이었다. 그런 기업가는 제품보다 고객들의 욕구 변화에서 기회를 발견하고 시장의 변화는 위협이 아니라 새로운 혁신기회로 포착한다. 마침내 기업가들은 세상 문제를 해결하는 꿈을 꾸고 기술과 관리를 섞어서 신화를 만든다.

기업의 목적은 지구에서 벌어지는 문제에 생산적인 해결책을 제시하는 것이고 사업의 관건(key)은 교환되는 금액보다 적은 원가를 투입하여 현저하게 큰 가치를 생산함으로써 수익을 만들고, 소비자가 지불하는 가치보다 더 큰 가치를 고객에게 제공함으로써 지속적인 구매가 이루어지도록 하는 것이다. 이는 아래 등식으로 표현할 수 있다.

비용(Cost) < 지불한 돈(Money) < 상품 or 서비스의 가치(Value)

고객이 원하는 교환(구매)의 원칙은 지불한 값(돈)에 비하여 높은 가치의 상품이나 서비스를 구입하는 것이고, 경영자가 갖추어야 할 비즈니스의 개념은 고객에게 제공되는 상품과 서비스를 통해 고객의 수를 늘리고 매출을 증가시켜 수익의 높이는 것이다. 이 과정에서 기업 환경도 변하고 고객의 취향도 변하며 시장의 경쟁수준도 변화하게 되므로 위험을 감수하면서 수익을 추구하는 것이 비즈니스의 운명이다. 사업은 기업에게는 부(wealth)를 창출할 수 있게 하고, 성장의 토대가 되며 동시에 소비자에게는 삶을 편리하고 풍족하게 하는 상품(서비스)을 제공하는 과정이다. 그 과정에서 사업을 잘하는 기업가는 고객은 물건을 사는 것이 아니라 그 상품의 기능, 의미, 상징 등 문제를 해결하는 도구(기능)라는 사실도 인식하여야 한다.

한편 현대경영의 아버지 피터 드러커(Peter F. Drucker)는 기업의 목적은 고객에게 가치를 제공하여 고객을 창조하는 것이고, 그 결과로서 이익이 나는 것이므로 이익은 기업이 목적을 제대로 수행했는가에 대한 일종의 피드백 정보(결과)라고 하였다. 창업 전문가 폴 플랫(Fall Flat)은 "사업은 돈을 벌기 위해 반복되는 과정"이라면서 다음 5단계를 반복한다고 강조했다. ① 가치 있는 것을 만들고 이를 제공한다. ② 다른 사람들이 원하거나 필요로 하는 것을 제공한다. ③ 이를 사람들이 합당하다고 생각하는 가격에 판다. ④ 고객의 필요한 기대를 충족시키는 방식으로 제공한다. ⑤ 사업이 계속 유지될 수 있도록 충분한 수익을 창출한다. 또 벤처기업 투자가 폴 그레이엄(Paul Graham)은 사업을 위하여 다음과 같이 조언한다. ① 사람들이 원하는 것을 만들어라. ② 해결 가능한데 아직 충족되지 않은 사람들의 욕구보다 더 가치 있는 사업은 없다. ③ 많은 사람들을 위해 해결할 수 있는 문제점을 발견하라. ④ 사업가의 임무는 사람들에게 부족한 것이 무엇인지를 빨리 알아내고 이를 제공하는 방법을 찾아는 것이다. ⑤ 우리가 만드는 가치의 목적은 항상 다른 사람의 삶을 좀 더 좋게 해주는 것이다. ⑥ 가치창조 없이 사업을 유지할 수 없고 가치 있는 것을 제공해야 다른 사람들과 거래할 수 있다.

피터 드러커(Peter F. Drucker)의 사업(business)에 대한 정의(definition)

> "우리가 하는 사업이 무엇인지를 알기 원한다면 우선 사업의 목적부터 다루어야 한다. 그리고 사업의 목적은 사업 그 자체와는 별도로 존재해야 한다. 사실 기업이란 사회의 한 기관이므로 사업의 목적은 사회 속에 존재해야만 한다. 사업의 목적이 무엇인가에 대한 단 하나의 타당한 정의는, 고객을 창조하는 것이다."
>
> – 피터 드러커(Peter F. Drucker) 〈경영의 실제〉

피터 드러커(Peter F. Drucker)는 "사업이란 이익의 관점으로만 규정되거나 설명될 수 없다. 사업가들 대부분은 '사업이 무엇인가?'라는 질문에 '이익을 창출하기 위한 조직'이라고 대답하는데 이 대답은 질문과 전혀 관련이 없는 대답이다. 이익 동기 및 이익 최대화는 어떤 사업

경영자가 가져야 할 단 한 가지 습관

기존의 틀을 파괴하는 혁신에서 한 걸음만 머뭇거려도 곧바로 도태되고 마는 현실에서 기업이 생존의 차원을 넘어 지속적으로 성장해나가는 데 최고경영자의 선택과 판단은 갈수록 더 중요해지고 있다. '유통의 신' '소매업의 전설' '편의점의 아버지' 등으로 불리는 스즈키 도시후미(鈴木敏文)가 평사원으로 세븐일레븐에 입사해 회장에 오르기까지 40년간 업계 선두자리를 지킬 수 있었던 이유는 작은 변화도 놓치지 않고 조직과 사원들이 유연하게 대처해왔기 때문이라고 말한다. 그는 입사 10년차(1991년)에 주위 반대에도 불구하고 경영난에 빠진 세븐일레븐의 모회사 사우스랜드를 인수해 불패신화를 이끌며, 2013년 세계의 세븐일레븐 매장을 5만8,904곳으로 성장시켰다.

비즈니스 세계에서 결정적인 순간의 선택과 판단은 결국 평소 경영습관에서 나오는데, 그의 성공과 경영을 한마디로 혁신의 연속이라고 할 수 있다. 그것은 변화에 대한 민감함과 기존 상관습에 얽매이지 않는 창의적인 발상 및 놀랍도록 대담한 추진력 덕분이고 이에 결정적인 역할을 한 것이 바로 변화를 기회로 바꾸는 습관의 힘이었다. 혁신은 '세상의 변화를 읽는 것'에서 출발하지만 변화를 '파악하는 것'만으로는 부족하며, 변화를 읽고 그 속에서 '대응' 방법까지 생각해내어 '실행'했을 때 비로소 새로운 비즈니스의 싹이 돋는다. 그가 편의점에서 최초로 이룬 것들로는 삼각김밥 판매, 도시락 판매, 드립커피 판매, 공과금 납부서비스, POS 시스템 도입, 현금인출기(ATM) 설치, 택배, 사진 인화, 단품관리, 휴일배송 등 지금 돌아봐도 혁신적인 시스템들이다. '잃어버린 20년'과 두 번의 소비세 인상으로 내수가 얼어붙은 상황에서 이룬 성과는 1,000원 드립커피 연간 판매량 5억 잔, 삼각김밥 연간 판매 개수 17억 개, 2015년 세븐일레븐 매출 50조 등이다. 이와 같이 일본 소매업계 최고 기업으로 성장시킨 스즈키 도시후미 회장이 저서 <경영자가 가져야 할 단 한 가지 습관>에서 최고경영자가 가져야 할 경영습관을 *상식을 부정하라, *과거의 경험에 얽매이지 마라, *모두가 반대하는 일은 성공한다, *시대에 맞는 질을 추구하라, *소비는 심리다, *변화에 맞춰 유연하게 경영하라, *기본은 변화에 대한 대응이다, *고객 니즈의 변화에서 눈을 떼지 말라 등 조언을 던진다.

– 스즈키 도시후미 지음, 김진연 옮김, 〈오씨이오(OCEO)〉, 2016.

의 기능, 그 사업의 목적, 그 사업을 경영하는 과제 등과 아무 관련이 없다"라고 말했다. 여기서 핵심은 "아무런 상관이 없는 대답"이라는 사실이다. 이윤이 기업 활동에 중요다고 해도 기업의 본질적 역할은 고객에게 가치를 창출하는 조직이고, 이윤은 그 활동의 결과일 뿐이라는 사실이다. 학생에게 성적이 중요하더라도 학생의 본분은 "공부하는 사람"인 것처럼 많은 사람들이 돈을 벌기 위해 사업을 하지만 그가 이윤을 추구한다는 사실이 그의 사업을 정의하는 것과는 별개라는 의미다. 따라서 우리는 우리가 하는 사업의 본질적 특성은 무엇인가? 어떤 생산요소가 필요한가? 우리의 사업에는 특히 어떤 환경요인이 중요한가? 왜 그런가? 이 질문에 대답할 수 있어야 한다.

한편 스타트업이 시장에 성공적으로 진입하려면 기존 룰(Rule)에 물음표를 붙이는 도전 과정 속에서 혁신적 마케팅 아이디어가 창출되기 때문에 기존 틀을 깨야 한다. 룰(rule)을 깨기 위해서는 사회적 통념과 기존의 틀에 반대함으로써 스타트업에게 새로운 시장 창출 기회를 얻을 수 있다. 창업자들 가운데는 왜 사업을 하는지보다는 무슨 사업을 하는지를 더 강조하는 경우가 많지만 '무슨 사업(What)'하느냐보다는 '왜 하느냐(Why)'가 정말 중요하다. 사업도 서비스도 왜 하는지 먼저 고민한 다음에 어떻게 만들어서 무엇을 할지 단계적으로 추진하는 것이 바람직하다. 따라서 예비 창업자들은 창업하기 전에 자신에 대한 진지한 고민을 먼저 해보고 판단이 서면, 그 다음에 왜(Why) 창업을 하는지 또 고민하고 그 답을 얻은 후에 창업 전선에 뛰어들어야 바른길을 찾을 수 있다. 애플(Apple Inc)은 자신들의 핵심가치가 언제나 기존 세상에 도전하는 혁신에 있다고 강조했는데 그 결과 애플 제품은 '혁신(innovation)'이라는 옷을 입게 되었고, 소비자는 애플의 제품에 담긴 '혁신'이란 가치에 매료된 것이다. 커뮤니케이션 전문가 카민 갤로(Carmine Gallo)는 스티브 잡스(Steve Jobs)는 '제품'이 아니라 제품 속에 담겨있는 '꿈(영혼)'을 판다고 말했다. 이는 당신의 임무(What)를 보고 구매하는 게 아니라 당신의 신념(Why)을 보고 구매한다는 의미이다.

사업을 망치는 6가지 방법

① **벼락부자가 되라** 한방에 벼락부자가 되는 아이디어는 없으며, 절대로 지속가능하지 않다.

② **사업이 잘 안 될 때는 더 열심히 일하라** 일이 엉클어질수록 사람들은 그 일에 더 많은 시간을 쏟게 되는데, 일을 스마트하게 하지 않고 열심히 하면 지치게 된다. 성공하려면 때로 과감하게 포기해야 한다.

③ **문제 고객에게 집중하라** 문제 고객과의 관계 개선에만 힘쓰다 우수 고객을 놓칠 수 있다.

④ **매출 중심으로 사고하라** 매출 실적이 높으면 사업이 잘되고 있다고 오판할 수 있다. 100만 달러짜리 프로젝트로 손실을 얻기도, 1만 달러짜리 프로젝트로 이익을 얻는 기업도 있다.

⑤ **돈만 생각하라** 고객을 생각하지 않고 돈만 생각하면 망한다. 스티브 잡스는 돈을 버는 게 아니라 세상을 바꾸는 게 목표였다.

⑥ **사업을 취미로 하라** 취미 정도의 열정으로는 안 된다. 날이 밝기를 기다릴 수 없어 매일 새벽 침대를 박차고 나올 정도의 열정이 있어야 성공할 수 있다.

– 월스트리트저널(The Wall Street Journal) '사업에 성공하기 위한 방법'이 아니라
'실패하기 위한 6가지 방법(원제: Avoid These 6 Recipes for Business Disaster)',
마이크 미칼로위츠(Mike Michalowicz), 2012.7.25.

2
업(業)의 개념(concept) 이해

1) 업(業)의 개념(concept)

「업(業)의 개념」은 기업이 존재하는 이유이고, 우리의 사업은 무엇인가?라는 질문에 대한 고객 차원의 응답이다. 회사가 궁극적으로 추구하는 철학을 멋있게 포장한 것이 「경영이념(經營理念)」이라면, 업의 개념은 철학을 실현하려는 구체적인 핵심 성공 요인을 찾아 집중하는 것이다. 업의 개념은 효율적으로 돈을 버는 키워드이므로 업의 개념을 제대로 이해하는 것은 명확한 목적의식을 가지게 하고 중요한 가치창조의 이정표가 된다. '당신 회사가 하는 업의 본질은 무엇입니까?'라고 질문하면 '값싸고 좋은 물건을 만들어 소비자에게 팔고 최대한 많은 이익을 내는 것 아닌가요?' 또 '제조업입니다'라는 식으로 대답하는 경우가 대부분인데 이 대답은 「업의 본질」을 제대로 이해하지 못한 것이다. 업의 본질은 단순히 물건을 많이 팔아 이윤을 얼마나 남기는가, 기업이 내놓은 제품이 어떤 종류인지에 관한 것이 아니라 고객가치와 관련된 한 차원 높은 개념이다.

현대경영의 아버지 피터 드러커(Peter F. Drucker)는 경영자가 사업을 잘하기 위해서는 가장 먼저 사업의 본질과 특성을 제대로 알고, 핵심성공요인을 찾아 관리역량을 집중하는 것이 경영의 근본이기 때문에 '우리의 사업은 무엇인가?'라는 질문은 기업이 성공하기 위해서 해야 할 가장 중요한 질문이라고 했다. 피터 드러커는 「업의 개념」을 규정하기 위해서는 일반적 시장상황과 경쟁사의 전략, 자사의 핵심역량을 동시에 고려해야 하며, 유의할 점은 모든 관점을 고객의 관점에서 보는 것이므로 창업자가 우선해야 할 일은 산업 차원의 핵심 성공요소(key success factor·KSF)인 「업(業)의 개념」을 파악하는 것이다. 그는 "내가 하려는 사업의 개념을 정확히 파악한 후에 사업을 시작해야 비로소 성공의 문턱에 다가설 수 있다"고 말했다.

아마존은 왜? 최고가에 자포스(Zappos)를 인수했나?

<아마존은 왜 최고가에 자포스를 인수했나>의 비밀은 결국 기업의 경쟁력은 '기업문화'라는 것이다. 조직 구성원들과 고객행복이라는 조직의 핵심가치에 대해 확실히 공유하고 구성원들의 개성과 창의력을 존중하며 그걸 함께 구현해 나가는 것이다. 자포스 고객의 한 구매후기가 피부에 와닿는다. "세상에서 가장 좋은 온라인 쇼핑몰은 자포스예요. 왜 다른 회사들은 이렇게 못하는지 이해할 수가 없어요. 생활에 필요한 모든 물건을 자포스에서 팔면 안 되나요?"

자포스 CEO 토니 셰이가 일궈낸 기업 성공스토리. <아마존은 왜? 최고가에 자포스를 인수했나>는 아마존이 12억 달러라는 거금을 주고 자포스를 인수한 까닭을 묻는 물음에 미국 비즈니스계를 깜짝 놀라게 한 자포스의 성공 비결과 독특한 CEO 토이 셰이에 대한 이야기. 자포스는 인터넷으로 신발을 사고판다는 것이 거의 불가능하다고 여겨졌던 1999년, 창업자금 단돈 15만 달러로 시작한 온라인 신발 쇼핑몰이다. 또 설립 10년 만에 일하기 좋은 기업 순위에서 15위를 차지하고, 매출 10억 달러를 돌파한 작지만 강한 기업이다. 아마존이 상상을 초월하는 최고 인수가로 자포스를 인수한 것은 '세계 유일의 기업문화', 고객과의 강한 유대관계, 탁월한 비즈니스모델, 전설적인 서비스, 리더십 등 자포스만이 갖고 있는 무형의 자산을 취득하기 위해서이다. 자포스의 10가지 핵심가치는 세밀한 채용 프로세스, 매뉴얼도 없는 자율적 업무 추진, 리더십 양성 코스, 트위터와 블로그 등 소셜 미디어를 통한 열린 의사소통이 자포스의 성공적인 기업 혁신 내용이다. 또 우리 기업들이 변화와 혁신, 지속적 내부 역량 강화, 열린 경영의 실천 등 쉽지 않은 도전을 극복하는 데 벤치마크 대상이 될 것이다.

業 「업의 개념」은 업의 본질(essence)과 업의 속성(attribute)으로 구성되는데, 업의 본질은 시공을 초월하여 언제나 변함이 없는 업의 기본이며, '업의 속성'은 시대나 환경의 변화에 따라 달라지는 업의 특성이다. 시간이 지나도 변하지 않는 기본 가치인 업의 본질(essence)을 지키는 것도 중요하지만 자사의 업이 과거로부터 현재까지 어떻게 변화해왔으며 앞으로 어떻게 변해갈 것인지를 제대로 알고 있어

야 사업에서 성공할 수 있다. 피터 드러커의 5가지 경영원칙에 대해 명쾌한 답이 가능한지 자가진단을 해보면 사업의 방향을 찾을 수 있게 된다. * 질문 ① 우리의 사명은 무엇인가? * 질문 ② 우리의 고객은 누구인가? * 질문 ③ 고객이 가치 있게 여기는 것은 무엇인가? * 질문 ④ 우리의 결과는 무엇인가? * 질문 ⑤ 우리의 계획은 무엇인가? 기업이 살아남기 위해서는 이런 질문에 명쾌하게 답하고 환경에 맞게 자사의 업의 개념을 변화시켜야 한다. 경영진은 자사의 업의 개념을 바로 정립하고 이에 맞게 사업의 방향과 전략을 세워야 하며 조직 구성원 개개인도 맡은 직책과 업무에 따라 업의 개념을 이해하고 이에 알맞게 업무의 완급을 가리고 관리 포인트를 정해 비즈니스를 해야 한다.

또 보험 가입자들은 불안한 미래에 대비하기 위해 어딘가 의지할 곳을 찾느라 보험에 가입하는 것이고 보험업의 근본적인 개념은 '불안 제거 업'이기 때문에 삼성화재는 업의 개념을 고객에게 안심을 주는 리스크 솔루션(risk solution) 사업으로 새롭게 정의했나. 또 화상품 회사의 업의 본질인 '아름다움'이라는 단어에 통찰력과 창의성을 더하여 생각을 전개하며 아름다움의 희망은 만들기 위해 그동안 생각지 않았던 것을 알게 되고, 오직 화장품만 생각하던 사고에서 아름다움(beauty)이라는 업의 본질을 재인식하여 블루오션을 만들 수 있었다. 또 복사기 제조회사는 사무실의 생산성 향상(productivity improvement)이라는 도메인의 확장 개념으로 복사기뿐만 아니라 사무용품과 사무용 기기(office supplies & office machine)를, 영화제작사는 엔터테인먼트(entertainment) 회사로, 석유회사는 에너지 회사(energy company)로 거듭날 수 있었다. 이것이 바로 업의 본질과 업의 개념에 대한 통찰을 바탕으로 한 신사업의 발상이었다.

2) 업(業)의 개념과 블루오션(blue ocean) 전략

레드오션은 세계적인 경영석학 김위찬, 르네 마보안 교수(프랑스 인시아드 경영대학원)가 화제의 저서 〈블루오션전략(Blue Ocean Strategy)〉에서 제시한 개념이다.

레드오션(red ocean)은 시장은 산업의 경계가 이미 정의되어 있고 경쟁자의 수도 많아 같은 목표와 같은 고객을 가지고 피 튀기듯 치열하게 경쟁을 하게 된다. 레드오션의 회사들은 기존 시장수요의 점유율을 높이고 경쟁사보다 우위에 서기 위해 노력하게 되므로 시장에 경쟁사들이 많아질수록, 수익과 성장에 대한 전망은 어두워진다.

반면 블루오션(blue ocean)은 레드오션과 대비되는 개념으로, 현재 존재하지 않아서 경쟁에 영향을 받지 않는 매력적인 모든 산업을 말한다. 블루오션의 시장수요는 경쟁으로 얻어지는 것이 아니라 창조로 얻어지거나 기존산업을 확장하여 만들어지기 때문에 아직 게임의 규칙이 없으므로 경쟁이 없는 황금어장이다. 아직 시도된 적이 없는 광범위하고 깊은 잠재력을 가진 시장을 뜻하는 블루오션에는 높은 수익과 빠른 성장을 가능케 하는 엄청난 기회가 존재한다. 시장(Market)을 크게 레드오션과 블루오션의 두 가지로 구분할 경우, 그 차이점은 다음과 같다.

변화하는 산업환경 속에서 기업의 존속과 지속적인 고성장·고수익 달성을 위해서는 미래 성장동력에 대한 선택 및 준비과정에서 강력한 추진력이 필요하고 그때 등장한 개념이 블루오션(blue ocean)이다. 또 블루오션 전략(blue ocean strategy)은 경쟁의 틀에서 벗어나 새로운 시장과 고객을 창출해야 한다는 시각을 제시한다는 전략으로, 경쟁사들이 비슷한 방식으로 승부를 걸 때, 발상의 전

[표 5-1] 레드오션과 블루오션의 비교

구 분	레드오션(red ocean)	블루오션(blue ocean)
시 장	• 기존의 시장영역	• 경쟁이 없는 신규시장 창출
게임의 법칙	• 치열한 경쟁	• 경쟁에서의 자유로움
특 징	• 기존의 수요시장 공략 • 가치창출이나 비용절감 중 택일 • 기업의 활동체계가 차별화나 저비용 중 하나를 통하여 이루어짐	• 새로운 수요시장 창출 • 가치창출과 비용절감 동시추구 • 기업의 활동체계가 차별화와 저비용을 동시추구

자료 kim & Mauborgne, 2004.

환과 차별화 전략으로 고객들에게 새로운 가치를 제공하여 경쟁이 없는 새로운 시장을 창출하는 데 목적을 둔다. 블루오션 전략은 틈새시장 개척이 아니라 경쟁자가 없는 무(無)경쟁시장에서 싸우지 않고 이기려는 전략이다.

또 블루오션 전략의 주창자들은 기업경쟁력의 두 원천인 비용절감과 차별화를 동시에 추구할 것을 강조한다. 기업들이 각자 처한 위치에서 블루오션을 창출하고 지속적으로 유지하기 위해서는 어떤 상황에서도 다음과 같은 기본토대를 지켜야만 한다. ① 철저하게 고객관점에서 사업이나 제품을 바라보아야 한

4차 산업혁명과 업(業)의 본질

중국 유니콘 기업 모바이크(자전거 공유 사업. 창업 2년 만에 시장 가치 1조7,000억원)는 진직 여기자 후웨이웨이가 창업했다. 4차 산업혁명 속에 숨겨진 혁신 사업의 가치를 이해하는 데 전문 공학 기술과 프로그램 역량이 필요한 것은 아니다. 4차 산업혁명 기술이 지닌 가치와 그로 인해 달라지는 업(業)의 본질을 통찰하는 눈이 훨씬 중요하다. 이미 오래전부터 자전거는 지구상 많은 사람의 이동 수단이었고 이 자전거가 수조원의 가치 창출을 위해서는 전혀 다른 업의 본질 접근이 필요한 것이었다. 그것은 소유가 아니라 공유이며, 언제 어디서나 누구나 손쉽게 이용할 수 있는 환경을 플랫폼으로 제공하는 것이다. 이를 구현하기 위해 요구되는 혁신은 기존 자전거의 제품·기능 혁신과 전혀 달랐다. 새로운 업의 본질에 요구되는 혁신은 첫째가 위성항법장치(GPS) 탑재, 둘째는 QR 잠금·해제, 셋째는 보증금제도 서비스 애플리케이션(앱)이다. 지금은 에어리스타이어, 무체인, 알루미늄 소재 등 추가 혁신이 이어지고 있다. 이런 혁신은 새로운 비즈니스모델을 위해 요구되는 차별화 기술인 셈이다. 기술로부터 사업모델을 구상하는 것이 아니라 사업모델로부터 기술을 정의하고 발굴·융합하는 것이다. 이에 따라서 4차 산업혁명 사업 모델링은 업의 본질을 재해석하는 것에서 출발하는 것이 훨씬 폭발력이 있으며, 혁신 사업모델에 접근할 가능성이 높아진다.

– 전자신문, 2017.10.24.

다. ② 블루오션 창출 가능성을 높이기 위해서는 리더를 포함한 전 구성원들의 창의성을 촉진하는 관점에서 인력 및 조직이 운영되어야 한다. ③ 절대가치를 추구하여야 한다. 기업 대부분은 시장에서의 경쟁에서 이기기 위해 경쟁사보다는 조금 나은 '상대가치'를 추구하는 것이 보통이지만 성공한 기업들은 "우리 기업은, 우리 사업부는, 왜 존재하는가?"라는 본질적인 질문에 대한 해답을 고민하는 '절대가치'를 추구하여야 한다. ④ 블루오션으로 들어가는 길목을 좁혀야 한다. 진정한 '블루오션'을 만들기 위해서는 블루오션으로 들어가는 길목에 기술적인 장벽이든, 특허와 같은 제도적인 장벽이든 경쟁자가 쉽게 들어 올 수 없는 장애물을 세워야 한다. ⑤ 움직이는 블루오션을 만들어야 한다. 누군가 블루오션에서 이미 성공을 거두었다면, 경쟁자들은 장애물을 뚫고 블루오션에 진입하려 할 것이므로 영원한 블루오션은 있을 수 없다.

3) 업의 개념 재(再)정의와 사업기회

업(業)이란 본래 언제나 변함없는 업의 본질을 의미하지만 진정한 「업(業)의 개념」은 기업이나 시대와 환경변화에 따라 업(業)을 둘러싸고 있는 다양한 환경요인들의 변화 때문에 업의 개념이 바뀌게 된다. 따라서 사업에서 성공하려면 업(業)의 변화를 미리 예견하는 것이 중요하다. 업의 개념을 변화시키는 일반적인 요인은 기술·소비 니즈·산업구조·정부정책 등이지만 오늘날은 이러한 환경요인들이 복합적으로 영향을 미쳐 변화되는 경향이 있다. 따라서 누가 먼저 변화하는 업의 특성을 정확하게 인지하고 서로 다른 업의 특성들을 조화롭게 결합시킬 수 있느냐가 신사업기회 선점의 관건이다. 그러기 위해서는 무엇이 핵심기술이며, 그 기술이 어디로 가고 있는가? 또 우리의 고객은 누구이고, 고객의 기호가 어떻게 바뀌고 있는가? 그리고 내가 속한 산업의 경쟁의 룰(rule)이 어떻게 변화하고 있는가? 등을 명확히 읽어낼 줄 알아야 하며 자사의 제품과 서비스를 구매하는 고객이 진정으로 원하는 것이 무엇인가를 파악해야 한다.

특히 하버드대학의 테오도로 레빗(Theodore Levitt) 교수는 업의 개념을 기업의 관점에서만 규정하면, 제품에 대한 고정관념에서 벗어나지 못한다며 마케팅에서 근시안적 관점을 버리라고 경고한다. 즉, 기업이 '무엇을 파느냐(what)'에만 초점을 둘 것이 아니라, 고객들이 '왜 사느냐(why)'의 관점에서 보라는 것이다. 또 사업기회를 잘 포착하려면 가장 먼저 자사의 제품과 서비스를 구매하는

업의 개념과 블루오션전략

업(業)의 개념을 재(再)정의하는 첫 번째 원칙은 시장의 경계를 재구축하라(Reconstruct market boundaries)이다. 삼성 이건희 회장이 1990년대 초 신(新)경영을 주창할 때 밝힌 '업(業)의 개념'도 '시장의 경계를 재구축하라'는 원칙과 맥이 통한다. 업의 개념을 다르게 정의한다는 것은 업계에서 수용되고 있는 산업의 정의를 받아들이지 않겠다는 뜻이다. 기업들은 이처럼 업의 개념을 새로 정의함으로써 레드오션에서 벗어날 수 있었다. 블루오션전략에서 말하는 위기에 빠졌던 기업이 업의 개념을 제대로 규정하면서 되살아나는 경우가 많은데 그 배경에는 비(非) 고객이 있다. 사업의 초점이 바뀌면서 그동안 고객이 아니었던 사람(비 고객)들이 대거 몰려와 경쟁 없는 새로운 시장(황금어장)이 열린 것이니 업의 개념이 달라지면서 고객 기반에 소용돌이가 생긴다. 비 고객은 우리 상품을 쓰지 않고 다른 회사 상품을 쓰는 사람이거나 우리 업종에는 관심 없고 다른 업종에서 자신의 욕구를 채우고 있는 사람들이다. 비 고객 연구를 통하여 고객이 원하는 가치를 찾는 방법은 우리가 제공할 수 없는 그 무엇 때문인데, 그 무엇이 그들이 원하는 가치이다. 오늘날 업의 개념을 제대로 알고 그것을 토대로 이루어진 발상의 전환은 산업 자체의 경계마저 무너뜨리고 있다. 21세기에 우리 기업들이 세계적인 경쟁력을 갖추기 위해서는 많은 기업 구성원들이 이와 같은 환경요인에 의해 변화하는 업의 개념을 잘 이해하고 서로 다른 업의 특성을 조화롭게 결합시킬 수 있어야 한다. 새로운 변화를 주도하는 기업은 살아남겠지만, 기존의 업에 안주한 기업들은 대부분 시장에서 사라지는 것이 현실이니 업의 변화를 미리 예측하는 것이 곧 새로운 사업기회를 얻는 셈이다.

고객이 진정으로 원하는 것이 무엇인가를 파악해야 하고 그러려면 기술과 소비 니즈(needs)가 어떻게 변화하여 산업 내 경쟁의 룰을 바꿀 것인가를 정확하게 예측하며 업의 개념을 재창조(새로운 황금어장 발견)하는 능력이 필요하다. 레빗 교수는 업의 개념을 활용한 신사업 발굴은 다음과 같은 세 가지 관점에서 이루어진다고 강조하였다. 첫째는 기술 진화의 추이를 파악하여 보유하고 있는 핵심 기술의 새로운 용도를 개발하거나 타 기술과 융합하여 새로운 사업영역을 개척하는 것이다. 둘째는 미개척 소비 needs를 발견하거나 새로운 소비 니즈를 촉발할 수 있도록 업의 특성을 선제적으로 변화하는 것이다. 셋째는 현재의 비즈니스모델을 정확하게 진단하고 분석하여 사업 도메인 확장을 통해 기존 업의 개념을 재창조하는 것이다. 사실 기업들 대부분은 자기가 속한 산업이나 전략집단 등을 기존 관행과 유사하게 규정짓고 그 안에서 최고가 되기 위해 최선을 다하는 레드오션 전쟁터를 벗어나지 못하고, 경쟁사를 서로 벤치마킹하며 목숨 걸고 시장점유율 경쟁을 벌인다. 기업들이 이 같은 관행들을 공유할수록 레드오션(red ocean)에 빠져 피 튀기는 경쟁은 더욱 심화될 수밖에 없다.

산업의 특성과 본질에 대한 기존의 개념에서 벗어나 업의 개념을 새롭게 정의하는 것은 사업을 효과적으로 확장할 수 있는 경쟁 없는 엄청난 황금어장을 발견하는 것이다. 다른 기업과 관행을 공유할수록 경쟁은 더 심화되지만 자기 사업을 남과 다르게 정의하고, 업의 개념을 제대로 정의해 보면 기존 시장에서 기존의 룰(rule)대로 싸우는 다른 기업엔 보이지 않는 시장이 열리고, 남과 다르게 경쟁할 수 있는 토대가 만들어진다. 이 같은 과열경쟁을 탈피하고 고성장으로 진입하기 위해서는 업의 개념을 다음과 같이 정의하는 것이 바람직할 것이다.

① 시장을 넓게 재정의해 보자. 코카콜라의 전 회장인 로베르토 고이쥬에타는 "코카콜라의 경쟁 상대는 다른 탄산음료들이 아니라 모든 음료수이다. 모든 음료수와 경쟁했을 때, 우리의 시장점유율은 40%가 아니라 3%밖에 되지 않는다"라고 말했다. 코카콜라는 자신들의 가장 큰 경쟁자는 펩시콜라가 아니라 물이

라고 이야기한다. 코카콜라 섭취량은 사람의 총 수분섭취량의 3%에 불과하니 경쟁자는 물이란 이야기다. 코카콜라는 이렇게 시장의 경계를 키운 덕에 지속가능한 사업으로 다시 의욕을 불어넣어 오늘날 세계 최고의 종합음료기업이 되었다.

② 사업의 기존 정의에 도전하자. 인문학적 상상력, 입체적 사고, 발상의 전환을 통해 기존과 전혀 다른 업의 개념을 설정, 고객에게 새로운 가치를 줄 수 있다. 스위스의 시계산업이 정체되어 있을 때 스와치(Swatch)는 '정확한 시계를 만든다'는 기존 시계사업의 개념을 '시계는 패션 제품'으로 재정의함으로써 새로운 시장을 열었다. 또 모 제약회사는 '질병 치료'에서 '건강증진'으로 업을 재정의함으로써 연구 방향까지 바뀌었다고 말한다. 질병을 치료하는 것은 환자를 대상으로 한 것이지만, 건강증진은 전 국민을 대상으로 한다.

③ 고객을 재정의하자. 중국 송나라에는 엄동설한에도 손이 얼지 않게 하는 약을 비방으로 전해오던 집이 있었다. 사람들은 이 약을 사서 겨울에 비단을 찬 물에 헹굴 때 사용했고 이 집은 대대로 내려오는 이 동상방지 약 덕분에 동네 부자가 됐다. 소문을 들은 한 나그네가 은전 백냥을 주고 그 약의 비방을 샀고 그 약의 용도를 전쟁에 나선 군사들의 동상방지제로 확장했다. 당시에 월(越)왕이 군사를 일으켜 오(吳)나라를 공격하였는데 오나라 군사들은 손이 시려 싸움을 잘할 수 없었을 때 그 나그네는 동상방지 약을 오왕에게 바쳤고 덕분에 오나라 군사는 겨울 전투에서 월나라에 대승을 거둔다. 똑같은 '동상방지약'이었지만 그 나그네는 '고객'을 바꿔 동네 부자에 그치지 않고 한 나라의 제후가 될 수 있었다.

④ 경쟁자를 재정의해 보자. 현대경영의 구루 피터 드러커는 일찍이 고급 자동차의 경쟁자는 동종의 자동차가 아니라 보석과 밍크코트라고 말한 바 있다. 고급 자동차 고객은 같은 돈으로 '운송수단'을 사려는 것이 아니라 '위신과 품위'를 사고자 하기 때문이다. 요즘 대형병원들이 서비스를 혁신할 수 있었던 것

은 경쟁자를 같은 병원이 아니라 '호텔'로 정했기 때문이다. 진짜 경쟁자의 본질을 정확히 알면 경쟁은 훨씬 쉬워진다.

⑤ 비(非)고객의 입장에서도 생각하자. 비고객은 왜 제품을 이용하지 않는지를 생각해 보면 새로운 아이디어를 얻을 수 있다. 크루즈는 과거 해양 운송수단이었지만, 지금은 추억을 만들기 위한 여행으로 변화했다. 고객의 입장에서 '왜 크루즈를 타느냐?'는 질문과 동시에 비고객 입장에서 '왜 크루즈를 타지 않는가?'를 질문해 보면 크루즈가 지향해야 할 새로운 가치를 찾아낼 수 있다.

신규 사업 수행 선결과제 '업의 개념'

속옷사업은 속옷을 파는 사업인가?

1991년 직원 3명으로「속옷도 패션이다」라는 캐치프레이즈로 속옷 시장에 뛰어들어 크게 성공한 속옷업체 '좋은사람들' 이야기이다. '좋은사람들'의 최대주주인 개그맨 출신 주병진 대표가 속옷사업에서 성공을 거둔 비결은 레드오션에서 승리하는 방법을 터득한 것이었다. 기존 속옷업체로는 쌍방울, 백양, 태창 등 빅3 업체가 시장을 장악한 상태였고, 기존 속옷 시장은 레드오션이었다. 가장 늦게 시장에 진입한 중소 영세업체가 1,200억원 매출의 회사로 성장할 수 있었던 것은 속옷이란 남에게 보이고 싶지 않은 치부상품이 아니라 남에게 보이고 싶을 정도의「패션상품」으로 위치를 이동한 것이다. 더불어「선물용품」 시장 진입까지 시장을 추가하였다. 이는, 기존의 피 튀기는 레드오션(속옷 시장)에서 '패션사업 + 선물용품 사업'의 블루오션 시장으로 싸움의 장을 위치를 이동시킨 것이 결정적인 원인이었다. 여기에 경영자만이 가지고 있는 재치 넘치는 아이디어를 초기 시장의 광고카피와 홍보방법에 집중 투입했다, 흰색 일색이던 속옷 시장에 컬러와 패션 개념을 도입했다는 점이 기존 속옷 시장과 싸우지도 않고 창업과 수성에 성공할 수 있었던 포인트이다.

4) 업(業)의 개념 재(再)정의 사례

많은 기업들은 자기가 속한 산업이나 전략집단 등을 기존 관행과 유사하게 규정짓고 동일한 목표를 가지고 같은 테두리 안에서 최고가 되기 위해 최선을 다한다. 그 과정에서 경쟁사를 서로 벤치마킹하며 시장점유율 경쟁을 벌인다. 사업을 하는 산업 대부분에서 치열한 경쟁을 뜻하는 레드오션(Red ocean)에 빠져 피 튀기는 경쟁을 하는 것은 피할 수 없는 숙명이기 때문에 누구나 경쟁 없는 새로운 시장을 뜻하는 블루오션(blue ocean)을 원한다. 레드오션(Red ocean) 시장에서 생존경쟁을 다투는 틀을 깨기 위해서는 업의 개념을 조정하여야 비 고객의 마음을 열 수 있고 그래야만 경쟁 없는 새로운 시장인 블루오션을 개척할 수 있다. 그런 생각은 정확한 목적의식을 기반으로 핵심역량을 개발하고 미래의 성장을 위한 가치를 창출하는 데 매우 중요하다.

① 시계(watch) 산업과 스와치(Swatch)

swatch

과거 시계산업은 '시간이 정확히 맞는 시계를 만드는 것'이 업의 개념이었기 때문에 시계의 정확성이 업계에서 수용되는 경쟁기준이었다. 시계산업의 업의 개념은 본래 '정밀기계업'이었지만 생산 라인이 자동화, 기계화되면서 '조립금속산업'으로 변화되었고, 다시 옷과의 조화를 이루기 위해 '패션산업'으로 바뀌었다. 이제 시계산업의 경쟁력은 얼마나 정밀하게 잘 만드느냐 하는 하드 역량보다 얼마나 효과적으로 잘 디자인하고 좋은 브랜드를 개발할 수 있느냐 하는 소프트 역량에 달려 있다.

지난 1970년대 후반 세계왕국 스위스 시계산업이 붕괴위기에 봉착했을 때에도 경쟁기준은 정확성이었다. 당시 일본과 홍콩 업체들이 정교하면서도 값싼 쿼츠(quartz: 전자식시계)로 시장을 빠르게 잠식했기 때문에 많은 시계업체들은 기능을 추가하는 방식으로 다양한 고민을 하였으나 스위스 시계업체들은 경쟁력이 없었다. 이 위기를 극복하고 스위스 시계산업을 부흥시킨 기업 '스와치

(Swatch)'는 당시 시장을 장악하고 있던 세이코, 시티즌 등이 서로 차별화하기 위해 각종 기능을 추가하는 경쟁을 벌일 때 전혀 다른 길을 선택했다. 손목시계를 단순히 시간을 알려주는 기능적인 제품에서 강력한 감성적 메시지를 전달하는 패션 액세서리로 재창조하여 업의 개념을 새롭게 정의하고 디자인에 역량을 쏟았다. CEO가 패션산업이라는 업의 개념을 가진 후부터 감각이 있는 디자이너를 뽑아 트렌드에 맞는 시계를 만드는 것이 집중한 결과는 대 히트였다. 오늘날 대형마트에서 구매할 수 있는 몇만원짜리 시계나 백화점에서 선택한 천만원대의 명품시계나 시간을 알려주는 정확성이라는 기능에는 차이가 없으나 이제 시계산업에서 경쟁력은 정밀이 아니라 효과적인 디자인과 브랜드의 개발이다. 즉 본질보다 변화된 특성에 주목하고 있다.

② 영화관(cinema) 산업과 멀티플렉스(multiplex)

고객이 진정으로 원하는 바를 파악하기 위해서는 먼저 현재 고객의 불만(미충족 욕구)에 관심을 가지거나 아직 실현되지 않은 고객의 욕구를 찾는 것이 중요하다. 과거 영화산업은 목 좋은 곳에 영화관을 지어 놓고 최신영화를 상영해 주는 것을 업의 개념으로 삼았기 때문에 영화관의 위치와 최신영화의 확보 여부가 경쟁기준이었다. 그러나 그런 영화관은 더 이상 많은 관객을 이끌지 못했고 관객들의 다양한 요구를 수렴한 새로운 형태의 복합영화관이 탄생하였다. 멀티플렉스는 시내 중심가에 위치한 피카디리, 단성사 등이 최신영화 확보 경쟁을 벌일 때 전혀 다른 길을 택했다. 영화관(cinema)산업의 신개념 멀티플렉스(multiplex) 이전을 기준으로 보면 영화관에 가지 않는 사람들이 비(非)고객이다. 그 비고객들이 주말 저녁에 어디에 가는지 봤더니 안락한 의자와 무료주차장을 갖춘 레스토랑이나 카페를 찾는 것으로 나타났다면 이제 영화만 틀어주는 단순한 영화관을 만드는 게 아니라 비고객들이 원하는 '안락한 의자', '무료주차장', '레스토랑이나 커피숍'을 가미한 새로운 영화관을 설립하는 것을 고민해 볼 필요가 있고 그렇게 만들어진 영화관이 바로 CGV나 메가박스 같은 멀티플렉스다. 비고객에 집중해 현재 고객들도 잘 모르는 가치를 찾은 결과 새로운 영화관이 설립되자 그동안 영화관에 가지 않던 비 고객들이 대거 몰려오면서 '대박'이 터진 것이다. 업계에서 수용되는 산업의 정의를 받아들이지 않고 업의 개념을 엔터테인먼트 산업으로 재(再)정의하여 영화관을 단순히 영화를 보는 장소에서 식당, 오락실 등을 갖춘 엔터테인먼트 공간으로 탈바꿈시켰다.

③ 커피(coffee)산업과 스타벅스(Starbucks)

커피(coffee)산업의 경우 스타벅스(Starbucks)의 커피시장 진입 당시, 커피의 맛은 소수 기업에 의해 만들어진 표준화된 밋밋한 커피가 대부분이었다. 스타벅스는 고급 커피를 즐기고 싶은 고객의 잠재욕구를 발견하고 강렬한 향의 고급 커피를 시장에 내놓게 되었다. 스타벅스는 고급 커피와 함께 '문화를 즐길 수 있는 공간'을 고객에게 제공하면서 단순한 상품(commodity)이었던 커피를 새로운 가치를 담은 새로운 상품으로 만들었다. 은은한 조명이 주는 부드러움, 원목의 테이블과 탁자가 주는 따뜻함, 경쾌한 음악과 적당한 소음이 주는 편안함 속에서 최고급 원두커피를 즐기며 사람들은 대화를 즐기기도 하고 책을 읽기도 한다. 스타벅스는 세계 어디에서나 동일한 커피 맛을 내기 위해 직영점으로만 운영하고 매장은 녹색과 갈색만 사용을 하며 재즈와 클래식의 노래만 틀어 놓는다. 스타벅스가 고객에게 제공하는 특별한 경험은 단순히 '커피'나 '커피를 마시는 공간'이 아니라 '고객의 일상을 풍요롭게 만드는 공간'이자 '새로운 커피 문화'였다. 또 국산 커피전문점 카페베네도 "커피는 단순한 상품이 아니라 문화 코드가 있다"는 것을 파악하고 '커피 한 잔의 여유'라는 표현을 사용했다. 여유로운 문화를 차별화 콘셉트로 정하고, 유럽의 오래된 건물 이미지를 살린 빈티지 인테리어 디자인을 도입했다.

④ 정수기(Water purifier) 산업과 코웨이(Coway)

코웨이는 1989년 창립 이래 1998년 혁신적인 렌탈 비즈니스 개념을 업계 최초로 도입해, 정수기, 공기청정기, 비데 등 환경가전 제품을 생산, 판매하는 환경가전 전문기업이다. 정수기산업(Water purifier industry)의 경우 웅진 코웨이(Coway)는 IMF 이후 불황기에 가족 건강과 수질오염으로 고민하면서도 가격부담 때문에 구입하기 어려운 소비자가 많음을 파악하고 '정수기는 상품이 아니라 서비스(service)'라는 발상의 전환을 통해 스스로 업의 개념을 재(再)정의하여 업계 최초로 「렌탈 서비스(Rental services)」라는 새로운 시장을 창출했다. 이로써 98년 4만 명, 99년 19만 명의 렌탈 회원을 유치함으로써 97년 초반 30% 초반에 머물던 시장점유율이 2000년에는 50%까지 증가하였고 현재까지 50~60%의 점유율을 유지하며 업계 1위를 확고히 하고 있다. 코웨이는 2020년 매출액 3조2,374억1,147만(2020.12. IFRS 연결)원을 기록했다고 공시했다. 2020년 연간 매출액은 3조2,374억원으로 전년 대비 7.2% 증가했다. 영업이익은 6,064억원, 당기순이익은 4,047억원으로 각각 32.3%, 21.8% 증가했다. 특히 2020년 코웨이 국내 환경가전사업 연간 매출액은 2조1,273억원이다. 연간 렌탈 판매량은 135만여 대, 국내 총계정 수는 634만을 기록했다.

비즈니스모델 혁신으로 성공한 코웨이

우리나라에서는 1989년과 2000년에 중소기업으로 출발해 현재 중견기업으로 성장한 코웨이는 바로 사업을 비즈니스모델의 관점에서 접근한 대표적인 기업이다. 코웨이의 초기 비즈니스모델은 방문판매였다. 1997년 IMF(국제통화기금) 외환위기를 맞아 매출이 급감하자 코웨이는 「판매에서 렌털로」 비즈니스모델을 전환시켰다. 대당 100만원이 넘는 정수기를 파는 것보다 10만원의 보증금과 월 26,000원의 렌털 요금을 부담토록 하는 것이 소비자에게 환영받을 것이라는 판단에 따른 것이었다. 새로운 비즈니스모델로 10만대의 정수기가 소비자에게 제공됐고, 1997년 11억원의 적자는 1998년 30억원의 흑자로 반전됐다. 2009년에는 외환카드와 공동으로 페이프리(pay free) 카드를 선보였다. 보통 카드를 사용하면 포인트가 쌓이는데, 사용처를 찾기가 쉽지 않다. 외환카드는 코웨이 제품의 렌털비용을 대신 납부해 주는 카드를 신규로 만들었다. 코웨이 입장에서는 「렌털에서 무료로」 비즈니스모델이 전환된 셈이다. 이 카드는 발급한 지 4개월 만에 6만장 이상이 발매됐다. 신규카드를 발급할 경우에 통상 모집인에게 5만원 정도의 수수료가 지급된다고 하니, 외환카드 입장에서는 약 30억원의 비용을 절감한 셈이다. 아울러 코웨이도 그만큼 신규수요를 창출한 것이다. 이처럼 코웨이는 판매에서 렌털로, 렌털에서 무료로 계속해서 비즈니스모델을 업그레이드시켜 나갔다.

– 이코노미조선, 현재의 성공을 무너뜨려야 혁신할 수 있다, 2015.6.2.

3
비즈니스모델(Business Model)의 이해

1) 비즈니스모델(Business Model)

글로벌시장에서의 소비자선택기준이 1960~70년대에는 더 싸게(cheaper)였고, 1980~90년대에는 더 좋게(better)에서 2000년대 이후에는 남과 다르게(different)로 바뀌면서, 경쟁패러다임도 원가에서 품질로, 품질에서 비즈니스모델로 변화했다. 비즈니스모델(business model)은 기업이 어떻게 가치를 창출하고, 전달하고, (수익으로) 회수할지에 대한 것으로 고객의 욕구(needs)에 대한 깊은 통찰을 바탕으로 경쟁사와 차별적인 새로운 가치를 창조, 제공하고 이를 통해 발생하는 이윤을 획득하는 구조이다.

비즈니스모델(Business Model)은 기업이 지속적으로 이윤을 창출하기 위해 특정사업의 가치창출 방법, 제품 및 서비스의 전달방법, 대상 고객, 핵심역량, 유통방식, 고객관리, 활동 및 자원계획, 협력업체, 기업업무, 이윤을 창출하는 방법을 나타낸 사업아이디어 모형이다. 하버드 경영대학원의 클레이 크리스텐슨(Clay Christensen) 교수는 비즈니스모델이 고객가치 제안, 이윤공식, 핵심자원, 핵심프로세스의 4개 요소로 구성되어야 한다고 했다. 또 UC 버클리의 헨리 체스브로(Henry Chesbrough) 교수는 '비즈니스모델이란 기술을 가치나 이익과 같은 경제적 산출물로 변환시키는 중개자의 역할을 수행, 즉 아이디어와 기술을 경제적 성과와 연결하는 프레임워크'로 정의했다. 또 알렉산더 오스터왈더(Alex Osterwalder)와 예스 피그누어(Yves Pigneur)의 명저 〈비즈니스모델 창출(Business Model Generation)〉에서도 비즈니스모델을 '조직이 고객에게 제공할 가치를 창출·가치를 전달·수익을 획득하는 원리'라고 정의했다.

비즈니스모델을 표현하는 가장 대표적인 비즈니스모델링 기법이 바로 알렉

새로운 비즈니스모델 캔버스(9가지 블록, Nine blocks)

① CS : Customer Segment - 고객은 누구인가?
② VP : Value Proposition - 핵심 가치는 무엇인가?
③ CH : Channels - 어떻게 이 가치를 제안하고 전달할 것인가?
④ CR : Customer Relation - 각각의 고객들과 어떤 관계를 맺을 것인가?
⑤ R$: Revenue Streams - 수익원은 무엇인가? 어떻게 이윤을 창출할 것인가?
⑥ KR : Key Resource - 가지고 있는 핵심 자원은 무엇인가?
⑦ KA : Key Activity - 기업은 어떤 핵심활동을 수행해야 하는가?
⑧ KP : Key Partnership - 아웃소싱 포함, 기업은 어떤 파트너십을 가져야 하는가?
⑨ C$: Cost Structure - 이 모든 활동을 유지하기 위한 비용구조는 어떠한가?

– 비즈니스모델의 탄생(Business Model Generation), 예스 피그누어

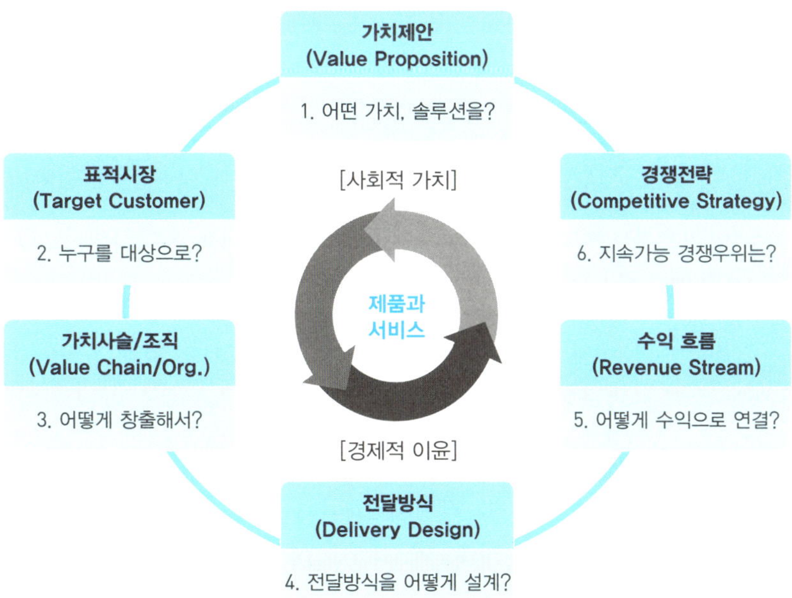

산더 오스터왈더 등의 책 〈비즈니스모델의 탄생(Business Model Generation)〉에서 소개된 「비즈니스모델 캔버스(Business Model Canvas, 이하 BMC) 9블록」이다. BMC 9블록의 각 블록에서는 비즈니스 과정에서 검증해야 할 가설들을 포함하는데, 각 블록에 답을 작성하면 된다.

① Customer Segments(CS, 고객 세그먼트): 고객의 문제점을 발견하고, 하나 이상의 고객 세그먼트에게 제품이나 서비스를 제공할 수 있어야 한다. * 검증할 가설: 우리에게 가장 중요한 고객은 누구이며, 전형적인 고객은 누구인가?

② Value Proposition(VP, 가치제안): 조직은 고객이 처한 문제를 해결해주고 욕구를 충족시키기 위해 특정한 가치를 제공해야 한다. * 검증할 가설: 우리는 각 고객 세그먼트별로 어떤 가치/제품/서비스를 제공하고 있는가?

③ Channels(CH, 채널/유통경로): 커뮤니케이션, 물류, 세일즈 채널 등을 통해 우리가 전달하고자 하는 가치를 고객에게 전달한다. * 검증할 가설: 우리는 어떤 경로로 우리의 제품을 고객에게 전달하고, 경쟁사는 어떻게 전달하며, 고객은 어떤 전달방법을 원하는가?

④ Customer Relationships(CR, 고객관계): 고객 세그먼트와 시장의 수명주기별로 고객 관계 전략을 마련한다. * 검증할 가설: 고객이 우리 제품을 지속적으로 이용하는 방법은 무엇이며, 경쟁사는 어떻게 고객 관계를 유지하며, 고객은 어떤 관계를 원하는가?

⑤ Revenue Streams(RS, 수익원): 전달하고자 하는 가치를 성공적으로 제공했을 때 얻는 수익을 정리한다. * 검증할 가설: 우리 고객은 제공 받는 가치에 얼마의 대가를 지불하고, 우리는 어떤 매출모델과 가격정책을 갖고 있는가?

⑥ Key Resources(KR, 핵심자원): 가치제안, 고객관계, 고객 세그먼트, 채널, 수익을 실현하기 위해 필요한 물리적, 재무적, 지적, 인적 자원을 정리한다. * 검증할 가설: 우리의 가치제안에는 어떤 핵심자원이 필요하며, 우리의 유통경로, 고객 관계와 수익원을 위해서 각각 어떤 자원이 필요한가?

⑦ Key Activities(KA, 핵심활동): 가치제안, 고객관계, 고객 세그먼트, 채널, 수익원을 실현하기 위해 조직이 수행해야 하는 여러 가지 활동을 정리한다. * 검증할 가설: 우리의 가치제안에는 핵심활동이 필요하고, 우리의 유통경로, 고객관계와 수익원을 위해서 각각 어떤 활동이 필요한가?

⑧ Key Partners(KP, 핵심 파트너): 내부 역량으로 해결할 수 없기 때문에 외부 파트너십을 이용해야 하는 일부 자원이나 특정 활동을 정리한다. * 검증할 가설: 우리에게 부족한 핵심활동과 핵심자원을 제공할 파트너/공급자는 누구인가?

⑨ Cost Structure(CS, 비용구조): 비즈니스를 수행하기 위해서 발생할 수밖에 없는 비용 요소들을 정리한다. * 검증할 가설: 우리의 핵심자원 확보와 핵심활동 등 비즈니스 활동에 얼마의 비용이 필요한가?

비즈니스모델(Business Model)

피터 드러커(Peter F. Drucker)는 비즈니스모델이 '고객이 누구인가, 고객은 무엇에 가치를 두는가, 적절한 가격에 가치를 전달하려면 어떻게 해야 하는가?'라는 질문에 대한 답이라고 설명하였다. 예를 들어, 생수 회사는 생수를 팔아서 수익을 얻기 때문에 고객에게 가치를 제공하는 서비스모델과 돈을 버는 수익모델이 일치한다. 이 경우 생수 회사 입장에서는 어떻게 소비자들이 원하는(가치 있는) 생수를 만들 것인가? 즉 어떻게 가치를 창출할 것인지가 가장 중요한 문제다. 하지만 생수를 무료로 제공하고 병에 광고를 붙여서 수익을 창출한다면 문제가 달라진다.

마찬가지로 구글의 서비스모델은 검색이지만 수익모델은 광고이고, 카카오톡의 서비스모델은 모바일 메신저이지만 수익모델은 중개(예를 들면 게임과 게이머)다. 구글, 페이스북, 스포티파이, 김기사 등 수많은 서비스와 앱들의 서비스 무료화가 가속화되고 있기 때문에 수익모델에 대한 고민은 더욱 가중될 수밖에 없다.

사업모델 틀 – 새 버전

가치제언(Value proposition)	
"사용자에게 어떤 가치를 주는가?"	
상품, 서비스(Offering)	**수익 모델(Return)**
"고객에게 무엇을 제공하는가?"	"제공한 가치의 대가를 어떻게 받는가?"
사업 하부구조(Business Infrastructure)	
"사업이 굴러가기 위해 필요한 시스템, 기능, 협력업체 등 어떤 구성 요소가 있나?"	

자료: 밴처스퀘어, 사업 모델의 틀 V2, www.venturesquare.net/536627

간단명료하게 표현하면 비즈니스모델은 〈비즈니스모델=서비스모델+수익모델〉과 같이 정의할 수 있다. 서비스모델은 고객에게 어떤 가치를 창출하고 어떻게 전달할 것인지에 대한 것이고, 수익모델은 돈을 누구에게서, 서비스의 어떤 부분을, 얼마에, 어떤 방법으로 받을 것인가에 대한 것이다. 비즈니스모델은 수익 창출을 포함해 시장과 경영의 더 폭넓은 관점에서 비즈니스를 보아야 한다. 비즈니스모델은 제품 및 서비스가 왜 필요한지에 대한 배경과 이유가 논리적으로 명확해야 한다. 비즈니스모델을 구체화하기 위해 고려해야 할 요인들은 고객과 고객가치를 중심으로 비용과 수익원천, 핵심자원, 핵심프로세스 등 다양한 요인들이 결합하여 경쟁사와는 차별적인 제품 및 서비스로 탄생되는 것이다. 비즈니스모델이라고 하면 많은 사람들이 수익모델, 즉 어떻게 수익을 창출하는가에 관한 것이라고 생각하지만 비즈니스에 대한 모든 생각이 수익의 창출에만 국한되어 버리면, 혁신과 창조를 위한 폭넓은 사고가 제약을 받게 된다.

비즈니스모델을 혁신하려면 고객이 진정으로 원하는 게 무엇인지도 파악해야 한다. 구매 의사 결정의 잣대인 성능(performance)은 기술발전 등에 따라 다양한 속성으로 진화한다. PC 산업의 경우 초반에는 연산을 빠르게 제대로 수행하

서비스모델과 수익모델은 왜 분리될 수밖에 없는가?

비즈니스모델 개념의 진화

비즈니스모델은 기업이 어떻게 가치를 창출, 전달하여 이익을 회수할지에 대한 이야기다. 일반 상품을 제공하는 회사는 고객에게 가치를 제공하는 서비스모델과 비용을 버는 수익모델이 일치하지만 향후에는 「비즈니스모델 = 서비스모델 + 수익모델」로 정의될 수밖에 없을 것이다. 수익모델을 만들기 위해서는 구체적으로 다음과 같은 고민이 필요하다.

① **누구에게서 비용을 받을 것인가? Payer** 첫 번째 질문은 누가 비용을 낼 가능성이 제일 높은지, 누구에게서 비용을 받는 것이 가장 비즈니스를 잘 성장시킬 것인가에 관한 것이다. 구글의 경우 기존의 대형 광고주가 아닌 중소규모의 광고주로부터 비용을 받는다.

② **서비스의 어떤 부분을 팔 것인가? Packaging** 가치가 있는 모든 것은 판매대상이 될 수 있지만 가치가 있다고 모든 고객이 비용을 지불하지 않는다. 구글 검색이 가치는 있지만 고객으로부터 비용을 받는 것은 불가능하다고 봐야 한다. 그렇다면 어떤 부분이 고객 또는 제3자가 비용을 기꺼이 낼 의향이 있는 부분인지 파악해야 한다. 최소한 비용을 낼 사람들에게 중요하고 희소한 부분을 찾아야 한다.

③ **얼마만큼 어떠한 방법으로 받을 것인가? Pricing** 과거에는 가격을 정하는 것이 간단했지만 이제는 다양한 패키징이 가능하고, 비용을 받는 방법도 다양하다. 인터넷 서비스에서는 비용을 내는 사람이 언제든지 떠날 수 있기 때문에 단기적인 수익의 극대화보다는 장기적인 수익의 극대화를 목적으로 가격을 정해야 한다. 또한 「구글(Google)」이라면 대부분 사람들은 검색 서비스를 제공하는 회사로 생각하지만 구글을 이용하여 검색할 때 비용을 내지 않는다. 즉 구글은 검색 서비스를 팔지 않는다. 실제로 구글이 파는 것은 검색광고다.

– 인사관리, 2015.09호

는지와 관련한 기능성(functionality)이 중요했지만 기술의 발전으로 대부분의 PC가 일정 수준의 기능과 안정성을 갖추면서 PC가 다운되지 않고 얼마나 안정적으로 운용되는지를 보여주는 신뢰성(reliability)에 대한 관심이 커졌다. 이후 고객이 제품의 기능이나 성능을 쉽게 변경할 수 있는지, 제품이 시장에 얼마나 빨리 나오는지, 제품을 얼마나 편리하게 사용할 수 있는지 등의 편의성(convenience)이 중요한 요소로 부각되었다. 이처럼 경쟁의 근간이 되는 성능의 속성을 파악하고 진화과정을 정확히 찾아야 고객이 원하는 가치를 창조할 수 있다.

비즈니스모델 혁신은 언제 필요한가?

① 잠재고객의 욕구를 충족시킬 수 있는 기회가 존재할 때
② 신기술을 활용한 신규 비즈니스모델 구축 기회가 존재
③ 문제 해결 방법에 대한 니즈는 있으나 제공하는 기업이 없는 경우
④ 파괴적 혁신으로 시장에 진입한 경쟁자에 대응할 때
⑤ (낮은 가격, 디자인, 브랜드 등) 경쟁기반 변화에 대응할 때

– 비즈니스모델 혁신이 필요한 5가지(하버드대학 크리스텐센 교수)

에릭 리스(Eric Ries)는 저서 〈린 스타트업(Lean Startup)〉에서 스타트업은 "제품을 만드는 것이 아닌 어떤 제품을 만들지 알아내기 위한 도구를 만들고 있는 것"이라고 했다. 창업을 결심했을 때 가장 기본이 되는 것은 비즈니스모델이다. 비즈니스모델이 제대로 만들어져 있지 않으면 사업뿐만 아니라 팀을 운영하기도 어렵다. 비즈니스모델을 수립하고 실행하는 방법에 대하여 이택경 매쉬업엔젤스(MashUp Angels) 대표 파트너는 스타트업에게 다음과 같이 조언했다. 스타트업의 성공요소는 기본적으로 아이디어, 팀, 비즈니스모델, 펀딩, 시간이다. 그 가운데 아이템보다는 팀(team), 제대로 된 비즈니스모델(business model)과 실행력(executive ability)이 성공요소라면서 그 이유를 다음과 같이 설명했다. 첫째, 스타트업이 첫 아이템으로 성공하는 건 쉽지 않다. 경우에 따라서 사업 수정과 방향을 전환해야 한다. 그러기 위해선 아이템보다 따라주고 실행할 수 있

는 조직(팀)이 더 중요하다. 둘째, 알맞은 타이밍(right timing)에 참신한 아이디어가 담긴 비즈니스모델을 갖춰야 한다. 셋째, 얼마나 더 실행을 잘하냐에 따라 차이가 난다. 1년이 지나도 시작과 별반 차이가 없는 팀도 있고, 의미 있는 성과를 낸 팀도 있다. 저마다 결과물이 다른 이유는 결국 실행력이 관건이다. 비즈니스모델은 고객에게 기업업무, 제품 및 서비스 전달방법, 이윤 창출 방법을 나타낸 모형이다. 이것은 세부적인 계획과 시스템을 통해 만들어져야 한다.

또 비즈니스모델은 고객의 문제를 해결하는 데 주안점을 둬야 한다. 스타트업은 풀어야 할 문제를 발견하는 것이지 만들어내는 것이 아니다. 다수의 스타트업이 풀어야 할 문제를 잘못 찾는 경우가 있다. 이 문제가 정말 고객 문제인지 아닌지를 판단하지 못하면 성공하기 어렵다. 전혀 새로운 것은 지극히 찾기 어렵기 때문에 너무 새로운 것을 찾기 위한 강박관념을 가질 필요는 없다. 문제는 본인이나 고객으로부터 나오기 때문에 '다른 사람이 나를 위해 무엇을 만들어줬으면 좋겠는가?' 혹은 '내가 아닌 다른 사람들에게 무엇이 필요한가?'를 늘 생각해야 한다. 즉, 「비즈니스모델의 본질적 가치는 고객」이므로 회사 내부의 눈이 아닌 고객의 눈으로 보고 고객이 사고 싶은 물건을 만들되 설령 무료 서비스라도 고객에게 가치를 전달하고 누가 우리의 고객이 될지 명확하게 따져봐야 한다. 경쟁력과 장점을 가진 분야에서 자신 혹은 팀의 적성과 코드가 맞는 「영혼 있는 비즈니스모델」을 일궈내되 어떤 방식이든 새로운 가치를 만들 수 있으면 된다. 최소 규모 이상의 시장을 전제로 한 업종에서 5년 이상 근무한 전문 분야나 청년이라면 일상 속에서 해결하고 싶었던 문제나 취미에서 시작해도 좋다.

2) 비즈니스 수익모델(revenue model)

(1) 수익모델(revenue model)의 본질

수익모델의 3P(3Ps of Revenue Model)

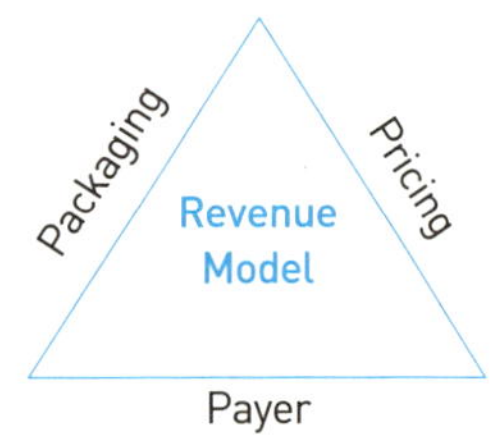

수익모델(revenue model)이란 기업이 비즈니스를 통해 수입을 발생시키고, 이윤을 내며, 또 투자 자본에 대해 높은 수익을 내는 방법을 뜻한다. 수익모델은 기본적으로 스타트업이 가진 비즈니스를 수행할 수 있어야 하고, 재정적인 목표를 달성할 수 있는 핵심이므로 수익모델은 반드시 스타트업이 속해있는 시장과 고객들, 경쟁업체, 미래에 만들어 낼 제품과 기업 방향 등과 함께 갈 수 있는 운영전략 등을 바탕으로 만들어져야 한다. 수익모델이 정확하지 않다는 것은 수익의 대상이 될 고객이 정확하지 않다는 뜻이므로 마케팅전략도 제대로 수립될 수 없다. 수익모델을 만들기 위해서는 구체적으로 다음과 같은 3P에 대한 고민이 필요하며, 이 3가지(Pricing, Payer, Package) 질문은 연계하여 고려하여야 한다.

수익모델은 누가(Payer), 무엇에 대해(Packaging), 얼마나/어떻게(Pricing) 지불할 것인가에 대한 부분이다.

① 누구에게서 돈을 받을 것인가? (Payer) 기존의 비즈니스에서는 (당연히 모든 고객이 돈을 내기 때문에) 누구에게서 돈을 받을 것인가에 대한 고민을 하지 않았지만 네트워크 비즈니스의 수익모델에서 가장 중요하고 근본적인 질문이다. 누가 돈을 낼 가능성이 제일 높은지, 누구에게서 돈을 받는 것이 가장 비즈니스를 잘 성장시킬 것인가에 관한 질문이다. 구글의 경우는 광고주들로부터 돈을 받는데 기존의 대형 광고주가 아닌 중소규모의 광고주로 부터 돈을 받는다.

② 서비스의 어떤 부분을 팔 것인가? (Packaging) 고객에게 가치가 있는 모든 것은 판매의 대상이 될 수 있다. 그러나 가치가 있다고 모든 고객이 돈을 내지는 않는다. 구글 검색이 가치는 있으나 고객으로부터 돈을 받는 것은 불가능하

다고 봐야 하므로 어떤 부분이 고객 또는 제 3자가 돈을 기꺼이 낼 의사가 있는지 파악해야 한다. 예를 들면 구글(Google)은 광고할 공간을 파는 것이 아니라 광고주들이 관심 있는 키워드를 팔고 있다. 인터넷 세상에서 광고할 공간은 많으나 광고주들이 관심을 가진 키워드를 입력하는 소비자들은 희소하다.

③ 얼마나, 어떤 방법으로 받을 것인가? (Pricing) 과거에는 가격을 정하는 것이 간단했지만 이제는 다양한 패키징이 가능하고 받는 방법(예를 들어, 월정액, 건별, 고정가격, 변동가격 등)도 다양하다. 인터넷 서비스에서는 돈을 내는 사람이 언제든지 떠날 수 있기 때문에 단기적인 수익의 극대화보다는 장기적인 수익의 극대화를 목적으로 가격 등을 정해야 한다.

또 비즈니스모델은 *고객을 위한 가치 창조(customer value creation), *이를 통해 발생한 이익을 획득하게 해주는 수익모델(profit model), *앞의 두 가지를 실천하기 위한 조직구조(organizational arrangement) 등 세 요소로 구성된다. 새로운 비즈니스모델은 이들 세 요소 간 상호작용을 통해 형성되고 완성된다.

> "세상에는 두 종류의 기업이 있다. 하나는 고객에게서 어떻게든 더 많이 받으려 하는 기업이고, 다른 하나는 고객에게 어떻게든 적게 받으려는 기업이다. 아마존은 후자다"라며 장기적인 수익극대화의 중요성을 강조했다.
>
> – 제프 베조스(Jeff Bezos), 아마존(Amazon)의 창업자

실리콘밸리 혁신기업들의 수익모델

① **구글**(Google) 대부분의 사람들이 예상하듯이 광고로 95% 이상의 수익을 창출하고 있다 (구글 검색이나 유튜브를 볼 때 나오는 광고 등). 안드로이드와 같은 플랫폼이나 Gmail, 구글맵과 같은 다양한 서비스의 개발도 결국은 정보 검색에 활용하기 위함이고, 이 검색 경쟁력이 구글의 광고수익을 높이는 역할을 하고 있다.

② **애플**(Apple) 92~95% 정도의 매출이 아이폰, 아이패드와 같은 하드웨어 판매에서 발생하고 있으며, 앱스토어/아이튠즈에서 발생하는 수익은 5~8%에 불과하다. 애플이 앱스토어 생태계를 조성하고 OS 등을 개발하는 것은 하드웨어 경쟁력을 강화하기 위함이다.

③ **마이크로소프트**(MS) OS, MS 오피스 소프트웨어 판매로 55%, 서버솔루션/소프트웨어 개발 툴 판매로 25%, X-box과 같은 엔터테인먼트로 15%의 정도의 매출이 발생하고 있다. MS로서는 Windows라는 OS 판매를 포기할 수 없지만, 최근 "오피스365"라는 클라우드 서비스(온라인상으로 프로그램을 이용)를 새로운 수익원으로 육성하고 있다.

④ **페이스북**(Facebook) 사용자들의 개인정보 및 취양을 파악하고 이에 맞는 맞춤형 광고 서비스를 통해 85%의 수익을 얻고 있다. 최근 모바일 메신저 서비스 시작하는 것도 사용자들의 페이스북 접속시간을 늘려 광고수익을 더 얻기 위함이다.

⑤ **우버**(uber) 차량 중계 플랫폼 서비스를 제공하고 있는 기업으로 차량 기사와 승객을 연결시켜주고 얻는 수수료가 수익원이다. 플랫폼을 보유해 사용자가 늘수록 수익이 느는 구조로 최근 기업가치가 510억 달러(약 60조원)로 GM, Ford를 제쳤다.

⑥ **에어비엔비**(Airbnb) 세계 최대의 숙박 공유 서비스로, 방이나 집, 별장 등의 공간을 임대할 수 있는 플랫폼을 제공하고, 임대인-여행객 사이에 거래가 성사되면 양측으로부터 수수료를 받아 수익을 얻는다. 현재 기업가치는 250억 달러(약 30조원)에 달하며, 2015년 가장 일하기 좋은 직장 1위에 선정된 대표적 유니콘 기업이다.

⑦ **아마존**(Amazon) 세계 최대 전자상거래업체로 판매자로부터 중계수수료를 받아 수익을 창출하지만 낮은 중계수수료율 때문에 매출액이 커져도 수익은 크지 않기 때문에, 최근에는 클라우드서비스인 "아마존 웹 서비스(AWS)"를 시작해 신규 수익원으로 키우고 있다 (AWS는 클라우드서비스 선두주자로 '15년 아마존 예상 매출액 중 약 7% 전망)

– http://www.gtonline.or.kr/data/download.do?data_sid=217342&attach_seq=31336

(2) 수익모델의 종류

수익모델(revenue model)은 일반적으로는 비즈니스가 상품(서비스)을 화폐화하는 방식으로 수익모델은 기업이 어떻게 수익을 내고 이익을 발생시키고 투자에 대한 최고의 수익률을 내는지 설명하는 것이다. 수익모델의 종류를 살펴보면 다음과 같다.

① 판매형 수익모델(Sales Revenue Model) 고객에게 상품, 서비스, 정보를 팔아서 수익을 얻는 모델이다.

② 거래 수수료형 수익모델(Transaction Fee Revenue Model) 거래를 할 때마다 수수료를 받아 수익을 얻는 모델이다.

③ 광고형 수익모델(Advertising Revenue Model) 소비자(방문자)에게 광고하고, 광고주로부터 광고비를 받아 수익을 얻는 모델로 방문자 유인을 위한 상품, 서비스, 정보가 무료(사실상 광고주가 지불)로 제공되는 경우가 많다.

④ 구독형 수익모델(Subscription Revenue Model) 콘텐츠(신문, 잡지, 고객의 리뷰, 리포트 등)를 정기적으로 판매해 수익을 얻는 모델이다. 콘텐츠뿐만 아니라 상품을 정기적으로 판매하는 방식도 포함한다.

⑤ 제휴형 수익모델(Affiliate Revenue Model) 제휴를 통해 다른 기업이나 기관의 수익창출에 도움을 주고 수수료를 얻는 모델로서 방문자에게 제휴상품 또는 서비스를 소개하거나 방문자를 제휴 웹사이트에 보내주고, 회원가입이나 구매 등의 활동을 일으키는 경우가 대표적이다. 블로거들이 판매채널로 링크 또는 제품을 높이 평가하는 글을 올림으로써, 수수료를 받거나 무료로 제품을 제공받는 경우도 해당된다.

⑥ 기타 수익모델 위에서 정의되지 않은 방법으로 수익을 얻는 모델이다.

음악 서비스 수익모델의 진화

음악 서비스 사례를 통해 수익모델이 어떻게 변해왔는지 살펴보자. 음악 서비스의 수익모델은 지난 10여 년간 엄청난 변화를 겪었다. 이제는 모든 비즈니스가 수익모델의 진화를 고민하지 않으면 안 되는 세상이 되었다. CD시절에는 10개 내외의 음악이 패키지로 판매되었으므로 고객이 1~2만원의 돈을 내고 CD를 구매했다. 애플의 아이튠즈는 CD로 묶여있던 것을 풀어 한 곡씩 천원에 판매하였다. 물론 이때도 고객이 돈을 지불하였고 이 당시는 냅스터 등 파일공유 서비스를 통해 음악의 불법복제가 한창이었다. 스티브 잡스는 $1짜리 곡을 불법 복제하기 위해 시간을 쓰는 것은 스스로를 최저임금 수준의 노동자로 낮추는 것이라고 하였다. 이런 관점에서 보면 소비자는 더 이상 음악을 사는 것이 아니라 자신의 시간을 사는 것이라고도 할 수 있다. 특히 당시 애플 입장에서는 음악에서 돈을 벌기보다는 아이팟을 팔아서 돈을 벌었기 때문에 이런 관점의 전환이 가능했고 음반사의 입장에서도 불법복제에서 벗어날 수 있는 계기가 되었다. 멜론 등의 유료 음악 서비스에서는 이제 곡을 소유하는 것이 아니라 한 달 동안 음악을 무제한 들을 수 있는 권리가 판매의 대상이 되었고 고객이 매월 구독료로 5천 원 정도를 지불한다. 멜론 등의 유료 음악 서비스는 우리나라에서 음악 불법복제를 종식시키는 결과를 가져왔는데 이는 소비자들이 음악을 사는 것이 아니라 편리함의 대가로 돈을 지불한 것이라 할 수 있다. 유료로 제공되던 음악은 스포티파이(http://spotify.com)를 통해 본격적으로 무료화되었다. 스포티파이는 2015년 현재 3천 만곡 이상을 보유하고 있고, 전 세계 58개 국가, 약 7천5백만 명의 실사용자를 가지고 있는 서비스다. 스포티파이와 같은 무료 음악 서비스는 광고와 프리미엄 서비스 두 가지를 판다. 프리미엄 서비스는 광고가 없고 오프라인 상태에서도 들을 수 있는 등 무료서비스와는 차별화된 서비스(freemium모델)다. 현재 7천5백만 명의 사용자 중 유료회원의 수는 2천만 명이다. 다양한 포맷(Sponsored Session, Branded Playlist 등)의 광고매출도 지속적으로 늘고 있다. 유료회원과 무료회원은 완전히 다른 고객이다. 최대한 많은 무료회원을 유료로 전환시키려는 것도 중요하겠지만 무료회원의 활동이 유료회원에게 더 좋은 경험을 할 수 있도록 만드는 것이 더 중요하다. 마찬가지로 광고주들도 더 이상 노출만을 바라기보다 효과적이고 결과를 파악할 수 있는 광고를 원한다. 여기에 맞는 광고포맷, 프로세스, 가격 등을 정하는 것은 과거에 단순한 노출 광고만이 존재할 때와는 문제의 차원이 다르다는 것 이다. 이렇듯 수익모델은 갈수록 다양하고 복잡해지고 소비자들이 돈을 지불하는 이유도 달라지고 있다.

– 노상규, 〈비즈니스모델의 진화〉, 오가닉 미디어랩, 2015.

Chapter 6

창업과 성장의 핵심, 기업가정신(entrepreneurship)

Chapter 6

1

기업가정신(entrepreneurship)의 이해

1) 기업가(entrepreneur)의 특성과 기업가정신

어떤 일을 착수하다(undertake), 시작하다(commence)라는 의미의 프랑스어 entreprendre(앙트레프랑드르)에서 유래한 기업가(entrepreneur)는 업(業)을 일으키고(起), 지속적인 혁신을 통해 사업을 주도하는 혁신가를 뜻한다. 새로운 제품·생산방법을 개발하거나 새로운 시장개척을 주도하는 기업가는 남들이 보지 못한 기회를 찾아 혁신(innovation)을 이끌어 기존의 산업구조를 파괴하고 새로운 가치와 새로운 시장을 개척함으로써 인류의 삶의 질을 향상시키고 세상을 부유하게 만드는 주인공(영웅)이다. 기업가는 경험과 시장(고객)관찰 등을 바탕으로 다른 사람들이 미처 알지 못하는 기회를 포착하고 문제점을 발견하면 해법을 찾아내 이를 사업화하여 세상을 바꾸는 역할을 한다. 위대한 기업가(entrepreneur)들은 자신이 이루어 놓은 결과물이나 달콤한 열매에 만족하지 않고 마치 정거장 없이 달리는 기차와 같이 지속적인 창조행위로 시장을 개척해 나가는 사람들이다.

[표 6-1] 기업가(entrepreneur)의 정의

학자	정의
조셉 슘페터 (Joseph Alois Schumpeter)	• 가업(家業)을 건설하려는 꿈과 의지를 가지고 끈질기게 혁신을 쫓아 미래를 만들어가는 주인공
피터 드러커 (Peter F. Drucker)	• 변화를 탐구하고, 변화에 대응하며, 변화를 기회로 이용하는 사람
하워드 스티븐슨 (Howard Stevenson)	• 현재 통제 가능(소유)한 한정된 자원 이상의 기회를 추구하는 사람
로버트 론스타드 (Robert Ronstadt)	• 새롭고 이질적인 것을 창조하는 사람, 변화를 기회로 하여 새로운 가치를 창출하는 사람

미국의 경제학자 조셉 슘페터(Joseph A Schumpeter)는 혁신자가 갖추어야 할 요소로 ① 신제품 개발, ② 새로운 생산방법의 도입, ③ 신시장 개척, ④ 새로운 원료나 부품의 공급, ⑤ 새로운 조직의 형성, ⑥ 노동생산성 향상 등을 꼽았다. 또 새로운 제품과 프로세스를 개발하는 도전형 기업이 자본주의 경제를 움직이는 근본적인 엔진이라면서 기업가의 창조적 파괴를 통한 혁신이 투자를 활성화하고 고용을 늘려 경제성장을 이끌 수 있다는 것이다. 슘페터(Schumpeter)는 기업가의 성실성을 투자의 필요조건이라고 한다면, 상품의 시장성과 경쟁력은 충분조건, 기업가정신에 충만한 경영능력은 필요충분조건이라며, 그런 동기가 혁신을 낳고, 부단한 창조적 파괴로 이어지면서 경기가 순환하고 자본주의는 발전한다고 하였다. 그런 성공한 창업가의 특성을 다음과 같이 설명했다. ① 비전: 남들이 보지 못하는 것을 보는 능력, ② 용기: 엄청난 의심에도 불구하고 행동하는 능력, ③ 창의성: 상자 밖에서 생각하는 능력, ④ 비난을 견디는 능력: 비난을 받지 않고 성공한 사람은 한 사람도 없다, ⑤ 만족을 연기시키는 능력: 단기적이고 즉각적인 자기만족을 부정하고 더 큰 장기적 보상을 추구하는 것은 아주 힘든 일이다.

최근 Harvard Business Review에 실린 논문에서 여러 나라의 성공한 기업가 4,000명과 1,800명의 CEO를 대상으로 심리 검사한 결과, 기업가에 대한 고정관념과 실제로 성공한 기업가들의 특성은 다음과 같다. 기업가는 호기심이 많

[표 6-2] 기업가와 창업가의 차이점

경영자(manager, administrator) (점진적 변화)	기업가(起業家, entrepreneur) (혁명적 파괴)
• 자원의 효율적 관리에 관심을 갖는다.	• 어떤 자원이 필요할까 고민한다.
• Risk(위험)를 피하려 한다.	• Risk(위험)를 찾아 다닌다.
• 부정적인 것을 회피한다.	• 위기, 부정적 요소를 기회로 삼는다.
• 이성적, 논리적이다.	• 직관적, 창의적, 감성적이다.
• 수치에 의존하여 의사결정한다.	• 수치를 중시하나 직관에 의존한다.
• 합의(Consensus)를 중시(slowness)한다.	• 의사결정이 1인에 의해 결정된다.

고 도전, 학습, 기회를 즐기며 경계를 허물고 앞으로 나아가기를 즐기며, 위험 추구자는 아니지만 담담하고 평온하게 위험에 대처한다. 또 책임감을 가지고 프로젝트를 처음부터 끝까지 주도할 뿐만 아니라, 타고난 영업맨으로 기업가의 설득력은 타의 추종을 불허한다. 또 하버드대 경영대학원의 하워드 스티븐슨(Howard Stevenson) 교수는 "관리자(administrator)는 이미 가진 것을 활용해 무언가 해보려 하지만, 기업가(entrepreneur)는 내가 가진 것 이상의 기회를 추구한다"며 "기업가란 빠르게 기회를 잡으며, 계속 새로운 실험을 하고, 또 돈이나 인력이 없는 경우 빌려 쓰는 것을 주저하지 않으며, 이익을 공유하는 특성을 가지므로 창업의 목적이 돈이 돼선 안 된다"고 강조했다. 또 기업가는 여러 측면에서 경영자와 다르다. 기업가는 단순히 산출량을 늘리는 사람이 아니라 산출물의 질적 변화를 일으키는 사람이다. 경영자(manager)가 효율(efficiency)과 생산할 최적량(optimal quantity)을 추구하는 사람이라면 기업가(Entrepreneur)는 새로운 어떤 것을 추구하는 모험(adventure)을 선택하기 때문에 경영자와 기업가는 추구하는 바가 전혀 다르다. 타자기와 계산기를 능가하는 컴퓨터를 만들어낸 사람, 고층 건물에 꼭 필요한 엘리베이터를 고안해낸 사람, 유저 인터페이스(user interface)를 채택해 스마트폰 시대를 연 사람, 무인항공기 드론의 미래를 본 사람이 바로 기업가이다.

경영자는 간단한 함수관계로 설명할 수 있다. Q=f(K, L). 경영자는 산출물 Q를 최적량으로 생산하기 위해 K(자본)와 L(노동)을 선택하기 위해 고용된 사람이다. 훌륭한 경영자는 Q의 생산량이 극대화되도록 하면 된다. 따라서 경영자의 역할이 마차(馬車)의 수(數, 산출량)를 늘리는 것이라면, 위험(risk)을 마다하지 않는 기업가는 마차와 완전히 다른 질적인 변화를 가져 온 자동차를 개발하는 사람이다. 만일 포드자동차(Ford Motor Company)를 창업한 헨리 포드(Henry Ford)가 경영자였다면 마차를 더 많이, 더 효율적으로 생산하는 데 관심을 쏟았겠지만 헨리 포드는 자동차가 훗날처럼 많이 팔릴 것이라고 확신했기 때문에 자동차(vehicle, 自動車)라는 새로운 발명품에 전 재산을 걸었다.

성공하는 창업가를 위한 7가지 지침

창업가(Entrepreneur)는 타고나는가 아니면 만들어지는가에 대하여 미국의 저명한 창업교육 전문가인 로이드 쉐프스키(Lloyd Shefsky)는 저서 <사업가는 타고나지 않고 만들어진다(Entrpreneurs are made, not born)>에서 마이클 델(델 컴퓨터), 벤 코헨(벤&제리즈 아이스크림), 프레드릭 스미스(페더럴 익스프레스), 데비 필즈(미세스 필즈 쿠키) 등 200여 명의 창업가들이 겪은 창업에서 성공까지의 과정을 추적하고 성공한 창업가들이 가지고 있는 공통점으로 원대한 꿈, 독특한 사고방식, 난관을 이겨내는 지혜 등을 제시하면서, 이들 창업가들의 성공사례와 창업이론을 결합해서 창업에 나서고자 하는 사람들이 명심해야 할 사항들을 다음과 같이 소개했다.

- 첫째, 꿈을 키워라. 꿈의 설계자가 되라. 사업가란 꿈을 현실로 바꾸는 사람이다.
- 둘째, 리스크를 감수하라. 모든 창업가가 감수하는 사업에서는 리스크에 대한 보상이 리스크를 능가하는 것이 일반적이다.
- 셋째, 성공의 열정으로 실패에 대한 공포를 극복하라. 성공한 창업가들은 어제의 실패를 성공을 위한 밑거름으로 활용한 사람들이다.
- 넷째, 좋아하는 일을 하라. 창업가에게 사업은 자신의 꿈을 실현하는 수단이다. 창업가로 성공하기 위해서는 일을 하는 것이 휴식을 취하는 것보다 더 재미가 있어야 한다.
- 다섯째, 원칙을 깨는 이단자가 되라. 그 원칙이 유일한 것이라고 하더라고 원칙 파괴자가 되는 것을 두려워해서는 안 된다.
- 여섯째, 항상 기회를 대비해야 한다. 많은 사람들에게 많은 기회가 오지만, 실제로 기회란 준비하고 있는 사람이 차지한다.
- 일곱째, 당신의 행동을 멈추게 하는 고루한 사고방식에서 벗어나라.

– http://blog.naver.com/jaeilseo/150000106873

2) 기업가정신(entrepreneurship)의 정의

기업가정신(Entrepreneurship)은 불확실성에 대한 도전을 통하여 새로운 가치를 창출하는 기업 또는 사회 전반의 마인드나 활동으로 새로운 가치를 창출하는 활동을 의미한다. 기업가정신(entrepreneurship)이란 기회를 포착하고 새로운 가치를 창출하기 위해 혁신적인 사고와 열정적 행동으로 시장에 새로운 가치를 창조하는 활동으로 기존질서를 파괴하여 새로운 세상을 만드는 창조정신이다. 우리가 흔히 기업가정신이라고 국역하는 프랑스어 앙트러프러너십(entrepreneu-ship)의 어원은 프랑스 경제학자 장바티스트 세이(Jean-Baptiste Say)가 1800년 무렵 앙트르프르뇌르(entrepreneur·도모하는 자)에 영어 접미사 십(-ship)을 붙여 만들었다고 한다.

기업가정신의 대부 미국의 경제학자 조셉 슘페터(Joseph A. Schumpeter)는 자본주의의 역동성을 가져오는 가장 큰 요인으로 창조적 혁신을 주창했으며, 특히 경제발전 과정에서 기업가의 창조적 파괴 행위를 강조하였다. 그는 새로운 생산방법과 새로운 상품개발을 기술혁신으로 규정하고, 기술혁신을 통해 창조적 파괴(creative destruction)에 앞장서는 기업가를 혁신자(innovator)로 보았다. 그는 기업가정신(entrepreneurship)이란 '시장에서 변화를 추구하는 혁신자정신'이라면서 새로운 제품과 프로세스를 개발하는 도전형 기업이 자본주의 경제를 움직이는 근본적인 엔진이라고 주장했다. 따라서 기업가의 창조적 파괴를 통한 혁신이 투자를 활성화하고 고용창출을 늘려 경제성장을 이끌 수 있다고 하였다. 슘페터의 〈경기순환론〉에 따르면 혁신이 없으면 기업가도 없고, 기업가적 발전이 없다면 자본주의적 이윤도 경제의 추진력도 잃게 된다는 것이다. 또 이윤은 기업가가 창조적 파괴행위를 성공적으로 이끈 정당한 노력의 대가이므로 기업가적 이윤(profit)은 기업가에게 가장 중요한 동기부여 요인이라고 하였다. 또 그의 경제발전론에서 가장 주목을 끄는 점은 경제발전의 원동력은 외부가 아니라 내부에 있다고 갈파했고, 기업가정신만이 경제를 지속적으로 발전시킬 수 있는 핵심요소임을 지적했다.

또 현대경영의 아버지 피터 드러커(Peter F. Drucker)는 "기업가정신은 위험을 감수하고 포착한 기회를 사업화하려는 모험과 도전정신이자 혁신하는 마음이고, 이는 곧 새로운 가치와 고객만족을 창조하려는 부단한 노력"이라고 강조했다. 기업가는 혁신해야 하고, 그 최종 목표는 새로운 가치를 통한 고객만족에 있다. 20세기를 대표하는 양대 경제학자 슘페터와 피터 드러커는 기업가정신에 대한 표현은 다르지만 본질은 같은 것으로 볼 수 있다. 드러커는 슘페터의 주장을 토대로 기업가는 혁신을 추구하는 존재라면서, 혁신가들이 지향하는 기업가정신은 새로운 사업에서 야기될 수 있는 위험을 부담하고 어려운 환경을 헤쳐나가면서 기업을 키우려는 뚜렷한 의지라고 하였다. 하지만 슘페터(Schumpeter)의 정의가 낡은 기술을 부수고 신기술을 도입하자는 기업의 기술개발을 중시한 '공급자(provider)적 관점'이라면, 드러커(Drucker)는 고객에게 새로운 가치와 만족을 주는 것이 진정한 혁신이라는 시장과 고객의 수용성에 높은 점수를 주는 '수요자(consumer) 중심의 관점'이라는 차이가 있다. 다시 말해 혁신성은 과학적, 기술적 중요성이 아니라, 시장과 고객에 대한 공헌도에 의해 결정된다며 철저히 고객의 입장에서 보아야 한다는 것이다. 또 워싱턴대 칼 베스퍼(Karl Vesper) 교수는 기업가정신(entrepreneurship)을 "다른 사람이 발견하지 못한 기회를 찾아 상식이나 권위에 사로잡히지 않고 새로운 사업을 추진할 수 있는 사람이 가지고 있는 정신"이라 했다. 이는 단순히 기업을 경영하는 사람(businessman)의 기업윤리와 사회공헌이 아니라, "혁신성·진취성·위험감수성을 가진 도전하는 기업가(Entrepreneur)의 정신을 의미하는 것이다. 그리고 뱁슨칼리지(Bapson College)의 로버트 론스타드(Robert Ronstadt) 교수는 "기업가정신(entrepreneurship)이란 때로 빨간 신호등을 무시한 채 돌진하는 것으로 스스로 사업을 일으키고 자기 인생에서 가장 즐거운 일로 여기는 것"이라고 설명했다. 이는 기업가정신이 교과서적인

[표 6-3] 기업가정신(entrepreneurship)의 정의

학자	정의
조셉 슘페터 (Joseph Alois Schumpeter)	• 기업가정신은 혁신을 통해 '창조적 파괴(Creative destruction)'에 나서는 기업가의 자세와 의지
피터 드러커 (Peter F. Drucker)	• 변화를 탐구하고 대응하며 변화를 기회로 이용하는 것 • 위험을 무릅쓰고 포착한 기회를 사업화하려는 도전정신
칼 베스퍼 (Karl Vesper)	• 다른 사람이 발견하지 못한 기회를 찾아 틀에 얽매이지 않고 새로운 사업을 추진할 수 있는 사람이 가지고 있는 정신
로버트 론스타드 (Robert Ronstadt)	• 기업가정신은 때로 빨간 신호등을 무시한 채 돌진하는 것과 같다.

방식이 아니라 무모할 정도로 비상식적인 도전을 포함한다는 의미일 것이다.

4차산업혁명으로 명명된 급격한 변화와 무한경쟁 시대의 기업가정신(entrepreneurship)은 미래의 불확실성과 높은 위험 속에서 새로운 기회를 포착하고, 혁신을 통해 새로운 가치를 창조하는 기본역량이므로 외부 환경변화에 대응하면서 늘 기회를 추구하고, 그 기회를 잡기 위해 새로운 가치를 창조해야 생존과 성장을 할 수 있다. 특히 새로운 경영 환경에서 기업가정신은 경영자뿐만 아니라 말단 사원까지 지녀야 할 역량으로 인식해야 한다. 즉 지위와 관계없이 자신의 업무에서 혁신적인 아이디어를 발굴하고 진취적으로 행동하며, 도전하는 사람이 자신의 분야에서 큰 성과를 창출할 수 있도록 위기를 기회로 바꾸는 혁신 마인드와 무엇이든 할 수 있다는 자신감을 가지고 도전하는 기업가정신이 절실하다. 따라서 기업가정신은 기업뿐만이 아니라 민간, 공공부문 등 직업을 막론하고 누구나 습득해야 할 기본역량이자 삶의 기술이며, 혁신을 추구해야 하는 모든 생명체의 생존을 위한 삶의 핵심가치로 인식되고 있다.

과거 산업화 시절 우리 기업가들에게는 위기를 기회로 바꾼 튼튼한 체력과 우리나라만이 가진 잠재된 DNA가 있었기 때문에 그 토대 위에 기업가정신을 회복하는 것으로도 기업가정신을 함양할 수 있다. 조금 확산하여 기업가정신을 단순한 경제 분야뿐만 아니라 사회적 혁신동력 차원에서 국민운동으로 추진한다면 제2의 한강의 기적을 재현할 수 있을 것이다. 그 과정에서 필요한 기

업가정신 교육이란 자기주도적 삶의 자세를 갖는 기업가적 열망(Entrepreneurial Aspirations)과 도전정신, 혁신성, 창의성, 위험감수성, 개척정신, 독립성, 가치공유, 리더십 등 기업가적 태도(Entrepreneurial Attitudes)를 습득하고 경험토록 하는 것이다.

기업가정신의 특성은 크게 세 가지 측면에서 살펴볼 수 있다. 첫째, 새로운 제품과 서비스로 새로운 고객을 창출하려는 이노베이션 마인드(innovation mind)이다. 둘째, 실패의 위험을 감수하면서 적극적으로 새로운 기회를 찾아 도전하는 자세이다. 셋째, 기존의 관행을 깨는 창조적 발상과 행동이다. 이러한 특성 때문에 기업가정신의 발휘는 비용 절감, 예산관리 등을 통해 기존사업을 안정적으로 운영하는 것보다 성과의 기대감이 훨씬 더 높다.

3) 한강의 기적(Miracle)과 기업가정신(entrepreneurship)

2018년 8월 세계은행(World Bank) 발표에 따르면 1960년 대한민국의 국민총생산(GDP)은 39억5,800만 달러였고, 2018년 GDP는 1조5,308억 달러로 60년도 안 된 사이 387배의 경제성장을 이뤄냈다. 그 기간 중 특히 1960, 70년대의 한국의 가파른 경제성장을 나타내는 상징어 「한강의 기적」은 한국을 경제 대국에 올려놓은 일등공신이다. 대한민국은 1945년 일제로부터 해방되고 혼란 속 1948년 정부를 수립한 후 1950년 6월 25일 한국전쟁이 발발하여 3년이 넘도록 전쟁을 겪었고, 1953년 7월 27일 정전(停戰)된 후의 우리 국토는 처참할 정도로 황폐화되었다. 당시 경제발전을 위하여 필요한 부존자원, 자본, 기술, 인재, 경험 등 아무것도 없는 상태였으며 그마저 전쟁으로 파괴되면서 나라는 최빈국 상태였으나 국민들의 생존의지는 강했기 때문에 전쟁의 폐허에서 오로지 '잘살아보자'는 일념으로 한강의 기적을 일궈냈다. 당시 군사정부는 1962년 시작된 경제개발 5개년 계획을 추진하면서 경제성장 과정에서 정책적 인센티브(incentive)를 제공했고, 정부와 국민들의 노력으로 성과가 나타나자 배고픈 자의 정신력

(hungry spirit)이 '하면 된다(can do spirit)'의 도전정신으로 전환돼 한강의 기적의 기반이 되었다.

당시 사회분위기에 대하여, 종군기자로 왔던 영국의 타임지(The Times) 기자는 "대한민국에서 민주주의의 꽃이 핀다는 것은 쓰레기통에서 장미가 피어나기를 바라는 것과 같다"며 한국의 미래를 절망적으로 표현하였고, 한국전쟁 당시 UN군사령관 맥아더(MacArthur) 장군마저 "대한민국이 전쟁에서 회복되려면 최소한 100년은 걸릴 것"이라고 했다. 그러나 대한민국은 가혹한 식민지와 분단의 고통, 전쟁의 폐허 위에서 불과 40여 년 만에 세계인이 깜짝 놀랄「한강의 기적」을 일궈냈다. 암울하던 대한민국이 일제억압과 한국전쟁이라는 역사의 아픔을 딛고 반세기 만에 경제·정치·사회적 발전을 이룩하여 세계 10위권 경제 대국으로 부상한 성장 동력은 가난을 벗어나 보려는 열망과 높은 성취욕을 바탕으로 굶주림 속에서도 교육받은 똑똑하고 도전하는 성실한 국민들과 우리 기업인들이 보여준 창의·혁신·도전정신·불굴의 의지와 열정 등 한국기업 특유의 기업가정신이었다. 한국이 전 세계에 유례가 없을 정도로 탁월한 기업가정신을 발휘할 수 있었던 이유는 모든 국민들이 성공적인 결과를 얻으면서 성공체험이 선순환되었기 때문이었다.

우리 국민들이 느끼는 경제성장의 놀라움보다 외국의 석학들이 본 한국경제의 발전과정은 저개발 농업국 상태에서 50년도 되지 않아 선진공업국으로 도약한 놀라움 그 자체였다. 부존자원과 산업 인프라도 없고, 자본과 기술, 경험도 없는 상태에서 철강, 정유·화학, 기계, 전기·전자, 자동차, 조선 등 거의 모든 제조업 분야에서 국제경쟁력을 갖춘 나라로 발전한 것은 기적(miracle)이라는 표현 말고는 설명할 수 없는 놀라움이다.

현대경영의 아버지 피터 드러커(Peter F. Drucker)는 기업가정신이란 위험과 불확실성에도 이윤을 추구하려 하는 모험과 창의적인 정신이라면서 1996년 저서 〈넥스트 소사이어티(Next Society)〉에서 지구상 기업가정신이 가장 활성화된 국가로 한국을 꼽았고, 한국(6·25)전쟁으로 초토화된 데다 40년 전에는 산업이라

고 할 만한 것이 거의 없었던 한국이 반도체, 조선, 전자 등 다양한 분야에서 리더를 차지하고 있기 때문이라고 설명했다. 또 "반세기 전만 해도 세계 최빈국이었던 한국이 오늘날 세계 10위권의 경제강국으로 성장했다"며 "무(無)에서 유(有)를 창조하고, 불가능을 가능으로 탈바꿈시킨 것은 도전과 열정으로 무장한 기업인들의 '기업가정신'이 있었기에 가능했다"고 말했다. 세계적 석학 미국 존스홉킨스(Johns Hopkins) 대학 프랜시스 후쿠야마(Francis Fukuyama) 교수는 한강의 기적이 "민·업·정(民業政)의 신뢰구조가 있어 가능했다"고 분석했다. 한편 1990년대 문화학자 헌팅턴(Huntington)의 저서에 따르면, 1960년대 초반 우리나라 GNP(국민총생산)는 60달러 수준이었고, 1960년대 아프리카의 가나(Republic of Ghana)와 인구, 국토, 생산기술, 공산품, 해외 원조액까지 사정이 비슷했다고 한다. 그러던 최근 가나와 우리나라 양국의 GNP(국민총생산)는 15배 차이로 벌어진 것을 문화의 차이라고 설명하면서, 한국 사람들은 정말 열심히 일하고, 열심히 공부하고, 잘살아보자는 의욕이 넘치는 문화강국이지만 가나에는 그런 문화가 없었다고 설명했다.

또 한국경제연구원에 따르면 경제개발계획이 추진되기 직전인 1961년도 한국의 1인당 GDP(국내총생산)는 91.6달러, 필리핀은 260.2달러였으나 대한민국은 저개발 농업 국가에서 근대적인 산업국가로 기적처럼 성장하였고, 2018년 기준 1인당 국민 소득(GNI)을 살펴보면 한국 31,940달러, 필리핀(Philippines) 3,280달러가 되면서 약 10배의 차이를 보인다. 이제 한국은 필리핀을 포함해 많은 아시아인들에게 코리안 드림(Korean Dream)을 이루기 위해 가고 싶어 하는 동경하는 나라가 되었다. 인류역사상 이런 경제 기적을 실현할 사례는 과거에 없었고 앞으로도 없을 것이라는 의견이 전문가들의 일치된 생각이다. 특히 자원도 없고, 남북이 분단된 상황에서 출발하여 세계가 놀랄 눈부신 경제성장을 가능하게 한 뿌리는 바로 기업가정신(entrepreneurship)이었다.

최빈국에서 경제 강국으로… '한강의 기적' 순간들

'한강의 기적'은 6·25전쟁 이후부터 국제통화기금(IMF)사태 이전까지, 반세기 동안 대한민국의 급격한 경제성장을 상징하는 용어다. 대한민국 경제는 짧은 기간 동안 세계 최빈국에서 명실상부 경제 강국으로 성장했다. 2017년 국내총생산(GDP)은 1조 4,981억 달러로 1953년 대비(13억 달러) 무려 약 1,100배를 넘었다.

1950~60년대 = 복구

대한민국은 1950년 6·25전쟁을 겪으며 국가경제력을 완전히 상실했다. 정부는 6·25전쟁을 통해 생산시설의 75% 이상이 파괴된 면공업 등의 복구를 위해 원조 받은 물자를 값싼 가격에 기업에 판매하면서 식료품 제조업체가 급성장했다. 미국의 원조물자와 이를 통제했던 정치권력 그리고 여기에 선이 닿은 특정 기업인들에 의해 재벌체제가 인위적으로 만들어졌고, 밀가루, 면화 등의 대량 수입은 식량문제를 상당수 해결할 수 있었지만 국내 농업기반이 붕괴되었다.

1960~70년대 = 발판

1960년대 본격적인 경제개발 토대가 마련된 것은 정부의 '경제개발 계획'이 수립되면서부터다. '1차 경제개발 계획(1962)'은 정부 주도하에 경공업 중심의 수출 주도형 산업을 통한 성장전략이 주를 이뤘다. 당시 정부는 제철·기계·석유 화학·조선업을 4대 국책 사업으로 설정하고, 경공업 중심에서 중화학 공업 중심으로의 전환했다. 이 기간 연평균 경제 성장률은 10.5%이다. 서울과 부산을 잇는 경부고속도로 건설을 주도하며 물자 수송문제 해소에 기여한 현대건설(1947년 설립), 포드사와 합작회사로 국내 자동차 산업을 이끌었던 현대자동차(1967년 설립), 포항제철공업(1968년 설립, 현 포스코) 등 '굴지의 기업'들이 이 시기에 일제히 설립됐다.

1970-80년대 = 부흥

중화학공업의 집중육성은 한국경제 부흥에 원동력이 되었다. 제조업 생산액에서 중화학공업이 차지하는 비중은 1960년 21%에서 1970년 44%, 1980년 58%로 큰 폭으로 확대됐다. 1970년 서울과 부산을 잇는 경부고속도로가 개통되면서 한국경제는 더욱 빠르게 돌아가기 시작했다. 수송, 전력공급 문제 등이 해소되면서 도소매업의 성장은 물론, 중화학공업 제품을 항만으로 나르는 작업이 수월해졌고 포항제철의 종합

제철공장(1973년 준공), 현대조선소(1972년 설립, 현 현대중공업)의 국내 최초 조선소(1974년 준공) 등이 가동되면서 1977년에는 수출 100억 달러가 달성되었다. 글로벌경제가 1973년과 1979년 두 차례에 걸친 석유파동의 위기상황에서 건설업의 중동진출, 자동차의 해외수출 등으로 빠르게 회복하였다.

1980-90년대 = 도약

정부의 경제정책은 80년대 이후부터 경제성을 띤 집중육성에서 연구 활동 등을 장려하는 지원형으로 바뀌었다. 이는 산업 판도에도 변화를 일으켰고, 전자제품 제조에 주력하던 삼성전자와 LG전자가 반도체산업에 뛰어들며 고품질의 전자제품을 직접 생산해냈다. 삼성전자는 1983년 미국, 일본에 이어 세계에서 3번째로 64K D램 개발에 성공한 후 세계 반도체 시장 1위로 도약하며 현재까지 절대 강자로 한국경제의 든든한 버팀목 역할을 하고 있다.

– 이지경제, 2017.9.11.

1963년부터 선진국에서 노동집약적 경공업이 축소되면서 한국공업제품의 수출이 크게 늘었고, 경제개발의 기본전략은 수출주도형으로 바뀌었다. 자본도 자원도 기술도 없던 한국에 우수하고 풍부한 자원은 오직 값싸고 질 좋은 노동력뿐이었다. 당시 국내자본이 없었고 외국자본을 구하지 못해 일본과 국교 정상화와 경제개발 협력 회담을 열어 다수 국민들의 반대에도 10년간 유·무상(grant & loan)으로 6억 달러의 차관을 받아 산업 자본(Seed money)화 했다. 또 맨손으로 기본적 산업자본을 조성하기 위하여 1964년 베트남에 군대를 파견하여 미국으로부터 경제원조를 얻었고 병사들 월급을 통하여 외화를 획득하였으며, 서독파견 광부와 간호사의 월급을 담보로 서독 정부로부터 미화 3,500만 달러의 차관(현재 약 420여 억원)을 도입하여 도로, 항만, 통신, 철로 등의 기간산업과 사회간접자본을 구축하였다. 안으로는 강력한 수출드라이브 정책을 수립하여 머리카락을 잘라 가발을 만들어 수출하거나, 창고에서 봉제 공장을 차려 점퍼와 바지를 가공·수출함으로써 1964년 11월 30일 1억 달러 수출을 달성하였다.

또 1973년 1월 정부는 철강, 비철금속, 기계, 조선, 전자, 화학 공업을 6대 전

시크릿 한국경제 성장엔진 5

반세기 만에 GDP 34.5배 성장으로 전 세계를 깜짝 놀라게 했던 한국경제의 성장 비밀<한강의 기적>을 한국경제 성장엔진 5가지 핵심 키워드로 설명할 수 있다.

① **우수하고 근면한 노동력**(Labor) 전쟁 통에도 우리나라 사람들은 교육에 대한 열의가 대단했다. 이러한 교육열은 우수한 노동력을 키웠다. 가정경제를 책임지며 동생들을 뒷바라지했던 여성인력과 새벽부터 별을 보고 나가 해 떨어질 때까지 낮과 밤을 가리지 않고 일하던 남성인력들을 양산했고, 그렇게 벌어 키워낸 아들딸들은 우수한 인재들이 되어 다시 한국 산업 발전의 초석이 되었다.

② **신속한 자본 투입**(Capital) 한국전쟁이 끝나고 미국의 원조금을 산업발전을 위해 쓴 뒤로도 정부는 끊임없이 자금을 모아 투자하고 재분배했다. 정부는 조선업, 제철업, 종합기계, 석유화학을 한국경제의 4대 핵심산업으로 선정해 추진했다. 맨땅에서 시작한 산업들은 지금의 한국경제를 만든 핵심 산업이 되었다.

③ **기술의 진보**(Technology) 미국의 원조금을 공장 건설에 투자했고, 기술 인력들을 키우기 위해 해외 파견교육을 했으며, 해외에서 활약하고 있는 과학기술인력들을 데려왔다. 한국과학기술연구원이 세워지고 민간주도의 기술개발 시대가 열렸다. 과학과 전자산업 분야가 발달하면서 기술은 저절로 진보하게 되었고, 이는 산업 성장의 동력이 되었다.

④ **강력하고 실천적인 리더십**(Leadership) 1960년대에 경제개발 5개년계획을 세워 국토개발, 중화학공업 활성화, 과학기술 발전, 새마을 운동 등을 일으키며 빠르게 한국경제 발전을 이룩했던 박정희 대통령의 리더십이 있었다. 척박한 조선업에 도전해 세계 1위의 조선업으로 수출산업을 발전시킨 현대중공업의 정주영의 리더십, 투철한 기업가정신으로 세계적 전자기업으로 산업의 핵심이 된 삼성의 창시자 이병철의 리더십 등이 한국경제를 이끈 주역이었다.

⑤ **한국인 특유의 문화와 DNA**(Culture) 한국 사람들의 급한 성미는 '빨리 빨리' 문화가 되어 여러 산업의 동력이 되었다. 섬세함을 요구하는 젓가락 문화 역시 의학과 예술 분야에서 뛰어난 자질로 나타났다. '흥'이 많은 한국 사람들의 기질, 유목민의 후예로서 땅을 정복하려는 한국인의 DNA도 여러 산업분야에서 세계로 뻗어나가려는 움직임의 원천이 되었다.

– 〈시크릿 한국경제 성장엔진 5(2013)〉에서

략업종으로 선정하여 중화학공업육성 계획을 발표하였다. 1975년에 준공된 현대조선소는 첫해에 흑자를 내며 가능성을 열었고, 대한민국의 수출 100억 달러 목표도 4년을 앞당겨 1977년에 달성했다. 지하자원이 거의 없고 자본마저 없던 상태에서 오직 기업인들은 불굴의 도전정신과 상대적으로 풍부했던 양질의 저임금 노동력을 기반으로 중간재를 수입해서 조립·가공해 수출하는 가공무역 방식 수출주도형 성장전략을 선택한 것은 최상의 선택이었고, 이 전략은 결국 한강의 기적을 이루는 토대가 되었다. 또 시행착오를 최소화하기 위해 산업화에 성공한 나라들의 경험을 모방하는 따라잡기(Catchup) 전략과 빠른 추격자(Fast Follower)전략으로 활용함으로써 처음에는 기술도 없었던 반도체·자동차·철강·조선·화학 등이 오늘날 주력산업으로 우뚝 섰다. 세계적 기업이 생산한 신제품을 분석해 빠르게 모방·습득하고 생산하여 되파는 형태로 TV, 오디오 등의 수입대체에 나섰고 원가를 절감해 수출품으로 키우는 전략을 썼다. 무엇보다 한정된 국내 시장보다 세계를 겨냥해 수출주도형 중화학공업 육성정책을 편 정치적 결단이 주효했고 여기에 기업이 화답하며 삼성전자 현대자동차와 같은 글로벌기업이 탄생할 수 있었다.

건국 60여 년을 맞은 2008년 대한민국 성적표는 '놀라움' 그 자체다. 1970년대 우리나라는 조선·석유화학·철강 전자 등 중화학 공업을 수출산업으로 집중 육성하면서 50년 이상 뒤진 선진국과의 산업화 격차를 빠르게 따라잡았고, 한국을 선진공업국 대열에 올려놓았으며, 이후 40년 동안 우리경제는 중화학 수

정주영 – 이병철, 한국형 기업가정신 상징인물로

이병철 삼성그룹 창업주(왼쪽)/정주영 현대그룹 창업주

정부가 2010년 12월 3일 발간한 '한국경제 60년사'에서 한국형 기업가정신의 상징으로 고(故) 정주영 현대그룹 명예회장과 삼성그룹 창업주인 고(故) 이병철 회장을 선정했다. 60년사는 정 명예회장에 대해 "이병철(회장)과 어깨를 나란히 하는 걸출한 사업가로 1960년대 한국경제개발 초기의 성공을 견인한 대표적인 사업가"라고 평가했다. 또 정 명예회장이 건설업에서 수직계열화를 수행하는 혁신을 추구했고, 1965년 현대건설이 태국의 파티니 나라티왓 고속도로 건설공사 수주를 시작으로 해외 진출을 본격화했으며, 이를 통해 1970년대 중동건설 특수 때 한국 건설업체들이 대대적인 도약의 계기를 만들었다고 서술했다. 특히 "정주영의 기업가정신은 결국 한국이 세계적인 자동차 생산 및 수출국이 되게 만들었고 조선과 건설에서도 경쟁력을 가진 국가가 되는 기틀을 다진 것으로 판단된다"고 기술했다. 또 이병철 회장은 "1950년대 말 19개에 달했던 계열사 중 13개를 구조조정하는 대신 삼령산업, 동방생명, 전주제지, 삼성전자 등 11개 계열기업을 신설하거나 인수해 기업의 신(新)성장 동력과 경쟁력 확보에 탁월한 기업가정신을 발휘했다"고 평가했다. 60년사는 "실제로 이 시기에 삼성그룹이 진입을 결정한 의료·제지·전자·부동산개발·유통·문화사업·금융업 등은 연관 효과가 큰 성장사업이었다"며 "이런 사업혁신은 한국의 경제발전에 견인차가 되고 삼성이 글로벌기업으로 성장하는 데 핵심경쟁력이 됐다"고 덧붙였다. 이들의 공통점은 경제개발 과정에 적극 참여함으로써 사업보국의 비전 보유, 상품과 서비스의 수출 및 해외 신규시장 개척을 위한 도전과 노력, 새로운 분야로의 진입과 성장기회 확보 등에서 남다른 기업가정신을 발휘한 것이다.

– 동아일보, 2010.12.3.

출산업을 토대로 경이로운 성장을 거듭했다.

삼성을 창업한 이병철은 인재제일주의를, 현대의 창업자 정주영은 생산의 혁신을, 포스코(posco)의 창업자 박태준 회장은 무에서 유를 창조하는 도전정신을, LG의 창업자 구인회는 인화모델을 각각 창안했다. 현재 대한민국이 경제 강국으로 부상할 수 있었던 원동력은 이들 1세대 창업자들의 도전과 혁신적인 창업정신이 바탕이 되었다. 이들은 기업경영의 근본을 이윤동기 외에 '사업보국(事業報國)'과 같은 공동체적 가치에 연결하고 '불가능을 가능케 하는' 기업가정신으로 무장했기 때문이었다. 특히 한국이 전쟁의 폐허를 딛고 경제강국에 올라선 자산도 장기적 비전, 과감한 투자, 신속한 의사결정과 실행력 때문이었다. 한국 수출은 도전을 두려워하지 않았던 초대 기업인들의 캔두스피릿(can do spirit(하면 된다는 정신)에서 시작됐다.

전쟁의 상흔으로 불모지와 다름없던 당시의 대한민국이 약 60년 만에 무역규모 세계 7위, 경제 규모 세계 11위의 경제 대국으로 성장한 원동력에는 벼랑 끝에서 세계를 내다봤던 이들의 도전정신이 있었다. 한국인의 근면성과 우수한 자질, '안 되는 것도 되게 하라'는 끈기는 세계시장에 놓인 많은 선택지 중 한국을 고르게 하는 힘이 되고 있다. 동남아시아 국가 중심으로 많은 개발도상국에는 롤모델(role model)이 되기도 한다. 불황의 그림자가 짙어질수록 우리의 기업가정신은 위력을 발휘했다. 한국이 2008년 글로벌 경제위기에서 가장 먼저 빠져나올 수 있었던 것도 불황기에 투자를 오히려 늘린 모험정신의 힘이다.

2

기업가정신 구성요소들

기업가정신(entrepreneurship)은 "미래의 불확실성과 높은 위험에도 불구하고 주도적으로 기회를 포착하고 도전하여 혁신 활동을 통해 개인적·사회적으로 새로운 가치를 창조하는 실천적 역량"이고 이 시대가 필요로 하는 기업가정신의 주된 요소는 혁신성 및 창조성, 도전정신, 문제해결 능력, 가치지향성, 리더십, 진취성, 사회협력 자질 등 다양한 요소들이 필요하다.

[표 6-4] 기업가정신 구성요소

대분류	세부 요소		
	인성적 특성	행동적 특성	가치 및 신념
혁신성/창조성	• 변화 선호 성향 • 새로움 추구	• 유연성(융합적 사고) • 문제해결 능력/의지 • 외부수용성(개방형 혁신)	• 기술 중시
도전정신	• 위험 감수 성향 • 모호성에 대한 인내	• 진취성(적극성)	• 미래지향 성
리더십 (자기 주도성)	• 자율성	• 사회적 네트워킹	• 자기 효능감
가치지향	• 성취 욕구	• 목표지향성	• 사회공헌

1) 기업 가치 창출의 동력, 혁신(Innovation)

혁신(Innovation)은 묵은 풍속, 관습, 조직, 방법 따위를 완전히 바꾸어서 새롭게 하는 것으로 혁신의 본질은 시장(market, 市場)이 원하는 새로운 상품, 서비스, 방법론을 제공하는 것이다. 혁신(Innovation)의 어원인 라틴어 노바(nova, 새롭다)는 '어떤 대상을 보는 시선과 시각, 생각을 새롭게 하다'라는 의미로 영어로는 'new' 또는 'novel'을 의미한다. 혁신(innovation)은 '안에서 밖으로'를 뜻하는 in과

새롭다는 뜻의 nova가 결합한 용어로, '노바 nova'의 본질은 대상 자체를 변화시키기보다는 우선 대상을 보는 우리의 시선, 생각, 가치를 변화시켜서 새롭게 접근한다는 의미다. 지속적인 개선을 의미하는 혁신을 위해서는 기존의 사고방식과 통상적인 기업 프로세스를 파괴하고 변화가 필요하다. 혁신은 기존 자원이 가진 잠재력을 향상시켜 더 많은 가치를 창출하는 넓은 의미의 가치 창출 활동으로, 지속 가능한 성장을 위해서는 혁신적 사고와 창의적인 아이디어 그리고 경험, 기술, 전문성, 창의성 등에 전략적 사고가 융합되면서 혁신적 성과가 창출될 수 있다.

현대 경영학의 창시자 피터 드러커(Peter F. Drucker)에게 "혁신이란 부(富)를 창출하는 새로운 원천을 창조하거나 이미 있는 원천을 향상시키는 것"이라고 말했다. 과거 혁신의 중심이 공급자(기업)가 이뤄낸 기술진보에 있었다면, 드러커가 강조하는 혁신은 그 무게중심을 기술로부터 시장과 고객(수요자 중심)으로 이동하여 '혁신=새로운 가치와 고객 만족의 창조'라는 패러다임의 대전환이 완성되었다. 또 하버드 대학교 제롤드 케이든(Jerold S. Kayden) 교수는 "혁신은 새로운 사고로 접근하고 수정하는 노력을 바탕으로 모든 일을 완전히 바꾸어서 새롭게 하는 것"이라고 강조했다. 따라서 혁신에는 익숙한 것과 기존의 것을 흔들어 놓을 수 있는 위험 부담이 따른다. 하지만 누구나 새로운 것에 대한 갈망이 있고 나와 다른 사람들의 이야기를 경청하는 자세, 당연시 여겼던 것들에 대해 질문하는 습관 등을 습득한다면 혁신적인 사고가 가능한 혁신가가 될 수 있다. 우리에게 그런 작은 습관들이 쌓이고 관찰력(observation)을 갖게 되면서 핵심을 파악할 수 있는 통찰력(insight)을 얻게 되어 결국은 우리가 새로운 생각, 혁신적인 사고를 할 수 있는 혁신의 기반이 될 수 있다. 그 주인공인 혁신가(innovator)란 주변에서 의문을 품고 새로운 가능성을 발견하고 섬세한 관찰을 통해 새로운 방식을 읽으며, 실험을 통해 경험을 시도하고 세상을 탐구하는 도전자들이다. 혁신의 결과로 탄생한 혁신제품은 인터넷과 반도체, 비행기, 자동차, 전화기, 컴퓨터, 텔레비전 등 우리 주변에서 쉽게 찾아볼 수 있는 편리한 제품들이고, 그런 혁신제품들의 등장은 우리 생활 모습을 완전히 바꿀 정도의 엄청난 변화를 가져왔다.

[표 6-5] 혁신(Innovation)의 정의

학 자	정 의
조셉 슘페터 (Joseph A Schumpeter)	• Creative destruction(창조적 파괴)
피터 드러커 (Peter F. Drucker)	• Innovation is change that creates a new dimension of performance. – 혁신은 소비자들이 이제껏 느껴온 가치와 만족에 변화를 일으키는 활동
에드 로버츠 (Ed Roberts)	• 혁신은 발명에 개발(exploitation)을 더한 것이다.

기업가의 혁신? 가치 창출만 해도 충분

밥슨대학교 댄 아이젠버그 교수는 "Entrepreneur(창업가)는 새로운 가치를 창출해 내고, 이를 장기적인 성장으로 이끌어 나가고, 리스크를 감내하려고 한다는 점에서 단순 사업가와 구분된다"고 설명했다. 아이젠버그 교수는 "일반적인 기업가들에게는 '혁신 없는 가치 창출'이 오히려 답이 될 수 있다"면서 "한 분야의 전문가로서 세상에 없던 새로운 기술을 가지고 오는 것만이 창업가와 기업가를 만들진 않는다"고 말했다. 그는 또 "같은 차원에서 'Entrepreneur'가 혁신(Innovation)을 일으키는 젊은(Young) 전문가(Expert)에 한정된다는 생각을 버려라"고 조언했다. 창업을 통해 기업가가 되기 위해선 생각만큼 젊을 필요도, 전문가일 필요도, 혁신을 일으킬 필요도 없다며 기존의 관념을 파괴했다. 기업가는 성장에 대한 욕구가 있어야 하고, 실제 성장시켜야 한다. 기업가에게는 '가치 창출'이 핵심이다. 기업가들 중에는 혁신을 기반으로 가치를 창출함으로서 성공한 기업가도 있지만 완전히 새로운 것만이 창업을 성공하게 하는 것은 아니다. 기존시장에서 불편이나 역발상 등의 발견을 통해 사람들에게 기존에 없던 '가치(value)'를 창출하는 경우도 많다.

"스스로를 파괴하지 않으면 우리가 먼저 파괴되고 말 것이다."

– 시스코(Cisco Systems) 이사회 의장 존 체임버스(John Chambers)

미국 하버드대의 클레이튼 크리스텐슨(Clayton Christensen) 교수는 혁신을 '파괴적 혁신'과 '존속적 혁신'그리고 '효율적 혁신'으로 구분했다. 파괴적 혁신(disruptive innovation) 이론은 크리스텐슨 교수의 〈혁신기업의 딜레마(The Innovator's Dilemma, 1997)〉를 통해서 처음 소개된 개념으로 기존의 시장질서를 파괴하면서 새로운 시장지배적 표준이 출현하는 것을 뜻한다. 파괴적 혁신은 시장에 처음 제품을 내놓았을 때는 기존 기술보다 열등하더라도 저가에 실용적 기술이 적용된 새로운 가치와 꾸준한 제품 개선을 통해서 기존 기술보다 더 높은 성능을 달성하고, 결국 기존 기술을 파괴하여 그 기술을 대체하게 된다.

파괴적 혁신의 사례는 1980~90년대 미국 자동차 시장에서 볼 수 있다. 당시 후발주자인 토요타와 혼다로 대표되는 일본 자동차는 미국 자동차보다 저렴하고 주행 성능이 낮은 제품을 내놓은 이후 '좋은 연비', '고장이 적은 품질' 등을 장점(advantage)을 부각시켜 꾸준히 시장을 넓혔다. 나아가 첨단 전자기능 확대 등 시장의 새로운 패러다임을 기반으로 미국 승용차 시장을 잠식해 결국 렉서스(Lexus) 같은 프리미엄 브랜드를 내세워 고급자동차 시장에서도 선도기업이 되었다. 이처럼 파괴적 혁신은 처음부터 '대단한 성능'을 기반으로 시작하기보다는 작은 기업이 저렴한 가격을 무기로 기존 기술을 보유한 강자의 시장 '일부'를 잠식하다가 결국에는 시장지배 기업을 앞서게 된다. 파괴적 혁신은 작고 빠른 스타트업(start-up)에게 적합한 혁신으로 존속적 혁신에 매달렸던 기존시장과 기업들이 사라지고 혁신에 성공한 신흥 혁신기업(革新企業)이 시장 주도권을 획득하여 시장의 리더가 되는 것이다.

반면 존속적 혁신(sustainable innovation)은 기술적으로 성능을 향상시키는 혁신으로 기업이 기존 역량에 기반하고 시장지배적 표준을 유지하면서 기존 제품의 디자인·품질·프로세스나 플랫폼 등을 지속적으로 업그레이드(upgrade)함으로써 시장의 핵심고객을 유지하는 것이다. 존속적 혁신은 한층 높은 성능을 요구하는 상위시장의 욕구를 충족시키기 위해 끊임없이 향상되는 기술을 기반으로 새로운 제품이 출시될 때마다 성능이 점점 고도화하는 혁신이다. 이는 컴퓨터나 휴대전화의 수준을 업그레이드(upgrade)하는 것처럼 기존 상품의 기능 및 성능을 업그레이드하거나 생산성을 높이는 활동을 의미한다. 또 효율적 혁신(efficient innovation)은 조직 내부의 효율성을 높이는 것, 적은 자원으로 성과를 올리는 것에 초점을 두는 혁신으로 과거 토요타가 추진하던 JIT(Just In Time) 시스템 방식이 적절한 사례다. JIT(Just In Time) 시스템은 적시에 제품과 부품이 공급되는 시스템을 갖춰 시간과 비효율을 제거해 재고 유지 비용을 줄이고 종업원의 적극적인 참여를 유도하여 품질까지 높이는 혁신 방식이다. JIT 시스템의 단점은 재고를 거의 없앰으로써 부품과 반제품 등이 필요할 때 이를 공급하는 하청업체(下請業體)들이 수시로 공급해줘야 하기 때문에 결국 재고 부담을 하청업체에 떠넘긴다는 비난을 받고 있다.

파괴적 혁신과 존속적 혁신의 차이

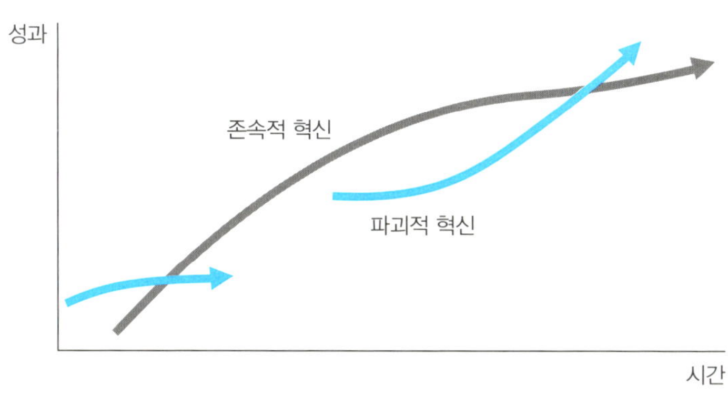

▲ 파괴적 혁신은 처음에는 존속적 혁신에 비해 뒤떨어지는 품질의 제품을 내세울 수 있다. 그러나 종국에는 시장 판도를 뒤집고, 와해시킨다.

엉뚱한 실패엔 상을 주고, 평범한 성공엔 벌을 줘라

마이클 포터, 피터 드러커와 함께 세계 3대 경영학자로 꼽히는 '경영학의 구루(선지자)' 톰 피터스(Tom Peters)가 비용 절감에 성공한 기업이라도 혁신을 하지 않으면 결국 도태되고 만다고 주장했다. 따라서 "엉뚱한 실패엔 상을 주고 평범한 성공엔 벌을 줘라" 즉 혁신의 근본에는 실패가 있으며, 그래서 실패를 장려하는 기업만이 미래가 있다고 역설했다. 톰 피터스는 혁신의 한 방법으로 기업인들이 괴짜들과 사귈 것을 충고했다. 그는 "똑같은 사람과 일하다 보면 절대 혁신이 일어날 수 없다"며 "다른 생각을 하는 사람 또는 괴짜를 쫓아다녀 보라"고 권했다.

2) 창의성(creativity)과 창의력 키우기

창조는 없던 것을 만들고 불편한 것을 개선하고, 필요한 것을 새로 개발하며, 제도나 규제로 막힌 것을 풀고, 기존의 것을 발전시키는 것 등 기존에 없던 것을 새로 만드는 활동이다. 창의성(Creativity)이란 새롭고 독창적이고 유용한 것을 만들어 내는 능력 또는 전통적인 사고방식을 벗어나서 새로운 관계를 창출하거나 비일상적인 아이디어를 산출하는 능력을 의미한다. 창의성을 높이려면 사물과 현상을 들여다보면서 직무 관련 지혜, 사물을 분해하고 쪼개보는 분석력, 관련 없는 이것과 저것을 연결해보는 실험정신, 이것저것을 섞어보는 제조 정신, 멀리 보고 대비하는 통찰력으로 미래 자본을 확보하여야 한다. 산업현장에서의 창의성이란 다양한 생각들을 시장경쟁력이 있는 아이디어로 재조합하고 혁신상품을 만들어내는 능력이다.

창의성 분야의 대가인 에드워드 보노(Edward de Bono)는 '창의력은 신비한 능

베끼고 훔치고 창조하라

전 세계를 3D 돌풍으로 휩쓸었던 영화 <아바타>는 모방과 창조의 대표작이다. 판도라 행성의 토착민과 지구인 사이의 갈등과 사랑을 그린 이야기의 줄거리는 영화 <늑대와 춤을>과 크게 다르지 않다. 주인공이 자신의 분신인 아바타에 접속하는 모습은 영화 <매트릭스>를 떠올리게 한다. 미야자키 하야오의 애니메이션 <천공의 섬 라퓨타>나 <미래소년 코난>의 흔적도 곳곳에 드러난다. 그럼에도 불구하고 그 누구도 <아바타>를 모방의 아류라고 비난하지 않는다. <아바타>는 모방을 통해 모방을 넘어선 창작물로 손꼽힌다. 오히려 3D 영화의 신기원을 열었다며 찬사를 보낸다. 위대한 창조는 '모방'에서 시작된다! 모방할 줄 안다면 창조도 할 수 있다! 최초만을 고집해서는 창조하기가 어렵지만 모방할 때 창조가 쉬워지고 비용도 적게 들며 불확실성도 적다. 하지만 단순 복제는 곤란하고 차별적이고 창조적인 모방이어야 한다. 전혀 새로운 성공만이 성공이 아니라 기존의 성공을 베껴서 차별화하는 것도 성공이다. 모방은 더 나은 하이브리드를 생산하는 창조의 필수과정이다. 시인 푸슈킨도, 화가 피카소도 모두 모방의 천재였다. 모방은 가장 탁월한 창조의 전략이므로 모방하다 보면 창조적인 무언가가 나올 수 있다. 하수는 자기의 것을 그냥 쥐어짜다가 제자리걸음을 반복하지만 MS의 빌 게이츠나 애플의 스티브 잡스처럼 진정한 고수는 남의 것을 베끼고 모방을 축적하다 한순간 창조의 한 방을 만든다. 그러나 그런 대박을 얻으려면 모방에만 머물러서는 안 되고 모방이 모방으로 끝나지 않으려면 어떠한 연결이 있어야 한다. 모방과 연결과 창조를 한통속으로 섞어야 멋진 작품이 된다. 이전 것들의 모방, 내 문제와의 연결, 그리고 이런 모방과 연결의 반복적인 심화작업이 새로운 창조를 낳는다. 기존의 상품에 뭔가를 더하든, 빼든, 섞든 어떤 변화를 통해 새로운 가치가 발생하면 그것이 창조인 것이다. 우리가 주변에서 쉽게 접하는 도넛과 아이스크림도 이렇게 탄생이 되었다.

– 김종춘, 〈베끼고 훔치고 창조하라〉, 매일경제신문사, 2011.

타고난 창의력이 왜 소멸되나?

"1960년대, 창의역량 연구가 조지 랜드George Land) 박사가 1,660명의 다섯 살짜리 아이들을 대상으로 실험을 했더니 아이들 가운데 98%는 '매우 창의적'이었다. 랜드 박사는 같은 아이들을 대상으로 5년 간격으로 같은 실험을 진행하였다. 이들이 10살이 됐을 때, '매우 창의적'을 기록한 아이들은 30%였고, 15살에 12%로 떨어졌으며, 25살 시기에는 2%에 불과했다. 아이들은 성인으로 자랄수록 자신의 창의성을 잃어갔다. 랜드 박사는 '비창의적 행동양식을 학습'한 것이었다."고 말했다.

– 작가 제임스 클리어(James Clear)

력이나 선천적으로 주어지는 재능이 아니라 훈련으로 개발될 수 있는 능력'이라고 말한다. 또 애플의 창업자 스티브 잡스(Steve Jobs)도 "위대한 창의력이란 그저 사물들을 서로 연결하는 것"이라면서 "창조를 위해서는 기본적으로 다르게 생각하라(Think Different)"고 강조했다. 또 하버드 대학의 하워드 가드너(Howard Gardner) 교수는 "불규칙하고 비일상적인 패턴에서 기존의 것을 새롭게 보는 통찰력을 바탕으로 전략적 사고를 가져야 한다"면서 "창조의 진행단계 3C's는 베끼고(Copy) 융합하고(Converge) 상업화(Commercialize)하는 것"이라고 설명했다.

"다르게, 틀리게, 이상하게 생각하라."

– 제임스 다이슨(James Dyson), 다이슨을 창업한 발명가

하버드 대학의 에이머빌(Amabile)은 이미 우리 안에 내재되어 있는 창의성(creativity)을 죽이는 6가지를 다음과 같이 설명하였다.

① 평가될 것이라는 생각 작업 내용이 평가될 것이라는 것에 대해 지나치게 신경을 쓰는 사람이 그렇지 않은 사람에 비해 창의성이 떨어진다.

② 감시 감독의 눈 작업을 할 때 누군가 감시한다는 생각을 하는 사람이 감

시에 별로 신경을 쓰지 않는 사람에 비해 창의성이 저조하다.

③ 보상만을 추구하는 사람 눈에 보이는 보상만을 생각하며 일하는 사람들이 보상에 별로 신경을 쓰지 않는 사람에 비해 창의성이 저조하다.

④ 경쟁 경쟁을 해야 한다는 위협적인 분위기 속에서 일하는 사람이 경쟁을 강조하지 않는 사람들보다 창의성이 떨어진다.

⑤ 선택이 제한되어 있는 경우 과제를 수행할 때 선택이 제한되어있는 사람보다 자유롭게 선택할 수 있는 사람이 더 창의성이 떨어진다.

⑥ 외적인 동기유발 일을 할 때 외적인 이유에 집착하는 사람이 내적인 요소에 대해 생각하는 사람에 비해 창의성이 떨어질 것이다.

아기들의 타고난 창의성이 성장 과정에서 하락하는 이유는 어린 시절 우리의 창조적 잠재력은 살아오면서 부모님의 꾸중, 선생님의 질타, 주변의 시선 등등과 "~하지 마", "안 돼!", "공부나 해~"와 같은 부정적인 지시들 등에 의해 꺾이면서 쇠퇴하였다는 주장이다. 어린 시절 가지고 있었던 창의성을 다시 살리는 방법은 다음과 같다. ① 창소성을 선택하라. 일단 당신이 창조적으로 되길 원하고 있다고 마음먹는 것이다. ② 여행자처럼 생각하라. 주변을 새로운 눈으로 돌아보는 것에서 시작하자. ③ 느슨하게 주의하는 능력을 키워라. 마음을 적당히 풀고 겉보기엔 별 상관없어 보이는 아이디어들을 이리저리 연결시켜 보라. ④ 최종 사용자와 교감하라. 당신이 해법을 제공하고 싶은 대상의 욕구와 상황을 더 잘 이해할 수 있어야 한다. ⑤ 현장에서 관찰하라. ⑥ '왜'라고 질문하라. ⑦ 과제의 틀을 다시 짜라. ⑧ 창조적 지원 네트워크를 만들어라.

창의력을 깨우는 10가지 확실한 방법

(10 surefire ways to wake up your creativity)

① **두뇌는 피곤할 때 더 창의적으로 움직인다.** 창의적 사고는 분석적인 문제해결과는 달리 최적이 아닌 시간대(non-optimal times)에 더 활발하게 일어난다. 뇌는 피곤할수록 산만함을 걸러내어 한 가지에 더 집중하도록 애쓰며, 접선을 따라 더 방황한다. 일상적인 업무에 있어서는 나쁘게 보이지만, 창조적 사고 측면에서는 피곤함이 오히려 산만함을 걸러내고 자유분방한 사고를 촉진한다.

② **운동이 창의력을 향상시킨다.** 운동은 사람에게 여러 가지 이유로 좋으며, 특히 창의적으로 사고하는 능력을 향상시킨다. 다음은 <Psychology Today>에 실린 이에 관한 논문의 한 구절이다. "땀은 여러분 마음에 작용하는 윤활유(WD-40)와 같다. 운동은 여러분의 의식을 잠재의식 속에 묻힌 신선한 아이디어에 접속하게 만든다."

③ **적절한 주위 소음이 창의력에 최고다.** 흔히 창의적 사고를 함에 있어 정적(silence)이 최고라고 생각하는데, 실제로는 적절한 주위 소음이 있는 게 좋다. 적절한 레벨의 소음이 창의적 사고를 향상시키는 것으로 증명되었다. 사실 정적은 우리를 어떤 문제에 집중케 함으로써 강렬하고 디테일한 문제해결에 도움을 준다. 반면 창의적 사고는 폭넓고 신선한 아이디어를 촉진하는 카페와 같은 적절한 주위 소음을 필요로 한다.

④ **오리지널은 없다. 창의성은 연결하는 것이다.** 창의성은 새로운 것을 생각해내는 것이 아니라 기존에 존재하는 아이디어를 새롭게 연결하는 것이다. 스티브 잡스(Steve Jobs)는 이에 대해 "창의성은 여러 가지 것들을 연결하는 것일 뿐입니다. 창의적인 사람들에게 어떻게 그런 일을 할 수 있었느냐고 물어보면 그들은 약간의 죄책감을 느낍니다. 그들은 실제로 한 일이 없기 때문입니다. 그들은 그저 뭔가를 보았을 뿐입니다"라고 말했다.

⑤ **해외여행이 창의적 사고를 향상시킨다.** 대학생을 대상으로 한 연구결과에 의하면 메인캠퍼스 안에만 머문 학생들보다 해외여행을 한 학생들이 창의적 사고의 면에서 보다 높은 점수를 얻었다. 이 연구에 참여한 학생들은 여름 학습 프로그램을 학교가 있는 미국을 떠나 영국에서 보냈다. 나라마다 지역마다 각기 다른 문화적 규범이 결과적으로 창의성을 향상시키는 데 작용하는 것이다.

⑥ **어둑한 조명이 우리를 보다 자유롭게 느끼게 한다.** 연구자들은 여섯 가지의 각기 다른 연구를 통해 어둑한 조명이 창의성을 향상시킨다는 것을 밝혀냈다. 실험 참가자들은 미미한 정도의 차이였음에도 불구하고 조명을 어둡게 했을 때 더 창의적인 결과를 보였다. 그리고 어둑할 때 잠재의식이 탐험의 자유를 더 느끼기 때문이라고 그 이유를 설명한다.

⑦ **청색과 녹색이 창의적 과제해결 역량을 높인다.** 연구결과 적색과 녹색에 노출되었을 때 창의적 역량이 높아지고 인지능력에 차이가 생긴다는 것을 밝혀냈다. 적색은 우리가 집중해야 할 디테일한 과제해결에, 녹색은 창의적 역량을 필요로 하는 일에 도움이 되는 것으로 나타났다.

⑧ **제약이 창의적인 일에 도움이 된다.** 자유가 우리를 보다 창의적인 아이디어를 내게 한다는 창의적 사고에 대한 우리의 생각이 틀렸다는 것이 증명되었다. 오히려 제약이 창의적 성과를 높인다. 이는 곧 제약이 우리가 처한 과다한 선택지에 대한 압박을 제거하기 때문이다. 작가이자 배우인 존 크리저(John Cleese)는 "여러분은 공간의 장벽과 시간의 장벽을 만들어야 한다"라고 말한다.

⑨ **지저분한 책상이 창의성을 높인다.** 연구결과 라벨이 붙은 정돈된 환경보다 지저분한 환경이 잠재의식으로 하여금 새로운 것을 끌어내는 데 효과적으로 작용하므로 지저분한 환경이 창의적 사고를 증대시키는 것으로 밝혀졌다. 또 연구자들은 지저분한 환경의 사람보다 정돈된 환경의 사람들이 더 관대하고 건강한 스낵을 선호한다는 것을 밝혀냈다.

⑩ **잠꾸러기가 더 창의적이다.** 나는 내가 막 잠에서 깨어났을 때(반각성 상태) 완벽하게 일을 할 준비상태가 되었다고 느낀 적은 없다. 우리는 REM 수면 상태에서 깨어날 때 대개 꿈속에 나타난 강력한 비주얼 이미지를 의식하며 깬다.

– 〈시카고 트리뷴〉지 온라인 사이트, '혁신과 기업가정신' 'Blue Sky Innovation'의 'Buffer Blog', 벨르 베스 쿠퍼(Belle Beth Cooper)

3) 끈기와 도전정신(challenge spirit)

(1) 실패를 두려워하지 않는 도전정신

도전 없는 창조가 없고, 창조 없는 변화도 없다. 목표가 있으면 나이, 성별, 직업 등에 상관없이 누구나 도전할 수 있으며, 도전은 혁신을 만들고 미래로 나아가게 하는 원동력이 된다. 어떤 사람이 성공을 향해 목표에 접근하다가 만난 바위를 보고 한 사람은 걸림돌(장애물)이라고 생각하고, 또 다른 사람은 디딤돌이라고 느낀다는 말이 있다. 누구나 성공을 원하겠지만 진정한 성공을 바란다면 실패는 필수과정이므로 청년창업 열기 속에서 도전하는 창업자는 도전하고 부딪치며 깨지는 가운데 내공이 쌓이는 법이니 청년창업에 도전한 경험 자체가 삶의 소중한 자산이다. 미국의 교육학자 '존 셰드(John A. Shedd)'는 "항구에 정박해 있는 배는 안전하다. 그러나 배는 항구에 묶어 두려고 만든 것이 아니다"라고 안주하는 태도를 경계했고, 그리스 역사가 헤로도토스(Herodotos)는 "위대한 업적은 대개 커다란 위험을 감수한 도전의 결과이다"라고 하였다. 이들의 주장대로 고난의 과정을 극복하고 창업에 성공하려면 실패를 두려워하지 않는 창조적인 도전정신을 발휘해야 한다. 도전이 성공으로 이어지려면 실패를 두려워하지 말고 목표를 달성할 때까지 인내와 끈기로 과감히 도전하고, 실패를 성공의 발판으로 삼아야 한다. "할 수 있다고 생각하면 할 수 있다." Can Do Sprit 정신이다.

기업가정신의 핵심인 도전정신은 성취를 위한 불굴의 의지를 가지고 어떠한 고난과 역경을 무릅쓰고서라도 이루어 내고야 말겠다는 추진력의 뿌리이다. 도전의 여정에는 반드시 장애물이 존재하며, 자기 자신에 대한 강한 믿음과 긍정적 태도, 열정이 필요하다. 도전하고 시도하면 길이 있다. 남이 가지 않는 길나 홀로 간다는 것이 힘이 들지만 보람 있고, 가슴 뛰는 일이다. 도전정신이 있다는 말은 원래 두려움이 없어서 아무렇지도 않게 모험에 뛰어든다는 의미가 아니라 다른 사람들과 똑같이 두려움을 느끼지만, 그럼에도 시도한다는 뜻이

KFC를 창업한 커넬 샌더스의 1009번째 도전

KFC를 창업한 커넬 샌더스(Colonel Sanders, 1890~1980)의 삶은 매우 감동적이다. 의붓아버지의 가정 폭력으로 어린 시절을 불우하게 보낸 샌더스는 젊은 시절에는 보험판매원, 타이어영업, 주유소 직원 등을 하다가, 39세에 주유소를 차렸다가 대공황으로 파산하고 말았다. 그러나 좌절하지 않고 다시 주유소 경영에 나섰다가 우연한 기회에 주유소에 딸린 식당을 차리게 되어 비로소 작지 않은 성공을 거두게 된다. 그의 식당은 맛있는 음식점으로 소문이 나면서 상당히 번창했으나 인근에 새 고속도로가 생기면서 급속도로 경영이 악화되기 시작하였다. 마을이 고속도로 건너편으로 이주하면서, 그의 식당이 외딴 섬처럼 고립되어 버린 것이다. 결국 그의 식당은 경매에 넘겨졌고, 그는 수중에 사회보장프로그램이 지급하는 105달러가 전부인 처지로 몰락했을 때 그의 나이 65세였다.

평생의 사업이 망한데다가 아들마저 잃은 샌더스는 정신병까지 앓게 되었고, 사랑하는 아내마저 그를 떠나는 실로 비참한 신세가 되어 버렸다. 그러나 그는 결코 절망에 빠져서 남은 삶을 포기하지 않았다. 60대 노인 샌더스는 켄터키주 남부 외곽 마을에서 새 도로 건설 현장을 내려다보며 굶주렸던 어린 날을 회상하면서 결심했다. "이대로 내 남은 인생을 대충 보낼 수는 없다. 일어나자."

샌더스는 자신의 특기인 요리, 그 가운데 닭고기를 압력솥에서 튀기는 새로운 방식과 특별한 양념을 개발하고 투자자를 찾아 나섰으나 낡은 트럭에 압력솥과 양념통을 들고 다니는 60대 후반의 낯선 할아버지에게 투자할 사업가는 없었다. 그럼에도 그는 자신의 비법을 누군가는 알아줄 것이라는 자신감을 가지고 결코 포기하지 않았다. 샌더스는 무려 3년 동안 1,008개의 식당에서 제안을 거절당했지만, 결국 1009번째 식당에서 예스(yes)라는 대답을 듣게 되었다. 이것이 전 세계에 걸쳐 수만 개의 프랜차이즈를 성공적으로 운영하는 KFC의 시초이다. 샌더스는 68세에 새로운 인생을 개척하였고, 꿈을 이루었으며, 이후 사업 이익의 대부분을 가난하고 소외된 사람들을 돕는 데 사용되었다. 그런 샌더스에게 미국인들은 '패스트푸드의 아버지'라는 이름을 주고 오늘날까지 사랑과 존경을 보인다. 그것은 전 세계에 미국의 음식을 전파한 사업가라는 이유뿐만 아니라 66세라는 늦은 나이에 새로운 사업을 시작해 기어이 성공시킨 불굴의 의지(도전정신)를 높이 사기 때문이다.

다. 보이지 않는 목표를 위해 무모하게(?) 돌진할 수 있는 에너지(의지)는 창업의 원동력이다. 에디슨(Thomas A. Edison)은 전구를 개발하기 위하여 수천 번을 시도했고, KFC로 유명한 커넬 샌더스(Colonel Sanders)는 1,008번 거절당하고 1009번째 시도에서 첫 번째 계약자를 만났으며, 숙취해소 음료로 잘 알려진 그래미의 '여명 808'은 807번 실패하고도 재도전하여 808번째 시도에서 성공했다.

누구도 가지 않았던, 하지만 누군가 가야 하는 길이라면 가장 먼저 내딛던 정주영(鄭周永) 현대그룹 창업 회장의 기업가정신이 현대건설을 명실상부한 글로벌 건설기업으로 키우는 원동력이 됐다. '건설과 자동차 그리고 조선(造船)의 현대'를 창조한 정주영 회장은 세계 경영계에서도 인정받는 '도전의 경영자'였다. 그는 빈손으로 고향을 등지고 상경해 쌀집 배달원으로 일하며 숱한 역경 속에서도 긍정적 마음과 도전정신을 잃지 않았고 국내 최초로 해외 건설시장에 진출했으며, 자동차 산업을 일궈 오늘날 대한민국을 자동차 강국으로 우뚝 서게 하였다. 또 울산이라는 허허벌판에 조선소를 짓겠다며 차관을 들여오는 과정에서 영국 바클레이은행(Barclays bank)이 부정적인 반응을 보이자 5만 분의 1 개펄 사진과 거북선이 그려진 500원 지폐에 그려진 이순신 장군의 거북선을 내보이며 "우리는 400여 년 전 이런 철갑선을 건조한 나라"라며 조선소 건설자금을 차관으로 신청했다. 어이 없던 바클레이은행 측에서 먼저 선박제작주문을 받아오라는 요청에 정주영은 조선소도 없이 그리스 선박왕 리바노스를 만나 26만t 배 두 척을 주문받았고 조선소 건립과 동시에 2척의 배를 진수시킨 세계 조선사에 유일한 기록을 남겼다. 조선(造船, shipbuilding) 한국의 기틀은 "해봤어?"라는 말로 조직원들의 도전정신에 불을 붙였고, 도전의 습관화가 세계적인 대(大)역사를 만들어 냈다고 볼 수 있다.

또 1953년 사업 초기의 고령교 복구공사에서는 1970년대 두 차례 석유파동으로 파산 위기에 직면했고, 첫 해외 건설사업에서도 기술과 경험 부족으로 상당한 어려움을 겪었으나 그때마다 막대한 손실을 감수하면서도 계약대로 공사를 끝내 신용을 얻어 '믿음의 현대'라는 이미지를 얻을 수 있었다. 또 1967년 소양강 다목적댐공사 당시에는 수많은 모욕 속에서도 발주처인 정부의 확정 설계안인 콘크리트댐을 사력(rock fill)댐으로 바꿀 것을 주장, 이를 관철해 국가 예산을 30% 절약했다. 이러한 생활철학과 도전의식, 사업보국주의 신념을 통해 정주영은 한국 기업가정신의 상징이 되었고 오늘의 '현대'를 일궈 한국을 대표하는 입지전적인 기업가로 기억되고 있다.

> "실패를 즐기는 사람이 세상을 지배한다."
>
> – 리처드 파슨(Richard Farson), 미디어·엔터테인먼트 그룹인 미국 타임워너 회장

차사순 할머니의 도전

2009년 당시 68세의 차사순 할머니는 자동차 운전면허증을 따기 위해 무려 960번 만에 필기시험에 합격하여 세간의 화제가 됐다. 959차례나 떨어지면서도 포기하지 않고 면허증 취득의 투지를 불살라 5년 만에 960번째 시험에서 드디어 필기시험 합격도장을 받았다. 응시를 위한 인지대만 500만원이 넘었고 오가는 교통비와 식비를 합하면 1천만원이 족히 넘었을 것이라면서도 반드시 운전면허증을 따서 차를 운전하면서 장사를 하고 싶다는 소망은 할머니에게 도전정신을 심어줬고 결과적으로 소망을 이루었다. 미국 유력 일간지 시카고 트리뷴(Chicago Tribune)지는 사설에서 그의 불굴의 도전정신을 소개하면서 "극한의 집념을 보여준 한국판 도전정신의 귀감"이라고 밝혔다.

영국 가전기업 다이슨을 창업한 발명가 제임스 다이슨(James Dyson)은 먼지봉투 없는 진공청소기, 날개 없는 선풍기, 속이 뻥 뚫린 슈퍼소닉 헤어드라이어 등 많은 혁신상품을 개발했고 수천 건의 특허도 취득했다. 그는 영국 가전기업 후버의 진공청소기를 이용해 청소하던 중 사용시간이 길어질수록 제품의 흡입력이 줄어드는 불편함을 느끼자 청소기를 분해하였고 먼지가 먼지봉투의 구멍을 막으며 생겨나는 현상임을 파악하고 15년 동안 5,127개의 시제품(프로토타입)

을 만드는 도전 끝에 고속회전을 활용한 원심분리 기술을 이용해 먼지봉투 대신 먼지 통에 먼지를 모으는 사이클론(cyclone) 원리를 적용해 먼지봉투 없는 청소기 만들기에 성공했다.

또 다이슨 기술자들은 핸드 드라이어(hand dryer) 노즐에서 빠르게 흘러나오는 공기가 주변 공기를 끌어당겨 바람을 만든다는 사실을 관찰하면서 100년 이상 날개를 돌려 무더위를 식혀주던 선풍기에 핸드 드라이어 기술을 적용하면 날개 없는 선풍기를 만들 수 있겠다는 영감을 떠올림으로써 만료된 도시바의 특허를 기반으로 2007년 날개 없는 선풍기를 개발했다. 다이슨이 출시한 에어 멀티 플라이어(Air Multiplier)는 모터가 돌면서 빨아들인 공기를 제트기류로 만들어 일반 선풍기보다 15배나 많은 1초당 405L의 바람을 일정한 속도로 배출함으로써 일반 선풍기에 비해 체감온도를 낮추었고, 40W 모터를 사용하여 소비전력이 낮아 경제적이면서도 성능은 올릴 수 있었다.

3

한국 기업가정신(entrepreneurship) 회복 방안

현대 경영학의 구루 피터 드러커(Peter F. Drucker)는 한국이 일제강점기와 한국(6.25)전쟁을 거치며 산업적·교육적 기반마저 없는 상황에서 30~40년 만에 20여 개 산업 분야에서 세계적 수준으로 성장한 것에 대하여, 1996년 한 인터뷰에서 "전 세계에서 기업가정신(entrepreneurship)이 가장 왕성한 나라는 어디인가?"라는 질문에 "의심할 바 없이 한국이다"라고 답했다. 전쟁의 폐허 속에서 세계적인 기업을 키워낸 한국경제의 '역동성'과 '도전정신'을 높이 평가한 것이다. 그러나 안타깝게도 20여 년이 지난 지금, 세계 경제전문가들은 한국에 대해 '창업세대의 역동적인 기업가정신을 찾아보기 어렵다', '현실 안주에 급급하다'는 평가를 하고 있다. 또 한국경제연구원이 최근 30년 동안 기업가정신을 분석한 결과 최근 지수는 1987년 이래 감소 추세가 이어져 역대 최저수준으로 조사됐다. 1980년대 후반만 해도 기업가정신지수가 193.5였지만 1990년대는 164.7로 떨어졌고, 2000년대에는 106.6으로 추락했으며 심지어 2010년대 전반의 평균은 93.7 수준이다.

또 글로벌기업가정신개발원(GEDI)이 발표한 2018년 글로벌 기업가정신지수(GEI)에서 한국은 조사 대상 137개국 중 24위로 상위권을 유지했으나 비교 대상을 OECD 회원국으로 좁히면 35개국 중 20위로 중하위권이다. 그 주요 원인은 반기업정서와 국제화 수준에서 바닥권 점수를 얻었기 때문d로 분석되었다. 또 암웨이가 2018년 3월 발표한 기업가정신지수(AESI)에서도 한국은 39점으로 전년 대비 9점이나 떨어져 44개 조사대상국 중 33위에 그쳤다. 더 심각한 것은 청년층의 기업가정신이 세계 최하위 수준이라는 점이다. 한국청년기업가정신재단 조사에 따르면 35세 이하 조사에서 의지력과 도전 의향 등에서 낙제점(38점)으로 전년 대비 10점 이상 하락했다. 이처럼 우리나라의 기업가정신이 약해지는 사

한국의 기업가정신이 쇠퇴한 이유

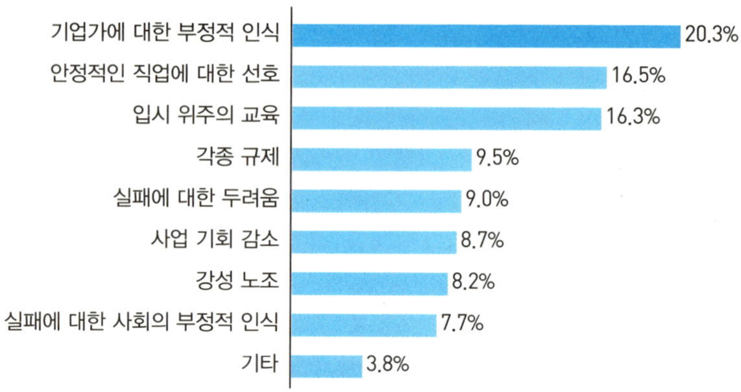

설문 기간: 2019년 3월 14~15일 조사 대상: 600명(10대·20대·30대·40대·50대·60대 이상 각 100명)
조사 방법: 스마트폰 앱을 통한 조사 조사 기관: 오픈서베이 표본오차: ±4.00%(95% 신뢰 수준)

자료: 한경비즈니스. "한국, 기업가정신 쇠퇴" 56.4%… 가장 필요한 덕목은 '사회적 책임' 1위. 제1217호(2019.3.26).

회 분위기가 경제활력 저하의 가장 큰 장애물로 작용한다는 점이 심각하다.

지금 대한민국은 국가의 활력과 경제성장에 도전적인 기업가정신이 중요하다고 생각하면서도 실제로는 생활의 안정을 중시하여 많은 젊은이가 공무원이나 대기업 시험에 열을 올리고 있는 한국의 젊은이들 창업에 뛰어들기를 두려워하는 상황이다. 이를 지적한 미국 유력지 월스트리트저널(WSJ)의 기사(2016년 5월) 제목은 '한국의 기업가정신은 아직 불붙지 않았다(South Korea's Entrepreneurial Spark Yet to Ignite)'였다. WSJ는 한국 정부가 정책적으로 창업을 독려하고 있지만 한국 젊은이들은 여전히 대기업과 공무원처럼 안정적인 일자리를 찾고 있다고 지적했다.

또 최근 실패학의 대가 미국 다트머스대 시드니 핑켈스타인(Sydney Finkelstein) 교수도 "이제는 기업가정신과 창의력이 무엇보다 중요한 시대"라면서 "기업가정신을 육성하지 못하는 한국경제는 조만간 위기를 맞을 것"이라고 말했다. 그의 말대로 기업가정신은 한국경제의 성장을 이어갈 원천이지만 최근 설비투자나 과감한 혁신보다는 실적 방어에만 급급해 점진적 개선에 주력하는 전문경영인이 이끄는 기업들은 보수화, 관료화해 세계 경제의 흐름을 쫓아가기보다는 내수시장에 집중하다가 투자 의사 결정과 구조조정의 타이밍을 계속 놓치고 있다고 우려했다. 또 한국경제연구원은 기업가정신지수가 하락한 3대 요인으로 *공공부문의 생산적 기업가정신 하락, *기업의 성장 의지 하락, *개인의 안정적인 공직선호 증가 등을 꼽았다. 지금처럼 세계 경제 상황이 불투명하고, 저성장 상황에서 우리 기업들도 위기를 극복하기 위하여 과감히 도전함으로써 혁신을 이끌어 낼 기업가정신이 절실하다. 더불어 급변하는 4차산업혁명 시대에 위기에 빠진 대한민국과 우리기업들이 글로벌 경쟁을 이기고 한국경제를 다시 일으킬 가장 필요한 에너지도 기업가정신의 회복이다.

실질적인 한국 기업가정신의 함양을 위하여 정부도 2018년부터 중·고등학교에서 단계적으로 정규과목으로 기업가정신 교육을 시행해 시장경제를 역동적으로 만드는 기업가정신의 중요성을 가르치고 있다. 기업가정신을 향상시키는 방안은 실패를 용인하고 도전하는 역동적인 사회로 분위기, 수평적·개방적 조직문화, 직원들에 대한 보상 강화, 사내 벤처 등 활성화가 필요하다. 특히 지금 우리 사회는 1%의 가능성만 있어도 야성의 도전정신으로 100%를 만들었던 창업 1세대의 기업가정신 복원을 이야기하지만 지금 한국경제의 현실은 기업가정신 위축으로 경제 활력이 떨어진 상태다. 우리 경제 활력 회복의 선행조건인 기업가정신 함양을 위해서는 창의교육을 통해 청년들의 혁신유전자를 일깨워 지적능력을 높이고 도전정신을 체질화해야 한다. 또 우리 사회는 새로운 시도와 실패를 두려워하는 문화 때문에 청년들에게 막연하고 두려움의 대상으로 인식된 창업을 친근하게 느낄 수 있도록 용기를 주고 혹 실패를 하더라도 청년들의 건설적, 도전적 실패에 대하여는 이를 용인하고 격려하며 재(再)시도를 지원하면서 실수로부터 얻을 수 있는 가치 있는 경험 속에서 교훈을 획득할 수 있도록 분위기를 조성해야 한다.

'기업가정신' 한국, OECD 37개국 중 27위…1위는?

OECD 가입국 기업가정신 지수(2019년)

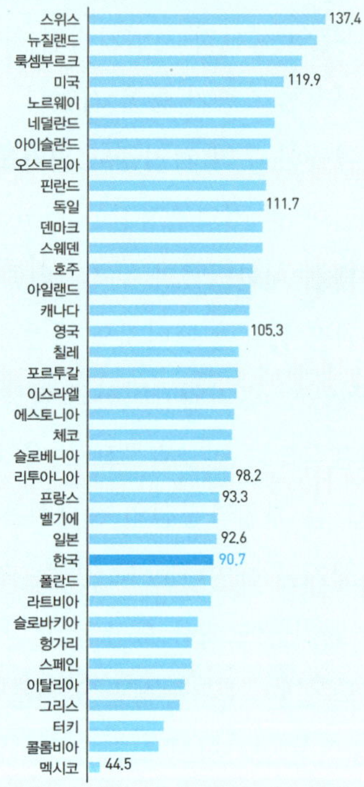

자료: OECD, GEM 등 자료 기반으로 직접 계산

각국의 '기업가정신'을 점수로 매겨 국제 비교하는 조사의 대표 격으로 '글로벌 기업가정신 모니터'(GEM)가 꼽힌다. 영국의 런던경영대학과 미국의 뱁슨대학교가 협력해 진행하는 연례조사로 1999년 시작돼 국가 간 기업가정신 비교 분석에 널리 쓰이고 있다. 전국경제인연합회가 1일 내놓은 '기업가정신지수 글로벌 비교'는 지이엠 자료에 국제기구들에서 따온 여러 정량 지표 등을 덧붙여 반영해 기업 활력(인구 10만명당 사업체 수, 대기업 수 비중), 제도환경(경제제도 수준, 법의 지배지수), 기업인식(기업가 직업 선호, 기업가 사회평판) 등 3개 부문 6개 항목으로 나눠 평가해 종합한 내용이다.

전경련은 2019년 기준 경제협력개발기구(OECD) 평균을 100으로 표준화해 산출한 한국의 지수는 90.7로 나타났다고 밝혔다. OECD 37개국 중 27위다. 스위스가 137.4로 가장 높았고 이어 뉴질랜드(133.8), 룩셈부르크(127.4), 미국(119.9), 노르웨이(116.1) 순이었다. 주요 5개국(G5)의 점수와 순위를 보면, 미국 119.9(4위), 독일 110.7(10위), 영국 105.3(16위), 프랑스 93.3(24위), 일본 92.6(26위)으로 조사됐다. 한국의 지수를 부문별로 보면 기업 활력 27위, 제도환경 23위, 기업인식 지수는 21위였다. 기업 활력 부문에서 인구 10만 명당 사업체 수는 8위로 상위권이었지만, 대기업 수 비중은 33위였다. 전경련은 대기업 수 비중을 기존 기업의 성장 욕구를 반영하는 것으로 평가했다. 제도환경에선 기업규제, 정부정책의 안정성 등을 나타내는 경제 제도 수준은 27위, 재산권 보호, 사법부의 공정성 등을 나타내는 법의 지배지수는 21위로 나타났다. 기업 인식 부문에서 기업가 직업 선호는 23위, 사회평판은 19위를 기록했다.

– 한겨레, 2021.7.1.

Chapter 7

디자인(design)과 기업의 브랜드(Brand)

Chapter 7

1 디자인의 가치와 파워(Power)

1) 디자인 중심의 시대

2,500년 전 공자(孔子)는 호랑이의 화려한 가죽털인들 그 밑바탕이야 개나 돼지의 가죽과 다를 게 뭘꼬!(논어, 12:8)라는 말로 디자인에 대한 가치를 설파하였다. 만일 호랑이의 털을 깎아 버린다면, 그 바탕의 가죽이 털을 벗겨낸 개가죽과 다를 바 없으니 결국 호피(虎皮·호랑이 가죽)가 비싼 까닭은 가죽에 드러난 털의 무늬(文) 때문이라는 말이다. 우리가 흔히 하는 "보기 좋은 떡이 먹기도 좋다"는 말을 제품에 적용하면 보기 좋은 제품이 비싼 값에 잘 팔린다는 의미이니 디자인이 좋은 제품만이 초일류가 될 수 있다는 말과 일맥상통한다. 그리는 것을 뜻하는 디자인(design)이란 용어는 본래 '지시하다'·'표현(시)하다'·'성취하다'·'사물에 의미를 부여하다' 등의 뜻을 지닌 라틴어 '데시그나레(designare)'와 프랑스어 데상(Dessin)에서 유래하였다. "새로운 생각을 나타내다"는 뜻의 디자인이란 특정한 목적이나 필요(needs)를 충족시키기 위하여 어떤 의미의 재해석이나 재구성을 뜻한다. 오늘날 디자인(design)은 가치 창출의 씨앗이니 미적인 기호뿐 아니라 우리 생활을 풍요롭게 해주는 핵심이므로 좋은 디자인이란 우선 우수한 기능(function)과 유용성(utility)을 지녀야 하고 시각적(visual)으로도 우수해야 한다.

20세기까지 우리 사회가 기술의 수준을 높이는데 애써 왔다면 이제는 기술에 경제와 예술, 인간적인 감성을 더하는 디자인에 투자해야 세계 최고 수준의 상품을 만들어 우리 기업들의 글로벌경쟁력을 높일 수 있다. '창의성'은 새로운 아이디어를 창출하는 것이고, '혁신'이 아이디어를 통한 가치를 창출하는 것이라면 '디자인'은 창의성과 혁신을 연결해주는 다리가 되는 셈이다. 과거에는 사람들이 구매상품을 선택할 때 가장 먼저 고려하는 요소가 저렴한 가격에서 좋은

에어 멀티 플라이어… 제임스 다이슨이 디자인(2009년)한 날개 없는 선풍기. 대형모델

탄생 130년 만의 '진화'… 선풍기, 날개를 버렸다

전력 소비가 에어컨의 30분의 1로 경제적이기 때문에 무더위가 기승을 부리면 선풍기가 애용된다. 1882년 토머스 에디슨은 전기모터로 날개를 돌려 바람을 불어내는 선풍기를 발명했다. 스위치만 켜면 더위를 식혀주어 편리했지만, 날개가 그대로 노출되어 있어 아주 위험했는데 1909년 독일 가전회사 AEG의 디자인 책임자 피터 베렌스는 날개에 철사 보호망을 씌워 안전성을 높였다. 그 이후 100여 년간 날개를 돌려 바람을 보내는 방식에는 거의 변화가 없었으나 2005년 영국 가전회사 다이슨(Dyson)의 회장인 제임스 다이슨 경은 '날개 없는 선풍기'라는 기발한 착상을 통하여 날개 없는 선풍기 에어 멀티 플라이어를 개발(2009년)했다. 산업디자이너 출신인 다이슨 경은 1990년대에 이미 먼지봉투가 필요 없는 진공청소기를 발명한 경험을 살려 2009년 10월, '에어 멀티 플라이어'를 출시했다. 이 제품은 모터가 돌면서 빨아들인 공기를 제트기류로 만들어 일반 선풍기보다 15배나 많은 1초당 405L의 바람을 일정한 속도로 배출한다. 일반 선풍기에 비해 체감온도가 훨씬 낮고, 40W 모터를 사용하여 소비전력이 낮아 경제적이다. 특히 구조가 단순하여 안전하고 청소하기 편하며, 바람의 세기·방향·각도 등을 쉽게 조절할 수 있다. 2009년 타임지가 '올해의 발명품'으로 선정했고, 2010년 일본 '굿 디자인 대상(大賞)'을 수상한 이 제품은 329달러라는 높은 가격에도 날개 돋친 듯 팔렸다.

– 조선일보, 2012.8.15.

품질을 거쳐 최근에는 감성과 창의성이 강조되는 디자인으로 바뀌는 경향을 보인다. 과거 비즈니스가 제품 중심으로 인식되었을 때 디자인(design)은 아이디어를 시각적으로 아름답게 표현하는 일 또는 그 결과였기 때문에 디자인이라는 기능이 새로운 상품을 만드는 보조역할이었다면 오늘날 디자인은 단순히 겉모양을 예쁘게 화장하는 '외형적인 아름다움'보다는 문제를 해결하고 무언가를 창조하는 혁신의 도구로서 '실용적이고 기능적인 문제'를 해결해 '고객을 만족시킬 수 있는 모든 것'으로 확장되면서 디자인 경영은 시대의 화두가 되었다. 소비자 중심의 현대사회에서 디자인(design)은 사람들이 무엇을 필요로 하는지 관찰하고, 반복적인 실험을 통해 문제를 원천적으로 해결하기 위해 새로운 무언가를 창조함으로써 혁신을 주도하는 핵심키워드로 인식되고 있다.

새로운 정보통신기술(ICT) 환경에서 소비자는 더 까다로워졌고, 글로벌 경쟁은 더욱 치열해졌으며, 시대의 변화는 빛의 속도와 비유될 정도로 빨라졌고, 갈수록 업체 간 기술격차가 줄어들면서 디자인은 제품 차이를 구별할 수 있는 핵심요소로 인식되고 있다. 특히 최근 경제성장이 둔화되면서 사람의 마음을 사로잡고 세상을 혁신하는 제품과 서비스를 개발하려면 고객이 진정으로 원하는 것이 무엇인지 새로운 관점에서 발견하고 해결책을 모색하는 디자인경영 과정이 필수적이다. 디자인을 통해 아이디어가 구체화되고 제품과 서비스의 성능과 품질 향상뿐만 아니라 기술과의 융합을 통해 고객에게 편리함을 제공함으로써 고객가치를 높이고 감동을 유발한다. 굿 디자인은 마음으로 전해지고 인간과 교감하여 사람의 마음을 움직이는 등 디자인이 기업의 미래를 결정하므로 디자인은 굿 비즈니스이고 훌륭한 디자인은 생존과 성장의 강력한 기반이 된다. 이미 선진국 기업들은 리더십, 마케팅, 생산관리와 기획 부문에서 디자인 기법을 적극 활용, 디자인적 혁신을 모색하면서 기존 경영전략에서 디자인 경영전략으로의 전환을 추진해왔다. 특히 과거 기술중심 개발시대에 부수적 가치로 취급받던 디자인이 제품개발의 첫 단계부터 중요하게 고려되고, 디자이너와 개발자가 개발의 전 과정을 공유하고 협업하는 새로운 개발문화가 자리 잡으면서 디자인을 바라보는 관점이 비용(Cost)에서 투자(Investment)로 변화되었다.

오늘날 일류 브랜드상품으로 인정받으려면 기능뿐만 아니라 디자인도 최고가 되어야 하는데, 지금처럼 디자인의 중요성이 커지기 시작한 변화는 혁신을 주도하는 대표기업 애플(Apple)의 창업자 스티브 잡스(Steve Jobs)가 "단순한 것이 아름답다"는 제품 철학을 고집하면서 '디자인 경영'을 표방해 애플을 부활시키면서 활기를 얻게 되었다. 스티브 잡스는 "사람들에게 디자인이란 인테리어 장식이나, 커튼과 소파의 질감 등 '겉치레'를 의미하지만 내게는 세상 그 어떤 것도 디자인이 아닌 것이 없다. 진정한 디자인은 단순히 제품이 어떻게 보이거나 어떻게 느껴지는가에 대한 것이 아니라, 그것이 어떻게 작동하는가에 대한 것"이라고 말했다. 1990년대 누적된 적자로 부도 위기에 몰렸던 애플(Apple)은 종전의 딱딱한 컴퓨터 디자인에서 탈피해 부드러운 형태와 화려한 색상의 i-Mac(일명 누드 컴퓨터)을 출시하면서 위기에서 벗어났다. 애플은 그 후 세련된 디자인을 채택한 MP3 플레이어로 잇따라 성공을 거두면서 제2의 전성기를 누리게 되었다.

> "상상은 창조의 시작이다. 소원하는 것을 상상한 후 그 상상을 소원하자. 마침내는 상상한 것이 창조하게 된다."
>
> – 조지 버나드 쇼(George Bernard Shaw), 극작가

훌륭한 디자인의 시작은 창의력이고 창의력의 씨앗이 상상력이므로 이 둘의 뿌리는 결국 하나인 셈이다. 디자인은 산업 전반에 걸쳐 제품 차별화의 수단뿐만 아니라, 브랜드가치를 높이고 비즈니스 혁신을 위한 가장 효과적인 수단으로 인식되면서 기업의 CEO들도 디자인을 기업경쟁력 강화의 핵심요소로 인식하고 있다. 〈욕망을 디자인하라〉의 저자 카이스트 정경원 교수는 "혁신적인 것을 개발하려면 독창적인 기술과 아이디어만으로는 한계가 있으며 디자인적 상상력이 뒷받침되어야 한다"면서 "무엇인가 특별하게 만드는 것 모두가 디자인

스탠퍼드대 디스쿨(d.School)

디스쿨(d.School) 교육 프로그램의 핵심 설계자는 래리 라이퍼(Larry Leifer) 교수, 버나드 로스(Benard Roth) 교수, 데이비드 켈리(David Kelly) 아이데오(IDEO, 1978년 설립) 공동대표다.

디자인싱킹·인간중심 관점에서 혁신적 해결책 도출

디자인스쿨(Design school)의 약자인 디스쿨에서는 디자인을 가르치는 게 아니라 생각과 아이디어를 디자인하는 방법을 가르친다. 스탠퍼드대 디스쿨을 관통하는 중요한 열쇳말은 '디자인싱킹(Design Thinking)'이다. 디자인싱킹은 고객의 가치와 창의성을 우선적으로 고려하는 최근 경영 환경의 변화와 맞물려 주목받게 됐다. 경영 문제를 디자인적 사고와 관점에서 접근하는 문제해결 방법이다. 이를 위해 'Human Centered Design' 'Communicate Tangibly' 'Design Verb' 등을 기본으로 창의적 아이디어 도출을 위한 구체적인 실천 방법을 교육하는 데 방점을 둔다. 디자인싱킹을 쉽게 얘기하면 '디자이너의 사고방식'이다. 디자인싱킹 프로세스를 간추리면 공감(Empathize) → 문제 정의(Define) → 아이디어 도출(Ideate) → 프로토타입(Prototype) → 테스트(Test) 과정을 거친다. 서응교 단국대 미래교육혁신원 EduAI센터장(경영대학원 교수)은 "디자인싱킹 프로세스를 활용한 교육을 받을 경우 비즈니스와 기술 그리고 인간 중심 사고가 만나 혁신적 해결책이 도출된다는 사실을 알 수 있다"며 "이러한 과정을 거쳐 창의력과 함께 문제해결 방법을 찾아가는 힘을 기를 수 있게 된다"고 설명했다.

디스쿨 교육 프로그램의 특징은 세 가지로 요약된다

첫째, 다양한 전공의 다학제적 관점에서 전공 과정이 운영된다. 디스쿨은 기계공학에서 출발했기에 커리큘럼을 보면 'M' 코드로 시작된다. 둘째, 다른 대학과 협업 체계를 구축하는 방식으로 교육이 진행된다. 여기에 현장 기업과의 코 워크(co-work)를 할 수 있는 교육 프로그램도 실시하고 있다. 특징은 기업들이 현장에서 발생하는 문제에 대해 '디자인싱킹'을 바탕으로 문제를 해결해 나간다는 점이다. 셋째, 창의적 아이디어 도출을 위한 공간으로 설계돼 있다. ME310은 실제 학생들이 프로젝트를 진행하는 스튜디오(Studio)형 공간으로 책상과 의자 없이 교수와 학생이 모두 서서 수업을 한다. 그러면 평등하게 소통할 수 있어 창의적 아이디어가 나올 가능성이 매우 높다.

– 한국대학신문, 2019.3.25.

창업을 바라보는 우리의 방식

창업은 '사업을 처음으로 시작하는 것'이라는 의미로 사용된다. 이는 경영학 관점에서 '재화, 용역, 서비스 등의 생산 및 판매를 위해 새로운 기업을 설립하는 행위'이니 창업이란 '새로운 일을 시작한다'는 뜻이다. 2017년 통계청 자료에 따르면 국내 창업 기업의 5년 생존율은 영국, 독일 등 경제협력개발기구(OECD) 주요국 평균인 40.9% 대비 27.5%로 거의 최하위에 가깝다. 수년간 정책 지원에도 많은 창업 기업이 문을 닫는 이유는 무엇일까.

미국 시장조사 전문 기관 CB인사이트의 '2018 스타트업 실패 요인 분석'에 따르면 실리콘밸리에서는 '사용자에 대한 이해 없이 창업자의 기술개발 및 주변 의견에 귀 기울이지 않은 오만함'이 창업 실패 주원인으로, 전체 80%를 차지했다. 운영자금 부족, 미흡한 창업 인력 구성, 눈앞 상황만 바라보는 근시안 사고, 고객 피드백과 시장 변화를 무시하는 보수 사고방식 등도 주요 실패 원인으로 조사됐다. 이러한 기업 대부분은 * 창업자 아이디어로 * 솔루션을 만들고 * 판매를 시도하고 * 그러나 아무도 솔루션을 구매하지 않음으로써 * 기업 운영이 어려워져서 * 폐업으로 이어지는 절차를 거쳤다. 그렇다면 어떻게 하면 실패하지 않고 지속 성장할 수 있을까. 다양한 혁신방법 가운데 하나로 실리콘밸리에서도 디자인싱킹을 꼽는다. 디자인싱킹 프로세스 가운데 '공감'을 통한 실사용자 중심 접근방식과 콘셉트를 가시화하는 '프로토타이핑'을 통해 작고 빠른 실패의 반복을 미리 경험한다. 이를 통해 사용자 피드백을 포용해서 결과물 개선을 지속하는 것이 혁신을 끌어내는 디자인싱킹 핵심이기 때문이다. 정부가 초기 창업 실패를 발판 삼아 재도전을 지원한다는 기사는 기존 실패경험을 실패가 아닌 방향 전환의 피버팅 개념으로 인식하는 것 같아 반갑다. 세계에서 가장 영향력 있는 경영학 교수 10으로 꼽히는 로저 마틴은 요즘같이 디지털 전환이 가속되고 복잡한 사안이 많은 시대일수록 디자인싱킹이 중요한 역할을 한다고 말했다. 디자인싱킹을 통해 양자택일 사고가 아닌 다양한 대안 창조를 통해 새로운 차이를 만들어 내는 통합사고 방식을 개발할 수 있다고 믿기 때문이다.

– 전자신문, 2019.1.13.

의 힘이므로 좋은 디자인의 기준은 한마디로 창의력(creation)과 상상력(imagination)이 어우러진 콘텐츠"라고 설명한다.

또 한국인 최초로 미국 실리콘밸리에 디자인 회사를 설립한 산업디자이너 이노디자인 김영세대표는 "디자인(design)이란? 변화를 만드는 것이고, 생각을 눈에 보이는 것으로 만드는 것"이라고 정의하였다. 또 디자인은 기술을 활용하여 새로운 용도를 창조하는 것이고, 세상이 필요로 하는 것을 이해하는 일이며, 다르게 생각하는 것이다. 김영세 대표는 "우리가 무엇인가를 창조하려고 할 때 필요한 기술은 이미 존재하는 경우가 많다"면서 "기존기술과 사용자의 경험·요구를 결합해 새로운 비즈니스모델을 만드는 것이 디자인의 핵심"이라고 말했다. 그는 디자이너의 사고방식이 창업가들에게 큰 도움을 줄 것이라면서 "창업을 꿈꾸는 예비창업자들이 기술을 먼저 생각하는 데 현실은 그렇지 않다"고 말했다. 또 크리에이티브 디렉터인 나디아 스와로브스키(Nadja Swarovski) 부사장은 "굿 디자인이 단지 기능을 좋게 하는 것뿐 아니라 사람의 영혼에도 긍정적인 영향을 준다", "Good design touches the Soul(좋은 디자인은 심금을 울린다)"이라고 표현했다. 실제 굿 디자인은 제품의 매력과 쓰는 이의 품격까지 높여주고, 굿 디자인을 사용하는 사람들이 느끼는 만족은 자부심과 행복으로 이어진다.

2) 디자인 가치(value)와 상품의 품격

디자인(design)은 아주 전격적인 전환을 뜻하므로 사물이 지닌 의미에 새로운 혁신을 가할 수 있게 해준다. 허버트 사이먼(Herbert Simon) 교수는 디자인을 '기존 상황을 더 나은 것으로 옮겨가는 행위'라고 말하였고, 로베르토 베르간티(Roberto Verganti)는 "미래의 기업들은 디자인을 통해 전격적인 혁신을 가하는 방식으로 서로 경쟁하게 될 것"이라고 강조하였다. 또 1975년 설립된 세계 유일의 디자인 경영연구소인 미국 디자인경영연구소(DMI)의 얼 파월(Earl Powell) 소장은 "최근 미국 기업들의 가장 큰 관심사는 매출 증대보다 소비자의 충성도를 높이는 일"이라며

"소비자에게 제품에 대한 기대감을 주고 만족감을 높이는 데는 디자인의 힘이 크다"고 했다. 그는 "겉모습이 '예쁜' 상품도 고객을 끌어들이지 못하면 실패한다. 디자인팀과 마케팅팀을 통합시켜 운영한다면 이러한 위험을 줄일 수 있다"고 말했다. 급진적 혁신에서 의미 부여가 강조되고 소비자들이 기능보다는 의미를 구매하는 경향이 두드러지자 기업은 제품디자인 혁신에 속도를 내고 있다.

디자인 투자는 생산성(투입대비 산출)이 매우 높고, 기술개발에 비해 상대적으로 개발 기간이 짧고 투자액이 적으나, 매우 높은 매출증대 효과와 수익 보장 기간이 긴 특징을 나타내고 있다. 국내 디자인 개발지원 사업의 경우 개발 소요기간이 기술개발의 1/4 정도이며, 매출 증대 효과는 기술개발의 4배 이상인 것으로 나타났다. 다이슨(Dyson) 창업자인 디자이너 제임스 다이슨(James Dyson)의 성공 비결은 디자인의 주안점을 형태·색깔 등 단순한 외양 꾸미기가 아니라 누구나

로베르토 베르간티 교수 "디자인 혁신이 성공 부른다"

"애플과 닌텐도의 성공 키워드는 바로 '디자인'입니다. 이들은 기술중심이 아닌 디자인 중심의 '급진적 혁신'을 통해 성공했습니다." 로베르토 베르간티 교수는 '디자인이 이끄는 혁신(Design-Driven Innovation)' 강의에서 "비즈니스 세계에서 디자인은 완전히 새로운 의미를 창조해 소비자들에게 '의미 있는 혁신'으로 작용해야 한다"고 강조했다. 그는 닌텐도가 경쟁사 대비 2배 이상의 매출을 거두게 된 것은 기술과 성능 때문만은 아니라며 소비자들이 사랑하게 되는 상품이나 서비스의 경우 디자인이 큰 비중을 차지한다는 것이다. 그는 "마이크로소프트나 소니 등 경쟁업체들은 게임 콘솔을 사용하는 10대들을 연구해 그들이 열광하는 '가상현실'을 세련되게 표현할 수 있는 시스템을 만드는 데 초점을 맞췄으나, 닌텐도 위는 오히려 '실제 상황'을 통해 사용자들이 완전히 다른 경험을 하게 만들었다"고 말했다. 그는 "사용자들이 '게임기가 아닌 닌텐도'라는 '의미를 부여하게 만드는 디자인'을 통해 의미의 혁신을 가져온 경우, 소비자들이 상품과 서비스를 사랑하게 된다는 점, 충성도가 높아진다는 점이 중요한 포인트"라고 설명했다.

– 아시아경제, 2010.11.10.

느끼는 불편함을 없애는 실용성에 초점을 맞춘다는 점이다. 먼지봉투가 필요 없는 진공청소기와 날개 없는 선풍기를 개발한 영국의 다이슨(Dyson)은 성공비결에 대해 "디자인의 주안점을 형태·색깔 등 단순한 외양 꾸미기가 아니라 누구나 느끼는 불편함을 없애는 실용성에 초점을 맞춰야 한다"고 강조했다.

d. HASSO PLATTNER Institute of Design at Stanford

지금 세계는 산업화 시대에서 논리적이고 선형적인 디지털 능력을 요구하는 정보화시대를 거쳐 창조와 공감의 능력이 중요시되는 콘셉트와 감성의 시대로 전환해가고 있다. 기술과 자원의 평준화에 직면한 기업들은 경쟁우위를 담보할 수 있는 지속가능한 부가가치 창출의 원동력이 디자인이라는 사실을 깨달았고 경제의 패러다임이 사용자와 감성 중심으로 변화하면서 디자인 분야가 기업 및 국가경쟁력의 핵심 가치로 부상하고 있다. 세계적인 디자인 기업 'IDEO'의 데이비드 켈리와 톰 켈리 형제는 그들의 공저 〈유쾌한 크리에이티브〉에서 "본실석으로 창조적 자신감이란, 자신에게 세상을 변화시킬 능력이 있음을 믿는다. 우리는 이 자기 확신, 창조적 능력에 대한 믿음이 혁신의 핵심이라고 생각한다"라며 "오늘날 비즈니스에서 성장과 생존의 관건은 혁신이다"라고 말했다. 데이비드는 2005년 디스쿨(d.school)을 설립하여 미국 스탠포드대 대학원생에게 디자인적 사고를 가르치기 시작했다. 그는 "우리 일이란 그저 그들이 새 기술과 마인드세트를 동원해 이미 보유하고 있는 것(창조성)을 끄집어내도록 도와주는 정도였다"고 말한다.

브랜드 콘셉트를 설정할 때 기능적 문제를 해결할 것인가, 상징적 개념을 강화해 소비자를 끌어들일 것인가, 소비자에게 감각적 경험을 제공해줄 것인가의 문제를 고려해 그중 하나를 선택하고, 선택한 후에는 문제해결, 상징화, 경험 제공이라는 방향 중 하나를 선택해 브랜드를 관리해야 한다. 여기서 중요한 부분은 이런 브랜드 관리방법이 모두 시장과 기존제품의 결핍을 해소하기 위한 것이라는 점이다. 이 모두가 기존에 없던 것들을 찾아내고 결핍을 해소하는 방식이라는 점에서 맥이 통하는 것이다.

세계적 디자이너 손길 거친 생수… 이젠 '눈'으로 마신다

요즘 물은 '목말라 마신다'고 생각하기보다 오히려 '눈으로 마신다'고 표현하는 게 어울린다. 세계적인 디자이너들과 협업해 만든 '프리미엄 생수'가 큰 인기를 끄는 것을 보면 그렇다. 프리미엄 생수는 일반 생수보다 미네랄 함량이 높아 가격이 비싸고, 탄산수·빙하수·해양심층수·나무 수액 등 다양한 기능성 물을 포함하고 있다. 그중 '디자인 생수'는 보통 생수병과 달리, 원통이나 동그란 수류탄 모양처럼 톡톡 튀는 디자인이 돋보인다. 몇 년 전만 해도 스타벅스 커피를 들고 다니는 게 20~30대 여성들의 패션이었다면 최근엔 디자인이 특이한 프리미엄 생수를 갖고 다니는 게 스타일의 '상징'이 됐다. 파리바게뜨가 출시한 생수 '오(EAU)'가 대표적이다. 소백산 인근 지하 200m에서 끌어올려 만든 천연 암반수로, 캡슐 모양의 외관이 눈길을 끈다. 유명 산업디자이너 카림 라시드(Karim Rashid)의 작품. 2010년 3월 선보인 후 요즘 하루 판매량이 2만 개다. 프랑스 생수 브랜드 에비앙은 2010년 초 영국 패션 디자이너 폴 스미스(Paul Smith)와 손잡고 한정판을 만들었는데 출시 직후 매진됐다. 750mL에 2만 5,000원이나 하는 고가(高價)로 일반 생수(제주 삼다수 기준)의 50배 정도다. 비싼 데도 '소장가치'를 따지며 고객들이 몰려든 것이다. 패션 브랜드 캘빈 클라인(Calvin Klein Inc.)의 디자이너였던 닐 크래프트가 제작한 노르웨이 브랜드 보스(Voss)와 유명 산업디자이너 이토 모라비토(Ito Morabito)가 디자인한 생수 오고(OGO · 네덜란드 힐체르반 생산) 역시 인기 상품이다. 이들의 인기에 힘입어 신세계백화점의 프리미엄 생수 매출은 2010년 5월까지 작년 동기 대비 111%나 늘었고 롯데백화점 역시 72% 증가했다.

– 조선일보, 2010.7.12.

2

디자인씽킹(design thinking)의 이해

1990년대 들어 스탠포드대학교(Stanford University)의 디자인 학교를 모델로 한 디자인 컨설팅회사 IDEO가 설립되었고, 2005년 SAP 공동 창업주인 하쏘 프래터너(Hasso Plattner)의 기부로 마련된 스탠포드대학교 d.school을 중심으로 전 세계 디자인씽킹 방법론이 확산되었다. 디자인(Design)은 아이디어를 시각적으로 아름답게 표현하는 일 또는 아이디어가 표현된 결과물이지만 디자인싱킹을 이해할 때의 디자인은 '생각의 방법'으로 디자인씽킹(Design Thinking)은 제품을 디자인하는 것이 아니라 문제를 바라보는 시각을 재정의(re-frame)하여 문제해결과 혁신을 이끌기 위한 사고방식으로, 인간(고객) 중심으로 생각(thinking)을 디자인하는 것이다.

디자인씽킹(Design Thinking)은 다양한 상황 속의 사람들을 관찰하거나 만나보고, 그들이 경험대로 경험하며, 그들이 느끼는 것을 그대로 느끼려는 노력으로부터 그들이 느끼는 불편함을 공감(共感)하는 것에서 시작한다. 그리고 진짜 문제가 무엇인지를 정확히 짚어 그것을 해결할 모든 대안을 생각해 내고, 그 가운데 가장 좋은 아이디어를 시제품이나 서비스로 만들어 현장에서 테스트해 수정, 보완하는 일련의 과정을 통해 사용자 중심의 솔루션을 도출한다. 디자인컨설팅회사 IDEO 톰 브라운(Tim Brown) 공동대표는 "좋은 디자이너는 사물을 관찰하지만 위대한 디자이너는 사람을 관찰한다"라고 강조하면서 '사람에게 집중하라'고 말했다. 따라서 고객의 욕구에 최대한 공감하고, 그들의 문제점을 정확하게 찾아내 창의적이고 획기적인 해결방안을 도출하는 과정을 통해 사용자에게 더 나은 가치를 제공하는 것이 디자인씽킹의 역할이다. 이는 디자인씽킹이란 바로 공급자의 눈이 아닌 소비자 중심적 시각을 갖는 것이므로 기업 중심의 관점과 '당연한 것' '원래 그런 것'이라는 관성적 사고방식에서 벗어나는 것이 핵심이다.

디자인씽킹? 리더·경영자가 가져야 할 덕목은?

디자인씽킹에 대한 사전적인 의미와 저명인사의 설명이 있지만 실제 본인의 업무나 생활에 '어떻게 적용해야 하는가'라는 의문이 남는다. 허프포스트에서 '디자인씽킹'을 하는 기업가, 리더가 가져야 할 10가지 덕목을 다음과 같이 소개했다.

① 공감을 통해 구성원의 경험을 이해하라.
② 고객의 이익을 창출하는데 집중하라.
③ 다양한 의견, 경험들을 들어라.
④ 여러분이 생각하고 보고 느낀 것과 아이디어를 공개적으로 표현하라.
⑤ 호기심을 자극하는 질문을 통해 '지식'을 추구하라.
⑥ 구성원에게 자신의 실수와 약점을 받아들이도록 해라.
⑦ 구성원의 강점을 최대한 활용하도록 도와라.
⑧ '고독한 천재'가 되려고 하지 마라, 구성원들의 지식·통찰력과 협력하라.
⑨ 호기심과 포용을 통해 회사 내에서 발생할 수 있는 불일치, 갈등을 관리하라.
⑩ 개인적인 목적을 조직의 사명과 일치시켜라.

디자인씽킹(Design Thinking)은 '인간'에 대한 이해를 바탕으로 다양한 아이디어를 종합해서 끊임없이 개선하는 작업이라고 할 수 있다. 구성원뿐만 아니라 기업에서는 리더·경영자에게도 꼭 필요한 자질이다.

– 10 Top Attributes Elevate Design Thinking Leaders, Martin Zwilling

인간을 관찰하고 공감하며 문제를 정의하여
프로토타입과 테스트의 실패를 반복하여
최선의 답을 찾는 경영 전 범위에 도입하려는
창의적 문제 해결 방법

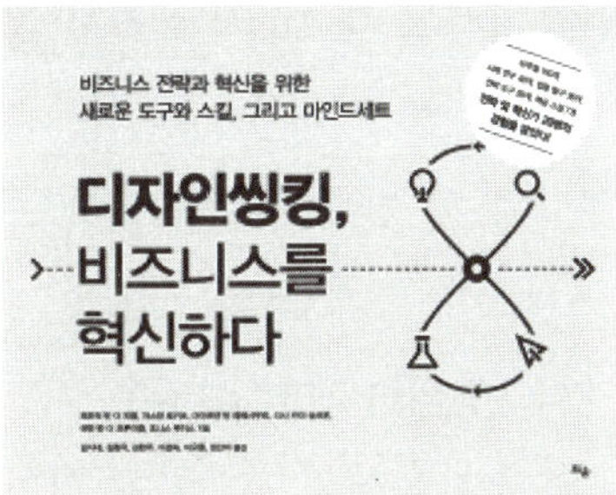

현대 경영에서 잘 알려진 두 가지 관점이 바로 분석적 사고(analytical thinking)와 직관적 사고(intuitive thinking)이다. 분석적 사고란 가치를 창조하는 경우 엄격하고 계량적인 분석을 기반으로 한 전략이다. 반면 직관적 사고는 창조성과 혁신이 최고라는 것을 강조하는 관점으로 기존 분석적 경영의 영향력에 대한 반작용으로 대두되었다. 분석적 사고가 지배적인 조직은 이미 시도되고 검증된 것을 철저히 고수함으로써 "대량생산 체계"를 구축할 수 있다. 직관적 사고가 지배하는 조직에서는 혁신이 빠르게 일어날 수 있지만, 조직의 성장과 지속이 문제에 부딪히기 쉬우며 사업을 체계화할 수 없는 경우도 많다. 디자인싱킹은 교육과정에서 다양한 전공의 학생들의 컬래버레이션(Collaboration)을 통해 창의 아이디어를 제시하고 결과물을 만들어 낼 때 협력을 통한 융합사고를 통해 더 큰 가치를 일궈 낼 수 있다. 디자인씽킹 이론의 창시자 토론토대 로저 마틴(Roger L. Martin) 교수는 그의 책 〈디자인씽킹〉(원제 〈The Design of Business: Why Design Thinking is the Next Competitive Advantage〉)에서 디자인씽킹(design thinking)은 "생각의 가장 완벽한 방식은 분석적 사고에 기반을 둔 분석적 숙련과 직관적 독창성이 역동적으로 상호작용을 하면서 균형을 이루는 것이라고 정의했다. 또 그는 디자인씽킹의 특성은 분석과 직관, 논리와 감성 등을 대립하는 개념으로 생각하지 않고 두 요소를 동시에 생각하는 '통합적 사고'라면서 '디자인씽킹'이 21세기에 경쟁력 우위를 확보하는 최고의 처방이라고 하였다. 디자인씽킹(design thinking)의 기초는 고객과 의뢰인, 최종 소비자를 문제해결의 중심에 두기 위해 철저한 사용자 중심주의에서 출발해, 아이디어의 빠른 실행과 반복적 실패경험을 통하여 보다 창의적인 대안을 만드는 혁신 프로세스로 고객가치와 창의성을 중시하며 공감을 이용하는 것이다.

또 세계적 디자인 컨설팅 회사인 IDEO 공동창업자 데이비드 켈리(David Kelley)는 디자인씽킹을 "디자인적 사고를 기반으로 인간중심의 공감을 통해 새롭게 문제점을 해석하고 풀어내서 창의적인 혁신을 촉진하는 사고방식"이라고 정의하였고, IDEO의 공동창업자이자 최고경영자(CEO)인 팀 브라운(Tim Brown)은 "디자인싱킹은 사람들의 요구를 기술적으로 실현 가능한 것에 부합하게 하고, 고객의 가치와 시장 기회로 전환될 수 있는 비즈니스 전략에 맞추는 데 디자이너의 감각과 작업 방식을 이용하는 방법이다"라고 정의하였다. 브라운은 오랜 시간 현업에서 디자인이 어떻게 하면 고객의 가치를 높여줄 것인가를 고민한 결과 "디자인을 제품 위주의 전문분야 활동으로 국한하지 말고 고객과 사회에 가치를 더하는 창의적인 사고방식으로 확장해서 봐야 한다"고 주장하였다. 그는 "언뜻 보기에 완벽해 보일지 몰라도 혁신을 통해서 개선될 수 있는 요소는 어디에나 있고 이 문제점들이 관심을 두는 대상은 언제나 인간이므로 최선의 아이디어와 궁극적인 솔루션을 찾기 위해서는 인간중심적(human-centered)이고, 실용적인(practical)이며, 창조적(creative) 접근법이 꼭 필요하다"고 강조했다.

고객가치 중심으로 생각을 디자인하라

에어비앤비 사례를 통해 디자인싱킹 과정을 살펴보자. 2008년 샌프란시스코에서 세 청년이 창업한 에어비앤비는 10년도 되지 않아 기업 가치가 300억 달러에 이르는 세계적인 숙박서비스 업체로 성장했다. 호텔과 같은 숙박 시설을 하나도 소유하지 않았지만 글로벌 호텔업체 힐튼이나 메리어트보다 기업 가치가 더 높다. 에어비앤비는 인터넷을 통해 여행자들이 호텔보다 저렴하게 숙소를 얻을 수 있게 하고, 190여 개 나라의 집(방) 주인들은 남는 방이나 집을 여행자에게 빌려줘 수익을 올리는 공유경제를 기반으로 한 새로운 사업모델이다. 에어비앤비도 초기에는 한 주 매출이 200달러에 머물러 파산이 우려되던 때가 있었다.

에어비앤비가 그 어려움을 극복했는지를 들여다보면 디자인싱킹의 과정을 볼 수 있다. 1주일에 200달러에서 수입이 늘지 않는 이유를 알아내기 위해 팀멤버들은 그들의 사이트를 유심히 살펴봤다. 사진이 좋지 않아 숙소를 이용하려는 고객이 돈을 쓰고 싶지 않을 것 같다는 의견에 모아졌다(공감하기). 객실 사진들은 숙소 주인이 휴대폰 카메라로 찍거나 특정 사이트에서 고른 이미지 사진이어서 품질이 좋아 않았다(문제 정의). 숙소가 있는 뉴욕에 가서 숙소 주인들과 시간을 보내며 의견과 정보를 나누고 카메라를 대여해 기존의 아마추어 사진을 아름답고 해상도 높은 사진으로 바꿔 올리기로 했다(아이디어 도출). 팀원들은 무작정 뉴욕으로 가서 제시된 아이디어대로 사진의 질을 높였다(시제품 제작). 1주일 뒤 주당 수입이 두 배로 올랐다. 회사 설립 8개월 만의 첫 성장이다. 이후 에어비앤비는 데이터에 얽매이지 않고 창의적인 가정을 실행하고 그것이 비즈니스에 어떤 영향 주는지를 보고 다시 실행하기를 계속했다(테스트). 에어비앤비가 초기에 겪은 어려움을 극복하지 못했다면 주목을 끌지 못하고 소리 없이 사라지고 마는 여러 신생 기업 중 하나가 됐을 것이다. 에어비앤비는 문제를 사용자와 고객 관점에서 이해하고 풀어감으로써 여행을 계획하는 사람이면 누구라도 한 번쯤 떠올려보는 세계적인 숙박서비스 업체로 성장할 수 있었다.

– 한국경제, 고객가치 중심으로 생각을 디자인하라, 2017.2.9.

"디자인씽킹(Design Thinking)을 마스터한 기업은 거의 영원히 소진되지 않을 장기적인 경쟁우위를 누릴 수 있다."

– 로저 마틴(Roger Martin), 디자인씽킹(Design Thinking)의 대가

디자인씽킹 5단계

디자인씽킹(Design Thinking)은 우리 상품 · 서비스가 고객으로부터 선택받고 지속적으로 사랑받기 위해 고민을 해결해야 하는 효과적인 방법론이다. 총 5단계로 진행되는 디자인씽킹은 '고객(사용자)'을 중심에 두고 문제의 핵심을 찾아내어 창의적인 해결 방안을 도출해가는 방법론이자 철학이다.

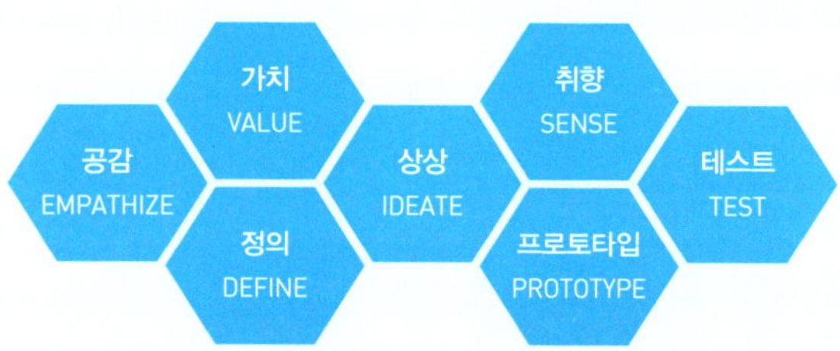

디자이너의 감각과 작업 방식에 대하여 디자인싱킹의 메카라 할 스탠퍼드대 d스쿨은 디자인싱킹 과정을 다음과 같이 5단계로 정리하고 있다. 이 5단계 과정을 반복해 생각을 다듬어 해결하고자 하는 문제를 풀어가는 것이 디자인싱킹이다.

1단계. 고객 공감(Empathize) 사용자(고객)의 눈으로 바라보고 사용자 입장에서 느끼며 경험해보는 단계다. 이를 위해 고객들의 이야기를 경청(인터뷰)하고 행동을 관찰해 있는 그대로의 정보를 수집한다.

2단계. 문제 정의(Define) 고객 공감을 통해 발견하고 수집한 정보를 바탕으로 고객의 진짜 욕구가 무엇인지 발굴하는 단계다. 사업기회가 있고 차별화되며 의미 있는 인간의 욕구(Human Needs)를 찾아낸다.

3단계. 아이디어 도출(Ideate) 도출한 문제(고객 욕구)에 대해 창의적 해결 방안을 모색하는 단계다. 고정관념 없는 어린아이의 순수함, 신과 같은 전지전능함을 가졌다고 생각하며 아이디어들을 양산한다.

4단계. 프로토타입(Prototype) 최대한 빠르게 사전 검증을 하기 위해 아이디어를 구체화한 시제품을 만드는 단계다. 고객의 문제해결을 위해 제공할 기능 및 요소는 최대한 단순하고 정확하게 담아야 한다.

5단계. 테스트(Test) 프로토타입의 타당성을 검증하고 보완하는 단계다. 수차례 반복수행을 통해 시장 출시 전 혹시라도 있을지 모를 결함이나 고객의 기대에 미치지 못하는 부분을 찾아내어 수정·보완한다.

최적의 결과가 도출되지 않는다면 원하는 결과를 도출할 수 있을 때까지 실패와 개선을 반복하게 된다.

> "디자인씽킹은 우리 삶의 모든 문제해결에 활용할 수 있는 것이고, 일상생활에도 혁신을 가져올 것입니다."
>
> – 브랜든 힐(Brandon K. Hill), btrax CEO

디자인씽킹(design thinking)은 변화무쌍한 사업 환경을 헤쳐나가면서 유연하게 전략을 구사하기 위해 경영자들이 가져야 하는 사고방식을 적절하게 설명하고 있어 경쟁력을 높이려는 기업들에게 더 강조되고 있다. 특히 혁신과 효율성이

[표 7-1] 디자인씽킹 부상 배경과 특징

구 분	내 용
디자인씽킹 부상 배경	• 고객의 가치와 창의성을 중요시하는 최근의 경영환경과의 적합성 • 기술변화 속도가 빨라지고 경쟁이 지식기반으로 진행하면서 문제가 더욱 복잡 혹은 문제 자체를 정의하기 어려워짐 • 점점 고도화 되는 고객의 숨겨진 욕구를 찾아 차별적 가치를 제공하고 성장 활력을 유지시키는 것이 중요해짐 • 혁신프로세스를 지속해야 생존할 수 있는 경쟁우위 단기화 시대
디자인씽킹 특징	• 고객의 니즈에서 출발(Need Based) • 해답을 찾아가는 과정(Discovery Driven) • 조기 실패와 이를 통한 학습추구(Fail Early) • 다른 분야 전문가들과 협업(Co-creation)
디자인씽킹 방법	• 디자이너들은 논리적 연관성을 뛰어넘는 직관적 사고와 대안을 현실에 맞게 다듬는 수렴적 사고를 반복 사용, 어떤 문제에 대하여 광범위하고 다양한 대안을 찾는 확산적 사고와 문제에 관해 분석적 사고까지 통합적·융합적인 사고를 바탕으로 방법론을 제시
기업에서 적용	• 고객이 당면한 상황, 문제 혹은 미처 발견하지 못한 문제까지 파악 • 혁신프로세스를 지속하게 하는 습관/도구 • 훌륭한 기업문화를 만드는 과정

라는 두 측면에서 경쟁우위를 확보할 뿐만 아니라 기존의 문제해결 방식의 한계를 넘어설 대안으로 부상하고 있다. 따라서 애플, 구글, 아마존, 스타벅스, 이케아, P&G 등 유명한 글로벌기업들은 사용자와 공감하여 인사이트를 발견하고 여기에 맞는 솔루션을 제시하는 디자인씽킹(Design Thinking)을 그들의 기본 철학으로 채택하고 있다. 특히 애플의 아이폰 탄생비결은 당시 스마트폰은 이미 존재했으나 애플은 인간을 이해하는 능력을 바탕으로 소비자가 원하는 것을 정확히 짚어 냈다는 점이다.

또 2008년, 샌프란시스코의 세 청년이 에어비앤비(Airbnb)를 설립했고 10년도 채 되지 않아 300억 달러에 이르는 기업 가치를 가진 글로벌 숙박업체로 성장했다. 물론 이전에 없었던 혁신적인 아이템이 주요 성공 요인이지만, 셀 수 없는 변수가 쏟아지는 세상에서 끊임없이 위기를 극복하고 성장할 수 있었던 가장 큰 이유는 바로 디자인씽킹(Design Thinking)이었다. 그래서 2015년 미국 하버드 비즈니스스쿨이 디자인씽킹을 기업 리더가 갖춰야 할 필수역량으로 꼽은 이

유도 디자인씽킹이 디지털 기술과 새로운 비즈니스모델이 결합하면서 생겨나는 파괴적 혁신을 잘 이해하고 해결할 수 있기 때문이다. 거기에다 GE와 P&G 등 디자인씽킹 교육 훈련 시행기업의 매출은 비(非)교육기업에 비해 평균 40% 이상 높은 증가율을 실현한 것으로 나타났다. 특히 디자인씽킹(Design Thinking) 관점에서 고객과의 공감과 아이디어의 융합을 통한 차별화 요소를 찾는 일은 기업들이 하는 분석과 논리를 통한 차별화 요소의 발견보다 훨씬 쉽고 더 큰 의미가 있다.

또 디자인씽킹의 특성을 살펴보면 첫째, 철저히 고객 중심의 사고방식이다. 겉으로 아무리 멋있게 디자인되었더라도 실제 사용하는 사람이 불편을 느낀다면 좋은 디자인이 아니다. 성공적인 디자인의 공통점은 출발부터 끝까지 사용자가 중심이 되고 작은 부분이라도 고객 입장에서 만들어져야 한다. 둘째, 디자인씽킹은 완벽한 계획이 아니라 유연한 계획을 추구하는 사고방식이다. 또 철저히 분석하더라도 실제 사용자가 해당 디자인을 어떻게 생각하고 사용할지 미리 완벽하게 알 수는 없으므로 지향할 큰 방향을 설정하되 상황의 변화에 따라 언제든 계획을 수정하고 보완한다는 유연성이 필요하다. 성공적인 디자인 프로젝트의 과정을 보면 예외 없이 사용자가 실제로 어떻게 생각하고 사용하고 느끼는가를 탐색해 가면서 여러 차례 고객이 원하는 디자인을 찾아가기 위해 반복과정을 거치게 된다.

기존의 문제해결 방식이 한계에 봉착하고 디자인씽킹(Design thinking)이 갈수록 중요해지는 배경은 다음과 같다(LG경제연구원). 첫째, 기술의 변화 속도가 빨라지고 경쟁이 지식 기반으로 진화하면서 문제가 더욱 복잡해지고, 때로는 문제 자체를 명확히 정의 내리기 어려워진다. 둘째, 제품과 서비스를 통한 고객의 기본적인 욕구가 어느 정도 충족된 이후에 기업들은 더욱 고민에 빠지게 된다. 산업이 성숙기에 접어들수록, 고객은 물론 기업들도 기본적인 욕구 충족을 뛰어넘는 새로운 요소를 기대한다. 고객은 뭔가 색다른 제품과 서비스가 아니면 충분한 지불가치를 느끼지 못하고, 기업들은 이러한 고도화되고 숨겨진 고객욕구를 찾아내 차별적 가치를 제공하고 성장활력을 유지시키고자 한다. 셋째, 기술과 산업의 경계가 모호해지고 융합이 본격화 되면서, 문제 해결을 위해서는 훨씬 다양한 영역의 전문가들이 머리를 맞대고 솔루션을 도출하지 않으면 안 된다.

'Design Thinking(디자인씽킹)' 제대로 이해되고 있는가?

디자인씽킹으로 대표적인 사람은 IDEO와 Stanford D. School을 대변하는 데이비드 켈리, 동생인 톰 켈리, IDEO 대표인 팀 브라운, 로저 마틴 교수 등이다. 이들에 의하면 디자인씽킹이란 '분석적 사고에 기반을 둔 완벽한 숙련과 직관적 사고에 근거한 창조성이 역동적으로 상호작용하면서 균형을 이루게 되는 것'을 뜻한다고 한다. 즉 논리적, 분석적인 사고와 직관적, 창의적 사고의 균형 있는 상호작용의 결과로 Design Thinking을 할 수 있게 되며, 그 결과로 인간 중심의 제품에 대한 Idea가 만들어진다는 것이다.

* 첫째, 디자인씽킹은 '디자인적 사고'가 아니라는 것이다. Design Thinking은 말 그대로 Thinking(사고)을 Design하는 것이다. 즉 우리들의 정리되지 않은 생각들을 여러 사람들의 발산과 수렴이라는 과정을 거쳐 어떤 특징의 형태로 만드는 것을 디자인씽킹이라고 한다. * 둘째, 디자인씽킹은 절대 혼자가 아닌 집단지성(Group Intelligence)을 통하여 만들어진다는 것을 명심해야 한다. 즉 여러 사람이 모여 하나의 아이디어에 도달하기 위해서 수많은 결함과 개선을 위한 브레인스토밍을 냉정하게 적용하여 만들어지는 것이기 때문에, 특정 인물의 사견이 반영되고 그에게 평가받는 것은 매우 위험한 것이다. * 셋째, 디자인씽킹은 다수의 실패를 수반한다. 한 번의 프로세스를 통해 나온 Prototype(시제품)이 성공적일 것이라는 기대감은 버려야 한다. 수없이 많은 프로세스의 반복을 통해, 실패의 실패를 거듭한 끝에야 우리가 기대하지 못했던 신선한 아이디어가 도출된다는 것을 명심해야 한다. * 넷째, 디자인씽킹은 세련된 Design을 목표로 하지 않는다. 디자인씽킹은 많은 실패의 결과로 나오는 혁신 아이디어의 도출을 목표로 하며, 이는 소비자가 수용 가능한 것이어야 한다. 물론 최종 결과물, 즉 신제품 출시를 위한 구체적인 단계인 신제품개발(NPD: New Product Development) process의 끝에서는 소비자가 매력적으로 느끼는 Visual의 구체적 구현이 중요할 수 있다. 하지만 디자인씽킹 프로세스는 NPD 프로세스를 대변하는 것이 아님을 명심하여야 한다.

— 이코노믹리뷰, 2015.4.22.

3

브랜드(Brand)와 기업경쟁력

1) 브랜드(Brand)의 중요성

브랜드(Brand)는 기업의 총체적 역량이 집약된 기업의 상징이고, 소비자들의 기대를 담은 기업의 종합적 이미지이며, 고객과의 신뢰와 일관성을 포함한 최고의 무형자산이다. 브랜드는 과거에는 단순히 제품을 표시하는 상표 정도로만 인식되었다면 현재는 단순한 제품이나 메이커로서뿐 아니라 그것과 연관된 문화와 라이프스타일과 특별한 감정뿐 아니라 이 제품들 속에 담긴 이야기와 이미지까지를 포함한다. 브랜드(brand)의 기원은, 고대 노르웨이의 농장주들이 가축의 소유자를 확인하기 위해 자신의 가축 엉덩이에 낙인을 찍었다는 '화인(火印)'을 뜻하는 노르웨이 옛말 'brandr(불에 태우다)'에서 유래했다. 당시 브랜드(Brand)의 개념은 비슷비슷한 제품이 넘쳐나면서 제품의 이름만으로는 무엇을 말하는지 알 수 없었기 때문에 등장했을 것으로 추정할 수 있다. 브랜드는 기업의 상품 차별화의 수단일 뿐 아니라 소비자가 제품을 인식하고 또한 그것을 통해서 자신의 이미지를 표출하는 수단이기도 하다. 따라서 소비자는 브랜드를 통해 제품이나 기업을 식별하는 기능, 해당 제품의 품질을 보증하는 기능, 나아가 소비자의 심리적 만족감을 결정하는 요소로 작용한다.

미국 마케팅학회의 브랜드에 대한 정의는 "판매자가 자신의 상품이나 서비스를 다른 경쟁자와 구별해서 표시하기 위해 사용하는 명칭, 용어, 상징, 디자인 혹은 그의 결합체"이다. 우리나라 상표법에서는 "상품을 생산, 가공, 증명 또는 판매한 것을 업(業)으로 영위하는 자가 자기의 상품을 타인의 상품과 식별하기 위하여 사용하는 기호, 문자, 도형 또는 이들을 결합한 것"이라고 정의하고 있다. 최근 브랜드의 중요성에 대한 인식이 커지면서 소비자들이 제품이 아닌 브랜드를 구매하는 경향이 확산되고 있다.

세계적인 비즈니스 리더들은 시장 중심적이고, 고객의 마음을 빼앗기 위한 경쟁론적 관점의 마케팅시대가 저물면서, 이제 브랜드의 차별화된 사명과 가치의 진실성에 기반한 공유와 공감, 참여를 바탕으로, 고객과 더불어 브랜드 공동체를 만들어가는 영혼 중심의 브랜딩 시대가 열리고 있다고 말한다. 아마존의 창업자 제프 베조스(Jeffrey P. Bezos)는 “많은 사람들이 아마존에 몰리는 것은 아마존의 책값이 싸거나 구매하기 쉬워서가 아니라, 그것이 ‘아마존’이기 때문이다”라면서 브랜드의 중요성을 강조했다. 하지만 영세한 초기 창업가들은 당장 오늘의 생존이 급하고, 내일의 먹거리가 걱정되는데다 브랜딩에 소요되는 시간과 효과에 대한 불투명함 속에서 ‘브랜딩은 비즈니스가 안정된 다음에 할 일’이라는 생각을 가지는 창업자가 많지만, 사실 브랜딩은 창업 전반의 성패를 가르는 결정적인 요소로 마케팅을 필요 없게 만드는 것이라는 말이 있을 정도이므로 보다 능동적이고 신제적으로 디자인적 사고를 수용하는 방향으로 인식을 전환해야 할 것이다.

> “브랜드가 강조해야 하는 ‘단 하나의 그 무엇’은 반드시 경쟁자들은 할 수 없는, 가질 수 없는 그 무엇이어야 한다.”
>
> – 피터 나이트(Peter Knight), 마케팅컨설팅회사 피닉스 대표

브랜드(Brand)는 본질적 요소, 식별 요소, 차별화 및 상징요소로 구성된다. 기업의 경쟁력을 창조하고 유지·발전시키려면 강력한 브랜드이미지를 소비자의 머릿속에 심어놓아야 하며 기업경영의 핵심 부분으로서 독자적인 브랜드전략이 필요하다. 브랜드 관리에 탁월한 기업들은 경쟁에 유리할 뿐 아니라 브랜드 경영에 실패한 기업은 시장점유율 하락과 영업 손실의 기능성이 높다. 강력한 브랜드는 고객의 구매욕구를 자극하고, 브랜드에 기반한 가격프리미엄은 더 많은 이익을 기대할 수 있으며, 고객 충성도를 높이는 역할을 한다. 또 미국 버클리 대학 브랜드전략가 데이비드 아커(David A. Aaker) 교수는 브랜드파워(brand

성공하는 상호 짓기 참고사항

① **서비스 관련 단어의 조합** 단순히 서비스와 연관된 단어만 조합하여 상호를 만드는 것은 의미가 없다. 회사 이름을 지을 때는 연관 단어들을 세련되게 조합하여, 고유한 명칭으로 기억에 남도록 하는 것도 매우 중요하다.

② **경영 철학을 담아 신뢰도 Up** 예전에 가족들과 따뜻한 솥밥을 나눠먹고 온기를 나누던 시절을 추억하며 가격 이상의 가치를 누릴 수 있는 한 끼를 대접하겠다는 브랜드 이념을 내세우는 한솥도시락. 의미나 스토리텔링에 대하여 알게 되면, 업체에 대한 신뢰도가 높아진다.

③ **상표 출원 및 등록** 상표 출원 및 등록이 되면 20년 동안 독점적 권리를 가질 수 있도록 보장을 받는다. 나중에 문제없이 권리를 누리기 위해서는 구상할 때부터 기존에 없던 신규일 것, 창작 요소가 들어갈 것, 공업상으로 이용할 수 있을 것, 3가지 기준 고려

④ **도메인 검색 및 등록** 도메인 검색창에서 등록할 도메인명을 입력하고 등록하고자 할 종류(com, net, org,co.kr, kr, biz, info, name 등)를 체크 후 검색하기. 도메인은 홈페이지 주소, 메일 주소로 사용할 수 있는 인터넷 주소이기 때문에 .com 뿐 아니라 .co.kr, .net, .kr 등도 같이 구입하면 좋다.

⑤ **미리 상표검색을 해보자** 아무리 좋은 이름이라도 이미 상표등록이 되어있다면 법적 분쟁으로 간판을 바꾸어야 한다. 미리 특허청 상표검색 사이트에서 상표검색을 해보는 것이 좋다.

⑥ **동종업계와 차별성을 둬라** 동종업계의 가게 이름들을 미리 꼼꼼히 살펴보고 눈에 띄는 독특한 이름을 작명

⑦ **점포의 특성을 반영하라** 모든 가게에는 대표적으로 내세우는 주요상품들을 연상시키는 가게 이름을 사용하면 고객들에게 가게의 특성을 더욱 차별화할 수 있다.

⑧ **유행을 타는 이름은 피하라** 어떤 분야든 마찬가지로 유행은 오래가지 못한다. 벤치마킹도 좋지만 자신만의 독특한 브랜드로 인식시킬 수 있는 상호가 필요하다.

⑨ **주 고객의 성향을 반영하라** 자신의 상품의 주 고객을 정하였다면, 이젠 그 고객집단의 성향을 파악하고 공감을 이끌 수 있는 가게 이름을 정하는 것이 좋다.

power)야말로 가격경쟁의 대안이고 브랜드를 자산화하는 것은 훌륭한 아이디어라면서 "마음을 사로잡은 상품은 고객을 움직이도록 하지만 영혼을 사로잡은 브랜드는 고객의 헌신을 가져온다"면서 '브랜드는 경쟁사로 부터의 위협에서 상품이나 기업에 대한 고객충성도를 지켜준다'고 강조하였다.

또 경영의 구루 톰 피터스(Tom Peters)도 "점점 더 복잡해져 가는 시장에서 바보들이나 가격으로 경쟁하려 든다. 승리자는 고객의 마음속에 브랜드의 가치를 지속적으로 인식시킬 방법을 찾는다"며 "강력한 브랜드형성에 기업이 총력을 기울여야 한다"고 강조한다. 무한 경쟁으로 요약되는 오늘날 시장상황에서 살아남기 위해서는 소비자 마음을 파고드는 강력한 브랜드를 만들어야 한다는 점을 지적한 것이다. 최근 세계 경제의 초(超)경쟁으로 시장의 지각변동이 극심해짐에 따라 격변기의 높은 파도를 헤치고 지속적으로 성장하려는 기업에게 고객충성도가 높은 브랜드는 강력한 무기이고, 강한 브랜드를 보유한 기업만이 고객의 굳건한 지지를 발판으로 새로운 도약의 기회를 발견할 수 있다.

소비자의 헌신을 야기할 정도로 강력한 파워를 갖춘 브랜드로 애플의 아이폰과 아이패드 제품에 열광하는 사람들에게 아이폰이나 아이패드는 단순한 스마트폰, 태블릿PC가 아니다. 새로운 모델을 남보다 하루 먼저 손에 쥐기 위해 전자제품 상점 앞에서 밤새우길 마다하지 않는다. 이들은 특정 상품이 아니라 그 상품의 브랜드가 담고 있는 이미지와 스토리, 그 상품이 대변하는 라이프스타일을 함께 구매함으로써 행복감을 느끼게 된다.

브랜드 마케팅은 브랜드에게 장기적으로 유지되는 동력을 부여하기 위해 브랜드의 장점을 강조하는 것으로 이는 브랜드와 소비자 사이의 관계를 강화하는 데 중점을 두며 가장 효과적으로 달성한 경우 마케팅 활동과 함께 브랜드 지지와 충성도를 구축하는 데 도움이 되는 브랜드의 특성을 수립한다. 과거 마케팅은 상품 혹은 서비스를 어떻게든 돈 받고 파는 것이었으나 최근 마케팅 개념은 기업이 소비자에게 제공하는 것은 브랜드와 가치이고 소비자는 브랜드와 그 브랜드의 가치 때문에 충성을 바치게 되는 관계로 발전하였다. 예전의 소비자는

브랜드의 시대는 끝났는가?

우리 소비자들도 이제 브랜드가 자신이 가지고 있는 가치와 부합할 때 그 제품을 기꺼이 이용한다. 기능적으로 비슷한 제품이 양산되는 오늘날은 자신이 소비하는 제품이 환경에 도움이 되는지, 브랜드 혹은 오너가 가지고 있는 철학이 건강하고 정의로운지를 구매의 기준으로 삼는 가치 소비의 시대다. 소비자들이 제품을 선택하는 이유는 가격 혹은 제품이 주는 편익, 또는 품질 때문이지만 판매량에서 세계 1위를 하고 혁신적인 기술을 끊임없이 제안하는 삼성보다도 애플의 시가총액이 6배 이상이 되는 현상을 보면 브랜드의 힘 이외에 설명할 방법이 없다. 브랜드가 추구하는 바를 고객이 더 잘 알고 있다. 브랜드의 힘은 위기의 시기에 더욱 빛을 발한다. 바꿔 말하면 고객들은 애플과 나를 동일시하며 '나의 정체성을 보여주는 브랜드'로 인식한다는 것이다. 이들은 애플의 새로운 제품이 나오면 다시 망설임 없이 재구매를 한다. 어떠한 상황에도 흔들리지 않는 견고한 애플의 팬덤은 그 질과 양에서 어떤 브랜드와도 비교가 되지 않는다.

기업들 대부분은 제품과 마케팅을 별개로 생각하고 제품이 개발된 후 마케팅을 관여시키거나 혹은 외부 팀을 통해 마케팅을 시작한다. 스티브 잡스는 이런 접근을 최악이라고 생각해서 애플의 마케팅팀은 엔지니어링팀 바로 옆에서 하나의 제품이 만들어지는 전 과정에서 제품의 기능, 디자인, 마케팅이 한 몸처럼 이루어진다. 이렇게 태어난 '좋은 제품'은 그 자체로 빛을 발한 것이다. 제품이 좋으니 사람들이 절로 관심을 가졌고, 그저 제품 자체를 소개하는 것만으로도 세계가 열광했고 멋진 캠페인이 끝나도 관심은 끊이지 않았다. 사람들은 제품 자체에 열광을 한 것이지 캠페인에 반응한 것이 아니기 때문이다. 이렇게 애플의 브랜드가치는 갈수록 높아졌고 새로운 제품이 나올 때마다 팬덤은 두터워지고 넓어졌으며 그들은 망설임 없이 다시 애플을 구매한다. 그런 소비자들을 실망시키지 않고 아이팟 이후 지난 20여 년간 지속적으로 '애플다움'을 유지한 결과가 어떤 상황에서도 묻지 않고 애플을 신뢰하는 팬덤을 만들었다. 2019년 세계 크리에이티브 축제인 칸느 라이언즈에서 브랜드 액티비즘(Brand Activism)이 최대의 화두가 되었다. 이제 브랜드는 인격체처럼 각자의 목소리를 내고 행동해야 한다. 기업은 제품을 파는 시대를 넘어 소비자와의 관계를 어떻게 형성해야 할 것인가를 고민해야 하는 시대이다.

– 이코노미스트, 1552호(2020.9.21)

돈 내고 사려는 상품이 '돈값을 하는가?'로 구매 여부를 결정했기 때문에 물건이 좋은가 아닌가로 판단해 여러 기업의 비슷한 상품 중에서 하나를 고르면 그만이었다. 그러나 지금은 상품 품질이 기업마다 크게 다르지 않다. 브랜드와 브랜드가치에 매혹된 소비자는 제품 질에서 큰 차이가 없다면 그 기업의 상품이나 서비스를 산다. 자신이 좋아하는 브랜드와 그 브랜드가 상징하는 가치에 공감하면 굳이 다른 기업의 상품으로 눈을 돌리지 않으며 브랜드가치를 보고 충성도를 돌려주는 것이 소비자이다. 따라서 기업은 자신의 브랜드가 어떤 가치를 전달하고자 하는지를 명확히 정의해 놓아야 한다. 브랜드의 지향점이자 정체성을 명확히 정리해 놓은 것이 기업 브랜드의 가치 체계이고 브랜드 철학이라고도 할 수 있다.

브랜드가 어떤 역할을 하고 또 왜 있어야만 하는가를 밝히는 것이 미션(mission)이고, 미션은 기업이 국가, 사회, 고객에게 이렇게 기여하겠다고 설득력 있게 선언하는 것이니 기업의 입장에서는 '왜 존재하는가?'가 브랜드의 출발점이다. 그 브랜드가 무슨 일을 하는가, 어떤 의미를 가지는가가 브랜드의 근본이 된다. 미션은 고객에 대한 약속이 되고 기업은 천명한 그 약속을 지키기 위해 노력하게 된다. 미션이 서야 비로소 브랜드의 방향성을 지키려는 내부 임직원의 한결같은 헌신이 가능하게 된다. 따라서 브랜드가 어떤 일을 하는가는 그 브랜드가 왜 존재하는지를 정당화하는 역할을 한다. 그러니 브랜드가 존재해야 하는 고유한 이유(존재의 이유)부터 명확히 하는 것에서 가치전달이 시작된다고 할 수 있다. 월마트의 미션은 '서민에게도 부자와 같은 구매 기회를 제공한다', 3M의 미션은 '미해결된 문제를 혁신적으로 해결해 나간다'가 좋은 예이다. 우리가 하는 일이 이렇게 의미 있는 일이라고 규정되면 내부 구성원의 자부심도 올라가고 업무에 몰입하는 동기를 부여하게 된다. 테슬라(TSLA)의 직원들은 하나같이 '우리는 전기차를 만드는 것이 아니라 지구를 구하고 있다'고 힘주어 말한다.

2) 성공적인 브랜드전략

이제는 가격의 경쟁, 제품의 경쟁 시대를 넘어 인식의 경쟁 시대이므로 브랜드 자산을 높여야 한다. 브랜드 자산이 높다는 것은 그 브랜드를 부착한 것이 그렇지 않은 경우에 비해 기업과 고객 모두에게 제품의 가치를 증가시키는 경우를 의미한다. 그래서 기업의 가치는 브랜드의 가치로 평가되는 것이다. 실제로 제품은 경쟁사에 의해 모방이 가능하고 제품 선호도는 소비자의 취향 변화에 따라 달라질 수 있지만 브랜드는 소비자의 마음속에 오래도록 강하게 인식된다는 점에서 브랜드 자산은 매우 중요한 의미가 있다. 바람직한 브랜드 자산의 원천은 얼마나 많은 사람이 브랜드를 알고 마음속에 깊이 담고 있는지를 알려주는 브랜드 인지도(Brand Awareness)와 사람들이 어떤 연상을 통해 브랜드와 관계를 맺고 있는지를 설명하는 긍정적 브랜드 이미지(Brand Image)에 따라 형성된다.

브랜드(brand)가 소비자들로부터 사회공동체의 한 구성원으로 인정받고 상호작용을 하기 위해서는 브랜드 품격을 갖추는 것이 중요하다. 어떤 브랜드가 많은 소비자들로부터 꾸준히 선택받는 이유는 논리를 넘어선 소비자의 사랑이 뒷받침되었기 때문이다. 사랑은 소비자가 브랜드에 대하여 느낄 수 있는 최상의 감정이므로 브랜드 관리의 궁극적 목표도 소비자의 사랑을 받는 것이다. 실제로 글로벌기업은 신뢰와 존경 등 이성적이고 논리적인 평판에 만족하지 않고 소비자의 마음을 사로잡을 수 있는 사랑의 영역으로 브랜드의 지평을 넓히고 있다. 사랑받는 브랜드란 마치 가족이나 친구, 연인 등과 같이 소비자에게 다양한 형태의 사랑의 감정을 불러일으키는 브랜드를 뜻한다. 심리학 연구에 따르면 사랑의 감정은 친밀감(Intimacy), 열정(Passion), 책임감(Commitment)의 3가지 요소로 구성된다고 한다. 이를 브랜드와 관련하여 적용해 보면 사랑은 소꿉친구 사랑, 탐닉적 사랑, 실리적 사랑, 낭만적 사랑, 가족 같은 사랑, 복종적 사랑, 완성된 사랑 등 7가지 유형으로 구분할 수 있다. 이 7가지 유형 중 소비자와 완성된 사랑의 관계를 맺고 있는 브랜드가 최상이라고 할 수 있으나 처음부터 완성된 사랑을 추종하기보다는 브랜드 역사와 전통의 독특성 등을 고려한 단계별 브랜드전략이 바람직할 것이다. 또 특히 브랜드의 힘은 '신뢰'에서 비롯되는 것이므로 브랜드는 '신뢰(trust)'와 동의어라고 할 수 있다. 브랜드와 고객 간의 신뢰를 만드는, 소통의 3가지 법칙은 ① 고객의 요구 정확히 파악하는 경청, ② 마음에 다가갈 수 있는 이미지 구축, ③ 역사와 감성을 담은 스토리 전달 등이다.

현대사회에서는 자신의 상품과 서비스를 판매하지 못하면 살아남지 못한다. 흔히 전통적인 마케팅 이론은 고객을 이성적인 존재로 보고, 고객은 합리적으로 소비자 효용을 판단할 수 있으며, 분석을 통하여 소비자 효용을 극대화하는

1등 브랜드는 디자인이 만든다

브랜드와 디자인은 떼려야 뗄 수 없는 사이다. 브랜드를 구성하는 브랜드 네임, 로고, 슬로건, 캐릭터, 패키지 등은 대부분 디자인과 연관이 있다. 브랜드라는 눈에 보이지 않는 이미지가 디자인을 통해 생명력을 얻고 있다. 예컨대 애플이라는 브랜드에서 사람들 대부분은 사과모양의 로고, 혁신, 아이팟, 스티브 잡스 등을 연상한다. 이처럼 브랜드는 일종의 고정관념으로 작용하며, 소비자들은 그러한 고정관념에 따라 상품의 품질을 평가한다. 그렇다면 눈에 보이지 않는 브랜드를 어떻게 소비자에게 고정관념화할 수 있을까? 바로 디자인이 답이다. 디자인을 통한 브랜드이미지의 시각화는 우리가 상상하는 것보다 훨씬 강하고 자극적이다. 예컨대 소비자들이 생각하는 BMW의 브랜드이미지는 세련되고 도시적인 스포티 함이고, 롤스로이스의 이미지는 고전적인 중후함이다. 자동차 같은 제품디자인만 브랜드이미지로 만들 수 있는 것이 아니라 시각디자인, 환경디자인, 패션 디자인 등 다양한 디자인들이 브랜드이미지를 만든다. 디자인은 제품뿐 아니라 서비스에 관한 것이기도 하다. 실제로 International Design 선정 '미국 최고의 디자인 중심기업 400'(1999) 리스트의 절반은 아마존 닷컴, 블룸버그, 페덱스, CNN과 같은 서비스 기업들이 차지하고 있다. 디자인은 무형의 서비스가 고객을 만나는 순간 유형적인 모습으로 바뀌어 고객이 서비스를 눈으로 보고 확인할 수 있도록 도와주기 때문이다.

– 신한 FSB 리뷰, 이달의 책

최적의 의사결정을 내린다고 가정하지만 고객들은 이성보다는 오히려 매우 다양한 감정을 가지고 있으며 감정에 크게 영향을 받는다. 직접적인 구매 행동은 생각(think)보다는 감성이므로 어떤 상품을 좋아해야 할 이유를 찾아주는 것은 머리지만, 정작 구매할 이유를 찾아주는 것은 마음 또는 감정(feeling)이므로 구매설득의 초점을 소비자 머리에서 마음으로 옮기는 것이 중요하다. 이는 이미 수천 년 전, 아리스토텔레스는 "마음에 호소하는 것은 머리에 호소하는 것보다 강하다. 머리에 호소하면 사람들의 고개를 끄덕이게 할 수 있지만, 마음에 호소하면 사람들을 지금 당장 움직이게 만든다"라고 말했다. 이처럼 감성적으로 마음을 얻게 되면 경쟁에서의 승리는 매우 쉬운 일이므로 고객의 기억 속에 처음 떠오르는 브랜드가 되도록 효과적이고 체계적인 전략이 필요하다.

또 브랜드의 핵심기능은 커뮤니케이션이므로 긴 설명보다는 정곡을 찌르는 짧은 한마디가 더 호소력이 크고 오래 기억될 수 있다. 미국의 뇌 과학자 폴 왈렌(Paul Whalen) 교수도 "뇌의 편도체는 0.017초 만에 상대방에 대한 호감 여부를 판단한다"고 했다. 첫인상이 만들어지는 시간이 그만큼 짧지만 그 첫인상을 바꾸기 위해서 걸리는 시간은 최소 40시간 이상이나 60번을 만나야 바꿀 수 있다는 주장이 지배적이다. 구인·구직 사이트 잡코리아가 남녀 직장인 822명을 대상으로 실시한 설문조사 결과에 따르면 전체 응답자의 54.4%가 "첫인상은 끝까지 유지되는 것 같다"고 밝혔다. 한번 만들어진 첫인상이 바뀌기 어렵기 때문에 첫인상은 매우 중요하다. 브랜드의 첫인상 형성과정도 사람과 비슷하므로 브랜드가 세상에 나오는 시점에 그 브랜드의 긍정적인 연상이 이뤄져야만 브랜드는 성공할 확률이 높아진다.

보스턴컨설팅그룹(Boston Consulting Group, Inc.)의 조사에 따르면, 브랜드 전체 고객의 2%에 달하는 팬(fan)이 매출에 직접 기여하는 비율은 20%에 불과하지만 이들이 친구들과 지인들에게 추천함으로써 발생하는 매출은 80%에 육박한다고 한다. 이렇게 '팬'의 힘이 세진 이유는 한 사람의 개인이 세상과 연결됐다는 연결성의 힘 때문이다. 우리는 페이스북이나 블로그에 한 개인이 올린 글이 공유

아무리 좋아도 예쁘지 않으면 안 팔린다… 세계는 디자인 전쟁 중

아무리 성능이 좋아도 예쁘지 않으면 팔리지 않으므로 디자인이 최고의 경쟁력이고 디자인에 대한 투자는 기업의 수익을 늘리는 가장 효과적인 전략이다. 소비자의 시각에서 상품 자체의 가치를 끌어올려 시장 경쟁력을 높이는 게 디자인의 힘이다. 애플의 아이폰도, 매킨토시도 시작은 디자인이었다. 제조업 강국의 첩경은 '디자인 강국'으로 가는 길이라 선진국들도 일찌감치 디자인이 가진 파급효과에 주목하고 적극적으로 투자해왔다. 영국은 1980년대 마가렛 대처 정부 이후 디자인정책을 강조해 디자인을 '창조산업'으로 분류해 클러스터를 조성하고 디자이너와 디자이너, 기업과 기업을 이어주고 있다. 또 싱가포르는 2019년 디자인을 경제성장의 핵심 동력으로 삼기 시작했고 전 국민에게 맞춤형 전주기 디자인교육도 제공한다. 일본은 2020년 경제산업성에 디자인, 패션, 전시 등을 담당하는 '쿨 재팬 정책과'를 신설해 디자인정책실을 그 아래 뒀고 특허청에도 최고디자인책임자(CDO)를 선임해 디자인과 지식재산권 관련 정책의 총괄을 맡겼다.

영국 디자인협의회에 따르면 기업이 디자인에 1파운드(약 1,600원)를 투자할 때 매출은 20파운드, 영업이익은 4파운드, 수출은 5파운드씩 늘어나는 효과가 있는 것으로 조사됐다. 세계 최대 컨설팅업체 맥킨지가 300개 업체를 디자인 활동이 활발한 정도에 따라 4분위로 구분하고 5년간 매출을 분석한 결과 상위 1분위는 10%, 2분위는 6.3%, 3분위는 4.6%, 4분위는 4%씩 증가한 것으로 나타났다. 이런 현상은 국내도 마찬가지다. 2008~2017년 코스피 상장업체 중 디자인우수기업 72개사와 디자인선도기업 29개사의 시가총액은 각각 72.3%, 110.6%씩 증가했다. 이 기간 코스피200 시가총액 증가율은 34.6%에 그쳤다.

우리나라 디자인산업 규모는 2019년 18조2,900억원 수준이고 디자인산업 종사자는 33만6,000명이며 디자인산업의 경제적 가치는 128조3,000억원에 이른다. 현대자동차의 프리미엄 브랜드 제네시스는 2021년 10월까지 내수 11만2,000여 대, 수출 5만3,000여 대 등 총 16만5,000여 대가 팔렸고, 수출이 무려 119%나 늘었다. 2021년 한 해 동안 제네시스의 전 세계 판매량은 20만 대에 달할 전망을 차량 가격에 비춰보면 최소 10조원대 매출이 기대된다.

– 머니투데이, 2021.11.22.

할 가치만 있으면 빛의 속도로 순식간에 퍼지는 시대에 살고 있다. 이제는 "침묵하는 다수의 고객보다 한 명의 팬이 낫다"고 할 수 있다. 그래서 기업들도 이제는 단순한 고객 만족도가 아닌 팬의 '추천도', 이른바 '팬심'을 측정하는 고객순추천지수 NPS(Net Promoter Score)에 큰 관심을 보인다. 이 지수는 추천에서 비추천을 빼고 계산한다. NPS는 P&G·삼성전자 등 대부분의 글로벌기업들이 고객 만족도 대신 고객 관련 핵심지표로 사용하고 있다. 미국기업 평균은 14이고, 자포스·애플·아마존 등은 50을 넘는 높은 점수를 받는다. 팬이라는 말은 '광신도의', '미친 듯한', '열정적인'이라는 뜻을 가진 영어 파나틱(fanatic)에서 왔다고 알려져 있다. 캐나다의 신경학자 도널드 칸(Donald Brian Calne)은 "이성은 의사결정을 만들지만 감성은 행동을 만든다"고 말했다. 따라서 고객이 기대했던 것 이상의 자부심과 감동을 느껴 고객이 열광하는 브랜드 만들기를 추구할 때 고객은 그 브랜드에 강하게 빠져들게 된다. 브랜드 마케팅이란 결국 물건을 파는 것이 아니라 고객의 마음을 사기 위한 뜨거운 노력이고, 그 결과로 고객의 마음속에 열정적인 인상을 심어주려는 전략이다. 고객이 상품을 사용하면서 고객이 기대하는 가치는 콘셉트(Concept)와 품질(Quality)로 제공할 수 있겠지만 고객들은 이것에 열광하지는 않기 때문에 기업은 고객의 환상을 만족시켜 팬(fan)심을 얻을 수 있는 브랜드전략을 구사해야 할 것이다.

3) 기업의 상징물 심벌(로고, Logo)

기업의 로고 디자인 개념이 생겨나기 시작한 것은 독일의 건축가이자 그래픽 디자이너인 페터 베렌스(Peter Behrens)가 1907년에 최초의 기업 아이덴티티 시스템을 만들면서부터인데, 그 기원은 고대 메소포타미아 지방에서 출토된 토기에 새겨진 'S·P·O·R(the Senate and People of Roman·거대로마제국)'이라는 표시에서도 찾을 수 있다. 기업에서 로고는 기업의 철학, 문화, 목적, 비전, 전문분야, 이미지 등을 시각적으로 체계화한 간결한 형태로써 대중의 이목을 집중시키고 브랜드 정체성(Brand Identity)을 확실하게 인식시키기 위해 존재한다. 브랜딩을 위해 꼭 필요한 로고의 근원적 가치는 남과 다르기 위한 자기다움(차별화)에 있다. 로고는 브랜드만의 특징이 쉽게 기억될 수 있도록 글자와 기호, 색 등의 다양한 시각적 요소들을 사용하여 디자인됨으로서 기업이나 브랜드를 표현할 수 있는 가장 압축적인 효용을 가진다. '로고(Logo)'는 제품이나 기업, 혹은 그들 기업이 속한 대기업을 떠올리게 하는 가장 강렬한 표징이고 기업의 정신과 철학을 담은 조직체의 '얼굴이다. 또 로고 디자인은 시각으로 기억에 남기 때문에 기업 및 브랜드 네임을 더 오래도록 기억에 남기기 위해 로고라는 시각 이미지를 사용한다. 로고는 어떤 조직을 생각할 때 연상되는 이미지와 직결되기 때문에 조직의 특성과 분야 등을 쉽게 알아볼 수 있도록 개성 있게 디자인되어야 한다. 브랜드 로고는 품격 높은 브랜드 이미지와 전문성을 설정할 수 있는 힘을 가지고 있어야 한다. 브랜드를 상징하는 좋은 로고는 사람들의 마음을 한눈에 사로잡을 수 있는 열쇠가 되기 때문에 독특함(unique)과 심플(simple)함을 가미해서 기억하기 쉽게 디자인해야 한다. 반면에 나쁜 로고는 복잡하고 유행에 민감하고 쉽게 기억되지 않는 특성을 가진다. 브랜드 로고는 사람의 인식에 영향을 미치는 정도로 볼 때, 그 어떤 가구, 제품, 그래픽, 건축 등보다 큰 힘을 지니고 있으므로 기업이 바라는 이미지와 목표가 반영된 로고를 디자인해야 한다. 잘 관리된 로고는 설명서 없이 제품과 기업의 특징을 드러내므로 로고를 보면 기업의 창업정신과 철학을 알 수 있다. 특히 자동차의 아이덴티티를 대변해 주는 자동차의 엠블럼은 엠블럼 이상의 가치와 의미가 있을 뿐만 아니라 소비자의 뇌리에 쉽게 각인될 수 있는 디자인으로 엠블럼의 숨겨진 뜻과 아이덴티티는 오묘한 상징성을 담고 있다. BMW는 항공엔진으로 시작된 회사의 기원을 담아 그 역사를 고스란히 드러낸 엠블럼을 채택했다. 회사명부터 로고, 엠블럼까지 모두 일관되게 동물을 적용한 재규어는 날렵하고 역동적인 차를 형상화해 엠블럼에도 그대로 살려냈다.

삼성은 창업주 호암 이병철 회장의 삼성상회가 만든 '별표국수'에서 유래해

별이 3개 들어간 로고의 근간을 유지해왔다. 그러나 1993년 6월 이건희 회장이 "마누라와 자식 빼고 다 바꾸자"는 신(new)경영을 선언하면서 교체됐다. 삼성의 이른바 '오벌(타원) 마크'에서 별이 사라지고 파란색 바탕에 흰 글씨의 영문이 표기된 현재의 로고는 그렇게 탄생했다. 1990년대 초까지 해외에서 삼성전자의 제품은 일류 대접을 받지 못했고 그 주요 원인으로 디자인이 꼽혔다. 그 뒤로 삼성전자는 디자인경영센터를 설립했고, 명품 브랜드와의 협업에 박차를 가했다. 이런 노력 덕택에 삼성전자는 2000년대 들어 세계적 디자인상을 단골로 수상하는 기업이 됐다. 21세기 기업의 성장 키워드로 '디자인'을 내세우며 "디자인이 경제를 주도하는 핵심 원동력임을 확신하게 됐다"고 말한다. 브랜드 컨설팅 전문업체인 인터브랜드(Interbrand)가 2021년 10월 발표한 '글로벌 100대 브랜드'순위에서 삼성전자 브랜드 가치가 746억 달러(88조원)에 달해 세계 5위에 올랐다는 평가가 나왔다. 인터브랜드 조사에서 삼성전자 브랜드가치는 2012년에 처음으로 10위권(9위)에 진입했고, 2017년 6위를 거쳐 지난해 첫 5위에 올랐다. 브랜드가치 상위 5곳 중 미국 외 국가 기업 브랜드는 삼성전자가 유일하다.

자동차 업체는 차 맨 앞이나 뒤에 한눈에 봐도 브랜드를 알 수 있는 로고가 달려있기 때문에 로고에 가장 민감하다. 현대기아자동차의 경우, 이름 그대로의 로고를 채택하면서도 그 안에서 볼 수 있는 형상화를 통해 기업과 고객의 신뢰도에 초점을 맞춘 점이 인상적이다. 현대자동차는 1967년 창립과 함께 영문 이니셜 'HD'에 속도감을 부여하고 이를 자동차 형상과 조합해 만든 심벌마크를 회사 첫 CI로 사용하기 시작했고, 1993년 엘란트라를 내놓을 때부터 영문 이니셜을 'H'로 줄인 로고를 쓰기 시작했다. 'H' 심벌마크에서 타원은 세계를 무대로 뛰고 있는 현대자동차를 상징한다. 타원 안의 'H'는 두 사람이 악수하고 있는 모습을 형상화하여 노와 사, 고객과 기업 간의 신뢰와 화합을 상징한다. 'H' 심벌마크는 1993년 처음 도입한 이래 지금까지 글로벌 시장에서 일관되게 사용해 현대차의 브랜드 이미지를 전 세계 고객들에게 알리는데 크게 기여했다. 현대차는 2010년 브랜드 이미지 고급화를 목적으로 'H' 심벌마크를 3차원(D) 형상으로 새로 만들었다. 인터브랜드(Interbrand)가 2021년 10월 발표한 '글로벌 100대 브랜드'순위에서 현대차(152억 달러) 35위, 기아차(61억 달러)가 86위로 이름을 올렸다.

LG의 로고는 'Lucky'와 'Goldstar'의 앞 글자를 결합해 만들었다. 창업주인 구인회 회장이 과거 '럭키'의 발음을 본뜬 락희(樂喜) 화학공업사를 만들었고, 이후 금성사를 설립하면서 두 기업의 사명을 합해 '럭키금성'으로 이어졌다. LG 역시 세계화 추세에 맞춰 1995년 현재의 로고를 제작했다. L과 G를 결합한 이 로고는 미국의 랜도(Landor)사에서 제작했는데, 당시 디자인 콘셉트는 '미래의 얼굴'이었다고 한다. 랜도사의 디자이너는 '신라의 미소'로 잘 알려진 신라시대 얼굴무늬 수막새를 보고 영감을 얻어 디자인했다고 한다. 로고 문양을 보면 웃는 얼굴이 보이는 것을 알 수 있다. 그리고 국내 로고 제작사인 디자인파크는 이 기본 로고 디자인을 수십 개 계열사에 응용할 수 있는 시스템을 만들었다.

애플(Apple)의 로고는 '한 입 베어 문 사과' 모양이다. 완벽한 사과가 아니라 '한 점 부족한 사과'로 애플이 지향하는 창의성, 변화의 여지를 나타냈다. 이처럼 제품에 대한 긴 설명보다 이미지 하나가 소비자의 호기심을 자극할 수 있다. 애플의 사과모양 로고는 궁극의 '단순함'을 추구하고 있으며 그 자체로 회사와 제품을 아우르는 강력한 브랜드 파워를 발휘하는 있다. 타임 편집장과 CNN 최고경영자를 지낸 전기작가 월터 아이작슨이 직접 인터뷰해 쓴 〈스티브 잡스〉에는 잡스가 사과농장에서 돌아오는 길에 '애플'이란 회사 이름을 생각했다고 적혀 있다. 재밌으면서도 생기가 느껴지는 데다 '컴퓨터'란 말의 강한 느낌을 누그러뜨려 준다는 것이다. 애플처럼 로고만으로도 신뢰를 주는 해외 업체들이 많다. 인터브랜드(Interbrand)가 2021년 10월 발표한 '글로벌 100대 브랜드'순위에서 애플(4,082억 달러)이 1위를 차지했다.

맥도날드는 미국 경제전문지 〈포춘(Fortune)〉이 매년 발표하는 '푸드서비스(Food services industry)'분야의 전 세계 1위 기업이자, 전 세계 주요 투자기관들이 글로벌 기업들의 매출, 경영관리, 사회공헌도 등을 평가해 선정하는 투자전문지 〈배론즈(Barron's)〉의 2012년 '세계에서 가장 존경받는 100대 기업(most-respected company)'조사에서 3위에 올랐다. 2013년에는 〈포브스(Forbes)〉가 발표한 '세계에서 가장 가치 있는 브랜드(World's Most Valuable Brands)'에서 6위를 차지했다. 맥도널드는 1950년대 체인사업을 시작하면서 식당의 양끝에 노란색 아치를 세웠는데 이를 멀리서 바라보면 아치 구조물 두 개가 겹쳐 보이면서 맥도널드의 영문 이니셜인 'M' 혹은 '웃는 눈' 모양으로 보인다.

99%가 설탕과 물로 이뤄진 탄산음료 코카콜라. 원료만 보면 하찮은 액체에 불과하지만 특유의 허리가 잘록한 병에 담기고 빨간색과 흰색을 대비한 로고가 붙으면 전 세계인의 '음료'로 탈바꿈한다. 코카콜라(Coca-Cola)는 세계적인 브랜드 컨설팅회사 '인터브랜드'가 2000년부터 실시한 '최고 글로벌 브랜드' 평가에서 13년 동안 부동의 1위를 차지했으나 정보기술(IT) 업체들이 치고 올라오면서 인터브랜드 조사에서 밀리고 있다. 최근 브랜드컨설팅 전문업체인 인터브랜드(Interbrand)가 2021년 10월 발표한 '글로벌 100대 브랜드'순위에서 코카콜라 브랜드가 574억 달러로 6위를 차지했다. 코카콜라는 1930년에 만들어진 빨간 옷의 산타클로스를 통해 세계적으로 거대한 자신만의 물결을 만들어낼 수 있었다. 코카콜라 브랜드의 로고는 100여 년 동안 변한 적이 없으며, 제품의 맛도 세계적으로 똑같다. 코카콜라 브랜드의 독특한 컨투어(contour) 병은 1915년 유사품과 차별화하기 위해 루트 글라스(Root Glass Company)라는 유리공장의 알렉산더 새뮤얼슨(Alexander Samuelson)이 코코넛 열매를 본떠 디자인했다. 현재 곡선 모양 유리병은 디자인 가치만 4조원대로 평가받고 있다.

Chapter 8

가치관 경영과 경영전략(business strategy)

Chapter 8

1

가치관 경영(value management)의 중요성

1) 가치관 경영의 이해

구성원들의 뜻이 하나로 모인 조직문화는 회사를 경영하는 모든 최고경영자(CEO)의 꿈이지만 CEO와 다르게 생각하는 직원들이 많으면 기업의 목표나 꿈을 이루기 어렵다. 그럴 때 CEO는 회사가 지향하는 가치 체계를 새롭게 세워 직원들이 받아들이도록 가치관을 제대로 세우면 가치관이 끊임없는 변화의 엔진 역할을 하게 되고 직원들은 가치 체계대로 변화시킬 수 있다. 기업이 생존을 위해 급변하는 세상 변화에 맞춰 적절히 변화하려면 '가치관 경영'을 해야 하고 가치관 경영을 하면 조직문화가 바람직한 방향으로 변화를 일으켜 경영성과가 향상될 수 있다. 직원이 많더라도 힘이 분산되면 분산되는 만큼 전체 조직의 힘은 점점 약해지므로 직원들의 힘을 모으려면 먼저 생각을 일치시켜야 하고 사명·비전·핵심가치 등 가치관 경영의 3요소를 변화 관리의 주춧돌로 삼아야 한다. 미션은 조직의 존재 이유를 설명하고 비전이 사람들을 한 방향으로 움직이도록 방향성을 결정하며 핵심가치는 건강한 조직문화를 만들어 엔진의 마력을 높이는 역할을 한다.

가치관 경영을 하면 경영성과가 높아진다는 것은 이미 통계로도 증명됐다.

> **가치관 경영**
>
> 조직이 중요하게 생각하는 것을
> 모든 직원들이 신념화하도록 하는 경영
>
> 목적
>
> "위대한 조직을 만드는 것"
>
> 1) 세상에 기여하는 가치 있는 조직(착한 회사)
> 2) 구성원이 행복한 조직(좋은 회사)

존 코터(John P. Kotter) 하버드대 경영대학 교수의 조사에 따르면 가치관 경영을 하는 기업은 그렇지 않은 기업보다 매출성장률은 4배, 고용성장률은 7배, 주가성장률은 12배, 수익성장률은 7.5배나 더 높았다. 또 컨설팅회사인 맥킨지(McK-

가치관

insey & Company)에 따르면 건강한 기업은 그렇지 않은 기업보다 감가상각 전 영업이익(EBITDA)이 2.2배, 기업가치 성장성이 2배, 순이익률 성장성은 1.5배 더 높은 것으로 나타났다.

조직에서 구성원들이 미션과 비전 등 조직의 뚜렷한 가치관을 공유하게 되면 직원들은 자신들이 의미 있고 가치 있는 일을 하고 있다는 자부심을 갖게 되고, 위기 상황에서도 흔들리지 않는 기둥의 역할을 할 수 있게 된다. 가치관 경영을 정착시키기 위해서는 먼저 직원에게 회사의 가치관이 무엇인지 분명하게 이해시켜야 하고 이를 자신의 가치관으로 받아들여 실제 행동으로 옮기도록 해야 한다. 가치관 기반의 리더십을 제대로 발휘하려면 먼저 사람들의 마음과 자신의 가치관을 철저하게 이해하고(comprehend), 리더 자신의 가치관과 조직 및 구성원들을 연결할 수 있어야 하며(connect), 리더 자신이 가치관 실천에 대해 솔선수범하고 구성원들에게도 가치관이 살아 숨 쉬도록 지속(continue)해야 한다. 리더가 자신의 가치관을 정립해야 하는 이유는 그것이 바로 모든 리더십의 출발점이기 때문이다. 조직의 정체성은 '우리는 어떤 조직인가'에 대한 답으로 정체

전성철 IGM세계경영연구원 회장 "가치관 경영 기업, 매출성장률 4배↑"

가치관 경영을 실천하는 조직의 성과

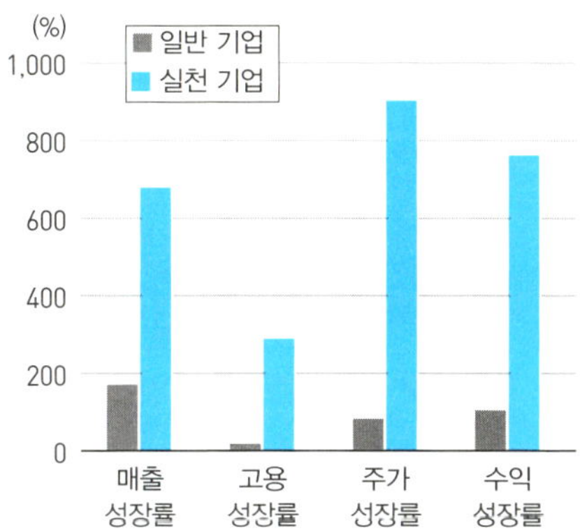

자료: 하버드 경영대 존 코터 교수

전성철 IGM세계경영연구원 회장은 "전략과 전술을 잘 세우는 영리한 기업보다 조직원이 가치관을 공유하는 건강한 기업이 더 지속적으로 성장할 수 있다"면서 "경영은 회사를 구성하는 사람을 이해하는 데서 시작해야 하며 사람은 본능이나 욕구가 아니라 가치에 따라 움직이는 존재"라고 설명했다. 이어 "최고경영자(CEO)가 공통된 가치관을 통해 회사를 운영하는 경영기법인 '가치관 경영'은 지속 가능한 성장을 위해 필수적"이라고 강조했다.

전 회장은 "세계적 경영구루인 패트릭 렌치오니(Patrick Lencioni)는 '영리하지만 건강하지 않은 기업은 경영성과가 들쭉날쭉했고, 건강한 기업은 날이 갈수록 영리해져 실적이 개선됐다'는 사실을 밝혀냈다"고 말했다. 그는 가치관 경영의 세 가지 핵심요소로 사명(mission), 핵심가치(core value), 비전(vision)을 꼽았다. 조직구성원이 공유된 가치관을 형성하기 위해선 기업의 존재 이유인 사명과 조직에서 가장 중요시하는 핵심가치가 구체적 미래 모습인 비전으로 제시돼야 한다는 것이다. 전 회장은 "회사의 가치관을 직원들에게 명확히 설명해 직원들이 내리는 결정의 기준으로 삼게 해야 한다"며 "전 조직원이 공통된 기준을 가지고 하나의 목표를 좇는 기업은 강한 실행력을 갖출 수 있다"고 말했다. 그는 "CEO는 기업 조직의 존재 이유인 가치관을 명확하게 하고, 앞으로 조직이 어떻게 될 것인지에 대한 비전을 보여줘야 한다"며 "가치관 경영이 성공하기 위해선 구성원 모두가 합의한 일관성 있는 핵심가치의 원칙과 기준을 제도화해야 한다"고 강조했다.

– 한국경제, 2016.3.30.

성이 조직에 대한 이미지를 형성한다. 이런 이미지가 외부에 비칠 때는 그 조직의 '브랜드'가 되고 내부구성원에 비칠 때는 '조직문화'가 된다.

따라서 CEO는 가치관을 일관되게 솔선수범해 구성원들에게 롤모델이 되어야 하며 칭찬 및 질책을 통해 가치관을 지속시켜야 하며, 가치관이 조직 속에서 살아 숨 쉬게 하려면 다음 조건이 충족되어야 한다. 첫째, 남의 꿈을 빌려와 온갖 미사여구를 나열하지 말고 실현 가능성 있는 우리의 꿈을 담아야 한다. 둘째, 간결하고 단순해야 한다. 미국 캘리포니아에 있는 놀이공원 디즈니랜드 정문에 걸린 플래카드에는 '세상에서 가장 행복한 장소(The happiest place on Earth)' 라고 적혀 있다. 단순하고 구체적인 디즈니의 비전은 직원과 고객이 알기 쉽게 되어 있다. 셋째, 톱다운보다 바텀업으로 구성원들의 의견을 수렴하라. 아래 안랩(AhnLab)의 핵심가치는 직원들이 스스로 만든 것이다. ① 각 개인은 자기 발전을 위해 노력한다. ② 건설적인 비판과 조언으로 서로의 발전을 도모한다. ③ 고객과의 약속은 반드시 지킨다는 것이다. 이처럼 소박하지만 자신들이 만든 가치관엔 울림이 있다.

2

가치관 경영의 핵심요소(mission, vision, core value)

1) 기업의 존재 이유, 사명(Mission)

(1) 미션(Mission)과 미션(Mission) 공유

미션
Mission

기업의 미션(Mission, 使命)은 조직이 존재하는 이유, 이념, 정체성(Identity), 업(業)의 개념이라고 할 수 있다. 미션(Mission)은 국가와 사회 및 고객에게 미션대로 하겠다는 고객과의 약속으로 창업을 통해 기업이 사회에 어떠한 가치를 전달하고 고객들이 어떤 것을 얻을 수 있는지와 관련된 것이다. 또 기업들은 "우리는 어떤 사업을 하고 있는가?" "우리의 고객은 누구인가?" "고객이 원하는 가치는 무엇인가?" "우리는 어떤 사업을 영위해야 하는가?" 등 근본적인 질문에 답할 수 있어야 한다. 미션은 기업의 궁극적인 목적을 반영하기 때문에 진실해야 하고, 구성원들이 조직의 일에 몰입할 수 있도록 동기를 부여할 수 있어야 한다. 미션은 어떤 경우라도 바뀌거나 흔들릴 수 없는 기업의 철학이므로, 복잡하거나 아주 세련된 표현보다 오히려 아주 단순해서 유연한 사업전망을 가능케 하는 것이 좋다. 그리고 바람직한 미션(Mission)의 구성요소는 ① 주요 목적: 우리는 왜 존재하는가? ② 우리의 주요 고객: 우리는 누구를 위해 존재하는가? ③ 제공되는 핵심서비스: 우리는 무엇을 제공하기 위해 존재하는가? 등으로 설명할 수 있다. 잘 만들어진 사명은 더 나은 조직성과와 재무성과를 얻는다. 가령 구글은 검색 서비스를 제공하지만 그들의 미션은 '세상의 모든 정보에 쉽게 접근하고 사용할 수 있도록 하는 것'이다. 자원이 부족한 스타트업 구성원들에 대한 처우가 부족함에도 함께 하는 이유는 창업자가 하고자 하는 미션에 공감하고 가능성을 함께 하기 때문이다. 기업의 미션을 소비자들에게 어필하려면 기업은 변화의 미션을

스타벅스 미션선언서(Starbucks Mission Statement)

스타벅스는 세계 최고의 커피 전문 기업으로서 원칙을 철저히 고수하면서 성장하고 있습니다. 다음의 6가지 원칙은 우리의 모든 의사 결정이 올바르게 이루어지고 있는지 점검해주는 척도입니다.

- 존경과 품위로 서로를 대하며 훌륭한 근무 환경을 제공한다.
- 다양성을 사업의 필수적인 요소로 포용한다.
- 원두 구매, 로스팅, 신선도 유지에 있어 최고의 기준만을 적용한다.
- 고객의 열정과 만족을 위해 끊임없이 노력한다.
- 지역사회와 환경에 적극적으로 기여한다.
- 수익성이 사업 성공에 필수적임을 인식한다.

제시하고, 미션을 중심으로 설득력 있는 스토리를 구성하여야 한다.

어떤 기업이 '우리 회사의 사명은 최고의 기업이 되는 것이다'라는 애매하거나 막연한 기업 미션을 만들어 기업 미션이 홍보목적으로 만들어지면 업무수행의 지침이 되지 못한다. 반면 잘 정의된 기업의 미션은 회사의 전 구성원들에게 일하는 보람을 불러일으키게 하고 그들의 에너지의 원천이 되며, 구성원 각자가 개별적으로 하는 일이 전체적으로는 기업의 잠재력을 실현하는 길이 되도록 인도하는 역할을 한다. 따라서 실제 미션은 의미 있고 구체적이어서, 동기유발될 수 있어야 하고 시장지향 적이며, 기본적 고객욕구에 근거하여 영원히 지속되는 가치로 정의되어야 한다. 마쓰시타전기(松下電器)의 창업자 마쓰시타 고노스케(まつしたこうのすけ)는 "경영자가 가장 먼저 해야 할 일은 경영의 기본 이념(經營理念)을 갖추는 일이다"라고 강조하였다. 또 그는 '우리 회사는 무엇을 위해 존재하는가?', '어떤 목적을 가지고 있으며, 어떤 방법으로 경영할 것인가?'에 대한 내용을 경영이념이라고 강조했고, 명확한 경영이념을 확립한 결과 그는 신념이 강한 경영자가 될 수 있었다. 경영자가 가져야 할 덕목 중 가장 중요한 덕

목은 단연 '철학(哲學)'이라고 할 수 있다. 철학은 생각의 프레임이므로, 철학이 굳건하지 않으면 흔들리기 쉽다. 백년 기업에는 모두 굳건하고 흔들리지 않는 '경영이념'이 존재한다. 특히 일본에서 '경영의 신(神)'으로 존경받는 창업자들이 명쾌한 철학을 가졌다는 측면에서 철학자에 가깝다.

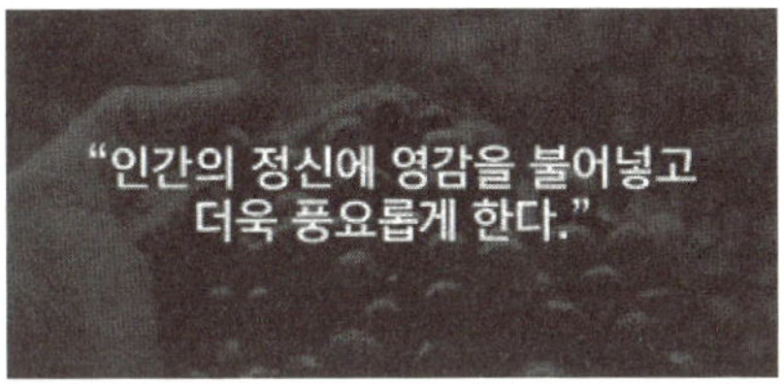

스타벅스 사명 | Starbucks Coffee Korea

'기업의 존재 이유'라고 할 수 있는 미션(Mission)은 사명선언문(Mission statement)으로 조직 내·외부로 공표된다. 조직의 사명선언은 고객에 대한 책임을 공개 천명하는 것으로 모든 업무와 활동의 지침이 되는 방향성을 제시한다. 의미 있는 사명선언이 담아야 할 바람직한 내용으로는 조직의 이미지, 회사의 철학과 목표, 장기적인 번영, 고객의 요구, 사회적 책임, 기업이 제공하는 상품 및 서비스의 본질 등이다. 미션을 대내외에 공포한 기업의 '비선선언문'은 기업이 존재하는 근본 이유가 무엇인지를 명쾌하게 보여주는 이정표다. 예를 들면, 맥도날드(McDonald's)는 품질(Quality), 서비스(Service), 청결(Cleanliness), 가치(Value)를 의미하는 QSCV를 고객 중심적 사명으로 삼고 편리하고 좋은 품질의 음식을 부담 없는 가격에 제공한다는 패스트푸드 콘셉트를 완벽하게 실행한다. 또 월트 디즈니(Walt Disney)는 "사람들을 행복하게 하는 것", 소니(Sony)는 "가능한 많은 사람들에게 진보된 기술을 사용하는 즐거움을 경험하게 하는 것" 등 초기기업들이 미션을 선정한다는 것은 시장에서 성공할 수 있는 핵심요인들로 그 기업에게 항상 옳은 것이 무엇인지를 나타낸다.

2) 기업의 미래상, 비전(vision)

비전
Vision

비전(Vision)은 조직의 혼이 깃든 고유의 꿈으로 조직의 5년~10년 후의 미래에 마땅히 완성되어 있어야 할 모습이자, 조직 전체가 합의한 꿈(Dream)이 실린 현실성 있는 목표(Objective)다. 비전이란 막연한 꿈이나 희망이 아니라 장기적인 안목에서 기업이 전략적으로 지향하고자 하는 미래상(未來像)이다. 비전은 조직에 목표를 부여하고, 사업 방향을 설정하게 하며, 구성원들을 동기부여함으로써 기업의 생존 및 성장의 기반이 된다. 강력한 비전은 조직의 미래에 대한 윤곽을 제시한 것으로 모든 구성원들이 공유하는 정신적인 틀을 제공하므로 열심히 일하고 싶은 의욕을 줄 수 있어야 한다. 또 비전의 역할은 조직의 존재 이유를 반영하고, 각기 다른 방향을 보고 있는 구성원들을 한 방향을 향하도록 공유해야 한다. 비전(Vision)은 미션을 향해 달려가기 위해 실제 기업이 만들어 내야 할 장단기 성과 및 결과물로 비전을 수치화하고 구체화할 수 있으면 실현가능성이 더욱 높아진다. 또 조직구성원이 실제로 해야 하는 구체적 과업을 위한 이정표 역할과 함께 다음과 같은 역할도 한다. ① 구성원들의 노력을 결집시키는 에너지를 제공한다. ② 장애물을 제거하는 힘을 만들어 낸다. ③ 미션을 달성하는 힘을 주고, 사람들에게 집중력을 제공한다. ④ 조직 전체에 전파되어 팀을 성장시킨다. ⑤ 공동의 목적 달성을 위해 구성원들을 결집시킨다. ⑥ 조직구성원들의 사기를 높인다. ⑦ 구성원들이 그들을 따르도록 설득할 수 있다.

또 좋은 비전(Vision)을 디자인하려면 다음과 같은 질문을 통하여 고민해 보아야 한다. ① 그것이 우리를 활기 넘치게 하는가? ② 그것이 우리를 움직이는가? ③ 그것이 우리를 앞으로 나아가게끔 자극하는가? ④ 그것이 사람들을 일하게 하는가? ⑤ 당신의 조직구성원들은 활기차게 살아 숨 쉬는 꿈을 함께 꾸고, 그 꿈을 나침반 삼아 앞으로 나아가고 있는가?

반면 비전 없는 조직의 특성은 ① 거시적이고 장기적인 경영전략보다는 미시적이고 단기적이며 업무기능적 관점에서 의사결정이 이루어진다. ② 평가 및 보상의 기준이 재무적인 성과에 국한된다. ③ 미래에 대한 공유가치가 없으므로 관료적·보수적 문화가 변화의 시도를 가로막는 장벽으로 작용한다. ④ 변화에 대한 의무감이나 동기부여가 부족하다. ⑤ 고객의 Needs와 시장트렌드의 변화에 무감각해진다. 반면 비전 없는 조직의 특성은 ① 거시적이고 장기적인 경영전략보다는 미시적이고 단기적이며 업무기능적 관점에서 의사결정이 이루어진다. ② 평가 및 보상의 기준이 재무적인 성과에 국한된다. ③ 미래에 대한 공유가치가 없으므로 관료적·보수적 문화가 변화의 시도를 가로막는 장벽으로 작용한다. ④ 변화에 대한 의무감이나 동기부여가 부족하다. ⑤ 고객의 Needs와 시장트렌드의 변화에 무감각해진다.

한편, 아마존의 비전(Vision) "지구상의 가장 고객 중심적인 회사가 되자(To be earth's most customer centric company)"를 핵심철학으로 유지되면서 아마존은 전자상거래 시장의 절대강자로 올라설 수 있었다. 잘 알려진 제프 베조스의 플라이휠(flywheel)이라 불리는 냅킨 스케치를 통해 아마존의 비전이 구체적인 경영전략으로 반영되고 있다. 아마존의 신규 사업은 모두 이 플라이휠의 선순환 구조에 어떻게 기여할 수 있는지를 기준으로 검토되는데 핵심은 낮은 비용구조가 저가상품을 가능케 해 고객의 만족도를 높이고 이는 또 다른 고객을 불러 기업의 협상력을 높이며 우

비전(Vision)과 동기부여

"만일 당신이 배를 만들고 싶다면, 사람들을 불러 모아 목재를 가져오게 하고 일을 지시하고 일감을 나눠주는 등의 일을 하지 마라. 대신 그들에게 저 넓고 끝없는 바다에 대한 동경심을 키워줘라."

– 생텍쥐페리(Antoine Marie Roger De Saint Exupery)

수한 공급사를 선정할 수 있게 돼 고객만족으로 이어진다. 고객 가치를 중심으로 성장을 추구한다는 핵심철학이 경영전략에 반영되고 있다. 2019년 말 기준 미국 전자상거래시장에서 아마존이 차지하는 비중은 52.4%에 달한다.

또 1907년 헨리 포드(Henry Ford)가 포드사(Ford)를 설립할 당시 만든 비전은 "10~20년 후 우리 꿈이 이루어지면 미국 대부분의 길에서 말과 마차가 사라지고 우리가 만든 자동차가 짐과 사람들을 실어 나르며, 우리 노동자들은 자신이 직접 만든 자동차를 타고 다닐 것이다."였다. 또 토요타자동차(Toyota Motor)

비전의 기능과 리더의 역할

"실천이 뒤따르지 않는 비전은 단순한 꿈에 불과하다. 비전이 없는 실천은 단순히 시간을 허비하게 할 뿐이다. 세상을 변화시키는 것은 실천이 따르는 비전이다."

– 조엘 바커(Joel Barker), 〈비전의 힘(Power of Vision)〉에서

리더의 역할

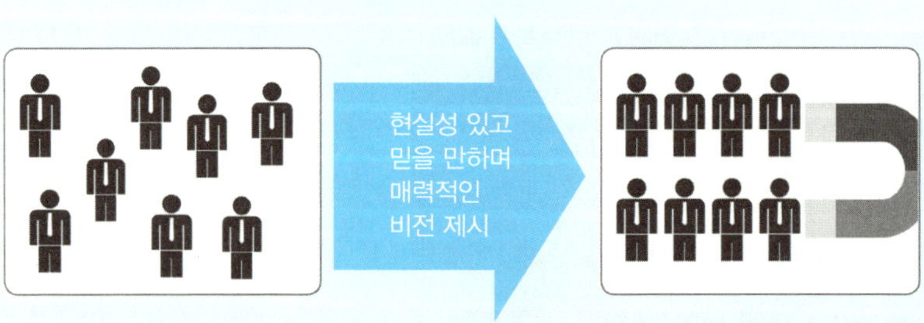

비전은 흩어져 있는 종업원을 자석과 같이 한 곳으로 모으는 기능을 한다.
따라서 이러한 기능을 수행하기 위해 리더는 중간적 입장에서
다음과 같은 역할을 수행해야 한다.

의 비전은 '자동차를 통한 풍요로운 사회 만들기'이고, 2020년을 향한 삼성전자(Samsung Electronic)의 비전은 'Inspire the world, Creat the future(미래를 정확히 예측하는 것은 미래를 스스로 창조하는 것)'이다. 이들 기업 모두는 회사가 나아가야 할 방향과 목표를 명확한 비전 제시를 통해 임직원들에게 분명히 밝히고 있다.

> "미래는 우리가 가야 할 곳이 아니라 창조해야 할 곳이다. 그러므로 그곳에 도달하는 길(방법)은 발견하는 것이 아니라 만들어야 하는 것이다."
>
> – 존 코터(John P. Kotter, 1996), Leading Change

비전보다 중요한 건 '비전 공유(shared vision)'

리더가 비전과 목적의식을 갖는 것은 조직에 혼을 불어넣고 구성원에게 자부심과 열정을 불러일으킬 수 있기 때문에 매우 중요하고 이보다 더 중요한 것은 리더가 조직 구성원들과 비전을 어떻게 공유할 것인가이다. '비전 공유(shared vision)'는 위대한 기업이 가지고 있는 가장 중요한 특징 중 하나다.

조직구성원들의 참여를 유도하라

조직에서 비전이 공유되지 못하는 가장 큰 이유 중 하나는 경영진이 일방적으로 비전을 제시하기 때문이다. 따라서 비전을 공유하기 위한 첫걸음은 비전을 수립하는 과정에 구성원의 생각과 열망을 담아내기 위해 노력하는 일이다. IBM의 최고경영자(CEO)였던 새뮤얼 팔미사노는 직원들의 적극적 참여와 의견을 반영하지 않고 만들어진 조직의 핵심가치는 경영자 혼자만 외치는 슬로건에 지나지 않는다고 했다. 그는 2003년 7월 23일 회사 내부 전산망을 통해 IBM의 핵심가치 정립에 직원들의 참여가 얼마나 중요한지 설명하며 동참을 호소하였다. 72시간 동안 새로운 IBM의 핵심가치가 무엇이 돼야 하는가에 대한 생각을 공유하는 '밸류 잼(Value Jam)'을 실시했다. 당시 임직원 32만 명 중 70% 이상이 참여했고 1만 개가 넘는 아이디어가 채택돼 IBM의 새로운 핵심가치를 수립하는 데 활용되었다.

CEO가 스스로 실천하라

많은 리더는 자신이 신년사에서 비전에 대해 한두 번 이야기하면 직원들이 이를 소중히 가슴에 담고 일할 것이라고 기대하지만 리더가 이를 반복적으로 강조하고 스스로 실천하는 모습을 보여주지 않으면 부하들이 자발적으로 공유하지도, 실천하지도 않는다. 현장에서 일하는 직원들이 조직의 비전과 가치를 가슴에 품을 수 있도록 리더가 적어도 1,000번쯤은 외치고 실천하는 모습을 보여야 한다는 잭 웰치의 이야기를 기억할 필요가 있다.

인사 시스템을 비전달성에 정렬(align)

직원 선발, 평가, 보상, 교육과 관련한 모든 시스템이 비전달성을 위해 일관성 있게 재편되지 않으면 비전이 슬로건으로 전락할 수밖에 없다. CEO가 외치는 비전과 가치가 반영되지 않는 직원 선발방식, 평가, 보상시스템만 존재한다면 직원들은 당연히 평가와 보상을 잘 받을 수 있는 행동만 할 것이다. 미국의 온라인 쇼핑몰 업체인 자포스(Zappos.com)는 신입직원을 선발할 때 특이한 방식을 사용한다. 4주간의 교육 후 신입직원 각각에게 자포스가 그들의 개인적 비전 및 가치와 일치하는 조직인지, 계속 자포스에서 근무하면 조직의 비전과 가치를 위해 열정적으로 일할 수 있는지 냉정하게 평가해 달라고 권유한다. 만약 조금이라도 의구심을 갖는 직원에게는 회사를 그만두는 대가로 2,000달러(약 220만원)의 수표를 준다. 자포스에 계속 남기로 한 직원 입장에서 보면 2,000달러를 포기했다는 생각에 조직의 비전과 가치를 한층 더 소중하게 생각한다. 그 결과 이들은 회사의 비전과 가치를 달성하기 위해 열정적으로 일하는 주인(主人)이자 전사(戰士)로 거듭났다.

– 동아비즈니스리뷰, 116호(2012.11.1)

짐 콜린스(Jim Collins)는 그의 저서 〈성공하는 기업들의 8가지 습관〉에서 "크고 위험하고 대담한 목표(BHAGs: Big Hairy Audacious Goals)"를 비전으로 삼으라고 강조한다. 바람직한 비전(Vision)의 특징은 다음과 같다. ① 미래에는 우리 회사가 어떻게 될 것이라는 그림을 보여주어야 한다. ② 우리 회사의 이해관계자인 업체, 관련기관, 구성원들 모두에게 의미가 있어야 한다. ③ 모든 구성원들이 비전을 공유할 가능성이 높아야 한다. ④ 모든 구성원들이 비전을 기본으로 의사결정하고 행동하기 위하여 간단하고 기억에 남게 만들어야 하며, 쉽게 전파하고 공유할 수 있어야 한다. ⑤ 현재의 여건으로는 쉽지 않지만 변화와 혁신을 통하면 충분히 달성할 수 있는 목표이어야 한다.

기업의 이념(理念)이 기업 측면에서 본 '기업은 무엇을 해야 하는가?' '어떤 기업이 되어야 하는가?'에 대한 답이라면, 비전은 이러한 물음을 경영자와 구성원 측면에서 생각한 것이라 할 수 있다. 비전(Vision)의 수립은 전체 직원을 대상으로 투표를 통해 선정하거나, 임원급 회의에서 안(案)을 만들더라도 이를 공청회나 워크숍에서 결정해야 하고 확정된 비전은 전사적(全社的) 차원의 비전선포식을 거쳐 공유하는 것이 바람직하다. 특히 비전을 공유하는 가장 좋은 방법은 빠른 피드백으로 실제로 달성할 수 있는 구체적인 목표를 제시하고 실천하는 것과 비전달성을 위해 노력한 직원들에게 빨리 성과를 나눠주는 것이다. 바람직한 비전의 검증기준으로는 동기부여를 포함하고 있는가? 달성 가능한 목표와 기간을 제시하고 있는가? 쉽게 이해되고 기억이 수월한가? 리더의 호소력이 있는가? 회사 미션이나 전략과 연계성이 있는가? 등을 기준으로 검토할 수 있다.

3) 기업의 핵심가치(core value)와 기업문화

핵심가치(core value)는 구성원들의 의식 속에 모두 간직하고 공유해야 하며 실천해야 하는 가치이므로 기업의 구성원 전체를 유기적으로 연결한다. 기업문화(Corporate Culture)란 특정 기업 구성원들이 지니고 있는 공유된 가치의식 또는 정신적 공감대로 특정 기업에서 조성되는 독특한 분위기나 조직에 형성되어 있는 정신적 자산이다. 이는 기업을 살아 움직이게 하고 대를 이어 지속적인 성장을 가능케 하는 핵심요소로 구성원의 의사결정이나 행동의 기준이 된다.

핵심가치가 때로는 대외적으로 기업의 이미지를 형성하는데 영향을 미치기도 한다. 잘 설계된 핵심가치는 구성원에게 자부심이 되고 에너지의 원천이 되기도 하지만, 그렇지 못한 경우 핵심가치가 말뿐인 하나의 구호에 지나지 않는 무용지물이 되기도 한다. 우리가 핵심가치에 주목하는 이유는 핵심가치가 기업 경영의 구심점과 같은 역할을 하고 주요 의사결정과 행동의 기준점이 되기 때문이다. 존슨앤드존슨(J&J)이 타이레놀 독극물 사건에 대처했던 사례를 보면 핵심가치의 중요성을 쉽게 이해할 수 있다. 존슨앤드존슨은 1943년 모든 구성원이 사업 수행에 있어 가장 중요한 것이 무엇인지를 명확히 하기 위해 'Credo(우리의 신조)'를 정립하고 핵심가치로 공유해 왔다. 이런 과정을 탄탄하게 다져왔기에 독극물 사건이 발생했을 당시, 전 임직원이 Credo에 기반해 위기대응 전략을 수립했고 위기 상황에 핵심가치가 일종의 나침반 역할을 했기 때문에 회사의 피해를 최소화할 수 있었다.

또 회사가 손해를 보더라도 반드시 지켜야 한다는 노드스트롬(Northern) 백화점의 핵심가치는 "고객에 대한 최고의 서비스"이다. 그래서 윗사람이 보든지 보지 않던 직원들은 고객서비스를 최우선으로 한다. 또 국민들에게 존경받는 인도의 타타그룹(Tata Group)의 핵심가치는 '신뢰와 사회공헌'은 이를 실제로 증명해 낸 대표적인 사례다. IBM의 핵심가치는 모든 고객의 성공을 위한 헌신, 회사와 세상을 위한 혁신, 모든 관계에서 신뢰와 개인적 책임이다. 또 애플(Apple)의 핵심가치는 '창의성'이고, 글로벌기업 GE의 핵심가치는 Integrity(타협하지 않는 정직성), Performance(성과지향), Change(변화추구)이며, 삼성(Samsung)의 핵심가치는 인재제일, 최고지향, 변화선도, 정도경영, 상생추구 등이다.

또 애플(Apple Inc.)의 핵심철학, 핵심가치는 「Think Different」라는 슬로건으로 집약된다. 이 슬로건은 1997년 쫓겨났던 스티브 잡스가 애플로 복귀한 뒤, 시작된 마케팅 캠페인 광고에 실렸다. 이 'Think Different'편은 TV용 동영상 광고와 인쇄 광고가 함께 진행되었다. 애플의 모든 광고 가운데 가장 유명했고, 어쩌면 현대 광고사에 한 획을 그은 유명한 광고이기도 하다. "Here's to the crazy ones."로 시작되는 광고의 대사에는 애플의 철학이 분명하게 드러난다. 스티브 잡스(Steve Jobs)는 "마케팅은 기업의 가치에 관한 문제"이고, "애플의 핵심가치를 설명하기 위해 마케팅 광고를 만들었다"며 「애플은 세상을 바꿀 수 있다고 믿는 사람들을 지원하고 애플 스스로가 세상을 바꾸기 위해 존재한다」는 핵심철학을 제시했다. 이때 제시된 애플의 핵심가치, 철학은 아이팟, 아이폰, 아이패드 등 이후 출시된 애플의 주요 제품에 구현되어 있고, 오늘날에도 여전히 작동하고 있다. 스티브 잡스의 뒤를 잇는 팀 쿡은 잡스의 1주기 추도식에서 이 Think Different 광고를 함께 보면서 그 유지를 강조했다.

자포스의 10대 핵심가치

① 서비스를 통해 '와우(wow)' 경험을 선사한다.
② 변화를 적극 수용하고 추진한다.
③ 재미와 약간의 희한함을 창조한다.
④ 모험정신과 독창적이며 열린 마음을 유지한다.
⑤ 성장과 배움을 추구한다.
⑥ 적극적으로 의사소통하며 솔직하고 열린 관계를 추구한다.
⑦ 긍정적인 팀 정신과 가족 정신을 조성한다.
⑧ 좀 더 적은 자원으로 좀 더 많은 성과를 낸다.
⑨ 열정적이고 결연한 태도로 임한다.
⑩ 겸손한 자세를 가진다.

3

경영전략(Business Strategic)과 경쟁전략

1) 전략(Strategic)의 개념과 역할

전쟁에서의 승리를 위해 여러 전투를 계획하고 조직을 만들어 수행하는 방책을 뜻하는 전략(strategy)의 어원은 군대를 이끈다(leadership)는 뜻을 가진 그리스어 「스트라테고스(strategos)」에서 유래했다. 과거 기초 군사전략(軍事戰略)에 사용되던 strategy는 현재 비즈니스(business) 세계에서 '어떤 목표에 도달하기 위한 최적의 방법'이라는 의미로 널리 활용되고 있다. 전략(strategy)이란 조직이 가려고 하는 곳으로 우리를 이끌어주는 방책이고, 제한된 자원으로 목적을 달성하게 하는 방법이며, 자원을 가장 효과적으로 활용하는 방법으로 가능한 여러 방안을 확인하여 그 가운데 최선 방안을 선택하는 과정이다. 전략(Strategy)은 조직체의 사회적 역할에 따라 목적(Objective)과 비전(Vision)과 목표(Goal)를 설정하고 그 목적과 목표를 달성하기 위하여 외부 환경으로 부터 주어지는 기회와 위협과 내부 환경의 강점과 약점을 찾아 최적의 의사결정을 하는 활동을 말한다. 전략에서 강조되어야 할 점은 모든 것이 선택이라는 점과 경쟁에서 상대가 있다는 점이다. 또 전략에서 자신이 어떠한 일을 어떻게 하겠다는 것을 미리 정하는 계획을 세우는 것이라면 상대가 있는 상태에서 적과 대항하여 승리하기 위하여 우리가 어떻게 해야 하는지에 대한 행동을 선택하는 것을 의미한다. 따라서, 계획(計畫, plan)이 "내가 어떻게 할 것인가"에 초점이 맞추어진 것이라면, 전략(戰略, strategy)은 "상대가 어떻게 나올 것인가"에 초점이 맞추어야 한다. 계획이 실행 가능한 계획과 실행 불가능한 계획으로 나누어진다면, 전략은 이기는 전략과 지는 전략으로 나누어진다.

전략을 세우기 위해서는 다음과 같은 다섯 단계가 필요하다. 첫째, 현재 상황 파악하기는 이해관계자 분석, 시장 동향 분석, 재정 분석, 위험 분석, SWOT

분석(강점, 약점, 기회, 위협 분석), 경쟁자 분석, 욕구 분석을 포함한다. 둘째, 전략 세우기에서 전략은 업무, 의사소통, 변화와 관련된 전략적 목표를 실현할 명확한 방법을 갖고 있어야 한다. 셋째, 전략적 목표 실현을 위한 계획 세우기에서 각 영역의 전략목표들은 세부적인 프로젝트 계획을 필요로 하는데, 여기에는 중간 성과와 책임소재가 명확히 제시되어야 한다. 넷째, 계획 실행하기에서 전략이란 보이지 않는 제1의 정신적 창조를 실행을 통해 현실로 전환시켜 제2의 창조를 만들어 내는 것이다. 다섯째, 결과 점검하고 계획 전환하기에서는 전략을 실행하기 위해 합의한 활동계획과 전략목표에 따라 프로젝트가 제대로 가고 있는지 계속 검토해야 한다.

> 전략이란 조직체의 기본적인 장기목표를 정하고 이들 목표를 달성하기 위하여 필요한 행동방식을 채택하고 이에 소요되는 자원을 배분하는 일이다.
>
> – 알프레드 챈들러(Alfred D. Chandler)

전략의 대가 마이클 포터(M. E. Porter)는 전략이란 "어떤 회사가 될 것인가?"라는 목표에 도달하기 위하여 회사가 추구하는 목표, 회사가 추구하는 사업, 상품과 서비스, 회사가 겨냥하는 시장, 경쟁의 방식, 계획 등 다양한 전략요소들을 선택하고 통합하는 문제라고 설명했다. 또 기업들이 처한 무한경쟁 상황에서는 사업의 범위와 영역(기업이 활동하는 분야)을 명확하게 정의하는 것이 중요하다. 특히 전략적 목표는 구체적이고 측정 가능하며, 시간이 정해져야 한다. 마이클 포터 교수가 주장하는 전략의 5가지 구성요인을 살펴보면 다음과 같다. 전략은 우선 독특한 가치제안에서부터 시작된다. 가치제안은 바로 세 가지 질문에 대한 답으로 정의할 수 있다. 첫째, '어떤 고객을 대상으로 할까?' '고객들의 어떤 needs를 충족시킬까?' '어떤 가격으로 재무목표를 달성할 것인가?'이다. 기업은 이 세 가지 질문에 대해 경쟁사와 다른 답을 가지고 있어야 한다. 같다면 그건 전략이 없다는 의미다. 둘째, 차별화된 가치 사슬(Value Chain)이 필요하다. 원재료에서부터 소비자에게까지 이어지는 전 과정에서 자신이 강점을 가진 분야는 전략적으로 일관성 있게 역량을 키워 경쟁사와 차별화를 이룩해야 한다. 셋째, 선택과 집중이 필요하다. 해야 할 일과 하지 말아야 할 일을 결정하는 것이다. 어떤 선택이든 반드시 득실이 있다. 넷째, 좋은 전략은 상호 긴밀하게 의존적으로 연결돼 있어야 한다. 시스템의 우위는 결국 타사와 완전히 경쟁력을 차별화하는 척도다. 다섯째, 전략의 연속성이 있어야 한다. 근본적으로 전략 포지셔닝을 장기적으로 봐야 한다. 어떤 기업은 매년 전략을 변경하지만 적어도 앞으로 5년을 내다보고 독창성을 개발하고 진행해야 한다.

또 경쟁우위를 확보할 수 있는 원천은 시장에서 차지하고 있는 독특하고 차별화된 포지션이다. 운영과 비용 효율성을 최대한으로 밀어붙여 극단적인 저가(Low Price) 시장을 만들어 낸 '다이소(Daiso)'나 가방 하나에 수백만원이 넘는 초고가 시장을 창출해 낸 '샤넬(CHANEL)'과 '에르메스(Hermes)' 같은 명품 업체들은 모두 시장에서 남들과 다른 차별화된 포지션을 선점하고 이를 굳게 지킴으로써 경쟁우위를 만들어 냈다. 회사의 시장 포지션이라는 것이 이리저리 바뀌거나 하루아침에 뚝딱하고 핵심역량을 만들어 낼 수 있는 것도 아니므로 두 전략 모두 변화의 속도가 느리고 안정적인 시장에서 잘 작동한다. 그러나 시장이 초 경쟁상황으로 들어선 상황에서, 경영환경은 한 치 앞도 예측하기 어려울 정도로 빠르게 변하다 보니 경쟁우위를 유지할 수 있는 기간도 그만큼 짧아질 수밖에 없다. 최근 초스피드로 바뀌는 시장을 신속하게 읽고 남들보다 빨리 기회를 선점하는 능력이 생존과 성장의 핵심요소가 되면서 경영환경의 변화는 전략 수립에서도 패러다임의 변화를 요구하고 있다.

2) 경영전략(management strategy)의 중요성

경쟁 환경에서 기업이 목표설정과 이를 달성하기 위한 수단을 개발하는 경영전략(management strategy)은 "지속적인 경쟁우위를 갖기 위하여 희소한 경영자원을 배분하여 상대적 경쟁우위를 창출하고 유지할 수 있는 기업의 의사결정"이라고 정의할 수 있다. 경영전략은 급속하게 변화하는 기업환경 속에서 우리 기업이 무엇을 할 것인가?(What) 어떻게 할 것인가?(How) 고객은 누구인가? 어떤 상품이나 서비스를 판매할 것인가? 어디에서 판매할 것인가? 경쟁사와 비교하여 우리의 장단점은 무엇인가? 등 조직의 목표를 달성하고 조직의 구성원으로서 사명을 수행하기 위한 조직의 전반적인 계획이라고 할 수 있다. 또 경영전략이란 상세한 전략계획수립, 구체적 시장정보, 싸움터의 선택, 계획실행의 민첩성, 전략적 가동에서의 가변성, 기만전술을 통한 전략적 우위의 창출, 공격의 필요성 등 일곱 가지의 핵심원리로 구성된 예술이라고 할 수 있다. 전략계획은 최고 경영층에 의하여 수립되는 장기적 계획으로 조직의 존속과 관련

조직 레벨에 따른 전략의 유형

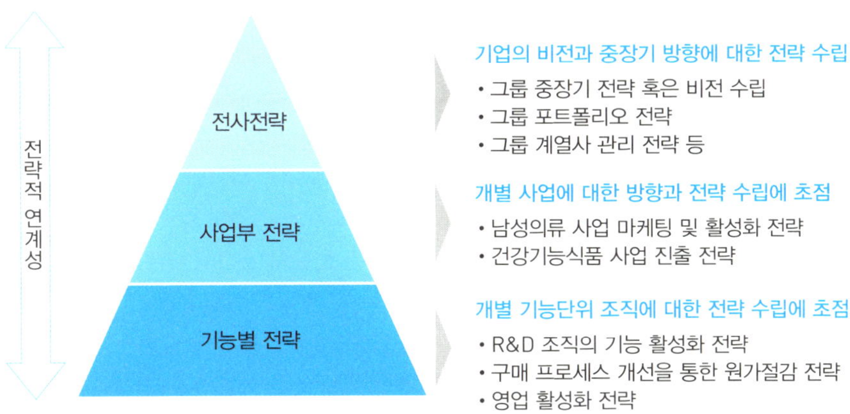

된 모든 계획의 기본 틀을 제공하므로 조직의 모든 행동과 의사결정의 일관성을 유지하게 한다. 전략 계획에는 조직의 기존 목적, 조직이 추구하는 방향 및 해당 방향으로 기업이 단기 및 장기목표를 달성할 방법을 효과적으로 식별하기 위한 조직의 구조화된 노력이 포함된다.

경영전략(business strategy)이란 시대의 흐름을 파악해 자사의 강점을 활용하면서 경쟁사에 대해 우월한 위치의 차별화를 유지하는 것이다. 따라서 경영전략(business strategy)의 목적은 핵심역량의 강화와 시너지효과(synergy effect) 달성이다. 경영전략을 설계할 때는 전략의 3요소인 3C[Customer(고객), Competitor(경쟁사), Company(자사)]의 상황과 외부 환경을 종합적으로 판단해 당시 상황에 적절한 자신만의 독자적인 대응책을 도출해야 한다. 또 경영전략의 의미는 다음과 같은 다섯 가지(5P's)로 요약할 수 있다. 첫째, 계획(Plan)으로서의 전략이다. 여기서 경영전략은 환경에 대응하기 위한 경영자의 의도적인 행동 방향과 지침을 의미한다. 둘째, 책략(Ploy)으로서의 전략이다. 여기서 경영전략은 특정 경쟁상황에서 경쟁자를 압도하기 위해 의도된 구체적인 방책을 의미한다. 셋째, 행위패턴(Pattern)으로서의 전략이다. 이때의 경영전략은 사전에 의도된 것이든 의도

바람직한 전략목표의 조건

전략경영이란 비용 절감, 마케팅 향상, 기술개발 촉진, 생산성 향상, 경영기술 향상 등을 통한 경영목표달성을 추구한다. 전략목표는 다양한 전략 대안들의 평가와 실행 과정에서 나타나는 의사결정과 행동, 전략실행결과에 대한 평가의 기준이 된다. 기업이 설정한 목표가 그 기능을 하기 위해서는 다음과 같은 조건이 필요하다. ① 전략목표는 기업 사명과 연계되어야 한다. ② 전략목표는 반드시 조직 내부구성원들이 수용 가능한 것이어야 한다. ③ 전략목표는 실행 가능한 것이어야 한다. ④ 전략목표는 환경변화에 탄력적으로 적응할 수 있도록 설정되어야 한다. ⑤ 전략목표는 정량화되어야 한다.

되지 않은 것이든 특정 기업과 그 구성원들에게 일관되게 나타나는 모든 행동 방식을 의미한다. 넷째, 위치설정(Position)으로서의 전략이다. 이는 기업의 내부와 외부 환경을 결합시킴으로써 조직의 위치를 결정하는 수단으로서의 경영전략을 의미한다. 이는 경영자들이 그들의 자원을 집중할 제품과 시장을 결정해 나가는 것을 말한다. 다섯째, 관점(Perspective)으로서의 전략이다. 여기서 경영전략은 전략결정자가 경영환경을 인식하는 관점을 의미한다. 이는 가장 추상적이고 개념적인 것으로, 특정 집단이 공유하고 있는 문화·가치관·세계관 등의 개념과 유사하다.

3) 경쟁우위와 핵심역량(核心力量, core competence)

전략에서는 경쟁자보다 월등한 기업의 차별적인 위치를 경쟁우위(Competitive Advantage)라고 하고 제품을 기준으로 보면 경쟁 제품보다 더 매력적으로 소비자에게 어필하는 제품 경쟁력이 경쟁우위를 창출하는 핵심역량(Core Competence)이다. 핵심역량이란 어떤 일을 해내는 능력 가운데 경쟁기업 대비 현저하게 우월한 경쟁우위를 가져다주는 기업의 핵심능력이다. 본래 핵심역량이라는 개념은 미시간대 경영대학원 프라할라드(C. K. Prahalad) 교수와 런던 비즈니스 스쿨의 게리 하멜(Gary Hamel) 교수가 처음 소개했다. 핵심역량은 "시장에서 어느 기업을 다른 기업과 구별하게 만드는, 복수의 자원과 기술의 조화된 결합"이고, 따라서 "기업 경쟁력의 기반이 된다"고 정의된다. 프라할라드 교수는 기업이 직면하는 산업 생태계의 환경적 요소에 의한 물질적 경쟁우위가 기업의 수익을 결정한다는 경쟁이론을 비판하면서, "기업의 장기 생존 여부를 결정하는 요소는 외부 환경이 아닌 기업 내부의 핵심역량에 의해 결정된다"고 주장했다. 여기서 핵심역량이란 단순히 그 기업이 잘하는 활동을 의미하는 것이 아니라 경쟁우위를 지속적으로 확보할 수 있는 지식, 기술, 다양

10년 뒤, AI 변호사·의사 등과 경쟁하려면… 내 핵심역량은

영국 옥스퍼드대 연구팀은 '2033년까지 현재 일자리의 46%가 사라질 것'이라고 전망했다. 지난해 한국직업능력개발원도 '2027년 국내 일자리의 52%가 AI로 대체될 것'이라고 예측했다. 2017년 한국고용정보원의 연구결과에 따르면 현재 사람이 수행하고 있는 능력의 상당 부분은 미래엔 쓸모없을 것으로 예측된다. 2030년 국내 398개 직업이 요구하는 역량 중 84.7%는 AI가 인간보다 낫거나 같을 것이라는 분석이다. 전문영역으로 꼽혔던 의사(70%), 교수(59.3%), 변호사(48.1%) 등의 역량도 대부분 AI로 대체될 전망이다. 미래의 일자리는 어떻게 변화할 것이며, 미래인재가 필수적으로 갖춰야 할 역량은 무엇인지 다양한 전문 직군의 대표자들에게 물었다. 100명이 꼽은 미래인재의 필수역량은 5가지로 압축됐다. 창의력(29명, 중복응답)과 인성(28명), 융복합능력(26명), 협업역량(26명), 커뮤니케이션능력(18명)이었다. 더불어 유연성과 컴퓨팅(각각 9명), 공감능력과 감수성(각각 7명), 문제해결력과 대인관계능력(각각 6명) 등도 중요한 역량으로 꼽혔다. 강민구 법원도서관장은 "지금까지 가장 유능한 변호사는 법조문과 해당 판례를 제일 많이 알고 있는 사람이었어요. 머리에 저장된 정보가 많아야 언제든 끄집어낼 수 있었기 때문이죠. 그런데 앞으로는 전혀 다릅니다." 강 관장은 변호사의 역할이 변하게 될 근본적 이유로 AI 변호사인 로스의 등장을 꼽았다. 로스는 초당 1억 장의 법률문서를 검토해 개별 사건에 가장 적절한 판례를 찾아내 추천한다. 2016년 5월 미국 뉴욕의 유명 로펌 '베이커드앤드호스테들러'부터 대형 로펌들이 앞다퉈 도입하고 있다.

"로스엔 거의 무한대에 가까운 판결을 저장할 수 있습니다. 법조문도 인간 변호사보다 훨씬 잘 꿰뚫고 있죠. 과연 인간이 AI를 따라갈 수 있을까요?" 그는 "미래에 유능한 변호사는 다양한 판례를 융합해 새로운 논리를 찾아내고 적절한 언어로 풀어내는 소통능력을 갖춘 사람"이라며 "인문·과학·경영 등 비법학 분야의 융합과 통섭 능력이 있어야만 훌륭한 법조인이 될 수 있다"고 말했다. 장호성 단국대 총장은 "미래의 변호사는 법률 분쟁 전에 양측의 화해를 중재하고, 법률적 문제로 고민하는 이들에게 심리상담을 하는 일종의 컨설턴트 역할을 하게 될 것"이라 내다봤다. 변호사업계의 로스처럼 국내 의학계에서도 AI 의사 왓슨이 2016년 가천대길병원을 시작으로 도입되고 있다. 왓슨은 수십만 명의 환자 정보와 1,500만 페이지에 달하는 의학 자료를 갖고 있다. 5명의 전문의가 십여 분간 집단 토론해 내릴 수 있는 암 환자의 진단과 처방을 왓슨은 단 8초 만에 도출한다. 이금형 서원대 경찰행정학과 교수도 "미래 사회에선 AI가 할 수 없는 능력들을 길러야 한다"며 "기계가 예측하고 대응하기 어려운 공감과 협상, 설득과 갈등 해결 같은 커뮤니케이션 능력이 더욱 중시될 것"이라고 전망했다.

– 중앙일보, 2018.1.14.

한 기능, 노하우, 브랜드, 조직문화 등에서 경쟁자에 비해 탁월한 능력으로 경쟁사가 모방할 수 없는 그 기업만이 가지는 기업 특유의 역량을 의미한다. 예를 들면, 소니의 소형화 기술, 캐논의 정밀기계기술과 광학기술, 혼다의 엔진 관련 기술, 월마트의 강력한 물류시스템, 코카콜라의 자사 브랜드이미지 통합을 통한 마케팅능력 등이 각 기업의 핵심역량이다.

특히 삼성전자의 경쟁우위 가운데 스피드는 빠른 의사결정과 이를 실행하는 오밀조밀한 조직관리역량과 기술과 정보의 활발한 공유 및 공정 혁신을 통한 물류, 원자재, 정보의 스피드 등이 바로 핵심역량이다. 삼성전자는 이를 활용해 반도체뿐만 아니라 다른 사업에서도 경쟁자보다 빠르게 실행할 수 있다. 핵심역량은 특정 기술뿐만 아니라 내부에 축적된 지식, 직원들이 공유하는 조직문화, 그리고 절대적 경쟁력을 가져오는 독특한 공정체계, 고객충성도가 높은 독특한 브랜드 등과 같이 기업을 오랫동안 경쟁력 있게 유지시키는 원천이다. 또 핵심역량은 하나의 요소가 아니라 여러 요소들이 쌓여 축적된 결과물인 경우가 많다. 특히 애플이나 IBM 같은 대기업이 축적해온 지식 자산처럼 그 규모도 방대하고 상호 연관성이 매우 높을 경우 경쟁자가 이를 통째로 모방하기는 매우 어렵다. 사업의 성패는 핵심역량을 지속적으로 키워내고 이를 효율적으로 이용하는 능력에 달려 있기 때문에 기업에게 가장 중요한 일은 바로 자신의 핵심역량이 무엇인지 정확하게 파악하고 이를 꾸준히 구축해 나가는 활동이다.

4) 마이클 포터의 경쟁전략(competitive strategy)

(1) 마이클 포터(Michael E. Porter)의 경쟁전략과 5가지 경쟁요인

경쟁전략(competitive strategy)이란 경쟁기업보다 더 큰 수익을 올릴 수 있는 전략으로, 1979년 하버드대학의 마이클 포터 교수는 '5가지 경쟁요소(5 Forces)'라는 산업구조에 대한 분석방법을 통해 전략의 판단기준을 정립했다. 그 산업의 경쟁강도와 수익성은 그 기업이 속한 산업의 경쟁강도에 따라 달라지며, 그 강도를 결정짓는 마이클 포터 교수의 5가지 경쟁요소를 다음과 같다.

① 신규 진입자의 위협: 신규 진입자는 새로운 능력이나 M/S(Market Share)를 획득하려는 욕망 및 실질적인 자원을 기반으로 진입하려고 하고, 신규 진입자에 의하여 수익성은 가격경쟁이나 원가 인플레이션 등으로 낮아지게 된다.

② 기존 경쟁자 간 경쟁강도: 경쟁은 경쟁자들이 경쟁위치를 개선에 대한 압력이나 그 기회를 찾고 있을 때 일어나며, 경쟁 양상은 가격경쟁, 광고·홍보전쟁, 제품 출시 등으로 나타난다.

③ 공급자의 협상력: 공급자들은 가격을 인상하거나 품질을 저하시키려는 위협으로 협상력을 제고하려고 하고, 강력한 협상력을 갖고 있는 공급자들은 더 이상 원가를 상승시킬 수 없을 정도로 수익성을 잠식할 수도 있다

④ 구매자의 협상력: 구매자들은 가격 인하 및 품질 제고 압력을 통하여 또는 경쟁자간 수익성을 훼손토록 조정하면서 산업과 경쟁한다.

⑤ 대체재의 위협: 대체재는 기업이 얻을 수 있는 가격의 상한선을 설정케 함으로써 잠재적 수익을 제한한다.

마이클 포터의 5가지 경쟁요인(5 Forces)

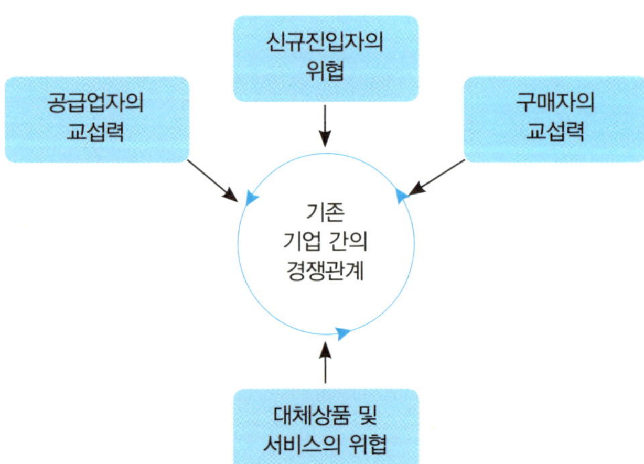

(2) 본원적 경쟁전략(generic strategy)

마이클 포터(Michael E. Porter) 교수는 위 5가지 경쟁요인으로부터 기업을 지키는 장기적이고도 기본적인 본원적 전략(generic strategy)으로서 저가전략(Cost leadership strategy), 차별화 전략(Differentiation strategy), 집중화(Focus strategy) 전략을 제시하였다. 3가지 기본전략의 특징은 다음과 같다. ① 비용우위(cost leadership) 전략의 최대 무기는 저비용이다. 원가우위전략은 낮은 원가로 제품을 생산하거나 제공함으로서 가격경쟁력을 무기로 산업계에서 상대적인 경쟁력을 높이려는 전략이다. ② 차별화(differentiation) 전략은 다른 기업에는 없는 특성을 살려 그 산업 내에서 특별한 위치를 차지하는 것이다. 비교적 넓은 시장에서 독특하다고 인식되는 제품이나 서비스에 높은 가격(premium price)을 붙여 경쟁하는 것을 말한다. 차별화 전략은 품질·서비스·납기·유연성·신제품 도입속도·최초의 제품·세분화 속성·업계의 선두·전통·전문성 등에서 고객에게 특별히 인식되는 차이점을 확보함으로써 가격 이외의 관점에서 상대적인 경쟁력을 높이려는 전략이다. ③ 집중화(focused) 전략은 특정 지역이나 타깃에 기업의 자원을 집중하는 것이다. 집중화 전략은 '특정 시장'만을 대상으로 경쟁을 하게 된다. 따라서 집중화 전략은 경쟁자와의 전면적 경쟁이 불리한 기업이나, 보유하고 있는 자원 또는 역량이 부족한 기업에게 적합한 전략이라 할 수 있다.

포터의 경쟁전략

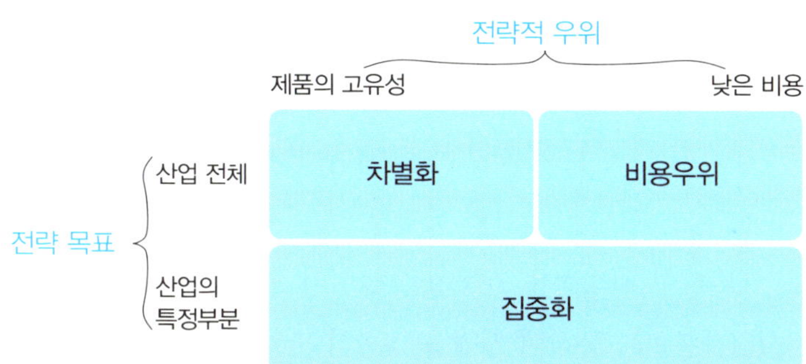

4

STP 마케팅 전략(Strategy)

1) 시장세분화(Market Segmentation)

(1) 시장세분화의 배경

오늘날 산업의 대부분이 성숙기에 접어들었고, 급속한 환경변화에 따라 제품, 서비스 수명주기가 무척 짧아진 것은 기업에게 새로운 기회이자 위협요인이 되고 있다. 점차 심해지는 경쟁 속에서 많은 비용을 들여 개발한 신제품·서비스가 시장에서 성공할 확률은 낮아지고, 과열 경쟁 때문에 매출 증가나 시장점유율 향상은 더 어렵게 되었다. 더구나 소비자들의 요구수준이 높아지면서 기업들은 더 발전된 차별적 경쟁우위를 추구하기 위하여 STP 마케팅전략이 폭넓게 활용되고 있다. 마케팅 기본전략으로 STP 전략이란 마케팅전략과 계획수립 시 소비자 행동에 대한 이해에 근거하여 시장을 세분화하고, 이에 따른 표적시장의 선정 및 표적시장에 적절하게 제품을 포지셔닝하는 일련의 활동을 의미한다. STP 마케팅은 단계별로 살펴보면, 우선 시장세분화(Market Segmentation)란 이질적인 욕구를 가진 다양한 소비자들로 구성된 전체시장을 일정한 기준에 따라 몇 개의 동질적 세분 시장으로 나누어 각 수요층에 대해 집중적으로 마케팅 전략을 펴는 것이다.

"모든 사람에게 잘 맞는 한 가지 사이즈는 없다(One size does not fit all)"는 말처럼 세분화는 산업 전체시장을 차별화된 동질적 집단으로 나누는 것이다. 시장을 세분화하는 이유는 큰 규모의 서로 다른 산업 전체시장을 작은 규모의 동질적인 시장으로 나누고, 회사는 각각의 동질성 있는 시장의 요구에 맞는 상품과 마케팅믹스를 개발하여 시장점유 가능성을 높이기 위함이다. 시장세분화의 장점으로는 ① 시장세분화를 통하여 시장을 정확히 파악할 수 있다. ② 기업의 경

경쟁사와 경쟁에서 이기려면?

경쟁사와 경쟁에서 이기려면 상대적으로 우세한 역량을 만들어야 하고, 그 역량을 경쟁사와 대응에서 집중할 수 있어야 한다. 경쟁(Competition)의 어원은 라틴어 'Compedare(같이 찾다)'로 적과의 싸움이 아니라 함께 공동의 목표를 추구하는 파트너십이라는 의미와 유사하다. 이런 'Competition'이란 단어를 일본의 후쿠자와 유키치(ふくざわゆきち)가 한자로 풀이하면서 처음 '경쟁'이란 말을 만들었고 경쟁이라는 의미가 서로 다투고 싸우면서 상대로부터 무엇인가를 빼앗는 부정적인 의미로 인식되게 되었다. 하지만 경쟁의 진정한 의미는 경쟁자에게서 무엇가를 빼앗는 것이 아니라 경쟁을 통해서 새로운 상황에 맞는 올바른 관계를 만들어 보다 나은 평화를 구축하고 새로운 가치를 지향하는 의미를 내포하고 있다. 따라서 경쟁사와 경쟁에서 이기려면 경쟁사로부터 모든 것을 빼앗아 완전히 고사시키겠다는 생각보다는 경쟁사를 지렛대로 상대적 우위에 설 수 있는 역량을 만들어 절대적 시장지위를 확보해 나가되, 경쟁사에게도 일부 시장점유를 양보해서 존속할 수 있도록 하고, 때로는 경쟁사와 파트너십을 가지고 함께 공동목표를 추구해 나가는 게 장기적으로 유리하고 바람직하다.

첫째는 조직구성원의 사기, 곧 조직 목표를 달성하고자 하는 마음을 살펴야 한다. 기업 구성원의 분위기가 활기와 의욕이 넘치는 조직이 있는가 하면, 책임지는 것을 두려워하며 일을 회피하려는 분위기가 팽배한 조직도 있다. 당연히 의욕이 넘치는 분위기를 가진 조직이 업무의 성과를 올리게 된다. 따라서 직원들의 사기를 점검하고 조직 전체를 아우르는 분위기를 관리하는 것이 매우 중요하다.

둘째는 조직원들 간의 협력 정도인데, 사기가 왕성하더라도 부서 간의 협조성이 떨어지는 경우가 있다. 따라서 전체 조직의 목표를 중시하도록 구성원들에게 충분히 알리고, 경영자의 경영철학과 비전을 명확히 제시해서 상호 협력관계를 강화해 나가야 한다.

셋째는 명령이 실행되는 정도이다. 리더의 명령이나 지시가 매번 달라지면 구성원들이 리더를 신뢰하지 못하기 때문에 갈수록 냉소적인 반응을 보이는 경우가 발생하게 된다. 따라서 지시실행에 따른 상벌을 분명히 하고, 리더도 잘못된 지시를 내렸을 때는 솔직하게 책임지는 모습을 보여야 한다.

– 한국경제, 2017.10.16.

쟁좌표를 찾아낼 수 있다. ③ 마케팅자원을 효과적으로 배분할 수 있다. ④ 목표시장(Target Market)을 확실히 정할 수 있다는 점이다. 시장세분화의 단점으로는 시장조사 비용이 증가, 제품 생산 원가가 올라가고 또 다른 특정 시장이 희생되는 경우가 발생할 수 있다. 기업이 마케팅전략 수립 시 시장세분화를 하는 목적은 ① 시장기회를 탐색하기 위하여, ② 소비자의 욕구를 정확하게 충족시키기 위하여, ③ 변화하는 시장수요에 능동적으로 대처하기 위하여, ④ 자사와 경쟁사의 강·약점을 효과적으로 평가하기 위한 것이다.

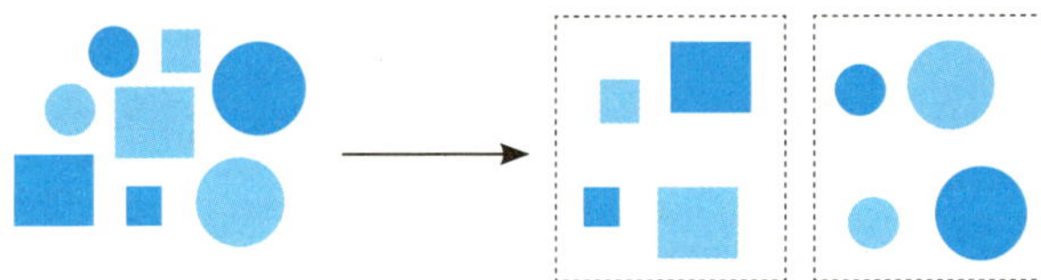

(2) 세분화를 어떻게 할 것인가?

① 시장세분화의 명확한 기준과 그 근거를 제시하고 있는가?

② 세부시장별 특성(수익성, 규모, 성장률 등) 및 향후 전망을 객관적 근거를 갖고 제시하고 있는가?

③ 목표 고객이 분명하게 설정되었으며, 대표적인 고객을 예시하였는가?

④ 각 개별시장에서의 목표 점유율을 제시하고 있는가?

⑤ 고객 시장 전체의 구조(브랜드 포트폴리오상의 타 브랜드와의 관계분석 포함)를 명확하게 이해, 파악하고 있는가?

⑥ 고객 시장의 분포에 따른 구분 점을 명확히 잡고 있는가?

⑦ 형성하고 있는 시장의 고객 수는 적절한지, 고객 시장을 상품에 맞게 적절히 구분하였는지를 고려해야 한다.

⑧ 시장을 세분화하여 어떤 시장을 대상으로 하고 있는지를 분명히 하고 시장을 세분화하는 방법은 여러 가지가 있다.

[표 8-1] 변수를 사용한 세분 시장의 예

구 분	변 수	분류 사례
지리적 변수	지역	• 서울특별시, 부산, 대전, 광주… 광역시, 강원도
	기후	• 중부지방, 남부지방, 서해안, 동해안
	인구밀도	• 도심지, 교외, 농촌, 어촌
	규모	• 특별시, 광역시, 시, 군, 읍, 면
인구통계적 변수	성별	• 남성, 여성
	연령	• 영유아, 10대, 20대, 30대, 40개, 50대 이상
	소득	• 저소득층, 중산층, 고소득층
	학력	• 중졸, 고졸, 대졸 이상
	직업	• 직장인, 자영업, 기술자, 전문직, 프리렌서
	가족규모	• 독신자, 2인, 3~4인, 5인 이상
심리분석적 변수	라이프스타일	• 여피족, 오렌지족, MG세대, 386세대
	개성	• 권위적, 사교적, 보수적, 야심적
행동분석적 변수	편익	• 기능적 편익: 편의성, 경제성 심리적 편익: 제품이미지, 신분과시, 자기만족
	사용량	• 소량사용자, 중량사용자, 다량사용자
	사용 경험	• 가정용, 선물용, 휴대용, 사무실용, 가정용
	브랜드충성도	• 자사 브랜드 애호자, 타사 브랜드 애호자

(2) 효과적 시장세분화의 요건

① 측정가능성(Measurability): 세분 시장의 고객 수 및 구매력 등 특성들이 측정 가능해야 한다. 장식용으로 책을 구매하기 원하는 소비자들이라고 표적시장을 정하더라도 고객 수나 구매력 등을 측정하기가 불가능할 수 있다.

② 내부 동질성(Homogenous-within): 각 세분화된 고객의 행동 양식을 측정할 수 있어야 하는데 구체적 수치로 측정하지 못하면 전략설정이 어렵다.또 각 세분화된 고객은 동일한 마케팅전략으로 공략할 수 있어야 한다.

③ 접근가능성(Accessibility): 유통경로나 매체를 통해 접근이 가능해야 한다 (예: '사회적으로 적극적이고 야근을 자주하는 미혼의 여성'으로 표적시장을 정하더라도 이들이 접근이 어려운 특정 지역에 있거나 특정매체에 자주 노출이 되지 않는 한 기업이 표적시장에 접근하기는 어려움).

④ 충분한 시장의 규모(Substantiality): 세분시장이 커서 충분한 이익을 얻을 수

있을 만큼 매력이 있어야 하며, 각 소비자들의 기호에 정확히 맞는 제품을 만들더라도 규모가 작으면 그에 따른 과다한 생산비용으로 인해 이익을 내기는 매우 어렵다.

⑤ 실행가능성(Actionability): 각 세분 시장을 공략하기 위한 효과적 마케팅 프로그램을 개발할 수 있어야 하고 세분 시장을 발견할 수 있더라도 그에 적합한 마케팅 프로그램을 따로 개발할 수 없으면 세분화의 의미가 없다.

2) 표적 시장 선택(Market Targeting)

표적 시장을 선정하기 위해서는 시장규모나 성장성뿐만 아니라 시장의 반응, 경쟁 환경요인, 기존 경쟁 강도와 잠재적 진입자의 진입장벽, 경쟁자의 시장점유율, 세분 시장의 수익성 및 활동성, 대체 기술이나 제품의 출현 정도, 유통경로와 물류의 여건 등을 고려해 보아야 한다. 또 뿐만 아니라 경제적, 기술적인 요인, 사회·문화적인 요인, 기술 변화, 가격 민감도, 순환성과 계절성, 유통시스템, 구매자나 공급업자의 구매력, 수명주기, 자사의 능력과 세분 시장과의 상호작용까지도 면밀히 분석하여야 한다. 이러한 과정을 거쳐 표적 시장이 선정되면 표적 시장의 시장구조와 구매자 특성을 파악하여야 한다. 시장구조 면에서는 기술, 품질, 서비스 수준과 고객의 성장성, 유동성과 안정성, 고객업종의 영업이익률과 매출채권 회수 기간 등 구조적 매력성을 면밀히 분석해 보아야 하며 구매자 특성 면에서는 구매자의 정보수집방법과 구매자의 구매 평가 기준 등을 미리 분석하여 대처해야 한다. 그리고 마케터(marketer)는 세분된 시장을 평가하고 그 가운데 회사가 마케팅전략을 펼쳤을 때 효과적이고 쉽게 반응할 매력 있는 세분 시장을 선택하게 된다. 그리고 표적 시장의 구매 의사결정 집단의 구조를 정확히 파악하여 사전에 전략과 접근방법을 고려해야 한다. 구체적으로 표적시장의 구매 의사결정 과정에 참여하는 어느 부서(구매부서, 사용부서, 기술부서, 감사부서 등)가 구매 영향력이 있고 그 가운데 구매 결정에 결정적 영향을 미

[표 8-2] 표적 시장 평가요소

평가요소	주요 내용
규모 및 성장	• 현재 및 미래의 시장규모 • 연평균 성장률 • 예상 수익률(매출원가, 영업이익)
매력도	• 경쟁자의 수/경쟁 강도 • 대체품의 존재 여부 및 가능성 • 구매자의 협상력 • 공급자의 협상력 • 시장 진입장벽
회사의 목표 및 자원	• 시장의 성격이 회사의 중장기 목표와 합치하는 시장인가? • 세분화 시장에서 성공하기 위해 요구되는 경영자원을 조달할 수 있는가?

치는 핵심적인 인물(Key Person)이 어느 부서에 있는 누구인지까지 면밀히 분석해야 한다. 표적 시장을 선택할 때 스타트업은 대부분 수익성이 가장 큰 시장을 노리게 되는데, 이러한 시장의 경우 경쟁 강도가 가장 높고 경쟁자들 간의 심한 경쟁과 더불어 기존 경쟁자들의 제품과 브랜드 충성도가 높은 소비자들이 많을 수 있으므로 경쟁자들이 무시하고 있는 새로운 세분 시장(틈새시장, 니치마켓)이 오히려 좋은 선택이 될 수 있다.

3) 포지셔닝(Positioning)

포지셔닝(Positioning)이란 소비자의 인식 속에 제품과 브랜드에 대한 차별화된(특정한) 위치를 차지하게 하는 것이다. 커뮤니케이션 과잉시대에 성공하려면 기업은 소비자의 인식 속에 기업과 브랜드의 강점과 약점은 물론, 경쟁기업과 경쟁브랜드의 강점과 약점까지도 염두에 둔 상대적 위치(포지션)를 창조해야 하고, 이러한 포지션을 소비자 기억에 남게 하려면 메시지를 단순화, 정교화해서 전달해야 한다. 포지셔닝 전략을 수립하는 과정은 다음 4단계로 구분할 수 있다. 첫 번째 단계는 자사의 경쟁적 강점을 먼저 파악한다. 자사가 경쟁자들보다 인적 자원이나 물적자원뿐 아니라 기술, 품질, 시스템, 영업력, 브랜드 등 경쟁적 강점을 활용하여 제품을 차별화하든지, 서비스를 차별화하든지, 아니면 인적차별화를 하든지, 기업의 이미지나 브랜드이미지를 차별화하는 방법을 고려하여 전략을 수립해야 한다. 두 번째 단계는 경쟁우위의 선택이다. 경쟁적 강점을 파악한 다음에는 어떠한 경쟁우위 점을 선택할 것인지, 몇 개의 우위 점을 가지고 차별적 포지셔닝을 시도할 것인지를 결정해야 한다. 세 번째 단계는 선택한 포지션의 전달이다. 일단 포지셔닝에 사용할 차별점이 선택되면 표적 시장의 고객에게 바람직한 포지셔닝이 될 수 있도록 차별점을 전달하여야 한다. 네 번째 단계는 포지셔닝전략의 수립이다. 구체적인 포지셔닝전략을 수립하기 위해서는 제품과 서비스에 대한 제품(Product)전략, 가격(Price)전략, 그리고 유통(Place)전략과 판매촉진(Promotion)전략을 수립하되 4가지 전략이 일관성이 있고 보완성 있게 모아 시너지가 최대화되도록 마케팅 4P Mix전략을 수립하여야 한다. 그리고 메시지가 광고, PR, 입소문(word-of-mouth), 소비자의 사용 경험 등을 통해 오랜 시간에 걸쳐 전달되어야 소비자 마음에 특정 브랜드의 이미지가 형성된다. 따라서 성공적인 포지셔닝을 위해서는 경쟁브랜드와 비교했을 때 우리 브랜드만의 독특한 포지션을 위한 차별화(differentiation)와 그것을 지속적으로 유지하는 일관성(consistency)이 필요하다.

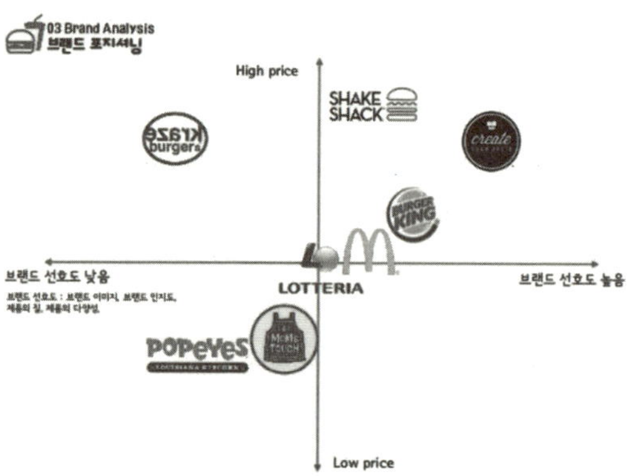

미국의 마케팅 전문가 잭 트라우트(Jack Trout)와 앨 리스(Al Ries)는 포지셔닝(positioning) 개념을 대중화시킨 책 「포지셔닝(Positioning)·마음의 전쟁(1981)」에서 "당신은 자신의 제품을 소비자의 마음속 어디에 자리 잡을지 생각해야 한다"고 설명했다. 그들은 포지셔닝의 핵심을 다음과 같이 설명한다. 첫째, 고객의 마음속에 파고 들어간다. 둘째, 한 가지 간단한 메시지를 심어라. 셋째, 그 메시지는 당신과 당신의 경쟁자들을 뚜렷하게 구분 지을 수 있어야 한다. 넷째, 그러기 위해서는 희생이 필요하다. 한 가지에 초점을 맞추고 나머지는 과감하게 포기하라. 또 그들은 “진실은 별로 중요하지 않다. 문제는 마음속에 존재하는 인식이다”라고 말했다. 결국, 포지셔닝은 마케터(marketer)가 소비자의 마음속 원하는 위치에 자리 잡도록 하는 것이 핵심이다. 또 콜라시장의 후발주자인 펩시콜라는 1위인 코카콜라를 경쟁상대로 삼고 ‘젊고 참신한 도전자’의 이미지를 굳혔고 도미노피자는 자신을 확실하게 차별화해서 뚜렷하게 포지셔닝하고 있다. 도미노는 품질이나 가격, 가치 등을 언급하는 대신 오랫동안 광고마다 “30분 이내에 배달하지 못하면 피자를 공짜로 드립니다”라는 카피로 빠른 배달속도를 핵심콘셉트로 강조해왔다. 그래서 도미노피자는 피자 배달 사업에서 경쟁자와 뚜렷하게 차별화되었다. ‘빠르고 믿을 만한 배달’ 하면 도미노피자가 떠오르게 만든 것이다. 도미노피자처럼 하나의 핵심메시지를 얼마나 잘 선택해서 집중적으로 공략하느냐가 포지셔닝의 관건이다.

또 제품 이미지(image)와 포지셔닝(Positioning)의 다른 점은 이미지는 제품에 대한 전체적인 인상이고 포지션은 일반적으로 경쟁자와 비교된, 소비자 마음속의 기준점(Reference Point)이다. 자사의 제품이나 브랜드를 경쟁자로부터 분리시켜, 1~2가지 특성을 찾아내는 것이 바로 전략적 포지셔닝이다. 이러한 포지셔닝 수행 시 주로 사용하는 기준들로는 다음과 같은 것들이 있다.

① 제품의 속성: 제품의 색깔, 브랜드, 제품의 특성 등

기업이 제품의 어떤 속성 또는 특징을 포지셔닝하는 것이다. 011의 때와 장소를 가리지 않습니다(탁월한 통화능력). 어떤 맥주 회사는 자신이 가장 오래된 맥주 업체라고 강조하였다.

② 소비자 편익(benefit): 문제해결, 기본적 욕구(갈증 해소, 피부 보호) 등

락앤락은 식료품을 사용하고 난 후에도 처음과 같이 싱싱하게 보관해 준다는 편익을 약속한다.

③ 가격 or 품질: 고품질·고가(벤츠), 저가 포지셔닝(McDonald's) 등

벤츠, 샤넬(Chanel) No.5 향수는 매우 높은 품질과 높은 가격으로 포지셔닝한

다. 프랑스 제품 에르메스(Hermes)와 루이뷔통은 할인도 하지 않는 명품으로 포지셔닝하며, 반면 최근에 많이 생긴 저가 항공사들은 최저가라는 가격 포지셔닝을 하고 있다.

④ 특정 사용자: 운동선수용, 등산용, 임산부용, J&J의 베이비 오일·샴푸 등

초기에 애플(Apple)컴퓨터는 그래픽 디자이너 같은 전문가들의 컴퓨터라고 포지셔닝을 해 그래픽 작업을 전문적으로 이용하는 사람들에게 그래픽 전문 컴퓨터라는 인식을 심어 주었다.

⑤ 제품범주: 자사 브랜드를 해당 제품범주의 선도자(leader)로 인식. 습관적으로 최초(first)를 최고(best)라고 인식하는 경향이 있으므로 제품범주 포지셔닝은 최초 브랜드가 주로 사용한다. 코크(Coke)는 브랜드라기보다 콜라를 의미, 제록스(Xerox)는 복사기, IBM은 컴퓨터를 의미하는 포지셔닝전략 활용

⑥ 모델에 의한 포지셔닝: 박찬호와 나이키, 김혜자 또는 고두심과 청정원

⑦ 재(再)포지셔닝: 기존 포지셔닝을 변화시켜 다시 포지셔닝. 카우보이 말보로 담배는 1950년대 중반까지 여성용, 버지니아 슬림의 여성용 담배 포지셔닝

⑧ 경쟁자를 이용한 포지셔닝: 경쟁상품과의 명시적 혹은 묵시적 비교를 통해 자사 제품의 포지셔닝을 부각. 예) 하이트 맥주: 맥주의 90%는 물, 어느 맥주를 드시겠습니까? 렌터카 회사 Avis: 우리는 2등입니다! We Try Harder!

STP 성공 사례

① 에이스 침대 "침대는 가구가 아닙니다. 과학입니다"라는 마케팅전략으로 침대의 속성인 스프링만의 논쟁에서 벗어나 소비자의 마음속에 새롭게 자리 잡았다.

② 경동 보일러 자칫 딱딱할 수 있는 보일러 자체의 속성보다는 '가장 한국적인 고향에서의 부모님"을 광고에서 보여주면서, 따뜻한 이미지가 느껴지도록 STP 전략을 실행하여 성공하였다.

③ 하이트 맥주(깨끗함, 지하 150m의 천연암반수) 논쟁의 초점을 물로 바꾸어 "지하 천연 암반수"라는 특화된 측면으로 소구하여 성공하였다.

Chapter 9

시장개척(Market development)과 소비자 선택권

Chapter 9

9

시장(Market)의 기능과 기업의 생존

1) 시장(Market)의 기능과 특성

국가에 필요한 물건의 생산량을 정부가 예상하여 결정하는 계획경제에서 사람들이 물건들이 얼마나 필요로 할지 예상하는 일은 사실상 불가능하므로 항상 어떤 물건은 남고, 어떤 물건은 부족한 현상이 일어난다. 따라서 사람들이 불편을 겪음과 동시에 꼭 필요한 곳에 쓰여야 할 자원이 낭비되기 때문에 현재 대다수국가들은 계획경제 대신 시장경제를 채택 운영하고 있다. 지난 한 세기 동안 세계는 시장경제와 계획경제 체제로 나뉘어 치열하게 경쟁했고, 시장경제를 택한 자본주의 국가는 부강해졌으나 계획경제를 택한 공산주의 국가는 가난해졌다. 시장경제는 개인의 이익을 추구하기 위해 사람들이 끊임없이 경쟁해야 하므로 더 많은 부를 창출할 수 있었으나 계획경제는 시장을 거부하고 평등한 분배를 위해 정부가 모든 생산과 소비 활동을 계획하고 통제했기 때문에 열심히 일하거나 새로운 기술개발 의욕을 잃게 된 결과 국민을 가난하게 만들었다.

시장경제의 산물인 시장(市場, Market)의 본질은 자유경쟁의 원칙에 의해 가치를 교환하는 장소이고, 시장은 가치의 교환(交換, exchange)을 통하여 소비자에게는 편리함을 주며 동시에 기업에게는 생존과 성장의 기반인 수익을 제공한다. 모든 시장의 근본적 구성요소는 바로 교환이다. 교환은 언제나 소유권을 교환하는 것이다. 시장(Market)은 가격을 결정하고 자유경쟁과 가격시스템을 통해 자원을 효율적으로 배분하는 역할을 한다. 시장경제에서는 만약 어떤 물건이 인기를 끌어 사람들이 많이 찾게 되면 그 물건의 가격이 오르게 되고, 그러면 물건을 생산하는 사람들이 그 물건을 많이 만들어 시장에 팔게 되면서 수요와 공급이 점차 균

창업자가 응답해야 할 시장에 대한 질문

스타트업은 창업자의 비전으로 시작된다. 처음 시작할 때 세상을 바꿀 열정과 자신감, 혁신, 믿음, 창조, 사랑, 희생 등 수많은 아름다운 꿈들로 가득하지만 흔히 창업초기에는 상품과 서비스의 시장 유형에 대해서 올바른 인지하지 못하는 경우가 많다. 창업자는 시장 유형에 대해 구체적으로 고민해야 하고 시장에 대해서 다음과 같은 질문에 답을 할 수 있어야 한다.

① 뛰어들 시장의 특성에 대하여 충분히 인지하고 있으며, 또 고객에 대하여 깊고 세밀하게 전체적으로 이해하고 있는가?
② 당신의 바라보는 비즈니스 유형은 소매업? 광고업? B2C or B2B? 등 어떤 것인가?
③ 당신의 비즈니스는 레드오션? 블루오션? 틈새시장? 복제시장? 등 어떤 시장을 목표로 하는가?
④ 목표시장의 경쟁자들은 누구인가? 또 직접적인 경쟁자와 잠재적 경쟁자들은 누구인가?
⑤ 인접 시장은 어떤가? 인접된 시장에 대기업이 존재하는가?
⑥ 1년~3년 후 목표 시장에서 포지션을 확보한 후에 확장전략은 존재하는가?
⑦ 경쟁사의 상품과 비교, 제품의 특성과 속성, 가격 등 경쟁력이 있는가?
⑧ 고객의 욕구 변화를 이해하고 즉각적으로 대응할 준비가 되어 있는가?
⑨ 창업의 이유 중 수익추구 외 보다 근본적인 이유를 설명할 수 있는가?
⑩ 시장과 기술, 경쟁자에 대한 정보를 신속하게 획득하고, 의사결정과 그 집행을 최대한 빠르게 할 수 있는가?
⑪ 고객과 시장의 관점에서 보기 위해서는 '무엇'을 파는가가 아닌 '왜' 사는가에 집중해야 함을 명확히 인식하고 있는가?
⑫ 시장에서의 경쟁이 치열해질수록 기업입장에서 무엇보다 더 필요한 것은 '새롭고 차별화된 아이디어'를 준비하고 있는가?

형을 맞춰가게 된다. 이렇게 생산을 위해 필요한 자원이 가격이 오르고 내림에 따라 필요한 곳에 적절히 쓰이도록 배분되는 것이 시장경제의 장점이라고 할 수 있다. 시장경제의 또 다른 장점은 기업이나 소비자 등 모든 경제주체가 시장에서 자신의 이익을 극대화하려고 경쟁하면서 결국 나라 전체적으로 더 많은 생산이 이루어지며 경제 성장이 촉진되는 것이다. 그러나 사람과 기업이 모두 자신의 이익만 추구하며 경쟁하다 보니 불평등과 상대적인 빈곤이 발생한 것이다.

시장경제는 애덤 스미스가 말한 것처럼 "보이지 않는 손"에 의해 자원이 효율적으로 배분되는 체제이다. 하지만 시장이 스스로 효율적인 자원 배분을 하지 못하는 경우도 있다. 이런 경우를 시장의 실패라고 한다. 규모의 경제가 작용하거나 원료 독점 등으로 독과점이 나타나는 경우, 환경오염 등 외부 효과가 발생하는 경우, 국방·치안처럼 재화나 서비스의 공급을 시장에 맡기기 힘든 공공재의 경우 등을 들 수 있다. 이러한 시장실패가 나타나면 보통 정부가 개입하게 된다. 하지만 정부 역시 시장에 대한 불완선한 정보와 능력의 한계 등으로 기능을 제대로 하지 못하는 경우가 많은데 이를 정부의 실패라고 한다. 예컨대 '적자 기업이 시장에서 퇴출되지 않고 정부의 구제금융으로 연명하는 것은 정부의 실패 사례다.

본래 고대엔 시장이 없었기 때문에 각자 필요한 물건을 스스로 만들어 쓰는 자급자족 경제였다. 시간이 지나며 사람들은 자신의 물건과 다른 사람의 물건을 바꿔 사용함으로써 더 풍요롭게 살 수 있다는 사실을 깨달았다. 물건을 교환하려는 사람과 바꿀 물건이 많아지자 효율적으로 교환할 수 있는 장소가 필요했고, 함께 참여한 사람들과 인적·물적·시간적·공간적 요소들이 한데 모여 자연발생적으로 만들어진 사회적 제도가 바로 시장(Market)으로 발전하였다. Market(시장)의 어원은 고대 유럽에서 전리품이나 도둑질한 장물이 시장에서 거래되었기 때문에 '약탈한 물건'을 의미하는 라틴어 「merce」에서 유래되었다고 한다.

시장(Market)의 원리를 살펴보면, 우선 자유 교환의 원리는 시장에서 거래 당사자들은 누구의 간섭 없이 자발적인 의사에 따라 자유롭게 서로 원하는 재화와 서비스를 교환하여 사용함으로써 경제 사회의 구성원들은 경제적으로 풍요로운 삶을 누릴 수 있다. 둘째, 이익 추구의 원리는 자유로운 교환 활동은 개인의 이기심에 바탕을 두고 생산자는 한정된 자원으로 최대의 이윤을 얻고자 하며, 소비자는 한정된 소득으로 가능한 한 큰 만족을 얻고자 함이다. 경제주체들의 이익 추구는 사유 재산권의 보장을 통해 제도적으로 뒷받침된다. 셋째, 경쟁의 원리는 자유로운 교환에 참여하는 경제인들은 경쟁에 직면하면서 소비자는 한정된 소득으로 가장 큰 만족을 얻기 위해 경쟁하고, 생산자는 품질이 우수하고 값싼 제품을 공급하여 이윤을 극대화하기 위해 경쟁한다. 또 경쟁의 결과 필요한 재화와 서비스를 가능한 한 낮은 가격으로 생산하여 필요한 사람에게 공급함으로써 사회 전체적으로 자원의 효율적 배분을 가능하게 한다.

또 시장은 이익에 의해 움직이는 인간 활동의 최전방으로 기업이 좋은 상품을 제공하더라도 고객이 그 상품을 원치 않는다면 팔리지 않게 되므로 고객의 평가와 선택에 따라 시장의 성장과 실패는 갈리게 된다. 치열한 경쟁 시장에는 영원한 강자도 영원한 약자도 없지만 시장에서 꾸준하게 성과를 내는 기업들에는 '고객의 눈으로 시장을 정의하고 이해한다'는 공통적 특징이 있다. 그렇지 못한 기업들이 시장에서 어려움을 겪는 이유는 고객의 시각에서 시장을 바라보지 못하기 때문이다.

따라서 고객의 눈으로 시장을 보기 위해서는 다음과 같은 전략이 필요하다. ① 소비자의 본질을 이해하여야 한다. 본질을 이해한다는 것은 다분히 현상을 파악하는 것과는 다르다. 고객을 이해하기 위해서는 보다 핵심적인 이유, 즉 본질을 파악해 낼 수 있는 안목이 필요하다. ② 고객지향적인 문화를 높여야 한다. 기업들의 비전과 슬로건(slogan)을 분석하면 고객 중심 경영, 고객 가치창조, 고객 우선 등 고객을 내세우고 있으나 고객들이 느낄 수 있도록 실질적인 노력을 기울여야 한다. ③ 고객을 고려하여 전략을 수립하여야 한다. 고객들의 요구가 자사의 중장기 전략이나 비즈니스모델에서 벗어나면 그러한 요구를 외면하거나 고객의 요구가 정당하다는 것을 이해하지만 자사의 역량이 이에 따라가지 못하면 이를 고객들의 일상적인 불만으로 치부한다. ④ 고객에 대한 매너리

즘을 버리고 마케팅 인사이트(Marketing Insight, 고객과 시장에 대한 창조적이고 논리적인 시각)를 길러야 한다. ⑤ 고객을 이해할 수 있는 새로운 마케팅 기법을 도입해야 한다. 마케팅은 시장 활성화의 도구지만 판매자의 이익을 앞세우면서 유혹의

창업 초기, 시장규모는 어떻게 파악하나?

창업 초기 빈틈없이 조사해야 할 내용 중 하나가 '시장규모(Total Addressable Market, TAM)'다. 시장규모에 대한 명확한 판단 없이 무턱대고 사업을 감행하면 근거 없는 낙관론에 빠질 수 있다. 시장규모를 파악하는 첫 단계는 잠재 수요자 전체 숫자를 확인하는 것이다. 필요한 자료를 구하는 가장 쉬운 방법은 관련 분야 협회 통계를 활용하는 것이다. 만약 관련 협회 등에서 필요한 자료를 얻을 수 없을 경우, 시장에 판매되는 경쟁 제품의 초기 사업계획서를 구해보는 것도 좋다. 이 과정을 거치면 전체 고객 중 자사 제품의 잠재 수요층을 분류할 수 있고 그 다음 작업은 고객 1인당 발생하는 매출을 산정하는 것이다. 예상 사용자 수에 1인당 매출액을 곱해야 연간 전체 매출액, 예상 시장규모를 도출할 수 있다.

고객 1인당 매출액을 구하기 위해서는 고객이 해당 물건에 얼마까지 지불할 의사가 있는지를 확인할 필요가 있다. 잠재고객을 대상으로 한 설문조사를 실시하여 관련 자료를 확보할 수도 있지만, 창업 초기 적지 않은 비용이 소요되는 설문조사를 직접 수행하기란 쉽지 않다. 과거 유사 신제품이 출시됐을 때 얼마에 판매됐는지 확인하는 방법 등 고객의 지불 의사를 간접 확인하는 방법이 더 효율적이다. 소비자가 현재 기획 중인 제품을 대체하기 위해 선택할 재화가 무엇인지 파악하면 물건의 가격을 확인할 수도 있다. 자양강장 음료나 비타민함유 음료를 대체하는 신제품을 기획하고 있다고 가정해 보자. 전체 시장규모를 파악하기 위해 관련 협회에서 자양강장 음료 시장의 전반 통계자료를 확보할 수 있고, 최근 시장에 출시된 타사 자양강장 음료의 사업계획서를 확보해 시장규모가 어떤 방식으로 도출됐는지도 살펴볼 수 있다. 전반적인 시장규모를 확인하고 예상 잠재고객의 연령층, 분포 상황, 구매력 등을 파악하면 마케팅 전략을 짜기 훨씬 수월하고 제품 생산 방식 결정에도 유리하다. 예상 생산 수량이 나오면 직접 설비라인을 구축할지, 아니면 외주 생산(outsourcing)할지 판단할 수 있다.

– 전자신문, 2018.2.11, 박정호 KDI 전문연구원

언어로 변화할 수 있다. 그러므로 자본의 규모가 상대적으로 작고 시장에 진입한 시간이 짧은 스타트업은 빠르게 제품을 테스트하도 시장의 요구를 확인·분석하며 대응전략도 찾아야 한다.

TAM-SAM-SOM 프레임워크를 통해 시장규모를 추정하고 이를 기반으로 우리 비즈니스가 시장에서 안정적 수익 창출을 통해 지속성장할 비즈니스 가능성을 검토하는데 활용할 수 있다. TAM-SAM-SOM 프레임워크를 활용하여 스타트

스타트업의 시장규모를 추정하는 TAM-SAM-SOM 프레임워크

스타트업 비즈니스모델의 경제적 타당성을 판단하는 주요 기준 중 하나는 스타트업이 목표로 하는 시장(시장 기회)의 크기다. TAM-SAM-SOM Framework는 스타트업이 목표로 하는 시장규모를 정의하는데 흔히 쓰이는 프레임워크로 대개 전체시장(TAM, Total Available Market), 창업자가 목표로 하는 시장을 유효시장(SAM, Serviceable Available Market), 목표시장(SOM, Serviceable Obtainable Market) 등 3가지로 구분한다. TAM-SAM-SOM은 '내가 진출할 시장의 규모는 얼마다'라는 것을 논리적으로 도출해내는 과정이며, 수익 창출할 수 있는 생존시장 발견능력을 숫자로 입증하는 것이다. 이는 초기 스타트업들이 어떤 시장을 노려야 하고 얼마나 수익을 낼 수 있을지 파악할 수 있는 좋은 방법이다.

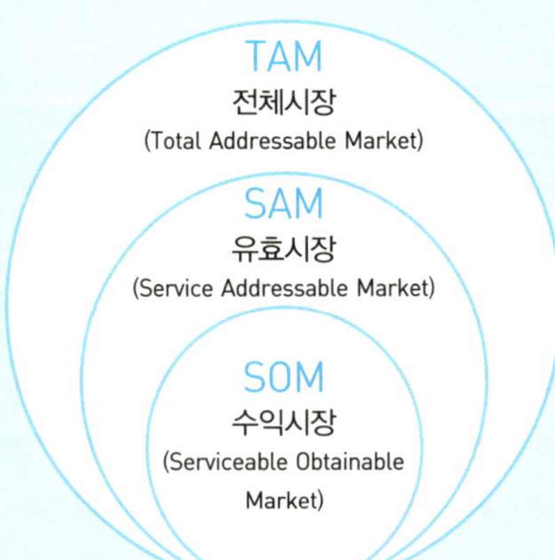

1) TAM(Total Addressable Market): 전체시장

TAM은 창업자가 목표로 하는 전체시장으로 제품 · 서비스의 카테고리 영역을 포함하는 비즈니스 도메인(domain) 크기를 의미한다. 구글을 예로 든다면 전 세계 검색 광고 시장을 얘기할 수 있고, 애플과 삼성에게는 전체 스마트폰 시장을 예로 들자면 이는 공개된 자료가 많아서 파악하기 쉽지만 스타트업이 들어가기에는 너무 큰 시장이다. 개인용 공기청정기 제품이라면 전체시장은 한국 전체 인구수로 보는 것이 더 적합할 것이므로 통계청 등에서 공개된 통계자료, 각종 협회, 연구원 등에서 발간한 보고서를 통해 충분히 추정가능하므로 전체시장은 시장 규모를 추정하기는 수월하지만 스타트업이 초기 생존을 위한 영역이라기에는 너무 큰 '비현실적인 시장'이다.

2) SAM(Service Addressable Market): 유효시장

유효시장(SAM)은 전체시장 중에서 창업기업이 추구하는 비즈니스모델을 적용할 수 있는 시장, 즉 스타트업이 추구하는 비즈니스 시장 규모를 의미한다. 전체시장에서 유효시장을 추정할 경우 자사의 제품 · 서비스의 특성 및 타깃 고객의 특성(인구통계, 사회적 이슈 등)을 다각도로 활용한 합리적인 가설과 추정이 필요하다. 유효시장 규모를 추정하는 것부터가 많은 노력과 창의적인 가정(Assumption)을 요구하는 이유는 스타트업 비즈니스모델은 대부분 혁신적이어서 비교 대상이 분명하지 않기 때문에 시장점유율을 있는 대로 적용하기 쉽지 않기 때문이다.

3) SOM(Serviceable Obtainable Market): 수익시장

SOM(수익시장)은 스타트업이 제품 · 서비스를 출시할 경우 1~2년 내 점유 가능한 시장규모를 의미하며, 실제로 제품을 구매할 고객이 몇 명이 될지 목표시장을 파악하는 것이다. 수익시장을 확보하지 못한다면 다음 단계인 유효시장, 전체시장도 기약할 수 없다. 수익시장 규모를 산정하는 것은 결국 스타트업이 지닌 내적, 외적 조직 역량과 직결된다. 초기에 얼마나 유효한 고객을 확보하는가는 단순한 숫자로 계산되기보다 실질적인 영업력(인원) 및 서비스 커버리지(coverage) 등 내부적인 자원(resource)에 따라 다르게 나온다. 따라서 SOM을 파악하는 단계에서는 시장적인 접근보다는 핵심 타깃의 관점에서 세밀하게 볼 수 있어야 한다.

[표 9-1] 소비자 관찰조사 방법

구 분	세부 내용
길거리관찰 (Town watching)	• 현장의 트렌드, 현장의 생생한 상황을 눈으로 직접 확인 가능
비디오 녹화 (Video Ethnography)	• 자동차와 모바일 같은 제품을 구매하는 소비자의 사용행태를 비디오로 녹화하여 관찰
그림자 관찰 (Shadow tracking)	• 특정 소비자들을 그림자처럼 따라다니며 지속적으로 관찰하여 이들의 생활패턴을 분석
구매 동행 (Accompanied shopping)	• 구매패턴 확인을 위해 구매 행동을 관찰 분석하는 방법
가정 방문 (Home visit)	• 냉장고, TV, 세탁기 등 부피가 크거나 소비 환경이 중요한 제품의 경우, 가정 방문을 통해 주변 및 사용 환경을 관찰

업이 목표로 하는 실질적인 시장 기회를 분석하는 SOM(수익시장) 규모 산정 과정은 다음과 같다. ① 목표 고객을 정의(잠재고객 등), ② 목표 고객의 전체 규모를 파악(통계청 인구통계 등), ③ 전체 목표 고객군 중 1~2년 내 당장 접근 가능한 수준의 점유율 산정, ④ 잠재적인 시장규모를 산출(Market Volume과 Customer Value 고려). * Market Volume(잠재 구매자의 총합)=전체 목표고객군×목표 점유율, * Customer Value(연간 기업이 획득할 수 있는 경제적 가치)=연간 구매빈도×평균 객단가, ⑤ 논리적 타당성 검증(TAM, SAM 규모를 고려했을 때 시장규모의 적정성 및 실제 고객 구매 행동 패턴과 차이가 없는지 등 검증)

(2) 빅데이터를 활용한 시장(고객)분석

사업 성패를 결정짓는 고객 니즈(needs)의 이해와 트렌드 변화 및 선택요소를 이해하려면 그 바탕이 되는 고객 및 시장분석이 절대적이다. 시장분석이란 고려하고 있는 상품을 어느 정도나 팔 수 있겠는가를 조사하는 일이며, 사업 아이템의 선별수단으로도 이용된다. 시장조사란 시장을 발견하고 발견된 시장에 대하여 표적시장을 선정하고 표적시장이 선정되면 시장을 세분화하여 계량화할 수 있는 자료를 조사하고 분석하여 판매량의 추정까지 포함하게 되는데, 막연한 추측에 의해 제품생산을 시작했을 경우 낭패를 볼 수 있다. 고객을 이해하기 위하여 기업의 마케터(marketer)들은 소비자 설문조사 시 설문지를 제시하고 설문조사의 내용을 분석하여 태도나 반응을 알아보거나 소비자의 심리를 파악했으나 한계를 극복하기 위하여 소비자의 마음을 알 수 있는 심리학의 토대(잠재의식)에 뇌과학과 신경과학이 결합한 신기술을 마케팅에 도입하였다.

국내 빅데이터 시장규모 전망

단위: 만 달러

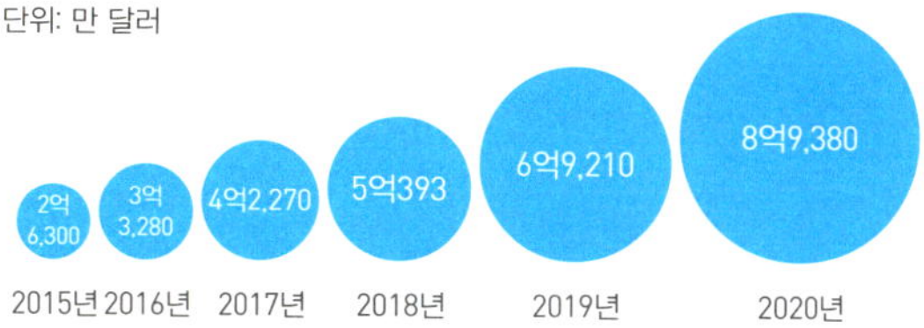

자료: 한국과학기술정보연구원

나아가 최근 디지털 경제의 확산으로 우리 주변에는 규모를 가늠할 수 없을 정도로 많은 정보와 데이터가 생산되는 빅데이터(Big Data) 환경이 되었다. 빅데이터란 과거 아날로그 환경에서 생성되던 데이터에 비하면 그 규모가 방대하고, 생성주기도 짧고, 형태도 수치 데이터뿐 아니라 문자와 영상데이터를 포함하는 대규모 데이터를 말한다. PC와 인터넷, 모바일 기기 이용이 생활화되면서 사람들이 곳곳에 남긴 발자국(데이터)은 기하급수적으로 증가하고 있다. 빅데이터는 시선추적(eye tracking), 기능성 자기 공명 영상(fMRI)장치, 뇌파 검사(EEG: Electro Encephalography) 같은 뇌과학 기술이 자주 활용된다. 기업들은 1990년대부터 자신들이 보유하고 있는 고객 데이터를 활용해 마케팅 활동을 활성화하는 고객 관계관리(CRM, Customer Relationship Management) 활동을 시작하였다. CRM은 기업이 보유하고 있는 데이터를 통합하는 데이터웨어하우스(Datawarehouse), 고객 데이터 분석(Data Mining)을 통한 고객 유지와 이탈방지 등과 같은 다양한 마케팅 활동을 뜻한다. 빅데이터 활용의 선두 주자 구글(Google)은 접근할 수 있는 모든 웹 페이지를 탐색해서 제목과 내용이 검색어와 얼마나 밀접한 관계 정도를 측정해 지수로 환산하여 활용한다.

또 아마존(Amazon)은 고객이 읽을 것으로 예측되는 책을 추천하면서 할인쿠폰을 지급하는 전형적인 데이터 분석에 기반한 마케팅으로 고객의 도서 구매

데이터를 분석해 특정 책을 구매한 사람이 추가로 구매할 것으로 예상되는 도서추천시스템을 개발했다. 아마존은 현재 이러한 데이터분석 경험에 기반한 하드웨어를 빌려주는 클라우드(cloud) 서비스를 제공하고 있으며 비정형 빅데이터 처리를 위한 데이터베이스를 새로 개발하는 등 빅데이터 관련 기업의 입지를 강화하고 있다. 2018년 국내 빅데이터 및 분석시장은 5,843억원으로 추정되고, 2022년 2조2,000억원으로 성장할 것으로 예측되면서 빅데이터는 단순히 기업의 경제적 가치 창출을 넘어 국가경쟁력 원천이자 미래사회의 가치를 이끌 성장엔진으로 인식되고 있다.

대기업의 '문어발식' 사업 확장은 어제오늘의 얘기가 아니다. 대기업이 우월한 자본력을 바탕으로 중소기업의 사업영역에 진입하거나 골목상권까지 침투한다는 비판은 꾸준히 제기되어 왔다. 플랫폼 기업들도 물불 안 가리고 뛰어드는 무한확장으로 전개되는 독과점 시비는 택시호출비 급격한 인상 시도, 대리운전 서비스 횡포 등 플랫폼 기업들이 자초한 측면이 있다. '혁신의 아이콘'이었던 네이버와 카카오가 최근 공공의 적으로 몰리며 비판받는 문어발식 확장이다. 이미 대기업인 카카오는 2019년 자산총액 10조원 이상 상호출자제한 기업집단(대기업 집단)에 지정됐고, 네이버도 2021년 5월 신규 기업집단에 포함됐다. 두 기업의 시가총액 합계는 주가가 한창 잘 나갈 때 140조원을 넘기도 했다. 신흥 정보기술(IT) 대기업 네이버와 카카오의 문어발식 확장은 플랫폼을 기반으로 한다. 각각 포털과 메신저라는 플랫폼을 앞세워 사용자를 늘려 가파르게 성장했다. 독점을 기반으로 본격적인 수익 창출에 나설 수 있게 되면서 시장점유율을 높인 두 기업은 구글, 애플, 페이스북, 아마존 등 'GAFA'로 불리는 빅테크 기업의 성장과정을 답습하며 데이터 장악력과 네트워크 효과로 그 위력을 발휘하고 있다. 문제는 플랫폼 기업이 혁신적인 기술을 선보이기보다 막강한 자금력을 바탕으로 업종을 넘나들며 기존 업체와의 제휴, 인수 등으로 시장을 평정하고 있다는 점이다.

빅데이터가 대형마트 진열대도 바꿨다

이마트가 빅데이터 분석을 바탕으로 축산매장의 구성을 확 바꿨다. 빅데이터 분석에서 감지된 소비자들의 육류소비 트렌드 변화에 따라 '스테이크존'을 신설하고, 상품의 진열방식도 고기의 종류별 진열에서 요리에 따른 용도별 진열로 변경한 것이다. 달라지는 소비자들의 육류 소비트렌드를 반영한 것이라는 게 이마트의 설명이다. 이마트는 최근 매장 내 육류상품의 진열방식을 요리의 용도에 맞춰 새롭게 개편했다. 기존에는 한우, 수입육, 돼지고기처럼 고기의 종류에 따라 진열했지만, 이를 요리의 용도에 따라 '용도별 진열'로 바꾼 것이다. 구이용, 찜·장조림용, 불고기용, 샤부샤부용, 국거리용 등으로 용도를 나눈 뒤 그 안에서 한우, 수입육, 돼지고기 등을 나눠서 배치했고 스테이크 전문 코너도 신설했다. 이처럼 이마트가 육류매장을 확 바꾸고 숙성한우 판매를 시작한 것은 빅데이터를 이용한 육류 소비트렌드분석에 따른 것이다. 국내 소비자들의 고기 식문화에 불고기에서 구이로, 다시 스테이크 문화로 점점 서구화되는 트렌드가 나타났다는 설명이다.

실제 이마트가 최근 3년간 소셜네트워크서비스(SNS) 등 온라인 게시물을 분석해보니 소고기와 함께 언급된 연관어 가운데 가장 빈도수가 많았던 것이 불고기, 등심, 스테이크였다. 특히 스테이크는 2015년 기준으로 2013년보다 언급 빈도수가 2배 가까이 늘어났다. 구이용 고기 식습관 트렌드가 스테이크로 빠르게 이동하고 있다. 실제 이마트의 스테이크용 고기 매출 역시 2014년 연간 약 458억원에서 2015년 550억원으로 늘었고 11월에는 전년 연간매출을 넘어섰을 정도로 스테이크 수요가 크게 늘면서 스테이크 관련 상품매출도 크게 증가하고 있다. 스테이크 소스는 전년 대비 20% 이상 매출이 늘었고, 포크·나이프 등 양식기도 10% 이상 매출이 상승했다. 이마트는 이 같은 소비자들의 수요를 파악하기 위한 '테스트' 차원에서 10월 스테이크용 고기를 할인판매하는 '스테이크 위크' 행사를 1주일간 열었고, 당시 이마트는 한우 등심, 호주산 척아이롤 등 스테이크용 고기 100t 물량을 준비했는데, 스테이크용 고기매출은 평소 대비 3배인 20억원을 기록했다.

– 매일경제, 2016.12.26.

또 페이스북 초기 모바일 제품은 느린 경험을 제공했으나 저커버그는 시장이 모바일로 이동하고 있다는 것을 파악하고 팀 전체가 모바일에 집중하도록 민첩하고 단호하게 인스타그램과 왓츠앱을 인수해 거대 SNS왕국을 구축했다. 페이스북은 2004년 설립 초기 사용자 100만 명 수준에서 2020년 28억 명 수준으로 늘어났고, 2012년 4월 처음 인수된 인스타그램은 당시 사용자는 3천만 명이었으나 오늘날 사용자는 10억 명, 2014년 2월 처음 인수된 왓츠앱(WhatsApp)의 당시 사용자는 4천5백만 명이었으나 오늘날 사용자는 20억 명으로 증가했다. 만약 지금 제품과 시장의 궁합을 찾는다면 성급하게 프로토타입을 만들거나 거창하게 생각하지 말고 우선 페이스북 페이지 & 카페를 만들어 잠재고객들과 커뮤니케이션하면서 하고자 하는 것을 이미지로 설득해야 한다. 이렇게 연결된 고객들은 실제 제품이 나왔을 때 열혈 팬이 되기도 하고 실제 제품이 출시되었을 때 자발적인 버그신고센터가 될 수도 있다.

2

세일즈 마인드(sales mind)와 영업활동

1) 세일즈와 영업활동

오늘날 상품출시 주기가 빨라지고 정보채널이 다양화되면서 소비자들이 접하는 정보가 폭발적으로 증가하고 있으나 그동안 변함없는 마케팅(marketing)의 진리는 "소비자가 원하는 가치를 제공하는 기업만이 생존할 수 있다"는 사실이다. 따라서 생존과 성장을 위하여 기업들의 가장 중요한 역할은 더 높은 가치가 담긴 자신의 상품과 서비스를 저렴하게 판매(sales)하고 그 결과로 기업의 수익은 창출되는 것이다. 그 과정에서 기업은 고객 수(數)의 증가, 단가(unit price)의 상승, 구매빈도(purchase frequency)의 증가 등 고객에게 제공되는 만족스러운 상품(서비스)을 제공함으로써 매출을 올릴 수 있다. 또 기업이 더 많은 이익을 얻기 위해서는 좋은 물건을 팔아야 하는데, 생산자는 품질이 좋은 상품을 좋은 상품으로 인식할 수 있지만, 마케팅 측면에서 좋은 상품은 '고객이 사고 싶다'고 생각하는 상품이므로 실제 구매로 이어지려면 고객이 구매 욕구를 느끼도록 고객의 필요(needs) 또는 욕구(wants)에 맞는 제품을 제공해야 한다.

또 소비자들의 공통적인 성향은 자신들의 필요(needs)나 욕구(wants)를 충족시키기 위해 다양한 제품을 비교한 뒤 효용이 더 큰 상품(서비스)을 신중하게 선택한다. 그리고 고객은 누구나 자신이 지불한 가격보다 가치가 높은 상품을 선택하려는 기본적인 욕구가 가지는데, 그때 고객들이 그 가치를 인식하도록 구매동기를 부여하고 구매심리를 자극하여 구매하도록 하는 역할을 영업활동(sales)이라고 한다. 활발한 기업들은 잠재고객들을 설득하는 영업활동을 통하여 매출과 수익을 창출하고 그 수익(benefit)을 토대로 기업을 운영하는데 세상에 영업활동 없이 생존할 수 있는 기업은 없다. 영업활동(sales)의 본질은 세일즈맨과 고객 간에 서로의 가치를 추구하기 위해 고객이 원하는 것을 찾아 채워주고 고객에게 만족, 기쁨, 행복을 주려는 활동으로 그 핵심은 물건을 파는 게 아니라 사람 간의 연결이다.

또 세일즈 현장은 대단히 역동적이고 매번 똑같은 상황이 전개되지 않으며, 만나는 고객이 제각기 다르므로 대처 방법도 그때마다 달라야 한다. 솔로몬 힉스(Solomon Hicks)와 미셸 존스(Michael Jones)는 공저 〈넘버원 세일즈맨의 비밀수첩(THE SECRET LIFE OF A SALESMAN)〉에서 세일즈맨의 행동에 대하여 이렇게 설명하였다. "사람들이 당신이 하는 말은 믿지 않을 수 있지만 당신의 행동은 항상 믿을 것이다. 또 입심 좋고 현란한 언변을 지닌 세일즈맨에게 늘 고객이 몰리는 건 아니다. 그럴싸한 말만 늘어놓는 사람보다 실제 자신의 말을 행동으로 실천하는 사람이 대개 계약서에 사인을 받게 된다. 고객들은 제품뿐만 아니라 우리의 약속을 구매하고 제품과 함께 우리가 뱉은 말을 신뢰한다"고 강조했다. 이는 달콤하고 화려한 화술에 집중하는 진정성 없는 세일즈맨들의 한계를 보여주는 것이다.

> The good lawyer is the great salesman(훌륭한 변호사는 위대한 세일즈맨이다)
>
> – 제닛 르노(Janet Reno), 전) 미국 법무부장관

성공한 세일즈맨의 태도

명확한 삶의 목표를 정하라

'당신은 삶의 목표가 있는가?' 이 질문을 받으면 많은 사람들이 '있다'고 답한다. 하지만 꿈과 목표는 다르다. 꿈은 단지 이루면 좋겠다는 바람이고 목표는 달성해야 할 시간·개념 등이 포함된 개념이다. 예로 '언젠가 부자가 되고 싶다!'는 것과 '3년 내에 32평 아파트와 현금 10억원의 부자가 되겠다!'는 것은 내용부터 완전히 다르다. 막연한 꿈은 구체화할 수 없기 때문에 실행 계획을 세우기가 어렵다. 설사 계획을 세웠더라도

차근차근 실천하기 어려워 얼마 가지 않아 흐지부지되고 만다. 행복하게 살려면 인생 목표를 명확히 해야 한다. 목표를 정하고 가는 사람이 정하지 않고 무작정 가는 사람보다 성공 확률이 높은 것은 분명하다.

최고의 전문가로 몸값을 높여라

성공한 사람들을 관찰해보면 크게 '성실'과 '유능'이라는 두 가지 비슷한 점이 있다. 성실이란 부지런함이나 정직과 같은 '삶의 태도'로, 아침부터 자신의 생활을 준비된 마음과 자세로 올바르게 시작하고, 직장에서도 규율과 업무처리 방식을 빈틈없이 준수하며, 나아가 동료들과 약속을 잘 지키는 신의까지 포함한다. 유능은 조직이 요구하는 지식이나 테크닉을 갖추어 과제를 효율적으로 처리하며 조직에 이익을 주는 역량이다. 성실과 유능이라는 두 기둥으로 자신의 분야에서 최고의 전문가가 되는 것이 사회적으로 존경받는 성공한 리더가 되는 길이다.

첫인상과 신뢰의 관계

첫인상의 호불호는 찰나에 결정된다. 전문가들은 7초 만에 첫인상이 결정된다고 말한다. 그런데 짧은 시간에 결정된 첫인상은 사진처럼 한번 박히면 기억에서 좀처럼 바꾸거나 지우기가 어렵다. 그래서 사람들은 중요한 만남에서 좋은 첫인상을 남기기 위해 많이 노력한다. 특히 세일즈맨에게 첫인상은 세일즈 성과를 좌우할 만큼 중요하다. 첫인상을 결정하는 요인은 겉으로 보이는 표정, 옷차림, 머리 모양, 말투, 행동 등이다. 세일즈맨이 고객에게 남겨야 할 것은 좋은 겉모습뿐 아니라 눈에 보이지 않는 자신감과 전문지식까지 포함한다. 세일즈맨이라면 고객과 신뢰 관계를 형성하고, 고객이 신뢰할 수 있도록 노력해야 한다.

– 오정환 외, 〈신뢰를 파는 것이 세일즈다〉, 호이테북스, 2017.

기업이 존재하는 목적은 고객을 확보하는 것이다. 기업의 유일한 수익 원천은 고객이다.

– 피터 드러커(Peter F. Drucker) 현대 경영학의 아버지

사회학자이자 역사학자인 라이너 지텔만(Rainer Zitelmann) 박사는 45명의 억만장자를 인터뷰한 저서 〈웰스 엘리트(The Wealth Elite)〉에 따르면, 자수성가한 억

만장자들의 현재 직업은 대부분 '비즈니스맨(사업가)'이었다. 그들이 부자가 되기 전 가졌던 직업들 가운데 상당수는 '영업맨'이었던 것으로 나타났다. 실제 인터뷰한 부자들 가운데 70%는 '영업맨으로서의 재능이 자신의 재정적인 성공에 중요한 요소 중 하나'라고 밝혔고, 3명 중 1명은 영업기술이 자신의 성공에 70% 이상을 차지했다고 말했다. 억만장자뿐 아니라 다른 유명인들 가운데서도 영업맨 출신은 대단히 많다. 미국 유명 래퍼이자 프로듀서인 칸예 웨스트(Kanye West)는 의류기업 갭에서 판매원으로 일했던 경험이 있고, 할리우드의 유명배우 조니 뎁(Johnny Depp)과 제니퍼 애니스턴(Jennifer Aniston)은 텔레마케터로 일했던 경험이 있다. 또 스트리밍 서비스의 최강자인 넷플릭스를 창업한 최고경영자(CEO) 리드 헤이스팅스(Wilmot Reed Hastings Jr)는 청소기 방문 판매원이었다. 직업자문회사 콜투커리어(Call-to-career) 설립자이자 대표인 셰릴 파머는 "영업기술이야말로 매우 가치가 있는 기술"이라며 "모든 회사들은 반드시 영업을 한다"고 밝혔다. 꼭 회사를 운영할 계획이 없더라도 영업경험은 필수적이라는 게 많은 전문가들의 견해다.

경력개발자문회사인 '아마 라 비다(Ama La Vida)'의 관계개발 전문가이자 컨설턴트 랜달 힐(Randal Hill)은 "누구나 자신의 강점과 이를 세일즈할 방법에 대한 기본적인 이해가 필요하다"며 "사람은 전 생애에 걸쳐 자신의 커리어를 통해 스스로를 옹호하며 자신의 가치를 누군가에게 세일즈해야 한다"고 강조했다. 랜달 힐은 소매점 등에서 파트타임으로 일해보는 것 역시 좋은 시도라면서 특히 흔치 않은 상품을 판매해 보는 것이 좋다고 추천한다. 상대방이 잘 모르는 제품에 대해 신뢰할 수 있는 조언을 해 주고, 이를 판매하는 과정에서 설득의 기술을 배울 수 있다. 구매고객이 의도했던 제품보다 더 고가의 제품을 추천해 판매하는 '업세일링(upsailing)'을 시도하면 관련 능력이 더 향상된다는 것이다. 힐은 "처음에는 모든 판매가 불편하고 불가능할 수도 있지만 할수록 당신은 강해질 것"이라고 말했다.

판매 전략의 4가지 열쇠

기업의 재무목표(매출과 이익)를 달성하려면 판매가 순조롭게 이루어져야 하며, 그 목표달성을 위해서는 효과적인 판매 전략이 전제되어야 한다. 특히 치열한 시장에서 고객욕구의 기대감은 높아가고 시장의 확대나 경쟁 또한 심해졌다. 세일즈맨들이 상품판매를 수월하게 하는데 필요한 기본적인 전략은 전문화(specialization), 차별화(differentiation), 세분화(segmentation), 집중화(concentration) 이다.

① **전문화하라**(specialization) 고객에게 어떤 기능을 하는 제품과 서비스를 제공할 것인가? 이것을 정확하게 판단하는 것이 바로 전문화이다. 우선 특정한 성과나 이득을 전문화 할 수 있다. 특정 고객층이나 시장은 물론, 특정 지역도 전문화 대상이다. 무엇보다 특정 니즈를 만족시키는 전문화도 가능하다.

② **차별화하라**(differentiation) 자신의 제품을 경쟁사의 제품보다 우월하게 만드는 요소는 무엇인가? 자신의 제품만이 고객에게 제공하는 특별한 이득은 무엇인가? 시장에 나온 유사제품이나 서비스보다 내 제품이 더 나은 부분은 무엇인가? 등을 결정해야 한다. 고객에게 이익이 되는 상품과 서비스의 특징이든, 자신이 좀 더 다른 것을 제공할 수 있는 그 무엇이든, 중요한 것은 고객이 실제로 느낄 수 있는 특별함 즉, 고객이 어떻게 느끼고 받아들이느냐가 더욱더 중요하다. 그것이 바로 특별함이다.

③ **시장을 세분화하라**(segmentation) 전문화 영역을 결정하고 제품 차별화를 진행했다면, 그 다음으로는 어떤 고객이 제품에서 최상의 이득을 얻을 수 있는지를 결정해야 한다. 그들은 누구인가? 제품에 딱 맞는 이상적인 고객이나 집단을 어디에서 찾을 수 있는가? 훌륭한 제품과 서비스 그리고 독특한 고객가치를 가지고 있더라도 그것을 필요로 하지 않는 고객에게 제공한다면 그것은 자기만족에 불과할 것이다.

④ **초점을 집중하라**(concentration) '집중화'는 성공적인 판매를 위해 가장 중요한 기법이다. 우선순위를 명확하게 결정하고 잠재성이 있는 고객층에게만 집중하는 것은 세일즈맨의 능력에 달린 문제다. 사실 한 고객에게 집중하는 것이 다른 고객 100명과 상담하는 것보다 높은 가치를 지닌다. 판매의 법칙은 피라미가 아니라 고래를 낚는 것이다.

– Brian Tracy 지음, 오승훈 옮김, 〈The Psychology of Selling〉, 2006.

고객들이 구매할 상품을 선택할 때 감성과 논리의 비중이 어느 정도나 개입되는지 일반인들은 90%의 감성과 10%의 논리로 결정한다고 알고 있지만 여러 연구결과를 종합하면 결론은 "100% 감성"이라는 것이다. 그 이유는 논리를 세우는 데는 시간과 노력이 들지만, 감성은 즉각적이기 때문에 고객은 감성으로 결정하고 이를 논리로 정당화한다는 것이다. 뇌는 정확하지만 느린 이성적 판단보다는 부정확하지만 빠른 감정적 판단을 우선하여 작동하므로 보다 빠른 판단을 위해서 뇌가 '이성의 뇌'보다는 '감정의 뇌'를 주로 사용함에 따라 인간은 부정확하지만 빠른 판단을 할 수 있는 사고체계를 갖는다. 뇌과학은 일단 감성의 뇌가 작동해 불합리한 상품구매를 하고 나서 이성의 뇌의 영향으로 그 행위를 합리화하는 게 사람(소비자)들의 일반적인 행동이라는 것이다. 최근엔 감성(heart)과 영혼(spirit)에 호소하는 뜨거운 주제(hot topic)가 중심이 되면서 이성보다 감성에 호소하는 선택이 설득력을 얻고 있다. 따라서 이제 영업의 초점이 '가격이 싸고 제품이 튼튼하다'가 아니라 감각적인 경험과 함께 심플한 디자인, 터치 방식을 통해 대성공을 거둔 애플의 아이팟(iPod)이나 MP3플레이어처럼 '왠지 모르지만 이게 더 좋다'는 반응이 필요하다.

또 미국의 마케팅 전문가 알 리스(Al Ries)와 잭 트라우트(Jack Trout)는 「마케팅 불변의 법칙」에서 "마케팅은 제품을 가지고 싸우는 것이 아니라, 인식의 싸움"이라고 지적했다. 그들은 "대부분의 기업이 더 좋은 상품을 만들면 시장에서 승리할 수 있을 것이라는 생각에 제품 중심의 경쟁에 치중하지만 '최고'라는 것은 사실 고객의 마음속에 있는 주관적인 판단, 즉 인식에 의해 결정되기 때문에 기업은 고객의 기억과 판단을 지배하고 있는 인식체계를 중심으로 마케팅 활동을 펼쳐야 한다"고 설명했다. 따라서 "마케팅에 종사하는 사람들은 조사하고 진상을 파악하는 일이 중요하다는 선입견(先入見)을 가지고 있으나 이는 환상이다"라고 단언했다. 소비자들은 어떤 영역에 관해 약간의 경험만 가지고 있어도 자신이 옳다고 단정한다. 마음속에 들어앉은 인식은 종종 보편적인 진리인 것처럼 해석되기 때문에 자신이 잘못 생각하고 있다는 사실을 인정하지 않는다.

소비자 행동 AIDMA 모델

- Attention - 사람의 주목을 끄는 것
- Interest - 사람들의 흥미를 불러일으키는 것
- Desire - 그것을 하고 싶은 욕구를 자극하는 것
- Memory - 이름이나 내용을 기억시키거나 확신(Conviction)시키는 것
- Action - 행동으로 옮기도록 하는 것

고객 구매 행동 모델에 대한 이해

마케팅의 역할은 고객에게 상품판매를 원활하게 하는 것이다. 거시적 관점으로 고객의 구매 행동 모델의 이해가 필요하다. 고객 구매행동을 최초로 설명한 모델은 AIDA(1898년 E.S 루이스 제시)이다. 소비보다는 공급이 우위가 되던 시절의 **① AIDA 모델** / Attention(인지) - Interest(흥미, 관심) - Desire(욕망) - Action(행동, 구매). 이후 광고 업계에서는 D와 A 사이에 M(Memory) 단계가 하나 추가된 **② AIDMA 모델** / Attention(인지) - Interest(흥미) - Desire(욕망) - Memory(기억) - Action(구매). 이 모델은 광고를 통해 브랜드를 노출하면 지금 당장 구매하지 않더라도 때가 되었을 때 브랜드를 기억하고 그것이 구매로 이어진다는 의미다. 다음은 D와 A 사이에 C(Conviction)를 추가한 **③ AIDCA 모델** / Attention(인지) - Interest(흥미) - Desire(욕망) - Conviction(선택) - Action(구매). 이 모델은 산업 발전으로 인한 공급자 과잉 시대에서 소비자의 합리적인 선택이 중요하다는 메시지를 담고 있다. 단순히 브랜드를 노출하는 것만으로는 안 되고 브랜드를 선택할 수 있도록 하는 포지셔닝전략이 중요하다. **④ AISAS 모델** / Attention(인지) - Interest(흥미) - Search(검색) - Action(구매) - Share(공유). 이 모델은 인터넷을 통한 정보통신의 발달로 흥미를 지닌 고객들은 바로 검색을 통해 구매정보를 획득하고 구매를 결정한 다음에는 구매 경험을 공유하는 행동을 묘사한 것이다.

> 고객을 유지하는 가장 좋은 방법은 어떻게 하면 고객에게 더 적은 비용으로 더 많은 것을 줄 수 있는지에 대해 끊임없이 고민하는 것이다.
>
> – 잭 웰치(Jack Welch), GE (전) CEO

미국 보험마케팅 연구협회(LIMRA, Life Insurance Marketing and Research Association)가 만든 KASH 이론은 Knowledge(지식), Attitude(태도), Skill(기술), Habit(습관)의 약자로 이 네 가지가 조합되어야 창업의 첫걸음이 성공할 수 있다고 설명한다.

- 첫 번째는 이론 무장(Knowledge)이다. 여기서 지식은 상품지식, 동종업계 정보 등으로 창업과 관련된 모든 측면에서 이론무장이 필요하다. 창업자가 자신의 상품과 관련 지식에 대한 지식이 있어야 예측할 수 없는 위기상황에 대한 대비가 가능하고 고객에 대한 자신감과 신뢰도 높아진다. 고객의 니즈(Needs)에 철저하게 대응할 수 있는 포괄적 지식습득은 창업자의 가장 기본적인 자세이다.
- 두 번째는 태도(Attitude)로 고객에 대한 예의는 물론 상담기법. 고객응대 등 정신적인 측면을 말한다. 태도를 잘 취한다는 것은 고객을 만족시키는 것으로 그들의 상품구매 욕구를 극대화하는 것이다.
- 세 번째, 기술(Skill)은 새로운 정보에 민감히 반응하고 이에 적극적인 학습 실천이 병행되어 고객 대응에 유연하게 대처하고 시장변화에 빨리 적응하는 능력을 말한다.
- 네 번째, 습관(Habit)은 세일즈 방식이 머리가 아닌 몸에 익숙해져야 함을 말한다. 지식이 넓고 고객에게 태도가 바르고 시장변화에 민감하다고 해서 반드시 창업이 성공하는 것은 아니다. 이 모든 것이 몸에 익어 철저히 습관화되지 않으면 마치 모래성처럼 언제든지 무너질 수 있다. 이러한 노력들은 고객을 설득하여 고객이 마음의 문을 여는 것으로 마무리되는데 그 과정을 '설득의 AIDMA 법칙'이라고 설명한다.

2) 틈새 시장(niche market) 공략

스타트업이 새로운 시장에 진출하게 되면 기존 시장을 장악하고 있는 큰 기업들과 정면승부를 펼치는 것은 무모하므로 작은 시장에 진출하는 게릴라전과 같은 틈새시장을 공략하는 것이 바람직하다. '니치(niche)'란 '남이 아직 모르는 좋은 낚시터'라는 의미로, 마치 틈새를 비집고 들어가는 것과 같다는 뜻에서 붙여진 이름이다. 니치마케팅은 특정한 성격을 가진 소규모의 소비자를 대상으로 판매목표를 설정하는 것으로 남이 아직 모르는 좋은 빈틈을 찾아 공략하는 판매전략이다. 틈새 마케팅(niche Marketing)의 대표적인 사례로 과거 식용유 시장은 주로 콩을 원재료로 만들어, 굽거나 튀기는 등 제한적인 용도로만 사용되는 제품이었으나 최근의 식용유는 원재료 및 만드는 요리에 따라 올리브유, 포도씨유, 카놀라유, 현미유, 코코넛오일 등으로 구분한다. 소비자들의 다양한 기호를 반영해 이제는 식용유 시장 전체를 세분화시켰고 프리미엄 식용유 카놀라유가 2014년부터 3년 연속 판매순위 1위로 오르면서 확실한 "국민 식용유"로 자리 잡았다.

다른 사례로는 미국의 사우스웨스트 항공(Southwest Airlines)은 기존의 항공산업에서 단순한 저가 항공사의 자리를 차지한 것이 아니라 단일 항공기종 및 단일 클래스를 통한 비용절감, 무료 위탁 수화물 제공, 무료 예약변경, 승객 스스로 좌석지정, 자유로운 기내방송, 오랜 시간 형성된 긍정적인 조직문화 등 다른 항공사가 주목하지 않았던 부분을 선택해 그곳에 집중하여 가장 효율적으로 운영하는 항공사로 거듭났다. 이처럼 니치마케팅은 소비자들의 기호와 개성에 따른 수요를 대규모 집단으로 파악하기보다는 시장을 쪼개고 쪼개서 특정한 성격을 가진 소규모의 소비자를 대상으로 판매목표를 설정하는 것이다. 틈새 시장 전략은 다음과 같이 살펴볼 수 있다. ① 시대의 트렌드를 꿰뚫어 보아야 한다. ② 고객의 진화하는 욕구와 라이프스타일을 끊임없이 추적해야 한다. ③ 틈새 시장에서는 비용 대비 가치로 승부한다. ④ 전략적인 브랜드 관리로 장수 브랜드가 되는 것이 좋다. 예비창업자에게 창업초기 시장진입을 위한 단계별 틈새 시장진입 전략은 매력적인 대안이다.

① 제품 및 서비스의 차별화

이 전략의 기본 아이디어는 누구나 다 좋아할 제품이 아니라 특정 욕구를 가진 소비자만이 더 좋아할 특성을 갖춘 제품을 만드는 것이다. 신발산업의 예를 보면 윈드서핑용, 스케이트보드용, 에어로빅용, 스카이다이빙용, 자전거용 신발에다가 무술용 신발까지 만들어 내고 있다. 즉 뭔가 다른 제품, 남과 달라서 나와 궁합이 꼭 맞는 제품을 그 소비자는 원하고 있는 것이다.

② 고객 서비스의 차별화

현재 대다수 제품들이 거의 일상용품화되어 가고 있으며 따라서 제품 특성상으로 차별화하기가 매우 어렵다. 그러므로 제품에 부가적으로 제공되는 서비스로 차별화를 꾀하고 있다. 휴양지의 한 호텔은 어린이를 위한 연날리기, 모래성 쌓기, 어린이 캠프 등의 프로그램으로 가족 동반 부모들로부터 어린이들을 따로 떼어내고 오붓한 부부만의 시간을 즐기도록 하고 있다.

③ 유통 경로의 차별화

유통의 다양한 아이디어로 소비자를 편안하게 해주는 기업들이 있다. 슈퍼에서 배달하는 것, 은행에서는 예금과 출금도 고객의 집에서 가능하도록 돈까지 배달하는 것, 손에서 손으로 서류든지, 짐이든지 오토바이 택배 서비스 등이다. 정보통신의 발전은 이 부분의 차별화를 더욱 가속시킬 것인데, 어떻게 하면 고객들이 더 쉽고 빠르고, 편리하게 구매할 수 있을까를 고민해야 한다. 고객이 우리에게 오기를 마냥 기다려서는 이길 수 없다. 고객의 문 앞까지 길을 뚫고 나가야 한다.

④ 커뮤니케이션의 차별화

자신의 제품에 독특한 이미지를 심어주고 특별한 판촉 활동으로 뭔가 다르게 보이도록 만드는 것이다. 자동차회사는 가능성 있는 잠재고객들에게 자사 차량을 시험 주행할 기회를 제공하여 구매를 자극하고 보트, 승마, 스키를 즐기는 부유층의 스포츠광들과 지속적인 관계를 유지하려고 하고 있다. 유아용 전문 업체는 베이비 샴푸를 어른들이 사용하도록 유혹하여 새로운 시장창출에 성공하였다.

⑤ 가격 차별화

소비자는 기본적으로 돈에 대해 민감하므로 많은 마케터들이 쉽게 가격에 대해 생각하지만 위 다섯 가지의 차별화 전략에서 가장 마지막으로 고려하여야 한다. 그 이유로 가격 차별화는 경쟁자가 따라 하기 쉬울 뿐 아니라 가격경쟁에 빠지면 서로 피곤해질 수 있다. 그러나 이것 역시 효과적인 차별화 전략임에는 틀림없으며 많은 기업들이 다양하게 적용하고 있다.

⑥ 주문 생산(Customization)

이 전략은 소비자 개개인에 초점을 맞춘 것이다. 어느 남성복매장에서는 각종 색상과 스타일의 옷을 자신과 컴퓨터합성처리로 볼 수 있는 전자거울을 설치하여 고객들을 붙잡고 있으며, 화장품의 경우 여성 고객의 머리색, 눈, 피부색, 얼굴 형태 등을 분석하여 그 특성에 가장 잘 어울리는 화장품을 배합해 주며 유혹하고 있다. 아이스크림도 자기가 원하는 대로 맛과 향을 골라 섞어서 먹을 수 있으며 요즘은 주택도, 아파트도 주문시대로 들어섰다. 이 모든 것이 고객지향적 마케팅의 산물이다.

틈새 시장(niche market)의 특성

① 세분 시장보다 작은 소비자 집단을 표적 시장으로 선정한다.
② 충성고객을 만들기 수월하다.
③ 규모가 작아서 경쟁자 수가 적다.
④ 프리미엄 가격(Premium Price)을 향유할 수 있다.
⑤ 일단 침투하면 수성이 쉽고, 기술 Know-How가 높다.
⑥ 사례는 주름살 제거 화장품, 롤스로이스, 스포츠카 등이 있다.

'니치마케팅' 선택이 무조건 답은 아니다?

차별화가 중요한 니치마케팅 시대라지만 무턱대고 남들과 차별점만 내세워 장사했다간 날벼락을 당할 수도 있다. 니치마케팅은 특정 소규모 소비층을 상대로 판매목표를 설정하는 전략이다. 이미 포화된 시장에서 차별화 전략을 통해 기업 경쟁력을 키우자는 목표다. 니치마케팅은 1990년대부터 시장 내 존재감을 보이기 시작했고 우리나라에선 1995년 최초로 김치냉장고를 선보인 딤채가 니치마케팅의 대표적인 사례로 꼽힌다. 이전까지 냉장고를 만드는 기업은 많았지만, 딤채는 '김치만을 보관하는 냉장고'라는 차별화 전략을 내세웠다. 일반 냉장고에 김치를 보관할 경우 냄새가 나거나 공간 효율에 어려움을 겪던 소비자 니즈를 파악해 나온 결과는 대성공이었다. 최근 많은 기업이 니치마케팅으로 돌아섰다. 과거 공급이 수요를 따라가지 못하는 시장에선 생산, 유통, 판매 등 과정을 모두 대량으로 추구하는 매스마케팅이 대세였다. 매일 신제품이 쏟아져 나오고 있는 지금은 매스마케팅은 사라진 채 니치마케팅만이 남아있다.

니치마케팅을 시행할 때 기업은 시장흐름과 소비자 변화를 놓치지 않는 것이 중요하다. 기업은 소비자 수요를 조사하는 과정에서 특정 소비자층의 니즈를 정확히 파악해야 차별화 전략이 효과를 발휘할 수 있다. 1990년대 미국에선 탄산수 '클리어리 캐나디언', 투명한 맥주 '밀러 클리어' 등 투명한 색 음료가 유행으로 번졌다. 당시 펩시도 투명한 콜라 '크리스탈펩시'를 출시하며 유행에 합류했지만 소비자 반응은 냉담했다. 기존 짙은 갈색 콜라에 길들여진 소비자에게 투명 콜라는 거부감이 컸기 때문이다. 결국 1993년 미국 크리스탈펩시는 당초 판매 목표치 2%보다 한참 뒤처진 0.5% 증가에 그치면서 1년 만에 투명콜라 생산을 중단했다. 성공적인 니치마케팅 효과를 위해서는 특정 소비자층에 대한 선정과정이 무엇보다 중요하다. 과거 니치마케팅은 완전하게 새로운 시장을 개척하는 의미였다면 현재는 '레드오션' 사이에서도 특정 소비자층 공략을 전문으로 노리는 니치마케팅으로 변화하는 추세다. 대표적인 예는 핸드메이드 온라인 플랫폼 아이디어스다. 나만의 제품을 갖고 싶다는 소비자 심리를 활용한 아이디어스는 포화시장인 이커머스 사이에서도 핸드메이드 플랫폼이라는 전문화된 콘셉트를 경쟁력으로 취했다. 현재 핸드메이드 플랫폼 1위인 아이디어스엔 1만7,000명 작가와 530만 고객이 가입돼 있다. 지난 6월엔 누적 거래액 5,000억원을 돌파했다.

– 톱데일리, 2021.10.1.

3

고객의 구매선택권과 여성들의 구매 행동

1) 고객의 구매선택권과 선택기준

오늘날 소비자들은 대량생산, 대량구매의 획일화된 소비에서 벗어나 자신의 취향과 선호에 맞는 아이템을 선택하는 것에 익숙해져 있다. 소비자들의 정보력은 날로 증가하고 있고 고객들의 선택권도 넓어지고 있다. 특히 오늘날 소비자들은 웹(web)을 통해 기업수준의 정보력(omniscient)을 갖추고, 상호 간 연결(omnipresent)을 통해 실시간으로 진화하면서, 요구를 관철할 막강한 힘(omnipotent)을 갖추었다.

현대사회에서는 끊임없이 새롭고 다양한 종류의 상품들이 등장해 소비자의 선택폭이 대단히 넓어졌고 소비자들은 스스로 선택하는 일에 점점 익숙해지고 있다. 기업들은 어떤 방법이 고객의 선택권을 더 빠르고, 정확하게 충족시켜 줄 수 있을지 고민하고 있고 발 빠른 기업들은 이미 이러한 변화에 능동적이고 창의적인 방법으로 대처하고 있다. 모든 산업영역에서 이미 고객의 선택권 강화를 위한 경쟁은 시작되었다. 애플은 '상시적인 확장성'과 '고객이 만드는 선택 대안'이라는 두 가지 개념을 통해 앱스토어라는 창의적인 혁신을 만들어 냈다. 상시적 확장은 혁신, 기술 발전 속도와의 격차를 줄여준다. 고객이 만든 선택 대안은 시장과 고객가치 간의 괴리를 좁혀줄 수 있다. 저가항공 사례와 같이 고객의 선택권 확대는 고객의 비용절감으로 이어지게 된다. 번들(bundle)로 팔던 기존의 제품을 나누어 팔면서 포함되지 않은 기능, 성능, 서비스 등에 대해서는 지불할 필요가 없어졌다.

최근의 상품선택 사례들은 가볍고, 저렴하며, 소비자 주도의 성격이 강하게 반영되는 분위기다. 커피 한 잔을 마실 때도 샷(shot) 추가, 크림, 시럽, 사이즈,

소비자 선택권을 보장하라

유통산업발전법, 소상공인 생계형 적합업종 지정에 관한 특별법, 대·중소기업 상생 협력 촉진에 관한 법률 등 각종 법률에 존재하는 탈헌법적 독소 조항들이 소비자의 선택을 빼앗고 사업 진출과 확장을 막아 성장 동력까지 잠식하고 있다. 유통산업발전법은 유통산업의 발전과 거리가 먼 법이다. 이 법에 따라 대형마트가 영업을 하지 못하는 날들이 정해졌다. 소비자들은 불편해지고 유통산업은 기형화했다. 대형마트는 볼거리를 제공함으로써 시장을 창출해왔으나 규제로 인해 골목상권도, 대형마트도 함께 침체하기 시작했다. 법의 목적이 소비자 보호와 국민경제 발전이라고 하지만 소비자들의 선택권은 법의 강제력에 의해 무시됐다. 소상공인 생계형 적합업종 지정에 관한 특별법은 소비자의 권익을 침해하는 법이다. 규제되는 여러 업종에서 차별적 경영 개입과 경쟁 제한으로 시장규모의 감소, 품질 저하, 가격 상승 등과 같은 문제가 발생하고 있다.

예컨대 이 법으로 규제되고 있는 중고차 시장의 상황은 심각하다. 중고차 시장은 매도자와 매입자 간 정보의 차이로 인해 시장의 기능이 제대로 작동하지 않을 수 있는 시장이다. 수십 년간 허위 및 미끼 매물로 사람들을 유인하는 불법 영업이 기승을 부렸다. 대기업 규제로 정보의 비대칭 문제는 더 악화했다. 소비자 피해가 커지면서 중고차 시장은 불신을 받았다. 판매 차량의 정보를 제대로 전달하는 것이 자신에게 유리한 사람들이 중고차를 팔도록 하면 상황은 변한다. 신차를 판매하는 딜러나 완성차 업체는 신차를 더 많이 팔기 위해서 중고차 시장이 활성화되기를 바란다. 이들은 기술과 자본력을 가지고 있어 품질보증에 대한 책임을 질 수 있다. 완성차 업체가 중고차의 품질보증과 합리적 가격 정책으로 중고차 시장을 성장시키면 신차 고객들의 신차 구매 부담이 줄어들어 신차 판매가 늘어난다.

중고차 시장이 성장하면 장기 렌터카 시장, 리스 시장과 자동차 관련 업종도 성장한다. 외국에서는 완성차 업체가 직접 중고차를 매매하도록 함으로써 중고차 시장의 신뢰를 견인하고 있다. 신차 시장 대비 중고차 시장의 규모는 영국 3배, 미국 2.4배, 프랑스 2.2배, 독일 2배로 중고차 시장이 발달해 있다. 우리나라의 경우 중고차 시장규모는 신차 시장의 1.3배에 불과하다. 완성차 업체의 중고차 시장진입을 막은 결과다. 판매자들은 소비자들의 선택을 받기 위해 경쟁해야 한다. 권력이 승자와 패자를 결정해서는 안 된다. 규모의 경제가 있는 경우에는 기업들이 규모를 늘릴 수 있도록 해야 한다. 기업의 규모가 아니라 기업의 잘못된 행동을 규제하는 합리적 법률 체제가 필요하다. 불합리한 법률을 정비하고 혁신하는 기업이 시장을 선도할 수 있도록 소비자 선택권을 강화하는 정책을 기조로 삼아야 한다.

– 컨슈머워치. 소비자 선택권을 보장하라. 양준모(연세대학교 정경대학 교수 / 컨슈머워치 공동대표). 2021.7.25.

테이크아웃(takeout) 여부 등을 선택할 정도로 가벼워졌다. 델(Dell) 컴퓨터는 이미 20여 년 전부터 이러한 소비자 니즈의 변화를 읽고, 개별 고객이 스스로 PC의 사양을 선택할 수 있도록 함으로써 큰 성공을 거두었다. 또 오픈마켓, 저가 항공, 공짜경제, 앱스토어 등 최근 혁신 사례들의 공통점도 산업이나 사업방식에 관계없이 고객의 선택권 강화가 혁신을 성공으로 이끌었고 많은 혁신기업들이 자신들의 제품, 서비스를 잘게 나누고 효율화시킴으로써 고객의 선택권을 확대하고 있다. 오픈마켓(open market)에서 고객의 선택권이란 동일한 상품을 구매할 때 고객들은 원하는 옵션을 넣고 뺄 수 있는 권리를 행사하게 되었다. 특히 저가 항공은 다양한 서비스들이 포함된 비싼 항공권을 수용해야 하는 기존서비스에 대한 고객들의 불만에 착안한 혁신의 산물이었다. 기존 항공사를 이용할 경우 고객들은 서비스와 가격에 대해 거의 선택권을 갖지 못했다. 하지만 저가 항공사들이 보험, 음료, 수화물, 우선탑승권 등 다양한 서비스 가격을 모두 포함시키지 않고, 고객의 취향에 따라 직접 선택할 수 있도록 하면서 항공권을 기존 항공사보다 훨씬 낮은 가격에 판매하는 전략을 펼쳤다. 그 결과 고객들의 높아진 선택권에 대한 환호 덕분에 저가항공사들은 기존 항공사들의 고객을 빠르게 잠식하고 있다. 아시아 태평양 항공센터(CAPA, The Centre for Asia Pacific Aviation)에 따르면, 전 세계 저가항공사의 항공 여객수송 비율은 2001년 7.8%에서 2009년 21.7%로, 그리고 2020년 공급 좌석 점유율은 32.8%로 증가했다.

특히 저가항공사 라이언에어(Ryanair)는 이미 다양한 기내서비스를 선택하도록 했는데, 최근에는 항공권 가격을 5% 낮추는 대신 화장실 사용까지 고객이 선택할 수 있도록 하는 기발한 상상력을 통해 선택권 확대 경쟁에 불을 지피고 있다. 선택권 확대 경쟁은 궁극적으로 기업들에게도 고객가치에 대한 새롭고도 분명한 인식, 그리고 확고한 협업 비즈니스모델의 구축과 같은 다양한 편익을 제공하는 것이다. 그들은 기존 제품, 서비스의 기능, 성능 중에서 소비자들이 선택하지 않는 것들을 제거함으로써 비용을 낮추고, 가격경쟁력을 확보할 수

남편과 아내의 쇼핑 방법(효과성과 효율성)

일반적으로 부부의 쇼핑 특성을 보면, 아내는 꼭 필요한 것은 아니지만 저렴하게 사는 경향이 있고, 남편은 꼭 필요한 상품을 구입하지만 비싸게 사는 경향이 있다고 한다. 이때 남편의 구매형태는 효과적인 구매라고 설명할 수 있으나 효율성은 부족한 구매이며, 아내의 구매형태는 효율적인 구매라고 설명할 수 있으나 효과적인 구매는 아니라고 할 수 있다. 중요한 것은 꼭 필요한 일을 비효율적으로 하는 행위는 아쉬움이 남지만, 불필요한 일을 효율적으로 해내는 것은 최악의 어리석은 행위라는 것이다. 경영학은 기업의 성과를 뜻하는 효과성과 효율성을 추구하는 체계적 학문이다. 효과성이란 기대되었던 조직의 목표가 달성된 정도를 말하고, 이것에 대비되는 효율성은 조직 구성원의 개인적 욕구가 충족된 정도를 말한다. 이러한 두 개념을 처음으로 구분하여 사용한 학자 바나드(Chester I. Barnard)는 1938년에 간행된 그의 대표적인 저서 <Functions of the Executive>에서 조직을 사회적 체제로 보는 관점을 발전시켰고 개인행동의 효과성과 효율성의 개념을 구분하였다. 그는 개인행동의 효과성은 개인이 바라는 구체적인 목표가 달성된 것이고, 효율성은 심리적 만족도에 관한 것으로 규정하였다.

‘경험’을 구매하는 2030, 움직이는 정보로 고객을 사로잡아라!

멈춰있는 정보는 가라! 움직이는 정보로 고객을 만나는 ‘라이브커머스’

이제는 라이브커머스 시대다. 기존의 온라인 쇼핑몰이 제공하는 멈춘 정보는 소비자들이 궁금해하는 것을 이야기해주지 않는 경우가 많고 한정된 정보로는 소비자들이 새로운 구매를 결심하도록 만들지 못한다. 특히 D2C 상품들의 경우 소비자가 제품을 보지 않은 채 믿고 구매까지 이어지는 것은 더욱 어렵다. 우리 사회의 주력 소비층인 2030세대는 작은 것 하나 구매하는 데에도 ‘경험’을 원한다. 음식점을 하나 가더라도 후기가 많은 곳을 검색해 가는 ‘ 경험 구매’의 패턴을 가지고 있다. 라이브커머스는 이런 성향을 가진 2030세대를 겨냥한 마케팅이다. TV보다는 모바일을 선호하는 2030 세대의 경향에 맞춘 ‘모바일 홈쇼핑’이라고 볼 수도 있다. 다만 라이브커머스는 TV홈쇼핑에서 판매자는 상품에 대한 정보를 제공하고, 소비자는 정보를 제공받는 일방향 형식에서 벗어났다는 점이 다르다. 라이브커머스의 핵심은 ‘채팅’에 있다. 고객은 상품을 설명하는 중간에 채팅창을 통해 상품에 대한 궁금증을 실시간으로 해소한다. 겉옷을 판매하는 라이브커머스를 예로 들어보자. ‘외투의 안감은 무엇인지’, ‘세탁은 어떻게 하는지’, ‘속주머니는 있는지’ 고객은 자신이 궁금한 것을 채팅창을 통해 바로바로 물어볼 수 있고 판매자는 이에 대한 즉각적인 답변을 준다. 고객이 지금 알고 싶은 정보, ‘움직이는 정보’를 제공하는 쌍방향 소통이 가능한 것이다.

카카오커머스의 라이브커머스 서비스인 ‘카카오쇼핑라이브’ 누적 시청 횟수가 정식 서비스 출시 한 달 만에 1,000만 회를 돌파하는 등 그 인기가 뜨겁다. 라이브커머스의 또 다른 한 가지 핵심은 ‘경험과 재미’다. 눈이 즐겁고, 귀가 즐거울수록 소비자의 잔존율이 높아지고 결국 이러한 경험은 소비자의 구매를 설득할 수 있는 열쇠가 된다. 소매업계 리서치 업체 ‘코어사이트 리서치(Coresight Research)’ CEO 데보라 웨인위그(Deborah Weinswig)는 “라이브로 판매할 때 고객을 소비자가 아닌 시청자로 정의해야 한다. 이탈률을 줄일 수 있는 좋은 방법이다"라고 강조했다. 라이브커머스의 상호소통을 통한 '경험과 재미'는 기존의 이커머스 플랫폼들에서 오직 상품과 최저가 경쟁 중심으로 내용이 전개되었던 것과는 상반된다.

광고를 넘어 콘텐츠로… '이 영상 봤어?'라며 공유하는 광고를 만드는 것이 숙제

TV보다 유튜브에 익숙한 2030세대. 그들에게 '광고'는 자신이 보고 싶은 영상의 흐름을 끊고 방해하는 '장애물'로 여겨진다. 하나의 제품을 효과적으로 소비자에게 인식시키기 위해서는 적어도 5~8번의 시청이 필요하다. 무려 5~8번이나, '5초 후 skip'의 늪에서 벗어날 수 있는 광고는 어떠해야 하는가.

#1. 소비자와 소통하는 광고, 소비자가 원하는 광고

카카오페이지에 연재된 '이태원 클래쓰', '김비서가 왜그럴까'가 드라마화되면서 큰 인기를 끌었다. '이태원 클라쓰'의 경우 드라마화 전에도 웹툰이 상당히 인지도가 높은 편이었지만 드라마 방영 후 누적 구독자 수는 방영 전보다 2배 증가한 1,500만, 누적 조회 수 3억 6천만을 기록할 정도로 재열풍이 불었다. 드라마가 인기를 끌고 사람들의 관심을 받으며 온라인상에서는 캐릭터 박새로이와 머리스타일, 눈매가 비슷한 가수 비와이가 '가상 캐스팅'되며 화제가 됐다.

#2. 소비자에게 '재미'와 '감동'를 주는 광고

광고가 너무 광고답게, 정보 제공에만 충실해서는 '5초 후 skip'을 면하기 어렵다. 광고에 대한 거부감을 가지고 있는 2030세대를 타깃으로 삼기 위해선 광고 같지 않은 광고가 효과적이다. 장사한다는 느낌을 풍기는 광고가 아니라 소비자가 재밌게 보고 즐길 수 있는 광고가 좋다. 감성적인 필터에 감성적인 목소리. 가수 폴킴과 볼빨간사춘기 안지영이 직접 부른 노래로 제작된 '여기어때'의 광고가 큰 인기를 끌었다. 광고의 취지, 영상미와 잘 어울리는 가수들을 섭외한 것이 신의 한 수였다. 스킵하지 않을 뿐만 아니라 노래가 좋다며 풀버전(full version)을 찾는 소비자가 속출할 정도였다. 결국 '여기어때' 유튜브 채널에는 광고음악으로 쓰인 폴킴의 '칵테일 사랑'과 안지영의 '바람이 불어오는 곳' 1시간 영상까지 올라왔다.

– 사례뉴스, 2020.12.9.

있다. 선택 자체가 이미 고객들의 참여를 내포하고 있을뿐더러, 선택권의 제공은 고객의 신뢰나 충성도, 감정적인 애착으로도 이어질 수 있다. 고객의 이익과 가치를 더 스마트하게 제공하는 선택권은 앞으로의 기업들이 주목해야 할 비즈니스의 기준이 될 것이다.

최근 기존 비즈니스 방식인 B2B나 B2C를 뛰어넘는 D2C(Direct to Consumer)가 시대의 유통방식으로 떠오르고 이커머스가 D2C 시대 유통의 전면에 등장하면서 기왕의 중간 유통단계를 무력화시키고 있다. 이커머스(E commerce)는 모바일과 플랫폼 같은 강력한 미래 디바이스로 강력하게 무장하면서 갖가지 편리성을 지닌 기능들이 소비자들의 마음을 사로잡는다. 예컨대 라이브방송과 메타버스, 인공지능(AI) 기능이 소비자들에게 더 직접적이고 현실적인 상품 정보 제공의 역할을 하고 있다. 직접 매장에 가서 물건을 고르고 따져보지 않아도 재화를 쉽게 구매할 수 있게 되면서 우리가 실제 평가하기 어려울 정도의 혁신적인 기술과 아이디어가 유통 현장에선 과감하게 적용되고 있다. 이런 흐름은 상품 고르기가 까다롭기만 하던 먹거리 영역으로까지 발전했다. 배달 플랫폼의 성장은 소비자들에게 직접 식당에 가는 것에 버금가는 품질과 신선도, 위생 상태가 가능해지면서 폭발적인 인기를 끌고 있다. 패스트푸드(fast food) 점포에서 시작해 식당 메뉴는 물론 간편식과 신선 배송의 영역까지 매우 신속하고 정확한 방식으로 제품이 소비자에게 전달되는 방식으로 발전하고 있다. D2C 유통방식은 품질이 오프라인 대비 떨어지지 않거나 되레 우수하다는 평가받으며 소비자선택이 일반화되고 있다.

2) 절대적 구매결정권을 가진 여성들의 구매 특성

미국의 전체 구매 결정자 중 85%가 여성 소비자이며, 개인 소비뿐만 아니라 가정에서 소비하는 자동차, 가전, 식료품 등에 대한 소비 결정권을 여성이 주도한다고 알려져 있다. 이는 미국뿐만 아니라 전 세계의 공통적인 현상이다. 여성

가족부에 따르면 여성 가구주 비율이 2010년 26.1%에서 2018년 30.7%로 증가했고, 미혼 여성 가구주는 2008년 97만2,000가구에서 2018년 143만6,000가구로 47.8% 증가, 2016년 여성 관리자 비율은 20.4%로 10년 전보다 약 2배 증가했다. 여성들의 학력이 높아지고 사회진출이 늘며, 비혼과 무자녀 선택으로 소비력이 증대된 것뿐 아니라 여성의 소비파워가 세진 데는 임금 인상 등 독립적인 경제주체로서 지위를 확보한 것도 큰 역할을 하였다. 우리나라 여성 창업자 수도 매년 6% 정도 증가하며 여성이 소비의 중심시대로 가고 있다.

과거 여성 고객들이 주요 관심사인 패션과 화장품 소비, 액세서리 등에 주력했다면, 이제는 IT와 가전 등 일상에서 가까이 놓고 사용할 수 있는 IT 디바이스나 소형 가전제품에도 과감히 지갑을 여는 시대가 도래하면서 소비 분야가 다양하게 확대되고 있다. 특히 명품 시계, 만년필, 양주 등 주로 남성의 부를 과시하는 수단으로 사용되었던 물품들도 여성 소비가 크게 성장함에 따라 여심을 잡기 위한 스페셜 에디션을 내놓고 있다. 이처럼 경제활동을 하는 여성 인구가 늘고 소비력이 증대되자 고가 제품이나 다양한 업종에 과감하게 지갑을 여는 여성 소비자가 늘면서 그녀(She)들이 경제(Economy)를 이끈다며 생긴 신조어 「쉬코노미(Sheconomy)」가 뜨고 있다.

예전 유태인의 상술로도 널리 알려진 '여성의 지갑을 노려라'는 말이 있었으나 지금은 여성들의 경제력과 사회적 지위까지 향상되면서 실질적인 소비 결정의 주체가 되었다. 여성들의 지갑을 열려면 남성과는 다소 다른 소비 알고리즘부터 이해해야 한다. 여성들은 눈에 보이는 제품·서비스의 스펙보다는 무형의 것, 즉 공감·가치·스토리 등에 더 큰 가치를 두기 때문이다. 다시 말해 그들은 브랜드의 탄생 계기, 지향점 등을 자신이 이해하고 신뢰할 수 있어야 소비에 나선다. 한국여행업협회에 따르면 2017년 해외로 출국한 여성은 1,245만 명으로 남성(1,238만 명)을 처음으로 앞질렀다. 특히 20대 출국자 462만 명 가운데 여성은 279만 명으로 전체의 60%를 넘었다. 한 여행사 관계자는 “가족여행을 결정하는 주도권이 보통 여성에게 있기 때문에 가족용 패키지에도 카페에서의 자유시간을 추가하는 등 여성 취향을 반영하고 있다”고 말했다. 이 때문에 여행업계

여성 고객이 가장 싫어하는 것은 ‘손해를 보는 것’

‘손님이 엄청난 속도로 변화하고 있다.’사실 여성 고객의 ‘변화의 속도’는 너무 빨라 우리로서는 예측불가능하다. 여성 고객의 마음을 파악하고 기쁘게 하려면 어떻게 하면 될까? 의외로 대답은 간단하다. 첫째: 여성 고객의 판단 방법과 느낌을 아는 것이다. 둘째: 여성 고객이 원하는 것을 해주는 것이다. 여성들은 오감이 예민하기 때문에 불쾌한 일에 대해서 더욱 예리하다. ‘싫은 것을 피하는 힘’은 ‘좋아하는 것을 하려는 힘’보다 훨씬 강해서 여성은 ‘싫은 것’을 철저하게 피하려 한다는 것이다. 쇼핑에 있어서 ‘싫은 것’이란 무엇인지 살펴보자.

① 매장 내에 사람이 많아 피곤한 것
② 짐이 무거운 것
③ 판매원에게 무시당하거나, 요구를 거절당하는 것
④ 손해를 보았다고 느끼는 것
⑤ 주차하기 힘든 것
⑥ 물건을 찾기 어려운 것
⑦ 기다리는 것 등 여러 가지가 있다.

이 중에서도 가장 싫어하는 것은 ‘손해를 보는 것’이다. ‘손해를 보았다.’고 느끼는 대표적인 것이 구입한 상품이 그만큼의 가치가 없을 경우일 것이다. 쉽게 망가지거나 다음날부터 세일을 하는 등 ‘손해를 보았다’고 느낀 매장에서는 웬만해서는 다시 구입하지 않을 것이다. 여성은 한 번 신용을 잃으면 두 번 다시 신뢰하지 않는 경향이 남성보다 강하며, 그 소문을 퍼트리기 때문에 여성 고객은 무섭다.

– 다카히라 아이 지음, 박진배 옮김, 〈여성고객의 마음을 움직여라〉, 경성라인, 2013.

에서는 스파, 마사지, 럭셔리 디너·바 등 여성들의 취향을 고려한 패키지 상품을 출시하는 등 쉬코노미 시대에 걸맞는 마케팅을 펼치고 있다.

구매결정권을 가진 여성들이 상품을 구매할 때에 나타나는 특성은 여성이 무엇을 중요하게 생각하고, 또 그에 따른 행동유형이 어떠한지에 따라 관계 포커스, 멀티 포커스, 스토리 포커스, 이벤트 포커스의 네 가지로 나눌 수 있다. 우선 *관계 포커스: 여성은 쇼핑을 가서 물건만 사는 것이 아니라 사람을 본다. 사람이 마음에 들면 단골이 되어 오랜 관계를 지속한다. 관계 포커스는 삶의 초점이 항상 사람에게 집중되어 있기 때문에 구매한 제품을 친구들이 좋다 혹은 예쁘다고 해줘야 마음이 놓이고, 쇼핑한 후 만족감을 느끼지만 광고모델이 마음에 들지 않아도 그 제품을 이용하지 않는다. 두 번째 *멀티 포커스: 여성은 감수성이 무지개처럼 다채롭다. 여성들은 어려서부터 상대의 표정과 숨소리만 듣고도 상대방의 기분을 살피는 데 일가견이 있고 눈에 보이지 않는 느낌까지도 읽어내는 탁월한 능력이 있다. 따라서 여성이 옷을 사면서 동시에 판매원의 얼굴 표정도 읽고, 매장의 청소상태도 보고, 향기도 느낀다. 모든 것이 총체적으로 만족스러워야 여성은 비로소 소비의 포만감을 느끼게 되는데 〈제1의 성〉 저자 헬린 피셔(Helene Fisher)는 이를 '거미집 사고'라고 설명하였다.

세 번째 *스토리 포커스: 여성은 대화를 통해 서로를 신뢰하고 친밀도를 이어가는데 여성고객에게 말을 많이 하게 할수록 구매 확률은 높아진다. 여성들은 대화를 통해 서로의 관심과 거리를 확인하는 것이기 때문에 여성 마케팅의 기본은 대화의 창을 항상 열어두는 것이다. 원활한 대화가 가능한 홈페이지, 언제든 대화하고 싶은 생각이 들게 하는 판매원, 편안한 대화 분위기를 유도하는 인테리어 스타일 등은 여성 고객을 상대로 하는 모든 기업이 주목해야 한다. 또 여성들은 자기들이 경험한 일을 상대방에게 전달할 가능성이 남성보다 매우 높은데, 이러한 구전효과로 인해 기업의 흥망이 좌우되기도 한다. 네 번째 *이벤트 포커스: 여성은 남성보다 삶의 이벤트에 훨씬 민감하다. 남자에 비해 여성이 생일이라든지 각종 기념일 등을 잘 기억하고 챙겨준다. 서로의 생일을 챙기고,

선물을 주고, 멋진 이벤트를 벌여 친구를 기쁘게 해주는 것이 여성들에게는 기쁨이며 자부심이다. 남자들이 좋아하는 기념품이나 사은품에 여성들은 전혀 감동하지 않지만 여성들은 자신이 벌이는 이벤트만이 아니라 상대방의 이벤트에도 매우 민감하게 반응한다. 여성들의 소망은 언제나 'Surprise me!'이고, 이벤트가 성공한다면 그 기업과 제품에 대한 여성들의 각별한 마음은 더욱 깊어져 곧 구매로 이어질 가능성이 높아진다.

위에서 제시한 4가지 요소들은 여성 소비자들의 구매 행동에서 가장 기본적인 틀을 제공하는 내용이다. 그리고 실제로 대부분 여성의 구매 행동은 위의 네 가지 특징에서 세분화되는 것이라고 봐도 과언이 아니다. 여성은 관계 지향적이고 제품과 동시에 제품과 관련된 것들을 통합적으로 고려하며, 이야기를 좋아하고 특별한 것에 관심을 가지는 특징을 가지고 있다.

Chapter 10

지속성장과 장수기업(Long-lived company)

Chapter 10

1

장수기업과 장수 CEO

1) 장수기업과 가족기업의 특성

예일대 경영학과 리처드 포스터(Richard Foste) 교수에 의하면 미국 500대 기업의 평균수명은 15년(2015년)이었고, 아마존웹서비스(Web Services)는 우량기업인 미국 S&P500 지수 내에 머무는 기간이 1960년 평균 33년에서 2025년에는 14년으로 줄어들 것으로 추정했다. 또 2019년 중소기업중앙회 조사에 따르면, 전 세계 200년 이상 장수기업 가운데 일본기업이 3,937개로 가장 많고, 독일은 1,563개, 프랑스는 331개인데 한국에는 하나도 없었다. 또 중소벤처기업부에 따르면, 설립 100년 이상 기업은 일본이 3만3,079개로 가장 많고, 미국 1만2,780개, 독일 1만73개 순이었으나 한국에서 창업 100년이 넘은 기업은 두산(1896년), 동화약품(1897년), 신한은행(1897년), 우리은행(1899년), 몽고식품(1905년), 광장시장(1911년), 성창기업(1916년), KR모터스(1917년), 경방(1919년) 등 9개와 언론사 동아일보·조선일보(1920년) 등을 포함해도 11개 정도에 불과하다.

200년 이상 된 세계 장수기업

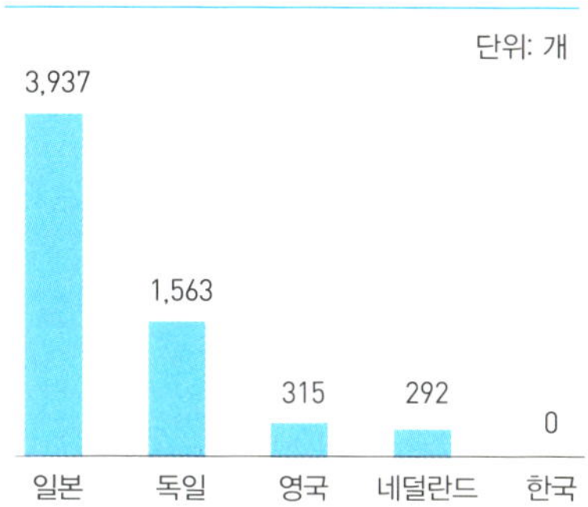

자료: 블룸버그

100년 이상 된 세계 장수기업

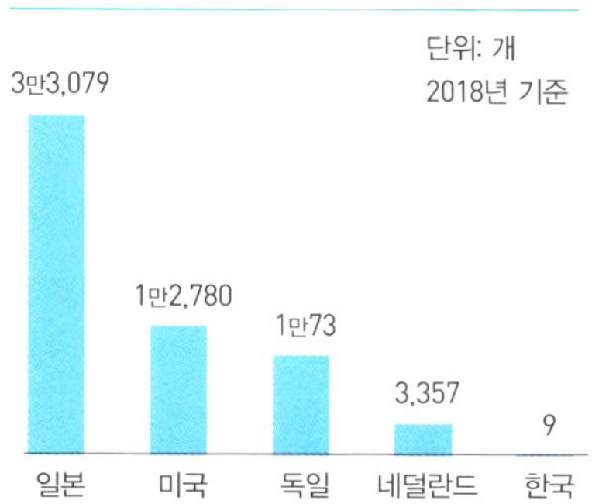

자료: 머니투데이

한국에서 근대적 의미의 기업 가운데, 국내 최고령 기업 두산(斗山)은 개화기 면직물 거상인 박승직이 33세였던 1896년 8월 서울 배오개에 국내 최초로 현대식 상점인 박승직상점을 개점하였고 1946년 박두병 초대 회장이 '박승직 상점'을 '두산상회'로 개명하였으며 현재 통합지주회사 두산(斗山, Doosan Group)은 사업지주회사로 계열사들을 지배하여 다양한 사업을 영위하고 있다. 지구상 가장 오래된 기업으로 인정받는 세계적인 장수기업들은 백제의 건축 명장 유중광(柳重光) 일행이 서기 578년에 창업해 1428년을 이어 온 세계 최장수 기업인 일본의 건설 명가 곤고구미(金剛組)이다. 그리고 일본 이시카와현 고마쓰시에 있는 1,300년 전통의 호시료칸(法師旅館)은 46세대를 이어올 수 있던 것은 경영에 참여한 가족들이 '고객에게 최고의 서비스를 제공한다'는 목표를 공유했기 때문이다. 최장수기업 보유국가 일본에는 창업 1,000년 이상 된 기업이 스무 곳이 넘으며, 1,000년이 넘는 프랑스 와인 명가 샤토 굴랭(Chateau de Goulaine), 700년을 존속한 스웨덴의 전통 제지기업 스토라(Stora AB), 700년 장수한 독일 호텔기업 필그림하우스(Hotel Pilgrim Haus) 등도 대표적인 장수기업들이다.

세계 최장수기업, 곤고구미(金剛組)

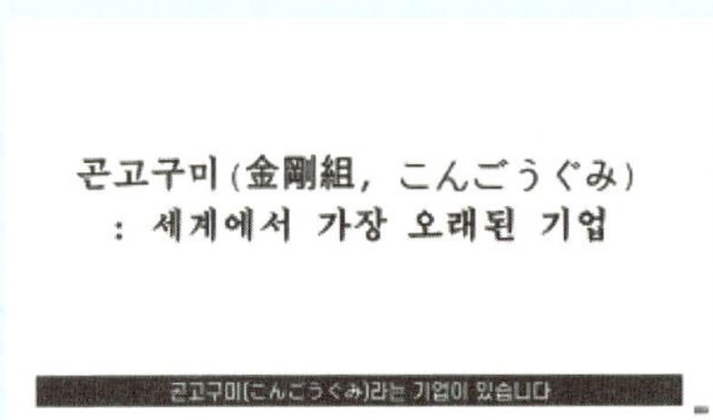

바람직한 경영을 실천한 기업의 수명은 영속(permanently) 가능하며, 기업이 장수할 수 있는 기반과 뿌리는 기업의 영혼, 즉 기업철학에서 비롯된다고 할 수 있다. 지구상 가장 오랜 역사를 가진 기업, 곤고구미(金剛組)는 쇼토쿠태자(聖德太子)가 백제에서 초빙한 건축기술 명장 유중광(柳重光) 일행이 일본에서 가장 오래된 사찰인 시텐노지(四天王寺)를 건설한 578년에 창업하였다. 서기 593년 사천왕사가 완공되자 성덕태자는 그에게 "앞으로 너의 자손은 대대손손이 사천왕사를 영구히 보수 관리하라"는 명령을 내려 고향 백제로 돌아가지 못하고 유중광의 자손들인 금강(金剛 · 곤고) 집안에서 1,400년간 40대를 이어 오면서 곤고구미의 당주(堂主)를 맡아 운영해왔다. 일본 최고의 목조건축 회사 곤고구미를 1980년대 중반부터 경영한 40대 당주(當主) 곤고 마사카즈(金剛正和)도 "곤고구미의 제일 가치는 품질(Quality, 品質)이며, 품질이 떨어진 곤고구미는 보통 회사일 뿐 명성이 주는 자존심을 지킬 수 없다"고 말한다. 곤고구미의 39대 사장인 곤고 도시다카(金剛利隆) 씨에게 곤고구미가 지은 건물이 왜 지진이 나도 끄떡없는지 이유를 질문하니 그는 "기본에 충실했기 때문"이라며 "보이는 곳보다 보이지 않는 곳에 더 충실하라"고 직원들에게 당부했다고 한다. 눈에 띄는 곳보다 잘 보이지 않는 부분에 더 신경을 쓰고 더 깨끗하고 말끔하게 처리함으로써 고객의 믿음과 사회적 신뢰를 쌓았다. 1995년 고가도로가 무너지고 건물 16만 채가 완전히 파괴되어 일본 열도를 놀라게 한 '고베 대지진' 때에도 곤고구미가 지은 건물들이 훼손되지 않은 비결도 투철한 장인정신이다. 이미 곤고구미의 우수한 기술력은 잘 알려져 있었지만 이 사건으로 많은 사람들이 더 놀랐고 그 후 더 널리 인정받게 되었다. '곤고구미가 흔들리면 일본 열도가 흔들린다'는 말로 유명한 이 회사는 본업중시, 신뢰경영, 투철한 장인정신 등을 힘의 원천으로 꼽는다. 2004년 영국의 이코노미스트지(誌)는 곤고구미를 세계에서 가장 오래된 기업으로 선정하였다. 곤고구미는 오사카(大阪)의 시텐노지 등 일본 고대 건축을 대표하는 사찰들을 건립했으며, 고대 백제의 건축기술을 유지 · 발전시켜 건축 외길을 이어온 일본 시니세(老鋪) 문화의 대표로 꼽힌다. 사찰건축 전문 장인정신으로 곤고가(家)에 주어진 소명을 지키며 지역사회를 위해 봉사하려는 마음가짐과 곤고구미의 자존감 및 새로운 것에 도전하는 개척정신과 변화를 두려워하지 않는 도전정신이 1,400년 이상 오늘날 성장의 열쇠가 되는 유전자(DNA)였다.

곤고구미(金剛組)는 1980년대 말 매입한 토지가 거품경제 붕괴로 폭락하면서 누적된 차입금을 감당하지 못해 창업 1,428년 만인 2006년 1월 일본 중견건설업체 '타카마츠(高松, たかまつ) 건설'에 회사영업권을 넘겨주는 형식으로 흡수 합병되었다.

2) 장수기업의 장수비결

글로벌 컨설팅업체 맥킨지(McKinsey & Company)에 따르면 1975년 기업의 평균수명은 30년이었으나 1995년에는 22년으로 줄었고, 현재의 기업수명은 평균 15년 이하라고 한다. 영국 시사주간지 이코노미스트(The Economist)는 이 기업들이 긴 세월의 풍파를 견디며 사업을 대물림할 수 있었던 비결을 "가족"에서 찾았고, 장수기업 전문가 브라이언트대학교 윌리엄 오하라(William T. O'hara) 교수도 장수하는 기업의 핵심비결은 가족이었다고 말한다. 실제로 선진국 히든챔피언 기업의 3분의 2가 가족기업이고, 장수기업의 상당수가 가족경영을 통해 이루어진다고 볼 수 있다. 흔히 가족기업이라고 하면 전통을 굳게 지키는 모습과 오너 중심 경영 등 부정적 인식을 떠올리지만 100년 이상 존속하는 기업들은 오히려 위기를 극복하고 새로운 환경에 적응하기 위해 지속해서 변화하고 혁신 의지도 강하다. 이는 장수기업의 리더들은 과거의 성공이 현재와 미래의 성공을 보장하지 않는다는 사실을 오랜 경험을 통해 이미 체득하고 있기 때문이라고 오하라 교수는 강조했다. 프랑스 인시아드(INSEAD) 경영대학원의 최근 연구에 따르면 가족기업은 전 세계 GDP의 70%, 전 세계 고용의 60%를 차지하고 있으니 가족기업은 글로벌 비즈니스와 성장의 핵심이다. 그 가운데 가전명가인 독일의 밀레(Miele)도 1899년 회사설립 이후 진칸과 밀레 가문이 4대째 공동으로 경영하고 있는 대표적인 가족회사다. 밀레는 연 매출 32억 유로, 임직원 1만7,000여 명의 대기업으로 경영권 다툼 한번 없이 120여 년을 유지해 왔다. 이처럼 독일 내에서는 한 가문에 의해 운영될수록 신뢰로 이어지며 중견기업의 90% 정도가 가족기업이다. 하지만 가족기업 연구의 대가인 존 워드(John Ward) 박사는 "가족기업이 2대까지 생존하는 비율은 30%, 3대까지의 생존율은 14%, 4대에 이르면 생존율은 4%로 떨어진다고 밝혔다.

또 전 세계 가족기업 및 장수기업을 연구한 프랑스 인시아드 경영대학원의 몰텐 벤네드센(Morten Bennedsen) 교수도 "장수기업에는 민첩한 비즈니스 전략, 장기계획, 객관적인 경영 승계 모델 등의 공통점이 있다. 또 장수기업 연구 학자들이 강조하는 성공비결을 보면 지속 가능 경영을 신조로하고 최근 유행하는 ESG(환경·사회·지배구조)와도 맥이 닿는다. 브라이언트대학 가족기업연구소장 윌리엄 오하라(William T. O'Hara)는 2004년 〈성공의 세기〉라는 책에서 장수기업의 성공 요인으로 첫째, 뚜렷한 기업목표 설정과 경제적 목표 추구를 통해 사회적

글로벌 장수기업의 성공 DNA-(공통점)

① 인간존중: 직원이 행복해야 기업이 성장한다.

장수기업들은 직원들이 얼마나 중요한지 잘 알고 있다. 직원들에게 더 많이 투자할수록 기업이 더 좋아진다는 것을 알고 있다. 기업의 성과를 높이기 위해서라기보다 진심으로 직원들을 위한다. 그래서 장수기업에서 일하는 직원들은 충성심이 높고 자부심도 강하다.

② 장인정신: 상품이 아니라 명품을 만든다.

장수기업들은 최고의 제품을 생산하기 위해 지속적으로 투자하며, 늘 변치 않는 품질을 추구한다. 200년 기업 모임인 레 제노키앙 회원들이 중요한 핵심가치로 가장 많이 꼽은 것은 품질이다. 품질에 대한 집념은 장인정신을 만든다. 눈앞의 이익에 집착하기보다는 일을 제대로 해내려고 하고, 이를 위해 때로 많은 희생을 감수하기도 한다. 제품의 품질에 자신들의 도덕성이나 윤리성이 반영된다고 여길 만큼 품질기준이 엄격하다.

③ 변화와 혁신: 100년이 지나도 늙지 않는 기업

<히든 챔피언>의 저자 헤르만 지몬은 탁월하고 지속적인 혁신 없이는 미래 시장은 물론 현재 시장에서조차 살아남을 수 없다고 말한다. 혁신이란 기술과 제품에 한정되지 않고 사업의 모든 측면을 포함한다. 장수기업은 공정의 혁신, 유통, 판매, 마케팅의 혁신을 통해 성장하고, 이를 바탕으로 지속적으로 생존한다.

④ 고객지향: 최고의 제품과 가치를 제공하라.

대다수 장수기업의 경영이념에는 최상의 품질로 소비자의 삶의 질을 향상시키고 지역사회에 기여하고자 하는 가치가 담겨 있다. 품질과 고객가치를 표방하는 가족기업 중 하나가 미쉐린이다. 미쉐린에서 가장 중요한 것은 고객이며, 고객의 편안함과 안전이 모든 것에 우선한다.

– 포브스코리아, 201910호(2019.9.23) 김선화 박사

목표의 달성에 기여하고, 둘째, 인간존중경영 아래 자본과 이익을 기업생존의 수단으로 삼으며, 셋째, 장기적 관점에서 우수제품 생산을 통해 기업 신뢰와 명성을 유지하고 시장경쟁력 강화를 위해 노력한다는 점을 들었다. 또 윌리엄 오하라의 저서 〈세계 장수기업 세기를 뛰어넘은 성공(2007)〉에서 200년 넘은 20개 장수기업의 공통점은 "실험적 아이디어의 실패를 수용하는 관용적 문화, 환경 변화에 맞춰 쉽게 사업 다각화를 이룰 수 있는 수평적 의사 결정 체계"는 선진적인 지배구조를 상기시킨다.

또 캐나다 HEC몬트리올대학 대니 밀러(Danny Miller) 교수는 저서 〈가족기업이 장수기업을 만든다(2009)〉에서 세계 200대 가족기업의 공통적인 운영 원칙으로 "좋은 이웃·동반자 되어주기"는 ESG의 S, 즉 사회적 가치 중시를 제시하였다. 또 하버드대 비즈니스스쿨 존 데이비스(John W. Davis) 교수는 기업이 장수하는 데 필요한 세 가지 비결에 대하여 "다음 세대를 맡을 경영인들이 새로운 사업기회를 찾을 수 있을 만큼 충분하게 신뢰와 자부심, 자금을 축적해 놓는 것이다"라고 말했다. 또 국내 상장 기업들 가운데 생존 50년이 넘는 장수기업 70여개를 분석해 장수비결 4가지를 정리했는데 그 첫째는 한 우물파기, 그 둘째는 신기술개발, 셋째는 고유 브랜드 고수, 넷째는 탄탄한 재무구조를 유지하면서 인재를 아끼는 경영이었다. 또 한국가족기업연구소장 김선화박사는 자신의 책 〈100년 기업을 위한 승계전략〉에서 "장수기업들은 시간이 지나고 기업이 커나가도 처음 가졌던 이념과 삶의 본질을 잊지 않는다. 그들의 장수비결은 자신들이 중요하다고 생각하는 가치를 기준으로 원칙을 세우고, 그것을 과업 하나하나에 적용해온 가풍에 있다. 돈이 아니라 기업가정신과 책임을 물려주어야 한다"고 말했다. 또 전경련은 "2015년 대비 2020년 경영성과를 분석한 결과, 오너기업의 매출은 63.2%, 고용은 22.0% 증가해 비오너 기업 매출 증가율(7.1%), 고용 증가율(-0.3%)을 크게 상회했다"고 밝혔다. 같은 기간 오너 기업은 당기순이익(135.6%), 영업이익(100.5%)도 비(非)오너 기업(당기순이익 -11.3%, 영업이익 4.1%)보다 크게 높은 것으로 분석됐다(한겨레, 2021.10.18).

50년 이상 장수기업들의 3가지 공통점

리처드 포스터(Richard J. Foster) 예일대 경영학과 교수의 조사에 따르면 2012년 기준 미국 스탠더드앤드푸어스(S&P)500지수에 속한 대기업 평균수명은 고작 15년에 불과했다. 회사가 성장하는 전략은 제각각이지만, 50년 넘게 오랫동안 생존한 기업은 몇 가지 특징이 있다. 위클리비즈가 지난 2006년부터 10년 동안 인터뷰한 장수(長壽) 기업 55곳을 분석한 결과 알파벳 P로 시작하는 세 가지 공통분모를 가진 것으로 나타났다. 첫째, 사람(people). 장수기업은 결코 단 한 영웅에게 의존하지 않고 엄격한 기준을 세우고 철저한 검증을 거쳐 훌륭한 경영자를 꾸준히 배출해내는 시스템을 갖추고 있다. 둘째, 선구자(pioneer) 정신. 기업이 스스로 시장 변화에 발맞춰 핵심역량을 바꿔나간다. 셋째, 장인정신(professionalism). 끊임없이 혁신을 찾는 와중에도 전통과 원칙을 지킨다.

People: 철저한 검증으로 자격 갖춘 경영진 선임

"첫째, 둘째, 셋째가 모두 사람에 대한 것이다. 늘 나보다 더 훌륭한 사람들을 고용하기 위해 노력했고, 그들에게 기회를 주어 성공할 수 있도록 신경을 써왔다. 리츠칼튼호텔 총지배인은 25년 전 도어맨으로 시작해서 지금 위치까지 올라왔다."

* 빌 메리어트(Marriott), 미국 메리어트인터내셔널(1927년 설립) 회장(2015.2.7)

Pioneer: 한발 앞서 미래를 준비

"크리스티는 최초로 와인경매를 실시했다. 경쟁자를 경매업체가 아닌 와인 거래상으로 설정했기 때문에 다각화할 수 있었다. 경쟁자를 다시 설정해 새로운 시장을 찾아내는 크리스티의 전략은 시간을 초월해 유효하다고 생각한다."

* 유시 필카넨(Jussi Pylkkanen), 영국 크리스티(1766년 설립) CEO(2016.6.18)

Professionalism: 흔들리지 않는 전통과 원칙

"제냐는 처음부터 끝까지 옷을 만드는 모든 과정에 직접 개입한다. 양털 목장을 짓고, 양털을 뽑고, 원단을 짜고, 이것을 재단해서 정장을 만든다. 그 어떤 회사도 우리와 같은 모델을 택하지 않았다. 명품업체 중 최초로 1991년 중국에 진출했는데 거기서도 물류, 배송, 매장 서비스 모두를 직접 통제했다."

* 질도 제냐(Zegna), 이탈리아 에르메네질도제냐(1910년 설립) 회장(2015.1.10)

– 조선일보, [위클리비즈가 10년간 인터뷰한 55개 장수기업 분석], 2016.9.25.

유럽의 200년 이상 된 가족기업 모임인 제노키앙(Henokiens)이라는 친목모임의 구성원들은 자신들의 장수비결을 "사회와 조화를 이루는 핵심가치와 기본원칙을 지켜왔기 때문"이라고 설명한다. 그들이 말하는 장수기업들의 공통점은 대를 이어 창업자의 경영철학과 기업이념 및 가치 등을 지켜온 덕분이라고 한다. 그들이 가장 중요하게 여기는 가치는 기업의 품질이었고, 품질에 대한 집념에서 장인정신(匠人精神)이 나온다며, 그다음은 인간존중으로 기업의 구성원인 종업원을 존중한다는 것이다. 이들은 종업원들이 행복해야 기업이 성장할 수 있다고 믿었고, 직원들 또한 기업에 대한 충성심과 자부심이 높다. 다음은 '근면'과 '정직'이었으며, 그 외에도 첫째, 존경, 충성, 정직, 명성 등 가족의 화합과 결속에 기여하는 가치. 둘째, 기업가정신, 근면, 최고 지향, 품질, 혁신 등 기업의 지속적 생존에 기여하는 가치. 셋째, 스튜어드십, 책임감, 사회적 책임, 투명성 등 세대 간 계승하고자 하는 가치 등 다양한 핵심가치가 언급됐다. 또 다른 중요한 가치는 지속적인 혁신(innovation)으로 이들의 혁신에는 변화에 적응해 나가면서도 전통을 지키고 사업의 기본방향을 잃지 않으려는 노력이 포함되어 있다.

"사업영역·핵심역량·비전" 100년 기업의 세 가지 조건

장수기업들의 특징 세 가지 가운데 하나가 사업영역의 이슈이고, 이는 환경변화에 맞춰 사업영역을 조정할 수 있느냐이다. 산업에는 항상 부침이 있고 기회가 있을 때 거대한 파도(big wave)에 올라탄 기업과 그렇지 못한 기업은 생존이 갈린다. 아날로그 필름에 열중한 코닥은 디지털화라는 큰 파도가 왔을 때 거기에 올라타면 불리하다는 생각을 했다. 기존시장에서 1등을 하고 있었기 때문에 해오던 사업을 포기하기가 쉽지 않았던것이다. 반면 후지필름은 기존시장에선 1등이 아니었기 때문에 디지털화로 빠르게 넘어갔다. 소니와 삼성 사례에서도 소니가 세계최고라며 워크맨과 TV 등 기존시장에 안주할 때 후발주자인 삼성은 이를 바꾸어 결국 반도체, 휴대폰과 같은 새로운 사업

영역에 소니보다 적극적으로 나섰다.

특정 산업 분야에서 장수한 기업에게 중요한 것이 핵심역량이다. 사업영역이 좋은 분야라고 모든 기업이 성공하는 것은 아니다. 사업영역이 밋밋해도 핵심역량이 강하면 꾸준히 생존할 수 있다. 자동차를 만드는 일본의 혼다도 전통적인 관점으로 보면 오토바이 회사인데 혼다는 경운기, 잔디 깎기, 펌프, 전기톱 등 별별 것을 다 만들었다. 서로 관련 없는 듯 보이지만 혼다는 소형엔진 분야에서 핵심역량을 꾸준히 키웠고, 이 핵심역량을 인재개발시스템과 연계했다. 삼성도 사업영역을 잘 올라탄 것도 있지만 핵심역량에 대한 투자, 곧 인재개발시스템이 잘 갖춰진 게 롱런(long-run)하는 이유다.

M&A를 통해 사업영역을 확장하는 것은 기업들이 선택할 수 있는 수단이다. 그러나 M&A 성공률이 3분의 1 이하라는 걸 기억할 필요가 있다. 실패의 주된 원인은 합병 후 통합(PMI)이기 때문에 단순히 남이 하던 사업을 내가 가져오는 것으로 생각해선 안 된다. 인수 후 화학적 결합에 실패한 사례가 많다. 변화가 빠른 사업영역에서 자체적인 준비만으로는 진입하기에 시간이 걸릴 때 M&A는 기업이 활용할 수 있는 대안이지만 본체가 피인수 회사를 관리할 수 있느냐가 매우 중요하다.

구성원들이 목표의식을 갖는 것도 중요하다. 여러 회사를 가보면 직원들이 자기회사의 비전을 모르는 경우가 많다. 우리 회사가 10년 뒤 어떤 모습이 돼 있을 것이라는 그림이 안 그려진 것이다. 설사 비전이 있더라도 '21세기 초일류 기업'과 같은 비전은 단순명료하지 않고 너무 추상적이다. 비전은 반드시 구성원들이 공유할 수 있어야 하고 구체적이고 명확할수록 좋다. 미국의 스탠포드대학은 '서부의 하버드가 되자(becoming Harvard of the west)'는 게 비전이었다. 한국이었다면 '초일류 교육기관이 되자'고 했을 텐데 그보다 훨씬 구체적이다.

– 비즈니스워치, [100년 기업] ④ 위기는 반드시 온다, 준비하라! 2014.5.21.

윌리엄 반 에그헨 에노키안협회 부회장 [Interview]

회원사의 평균 '나이'가 328세에 달하는 세계적인 장수기업 모임은 프랑스 파리에 있는 '에노키안협회'다. 에노키안은 '성경' '창세기'에 나오는 카인의 장남 '에녹'에서 비롯한 명칭이다. 에녹은 죽지 않고 하늘로 불려간 사람으로 하느님 곁으로 가기 전 365세까지 장수했다. 1981년 설립된 이 협회 회원사는 51개사이고 에그헨 부회장은 "에노

100년 기업의 비결

TOP SECRET

보수적인 자금 운용 외부 차입에 의존하지 말고 신속하게 좋은 투자 기회를 포착하라

외부 환경에 대한 기민한 대응 기업의 학습과 적응 역량을 키워라

구성원의 정체성 인식 기업 스스로 공동체 의식과 인격체를 형성할 역량을 키워라

새로운 아이디어에 대한 포용 하나의 사업 분야에 머물지 말고 실험을 계속하라

자료 : 아리 드 호이스 '살아있는 기업 100년의 기업(2012)'

키안협회에서 강조하는 장수기업의 조건은 가문의 화합, 기업가정신과 기술혁신 그리고 사회적 책임"이라고 강조했다.

협회는 "51개 장수기업을 하나로 묶고 1,500년 이상의 경영 경험을 축적한 협회다. 설립자는 프랑스 보르도에 있는 주류 제조업체 마리 브리자드의 제라르 글로탱 CEO다.

협회 가입 조건은 "회사 설립 200년이 넘고 설립자의 후손이 회사를 소유해야 한다. 자본금이나 의결권의 50% 이상을 가진 자도 포함된다. 설립 시기를 증명하는 공문서가 있어야 한다. 가장 중요한 건 회사가 여전히 역동적이고 재정적으로 튼튼해야 한다는 점이다."

200년 넘는 기업의 생존 비결은 "독립적이며 가치 있는 지향점에 대한 확고한 신념이 있어야 한다. 신중한 관리 체계와 모범적인 지배구조도 갖춰야 치명적인 위기를 극복할 수 있다. 특히 전쟁이나 자연재해, 팬데믹 등 밑바닥에서 다시 시작해야 했던 어려운 시기를 거친 기업이 많다. 사회가 변화할수록 전문지식과 노하우가 기반이 된 혁신이 중요하다는 점도 오랜 경험을 바탕으로 체득하고 있다."

장수기업을 키우기 위해 한국 정부가 할 일은 "국가는 가족 구성원에게 가업을 양도하는 것을 용이하게 해야 한다. 특히 회사 양도 시 과도한 세금은 반드시 피해야 한다. 유럽에서도 상대적으로 장수기업이 많은 국가는 세율을 적절히 조정하고 다양한 지원 제도를 운영한다."

– 이코노미조선, 100년 기업의 비결, 디지털 전환과 팬데믹에도 굳건한 해외 장수기업 한국은 200년 이상 기업 전무…기민한 대응 관건, 402호 2021.6.28.

3) 장수기업 CEO의 자질

장수 CEO는 좋은 경영성과는 물론이고 5가지 경영 성공비결을 가지고 있는데 이는 첫째, 자신만의 경영철학과 비전 보유, 둘째, 지속적인 변화와 혁신 추

장수 CEO의 5가지 경영 성공비결

① **자신만의 경영철학과 비전 보유** 장수 CEO는 자신만의 확고한 경영철학을 바탕으로 명확한 비전과 목표를 제시하여 사내외 이해관계자들로부터 많은 공감을 얻어내고 있다.

② **지속적인 변화와 혁신 추구** 끊임없이 반성하고 새로운 것을 찾아나서는 CEO는 기업변화의 촉매제 역할을 담당하며 스스로도 장수하고 있다.

③ **현재의 성장보다는 미래의 성장산업 발굴에 집중** 장수 CEO는 시대 흐름을 읽는 통찰력을 통해 10년 후를 대비한 수종사업 발굴에 힘을 기울이고 있다.

④ **현장경영 중시** CEO 중에는 유난히 이공계 출신이 많은데, 이공계 출신 CEO는 특히 현장경영을 최우선하는 경우가 많다.

⑤ **우수한 인재 확보에 주력** 인재 육성방식은 기업의 사업특성 및 가치에 따라 다르지만, 장수 CEO들은 사람에 대한 투자가 가장 확실한 투자라는 인식이 강하다.

– LG경제연구원, 2004.3.3.

구, 셋째, 현재의 성과보다는 미래의 성장산업 발굴에 집중, 넷째, 현장경영 중시, 다섯째, 우수한 인재 확보에 주력 등이다. 또 성공한 사업가는 도전과 개척정신, 근검절약과 신용제일주의, 신념의 정신을 바탕으로 하는 반면 실패한 사업가는 탐욕과 낭비, 불성실과 신용결여, 피해망상과 인내력 부족, 도전과 개척정신 및 신념의 결여를 특징으로 한다. 이러한 환경변화에도 살아남는 기업 생명력의 비결은 환경에 대한 민감성, 강한 정체성과 결속력, 관대함, 보수적 자금조달이었다. 또 장수 CEO들은 기업의 전략적 상황에 적합한 4가지 유형(창업공신형, 위기극복형, 혁신형, 관리자형)의 리더십을 보여줌으로써 주주 및 종업원을 포함한 이해관계자들로부터 자신들의 가치를 인정받았다.

미국 시사잡지 포춘(Fortune)은 IBM 100주년을 맞아 2011.6.16. 'IBM을 세운 토머스 왓슨(Thomas Watson)의 경영전략을 통해 본 IBM 장수비결 5가지 교훈'을 선정했다.

*첫 번째 비결은 직원들에게 회사에 대한 신뢰를 심어줬다. IBM은 1911년 월스트리트 금융인 찰스 플린트(Charles Flint)가 작은 정보 컴퓨터 회사들을 합쳐 만든 「컴퓨팅 - 타뷸레이팅 - 레코딩(C-T-R)」이라는 회사로 시작했고, 1914년 토머스 왓슨이 최고경영자(CEO)로 들어오면서 분위기가 바뀌었다. 왓슨 전 CEO는 “이 회사는 유망한 미래가 있다는 점을 항상 명심해 달라”고 거듭 당부했다. 회사 이름도 IBM(International Business Machines)으로 바꿨다. *두 번째 비결은 독특한 회사 문화다. 창업주 왓슨은 이상할 정도로 독특한 회사 문화를 만든 CEO였다. 술을 못 마시게 하고 흰색 셔츠를 입도록 했을 뿐만 아니라 IBM 사내 노래를 단체로 부르는 전통까지 만들었다. *세 번째 비결은 때론 회사의 운명을 걸 정도로 큰 도박을 했다. 1930년대 대공황 시기에 많은 회사가 사원을 감축하고 공장문을 닫았지만 왓슨은 오히려 반대로 갔다. 덕분에 대공황이 끝나자 대용량 정보처리가 가능한 회사는 IBM밖에 없었다. *네 번째 비결은 사람들의 입에 오르내리게 한 것도 중요하다. 왓슨은 1939년 뉴욕 만국박람회에서 ‘IBM 데이’를 지정했다. 뉴욕 IBM 본사 로비에 최초의 IBM 전자컴퓨터를 설치했다. 1990년대 IBM 딥블루 컴퓨터는 세계 체스 챔피언 게리 카스파로프와 게임을 벌이면서 언론의 주목을 받기도 했다. *다섯 번째 비결은 자기보다 더 나은 후계자를 찾았다는 점이다. 창업주 왓슨은 아들 톰 왓슨에게 회사를 물려줬는데 그의 아들은 도전과 혁신을 거듭하며 IBM을 성장시켰다.

히든 챔피언 기업 CEO의 자질

히든 챔피언들의 성공 요인으로, 집중화 성공, 한 우물 파기, 글로벌 지향, 경쟁력 우위, 고객에게 친밀함, 끊임없는 혁신, 종업원들의 높은 성과, CEO의 원대한 리더십을 들었다. 히든 챔피언기업 CEO의 자질들로 다음 5가지를 들었다.

① **독특한 비전이나 철학이 있다.** CEO로 재임하다 보면 어려운 순간을 수도 없이 맞이한다. 때로는 기존사업에서 철수하거나 인력을 감축하는 것과 같은 구조조정의 아픈 순간들도 있을 수 있다. 어려운 시기가 닥쳐오면 대부분은 눈앞에 보이는 당장의 위기를 벗어나는데 급급한 나머지 장기적인 목표와 방향성 없이 단기대응에 치중하게 된다.

② **보수적으로 자금을 운용한다.** 대다수 경영자들이 가장 억제하기 어려운 유혹은 성급함이다. 성과를 빨리 내지 못하면 도태당한다는 강박관념에 빠져 차입경영과 같은 위험한 도박을 벌이게 된다. 그러나 획기적인 단기성과에 눈이 멀어 기업의 역량을 고려치 않은 채 무분별하게 자금을 운용할 경우 CEO는 물론이고 해당 기업마저 위험해질 수 있다.

③ **카리스마보다 겸손함이 먼저다.** 1990년대 구조조정기를 겪으며 많은 사람들은 CEO가 지녀야 할 덕목으로 카리스마를 꼽았다고 한다. 일명 해결사의 역할을 맡은 CEO들에 대해서 강한 조직 장악력과 통솔력을 바탕으로 침체된 조직을 단숨에 회생시키는 것을 기대했기 때문이다. 이러한 카리스마 뒤에 숨어 있는 생각은 '슈퍼 영웅 CEO' 하나면 모든 것이 해결될 수 있다는 단순한 믿음 때문이다. 하지만 아이러니컬하게도 장수하는 CEO들은 이러한 카리스마보다 오히려 겸손함을 보유한 사람들이 많다.

④ **변화를 통해 젊음을 유지한다.** 사람은 누구나 한 자리에 오래 있으면 타성에 젖고 안주하려는 경향이 있기 마련이다. CEO가 타성에 젖게 되면 기업 전체가 활력이 떨어지게 되고 변화에 둔감하게 된다. 빠르게 변하는 오늘날의 경영환경에서 변화에 민감하지 못한 기업이 살아남을 확률은 희박해질 수밖에 없으며 CEO의 수명은 단축된다. 반면, 끊임없이 반성하며 새로운 것을 찾아 나서는 CEO들은 오히려 기업변화를 촉진하게 된다.

⑤ **경쟁체제를 활용해 후계자를 육성한다.** 어떤 CEO들은 자기 자리를 지키기 위해 안간힘을 쓰지만 어떤 CEO들은 오히려 떠나기 위해 준비한다. 흥미로운 점은 자기의 재임 기간에 연연해하지 않는 후자의 사람들이 오히려 더 장수하는 상황이 종종 발생한다. 이는 2인자 육성 프로세스 자체를 기업의 경쟁력 강화와 연계시킨 전략이 주효한 것이다.

– 조선비즈, 헤르만 지몬 "히든 챔피언 되려면 CEO 자질이 제일 중요" 2012.3.6.

2

기업의 성장(growth)과 쇠락(decline)

1) 기업의 흥망성쇠(興亡盛衰)

의학기술의 발전과 체계적인 질병 관리 덕분에 인간은 100세 시대가 열리고 있으나 생존 과정에서 수많은 위기와 마주하게 기업의 수명은 점점 짧아져 100년 장수기업이라도 순식간에 몰락할 수 있는 정보화시대다. 특히 스타트업들은 환경을 자기 마음대로 바꿀 만한 자원과 힘이 없고 변화 충격을 완화해 줄 만한 규모도 아니다 보니 자연스럽게 생물학적으로 생각하고 행동하는 방식에 익숙할 수밖에 없다. 대기업도 처음에는 그렇게 시작하지만, 단기성과에 매몰되고 점차 관료화되면서 생물학적으로 판단하고 행동할 능력을 잃어버리는 우를 범하곤 한다. 경영학의 대가 피터 드러커(Peter F. Drucker)는 경영자가 사업을 잘하기 위해서는 '우리의 사업이 무엇인가'에 대해 간단명료하게 답할 수 있도록 대비해야 한다고 강조했다. 현실에 안주하지 않고 항상 새로운 것을 추구하면서도 자신들이 하는 업(業)의 개념에 대해 누구보다 정확하게 인식하는 것이 장수기업의 특성이다. 또 무엇보다도 장수기업에서는 구성원이 '우리가 누구인가?'를 알고 공통의 가치를 가지고 있음을 인식하고 있다. 그들은 '우리에게 가치 있는 것은 무엇인가?'라는 기업의 아이덴티티(identity)에 대한 질문에 답할 줄도 안다. 기업의 역사는 변화의 역사이므로 탁월한 변신능력이야말로 무한 기업의 필수조건이지만 잘 나가던 기업이 사라지는 이유는 성공조건을 갖추지 못해서가 아니라 현재에 필요한 성공방정식을 제대로 이해하지 못하거나 시대의 흐름에 맞춰 변화하는 데 실패했기 때문이다.

또 경영구루로 알려진 톰 피터스(Tom Peters)는 1987년 저서 〈경영혁명〉을 통해 장수기업과 단명(短命)하는 기업의 가장 큰 차이는"변화"에 대한 적응력이라고 강조했다. 장수기업의 구성원들은 "우리가 누구이며, 어떠한 가치 있는 일을 하고 있는가?"라는 기업의 정체성에 대하여 정확히 이해하고 있었고, 항상 새로운 것을 추구하면서 변화에 적응하는 남다른 능력을 가지고 있었으며, 업의 개념을 정확히 이해하고 있었던 반면, 단명(短命)하는 기업 대부분은 기업이 변화에 실패하였으며, 무엇을 하고 있는지 정확하게 모르고 있었다는 것이다. 매출액 기준으로 68년간 연속적으로 세계 1등이던 GM(General Motors)은 2009년 파산위기를 맞았다. 미국의 대표적인 항공사 델타(Delta)와 노스웨스트(Northwest)는 저가 항공사들의 공세와 유가 급등을 견디지 못하고 파산을 신청했다. 코카콜라(Coca Cola)는 7년여 사이 CEO를 세 번 바꿨음에도 변신의 시기를 놓쳤고 펩시콜라에 추격당했다. 1998년 단 2명으로 출발한 구글은 2004년 9월 나스닥에 상장된 후 1년 4개월여 만에 시가총액이 1,300억 달러로 증가했고 2017년 기준 시가총액 세계 1위, 브랜드가치 세계 1위의 IT기업이 되었다.

장수기업 성공 DNA '책임·결속력' 200년, 300년 기업 만들자

캐나다 토론토대 대니 밀러(Danny Miller) 교수는 다양한 분야에서 성공한 장수기업을 대상으로 조사한 결과 이들에게는 공통적으로 네 가지의 추진 원동력이 있다고 보았다. 그것은 바로 지속성(Continuity) 단일성(Community) 선린성(Connection) 개방성(Command)이며 이를 '4C'라고 부른다. 먼저 지속성은 '꿈을 좇는 것'이다. 장수 가족기업은 주어진 임무를 중요시 여기며 이를 완수하기 위해 오랜기간 동안 필요한 능력과 투자를 해 왔음을 의미한다. 단일성은 '구성원을 하나로 묶는 것'이다. 이를 위해 특정 가치를 내세우고 직원과 가족으로부터 충성심·독창성·협력 등을 이끌어 내기 위해 노력한다. 선린성은 '좋은 이웃되기'다. 많은 위대한 가족기업들은 사업파트너, 고객, 지역사회 등의 이해관계인과 친하게 지내며 나아가 이들과 영속적이고 개방적인 자세를 중시한다. 마지막으로 개방성은 '자유롭게 행동하고 적응하기'다. 가족기업 리더들은 혁신을 선호하고 환경에 빠르게 적응하며 독창적이고 독립적으로 판단하고 행동하기를 원한다.

가족기업은 가족(구성원) 간의 치열한 갈등, 잘못된 승계나 상속으로 인한 불화, 족벌주의(nepotism), 황제경영 등의 단점으로 인해 없어져야 할 나쁜 기업으로 인식되고 있지만 전 세계적으로 가족기업의 비율이 매우 크다. 미국은 전체 기업의 92%, 독일은 노동력의 75%, 호주는 전체 기업의 75%, 영국은 상위 8,000대 기업의 76%, 스페인은 71%, 우리나라는 기업의 68%(실제로는 90% 이상으로 추정)가 가족기업으로 조사되었다. 가족기업이 경제적·사회적으로 중요한 역할을 수행하는 데에는 가족기업만의 강점이 존재하기 때문이다. 가족기업의 강점으로는 첫째, 시장에 빠르게 적응할 수 있다. 가족기업은 오너가 민첩하게 의사결정을 할 수 있으므로 신제품이 시장에 출시하는데 소요기간이 매우 빠르다. 둘째, 니치 시장(틈새시장)을 목표로 한다. 따라서 투자수익률(ROI)이 비가족기업에 비해 우수하다. 셋째, 생산성이 뛰어나다. 소유권이 집중돼 있으므로 관련 다각화, 연구·개발(R&D) 비용, 교육훈련 등이 뛰어나다. 넷째, 품질이 우수하다. 선대의 기술이나 비법의 전수가 쉬우므로 품질 수준이 앞서 있다. 다섯째, 장기지향적이며 인내자본이 존재한다. 오너의 재임 기간이 평균 18년 이상이므로 장기적인 의사결정을 할 수 있으며 인내자본으로 인해 장기 투자가 가능하다. 여섯째, 총비용이 저렴하다. 가족 구성원의 조화, 높은 배당금 지불을 강요하지 않으므로 자본비용이 저렴하고 소유권과 경영권의 일치로 대리인 비용이 거의 없어 관리비용이 비가족 기업에 비해 저렴하다. 마지막으로 융통성이 뛰어나다. 고객의 요구에 신속히 부응해 부가가치 제고 등에 유리하다.

– 한경비즈니스, 2009.7.15.

기업의 위기(Crisis)란 기업의 내·외부적 요소로 인해 고객을 만족시킬 수 있는 수준의 재화나 서비스를 제공하는 데 실패(Failure)하여 기업의 금전적, 물리적, 환경적, 감정적 측면으로 구성된 명성(reputation)에 손실을 입하는 상황을 의미한다. 정치적, 경제적, 사회적, 기술적 변화로 기업은 위기에 처할 가능성이 높아졌으며, 위기에 어떻게 대처하는가에 따라 기업의 흥망성쇠가 좌우될 수 있다. 전자업계의 거목이었던 소니(Sony)나 게임산업을 주도하던 닌텐도(任天堂, Nintendo) 등 다수기업들이 지난 시절의 영광을 잃어버린 채 조직의 존속을 걱정해야 하는 처지에 놓였다. 또 전 세계 휴대폰 출하량의 40%를 차지하며 성공신화를 누리던 최강자 노키아(Nokia)가 최정점에서 무너지는데 채 10년이 걸리지 않았다. 사실 노키아는 스마트폰 시대가 도래하리라는 것을 남들보다 먼저 알았고 최초로 개발했으면서도 당장의 성공에 취해 방심한 것이 실패 원인이었다. 1998년 이후 줄곧 1위를 차지해온 세계 휴대전화 시장의 제왕 노키아가 겪은 혼란 속에서 삼성전자가 정상에 올랐고 지금껏 유지하고 있다. 삼성전자는 뛰어난 부품 경쟁력과 신속한 의사결정으로 갤럭시 시리즈 등 스마트폰 세계 시장점유율은 2013년 24%에서 2014년 32.3%로 끌어올리며 1위 자리를 굳혔으나, 미국 시장조사기관 스트래티지애널리틱스(SA)에 따르면 삼성전자의 (출하량 기준) 세계 스마트폰 시장점유율이 2014년 24.7%, 2015년 22.2% 등 점차 하락하고, 2019년 21.6%, 2020년 19%, 2021년 3분기 스마트폰 출하량 6,900만 대, 시장점유율 20.8%로 세계 1위를 수성하였다.

2) 경영실패의 원인과 실패의 교훈

(1) 경영실패의 원인

다트머스 경영대학원 시드니 핑켈스타인(Sydney Finkelstein) 교수가 전 세계 197명의 CEO를 인터뷰하고 기업이 실패하는 원인에 관한 연구 〈실패에서 배우는 성공의 법칙〉에 따르면 기업의 실패는 CEO가 가진 단 일곱 가지의 잘못된 습관 때문이라고 주장한다. 그가 주장하는 경영자가 실패하게 되는 일곱 가지 습관은 다음과 같다. 첫째, 자신과 기업이 환경을 지배한다고 생각한다. 둘째, 기업과 자신을 너무 동일시하여 개인의 이익과 기업의 이익 사이에 명확한 경계가 없다. 셋째, 모든 해답을 자신이 쥐고 있다고 생각한다. 넷째, 자신의 완벽한 추종자가 아닌 사람들을 무자비하게 제거한다. 다섯째, 기업의 이미지에 사로잡힌 완벽한 대변인이다. 여섯째, 중요한 장애물을 과소평가한다. 일곱째, 과거의 성공에 집착한다. 이 기업들이 지금까지 실패했던 원인이 경영자의 무능력이나 탐욕과 같이 우리가 흔히 생각할 수 있는 것들이 아니라 바로 경영자

모토로라(Motorola)의 몰락 원인 '자만(conceit)'

스마트폰 시대에 적응하지 못하다 구글에 인수된 모토로라. 잘 나가던 모토로라가 휘청이기 시작한 1995년 모토로라 경영진은 조개껍질을 본떠 만든 세련된 디자인의 '스타텍(StarTAC)' 출시를 앞두고 한껏 고무돼 있었다. 문제는 당시 무선통신 시장이 디지털 기술로 이동하고 있는데 스타텍은 아날로그에 기반을 두고 있었다. 비즈니스위크에 따르면 당시 고위 경영자 중 한명은 디지털 위협을 무시하며 "4,300만 명의 아날로그 고객이 있는데 뭐가 문제란 말인가"라고 말했다고 한다. 모토로라는 이동통신 업체들에 대해 '스타텍 단말기를 단독으로 전시할 수 있는 공간을 마련하라'는 강압적인 요구를 해 반발을 사기도 했다. 스타텍 흥행 성공에 힘입어 기고만장해진 모토로라는 앞을 보는 눈이 점차 어두워지고 있었다. 90년대 중반까지 시장점유율이 50%에 육박하던 세계 1위 휴대폰 제조사 모토로라는 1999년에는 17%까지 추락했다. 경영의 '구루' 짐 콜린스는 이를 두고 "모토로라는 성공으로 인해 자만심이 생겨나는 몰락의 1단계로 접어들었다"고 평가했다. 대부분 선도기업 경영자는 성공에 취해 자신만의 '성공 방정식'을 만든다. 이러다 보면 다른 생각을 쉽게 받아들이지 못하는 '확증 편향'이라는 행태 오류에 빠져든다. 확증 편향은 자기 생각에 옳다고 여기는 정보만 받아들이는 것을 말한다. 짐 콜린스는 기업이 몰락하는 단계를 살펴보면 여러 가지 형태의 자만을 볼 수 있다고 지적한다. 최고가 될 수 없는 분야에 역량을 갖추지 못하고 뛰어드는 자만, 모순적이거나 부정적 증거가 뻔히 보이면서도 과감하게 위험한 결정을 내리는 자만 등이다. 그중에서도 경계할만한 자만은 오만하게 기존사업을 방치하는 것을 꼽는다.

– 비즈니스워치, 2013.11.10.

가 가진 나쁜 습관 때문이라는 것이다. 따라서 이런 나쁜 습관을 좋은 습관으로 바꿔는 기업은 실패에서 벗어날 수 있을 것이고, 그렇지 못한 기업은 실패의 늪에서 헤어나지 못할 것이다.

한편 삼성경제연구소는 "실패는 숨기고 싶어 하는 것이 사람의 자연스러운 본능이지만 실패를 숨기거나 무시하면 유사한 실패가 반복적으로 나타나 더 큰 실패를 낳는다"며 "창조적 기업은 실패를 독려하며, 실패로부터 배운 구체적 전략을 실천하는 실패 정복자"라고 분석했다. 삼성경제연구소는 「경영실패의 주범·AIDS」라는 보고서에서 기업에 경영실패를 가져오는 요인을 '과욕(Avarice)' '타성(Inertia)' '착각(Delusion)' '자아도취(Self-absorption)' 등 4가지로 분류했다. 그리고 경영실패 요인이 결국 조직을 와해시키는 바이러스가 되고 있다면서 경영실패 바이러스의 첫 번째로 〈과욕〉을 꼽았다. 또 현 경영 상태에 만족한 나머지 새로운 시장이나 경쟁자가 나타날 가능성을 간과해 위기를 자초하는 〈타성〉도 경영실패 바이러스의 하나이며, 신제품이 고객의 인식까지 바꿀 것으로 기대하는 〈착각〉과 시장 여건이나 성숙도를 고려하지 않고 혁신만을 내세우는 〈자아도취〉도 실패를 부르는 요인으로 꼽았다.

또 올슨과 베버(M. S. Olson & D. van Bever)의 「성장엔진 멈춘 기업들(Most companies stop growing- Yours doesn't have to)」 연구보고서에 따르면 포춘(Fortune) 100대 기업들의 쇠락 원인 중 13%만이 기업 외부요인이었고, 나머지 87%는 기업 내부요인이었다. 또 그들은 "위기극복 과정에서는 전체 임직원의 도전정신 발휘가 결정적 역할을 한다"며 "위기극복에 실패하는 기업들과 성공하는 기업들의 핵심적인 차이는 경영자의 도전적인 마인드(entrepreneurship)와 혁신가 문화(Innovator's DNA)'에 있다"고 강조했다. 케빈 케네디와 메리 무어(Kevin Kennedy & Mary Moore)는 〈100년 기업의 조건〉이라는 책에서 "전 세계기업의 평균수명은 약 13년 정도이며 설립 후 30년이 지나면 기업의 80%가 사라진다"라면서 "기업은 성장하면서 필수적으로 위기를 맞게 되는데 진짜 위기는 환율이나 유가와 같은 외부요인이 아니라 지속적인 혁신의 실패나 학습역량의 상실과 같은 내부요인에서 비롯된다"고 지적했다. 그들은 책에서 기업이 자주 걸리는 8가지 병을 공개하고 그 위기들을 극복할 수 있는 처방을 밝히고 있다. 그들은 실리콘밸리 안팎의 하이테크 회사에서 오랫동안 일해 온 경험을 토대로 '성공에 안주하는 것', '어설픈 제품교체', '전략의 오류' 등을 기업의 자살행위로 보며 마치 고장난 나침반을 들고 정글로 뛰어드는 격이라고 경고한다. 또 수십 건의 인수·합병 현장에서 성공과 실패의 갈림길을 똑똑히 목격한 결과 '조직 전체의 흐름에 어긋나는 서로 삐거덕거리는 목표', '닫힌 귀로 변화를 거부하는 고인 웅덩이 같은 사내문화'가 회사를 병들게 한다고 진단하고 있다. 또 회사보다 개인의 성공을 우선시하는 CEO, 의사소통과 조직관리가 안 되는 지배시스템, 경영진에 종속되거나 이름만 내건 이사회도 기업의 숨통을 조이는 주범들로 취급된다. 그러나 이러한 위기 발생은 기업경영에서 아주 자연스러운 일이며 누적됨으로써 사망신고를 받게 되는 것이므로 불씨를 사전에 차단하기 위해 대비하고 싸우라고 강조한다. 또 장수기업이 가능한 이유는 창업자에서 비롯된 신념체계, 능력을 중시하는 조직문화, 핵심사업의 전통을 유지하되 혁신을 지속하는 균형감각 등 우수한 문화와 좋은 관행이라고 할 수 있다. 또 장수기업들의 공통적인 비결은 다양한 경영활동을 하는 데 그치지 않고 신뢰와 명성을 지키고 기업가정신과 기업 이미지 구축에 노력함과 함께 고유의 기업문화를 형성하고 바람직한 방향으로 이를 추구하는 데 있다고 설명했다. 장수기업은 기업이 시장에서 굳건히 뿌리내리면서 직면하게 되는 수많은 위험을 끊임없는 혁신을 통해 극복해야 하며, 성장과 수익확장을 위해 새로운 제품들을 선보이고 여러 시장을 공략하는 과정에서 다양한 문제에 직면하게 되는데 이를 잘 관리하지 못하면 결국 회사는 무너질 수밖에 없다.

(2) 실패에서 얻는 교훈

기업변신이란 기업이 환경변화에 대응하여 사업구조를 급격히 바꾸는 것을 의미한다. 소니(Sony)·파나소닉(Panasonic)·샤프((sharp) 등 세계를 주름잡던 일본 가전업체들도 세계 1등이라는 자만심에 빠져 기술변화를 외면한 채 타성에 젖어 몰락의 길에 접어들었다. 시장에서 영원한 승자는 없다는 말은 누구나 공감하는 문구다. 불확실성의 먹구름 속에서 기업경영을 하다 보면 어느 정도의 실패는 발생하기 마련이나 실패를 대하는 올바른 태도와 실패에 대처하는 프로세스만 갖춰져 있다면 실패를 겪는 것은 오히려 교육적이고, 변화의 계기가 될 수도 있다. 넘어져 보지 않고서는 일어날 수 있는 법을 배울 수는 없다. 다국적 컨설팅전문회사 맥킨지의 공동창업자라고 할 수 있는 마빈 바우어(Marvin Bower)는 실패한 회사의 최고경영자들을 인터뷰하는 것으로 연구를 시작했는데, 실패의 근본적인 원인이 실패한 회사의 사장이 멍청해서가 아님을 알게 되었다고 한다. 실제로 문제는 그 최고경영자들이 중대한 결정을 위해 필요한 정보를 충분히 가지고 있지 않다는 데 있었다는 점이다. 그래서 그는 "경영실패의 가장 주요한 원인은 문제를 잘못 파악한 채 정답을 내놓는 데 있다"라고 말했다. 성공의 사다리 최상단에 오른 기업들조차 언젠가 실패를 맛보기 마련이고, 때로는 회생 불가능한 나락으로 곤두박질치게 되지만 실패를 맛본 기업들이라고 꼭 좌절하는 것은 아니며 어떤 기업들은 실패라는 독(毒)을 지렛대로 활용해 체질을 개선하는 약(藥)으로 쓴다. 실패는 누구나 겪는 일인데 어떤 사람은 위험한 실패로 좌절해 주저앉고, 어떤 사람은 그 실패를 교훈 삼는 위대한 실패로 새로운 기회를 찾는다.

실패는 어떻게 쓰느냐에 따라 기업의 생사(生死)를 가른다. 기업의 실패를 연구해 온 미국 마케팅 분야의 석학 미국 에모리대 잭디시 세스(Jagdish Sheth) 교수는 한번 성공했던 기업이 급속한 내리막길을 걷는 원인을 분석했다. 그는 저서 〈배드해빗(Bad Habit·성공한 기업의 7가지 자기파괴 습관)〉에서 좋은 기업이 병들어가는 원인은 기업 외부가 아니라 내부에 있다고 강조했다. "기업이 탁월한 성과를 내면서 성장해 가면, 그 결과로 기업의 근본을 갉아먹는 '자기파괴 습관'이 무의식 중에 생겨난다"는 것이다. 그는 자기파괴 습관을 다음과 같이 7가지로 정리했다. ① 현실 부정, ② 오만, ③ 타성, ④ 핵심역량에 대한 과도한 의존, ⑤ 눈앞의 경쟁만 보는 근시안, ⑥ 규모에 대한 집착, ⑦ 구성원들의 영역(silo) 의식. 그는 "7가지 자기파괴 습관 중 가장 심각한 것은 물론 오만"이라며 오만은 성공했던 회사가 실패하는 원인을 만들어내는 근본 원인이라고 말했다. 그는 "우연히 탁월한 성공을 거뒀을 때, 누구도 따라 하기 힘든 상품이나 서비스를 개발했을 때, 다른 회사보다 더 똑똑한 사람들이 모였을 때 등 특별한 성취의 경험을 한

히타무라 요타로 교수의 '실패에서 창조로 거듭나기 위한 핵심 노하우'

실패를 직시하라. 그리고 잘못을 인정하라.
책임 추궁과 원인 규명은 확실히 구분하라.
실패를 스스럼없이 말할 수 있는 환경을 만들어라.
눈앞의 현상만 보지 말고 근본적인 원인을 찾아라.
실패 사례를 분석한 뒤 조직원들끼리 공유하라.
실패를 불러온 부서 간의 연결고리를 찾아라.
실패의 칙임은 개인보다 조직이 안고 가야 한다.
치명적인 사고에 앞서 발생한 작은 실수에서 대책을 마련하라.
작업 매뉴얼화 등 지나친 경재성 추구는 금물이다.
인간의 심리와 사회는 항상 변한다. 시장의 흐름을 읽어라.

– 조선비즈, 세스 교수와 하타무라 교수에게 듣는 '실패학' 2009.9.26.

기업일수록 오만이 생기기 쉽다"고 설명했다.

일본 도쿄대 하타무라 요타로(畑村洋太郎) 명예교수는 일본 최초로 '실패학(失敗學)'을 제창했고 기업들이 실패라는 경험을 활용해 성공으로 거듭나는 비결에 초점을 맞췄다. 그는 "'실패는 성공의 어머니'라는 격언은 잘못됐다. 실패는 도전과 발전을 위해 그 원인을 분석하고 거기서 창조적인 아이디어를 도출해 낼 때 비로소 가치가 있다"고 강조했다. 부주의나 오판(誤判)으로 똑같은 실수를 연발하는 것은 절대 용서받을 수 없는 실패지만 새로운 일에 도전하고 성공과 발전을 위해 추진하는 과정에서 벌어진 실패는 용서할 수 있는 실패이므로 필요한 실패, 불필요한 실패로 구분하지 않고 당사자를 책망하거나 몰아붙이면 발전할 수가 없다는 것이다. 하타무라 요타로 교수는 "중요한 것은 원인 규명과 구체적인 대책을 세우고 실패의 경험을 조직원 모두가 공유하는 것이다"라고 강조했다.

또 실패를 귀중한 배움과 성장의 기회로 삼기 위해서는 그 원인을 파악하는 것도 중요하지만 실패 그 자체의 성격과 정의에 대해 자세히 알아야 한다. 피할 수 있는 실패는 게으름, 오만과 경직된 문화, 규칙을 따르지 않는 불성실 등 결국 충분히 할 수 있는 것을 하지 않아 발생한 것이어서 자괴감과 자책에 빠지기 쉽다. 반면 새로운 시도를 하는 한 '피할 수 없는 실패'는 사전 경험과 지식이 전무해 일단 실험을 통한 결과를 확인해가며 가능성을 점검하는 과정에서 발생하는 실패를 의미한다. 주의해야 할 것은 같은 실수를 스타트업이 반복하지 않기 위해 구성원끼리 실험의 과정과 결과 전체를 투명하고 자세하게 공유해야 한다. 하버드 경영대학 연구결과 성공한 리더가 성공을 지속적으로 유지하지 못하는 이유 중 하나는 '성공으로부터 배우지 못하기 때문'이라는 것이다.

3) 쇠퇴하는 기업들의 징후와 원인

한 취업사이트에서 직장인을 상대로 자신의 기업이 장수할 것인지, 단명할 것인지, 또 장수한다고 답한 직장인들은 그 이유를 "신사업의 지속적 발굴과, CEO의 명확한 비전, 그리고 우수한 인재의 육성"이라고 답했다. 반면 빨리 문을 닫을 것이라고 응답한 직장인들은 "직원들의 낮은 소속감과 무능한 CEO, 그리고 불투명한 기업경영과 낮은 기술투자" 등을 꼽았다. 장수기업들의 공통점은 이곳 침체기에 들어서기 전 재도약의 기회를 얻는다. 이는 침체기가 오기 전 침체기를 알아차리는 CEO의 혜안과 끊임없는 사업의 발굴, 투자에 있다. 더불어 요즘 같은 난세에서 살아남는 핵심은 공간·시간·지식 세 가지를 파괴하는 혁신(파괴)이다. 세계적인 경영 사상가 짐 콜린스(James C. Collins)는 기업이 잘 나갈 때 안팎의 경고음을 무시하는 '위기부정'을 몰락의 5단계 중 하나로 지목했다. 토이스토리·니모를 찾아서 등으로 유명한 미국의 애니메이션 회사 '픽사애니메이션 스튜디오스(Pixar Animation Studios)'의 설립자인 에드 캣멀(Ed Catmull) 사장은 "경영진이 해야 하는 일은 위험을 막는 것이 아니라 실패했을 때 회복할 수 있는 능력을 키우는 것"이라고 주장했다.

한편 기업들이 쇠퇴하면 여러 가지 징후가 나타난다. 쇠퇴하는 기업들의 공통적인 몇 가지 쇠퇴의 징후들을 살펴보면 다음과 같다.

① 경영혁신을 주저하고 현재의 성공에 안주한다.

코닥사는 지난 1975년 최초의 디지털카메라를 선보였지만 경쟁사들과의 기술 격차 등에 만족하면서 방심하고 있다가 시장을 선점하지 못했다. GM 역시 소비자들의 변화에 무관심하다가 경쟁사들에 밀렸다는 분석이다.

② 부서 간에 장벽이 높다.

기업의 규모가 커지면서 나타나는 전형적인 증상이 각 부서가 자신들의 이해를 우선시하는 부서 이기주의가 생기고 이들의 내부적인 독선으로 부서 간 협조가 어려워지고 조직 내부에 높은 장벽이 생기게 된다. 소니의 경우가 지나친 분권화로 유사 제품이 여러 부서에서 동시에 출시될 정도로 협력체제가 약화된 사례이다.

③ 실속 없는 전시성 관리 행태가 많다.

경영자는 회사 외의 일로 바빠지고 제대로 작동하지 않는 위기대응책만 마련하는 등 각종 시스템만 하나둘 늘어난다.

④ 보신주의가 팽배하다.

문제가 발생해도 이를 책임을 지는 직원이 없거나 해결하려는 직원들이 줄고 오히려 문제에 대한 책임을 서로 떠넘기려는 핑퐁 게임이 발생하거나 문제를 묻어두려는 양상이 심화된다. 분식회계로 파산한 엔론사의 경우 적지 않은 내부 관계자들이 문제를 인식했을 것인데 문제제기를 하지 않았다.

⑤ 인재들이 회사를 떠난다.

회사가 망할 것 같은 조짐이 있으면 가장 먼저 우수 인재들이 빠져 나가려는 경향을 보이기 시작한다.

⑥ 진실한 정보가 위로 전달되지 않는다.

기업의 위기 전에는 신호가 반드시 있기 마련이지만 경영진들은 이를 너무 늦게 발견해 결국 아래로부터 진실한 정보가 경영진에게 올라가지 않는 것이다. 파이어스톤의 경우 몇 차례 자동차 사고로 타이어의 결함을 알 수도 있었지만 뒤늦게 리콜에 나서면서 천문학적인 비용을 부담해야 했다.

⑦ 조정 및 통제를 지나치게 완화하지 않는다.

만약 수 세대에 걸쳐 장기적으로 기업이 건강을 유지하고 생존하는 데 사업 포트폴리오를 기꺼이 변경하는 자세가 필수불가결이라면 경영자는 다른 직원

100년 기업을 몰락시킨 원인

77년간 세계 자동차판매 1위를 지킨 GM의 몰락 원인으로 공적 의료보험 제도가 부실했기 때문이라는 지적이다. 의료부담을 개인에게 부담하게 하는 시스템은 노조가 막대한 연금과 의료보장을 요구하게 했고 이것이 고비용구조의 고착화를 불러왔다. 삼성경제연구소 복득규 수석연구원은 "GM의 몰락은 직접적 원인인 빈약한 포트폴리오와 고 비용구조 외에 경영진, 노조, 금융권, 정부 모두의 안이함이 원인이 됐다"고 말했다. 보고서는 GM이 1993년부터 15년간 지불한 유산비용은 퇴직자에 대한 의료비와 연금 등을 포함 1,030억 달러에 이른다고 밝혔다. 유산비용은 협약을 체결한 시점이 아니라 경영진의 임기가 끝난 장래에 발생하기 때문에 경영진은 눈앞의 이익만을 고려하게 된다. GM의 경영진은 자국시장의 수요충족에 몰두한 나머지 내수시장에만 집착해 제품 포트폴리오를 단순화시킨 것이 글로벌 경쟁력을 약화시킨 원인으로 돌아왔다. 생산측면에서 GM은 방식과 효율 모두 토요타에 밀렸고 비용절감을 위해 공용 플랫폼 전략을 취하면서 브랜드정체성마저 잃었다. GM은 '아버지 세대가 타던 낡은 차'라는 신세대의 비판을 외면하고 과거의 성공에 집착했고 할부금융 사업성공에 도취해 금융부문에 대한 수익을 본업인 자동차 생산보다 중시하기도 했다. GM 몰락을 통해 끊임없는 자기혁신과 글로벌경쟁력 강화, 장기관점의 성장전략 추구를 해야 한다는 교훈을 얻을 수 있다.

– 매일경제, 2009.7.22.

의 의견과 실행방식에 관심을 기울여야 한다. 기업조직은 직원에게 능력과 아이디어를 개발할 수 있는 교육의 기회와 공간을 마련해 주어야 하며 최선을 다한 결과의 실패에 대한 문책으로부터 어느 정도는 유연해야 한다.

⑧ 일체성의 의식이 약해진다.

장수기업들은 아무리 다각화되었다 할지라도 종업원들은 모두 전체의 부분임을 느끼고 있다. 다수기업들이 생존하기 위해서 자신을 기꺼이 버렸다는 사실을 본다. 경영자들은 그들 기업에 인적요소를 어떻게 배치할 것인가를 고민해야 한다. 소수의 경영자와 투자자들을 위해 부의 생산을 선택할 수도 있다. 경영자의 선택은 기업이 창업자보다 더 오래 살 것인지의 여부를 결정하는 데 큰 역할을 한다. 여러 세대에 걸쳐 기업이 살아남기를 원하는 경영자들은 다른 무엇보다도 종업원의 능력개발에 관심을 둔다.

4) 성장한 기업이 몰락하는 5단계

또 미국의 저명한 경영학자 짐 콜린스(James C. "Jim" Collins)의 진단방법에 따르면 위대한 기업이 몰락하는 과정의 첫 단계는 그동안 이룬 성공에 도취해 성공의 근본 요인을 잊는다. 2단계는 자만심에 빠져 더 많은 욕심을 낸다. 내부에 경고신호가 증가하는데 위기 가능성을 부인하는 게 3단계다. 위험이 누적된 4단계엔 반전의 한방을 터트려줄 '구원투수'를 찾는다. 묘안에 매달리다 보면 대부분 추락이 가속화되고 결국 회생불능의 지경으로 몰리는 5단계로 넘어간다는 것이다. 한때 세계시장을 휘어잡은 소니(Sony)·파나소닉(Panasonic)·샤프((sharp) 등 일본 전자업체들의 끝없는 추락은 일본기업들이 국내시장에 안주하다 스스로 무너졌다. 특히 소니의 실패를 콜린스의 법칙에 대입하면 몇 가지 원인을 알 수 있다. 아날로그 시대 혁신기업의 대명사였던 소니는 기존 기술에 집착하다 디지털 시대의 트렌드를 놓쳤다. 이는 과거의 영광이 미래의 발목을 잡는 '레거시(legacy)의 저주'다. 더구나 고속성장으로 비대해지자 사업 부문별로 독립 채산을 실시하여 시너지 효과를 잃었다. 위기 상황에서 구원 등판한 미국인 CEO 하워드 스트링거는 혁신보다 단기 실적에 천착하는 스타일이었다. 이것을 축약하면 기업가정신의 상실이라고 할 수 있다.

기업 성장과 몰락의 5단계

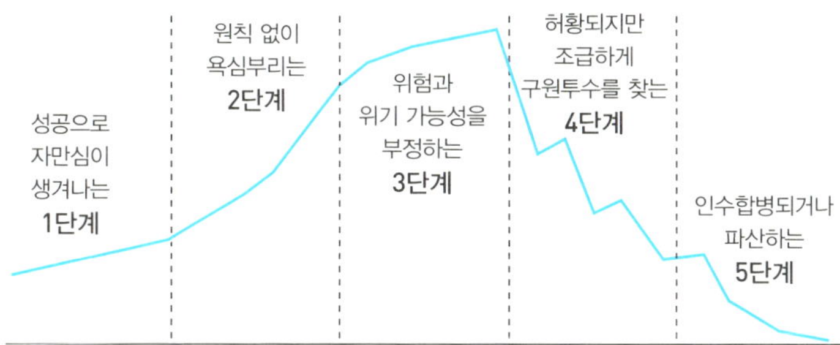

자료: 짐 콜린스, 〈위대한 기업은 다 어디로 갔을까〉

기업몰락의 '5단계'

자만심 → 선부른 욕심 → 위기부정 → 구원 찾아 헤매기

① 성공으로부터 자만심이 생겨나는 단계다.

짐 콜린스는 "운과 기회는 성공의 중요한 요인인데, 자기 능력과 장점을 과대평가하면서 자만에 빠진다"고 말했다. 1995년 휴대전화 제조업체 모토로라는 조개껍질을 본떠 만든 '스타텍' 출시를 앞두고 있었다. 당시 모토로라는 10년 만에 매출이 5배 늘어나는 등 성공에 취해있었다. 경영진은 무선통신 시장이 아날로그에서 디지털로 이동하고 있는 것을 무시했다. 한 고위 경영진은 "4,300만 명의 아날로그 고객이 있는데 대체 뭐가 문제란 말인가"라고 말했다. 결국 시장점유율이 50%가 넘던 모토로라는 1999년 17%로 추락했고, 2013년 MS에 매각되었다.

② 원칙 없이 더 많은 욕심을 내는 단계다.

월마트보다 4년 빨리 마트 시장에 진출한 에임스가 대표적 예다. 인재를 확보하는 것보다 더 빠르게 수익을 늘릴 수 없다는 '팩커드 법칙'을 깨는 것이 2단계의 징후다. 무능력한 사람을 핵심 자리에 앉히고, 인재가 나간 자리는 관료주의가 더욱 심화된다. 결국 딱딱하고 관료적 문화는 한때 위대한 기업을 꿈꿨던 회사를 평범함이라는 질병에 감염시킨다.

③ 자만심과 섣부른 욕심은 '위험과 위기부정'으로 이어진다.

짐 콜린스는 "3단계에 접어들면 내부에 경고가 증가하지만, 외부 성과가 여전히 견고하기 때문에 우려를 크게 하지 않는다"고 설명했다. 경영진들은 부정적인 데이터를 자신의 책임으로 받아들이지 않고, 남 탓을 하게 된다.

④ 구원을 찾아 헤매는 단계다.

이 단계에 들어선 기업들은 단번에 사태를 역전시킬 수 있는 묘안을 찾아 나선다. 입증되지 않은 기술에 베팅하기, 전혀 새로운 신제품에 의지하기, 합병 대상 찾기, 구원을 약속하는 컨설턴트 고용하기, CEO 바꾸기 등이다. 하지만 이러한 극약처방은 반짝 효과에 그친다.

⑤ 마지막은 유명무실해지거나 생명이 끝나는 단계다.

짐 콜린스는 "1~4단계까지 거치며 현금이 계속 고갈되는 상황에서는 기업의 운명을 통제하기 어렵다"고 설명했다. 회사가 성공할수록 현금확보에 대한 개념이 없어지지만 정작 기업은 '수익 부족'이 아닌 '현금 부족'으로 죽는다는 것이다.

– 짐 콜린스, 〈위대한 기업은 다 어디로 갔을까(How the Mighty Fall)〉, 2010.

성공적인 모든 기업은 시장과 고객에게 의미 있는 가치를 제공했기 때문에 이제껏 성공적인 길을 걸어온 것이다. 그런데 왜 최고의 기업들이 정상의 자리에 오르는 순간부터 내리막길을 걷기 시작하고 흔적도 없이 몰락한다. 기업의 흥망에 관한 비밀을 풀려는 많은 시도 가운데 하버드대 클레이튼 크리스텐슨(Clayton Christensen) 교수의 '파괴적 혁신(Disruptive Innovation)'이론에서 찾을 수 있다. 크리스텐슨은 성공기업의 쇠퇴 원인을 자만심이나 경영진의 무능에서 찾지 않고, 이들 기업이 고객의 소리에 귀를 기울이고, 고객이 원하는 제품을 내놓기 위한 신기술에 공격적으로 투자하며, 시장 동향을 주의 깊게 살피면서 최고의 수익을 올릴 수 있는 전략을 추구한 결과 기업이 너무 잘해서 실패하는 역설적인 상황이 벌어진다는 것이다. 왜 그런가. 기업은 경쟁자보다 더 좋은 제품을 제공해 더 높은 가격과 이윤을 얻기 위해 끊임없이 노력하고, 혁신을 추구하다 보면 어느 순간 소비자들이 필요로 하는 기술 수준과 적정가격을 넘어선 제품을 만들게 된다. 그때 더 싸고, 더 단순하고, 더 작고, 더 편리한 제품이나 아니면 완전히 새로운 제품을 출시한 신생기업들이 등장해 서서히 시장을 잠식하고 결국에는 기존 기업을 넘어뜨리는 일이 반복되게 된다.

기업은 혁신과 새로운 시장 창출에 우선순위를 둬야만 경제 성장을 지속할 수 있다. 기업이 일단 성공의 길로 접어들면 그 기업은 나름대로 구축해놓은 성공방식을 더욱 정교화하고 효율화하기 마련이다. 그러나 외부환경이 변화하면서 기술이 급격하게 변한다든가, 시장에서 고객의 사고와 행동이 어느 순간 임계점을 넘어 방향을 바꾸면 성공적인 기업의 경영방식이 더 이상 효과를 발휘하지 못하면서 문제가 시작된다. 이런 환경변화가 시작되면 기업이 그에 맞춰 적절히 변해야 하는데 실제는 변신을 막는 일련의 관성적인 힘을 못 이겨 그에 맞춰 변화하지 못해서 실패의 나락으로 떨어진다. 크리스텐슨의 연구에 따르면 이렇듯 성공한 기업은 어느 순간부터 실패의 길로 접어들게 되는데, 바로 파괴적 혁신이 그 분기점을 제공한다는 것이다.

3

일본 장수기업 시니세(老鋪, 노포)와 상도(商道)

1) 일본의 장수기업 시니세(老鋪, 노포)

일본에는 100년이 넘는 기업의 수가 전 세계의 절반을 넘는다. 이들도 분명 '지속의 위기'를 겪었겠지만, 일본의 수많은 중소기업이 오랫동안 기업을 수호할 수 있었던 원동력에 대하여 혹독한 장기불황은 견뎌내고 끝끝내 생존에 성공한 일본의 작은 기업을 탐구한 책 〈일본 중소기업의 본업사수경영〉의 오태헌은 일본의 많은 중소기업들의 장수는 본업을 사수하겠다는 '본업사수경영'결의에서 비롯된 경우가 많다고 강조한다. 규모는 작지만 '대대로 내려온 신용 있는 가게'로, 창업한 지 100년이 넘은 기업을 뜻하는 시니세(老鋪)들은 기업을 영속해 나가는 것을 '노렌(暖簾, 상점 입구의 처마 끝이나 점포 입구에 건 무명천으로 만든 가림막)을 지킨다'라고 말한다. 오로지 하나에 매달려 몇 대에 걸쳐 대물림하며 한 우물을 파는 몰입이 최고의 경지에 이르게 하는 유일한 길임을 그들은 잘 알고 있다. 노렌에는 유행에 따라 이것저것 옮겨 다니는 것이 아니라, 그것이 초밥이든 우동이든 우리 손으로 만드는 것이 이 세상에서 최고라는 장인정신이 깊이 새겨져 있다. 노렌을 지키고 본업을 지속해 나가겠다고 생각하면 본업을 지키는 것이 우선이고 장수는 그에 따른 결과일 뿐이다. 생존을 넘어 끊임없이 진화하면서 전진해 온 일본의 중소기업들에서는 절대 양보할 수 없을 뿐만 아니라 타협할 수 없는 자사만의 철학을 '고다와리(こだわり) 경영'이라고 한다.

고다와리는 '~에 얽매이다', '~에 집착하다'라는 뜻이다. 따라서 고다와리 경영은 역사적으로 배양된 노렌을 지키겠다는 일본 고유의 기업문화를 바탕으로 자기 분야를 깊이 파고들면서 최고를 만들어 내는 경영을 뜻한다. 고다와리 경영으로 성공한 기업들은 우직하리만큼 본업을 고수하면서도 놀라울 정도로 환경에 대한 변신력을 갖고 있다. 이는 기업 고유의 본질을 바꾸는 일은 용납하지 않지만 성역없는 변신은 받아들인다는 의미다. 일본 시니세(대대로 내려온 신용 있는 가게)의 장수요인은, 본업을 중시하면서 고유기술과 노하우를 축적했고, 신용을 생명처럼 여겼으며, 투철한 장인정신으로 무장했다는 점이다. 이는 한 우물을 팠으며 내실경영으로 공력이 쌓았고 비밀무기가 늘었다는 의미다. 이들의 강점은 신용, 전통, 지명도 등이며, 단점은 보수성, 직원들의 고령화, 설비 노후화 등이다. 시니세들은 이미 오랫동안 고객에게 신뢰할 수 있는 기업이 되기 위해 끊임없이 노력해 왔음에도, 시니세 기업가들을 대상으로 한 설문 조사에서 '앞으로 살아남기 위해 필요한 것은 무엇인가'라는 질문에 대해, '신뢰 유지 및 향상(65.8%)'과 '진취적인 기질(45.5%)'라고 답했다.

일본의 경제주간지 니케이 비즈니스(Nikkei Business)가 1896년 이래 100년간 일본 100대 기업의 변천사 연구결과 일본기업의 평균수명은 35.6년이었고, 미국 내기업 2,000개를 대상으로 한 조사결과 평균수명이 10년이었으며, 국내 320만 개 중소기업의 평균수명은 12.3년, 새로 창업 후 2년 뒤 생존한 기업은 50%에도 미치지 못하는 것으로 나타났다(2013년 한국은행). 일반적으로 장수기업이 되는 비결은 혼신을 다해 최고의 제품을 만든다는 투철한 장인정신, 차별화

일본 장수기업 성공의 비결

① 시대와 환경변화에 부응하는 제품을 만들면서도 창업 이래 고유기술과 노하우를 고수하는 등 본업의 연장 선상에서 사업을 전개하는 한 우물 파기 전략
② 끊임없는 혁신으로 독보적 기술개발 및 틈새시장 개척
③ 고객, 소비자, 종업원 등 이해관계자와 신뢰 관계를 중요시, 기업 간 협력관계 지속, 인간중시 경영 실현 - 장수기업에 대한 설문결과, 거래처 및 고객의 신뢰(92.2%), 상품 및 서비스에 대한 신뢰(82.2%), 기술력(69.6%) 중시
④ 명확한 기업이념과 경영원칙을 세우고 반드시 준수한다는 핵심사명 고수

"100년 버틴 상점만 3,000곳… 부단한 기술혁신과 장인정신이 교토 장수기업의 비결"

기업이 100년은커녕 10년을 버티기도 어려워진 세상이지만 일본의 고도(古都)인 교토엔 100년 넘는 역사를 가진 상점만 3,000개가 넘는다. 20년 넘는 장기 불황 속에서 소니, 샤프 같은 간판 대기업이 줄줄이 쇠락하는 와중에도, 교토 기업은 흔들림 없는 성장으로 세계 기업인의 주목을 받고 있다. 홍하상 전국경제인연합회 교수는 저서 <어떻게 지속성장할 것인가>에서 교세라 · 닌텐도 · 시마즈제작소 · 와코루 · 호리바제작소 등 국내에도 유명한 교토 대기업은 물론, 고등어 초밥집, 떡 가게, 금박가게, 혼수가게 등 수백년의 역사를 가진 상점들의 생존 비결을 추적했다.

교토기업의 가장 큰 특징은 무엇인가?

"첫째, 오랜 역사다. 교토에는 1,000년 이상 된 가게가 6곳 있다. 200년 이상 된 가게는 1,600곳, 100년 이상 된 곳은 3,000개가 넘는다. 대표적인 게 771년에 창업한 교토 최고(最古)의 혼수용품 전문점인 겐다다. 둘째, 장인정신이다. 한 우물만 파며 기술 연마에 정진하다 보니 기업이 어려워져도 쉽게 쓰러지지 않는다. 전세를 뒤엎을 만한 비장의 무기를 언제든 만들 준비가 돼 있다는 얘기다. 셋째, 무리한 외연 확장에 나서지 않고 차근차근 덩치를 키워간다는 점이다."

교토기업이 이런 특징을 갖게 된 원동력은?

"교토는 1,200년 동안 일본의 수도(首都)였기 때문에 전통을 중요시하면서 치열한 경쟁 속에서 부단한 기술혁신과 장인(匠人)정신을 유지했다.

급변하는 경영환경 속에서 앞으로도 성장이 가능한가?

"장수기업은 대개 기본이 튼튼하기 때문에 쉽게 무너지지 않는다. 일례로 400년 된 초밥집 이요마타는 초밥 중 가장 만들기 어렵다는 고등어 초밥이 간판 메뉴다. 수백 년 동안 고등어 초밥을 연구해왔다고 한다.

– 조선비즈, 2016.9.7.

된 기술력을 선보이는 한 우물 파기, 지속가능한 성장의 발판이 되는 정직과 신의로 기업 활동을 하는 것 등이다.

장수기업 왕국 일본에 장수기업이 많은 이유는 물건(모노)과 만들기(즈쿠리)가 합쳐진 말로 '혼신을 다해 최고의 물건을 만든다'는 「모노즈쿠리(ものづくり)」로 대변되는 투철한 장인정신(匠人精神)이다. 장인정신을 중시하는 일본은 한 분야를 천착해 누구도 따라올 수 없는 세계 최고가 되는 것을 중시하고 일본의 장수기업은 거래처와 고객의 신뢰를 가장 중시한다. 또 가격이 아니라 독자기술이나 비즈니스모델로 승부하고, 과분하게 욕심을 부리지 않으면서 본업에 충실하며, 혈족보다 기업승계를 우선시하는 특징을 보인다. 일본에는 아들이 있더라도 경영자로서 자질이 부족하다고 판단되면, 내부의 능력 있는 직원이나 외부 인재를 양자로 입적시켜 후계자로 삼아 피(血)가 아니라 업(業)이 이어지게 하는 문화가 있다. 같은 맥락으로 오태헌 교수도 책 '일본 중소기업의 본업사수경영'에서 일본기업들의 장수비결로 * 본업중시, * 신뢰(고객, 협력기업, 종업원, 지역 주민과의 공생 관계 인식), * 장인정신, * 혈연을 초월한 가업 승계, * 보수적 자금운영 등 5가지를 꼽았고, 상공인을 중시하는 사회적 공감대가 있었다고 하였다.

2) 오사카 상인들의 철학과 상도(商道)정신

전통 깊은 점포를 뜻하는 시니세(老鋪, 노포)는 선조 때부터 가업을 지켜 번성해 왔고 오랫동안 고객으로부터 신용과 사랑을 받아온 가게를 가리킨다. 전통 깊은 일본의 가게 시니세(老鋪) 앞에는 신용과 자부심의 상징으로 상호가 그려진 '노렌(暖簾)'이란 무명천이 치렁치렁 걸려 있다. 오사카 상인들의 "하늘이 두 쪽 나도 노렌은 지킨다"라는 말은 자신이 만든 음식이나 상품에 대해서는 목숨을 걸고 품질을 지킨다는 뜻이다. 일본의 노포들은 일시적인 유행보다 제대로 된 물건을 만드는데 혼신을 다하고 소비자의 변화에 신속하게 대응하며, 단 하나의 과자를 사는 고객에게도 정성을 다하는 상인들로 구성된 100년이 넘은 노포가 오사카에만 500개가 넘는 노포(老鋪)들이 활동 중이다.

오사카에서는 과거에 상사농공(商士農工)의 순으로 상인이 무사 위에 있었다고 한다. 오사카가 본격적인 상인의 도시가 된 것은 1583년 도요토미 히데요시(豊臣秀吉)가 일본을 통일한 이후다. 바늘장수 출신인 도요토미는 전쟁을 치르면서 군사력의 대부분이 경제력이라는 것을 깨닫고 통일 이후 임진왜란을 일으킬 때 큰손 상인들에게 연회를 베풀며 전쟁비용(warfare expense) 지원을 부탁했다. 쌀시장과 생선시장, 야채시장 등 3대 시장을 키워 오사카를 각종 산물의 집산지로 만들었고, 쌀 시장을 중심으로 성장한 센바(船場) 상인은 '돈을 남기는 것은 하(下), 가게를 남기는 것은 중(中), 사람을 남기는 것은 상(上)'이라며 상인 정신을 키워나갔다. 고객이 있는 한 사업은 영원하므로 눈앞의 작은 이익에 연연하지 않는다는 뜻이다.

마찬가지로 회사의 경영 상태를 투명하게 알 수 있도록 '유리창 경영'을 해 온 마쓰시다 고노스케는 "회사는 물건을 만드는 곳이 아니라 사람을 만드는 것"이라는 말을 남겼다. 이것이 바로 돈 남기는 것을 제일 낮게, 그리고 사람을 남기는 것을 최고로 친 센바(船場) 상인의 정신이다. 일본 오사카 상인들은 사업자금과 생활비를 엄격히 구분하고 이익분배를 분명하게 구분한 특징을 가졌고, 뛰어난 원가계산 능력, 고객 중심의 서비스 정신, 근검절약, 평소의 꾸준한 공부 등으로 그들은 이익에 연연하는 것을 위험한 일로 생각했기 때문에 인격과 신용을 갖추는 노력을 해 온 전통이 있다.

오사카 400년의 18가지 상도(商道) 정신

Ⅰ. 이윤에 대한 철학 뭐든 팔아야 하지만 "이익" 자체가 목적이 될 수는 없다.

① 이익만을 생각하는 사람과 돈을 중심으로 관계를 맺으면 번영하지 못한다.

② 이익에 매달려 규모를 넓히면 위험해진다.

Ⅱ. 거래에 대한 철학 상인은 '세상에 유익한 일'을 해야 하니 나쁜 습성을 경계하고 신용을 지켜야 한다.

③ 모든 거래는 현금거래가 원칙이다.

④ 돈을 넘어 인격과 신용이 있다.

⑤ 동업자의 나쁜 습성에 물들지 않는다.

⑥ 대금의 지급은 약속한 날보다 먼저 한다.

⑦ 외상은 필요하지만, 이익과 정비례하지 않는다.

Ⅲ. 돈 관리에 대한 철학 돈 문제는 "명쾌하고 분명하게" 처리하라.

⑧ 돈을 잘 써야 돈이 굴러들어 온다.

⑨ 사업자금과 생활비는 엄격히 구분한다.

⑩ 이익분배를 분명하게 한다.

⑪ 이익이 생기면 자본과 별도로 분리, 적립한다.

Ⅳ. 인간 관리에 대한 철학 손님을 위해 스스로 인간 교육에도 힘쓴다.

⑫ 간부의 태도나 언행에 따라 점원이 교육된다.

⑬ 가족을 사랑한다.

⑭ 우는 소리를 하지 않는다.

⑮ 겸손하게 손님을 맞는다.

Ⅴ. 자신에 대한 철학

⑯ 고객이 좋아하는 판매자가 되어라.

⑰ 장사에 방해되는 사람이 있다면 그건 바로 자기 자신이다.

⑱ 장사에도 예절은 지켜야 한다.

Chapter 11

창업기업(start-up)의 형태

Chapter 11

1

기업(Enterprise · 企業)의 이해

1) 기업의 역할과 목적

기업을 뜻하는 영어식 표현은 corporation, Enterprise, Company 등이 있다. 웹스터 사전에 의하면 Corporation의 어원은 라틴어 corporare(한 몸을 이루다)에서 왔고, Enterprise의 어원은 '담대하다'는 어원이다. 또 컴퍼니(company)는 컴(com, 함께)과 파니스(Panis, 빵)의 조합, 즉 compania(함께 빵을 먹는 동료 또는 친구들)에서 비롯된 것으로 우리 말 "한솥밥을 먹는다"는 의미다. 먹을 식(食)'자에 '입 구(口)'자를 쓰니 함께 밥을 먹으며 미운 정, 고운 정을 쌓은 사람을 뜻하는 식구만큼 중요한 관계가 뜻을 공유하는 동반자(동료)라는 뉘앙스가 서양의 정서인 반면, 동양에서 한자 기업(企業)의 의미는 조직적이고 계획된 '일'에 방점이 있다.

기업은 본래 사회 안에 존재하는 제한된 자원의 가치를 효과적으로 극대화할 수 있는 최고의 조직이다. 또 현대사회에서 국력의 중심이자 경제활동의 기둥인 기업은 여러 자원을 투입하여 고객이 원하는 가치 있는 상품(서비스)을 생산함으로써 이윤을 추구하는 조직이다. 기업은 노동, 자본, 물자, 기술, 에너지 등 투입물(input)을 물리적, 화학적 변화를 통하여 모양이나 성질, 가치가 다른 상품이나 서비스(output)로 변환하는 역할을 한다. 기업은 상품과 서비스 등을 생산하고 제공하는 활동과 더불어 가격 경쟁, 품질 경쟁, 서비스 경쟁 등 끊임없는 노력을 통하여 많은 수입을 얻고 이를 다시 투자하면서 사회를 발전시키는 역동적인 조직이다. 하지만 기업이 투입물보다 커다란 가치를 지닌 산출물(output)을 생산하더라도 이 상품 및 서비스를 이용하려는 고객(소비자)이 상품을 구입하지 않으면 기업은 성장은커녕 생존할 수도 없으므로 고객을 창출하고 만족시키는 활동은 기업의 생존에 절대적인 마케팅목표다.

또 현대경영의 아버지 피터 드러커(Peter F. Drucker)는 "기업은 국가사회의 기둥이라며, 사업이 무엇인가를 결정하는 것은 고객이며, 사업의 목표는 오직 만족한 고객을 창조하는 것이다"라고 강조하였다. 그는 "기업의 본질적인 정의를 "이윤을 창출하는 기관"이라는 규명하는 것은 옳지 않으며, 기업은 고객에게 가치를 창출하고 제공하는 조직이라고 했다. 삼성전자는 고객에게 '전자제품'이라는 가치를 제공하는 조직이고, 파리바게트 '빵'이라는 가치를 제공하는 조직이다. 이들은 이윤을 창출하는 조직이라기보다 이윤은 이러한 가치 창출에 따른 결과(Outcome)일 뿐이다"라고 강조하였다. 하지만 그렇다고 기업에게 이윤이 중요하지 않다는 뜻은 아니다. 1차적으로 지속가능한 이윤이 전제되지 않은 상

기업의 중요성과 역할

① 선진국은 기업의 경쟁력을 키우는 나라다. 노벨경제학상수상자인 로버트 포겔(Robert Fogel) 시카고대 교수는 국력을 키우는 길을 군 조직과, 기업 조직을 통해 국가 경쟁력을 키운다고 강조했다. 그런데 오늘날의 무력전쟁은 첨단 고성능무기가 결정적이고 국방력은 경제력(기업)에 따라서 결정된다.

② 기업이 있어야 발명이 빛을 본다. 피터 드러커는 19세기의 그렇게 많은 발명품들이 빛을 보지 못한 이유는 기업과 경영의 부재였다고 말했다. 서양이 동양을 크게 앞설 수 있었던 중요한 이유 중의 하나가 바로 기업이라는 조직과 경영개념을 먼저 발견했다는 것이다.

③ 사람, 기술, 자연, 자본시설 등의 힘을 뭉치는 것이 기업이다. 기업은 이들의 힘을 한 방향으로 모을 수 있도록 한다. 기업은 혼자서 또는 소수의 사람들이 할 수 없는 규모의 일을 가능하게 한다.

④ 기업은 산업사회의 농토다. 농경사회에서 인간을 먹여 살린 것은 농토였다. 산업사회나 지식사회의 농토는 기업이다. 인간에게 필요한 각종 제품을 만드는 것도, 일자리를 창출하는 것도 기업이다.

⑤ 기업이 발전해야 문화도 발전한다. 일본의 기업들은 세계인상파 그림의 1/3을 수집했고 스포츠 분야도 기업들에 의하여 발전했다.

태에서 어떤 일도 할 수 없기 때문에 기업의 1차적인 목표는 '유지하고 성장 가능한 수준의 이윤'이다. 중요한 것은 '이윤이 1차적으로 중요하다'는 사실과 '기업이 무엇인가?'라는 질문과는 관련을 지을 수 없다는 점이다.

기업 본연의 존재 이유는 먼저 제품과 서비스 경쟁력을 높여 소비자에게 최고의 만족을 주고, 동시에 기업은 일자리를 만들고 나라 살림에 근간이 되는 세금을 내는 것이다. 원하든 원하지 않던 모든 기업에는 존립 목적에 따라 기업 의사결정 우선순위가 결정된다. 기업의 목적은 세 가지로 구성된다. 첫째, '원하는 모습(likeness)'이다. 경영진과 직원들이 그들의 여행 중에 중요한 단계에 도달할 때마다 만들 수 있기를 희망하는 것이어야 한다. 둘째, 유용한 목적이 되기 위해 직원과 임원들은 창조하려고 애쓰길 원하는 모습에 '전념(commitment)'해야 한다. 목적은 서류상에서 시작해 끝날 수 없다. 셋째, 경영진과 직원들이 그동안 이룬 성과가 어느 정도인지에 대한 한 가지 이상의 '평가 기준(metrics)'이다. 이런 기준들은 기업과 관련된 모든 사람들이 계속해서 일관된 방식으로 함께 움직이면서 일의 성취 수준을 가늠하게 힌다. 기업이 되고 싶은 미래비전을 운에 맡기기에는 그 목적이 우리에서 정말 중요하기 때문에 의도적으로 고려, 선택, 관리되어야 한다. 또 기업의 목적을 기업 활동 중심으로 살펴보면 크게 3가지 관점으로 볼 수 있다. 먼저, 기업을 생산의 관점에서 본 기업의 목적은 이윤을 극대화하는 것이다. 기업이란 결국 퍼포먼스(performance)로 말하는 것이고, 그 기업의 퍼포먼스는 시장(market)에 반영되며, 시장에서의 퍼포먼스는 주가(株價)이다. 또 마케팅의 시각에서 기업의 역할은 고객을 창출하고 만족시키는 것이다.

2) 기업형태의 선택

창업기업 형태의 결정은 창업에서 매우 중요하다. 우선 개인기업은 거의 모든 경영책임을 사장 한 사람이 감당하면서 영업, 자금조달, 종업원 관리, 생산

관리 등 기업 전반에 걸쳐 만능 경영을 하여야 하나, 법인기업은 종업원에게 다양한 업무를 분담시켜 전체를 통괄하는 형태로 운영된다. 예비창업자는 자기가 경영하려고 하는 사업의 특성과 사업의 규모, 운영시스템, 세율, 얼마 후에 창업비 등 누적결손을 보전하고 이익 실현이 가능할지 등을 종합적으로 판단하여 기업의 형태를 결정해야 한다. 개인기업으로 창업하려니 대외신인도(International Creditworthiness)가 떨어지는 데다 법인보다 세율도 높고, 그래서 법인으로 하자니 설립비용도 많이 들고 절차도 까다로울 것 같아 고민이다. 이런 점들을 고려해 창업과정에서 본격적인 비즈니스활동 전에 종합적으로 검토하여 기업의 형태를 결정하는 것이 바람직하지만 전체적인 상황을 인지하기 어려운 창업 준비과정에 기업의 형태를 결정하는 것은 어렵기만 하다. 개인기업과 법인기업의 형태를 결정하기 어려울 때 가장 일반적인 방법은 일단 개인기업으로 시작해서 사업규모가 커지면 법인으로 전환하는 것이 좋은 선택이 될 수 있다.

기업의 형태는 ① 사기업(개인기업·집단기업–합명회사·합자회사·익명회사·유한회사·주식회사·협동조합), ② 공기업(국영기업·공영기업), ③ 공사합동기업으로 분류할 수 있다. 세부적으로 기업 형태는 기업 활동에 필요한 자금제공자(출자자·소유자)의 구성을 중심으로 기업의 관리·지배 등을 포함하는 측면에서의 검토대상을 말한다. 또「상법」에서는 회사를 ① 합명회사, ② 합자회사, ③ 유한책임회사, ④ 주식회사, ⑤ 유한회사의 5가지로 분류하고 있다(「상법」 제170조).

[표 11–1] 기업의 형태별 장단점 비교

구 분	장 점	단 점
개인기업	설립용이, 이익독점	무한책임, 자본과 기술의 한계
합명회사	창의성 발휘, 대외신용력	무한책임, 사업계속성 문제
합자회사	업무집행과 출자분리, 자본조달 용이	자본양도 곤란, 대규모 성장의 한계
유한회사	중소기업 경영에 유리	사원 수(數)의 한정
주식회사	유한책임, 소유권 이전용이	설립과 운영의 복잡, 제도적 규제 문제

'개인기업 vs 법인기업' 어느 쪽이 유리한가요

막상 창업하려면, 법인을 설립하는 것이 좋을지, 투자를 받지 못하는 벤처기업이 활용가능한 정책자금은 어떤게 있는지, 절세 방법은 없는지, 모든 게 막막하다.

다니던 유명 대기업에서 평소 생각하고 있던 아이템을 갖고 나와 벤처기업을 설립하려는 김형석(가명) 씨는 벤처기업 형태를 개인기업으로 할지 법인기업으로 할지 고민이다. 지인들과 동업을 전제로 하면 보통 법인기업으로 하지만, 이제 막 시작하는 단계에서 굳이 법인까지 설립할 필요가 있을까 싶어서다. 혼자 속 편하게 개인기업으로 가는 것이 나을 것 같다는 생각도 들었다.

개인사업체를 만들어 화장품을 수입해 도매업을 하는 정희성(가명) 씨는 사업이 어느 정도 안정화되자 세금을 너무 많이 내는 것 같아 고민이다. 주변에서 들어보니 법인기업이 개인기업보다 세 부담이 낮다고 하는데, 이미 개인기업을 상당 기간 운영해 왔는데 다시 법인기업을 만들자니 막막하다. 또 법인기업으로 전환했을 때 다른 불이익이 없는지 확실히 알지 못해 불안하다.

위와 같은 고민을 하는 (예비)벤처기업가들이 상당수 있다. 개인기업은 상대적으로 설립절차 및 청산절차가 단순하다는 장점이 있다. 무엇보다 개인기업의 소득이 개인의 소득이므로, 개인기업의 소득에 배당이나 급여 등의 별도 배분절차가 필요없다는 것이 큰 장점이다. 하지만 세법상으로는 법인 형태보다 불리한 부분이 많다. 벤처기업의 특성상 대부분 소득금액이 200억원을 초과할 가능성이 낮으므로, 지방소득세(법인세의 10%)까지 고려해도 11~22%의 한계세율만 부담하면 된다는 게 가장 큰 장점이다. 그러나 해당 법인기업의 소득을 대표자 개인이 직접 가지고 오려면 배당이나 급여 등의 별도 배분 절차가 필요하고, 이때 배당소득이나 근로소득에 대하여 다시 소득세를 부담해야 하는 점을 유의할 필요가 있다. 그러나 자금조달 측면에서도 법인기업은 유상증자 등을 통해 다수의 주주로부터 자본을 쉽게 조달할 수 있다는 점에서 회사채 발행 및 궁극적으로 기업공개(IPO)도 가능하는 등 자금조달이 개인기업보다 훨씬 수월하다.

개인기업과 달리 대표자의 사망 등 개인적 사정이 기업의 존속에 큰 영향을 미치지 않아 상대적으로 리스크가 낮은 점, 소유와 경영의 분리가 가능해 별도의 전문경영인의 고용이 가능하다는 점 등의 장점이 많아 향후 기업을 지속적으로 키우고자 할 경우,

대부분 법인기업 형태를 택하는 경우가 많다. 이미 개인기업을 시작했다고 해도 현물출자방식, 사업양수도방식, 중소기업통합방식 등을 통해 개인기업을 법인기업으로 전환할 수 있기 때문에 향후 성장성 및 기업특성 등을 감안해 법인형태를 택하는 것이 현명할 것이다.

– 조선일보, 2017.4.18.

2 개인기업과 소수 공동기업

1) 개인기업의 특성

개인기업은 1인이 단독적으로 출자하고 지배하며 경영상의 모든 위험과 손실을 부담하지만 발생하는 모든 수익은 자신이 소유할 수 있다. 출자자 개인의 재산과 기업재산과의 구분, 즉 소유와 경영의 분리가 이루어지지 않은 출자자 겸 경영자 역할을 포괄해야 하므로 사업자 개인의 역량에 기업의 흥망성쇠가 전적으로 의존하게 된다. 개인기업의 장점은 설립등기가 필요 없고 관할관청에 인허가(인허가가 필요한 사업인 경우)를 받고 기업설립이 용이하며, 창업비용과 창업자금이 비교적 적게 소요되므로 소규모 자본을 가진 창업자도 창업이 가능하다. 개인기업의 창업은 사업을 하고자 하는 사업장(주사무소, 공장 등) 주소지의 관할 세무서에 사업자등록을 함으로써 성립된다. 인·허가가 필요한 업종으로는 출판업등록과 같이 간단히 구청에 신고만으로 얻을 수 있는 것, 건설업 면허와 같이 까다로운 것(석유정제업, 고압가스제조업, 의약품제조업, 식품제조업, 화약제조업, 위생용품제조업, 의료용구제조업, 전기용품제조업 등)도 있다. 또 개인기업은 기업 활동이 신속·자유롭고, 계획 수립 및 변경이 쉬우며, 제조방법이나 자금 및 업무집행상의 비밀유지가 쉽다. 특히 소규모 사업자의 경우 세무신고가 간단하고, 사업자 변경은 세무서에 신고만으로 처리할 수 있다. 하지만 법인과 다르게 대표의 급여가 비용처리 되지 않고, 외부감사 의무는 없다.

'개인사업자'는 대부분 개인의 자금으로 회사를 설립하고 사업에 대한 책임 또한 모두 개인이 지기 때문에 경영상 발생하는 모든 문제와 부채, 그리고 손실에 대한 부분을 전적으로 사업자가 책임을 져야 한다. 만약, 사업에 실패해서 은행 부채와 세금 등을 다 해결하지 못한 채 다른 기업체에 취직해서 월급을 받는 경우, 월급 압류를 당할 수도 있다. 반면, 사업자금이나 사업에서 발생한 이익을 사용하는 데는 아무런 제약을 받지 않는다. 예를 들어 사업자금을 사업자 개인의 부동산 투자에 사용하든 자신의 사업에 재투자하든, 혹은 영업에서 발

개인기업 설립방법

개인기업을 설립하는 데는 별도의 상법적 절차가 필요하지 않아 절차가 매우 간소하고, 휴폐업 절차도 비교적 간단하다. 사업 시작 전 인허가가 필요한 경우를 제외하고는 관할 세무서에 사업등록증만 교부받으면 언제나 영업활동이 가능하다.

사업자등록 시 구비서류

- 사업자등록신청서 1부
- 임대차계약서 사본 1부
- 사업인허가 필증 사본 1부(필요한 업종의 경우)
- 동업계약서(공동사업자인 경우)

현재 개인기업이나 법인으로 전환하는 방법

개인기업으로 사업을 운영 중인데 개인기업을 법인으로 전환하는 방법은 개인기업의 사업주가 법인에 현물출자 하는 방법과 사업 자체를 포괄 이전하는 양도 양수 방법 2가지가 있다(실무상 양도양수 방법 선호).

법인설립과 관련한 주요 내용

구 분	현물출자	양도 양수
전환방법	사업주가 금전이 아닌 현물로 출자(현물: 부동산/채권/유가증권 등)	개인기업의 자산/부채를 포괄적으로 법인에 양도
주요 내용	절차가 복잡하고 비용이 많이 듦(출자자산의 평가가 어려워 검사인/공인된 감정평가기관 조사 필요)	절차 간편(쌍방 간 가격합의 시 전환 가능)

생한 이익을 생활비로 쓰더라도 전혀 간섭을 받지 않는다. 개인사업자는 설립 절차가 비교적 쉽고 설립비용이 적게 들어 사업규모가 적은 사업을 하기에 적합하다. 또 개인사업자들은 운영 전반에 대한 의사결정을 단독으로 해야 하는 어려움 때문에 업무 전반에서 성취의 기쁨을 맛보게 되고, 자신의 일에 대하여 긍지를 갖게 된다.

소호(SOHO) 창업자의 성공수칙

소호(SOHO)는 Small Office Home Office로서, 공간적으로는 집 또는 소규모 사무실 또는 소규모점포형 독립사업을 영위하는 독립사업자를 의미하며, 직업적으로는 자신의 핵심역량 즉 경험, 자격증, 지식, 정보, 인맥 등을 활용하고 창의적 아이디어를 사업화하여 틈새시장 수요를 찾아서 수익을 창출하는 네트워크를 구축하는 자유직업가를 의미한다. 소호는 개인용 컴퓨터와 정보통신의 발달, 정보화에 대한 인지 등이 기본이 되는 미래형 비즈니스라고 할 수 있다. 소호는 1980년대 중반부터 미국에서 시작된 정보통신 인프라의 발달과 개인용컴퓨터의 고성능화로, 기업과 개인의 지식·정보에 기반한 정보산업 자본주의 시대가 도래하면서 자신의 핵심역량을 기반으로 소규모·소자본으로 창업하여 틈새시장을 공략하면서 시작되었다. 그러나 한국은 1990년대 후반 IMF무렵 경기침체기 대량의 실업자와 기업의 구조조정 등으로 소호창업의 붐이 일었으나 사회적으로 정착되지 아니한 한국에서는 프리랜서, 자영업자, 재택근무자, CP사업자 등을 포괄하여 사용되고 있다.

소호(SOHO)창업을 하기 위해서는 무엇보다도 자신만이 내세울 수 있는 전문기술이 있어야 하고 그러기 위해서는 관련 직장에 종사하면서 습득하는 해박한 지식과 경험, 그리고 충분한 네트워크와 틈새시장을 보는 눈이 필요하다. 소호창업자의 대부분은 자신 혼자이거나, 소규모 직원을 중심으로 운영한다. 이러한 소규모 직장의 경우 의사결정이 빠르다는 장점도 있으며 무엇보다 중소규모 이상의 큰 회사가 손댈 수 없는 틈새시장을 선점할 수 있다는 장점이 더 크다. 이는 해당 분야에 대한 경험과 이력이 오래 쌓였거나 비즈니스 전반을 볼 줄 아는 눈이 있어야 한다는 의미로 그 '비즈니스에 대한 눈'을 키워야 한다.

– 창업일보, 2014.10.17.

반면, 개인기업의 단점은 개인 한 사람의 자본에 의지하므로 자본 규모나 자본조달에 한계가 있고, 경영을 총괄적으로 책임지는 대표자 개인의 경영능력에 한계가 있으며, 사업상 발생하는 모든 문제나 부채 및 손실에 대하여 대표자인 사업주가 무한책임을 지게 된다(대표자가 바뀌는 경우에는 폐업을 하고, 신규로 사업자등록을 해야 하므로 기업의 계속성이 단절). 또 대외신용 면에서 상대적으로 취약하고 사업 양도 시에는 양도된 영업권 또는 부동산에 대하여 높은 양도소득세가 부과된다. 또 개인사업자는 자신의 시간을 관리할 수 있지만 사업을 소유하고 경영하며, 종업원을 훈련시키는 등 모든 운영 전반을 체크하느라 업무시간 기준 직장인들의 2배 이상을 근무할 수도 있다. 그리고 직장인들이 누리는 의료보험, 국민연금, 산재보험, 유급휴가, 병가 등 수많은 복지혜택을 누릴 수 없다.

2) 개인기업과 법인기업의 특징과 장단점

(1) 개인기업과 법인기업의 특징

창업하려면 먼저 하고자 하는 사업 아이템을 선정한 후 이에 대한 사업계획을 수립한다. 당해 업종이 인·허가를 필요로 하는 경우 당해 업종(음식·숙박업, 여행업 등)을 담당하는 관청에 사업인·허가를 받아야 한다. 그 다음에 개인 또는 법인 형태로 사업 주체를 결정하여 법인기업의 경우, 법원에 등기한 후 관할 세무서에 사업자등록신청을 하여야 한다. 소규모로 사업을 시작하는 사람은 우선 개인기업으로 출발하여 경험을 축적하고 영업의 신장, 사업의 성격, 기업의 장래성 등을 고려해 적당한 시기에 법인으로 전환을 하는 것이 바람직하다. 개인사업자는 소득에 대해 종합소득세를 내고, 사업주 본인에 대한 급여는 비용으로 인정되지 않으며, 사업용 고정자산이나 유가증권 처분이익에 대하여는 과세를 하지 않는다. 개인사업자의 종합소득세율은 다음과 같이 6%에서 42%까지 초과누진세율로 과세된다.

한편 법인사업자는 소득에 대해 법인세를 내야 한다. 법인의 대표이사는 법인과는 별개의 고용인이므로 대표이사에 대한 급여는 법인의 비용으로 처리할 수 있으나 고정자산이나 유가증권 처분이익에 대해서도 법인세가 과세된다. 법인사업자의 각 사업연도 소득에 대한 법인세율은 최소 10%에서 최대 25%까지 과세한다(14장 참고). 따라서 세율만을 고려하여 기업형태를 선택한다면, 과세표준이 2,160만원 이하인 경우는 개인사업자가 유리하고, 2,160만원을 초과하는 경우에는 법인이 유리할 수 있으나 여타 상황들을 종합적으로 검토해야 한다.

(2) 개인기업과 법인기업(주식회사)의 장단점

[표 11-2] 개인사업자와 법인사업자의 비교

구 분	개인사업자	법인사업자
창업절차	• 관할관청에 인·허가 신청 (인·허가 대상인 경우에 한함) • 세무서에 사업자등록 신청	• 법원에 설립등기 신청 • 세무서에 사업자등록 신청
자금조달	• 사업주 1인의 자본과 노동력	• 다수의 주주를 통한 자금조달
사업 책임	• 사업상 발생하는 모든 문제를 사업주가 책임	• 법인의 주주는 출자한 지분 한도 내에서 민 책임
세무처리	• 소규모 사업자일 경우 간단한 세무신고	• 복식부기의 의무, 세무회계처리 능력이 필요 • 대행의뢰 시 수수료가 추가
과 세	• 종합소득세(사업소득) 과세 * 세율: 6~42%	• 법인: 법인세 * 세율: 10%, 20%(과표 2억 초과), 25%(과표 3,000억 초과)
	※ 세율만 고려 시 과세표준 2,160만원 이하인 경우 개인기업, 초과인 경우 법인기업이 유리	
장 점	• 기업 설립절차가 간단 • 설립비용이 적음 • 기업 활동이 자유롭고, 사업계획 수립 및 변경이 용이 • 인적조직체로서 제조방법/자금운용 관련 비밀유지 가능	• 대외공신력과 신용도가 높음 (관공서/금융기관 등과 거래 유리) • 주식 및 회사채 발행 등을 통한 대규모 자본조달이 가능 • 기업운영이 투명
단 점	• 대표자는 채무자에 대하여 무한책임 • 대표자가 바뀌는 경우에는 폐업신고를 해야 함(기업의 연속성 단절 우려) • 사업 양도 시 양도소득세 부과(세 부담 증가)	• 설립절차가 복잡하고 설립 시 비용이 높음(자본금 규모에 따른 비용발생) • 사업운영과 관련한 대표자 권한이 제한적 * 의사결정 시 주주총회, 이사회의 결정이 필요한 경우가 의사결정이 지연

출처: https://blog.ibk.co.kr/572 [IBK기업은행 블로그] 참고

창업 시 기장 일반적인 기업형태는 개인기업과 다수 공동기업으로 나누어지며, 다수 공동기업은 다시 합명회사, 합자회사. 유한회사 및 주식회사 형태로 구분된다. 그러나 창업 시 개인기업이나 주식회사의 형태로 설립하는 경우가 대부분이므로, 두 가지 기업형태를 비교하면 [표 11 - 2]와 같다.

3) 소수 공동기업

(1) 합명회사(合名會社)와 동업(Partnership)

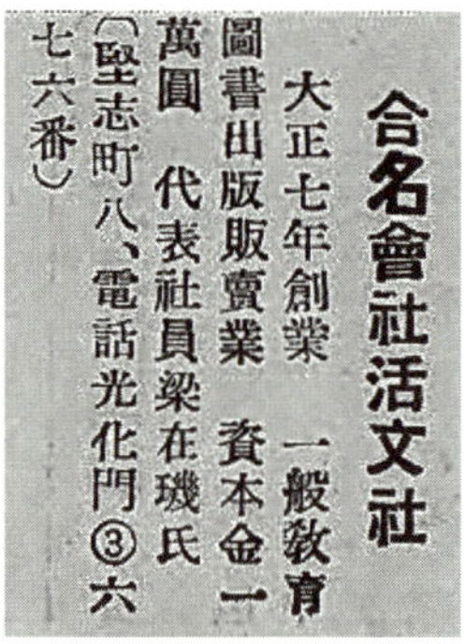

합명회사의 기원은 중세 유럽의 상업 도시에서 있었던 육상운송 회사 소시에타스(Societas)이다. 합명회사는 2명 이상의 무한책임사원이 공동으로 정관을 작성하여 법원에 등기함으로써 회사가 설립되고, 무한책임사원은 회사에 대하여 출자의무를 가지며 소유와 경영이 분리되지 않은 상태여서 회사채권자에 대하여 직접·연대하여 무한의 책임을 진다(「상법」 제212조). 합명회사는 사원이 회사 경영에 직접 참여해 업무를 집행하며 공동경영을 하게 되므로 주로 친구나 친지들 간에 설립하는 경우가 일반적이다.

합명회사와 유사한 우리나라 동업(同業, Partnership)의 장점은 개인기업보다는 상대적으로 자본조달 규모가 크고, 독선적 경영에 대한 견제가 가능하며, 최고경영자의 유고 시에 즉각적인 업무대행이 가능하다. 또 동업의 단점으로는 책임을 회피하거나 전가하는 경향이 있고, 소신 있는 업무추진이 어려우며 의사결정이 늦어지거나 의사결정과정에서 불화가 생길 가능성이 있다. 동업은 법적으로 두 동업자의 행위를 하나로 보기 때문에 각 동업자가 다른 동업자의 채무에 대해 변제책임을 져야 하며, 동업자 중 어느 개인의 사정상 불가피하게 탈퇴할 경우 다른 동업자의 동의를 구해야 한다.

동업형태의 창업은 새로 창업하는 사람에게는 기회를 늘리고 위험을 줄이

가장 이상적인 공동창업자의 자질 10가지

공동창업을 결정했을 때 어떤 사람과 함께하는 게 좋을까? 마이클 퍼틱은 2011년 <하버드 비즈니스 리뷰>에 '공동창업자를 선택하는 방법'이라는 글을 기고했다.

① **상호 보완적인 기질** "긴장되는 순간 당신이 뜨거워지는 경향이 있다면 이 경우 냉정함을 유지할 수 있는 사람을 찾으세요. 물과 기름을 의미하는 게 아닙니다. 각각의 성격을 보완해 줄 수 있다는 다양성을 찾으라는 말입니다."

② **다른 전문 분야** "만약 당신이 기술자라면 그 제품을 시장에 영업할 리더가 필요합니다. 다만 기술 집약적 비즈니스라서 창업자 모두가 기술자여야 한다면 그 분야를 설계와 엔지니어링으로 나눌 수 있는 사람이 좋습니다."

③ **유사한 작업 습관** "일과 삶의 균형을 함께 공유하고 맞춰 갈 수 있는 공동창업자가 좋습니다."

④ **자급자족할 수 있는 사람** "공동창업자는 직원과는 다릅니다. 당신이 말하지 않더라도 스스로 일할 수 있는 사람이어야 합니다."

⑤ **함께 일해 본 사람** "가능하면 함께 일해 본 사람이 좋습니다. 수년 동안 우정을 쌓은 친구나 MBA 동기를 공동창업자로 선택하는 것은 매우 나쁜 선택입니다. 함께 일해 보기 전에는 상대방의 참 모습을 알 수 없습니다."

⑥ **정서적 회복이 빠른 사람** "스타트업을 경영하다 보면 상황이 나빠지기 마련입니다. 당신이 아무리 열정적인 사람이라 할지라도 맥이 빠질 수 있습니다. 이 경우 정서적 회복이 빠른 사람이 좋은 공동창업자입니다."

⑦ **완벽한 정직** "당신과 파트너는 무조건 서로에게 진실만을 말해야 합니다. 사업의 모든 순간에는 당신이 마땅히 알아야 하는 것들이 있습니다. 그런 말을 하는 데 주저하는 파트너는 절대 피해야 합니다."

⑧ **편안하고 자신감 있는 사람** "두려움과 불안감이 강한 사람은 파트너십을 훼손시킵니다. 최고의 공동창업자는 자신을 잘 알고 자신감이 있는 사람입니다. 이런 파트너와는 다툼이 적어집니다."

⑨ **당신이 좋아하는 성격** "많은 사람이 이를 놓치는 것을 보고 놀랐습니다. 당신은 배우자보다도 파트너와 더 많은 시간을 보냅니다. 당신이 사업파트너를 좋아하지 않는다면 사업 구축에 애를 먹을 것입니다."

⑩ **같은 비전** "공동창업자는 시작하는 비즈니스의 핵심 비전을 명확히 이해해야 합니다. 스타트업이 실패하는 여러 이유 중 하나는 바로 '비전 불일치'입니다."

는 매우 좋은 방법이지만 스트레스가 극심한 창업초기, 같은 배를 탄 공동창업자(co-founder)가 있어 마음이 맞는 두 사람이 함께 고충을 나눈다면 심적으로 큰 힘이 될 수 있다. 하지만 창업자 간의 갈등으로 시간을 낭비하거나 실패의 원인이 되기도 한다. 더구나 우리나라의 청년들은 어릴 적부터 "동업은 절대 하지 말라" 또는 "친구를 잃으려면 동업하라"는 말을 부모님이나 주변으로부터 수없이 들으며 성장하다 보니 청년창업자 대부분은 동업을 금기 사항으로 인식하고 있다. 흔히 동업방식으로 사업을 시작하여 사업성과가 커지면 자신의 역할을 크게 인식해 상대보다 더 많이 가지려고 다툼이 발생하기도 하고, 반대로 사업이 잘못되면 책임을 상대방에게 전가하려는 태도를 갖는 경우가 흔하다 보니 지속적인 성장이 어렵게 된다. 혹 사업에 실패하더라도 내 욕심을 조금 덜고 내가 조금 더 양보한다는 열린 마음으로 상대방을 존중해야 동업이 활성화될 수 있다.

현실적으로 아무리 탁월한 창업자라도 모든 분야에서 완벽하게 훌륭한 역량을 가진 인재는 없을 것이다. 따라서 자신의 장점은 활용하고 단점은 상대방이 보완하도록 객관적이고 합리적으로 업무를 분담하는 이질적(異質的) 결합이어야 시너지효과를 높일 수 있게 된다. 동업과 나홀로 창업을 비교해보니 ① 자본금 커지고, ② 부채 줄고, ③ 영업이익 15% 더 높고, ④ 고용 창출 효과도 더 크다는 기사를 보더라도 무리한 '1인 창업'보다는 위험을 분담하는 동업, 특히 청년층의 패기와 장년층의 자본이 결합하는 세대 간 협업(協業)은 창업의 성공확률을 높이는 대안이 될 수 있을 것이다. 마찬가지로 미국 퍼스트라운드(First Round) 보고서도 "파트너십(partnership)은 1인 창업보다 위험을 낮추고 성공할 확률도 높다"고 강조했다. 성공적인 사례를 보면 구글, 애플, 마이크로소프트, 페이스북 같은 글로벌 IT 기업들은 동업으로 탄생했다. 미국 스타트업 정보사이트인 크런치 베이스(Crunchbase)에 의하면 미국에서 1천만 달러 이상 투자금 유치에 성공한 창업기업 7,348개 중 혼자 창업한 기업은 45.9%이고 54.1%가 두 명 이상의 동업으로 설립되었다고 한다. 또 미국 중소기업청(SBA)에 따르면 500

인 이하 중소기업 중 1인 소유인 곳은 16%, 2인 이상 동업자가 만든 법인이나 공동소유는 77%였다.

동업의 장단점과 보완전략

예비창업자들이 창업에 임함에 있어서 동업을 고려하는 이유는 4가지이다. 첫째는 자본의 부족이고, 둘째는 해당 분야에 대한 경험의 부족이며, 셋째는 리스크의 분산을 목적으로 하는 경우이고, 넷째는 시너지효과의 기대를 꼽을 수 있다. 이처럼 동업의 고려 이유는 곧 동업의 대표적인 장점이지만 문제는 동업 실패 시 속칭 돈 잃고 사람도 잃는다는 사실 때문에 대부분은 반대한다. 동업의 실패사례들을 보면 금전적인 문제와 역할분담과 의사결정의 문제로 인한 다툼이 주요 원인으로 꼽히며 그 문제의 중심에는 상호 간 이해나 배려심의 약화와 대화의 부족이 있다. 특히 가족이나 친구, 친척, 지인 등 동업 대상에 대한 개인적인 친분으로 인해 정확한 동업계약서 없이 구두 합의만으로 동업을 시작하는 경우는 사업과정에서 문제 발생 시 상황별 해법이나 책임소재가 모호해서 동업계약서를 정확하게 작성하고 동업한 사람들에 비해 훨씬 더 심각한 갈등상황으로 내몰릴 수 있다. 결과적으로 동업계약서의 작성은 상호 간 견제의 목적보다는 책임과 의무를 정확히 인지하여 좀 더 효율적이고 안정적인 동업환경을 조성하는 데 더 큰 의미를 부여해야 한다.

창업전문가들은 동업의 대상이 누구든 친분 여부를 떠나 정확한 정식 동업계약서를 작성해야 하고 공증도 필수사항이라고 한다. 이는 동업계약서가 동업자 간 갈등 시 원만한 수습이나 해결을 위한 최종적인 안전장치 역할을 한다. 동업계약서에 명기되어야 할 필수 항목들을 살펴보면 자본의 투자방식과 비율, 수익의 분배방식, 역할분담과 의사결정 방식, 사업의 투명성 확보방식, 재투자 시 재투자방식과 재투자로 인한 지분의 조정과 의사결정권의 조정에 관한 규칙, 사업체 분리 시 분리방식과 지분처리 방식, 1인의 사업 철수 시 지분 인수 또는 양도 방식, 채무나 세무의 분담 방식 등을 꼽을 수 있다. 동업 시 일반사업자 등록은 가능하면 공동명의로 해야 소득세 부문에서 혜택을 볼 수 있다는 사실도 참고해야 한다. 긍정적인 시각에서 동업은 1+1=3 이상을 만들어내는 매우 효과적인 사업방식이기에 상호 간 다소 서운한 일이 생긴다면 가슴에 담아두지 말고 빠른 대화를 통해 이해의 폭을 넓혀가는 것이 지속 생존의 지름길이다.

– 광주일보, 2015.10.14.

동업자를 찾을 때 정(情), 의리, 인간적인 친밀함을 기초로 일을 함께 시작했다간 감정 소모가 커지고 결국 사업실패 가능성이 높아지므로 상대방의 경영철학과 역량을 정확히 판단하는 것이 중요하다. 그러나 한국 사람들은 정이 많아서 먼 미래를 함께할 사람하고 작은 부분까지 문서화하는 작업을 불편해한다. 그것은 '내 마음이 네 마음이다. 우리는 끝까지 같이 간다. 그러니 계약서 같은 것은 필요 없다'라는 생각은 믿고 싶어 하는 사람들의 일반적인 인식이고, 동업이 깨지는 가장 근본적인 이유이기도 하다. 따라서 동업의 세부사항은 명확히 문서화 한 후 공증을 해두어야 하며, 동업계약서에는 참여 지분, 직책, 임금, 경영권, 수익금 배분 방식, 재투자비율, 계약파기 조건, 결재방식 등의 항목을 반드시 기록해 놓아야 한다. 이렇게 철저히 해두지 않으면 상황의 변화로 인하여 분쟁의 소지가 있고 당사자들 사이에 의리나 신뢰에 금이 갈 수 있다.

성공사례를 보면, 넌버벌(non-verbal cinema 대사 없이 몸짓과 소리만으로 구성된 비언어) 퍼포먼스 〈난타〉를 통해 글로벌 공연제작자로 발돋움을 한 PMC프로덕션의 송승환, 이광호 대표는 15년째 동업을 이어가고 있다. 고교 동창인 두 사람은 96년 말 '공연산업을 기업화해보자'며 의기투합해 PMC프로덕션을 설립한 이래 한 번의 다툼 없이 동업을 유지해왔다. 자본금 2억원으로 출발한 PMC프로덕션이 연매출 200억원대의 탄탄한 기업으로 성장한 데는 두 사람의 성공적인 동업이 큰 역할을 했다. 배우 출신인 송 대표는 처음부터 기획과 제작에만 전념했고, 이 대표는 경영, 회계, 관리부문을 맡았다. 이렇듯 각자의 장점을 살려 철저하게 업무를 나눈 후, 두 사람은 지금도 서로의 분야에는 전혀 간섭하지 않고 스스로 책임을 지는 방식을 유지하며 계속해서 새로운 성공스토리를 써나가고 있다. 이렇게 보면 동업의 핵심은 분업(分業)이라고 할 수 있다. 그들은 영리하게 분업을 했기에 사업궁합도 맞을 수 있었고, 결과적으로 성공의 토대가 되었다. 역할분담의 단순히 각자가 잘하는 일을 분담하면 시너지 효과가 발휘될 뿐 아니라 철저한 역할분담 자체가 동업이 갖는 리스크(risk)를 어느 정도 해소해주는 역할을 한다.

동업(Partnership)으로 시너지를 만든 사례

외국의 경우에는 자신의 취약점을 보완하는 방안으로 동업을 선택하여 기업의 생존과 성장의 에너지를 키워온 사례가 대단히 많다. 영국의 자존심 자동차 롤스로이스(Rolls-Royce)는 1904년 귀족이자 사업가였던 찰스 롤스(Charles S. Rolls)와 가난한 집안 출신의 엔지니어 프레드릭 헨리 로이스(Frederick Henry Royce)라는 서로 전혀 다른 배경을 가진 두 사람이 만나 탄생했다. 또 자동차의 원조 다임러벤츠는 1882년 고틀립 다임러(Gottlieb Daimer)가 다임러를 설립하고 1883년 칼 벤츠(Karl Benz)가 벤츠를 설립하여 1926년 합병하였다. 또 미국의 모터사이클 제조 회사 할리데이비슨(Harley-Davidson)은 윌리엄 할리(William S. Harley)와 아서 데이비슨(Arthur Davidson)이 1903년에 위스콘신주 밀워키에서 창립하였다. 또 HP(휴렛팩커드)는 윌리엄 휴렛(William Hewlett)과 데이비드 팩커드(David Packard) 모두 1934년에 스탠퍼드대학교를 졸업한 후 1939년 미국 대공황기에 캘리포니아의 팰러앨토의 한 차고에서 사업을 시작하였다.

또 마이크로소프트(MS)는 1975년 4월 4일 "모든 책상과 가정에 컴퓨터를"이라는 비전 아래 빌 게이츠(Bill Gates)와 폴 앨런(Paul G. Allen)에 의해 공동 설립되었다. 애플(Apple)도 스티브 잡스(Steve Jobs), 스티브 워즈니악(Steve Wozniak), 로널드 웨인(Ronald G. Wayne)에 의해 1976년 4월 1일 창립되었다. 이들 중 스티브 잡스, 스티브 워즈니악은 고교시절부터 친구 사이였고, 모두 전자 계통에 심취해 대학을 중퇴했다. 또 미국의 스포츠용품 브랜드 나이키(NIKE)는 전직 육상코치인 빌 바우어만(Bill Bowerman)과 육상선수였던 필 나이트(Phil Knight)가 1964년에 블루리본 스포츠(Blue Ribbon Sports)라는 이름으로 회사를 설립했다가 1972년 '나이키(Nike)'로 브랜드를 바꿨다. 또한 소니(Sony)는 1946년 이부카 마사루(Ibuka Masaru)가 동경에서 전자 상품점을 설립한 후, 동료 모리타 아키오(Morita Akio)가 합류하면서 Tokyo Tsushin, Kogyo K.K.로 이름을 변경했다가 1958년 회사명을 소니(Sony)로 다시 바꾼 후 트랜지스터라디오와 워크맨 등 여러 히트 상품을 성공시켰다.

(2) 합자회사(合資會社)

합자회사의 기원은 중세 이탈리아의 베네치아는 전성기 13세기 무역거래를 위해 세웠던 상업도시의 해양무역회사였던 콤멘다(Commenda)에서 유래했다. 합자회사의 특징은 기업의 출자액을 한도로 하여 채무변제 의무가 있는 유한(有限)책임 사원과 출자액을 초과한 기업의 채무에 대해서도 변제책임을 갖는 무한(無限)책임 사원으로 구성되어 있다는 점이다. 무한책임사원은 회사채권자에 대하여 직접·연대하여 무한책임을 지고, 유한책임사원은 회사에 대해 일정 출자의무를 부담할 뿐 그 출자가액에서 이미 이행한 부분을 공제한 가액을 한도로 하여 책임을 진다(「상법」 제268조 및 제279조). 무한책임사원은 정관에 다른 규정이 없는 때에는 각자가 회사의 업무를 집행할 권리와 의무가 있으며, 유한책임사원은 대표 권한이나 업무집행 권한은 없지만 회사의 업무와 재산 상태를 감시할 권한을 갖는다(「상법」 제273조, 제277조 및 제278조).

우리나라 상법에 의하면 합자회사의 정관에다 각 사원의 유한책임 또는 무한책임 관계를 기재해야 하고, 무한책임 사원은 전원이 연대 무한책임을 지며, 그들의 이익 분배율은 유한책임 사원과 동일하다. 유한책임 사원이 그의 소유지분을 처분하려면 무한책임 사원 전원의 동의가 있어야 한다. 이 형태의 기업은 영리를 목적으로 출자만 하는 유한책임 사원과 출자와 경영을 위한 무한책임 사원들이 모여서 경영을 할 수 있다는 점에서 개인기업, 합명회사 및 주식회사의 장점을 결합한 것으로 볼 수 있다. 합자회사도 사단법인이지만 사원 간의 개인적 신뢰를 기초로 하기 때문에, 실질적으로는 조합 성격을 띠는 인적(人的) 회사에 속한다. 합자회사는 유한책임사원의 책임의 유한성을 제외하고는, 원칙적으로 합명회사와 마찬가지로 취급된다. 따라서 상법도 별도의 규정 외에는 합명회사의 규정을 준용하여, 합명회사의 한 변형으로 이해되고 있다.

(3) 유한회사(有限會社)

유한회사는 사원 전원이 그들의 출자액을 한도로 기업채무를 변제한다는 유한책임을 갖는 물적 회사이다. 유한회사의 전(全) 사원이 유한책임을 진다는 점은 주식회사와 같으나 유한회사는 비교적 소수의 사원과 소액의 자본으로 운영되므로 중소기업 규모의 운영에 적절한 회사 형태로 대부분은 신뢰가 돈독한 소수의 사원들로 구성된다. 유한회사의 조직형태는 주식회사와 유사하지만, 주식회사보다 설립절차가 간단하고 사원총회 소집절차도 간소하며, 주식회사와 달리 이사회가 없고 사원총회에서 업무집행 및 회사대표를 위한 이사를 선임한다.

또 과거 우리나라 상법에 유한회사의 총 사원의 수는 50인 이내여야 하고 총자본액은 1,000만원 이상이어야 하며, 출자 1좌의 금액은 5,000원 이상이었으나, 상법개정 이후의 유한회사는 1인 이상의 사원이면 설립할 수 있으며 만약 1인의 사원이 이사를 겸직한다면 1인 유한회사도 가능하다. 유한회사는 회사설립 시 주식을 발행하지 않기 때문에 1주(株)의 개념이 아닌 1좌(座)를 사용하며, 전체 좌수에 1좌의 금액을 곱한 금액이 자본금이 된다. 각 사원은 출자 1좌마다 1개의 의결권을 가지며 사원의 지분 양도는 사원총회의 승인을 받아야 한다. 상법개정 전에는 회사설립 출자 1좌의 금액은 5,000원 이상, 기업설립 자본금은 10,000,000원 이상으로 규정되어 있었으나 상법이 개정된 지금은 1좌의 금액이 100원 이상이면 된다. 사원총회에서 회사경영의 중요한 문제를 결정하며 경영에 참가하는 이사는 사원총회에서 선임되고, 이사는 반드시 사원이 아니어도 된다. 유한회사의 사원은 주식회사와 같이 회사채권자에게 직접적인 책임을 부담하지 않고 자신이 출자한 금액의 한도에서 간접·유한의 책임을 진다(「상법」 제553조 참조).

또 유한회사의 설립절차는 발기설립 방법만이 인정되고, 사원총회의 소집절차도 간소화되어 있으며, 서면에 의한 결의방법이 인정된다. 사원에게 법정의 출자인수권을 인정하고, 지분(持分) 양도의 자유를 인정하지 않아, 사원 이외의 사람에 대한 지분의 양도를 제한한다. 우리나라에서는 유한회사도 법인이므로 법원에 등기를 마쳐야 하며, 유한회사는 전 사원이 유한책임을 지지만, 비교적 소수의 출자자에 의한 소액의 자본과 소유지분이 매매가 불편한 인적 공동기업 형태이다.

3

협동조합(cooperative, 協同組合)

1) 협동조합의 특성

협동조합은 경제적으로 약한 처지에 있는 농민이나 중·소상공업자, 일반 소비자들이 경제적 이익을 추구하기 위하여, 상부상조(相扶相助)의 정신으로 물자 등의 구매·생산·판매·소비 등을 협동으로 운영함으로써 공동의 필요와 욕구를 충족하기 위해 자발적으로 모인 사람들이 만드는 공동소유와 민주적 운영의 기업모델이다. 우리나라 협동조합기본법 제2조 제1호에는 협동조합을 "재화 또는 용역의 구매·생산·판매·제공 등을 협동으로 영위함으로써 조합원의 권익을 향상하고 지역사회에 공헌하고자 하는 사업조직"이라 정의하였고, 국제협동조합연맹(ICA)은 협동조합을 "공동으로 소유되고 민주적으로 운영되는 사업체를 통하여 공통의 경제적, 사회적, 문화적 필요와 욕구를 충족시키고자 하는 사람들이 자발적으로 결성한 자율적인 조직"이라고 정의하고 있다.

최근 협동조합에 대한 관심이 증가한 이유는 경제적 약자 다수가 연합하여 시장지배력과 경쟁력을 강화함으로써 경제적 이익을 추구하거나 생존을 도모할 필요성이 커졌고, 협동조합이 일자리 창출과 고용안정에 이바지하면서 양극화와 빈부격차 등 사회갈등요인을 완화할 것으로 기대하기 때문이다. UN이 2012년을 '세계 협동조합의 해'로 지정한 이유도 경제위기 시 경제를 안정시키고 일자리를 확대하고 물가를 안정시키는 동시에 신규 고용을 창출하는 협동조합의 순기능에 주목했기 때문이다.

또 한국에서는 2012년 12월 1일 협동조합기본법이 시행되면서 협동조합이란

[표 11-3] 협동조합기본법(2012) 주요 내용

특 징	주요 내용
민주적 운영	출자 액수에 관계없이 1인 1개의 의결권과 선거권 부여
법인격 구분 부여	일반 협동조합(영리법인), 사회적 협동조합(비영리법인)
실태조사 의무화	협동조합 활성화를 위한 기본계획 수립을 위해 3주 실태조사
자본주의 4.0(대안모델)	소액 소규모 창업, 취약계층 자활을 위한 대안적 기업 모델
자발적 소규모 활동	최소 설립인원 5인 이상이 자발적으로 자유롭게 설립 가능

자료: 기획재정부

공동의 목적을 가진 5인 이상의 구성원이 모여 조직한 사업체로서 금융 및 보험업을 제외하고는 그 사업의 종류에 원칙적으로 제한이 없어졌다. 협동조합은 조합원이 기업의 주인이면서 동시에 근로자이기 때문에 고용 안정성도 높아 좋은 일자리를 만들어 낼 수 있다. 또 협동조합은 투자 규모에 무관하게 1인 1표라는 민주적 운영으로 여성이나 소상공인같이 경제적으로 취약한 풀뿌리 계층이 참여할 수 있고, 자본이 아닌 조합원의 사용 실적에 따라 이윤을 배당하기 때문에 사람 중심의 경제 민주화가 가능하다는 특성이 있다. 따라서 협동조합은 지역 기반의 공동체 문화를 만들 수 있는 맞춤형 복지·교육·안전을 책임지는 사회서비스 제공기관으로 적합하다.

협동조합의 설립 운영에 관한 기본적인 사항을 규정하여 자주적, 자립적, 자치적인 협동조합 활동을 촉진하고 사회통합과 국민경제의 균형 있는 발전에 기여함을 목적으로 한다. 협동조합의 특징은 자본구성체가 아니고 인적 구성체라는 특성 때문에 조직이 자발적이고, 사업 활동이 자조적이며, 경영이 자율적이며, 경제활동의 목적이 조합의 이윤추구에 있지 않고 조합원에게 봉사하는 데 있다는 점에서 주식회사와 다르다. 또 협동조합의 조합원들은 회사에 대한 소유자인 동시에 회사의 제품과 서비스를 이용하는 이용자이며, 지속 가능성을 높이기 위해 일반협동조합은 수익의 10%, 사회적 협동조합은 수익의 30% 이상을 법정적립금으로 의무적으로 적립해야 한다. 협동조합의 핵심은 협동조합이 공동소유 기업이 아니라 협동노동 기업이라는 것이다. 성공사례 가운데 메시, 과르디올라, 푸욜 등 세계적인 선수를 배출한 스페인 명문 프로축구팀 'FC바르셀로나'는 협동조합으로 유명하다. 스페인 바르셀로나 지역의 20만 명에 가까운 주민들이 조합원으로 참여해 후원금을 모아 구단을 운영한다. 조합원들이 6년 임기의 구단장을 선거로 선출하며, 최고 의사 결정기구인 총회에 참석해 연간 보고서, 장기 계획, 예산 등을 결정한다. 또 오렌지, 레몬으로 유명한 미국의 선키스트(Sunkist)는 캘리포니아, 애리조나 지역의 6,000여 감귤재배 농가를 조합원으로 100년 넘는 역사를 자랑하는 농민들의 협동조합이다. 선키스트(Sunkist)란 '태양(Sun)의 입맞춤(Kissed)'이라는 미국 캘리포니아 지역에서 생산되는 대표적인 오렌지 브랜드다. 캘리포니아에서 오렌지를 재배한 감귤재배 농가들은 도매상들의 횡포로 결국 감귤재배와 관련한 위험을 고스란히 부담하면서 이익 대부분은 도매상들이 챙겨갔기 때문에 감귤재배 농가들은 더 힘든 상황이 되었다. 1893년 감귤재배 농가들이 '남부 캘리포니아 과일거래소'를 만들어 감귤의 판매와 유통을 직접 하였고 오늘날 썬키스트협동조합으로 발전하게 되었다.

세계 협동조합을 대표하는 '국제협동조합연맹(ICA)'이 1995년 영국 멘체스터 총회에서 발표한 주요 원칙 7가지는 20년이 지난 현재에도 협동조합이 지켜나가야 할 지침이다. ICA가 발표한 협동조합의 가치를 실행하기 위한 제7원칙은 * 자발적이고 개방적인 조합원 제도, * 조합원에 의한 민주적 관리, * 조합원의 경제적 참여, * 자율적이고 독립적인 운영, * 조합원에 대한 교육·훈련 및 정보 제공, 대중에게 홍보, * 협동조합 간의 협동, * 지역사회에 대한 기여 등이다. 브루노 롤런츠(Bruno Roelants) ICA 사무총장은 2018년 7월 대구에서 열린 협동조합 주간 기념 국제컨퍼런스 '일의 미래와 노동자협동조합'에 참석해 "협동조합은 지속가능한 성장, 좋은 일자리, 식량 안전, 생산, 소비, 보험, 사회통합, 평화

협동조합 7대 원칙

1844년 영국의 공업도시 로치데일에서 설립된 세계 최초 로치데일 협동조합 설립될 당시 정해진 14가지의 원칙이 상황에 맞게 몇 차례의 수정, 1995년 국제협동조합연맹(ICA)에서 만들어진 협동조합 7대 원칙은 다음과 같다.

① **자발적이고 개방적인 조합원 제도** 협동조합은 자발적이며, 모든 사람들에게 성(性)적·사회적·인종적·정치적·종교적 차별 없이 열려있는 조직이다.

② **조합원에 의한 민주적 관리** 조합원들은 정책수립과 의사결정에 활발하게 참여하고 선출된 임원들은 조합원에게 책임을 갖고 봉사한다. 조합원마다 동등한 투표권(1인 1표)을 가지며, 협동조합연합회도 민주적인 방식으로 조직·운영한다.

③ **조합원의 경제적 참여** 협동조합의 자본은 공정하게 조성되고 민주적으로 통제한다. 자본금의 일부는 조합의 공동재산이며, 출자배당이 있는 경우에 조합원은 출자액에 따라 제한된 배당금을 받는다.

④ **자율과 독립** 협동조합이 다른 조직과 약정을 맺거나 외부에서 자본을 조달할 때 조합원에 의한 민주적 관리가 보장되고, 협동조합의 자율성이 유지되어야 한다.

⑤ **교육, 훈련 및 정보 제공** 조합원, 선출된 임원, 경영자, 직원들에게 교육과 훈련을 제공한다. 젊은 세대에게 협동의 본질과 장점에 대한 정보를 제공한다.

⑥ **협동조합 간의 협동** 국내, 국외에서 공동으로 협력 사업을 전개함으로써 협동조합 운동의 힘을 강화시키고, 조합원에게 효과적으로 봉사한다.

⑦ **지역사회에 대한 기여** 조합원의 동의를 토대로 조합이 속한 지역사회의 지속가능한 발전을 위해 노력한다.

등 국제연합(UN) 지속가능개발목표(SDGs)의 주요 해법이다"라고 설명했다.

협동조합은 1844년도 영국에서 자본주의의 성립·발달 과정에서 발생한 빈부의 격차·실업·저임금 등 사회문제를 해결하기 위해 등장한 세계최초의 로치데일(Rochdale) 공정선구자조합이 탄생 후 150년 동안 지속 운영된 사업모델이고, 영국의 초기 협동조합이 주로 노동자의 생활상태 개선을 위한 소비조합형태로 출발하였다면, 자본주의가 확립되지 못한 프랑스에서는 산업혁명을 치르기 위

협동조합 운영 원칙

대기업의 경제적 압박이나 중간상인의 농간을 배제하는 것이 주된 목적인데, 조직·운영에는 다음과 같은 네 가지 원칙이 있다.

첫째, 사업의 목적이 영리에 있지 않고 경제적 약자 간의 상호부조에 있다.

둘째, 임의(任意)로 설립되며 조합원의 가입·탈퇴가 자유로워야 한다.

셋째, 조합원은 출자액과 관계없이 일인 일표의 평등한 의결권을 가진다.

넷째, 잉여금을 조합원에게 분배함에 있어서는 출자액의 다소에 의하지 않고 조합사업의 이용 분량에 따라서 실시한다.

해 중소 수공업을 근대적 공장제공업으로 개편하기 위한 생산조합 설립부터 착수하였으며, 독일에서는 도시산업과 농촌농업의 생산력 증대에 우선 시급한 것은 고리채를 추방하고 이자율이 낮은 자금을 공급하는 데 있다고 판단하고 신용조합을 결성·보급하는 데서 출발하였다.

우리나라의 최초의 협동조합 운동은 1920년대 중반, 우리 한민족에 의해 전개된 조선물산장려운동·외화배척운동·납세거부운동·소작쟁의·민립대학설립운동 등과 함께 일어난 민간 협동조합 운동이었다. 협동조합운동사, 조선농민사, 협동조합이 거의 때를 같이하여 전국 방방곡곡에서 결성·확산되었다. 이런 민간 협동조합은 전통적 협동조직인 계(契)와 향약(鄕約)을 바탕으로 한 우리 농민·노동자·지식인·일반 서민 대중이 주체가 되어 자발적으로 소비조합과 신용조합을 조직함으로써 경제적 자력갱생 운동을 벌이는 한편, 계몽 활동을 병행함으로써 민족의식 고취와 조국 해방을 염원하였다. 실로 협동조합 운동이 이 같은 정치적 색채를 띤 것은 세계 협동조합 역사상 찾아보기 드문 일이었기 때문에 일제의 탄압이 따랐고 이 운동은 1930년대 초반 조선총독부가 벌인 농촌진흥 운동이 시작될 무렵 자연 소멸되거나 강제 해산되었다.

또 협동조합을 기능별로 분류하면 생산조합과 소비조합으로 구분할 수 있다.

[표 11-4] 협동조합의 기대효과

구 분	기대효과
경제적 효과	• 자영업자(영세상인, 소상공인 등)의 협력, 협업, 공동구매 등 ⇒ 경쟁력 제고
	• 2차 3차 산업에서도 협동조한 설립 가능 ⇒ 신규 창업을 통한 서비스 산업 활성화
	• 소액, 소규모 창업 활성화 ⇒ 청년 창업 등 다양한 경제수요 충족
사회적 효과	• 경제 사회 취약계층에게 일자리 및 사회적 서비스 제공 ⇒ 일하는 복지 구현 ⇒ 복지 사업 보완 및 복지전달체계 개선
	• 특수형태 근로자 보호 ⇒ 캐디, 학습지교사, 돌봄 근로자 등 보호(4대 보험 혜택 등)
	• 청소, 택배, 재활용, 대리운전 등 ⇒ 직원 협동조합 설립 가능

생산조합은 다음과 같이 분류할 수 있다. ① 조합원의 생산물을 협동하여 판매하는 판매조합은 단순히 출하·판매만을 하는 것과 간단한 가공을 하여 출하 판매하는 가공판매조합이 있다. ② 조합원의 사업에 필요한 물자를 협동해서 구입하기 위한 구매조합이 있다. ③ 조합원이 단독으로는 갖지 못하거나 단독사용이 비경제적인 시설을 공동으로 설치하여 공동으로 사용하는 이용조합(利用組合)이 있다. ④ 조합원을 위한 금융 사업만을 추진하는 신용협동조합이 있다. ⑤ 조합원이 협동하여 생산활동을 하는 생산적 조합(生産的 組合)으로는 기업조합이 있다. 한편 소비조합을 생활협동조합이라고도 하는데 이는 조합원의 생활에 필요한 물자를 싼값으로 공동 구입하는 것을 목적으로 형성되며 대체로 직장 중심이나 지역기반으로 결성된다.

2) 협동조합의 사회적 역할

NH농협

NH농협은행

협동조합 운동은 산업혁명 이후 자본주의사회 형성기에 자본을 소유하지 못한 노동자들이 생활 안정 및 경제적 편익을 도모할 목적으로 시작되었다. 협동조합은 여러 방법으로 분류할 수 있으나 일반적으로는 사업의 성격에 따라 크게 사업협동조합·신용협동조합·협동조합연합회·기업조합의 네 가지로 분류된다. 세부적으로 살펴보면 사업협동조합에는 산업별로 농업·수산업·축산업·상공업 등의 소규모 생산업자들에 의해 결성되는 농업협동조합·수산업협동조합·축산업협동조합·상업협동조합 등 또는 그에 관련되는 각종 협동조합이 있어 다음과 같은 사업의 일부 또는 전부를 영위한다. ① 생산·가공·판매·구매·보관·운송·검사 등의 공동시설, ② 조합원에 대한 자금 대부와 조합원을 위한 자금의 차입, ③ 복리후생시설, ④ 경영·기술의 개선, 지식의 보급을 위한 교육과 정보의 제공, ⑤ 조합원의 경제적 지위를 개선하기 위한 단체협약의 체결, ⑥ 기타 이상의 사업에 부대되는 사업 등이다.

국제협동조합연맹(ICA)에 따르면 협동조합은 현재 107개국, 300만 개 협동조합 기업, 전 세계 인구의 6분의 1인 12억 명이 조합원으로 가입한 세계 최대의 비정부 기구로 성장했다. 또 국제협동조합연맹(ICA)에서 조사하는 세계협동조합모니터(WCM) 2016에 따르면, 세계 400대 협동조합의 2010년 매출액이 2조 달러에 달했고, 2014년 매출 기준으로 세계 협동조합 순위 1위는 프랑스 크레디아그리콜(Groupe Crédit Agricole), 2위는 독일 폴크스방크·라이파이젠방크 연방협회(BVR), 3위는 프랑스 그룹 베페세에(Groupe BPCE), 4위는 한국 농협(農協, NH), 5위는 미국 스테이트팜(State Farm)이었다. 또 미국의 전국협동조합은행(National Co-operative Bank, NCB)의 보고서에 따르면, 2018년 미국의 대형 협동조합들 총매출액은 2,222억 달러(약 261조원)로 나타났다. 또 인도 농촌지역 내 가계소비 수요의 67%를 협동조합이 담당한다. 모범적으로 성장한 협동조합들은 인도 최대의 비료 기업 IFFCO, 스위스의 소비자 유통업체 1위 미그로, 세계 최대 키위 생산업체인 뉴질랜드의 제스프리, 프랑스 제1 은행 크레디아그리콜 등이다. 또 국제협동조합농업기구(ICAO)에 속한 농민조합원이 인도 2억3,000만 명, 중국 1억 7,000만 명, 일본 490만 명, 한국 300만 명 등 5억 명에 달할 정도다.

세계를 놀라게 한 기업, 스페인 몬드라곤의 기적

몬드라곤, 세계를 놀라게 하다

2008년 금융위기를 맞은 세계 경제. 많은 기업이 정리해고를 강행하는 가운데, 단 한 명의 해고도 없이 안정적으로 성장하고 있는 기업이 있다. 스페인 바스크 지역의 '몬드라곤 협동조합 기업(Mondragon Corporation).' 111개 협동조합, 120개 자회사 등 총 255개 사업체로 구성된 몬드라곤 협동조합은 스페인 기업 가운데 9번째로 큰 기업으로, 세계경제위기로 도산율이 증가하고, 고용률이 20%나 하락했던 지난 2008년에도 오히려 14,938명의 신규 고용을 창출하며 성장세를 이어갔다. 스페인 가전 시장 30%를 차지하고 있는 파고르(Fagor), 경제위기 속에서도 19%나 성장하며 164개 신규매장을 연 몬드라곤의 유통그룹 에로스키(Eroski)도 몬드라곤 그룹의 협동조합 기업이다.

폐허의 광산 마을에서 시작된 호세 마리아 신부의 꿈

몬드라곤의 역사는 한 신부가 스페인 내전으로 폐허가 된 작은 마을에 부임하면서 시작됐다. 호세 마리아 아리스멘디 아리에타 신부는 마을 아이들을 위한 기술학교를 세우고, 그 졸업생들과 함께 1956년 작은 석유난로 공장 울고(Ulgor)를 설립한다. 호세 신부가 꿈꾼 기업은 모두가 주인이 되어 즐겁게 일하는 기업이었다. 울고는 같은 규모의 자본금을 출자한 조합원들이 주인이 되어 출발했고, 지금도 8만 명에 달하는 몬드라곤 그룹 조합원들은 1인 1표를 행사해 이사진을 선출하고, 경영진을 임명한다. 40년째 파고르에서 일하고 있는 하비에르 씨는 생산 노동자인 동시에 이사다. "한 명을 위해 일하고 그를 부유하게 만드는 것이 아니라, 모두가 모두를 위해 일한다는 점이 제가 여기서 일하는 가장 중요한 이유입니다" [파고르 이사 하비에르 디나마소르]

해고란 없다, 몬드라곤의 비밀은 상생(相生)

얼마 전 다니던 회사의 경영이 어려워져 일을 쉬게 된 뻬드로. 하지만 그는 일자리를 잃을 것에 대한 두려움이 전혀 없다. 다른 곳에서 일하게 될 때까지 임시 휴직 상태로, 월급의 80%를 지원받는다. 실제로 사라는 회사가 파산하자 그룹 내 다른 조합의 비슷한 부서로 재배치 됐다. 몬드라곤에 해고란 없다. 조합원들은 위기가 닥치면 조합원 총회를 통해 함께 고통을 분담하고 한 기업이 어려우면 그룹 내 다른 기업이 돕는다. "그 어떤 경우에도 회사에서 나갈 이유는 없습니다. 실직해도 곧 다시 다른 일자리가 생기니까요"

[몬드라곤 복지기금 루이스 마리 우기르떼]

– KBS 스페셜, 2011.3.27.

[표 11–5] 협동조합과 주식회사 비교

구 분	주식회사	협동조합
사업목적	• 주주 이익 극대화	• 조합원 편익 증진
소 유 자	• 투자자(주주)	• 조합원(이용자) 소유
운영방식	• 1주 1표(자본중심)	• 1인 1표(사람중심)
설립방식	• 신고제	• 신고(영리)/ 인가(비영리)
책임범위	• 유한책임	• 유한책임
의사결정	• 대주주 혹은 소수 경영진	• 전체조합원이 의사결정에 참여
가치변동	• 주식시장 수시변동	• 출자 자격 변동 무(無)
수익처분	• 출자배당, 제한적 내부 유보 출자액 비례 투자자(주주) 배분	• 강한 내부 유보, 이용 배당, 출자 배당/ 이용 고배당

4

주식회사(corporation, 株式會社)

1) 주식회사(株式會社, Corporation)의 특성

posco
소리없이 세상을 움직입니다
www.posco.com

주식회사(법인)는 주식발행을 통하여 자본금을 충당하고, 주주는 자신이 보유한 회사 주식 비율만큼 자산운영 및 사업상의 결정권과 배당이 주어지는 회사이다. 주식회사의 기원은 1602년에 설립된 네덜란드 동인도회사(Dutch East India Company)이고, 일본 상법은 유럽(독일)의 제도를 채용하였으며, 우리나라에는 일본강점기인 1912년 제령 제7호인 「조선민사령(朝鮮民事令)」에 따라 일본 상법의 주식회사 제도가 도입되었다. 그 후 1962년 우리 「상법」이 제정되면서 독일법 형태였던 우리나라의 주식회사 체제가 미국법 체제로 바뀌었다. 주식회사(株式會社, Corporation)는 1인 이상의 사원(주주)으로 구성되며 사원인 주주가 오로지 자본으로만 결합 된 주식을 매개로 조성된 물적 회사다. 주식회사의 주주는 회사채권자에게 직접적인 책임을 부담하지 않고 자신이 가진 주식의 인수가액 한도 내에서 간접·유한의 책임을 진다(「상법」 제331조). 주식회사는 주주라는 다수의 이해당사자가 존재하므로 의사결정 기관으로 주주총회를 정기적으로 소집해야 하고, 업무집행기관으로 이사회 및 대표이사를 두어 회사의 업무를 집행한다. 또 이사의 직무집행을 감사하고, 회사의 업무와 재산 상태를 조사하기 위해 감사와 같은 감사기관을 둔다(「상법」 제361조, 제365조, 제382조). 주식회사는 주식을 단위로 자본이 구성되므로 자본집중이 쉽고, 주주가 유한책임을 부담하므로 사업실패에 대한 위험이 적어 대규모 공동기업 설립에 활용한다.

주식회사는 정관에 나타난 기업의 목적을 달성하기 위하여 설립되고 운영되는 법인체이다. 주식회사의 특성인 법인체란, 법에 의하여 인위적으로 개인과 동등한 권리 의무 및 권력이 부여된 실체임을 뜻한다. 법인이란 본래 사람이 아닌 것을 법률상 인격을 부여한 것으로 법인은 인격적 성질과 물질적 성격을 동시에 갖는 존재라는 의미이다. 따라서 주식회사 자체가 하나의 독립적인 개체로 인정받는 것이므로 사업의 주체는 주주가 아닌 주식회사이며, 소득세 및 각종 세금들과 사업상의 모든 책임은 주주가 아닌 주식회사에 부과된다. 주식회사라는 제도가 생긴 지 수백 년 동안 주식회사 형태의 기업이 절대적으로 많은 이유는 자본이 주식을 단위로 하여 구성된다는 독특한 자본구성 방식을 가지고 있어 자본집중이 쉬우며, 주주가 유한책임을 지므로 사업 손실의 위험을 제한할 수 있는 등 공동기업의 목적을 가장 충실히 달성할 수 있었기 때문이다. 따라서 효과적인 경영활동과 기업경쟁력의 핵심인 대규모로 기업을 운영할 규모

법인기업의 장점

① 대표자는 회사 운영에 대해 일정한 책임을 지며, 주주는 주금납입을 한도로 채무자에 대해 유한책임을 진다.

② 대표자가 변경되는 경우에도 법인은 그대로 존속하는 것이므로 기업의 계속성이 보장된다.

③ 사업 양도는 주식을 양도하는 것으로 간단하며 주식양도에 대하여 원칙적으로 낮은 세율의 양도소득세가 부과된다(상장 후에 양도하면 세금이 없음).

④ 일정 규모 이상으로 성장 가능한 유망사업의 경우에 적합하다.

⑤ 주식회사는 신주 발행 및 회사채 발행 등을 통한 다수로부터 대규모 자본조달이 수월하다.

⑥ 대외공신력과 신용도가 높아 영업 수행과 관공서, 금융기관 등과의 거래에서도 유리하다.

⑦ 법인기업은 다양한 복지혜택과 스톡옵션 등을 통하여 실력 있는 종업원을 고용함으로서 기업경쟁력을 높일 수 있다.

법인기업의 단점

① 설립절차가 비교적 복잡하고 법원에 설립등기를 해야 하며 자본금, 등록세, 채권매입비용 등의 설립비용이 필요하다.
② 복식부기 의무가 있으므로 세무회계 처리 능력이 필요하고, 만약 대행을 의뢰하는 경우 인근 세무회계사무소에 월별 기장수수료가 추가되며, 세무조정 시 별도의 조정수수료가 추가된다.
③ 법인과 주주는 별개이므로 일단 자본금으로 들어가면 배당 등의 형태로만 인출이 가능하고, 대표자가 기업자금을 개인용도로 사용하면 회사는 대표자로부터 이자를 받아야 하는 등 세제상의 불이익이 있다.
④ 기업은 상세한 회계기록과 회의록 등을 유지 관리하여야 한다.
⑤ 기업에서 법인세를 납부한 후 주주에게 배당한 소득에 대하여 세금을 부과함으로써 2중 과세한다.
⑥ 주주와 경영진들 간 갈등이 발생하거나 불신이 조장되면 많은 비효율적인 문제가 발생할 수 있다.
⑦ 법인기업의 설립 절차상 비용이 많이 소요되고 회계사나 변호사 수임료 등의 비용도 적지 않다.

의 경제(대량생산)를 위하여 거액의 자본을 조달하려면 주식회사를 조직하여 경영하는 것이 바람직하다. 세계 각국의 회사법을 비교 연구한 크락만(Kraakman)은 주식회사의 특징을 ① 법인격, ② 출자자(주주)의 유한책임, ③ 지분의 자유양도성, ④ 이사회로의 경영권 위임(소유와 경영의 분리), ⑤ 출자자(주주)에 의한 소유, 이 5가지 특징을 겸비한 것이 주식회사의 기본 형태라고 하였다.

작은 가게는 자기 돈으로 하면 되지만 회사 규모가 커지고 직원 수도 많아지면 개인이 출자하는 자본금 및 타인의 돈을 빌리는 범위도 한계가 있으며, 회사가 잘못되면 타인까지 함께 망할 수 있으므로 자기가 낸 돈만큼만 책임지는(유한책임제) 형태로 생겨난 것이 주식회사이다. 법적으로 투자자의 손해가 가장 적고 자본 확보가 쉬운 데다 회사 경영권이 명확화하는 등의 여러 장점 때문에 한

법인기업(주식회사) 설립방법

구 분	주요 내용	
설립 시 발기인 수	• 제한 없음 (과거 3인 이상이었으나, 상법개정으로 1인 이상이면 가능)	
설립 시 필요자본금	• 실무상: 천만원(자본금은 100원 이상이면 가능하나, 등기비 등을 고려하여 천만원 정도 수준이 적정)	
설립 등기	등기 소요기간	3~5일
	진행 과정	① 자본금 준비 ② 임원/주주 등 설립 기초사항 확정 ③ 정관 작성 ④ 주금납입 ⑤ 등록세 발급 및 인증 ⑥ 등기신청 ⑦ 등기부등본 / 인감증명서 발급 * 만약 법무사를 선임하는 경우 ②, ③, ⑤, ⑥, ⑦번 항목을 법무사가 대신 수행
사업자등록 시 제출서류	① 사업자등록증 신청서 ② 주주 명부 ③ 법인등기부 등본 ④ 정관 사본(설립 시 공증받은 것) ⑤ 임대차계약서 사본(확정일자신청시 원본)	

출처: https://blog.ibk.co.kr/572 [IBK기업은행 블로그]

① 법인기업 설립지원 인터넷 사이트

- 대법원 인터넷 등기소(www.iros.go.kr): 법인설립 등기신청 서식 및 작성요령 안내, 법인등기 전자 신청 및 온라인 처리
- 온라인 재택창업시스템(www.startbiz.go.kr): 회사설립 절차를 간소화하여 온라인으로 설립지원, 사업 인허가 대상 여부 조회, 회사설립 정보 및 상담 지원
- 중소기업청(지역별 중소기업창업지원센터): 법인설립에 필요한 절차 및 서식을 One-stop 지원

② 주식회사 설립 전 결정해야 할 사항

■ 회사 상호 ㉮ 법인설립 시 발기인 조합에서 가장 먼저 검토하고 선정, ㉯ 상법개정에 따라 회사 상호에 로마자, 한자, 아라비아 숫자, 일정 기호를 병기 가능

- 본점 소재지 ㉮ 주식회사 설립 등기에는 본점 사무실 계약체결 여부에 상관없이 소재지 주소 꼭 필요, ㉯ 본점 사무실 계약체결 여부는 사업자 등록 시에 국세청(관할 세무서)에서 확인 하게 됨
- 자본금 규모 - 소액의 자본금으로 주식회사 설립 가능
- 이사와 감사의 수
  - 자본금 10억원 이상: 이사 3인, 감사 1인 이상 필요
  - 자본금 10억원 미만: 이사는 1인 또는 2인 가능, 감사는 선임하지 않을 수 있음

③ 사업자등록 시 구비서류

- 법인설립신고 및 사업자등록신청서 1부
- 법인등기부 등본 1부
- 정관 사본 1부
- 임대차계약서 사본 1부
- 사업인허가 필증 사본 1부
- 주주 또는 출자자명세서 1부
- 현물출자명세서(해당법인) 1부

국에 있는 회사 중 95% 이상이 주식회사의 형태로 운영되고 있다. 법인사업자는 주주를 통해서 자금을 조달하고, 주주와 별개로 독자적인 경제주체인 법인은 일단 자본금으로 들어간 돈과 기업경영에서 발생한 이익에 대해서는 적법한 절차를 거쳐야만 인출할 수 있다. 즉, 주주총회에서 배당결의를 한 후 배당이라는 절차를 거쳐서만 인출이 가능하고, 주주가 법인의 돈을 사용하려면 해당 이자를 내고 빌려 써야 한다.

또 법인(주식회사) 설립 시 필요한 정관은 형식적으로는 회사의 조직과 활동에 관한 기본규칙을 기재한 서류지만 실제로는 회사의 조직과 활동에 관한 기본규칙이며, 후일 주주 상호 간 또는 회사 내부관계자 상호 간의 분쟁과 부정행위를 방지하기 위하여 공증인의 인증이 필요하다(단, 발기설립의 경우는 제외). 또 등기신청서에 정관과 주식발행사항 동의서, 주식인수증 등을 첨부하여 전체 이사가 공동으로 본점 소재지 관할 등기소에 신청해야 한다. 또 법인등기(관할등기소) 시 구비서류는 ① 법인등기 신청서, ② 정관, ③ 주식인수증, ④ 주식발행사항 동의서, ⑤ 발기인회의사록, ⑥ 이사회 의사록, ⑦ 잔고 증명서(자본금), ⑧ 임원취

임승낙서, ⑨ 주민등록등본, ⑩ 등록세영수 필 확인서, ⑪ 인감신고서, ⑫ 법인 인감카드 발급신청서 등이 필요하다. 또 법인설립신고는 설립등기를 한 날부터, 사업의 실질적 관리장소를 두게 되는 경우에는 그 실질적 관리장소를 두게 된 날부터 2월 이내에 본점 소재지 관할 세무서에 신청하여야 한다. 법인설립신고(관할세무서) 시 구비서류로는 ① 법인설립신고 신청서, ② 법인등기부 등본, ③ 정관 사본, ④ 임대차계약서 사본, ⑤ 주주명세서 등이 있다.

2) 주식회사의 특성과 관련 개념

(1) 주식회사의 경제적 기능

주식회사는 자본의 결합과 위험의 분산이라는 경제적 기능을 갖는다. ① 자본의 결합－기업은 모두 자본이 필요하며, 주식회사는 사원의 지분(持分)이 나누어진 다수의 주식으로 분할되고, 그 주식은 증권화된 주권(株券, stock certificate)이라는 유가증권이 되어 자유로이 양도되므로 출자자는 자본의 회수가 쉽고, 출자단위로서의 주식의 발행가액은 일반적으로 소액이므로 일반인도 출자자로서 기업에 참가할 수 있을 뿐 아니라, 자본의 집중을 쉽게 할 수 있으므로 거대 자본이 필요한 기업은 대부분 주식회사의 형태를 취한다. ② 위험의 분산－기업은 이익을 창출할 수도 있고 손실을 초래할 위험도 있다. 주식회사는 많은 주식을 발행해서 다수의 주주를 갖는 것이 보통이므로 주주로서는 사업에 의한 이익의 분배액은 적지만, 사업에 의한 손실의 위험도 분담된다는 이유에서 위험을 수반하는 기업은 대부분 주식회사의 형태로 운영된다.

(2) 주식회사의 자본(資本)과 주식(株式, Stocks)

자본은 원칙적으로 사원(社員)의 출자로 이루어지는 일정한 주금(株金) 인수액이며, 회사재산을 회사에 보유시키는 최소한이다. 즉, 주식회사에서 자본은 원칙적으로 발행주식의 가액총액(상법 제451조)이다. 주식(株式, stock)이란 사원인 주주가 주식회사에 출자한 일정한 지분 또는 이를 나타내는 증권을 말한다. 주식회사의 지분인 주식은 지분이 균등한 비율적 단위로 세분되고 1인이 복수의 지분을 갖는다는 점에서(지분 복수주의) 유한회사의 지분과 같으며, 각 사원이 1개의 지분을 갖고(지분 단일주의) 다만 그 지분의 양이 각 사원의 출자액에 따라 차이가 있다. 주식이 "주주권을 표창하는 유가증권"을 의미하는 뜻으로도 사용되기도 하지만, 상법은 이를 "주권(株券)"으로 명백히 구별하여 표현하고 있어(상법 제335조 2항, 제336조) 주권을 의미하는 뜻으로 주식이라는 용어는 잘못된 사용이다.

(3) 주주는 유한책임사원

주주는 회사에 대하여 주식의 인수액을 한도로 출자의무를 부담할 뿐(상법 제331조) 회사채무에 대하여는 아무런 책임도 부담하지 않는다. 주주의 유한책임제도는 주식회사 제도의 본질적인 요소로서 주식회사의 출자는 전액 납입주의를 취하므로(상법 제305조, 제421조) 일단 주주가 된 자나 주식을 승계 취득한 자는 오직 회사에 대한 권리만을 가진다. 우리나라의 상법에 1995년 이전에는 발기인(=주주)이 7인 이상이었으나 2001년 7월에는 1인 이상이면 주식회사를 설립할 수 있도록 상법이 개정되었다. 또 과거 주식회사의 자본은 5천만원 이상이라는 규정이 있었으나 2009년 5월의 상법개정에 의하여 최저자본금 제도가 폐지되었다(상법 제329조). 또 주식회사 설립방법도 '모집설립'과 '발기설립'으로 구분되는데, 발기인이 회사설립 시에 발행하는 주식 전체를 인수하여 설립하는 경우(발기설립)와 발기인이 일부만을 인수하고 나머지 주식은 주주를 모집하여 설립하는 경우(모집설립)가 있다.

(4) 최고의결기관 주주총회(株主總會)와 집행기관 이사회(理事會)

① 주주총회(株主總會)

주주총회는 주주 전원으로 구성되고 회사의 기본조직과 경영에 관한 중요한 사항을 의결하는 기관이다. 주주총회는 형식상 주식회사의 최고기관이며, 그 결의는 이사회를 구속하나, 총회가 결의할 수 있는 사항은 법령 또는 정관에 정하는 바에 한정된다. 총회의 임무는 회사의 내부에서 그 의사를 결정하는 것이며 대표이사와 같이 회사를 대표하거나 회사업무를 집행하는 것은 아니다. 주주총회는 소집 시기에 따라서 정기총회와 임시총회로 나뉜다. 정기총회는 매년 1회의 일정한 시기에 또 연 2회 이상의 결산기를 정하는 회사에서는 매 결산기에 소집되며, 임시총회는 필요에 따라 수시로 소집할 수 있다. 주주총회의 소집은 이사회가 결정하고, 이 결정에 따라 대표이사가 소집절차를 밟는다. 주주총회를 소집함에는 총회일(總會日)을 정하여 2주간 전에 의결권이 있는 각 주주에 대하여 서면(書面)으로 통지를 발송하여야 하고, 그 통지서에는 회의의 목적 사항을 기재하여야 한다.

② 이사(director)와 이사회(board of directors)

이사(理事)란 법인(法人)의 사무를 처리하며 이를 대표하여 법률행위를 행하는 집행기관. 또는 주식회사 업무집행의 결정 기관인 이사회를 구성하는 일원을 뜻한다. 이사회와 대표이사는 주식회사의 업무집행기관이며, 이사의 선임은 주주총회의 결의사항이다. 자본금 5억 이상 주식회사의 이사는 최소한은 3명이며, 그 임기는 최장 3년으로 하나 재선(再選)될 수 있고 언제든 사임할 수 있다. 또 총회는 언제든지 이사를 해임할 수 있으나 정당한 이유가 없을 때는 회사가 손해를 배상하여야 한다.

또 이사회(board of directors)는 회사의 업무집행에 관한 의사를 결정하기 위하여 이사 전원으로 구성되는 주식회사의 필요 상설기관이지만 그 활동은 정기 또는 임시의 회의형식으로 운영되며, 법령 또는 정관에 의하여 주주총회의 권한으로 되어 있는 것을 제외하고는 회사의 업무집행에 관한 모든 의사결정을 할 권한이 있다. 이사회의 권한으로 그 의결사항은 ① 회사의 업무집행, 지배인의 선임 또는 해임, 지점의 설치, 이전 또는 폐지, ② 이사의 직무집행에 대한 감독, ③ 주주총회의 소집, ④ 대표이사 선정과 공동대표의 결정, ⑤ 업무집행의 감독, ⑥ 이사와 회사 간의 거래에 대한 승인, ⑦ 주식발행의 결정, ⑧ 사채발행의 결정과 같은 법정 권한이 있다.

Chapter 12

상생의 사회적 기업(Social Enterprise)

Chapter 12

2

1. 사회적 기업(social business)의 이해

1) 사회적 경제와 사회적 기업의 탄생 배경

자본주의 시장경제와 함께 다가온 승자독식(Winner take all)의 경쟁 사회에서 이윤의 극대화가 최고의 가치로 인식되면서 이기주의가 만연하고, 불평등과 빈부격차가 심화되는 등 다양한 사회문제가 발생하게 되었다. 특히 시장경제의 발전으로 나타난 시장실패와 불평등과 승자독식, 복지위기, 실업증가에 따른 사회 양극화 심화, 환경파괴, 빈부격차, 소외 등의 갖가지 사회문제와 함께, 경제가 어려워지면서 등 사회적 약자의 소외로 인한 사회불안의 확산에도 기존의 시장과 국가를 통한 해결에는 한계가 보인다. 과거 사회적 약자에 대한 보호와 사회서비스 지원의 역할은 정부의 역할이었으나 사회가 발전하면서 정부의 제도적·물질적 후원으로 해결할 수 없게 되면서 정부의 지원 속에 시민사회 속 비영리 민간조직들이 나누어 맡아 왔다. 하지만 그 과정에서 조직운영의 효율성 부족, 관료주의적 병폐 등 여러 가지 문제들이 발생하여 공공재정의 투입에 상응하는 고용 창출과 사회서비스 제공이 기대만큼의 효과를 보지 못하고 있다. 이런 사회문제의 대응전략으로 등장한 사회적 경제(social economy)는 사회적 공익과 약자의 배려를 우선하는 공익지향경제로 공공영역(국가)과 시장영역(민간)을 벗어난 제3의 섹터로 등장하면서 국가 정부 차원에서도 해결하기 어려운 사회적 목적과 경제적 목적을 동시 달성할 수 있는 새로운 기업모델로 육성되고 있다. 사회적 경제란 기존의 경쟁과 이윤 극대화를 중심으로 한 기업 패러다임과 달리, 사람 중심의 함께(공생·협동·대안·공유)라는 가치를 지향하는 경제이다.

[표 12-1] 사회적 경제의 다양한 정의

구 분	정 의
경제협력개발기구 (OECD)	• 국가와 시장 사이에 존재하는 조직에 내재된 것으로 사회적 요소와 경제적 요소를 동시에 추구하는 것
유럽연합(EU)	• 참여적 경영 시스템을 갖춘 협동조합, 상호공제조합, 사단, 재단 등이 사회적 목적을 추구하기 위한 경제적 활동
캐나다 퀘벡 사회경제위원회 (SEC)	• 이윤추구보다 회원과 공동체를 위한 운영, 1인 1표의 민주적 경영, 자본에 대한 개인과 노동의 우위, 참여의 원칙과 구성원에게 권한 부여 등 사회적 목적을 달성하기 위해 '6대 원칙'에 따라 운영되는 기업의 경제활동.

우리 시대 사회적 경제의 역할

첫째, 노동시장에서 취약한 계층에 대한 고용 창출이다. 노동시장에서 노동 인력의 수요자인 기업과 공급자인 노동자들이 갖는 권력의 비대칭은 노동자들의 일자리에 대한 통제권의 여지를 남기지 않는다. 특히 노동시장에서 경쟁력이 취약한 계층일수록 실업의 위협에 더욱 노출되기 쉽다.

둘째, 지역사회에서 충족되지 못하는 다양한 사회서비스 제공이다. 이윤창출의 여력이 적어서 시장에서 공급되지 못하거나, 정책적 인식이 부재하거나 복지재정의 부족으로 인하여 국가를 통해 충분하게 제공되지 않는 사회서비스의 제공을 목적으로 다양한 사회적 경제 조직들이 운영되고 있다.

셋째, 낙후된 지역사회의 사회적·경제적 재생이다. 국가의 불균형발전으로 인한 낙후된 지역에서 야기되는 다양한 사회적·경제적 문제에 대처하기 위한 재생전략으로써 사회적 경제의 진출이 확대되고 있다.

넷째, 사회적 배제에 대응하는 다양한 사회통합이다. 기존의 빈곤화가 경제적 곤궁 상태를 의미하였다면, 사회적 배제는 여러 유형의 불평등이 강화되어, 기본적인 사회적, 경제적, 정치적 활동에 참여하지 못하는 기본적인 권리의 박탈 과정이라고 할 수 있다. 따라서 사회정책과 경제정책을 통합하고자 하는 사회적 경제를 통해서 고용과 복지의 권리를 회복하고자 하는 사회통합 프로그램이 제공된다.

– 한국자원순환, 2017.7.19, 장원봉

또 사회적 경제란 구성원 상호 간의 협력과 연대, 적극적인 자기혁신과 자발적인 참여를 바탕으로 사회서비스 확충, 복지의 증진, 일자리 창출, 지역공동체의 발전, 기타 공익활동 등 사회적 가치를 창출하는 모든 경제적 활동을 의미한다. 비즈니스(business) 영역에서는 신제품, 공정, 비즈니스모델의 혁신을 통한 수익 창출이 중요하지만, 사회혁신은 새로운 아이디어의 창출, 실행, 조직화를 통하여 사회영역의 문제를 해결하는 사회적 가치창출을 우선적 가치로 여긴다. 그래서 사회적 경제는 기존의 경쟁, 수익 중심의 경제 패러다임에서 그 동력을 이타심, 상호성, 협동, 사회적 목적 등으로의 전환을 통하여 사회적 문제를 해결함으로써 사회적 혁신을 추구하는 시민주도로 형성된 착한 경제라 할 수 있다. 또 눈앞의 사소한 이익보다는 사회와 인류에 기여함으로써 더 큰 비즈니스 기회를 얻어 더 성장한다는 의미로 비움의 비즈니스(Less Business)라고 할 수 있다.

2) 사회적 기업(Social Enterprise)의 정의

사회적 기업이란 영리기업과 비영리기업의 중간 형태로, 사회적 목적을 우선적으로 추구하면서 재화·서비스의 생산·판매 등 영업활동을 수행하는 기업(조직)이다. 2007년 7월 1일부터 시행하는 「사회적기업육성법」에서는 사회적 기업(Social Enterprise)을 취약계층에게 사회서비스 또는 일자리를 제공하여 지역주민의 삶의 질을 높이는 등의 사회적 목적을 추구하면서 재화 및 서비스의 생산·판매 등 영업활동을 하는 기업으로서 고용노동부 장관의 인증을 받은 기관으로 정의하고 있다. 영리기업이 주주나 소유자를 위해 이윤을 추구하는 것과는 달리, 사회적 기업은 사회서비스를 제공하고 취약계층에게 일자리를 창출하는 등 사회적 목적을 조직의 주된 목적으로 추구한다는 점에서 차이가 있다. 사회적 기업은 취약계층 고용창출, 사회복지 서비스 지원,

지역사회 통합 및 사회적 투자 확충을 통한 지역경제 발전, 새로운 공공서비스 수요를 충족할 공공서비스 혁신, 기업의 사회공헌과 윤리적 경영문화 확산 그리고 착한 소비문화 조성 등 공익을 지향하는 사회적 목적을 우선적으로 추구하면서 재화·서비스의 생산·판매 등 영업활동을 수행한다(한국사회적 기업진흥원, 2017).

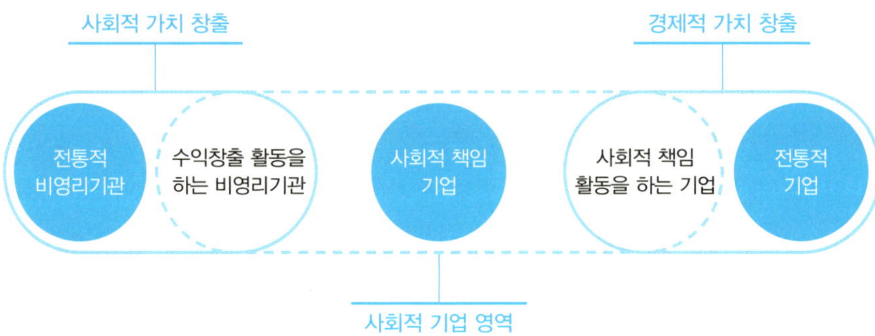

사회적 기업(social enterprise)의 특성

① 재화를 생산하거나 서비스를 판매하는 지속적인 활동이다.
② 높은 수준의 자율성이다.
③ 상당한 수준의 경제적 위험을 안은 활동이다.
④ 일정 수준의 이상의 유급노동을 포함한다.
⑤ 지역사회 이익을 명시적으로 추구한다.
⑥ 시민들에 의해 자발적으로 등장한다.
⑦ 의사결정권이 자본 소유에 기반하지 않는다.
⑧ 조직의 활동에 의해 영향을 받는 사람들도 의사결정에 참여한다.
⑨ 제한적인 이윤을 배분한다.
⑩ 스스로 수익을 냄으로써 지속 가능한 사회적 가치실현을 추구한다.

사회적 기업(social enterprise)의 시작은 1844년 영국 랭커셔 지방 로치데일의 방직공장으로 주인은 노동자들에게 임금 대신 자기가 운영하는 식료품 가게 물건을 살 수 있는 쿠폰(coupon)을 줬다. 그런데 가게 밀가루에선 석회가 섞여 나왔고 가격도 비쌌다. 참다못한 노동자 28명이 돈을 모아 가게를 차리고 식료품을 공동구매(group purchase)해 싸게 팔았는데 이것이 '사회적 기업'의 시작이었으며 점차 성장해 회원 1만 명을 넘긴 가게는 방직공장까지 인수했다. 한편 우리나라에서는 1997년 IMF 외환위기를 맞아 대량실업이 사회문제화됨에 따라 일자리 창출 대응책으로 출발하였고, 소득양극화가 심화되면서 소비·교육·보건의료 등 여러 분야에서 계층 간 격차와 갈등이 깊어졌다. 이후 짧은 기간 동안 공공근로, 자활 등 정부재정지원에 의한 사회적 일자리 창출에 나섰으나 안정적이고 지속적이지 못하면서 이 문제의 해결방안으로 사회적 기업이 떠올랐다. 특히 우리사회의 경제 양극화 경향에 따라 노동시장에서는 양극화는 매우 빠르게 진행되어 복지, 보육, 교육 등 사회서비스 공급과 함께 수익도 창출하여 양질의 일자리를 제공할 사회적 기업이 부상(浮上)하게 되었다. 대안으로 유럽의 사회적 기업 제도 도입과 관련하여 비영리법인·단체 등 제 3섹터를 활용한 안정적인 일자리 창출 및 양질의 사회서비스 제공모델로서 사회적 기업 도입이 논의되었다.

2000년대에 고용 없는 성장과 더불어 증가하는 사회복지서비스 수요를 정부의 힘만으로는 충당할 수 없다는 인식과 함께 비영리법인, 단체 등 제3섹터를 활용한 안정적인 일자리 창출의 필요성 등을 보완하여 2007년 7월 「사회적 기업 육성을 위한 기본법」을 제정하고 사회적 기업 인증 제도를 통해 사회적 기업에 다양한 지원을 하고 있다. 그런 노력으로 법이 제정된 2007년 당시 55개였던 인증 사회적 기업이 2021년 11월 현재 우리나라의 3,142개(한국사회적 기업 진흥원)의 사회적 기업이 활동하고 있다.

오늘날 사회적 경제에 관심이 높아지는 이유는 심화된 경제적 불평등과 경제적·사회적 약자에 대한 문제를 해결하기 위함이고 사회적 기업이 글로벌 트렌

사회적 기업, 사회적 가치를 담다

도시재생과 지역발전, 그리고 환경보호. 지난 2월에 만난 사회적 기업가를 꿈꾸는 청년들이 추구했던 가치다. 청년들은 자신이 살고 싶은 사회를 스스로 만들어갈 수 있다는 기쁨과 열정이 눈빛에 가득했다. '따뜻하면서도 혁신적'인 방안으로 꿈꾸는 사회적 가치는 '사회적 기업'이라는 그릇에 담겨 국민에게 다가갈 것이다.

7월 첫주는 열두 번째로 맞는 '사회적 기업 강조 주간'이다. 그간 사회적 기업은 2007년 55개에서 2018년 2,122개로 늘었고, 사회적 기업이 담는 사회적 가치 역시 다양해졌다. 과거에는 주로 취약계층의 일자리 창출이 대부분이었으나, 최근에는 청각장애인을 위한 문자통역 서비스를 개발하고 노숙인·도박중독자의 사회 적응을 돕고 대중음악을 통한 사회공헌 활동을 하는 등 창의적이고 혁신적인 방법으로 이루어지고 있다. 2007년부터 정부는 사회적 기업 육성 정책을 펼쳐 마중물 역할을 해왔다. 실제로 사회적 기업의 제품은 우리 곁에 많이 다가와 있다. 방탄소년단의 멤버는 폐자동차 가죽시트로 만든 '모어댄'의 가방을 메고 다니고, 20~30대 여성들 사이에서는 위안부 피해 할머니의 압화 작품을 모티브로 만든 핸드폰 케이스 등을 판매하고 수익금 일부를 다시 할머니에게 기부하는 '마리몬드'가 큰 인기를 끌고 있다. 사회적 기업의 제품이 더 많이 퍼지는 것은 그 자체로 사회적 가치의 확산이며, 더 많은 사회적 기업이 커나갈 수 있는 길이기도 하다.

사회적 기업은 '포용적 노동시장, 따뜻한 일자리'를 만들어내는 핵심 주체다. 지금까지는 정부 주도로 사회적 기업을 육성해왔지만, 지금은 '사회적 기업이 스스로 성장할 수 있는 생태계'를 조성하는 것이 더 필요한 때다. 사회적 기업이 스스로 성장할 수 있도록 하기 위해서는 사회적 가치에 관심을 가지고 구매하는 소비가 필수적이다. 현재 사회적 기업에서 만드는 상품의 40%가량은 공공구매가 차지하고 있는 실정이나, 최근 '가치소비'가 대두되면서 새로운 민간 수요가 늘어나고 있는 점은 다행이다. 가격보다 스스로의 가치관·윤리 등을 고려해서 소비하는 가치 소비는 사회적 기업을 위한 생태계가 되어줄 것이다. 국민 개개인이 사회적 기업의 제품을 구매하고 이를 공동체에 공유하는 것만으로도 사회적 기업의 시장은 획기적으로 늘어날 수 있다.

– 한겨레, 2019.7.1, 이재갑 고용노동부장관

드로 자리 잡은 이유는 다음과 같다. 첫째, 세계 경제의 병세가 장기화하면서 무한경쟁과 승자독식(勝者獨食)으로 압축되는 자본주의의 모순이 드러나고 있기 때문이다. 둘째, 기업의 사회적 역할이 중시되고 '착한 소비시장'이 확장되는 시대정신이다. 사회적 기업의 성장과 활성화는 전통 기업들에도 충격을 주며 상호 상승작용을 촉진하고 있다. 기업의 성공과 사회적 복지는 제로섬(zero-sum) 게임이 아니라 상생의 지혜로 승화되어야 한다. 셋째, 사회적 기업은 작은 이익(小利)을 넘어 대의(大義)를 열망하는 젊은이와 중·노년층에게 도전과 성취의 대상이 되었고, 특히 사명감과 패기, 전문성으로 무장한 세계 각국 젊은이들이 이 분야로 속속 몰려들고 있다.

3) 사회적 기업의 목적과 인증요건

(1) 사회적 기업의 목적과 생존방안

사회적 문제해결에 대한 정부와 시장의 실패를 시정·보완하기 위해 출현한 사회적 기업(social enterprise)의 사명(mission)은 사회적 가치 창출(social value creation)을 통한 사회문제 해결과 동시에 경제적 재화와 서비스를 생산(economic value creation)하는 것이다. 본래 사회적 기업(social enterprise)이란 사회적 목적을 우선으로 추구하면서 영업활동을 하는 기업으로 "우리는 빵을 팔기 위해 직원을 고용하는 것이 아니라 고용하기 위해 빵을 판다"는 이념을 가진 조직을 의미한다. 사회적 기업은 사회적 목적을 추구하면서 수익을 창출하는 과정에서 사회적 서비스 제공과 일자리도 창출함으로써 사회에 변혁을 일으키려는 역할을 한다. 따라서 사회적 기업이 추구하는 목적은 사회적 약자인 노인·장애인·저소득자·새터민(탈북자) 등 취약계층에 대해 사회서비스 또는 일자리를 제공하거나 지역사회에 공헌하는 등 사회적 가치의 추구를 핵심으로 하면서 그 과정에서 재화와 서비스의 생산·판매 등 일반 기업들처럼 영업활동도 수행함으로써 수익도 창출하면서 이윤을 사업 또는 지역공동체에 재투자한다. 그런 여러 목적 가운데 우선적인 목적은 수익 창출보다는 취약계층에게 일자리 마련이나 지원, 교육기회 제공, 사회서비스 제공, 지역경제 지원, 자원 재활용(recycling) 등 소셜 미션을 기반으로 특정한 사회적 가치를 창출하고 사회문제를 해결한다는 점이다. 사회적 기업(social business)은 이윤극대화를 목표로 하는 전통적인 기업이나 자선 또는 기부에 의존하는 비영리조직과는 달리, 공익적 목적을 갖는 경제사업 조직이므로 사회적 목적실현을 위해 이윤의 대부분을 재투자한다.

또 사회적 기업은 사회 취약계층의 고용 창출뿐만 아니라 사회서비스제공, 직업훈련, 지역사회공헌 등 다양한 '사회적 목적'을 갖고 있고 광범위한 사회적 목적은 대부분 사회 취약계층을 대상으로 하며 사회적 목적을 지속적으로 유지하기 위해 영리적 목적(합리적 이윤추구)을 양립하고 있다. 하지만 그동안 국내 사회적 기업의 성장은 대부분 사회 취약계층 고용을 위한 일자리 제공형 중심 일변도로 사회서비스제공, 직업훈련, 지역사회공헌 등 사회적 목적을 제공하는데 비교적 소극적인 측면이 있었고, 사회적 기업의 '영리적 목적'을 위한 재투자, 고용, 지속적 경영성과, 시장확보 노력, 등도 미흡한 면이 있었다. 그 결과 사회적 기업의 '영리적 목적'이 달성되지 못하여 사회적 기업 인증 취소, 사회적 기업 포기, 더 많은 정부지원 요구 등 기업으로서의 한계점을 가지고 있으며, 전체 사회적 기업의 영업이익은 마이너스상태로 보고되고 있다. 그렇지만 사회적 기업은 정부의 재정적 지원, 특히 인건비 지원을 통해서 경제적 어려움을 모면하고 있다. 이는 사회적 기업 상당수가 정부의 인건비 지원에 기반을 둔 사업체로 시작하여 인건비 지원이 중단되는 시점에서 인증 사회적 기업을 포기하는 상황으로 전개되면서 취약계층고용 후 실직으로 이어진다. 결국 '영리적 목적'을 도외시한 정부 의존적 운영을 하는 상당수 사회적 기업은 시장에서 도태되고 '사회적 목적' 또한 달성하지 못하는 딜레마에 빠질 수 있다. 따라서 고유의 '사회적 목적'을 꾸준히 달성하기 위해서는 기업으로서 핵심역량을 확보하고 영리적 목적을 달성함으로써 지속 가능 기업으로 성장하여야 궁극적으로 사회적 목적도 달성할 수 있을 것이다.

(2) 사회적 기업의 유형

사회적 기업으로 인증을 받기 위해서는 해당 기관의 근로자와 서비스수혜자를 고려하여 다음의 5가지 사회적 목적실현 유형들 가운데 하나의 유형에 부합되어야 한다. 취약계층에 대한 일자리 제공이나 사회서비스 제공 실적과 같은 사회적 목적 달성 여부의 판단은 영업활동을 통한 수입 기간과 동일하게 6개월 동안의 사회적 목적 달성 실적을 제출하여야 한다.

[표 12-2] 사회적 기업의 유형

구 분	사회적 목적실현 유형	비 고
일자리 제공형	조직의 주된 목적이 취약계층에게 일자리를 제공(취약계층 고용비율이 30% 이상)	
사회서비스 제공형	조직의 주된 목적이 취약계층에게 사회서비스를 제공(사회서비스를 제공받는 취약계층의 비율이 30% 이상)	
지역사회 공헌형	조직의 주된 목적이 지역사회에 공헌(해당 조직이 있는 지역에 거주하는 취약계층의 비율이나 사회서비스를 제공받는 취약계층의 비율이 20% 이상)	2011년 신설
혼합형	혼합형조직의 주된 목적이 취약계층에 대한 일자리 제공과 사회서비스 제공이 혼합(취약계층의 고용비율과 사회서비스를 제공받는 취약계층의 비율이 각각 20% 이상)	
기타형	사회적 목적의 실현 여부를 취약계층 고용비율과 사회서비스 제공비율 등으로 판단하기 곤란	육성전문위원회 결정

[표 12-3] 사회적 기업의 유형과 특징

유형	근거 법/조례	인증/지정/인가	조직형태	사회적 목적
사회적 기업	사회적기업 육성법(2007)	고용노동부 장관 인증	법인 필수	취약계층에 일자리, 사회서비스 제공, 지역사회 공헌
예비 사회적 기업	광역지자체 조례	광역단체장 지정	법인 필수	
마을기업	마을기업육성 지침(행정자치부)	마을기업 심사위원회 선정	마을회, NPO 등 지역 단위 소규모 공동체 법인 or 공동사업자	지역사회 공헌(지역사회 문제해결, 지역 공동체 활성화)
(사회적) 협동조합	협동조합 기본법 (기획재정부)	시도신고(영리) 기획재정부인 (비영리)	조합원 5인 이상	조합원의 소비생활 향상과 국민의 복지 및 생활문화 향상
자활기업	국민기초생활 보장법(2008)	구청장 지정 (복지정책과)	2인 이상 공동사업자 또는 조합형태 필수	수급자 등 저소득 계층의 탈빈곤(취약계층 일자리 제공형)

(3) 사회적 기업의 인증요건과 절차

한국의 사회적 기업은 정부의 인증절차를 거친 기업만이 명칭을 사용할 수 있다. 이는 정부가 「사회적기업육성법」을 통하여 정부주도와 정부를 대신하여 복지를 제공할 사회적 섹터로 발전시켜 인적·물적·제도적 지원을 제공하였기 때문에 사회적 기업의 인증을 위한 요건을 법적으로 규정하고 이를 노동부장관이 인증함으로서 사회적 기업이 된다. 요건은 다음과 같다.

① 독립된 조직의 형태(8조 1항 1호)

② 유급근로자를 고용하여 영업활동을 수행할 것

③ 사회적 목적 실현(취약계층에게 일자리 또는 사회서비스 제공)

④ 민주적 의사결정구조(다양한 이해관계자가 참여하는 의사결정구조)

⑤ 영업활동을 통한 수입(매출액이 인건비의 30% 이상 되어야 함)

⑥ 정관과 규약을 갖출 것

⑦ (상법상 회사의 경우) 이윤의 2/3 이상 사회적 목적을 위해 재투자

4) 사회적 기업의 역할

현대 경영학에서 최신 주제로 사회적 기업이 주목받는 것은 사회적 기업이 빈부격차, 노동시장 불안, 의료 사각지대 등 시장지상주의(정글의 법칙)의 부작용으로 발생하는 사회문제의 해법이 될 수 있기 때문이다. 기존의 비영리법인과 오늘날의 사회적 기업의 가장 큰 차이는 경제적 가치에 대한 접근이다. 기업경영은 영리추구가 우선이지만 영리의 궁극적인 목적은 사회와 사회구성원의 행복이 되어야 한다. 비영리법인이 생산기능을 도외시하고 사회모금과 분배에만 집중했다면 사회적 기업은 적극적 생산으로 수익을 창출해 사회개혁의 목적을 완수하면서도 투자자들에게 수익을 돌려주고 있다. 사회적 기업은 현대 경영기법 대부분을 이용하고 고객 중심주의는 그 한가운데에 서 있는 셈이다.

사회적 기업의 역할은 국가와 시장(민간기업)이 아닌 비영리 민간단체가 협력하여 실업자 및 사회적 배제집단의 취업 촉진 또는 지역사회의 삶의 질을 향상시키거나 소외계층의 사회통합을 위해 각종 서비스를 제공하는 것을 목적으로 활동한다. 사회적 기업은 실업의 증가와 장기화, 세계적인 경기침체와 산업구조의 변화, 복지국가의 축소, 사회양극화 같은 문제들을 해결할 수 있는 대안이자 새로운 패러다임이다. 최근 공익성과 영리성이라는 상호 이질적인 가치가 만나 사회문제를 해결하는 데 도움이 될 수 있을 것이라는 측면에서 사회적 기업에 관한 관심이 높다. 이러한 사회적 기업의 역할을 살펴보면 다음과 같다.

① 복지제도 변형에 기여

사회적 기업은 공공정책이 인식과 포괄하지 못하는 욕구를 가진 인구집단에 봉사하기 위하여 만들어지거나, 기부와 자원봉사 등을 이용하여 보다 값싼 서비스를 제공할 수 있는데, 이는 지역사회 내에서 자원과 소득의 재분배를 돕는다. 사회적 기업은 수요와 공급을 발전시키는 것뿐만 아니라 공적 지출의 구성을 재구조화하는 것을 도울 수 있기 때문에 복지제도를 변형시키는 데 기여한다. 사회적 기업은 이윤 극대화를 목적으로 하지 않기 때문에 이윤가능성이 낮은 부문에 쉽게 참여할 수 있고, 기부 자원봉사 동원된 근로자를 이용하여 비용절감을 할 수 있으며, 소비자를 개입시키고 지역사회에 관계함으로써 수요공급의 조정을 신속하게 할 수 있다.

② 고용 창출에 기여

사회적 기업은 고용 창출에 기여할 수 있는데, 이는 전통적인 기업에서 일자리를 찾을 가능성이 거의 없는 근로자를 주로 고용하는 노동통합적인 사회적 기업의 경우 그 효과가 크다. 사회서비스를 제공하는 사회적 기업 또한, 고용창출력이 높은 서비스 부문을 더욱 역동적으로 만듦으로써 새로운 고용을 창출할 수 있다.

③ 사회적 결속을 이루고 사회적 자본을 창출

사회적 기업은 특정 집단의 문제를 해결하거나 완화하는 데 기여하고 한계집단에게 높은 임금을 주면서 노동시장에 통합시키는 것을 선호함으로써, 생활조건의 향상, 지역사회의 복지향상, 사회통합 수준의 향상에 기여한다. 또 사회적 기업은 한계 계층의 사용자에 대한 보호수준과 서비스 수준을 높이고, 조직에 대한 사용자의 개입을 촉진시킨다. 사회적 기업은 지역사회에 기반하여 자원봉사와 사용자 참여를 통하여 연대성과 상호부조를 발전시키고, 신뢰를 확산시키며, 사회적 문제의 해결에 시민의 참여를 촉진함으로써 사회적 자본의 창출에 기여한다.

④ 지역발전에 기여

사회적 기업이 운영되는 지역사회와 긴밀한 관계를 가지는 것은 발전과 효율성의 조건으로, 이는 사회적 기업이 지역사회의 욕구를 이해하고, 사회적 자본을 창출하며, 정부기부 사용자 자원봉사자 등 자원의 적절한 혼합을 통해서 일하는 것을 촉진한다. 사회적 기업은 주로 지역에 기초한 소규모이지만 새로운 사회서비스를 생산할 경우 지역의 고용과 연계될 수 있다.

⑤ 제3부문에서 새로운 조직을 형성

사회적 기업은 비영리조직의 생산과 '기업가적' 차원을 강조하고, 재분배적인 것과 함께 복지서비스의 경제적 기능을 강조한다. 사회적 기업의 발전은 상이한 제3섹터 집단 간의 격차를 축소시킨다. 결사체와 재단은 더 생산적이고 기업가적인 활동 쪽으로 이동하고, 재단은 더 민주적인 지배구조로 변화하며, 협동조합은 사회적 목적을 더 강화하고 있다.

5) 예비 사회적 기업의 특성과 인증요건

예비 사회적 기업에는 지역형 예비 사회적 기업과 부처형 예비사회적 기업으로 구분된다. 우선 ① 지역형 예비 사회적 기업은 사회적 목적실현, 영업활동을

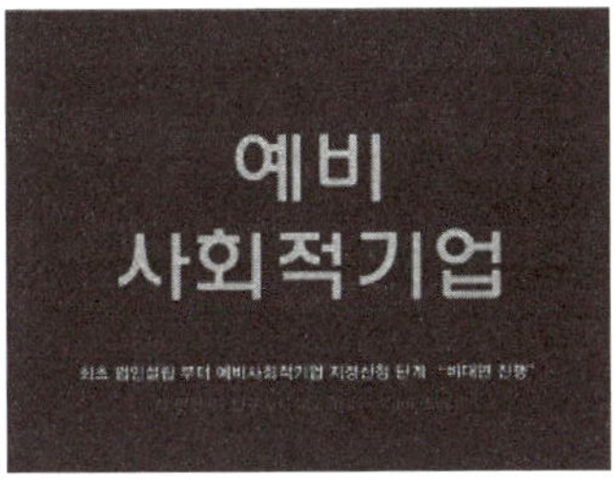

통한 수익창출 등 사회적 기업 인증을 위한 최소한의 법적요건을 갖추고 있으나 수익구조 등 일부 요건을 충족하지 못하고 있는 기업을 지방자치단체장이 지정하여 장차 요건을 보완하는 등 향후 사회적 기업 인증이 가능한 기업이다. 그리고 ② 부처형 예비사회적 기업은 사회적 목적실현, 영업활동을 통한 수익 창출 등 사회적 기업 인증을 위한 최소한의 요건을 갖추고 있는 기업으로서, 중앙부처장이 지정하여 장차 요건을 보완하는 등 사회적 기업 인증을 목적으로 하는 기업이다. 예비 사회적 기업의 지정 기간은 3년이고, 유사사업(마을기업, 농어촌공동체회사, 기초자치단체 지정 예비사회적 기업)에 참여한 경우에는 해당 사업에 참여한 기간을 지정기간에 합산(合算)한다.

예비 사회적 기업의 지정요건은 「사회적기업육성법」에 따른 사회적 기업의 인증요건 중에서 다음 요건을 갖춘 기관을 뜻한다. ① 조직형태: 「민법」에 따른 법인·조합 또는 「상법」에 따른 회사, 「공익법인의 설립·운영에 관한 법률」 제2조에 따른 공익법인, 「비영리민간단체지원법」 제2조 제2호에 따른 비영리민간단체, 「사회복지사업법」 제2조 제2호에 따른 사회복지법인, 「소비자생활협동조합법」 제2조에 따른 소비자생활협동조합, 「협동조합기본법」 제2조에 따른 협동조합, 협동조합연합회, 사회적협동조합, 사회적협동조합연합회 그 밖에 다른 법률에 따른 비영리단체 등, ② 사회적 목적실현: 「사회적기업육성법」 제8조 및 같은 법 시행령 제9조에 따른 사회적 목적의 실현을 조직의 주된 목적으로 하는 기업이다. ③ 유급근로자를 고용하여 영업활동 수행: 유급근로자(최소 1인 이상)를 고용하여 재화나 서비스를 생산·판매하는 등 영업활동을 3개월 이상 수행하여야 한다. ④ 배분 가능한 이윤을 사회적 목적으로 사용: 「사회적기업육성법」 제8조에 따라 「상법」에 따른 회사인 경우에는 회계연도별로 발생한 배분 가능한 이윤의 3분의 2 이상을 사회적 목적을 위하여 사용한다는 내용이 정관 등에 명시되어 있어야 한다. 회사의 해산 및 청산 시에도 배분 가능한 잔여재산이 있는 경우에는 잔여재산의 3분의 2 이상을 다른 사회적 기업 또는 공익적 기금 등에 기부하도록 하는 내용을 포함한다.

한편 예비 사회적 기업(Preliminary Social Enterprise)은 사회적 목적 실현, 영업활동을 통한 수익창출 등 사회적 기업의 대체적인 요건을 갖추고 있으나, 수익구조 등 법상 인증요건의 일부를 충족하지 못하고 있는 조직을 광역자치단체장이 지정(또는 고용노동부장관 선정)하여 장차 요건을 보완하는 등으로 향후 사회적 기업으로 전환이 가능한 기관을 뜻한다. 사회적 기업과 예비 사회적 기업의 차이점은 다음과 같다.

[표 12-4] 사회적 기업과 예비 사회적 기업의 차이점

구분	사회적 기업	예비 사회적 기업
법률	• 사회적기업육성법	• 조례 또는 규칙
자격부여	• 고용노동부	• 자치구 / 관련부처
인증조건	• 조직형태 • 유급근로자 고용하여 영업활동을 수행 • 사회적 목적실현 (취약계층고용·사회서비스제공 등) • 이해관계자가 참여하는 의사결정구조 • 영업활동을 통한 수입 (매출액이 노무비의 30% 이상) • 정관·규약을 갖출 것 • (상법상 회사의 경우) 이윤의 2/3 이상 사회적 목적을 위해 재투자	• 조직형태 • 유급근로자 고용하여 영업활동을 수행 • 사회적 목적 실현 (취약계층고용·사회서비스제공 등) • (상법상회사) 이윤의 2/3 이상 사회적 목적을 위해 재투자
신청	• 상시접수	• 연중 1~2차 일정공고(구청 접수)
자격·기간	• 최대3년(재심사를 통해 1년씩 연장)	• 인증취소, 반납 전까지 유효

2

사회적 기업의 발전과정

1) 사회적 기업의 발전과정

사회적 기업은 유럽에서 출범했지만, 미국의 영향으로 오늘날과 같은 형태로 발전하였다. 캐린과 피티(I. Kerlin & K. Peattie) 교수 등의 연구에 따르면 사회적 기업은 크게 유럽형과 미국형으로 구분되며, 국가마다 사회적 기업으로 간주되는 조직의 종류와 활동이 서로 다르다. 유럽, 미국 등의 경우 1970년대부터 사회적 기업들이 생겨나 1980년대 들어 본격적으로 활동을 시작했다. 영국에선 이민자·장애인·실업자 등을 대상으로 다양한 사회적 기업이 등장하였고 유럽형은 법·제도적 지원을 통해 취약계층 일자리창출과 사회복지서비스 제공 등 사회적 혜택확대에 초점을 두고, 지역사회 연계 중심의 비즈니스 형태로 발전했다. 유럽 각국의 사회적 기업은 영국식과 이탈리아식으로 나눌 수 있다. 프랑스, 독일, 벨기에, 룩셈부르크, 네럴란드, 아일랜드 등이 포한된 영국식은 정부의 개입은 최소화하되 사회적 기업이 영리기업 활동을 통해 취약계층 지원과 사회복지서비스를 제공토록 하는 '복지 민영화 방식'을 취하고 있다. 반면 스웨덴, 핀란드, 스페인, 덴마크, 포르투갈 등이 포함된 이탈리아식은 사회서비스를 가족과 사적 네트워크에 의존해 구성원의 이익을 우선시하는 취약계층 고용창출과 사회복지서비스를 제공하는 전통적인 협동조합의 형태로 성장했다.

또 미국에선 노숙자·알코올 중독자·전과자 등을 대상으로 한 다양한 사회적 기업이 등장하였다. 미국형 모델은 법규에 따른 제약이나 지역연계의 부담이 없기 때문에 유럽보다 사회적 기업의 유형이 다양하고, 사회적 기업에 대한 정부 차원의 명문화된 제도적 지원이 없다. 따라서 이전에는 비영리조직의 별도 영리사업 법인형태로 발전하던 사회적 기업이 1990년대 들어서 영리와 비영리

간의 구분이 모호해지면서 지역사회벤처(Community Wealth Venture)와 같은 기술이나 경영혁신을 통해 사회적 가치실현과 경제적 이익을 동시에 달성하려는 벤처기업들까지 사회적 기업의 범주에 포함하고 있다. 미국의 기부문화는 자선을 시혜가 아닌 투자로 보는 많은 민간재단에 의해 활성화되었고, 사회적 기업 입장에서 재단으로부터의 기부를 투자유치로 인식해 벤처자선(Venture Philanthropy)으로 받아들이면서 미국의 사회적 기업 활성화에 크게 이바지했다. 2008년 글로벌 경제위기 이후 전 세계는 신자유주의 무한경쟁에 대한 비판과 그 대안 마련을 위해 고심하면서 그동안 경제성과 효율성만을 추구해왔던 시장을 사회성과 인간성도 함께 추구하는 조직으로 진화할 필요성에 따라 사회적 기업이 부상하고 있다.

2) 우리나라 사회적 기업의 발전

1990년대 후반 외환위기 이후부터 산업구조의 변화 및 경제성장률의 둔화로 고용 창출 능력이 저하되면서 장기실업자, 영세 자영업자 및 비정규직 등의 취약계층이 증가하였다. 우리나라에서 사회적 기업 개념은 1997년 IMF 외환위기 무렵 대량실업이 사회문제화되면서 긴급 처방으로 「공공근로민간위탁사업(1999년)」을 시행, 일자리 창출을 도모하면서 시작되었다. 그 후 2007년 7월에 〈사회적 기업 육성위원회〉의 공식인증을 받았고, 국내 사회적 기업 1호 36곳이 2007년 10월 23일 정부로부터 인증받았다. 우리나라 「사회적기업육성법」 제1조는 법의 목적을 “사회적 기업을 지원하여 사회서비스를 확충하고 새로운 일자리를 창출함”이라고 명시하고 있다. 이 법은 해당 기업이 조직을 제대로 갖추고 있는지, 상품이나 서비스를 생산하고 판매하는 등 영업활동을 하고 있는지, 사회적 목적을 실현하는 것을 주요 목적으로 하고 있는지 등 사회적 기업으로 인증받기 위해 갖춰야 할 요건을 정하고 있다. 이전까지의 취약계층 대상 고용 창출에 중점을 두던 정부 정책에 사회복지서비스 제공을 추가하여 이를 민간영역인 사회적 기업이 담당하게 하는 제3섹터형 사회적 기업 육성 방향이 설정되었다. 우리나라 사회적 기업이 존재하는 목적은 취약계층에게 일사리 또는 사회서비스 제공(취약계층: 저소득자, 고령자, 장애인, 성매매 피해자, 장기실업자, 경력단절 여성 등), 지역사회 발전 및 공익 증진, 민주적 의사결정 구조(서비스수혜자, 근로자, 지역주민 등 이해관계자가 참여), 수익 및 이윤 발생 시 사회적 목적실현을 위한 재투자(상법상 회사, 이윤 2/3 이상) 등으로 설명할 수 있다. 2011년 2월 22일 취업 취약계층에 일자리를 제공하거나 이윤을 기부하는 사회적 기업을 국가적 차원에서 발굴·육성하는 것을 목표로 사회적 기업을 지원하는 정부기관 「한국사회적 기업진흥원」이 공식설립되어 사회적 기업가 육성사업을 중점사업으로 추진해 사회적 기업가를 지원·육성하고 있다.

우리나라 인증 사회적 기업은 대부분 일자리 제공형과 사회서비스제공형이 주류를 이룬다. 국내 사회적 기업의 문제점으로는, 첫째, 정부지원 의존적 사회적 기업이다. 이는 사회적 기업 인증 기간 만료 시 사회적 기업의 소멸되는 비율이 급격히 올라가는 것에 근거한다. 고용노동부의 자료에 의하면 사회적 기업 인증시점이 설립 후 3년 이내인 기업들 가운데 2007년과 2008년에 인증받은 기업의 경우 3년차에서의 생존확률은 98%인데 설립 3년차와 5년차 사이에 대략 6%가 소멸되고, 6차년도 이후부터 생존기업 중 매년 6~11% 소멸하고 있다고 밝혔다(고용노동부, 2014). 이는 사회적 기업에 대한 재정지원이 끊기면서 나타나는 결과로 볼 수 있으며, 이는 우리나라 사회적 기업의 정부 지원 의존적이라는 의미다. 둘째, 사회적 기업의 양적 성장에 따른 질적 부실화이다. 2007년 1차로 36개의 사회적 기업이 인증되었고 이후 양적 성장이 이루어졌다. 실제로 사회적 기업이 확대됨에 따라 취약계층 지원과 고용비율이 확대되었지만 이들 인증 기업들은 경영수익을 올리기 위한 경영 의사결정, 마케팅전략, 시장구축에 소극적이어서 사회적 기업의 질적 부실화를 초래한다는 지적이 있다. 셋째, 사회적 기업의 '사회적 목적'을 위한 노력 부재이다. 우리나라 사회적 기업이 사회적 목적을 달성하기 위한 노력들을 살펴볼 때 대부분 현재 진행하고 있는 업종들을 활용한 자원봉사(월1~2회)형식으로 하고 있다(사회적 기업 진흥원). 이는 우리나라의 사회적 기업은 정부 주도로 확장되어 정부 지원 의존적 사회적 기업으로 발전하면서 정부 의존이 중단되는 시점에서 많은 사회적 기업들이 인증 사회적 기업을 포기하게 되며, 사회적 기업의 목적인 '사회적 목적'뿐만 아니라 '영리적 목적'도 달성하지 못한다는 것을 의미한다.

3

사회적 기업의 지속 가능 성장과 사례

1) 사회적 기업 성공 요인

많은 사회적 기업이 활동하고 있는 영국이나 미국에서는 정부의 지원이 창업단계가 아니라 어느 정도 성과를 내는 단계에서 이루어지는데 한국에서 시행 중인 「사회적기업육성법」은 장애인 고용 등 취약계층 지원 사업이나 사회적 서비스를 하는 기업들에 지원금을 지원하고 있다. 또 독일은 사회적 기업 재원의 90%가 공공기관으로부터 발생할 정도로 사회적 기업의 물품을 의무 구매방식으로 시장을 키워주고 있고, 영국은 시민사회청이 제3섹터청을 대체함으로써 지역개발기구와 지방자치단체 간 연계 속에서 사회적 기업이 작동되고 있다. 한국에서도 사회적 기업이 성장할 수 있도록 공공조달시장 참여의 길을 열어줘야 한다는 주장과 함께 인건비 지원보다 인프라 구축, 공공조달시장 참여 등 사회적 기업의 경쟁력과 자립성을 높일 간접지원 정책이 필요하다.

사회적 기업 "룸 투 리드(Room to Read)"를 운영 중인 존 우드(John Wood)의 경영철학은 "수익이 없으면 선행도 없다. 따라서 '테레사 수녀의 따뜻한 마음과 제너럴 일렉트릭(GE)의 치열한 경영전략으로'혜택을 주어야 승자가 된다"이다. 이 회사(단체)는 빈민층에게 서재·도서관을 만들어주는 사업을 한다. 창업자 우드는 마이크로소프트(MS)의 임원으로 일하다 네팔에서 어린이들이 너덜너덜해진 책 복사본을 돌려보는 것을 보고 자신의 일을 바꿨다. 그는 "사회기업도 일반 기업처럼 수익을 내야 지속가능하다. 따라서 고객을 잃으면 청산돼야 한다"고 말한다. 이처럼 사회적 기업도 기업이므로 첫 번째 핵심성공요인(CSF)은 경험과 노하우, 그리고 리더십을 갖춘 사회적 기업가와 구성원들이 혼연일체가 되어 좋은 품질과 서비스를 유지하는 것이다. 두 번째는 사회적 기업의 생태계

조성으로, 사회적 기업을 지원하는 경영컨설팅, 자금지원 시스템, 공공구매제도, 민간기업과의 네트워킹 등 생태계가 잘 갖춰져 있어야 한다. 세 번째는 중고품과 폐자원의 재활용, 실내방역서비스 등과 같이 사회적 기업에게 유리한 니치마켓(niche market)의 발굴이다. 네 번째는 취약계층을 위한 일자리창출과 사회적 서비스의 제공 등 사회적 가치의 실현에 충실할 때 민간기업과 공동체, 그

사회적 기업의 성공요인

일반 기업과 마찬가지로 사회적 기업에도 혁신적인 사업내용과 역량 있는 인재는 사업 성패에 중요 요인이다. 혁신적인 사업 아이디어가 결국은 사람들로부터 나오게 마련이기 때문이다. 조지프 슘페터(Joseph Schumpeter)는 혁신을 통해 창출되는 독점적 이윤 때문에 혁신적 기업가가 혁신을 주도한다고 보았다. 더불어 사회적 기업가에게는 이윤을 추구하는 경제적 혁신을 넘어 세상을 변화시키겠다는 사회적 혁신이라는 강력한 동기가 필요하다. 아쇼카 재단 대표인 빌 드레이튼(Bill Drayton)은 급속도로 변화하는 경제 환경으로 말미암아 누구도 지속가능한 우위를 점하기 어려운 비즈니스 환경이 도래하고 있기 때문에 "변화의 주체가 되는 것"이 바로 핵심경쟁력이고, 사회적 기업가 역시 변화의 주체가 되어야 한다고 강조한다. 이를 바탕으로 사회적 기업을 성공으로 이끄는 요소로는 ① 사회적 목적과 경제적 목적을 모두 달성시킬 수 있는 혁신적인 사업내용, ② 상당한 위험을 내포하면서도 수익은 높지 않을 가능성이 있는 사업에 대해서도 장기적 관점에서 투자·지원할 수 있는 인내심(patient) 있고 헌신(commitment)적인 금융 지원, ③ 재능과 역량을 갖추었으면서도 사회적 가치실현에 더 큰 목표를 두고 있는 인재, ④ 사회적 기업가 양성 프로그램이 활성화, ⑤ 국가계약법에 사회적 기업 우선구매 조항을 추가 등 제도적 개선, ⑥ 사회적 기업에게 부족한 경영노 하우를 보완해줄 경영컨설팅이 활성화, ⑦ 사회적 기업과 일반 기업이 서로 연계하여 공생발전 등이 보완되어야 한다. 특히 사회적 기업의 지속가능성을 높이는 방법은 머리와 돈, 그리고 열정이 필요하다. 어려운 사람을 돕겠다는 따뜻한 마음이 있어야 하며, 그런 구조를 만들기 위한 전략적 사고가 필요하다. 또 사회적 기업은 '작은 돈, 큰 혁신마인드'로 무장해야 하고 사회적 기업을 계속 꾸려 나갈 수 있는 수익구조가 있어야 한다.

리고 정부·공공기관의 지원을 얻어낼 수 있고 사회적 기업으로서 지속생존이 가능해지므로 사회적 가치에 집중해야 한다.

한국에서 사회적 기업의 성공 요인은 두둑한 자금도, 번쩍번쩍 빛나는 사업 아이템도 아니다. 사회적 기업을 꾸준히 이끌고 갈 인재확보 여부와 인재가 성장해 나갈 수 있는 인프라가 구축돼 있느냐가 관건이다. 사회적 기업으로 인증받으면 최대 5년간 1인당 월 104만원 한도 내에서 인건비를 지원받는 외에도 법인세 감면, 사업개발비 지원 혜택이 있지만 인건비 지원이 절대적이다. 사회적 기업이 양적 성장을 하는 초기 단계에는 인건비 지원이 필요할 뿐만 아니라 자생력을 갖추기 위해 사업을 특화시켜야 하는 질적 성장을 추구하는 단계에도 포괄적 의미의 사업비 지원이 절실하지만 정부는 일률적으로 인건비만 지원하는 정책을 고수하고 있다. 사회적 기업에 도전장을 내민 청년 대부분은 사회적 가치는 물론 이익도 같이 얻기를 원하지만 사회적 기업을 보는 시선은 여전히 자선단체 정도로 인식할 뿐이다. 이는 사회적 기업이면 이익을 절대 남겨서는 안 된다는 생각이 강하고 베스트 프랙티스(Best Practice) 모델이 없어 사안마다 부딪히며 터득할 수밖에 없기 때문에 어려움이 많다. 하지만 수익을 창출해야 하는 「기업(enterprise)」이라는 인식을 토대로 점차 핵심역량을 확보하고 성장기반을 마련하여 그 위에 사회적 가치가 더해져 시너지 효과를 낼 수 있어야 한다. 청년 사회적 기업가 육성정책을 본격 시행하면서 육성사업의 성과를 파악하고 창업지원체계를 점검하기 위해 지난 8년간 육성한 3,453개 창업팀 전체를 대상으로 한 분석결과, 육성사업 창업기업의 5년 생존율은 52.2%로 일반 창업기업(28.5%)보다 약 2배 높은 것으로 나타나 육성사업을 통해서 창업한 기업들이 자생력과 경쟁력을 갖추고 있음이 확인되었다. 또 사회적 기업 3년 생존율은 2018년 기준 90.5%로 일반 기업의 3년 생존율 41.5%(통계청 기업생멸행정통계, 2016년 말 기준)에 비해 높은 것으로 나타났다.

2) 사회적 기업가와 사회적 기업가정신의 이해

현대 경영학의 아버지 피터 드러커(Peter F. Drucker)는 "창업가란 미래의 변화를 탐지하고 변화에 적절히 대응하며 또한 변화를 기회로 이용하는 자로 자원의 생산성에 변화를 가져오는 사람"이라고 정의하였다. 또 사회적 기업가는 기존의 정해진 패턴을 벗어난 아이디어를 이용하여 변화를 창조하고, 사회문제의 근본 원인을 해결하며, 이를 위해 다른 사람을 설득함으로써 체계적인 변화를 창조하려는 변화 창조자(Change creator)이다. 사회적 기업가는 자신과 조직을 혁신하고 사회적 책임감을 다하는 사회적 경제 조직의 CEO이고, 비영리 및 사회공익 단체의 성과와 지속 가능성을 추구하는 비영리 조직의 관리자이며, 조직과 사회변화의 촉매제 역할을 수행하는 박애주의자이자다. 또 상업적 기업가는 수익 창출을 최우선으로 하지만 사회적 기업가는 사회적 가치 창출에 초점을 둔다는 점에서 차이가 있으며, 사회적 기업가는 세상을 더 좋게 만들기 위해, 문제를 해결하는 재능과 기술 그리고 비전으로 실질적인 꿈을 꾸는 사람으로 그 성공 여부는 재무적인 이익뿐만 아니라 사람들이 삶의 질을 개선할 수 있

사회적 기업가에게 요구되는 역량(아쇼카 재단의 펠로우 선정 기준)

① 사회문제에 대한 새로운 해결책 또는 접근법, 혁신적이면서도 실제 변화 가능성이 있는 "새로운 아이디어"
② 목표달성의 비전을 수립할 수 있어야 하며, 문제 해결사로서 창의력을 평가
③ 사회를 위한 새로운 패턴이 될 때까지 쉬지 않고 도전
④ 새로운 아이디어는 그 자체로 충분히 새롭고 실용적이어야 하며, 현장에서 그것을 채택하고 새로운 표준으로 만드는 데 유용해야 한다.
⑤ 전국적인 파급효과를 불러올 수 있는 "사회적 영향"을 가지고 있어야 한다.
⑥ 다양한 이해관계자 집단에 변화의 영감을 불어넣을 수 있어야 하며, 신뢰를 줄 수 있는 윤리적인 근성이 있어야 한다.

[표 12-5] 사회적 기업가정신의 정의

학자	정의
제임스 오스틴 (James Austin)	사회적 가치를 창출하기 위한 경영구조나 기금확보 전략을 모색하는 비영리 조직의 이니셔티브(initiative, 주도권)
알보드(Alvord)	사회적 문제를 완화 시키고 사회적 변화를 촉진 시키는 것
제임스 톰슨 (james Thomson)	비즈니스 활동과 관련되어 있지만 돈을 버는 것보다 지역사회에 더 많은 배려와 도움을 주는 일에서의 자질과 행동
알렉스 니콜스 (Alex Nicholls)	명시적으로 사회복지를 개선하기 위해 혁신을 수반하고 기업 조직 내에서의 활동을 통하여 사회변화를 안내하고 사회변화에 공헌하려는 정신

는 여부로 평가한다.

사회적 기업가정신(Social Entrepreneurship)은 해결되지 않은 사회문제를 기회로 활용하여 창의적이고 혁신적인 방법으로 새로운 가치(해결방안)를 창출하는 행동방식으로, 현재 보유하고 있는 자원이나 능력에 구애받지 않고, 사회적 가치를 창출하고 유지하고자 하는, 사고방식 및 행동 양식을 의미한다. 다양한 국제이슈나 사회 이슈를 비즈니스 원리를 이용해 지속가능하게 해결하려는 태도와 접근 또는 과정인 사회적 기업가정신(Social Entrepreneurship)도 기업가정신과 같이 새로운 가치의 창출 또는 기존의 가치에 덧붙여 부가가치를 창출'하는 것이 중요하지만 그 대상이 고객의 니즈(needs)나 사회의 수요(demand)를 넘어 인간의 결핍(wants)과 사회문제(issues)까지를 포괄한다.

사회적 기업가정신(social entrepreneurship)의 특징은 이념이나 규율의 제약조건을 떨쳐내고자 하고, 혁신, 자원, 기회 등을 결합하여 사회적 문제들에 대한 실용적 해법을 규명·적용하며, 새로운 생산물, 새로운 서비스 또는 사회문제에 대한 새로운 접근방식을 찾아냄으로써 혁신한다. 사회적 기업가정신의 핵심은 다양한 국제이슈 또는 사회이슈를 비즈니스 원리를 이용해 지속가능하게 해결해가는 접근 과정이다.

한편 토론토 대학의 로저 마틴(Roger L. Martin) 교수 등은 사회적 기업가정신을 다음과 같이 설명한다. ① 안정적이지만 내재적으로 불공평한 균형점, 특히 특

[표 12-6] 기업가정신과 사회적 기업가정신의 비교

기업가정신	사회적 기업가정신
• 개인적 지식과 기술의 강화	• 집합적 지혜를 통해 얻어짐
• 단기적 재정적 수익에 초점	• 장기적 역량 향상에 초점
• 아이디어의 범주에 제한이 없음	• 아이디어의 목적은 사회에 긍정적인 영향을 행사하는 데 초점을 둠
• 이익(수익) 창출이 수단	• 이익(수익) 창출이 수단
• 이익이 미래의 수익 창출을 위한 재투자	• 이익이 사람들을 돕고 섬기는 데 사용됨

자료: Thalhuber(1998)

정 사회 계층에게 부당한 고통을 안기고 있는 사회적 문제를 기존상태의 균형점으로 인식하는 것, ② 불공평한 균형점에서 가치를 제안할 수 있는 기회를 발견해내고 영감·창의성·직접 행동·용기·끈기를 다 쏟으면서 안정적인 상태의 헤게모니에 도전하는 것, ③ 소외되어 있던 사회적 그룹의 잠재성을 이끌고 고통을 덜어주며 추종 기업들의 모방과 경쟁을 통해 더 나은 내일을 만들어나갈 수 있는 새로운 안정적 균형점을 만들어 내는 것 등 세 가지 요소다. 사회적 기업가정신의 미래는 우리 사회에서 가장 해결하기 어려운 보건, 교육, 경제 개발, 빈곤, 식수, 에너지, 환경, 음식/영양, 기술, 농업과 같은 사회문제를 효과적으로 다루고 궁극적으로 이를 해결할 수 있는 가능성과 혁신으로 가득 차 있다.

하버즈대 아더 브룩스(Arthur C. Brooks) 교수는 사회적 혁신가(Social Innovator)로 불리는 사회적 기업가의 특징을 "개인적인 가치를 넘어서 사회적 가치를 창조하고 유지하려는 임무를 수행하는 사람, 사회적 가치를 위한 기회를 인식하고 끈질기게 이를 추구하는 사람, 지속적인 혁신과 학습에 참여하는 사람, 현재의 제한된 자원 또는 여건을 넘어서 행동하는 책임감이 높은 사람"이라고 설명했다. 체인지 메이커(change maker, 변화 창조자)는 우선 사회적 문제의식으로 정신을 무장하고 실제 창업에 성공할 수 있는 비즈니스모델을 수립하며, 인사·재무·마케팅 등 실무역량을 강화하면서 꾸준히 인적 네트워크를 확장해야 한다. KAIST의 사회적 기업가 MBA 과정에서 사회적 소명의식(Social Mission)과 기업가정신(Entrepreneurship), 창의성(Creativity), 협력(Cooperation), 개인적 기질(Personal Traits) 다섯 가지를 사회적 기업가의 핵심역량으로 정의하여 교육과정 설계의 준거 기준으로 삼는 한편, 선발기준이 되는 역량으로 삼고 있다. 또 사회적 기업가들은 우리 사회 누군가의 절실한 문제를 해결하기 위해 행동에 나설 혁신가이고, 독특하고 탁월한 아이디어를 비즈니스모델로 실현시킬 도전자들이며, 그들 체인지 메이커의 필수자질이자 핵심역량은 통찰력(insight)과 공감(sympathy) 능력, 그리고 윤리적 마인드와 진정성(authenticity) 및 협력(cooperation) 의지 등이다.

3) 사회적 기업과 청년창업

(1) 청년창업과 사회적 가치창출

청년은 본래 나라의 미래를 이끄는 열정과 도전, 그리고 무한한 가능성과 역동성의 상징이었으나 요즘 우리 청년들은 꿈과 역동성을 잃은 듯하고, 지금 우리 산업계는 글로벌경기 침체, 저성장, 저출산과 고령화, 청년실업 등 사회·정치·경제의 모든 분야에서 많은 어려움을 겪고 있다. 자영업자들은 2020년에 78만 곳이 창업했으며 71만 곳이 폐업할 정도로 잦은 창업·폐업의 악순환을 겪고 있다. 더구나 2021년 한국의 자영업자 비중은 OECD 국가 35개국 중 6번째(24.6%)로 높았다. 또 한국경제연구원 조사 결과 한국의 청년(15~29세)고용률은 42.2%로 G5국가 평균 56.8%보다 14.6% 낮은 것으로 나타났다. 이는 저조한 청년 경제활동 참가율에 기인한 것으로 한국의 청년 경제활동 참가율(46.4%)은 G5국가 평균(62.5%)에 크게 못 미치는 것으로 나타났다. 고용률뿐만 아니라 청년층 4명 중 1명은 사실상 실업 상태(청년 체감실업률이 25.1%)에 이르렀다. 청년 구직단념자가 2015년 대비 2020년 18.3% 증가해 21만9,000명에 이르는 것으로 나타났다.

청년고용 부진은 청년 개개인의 소득감소, 노동을 통한 학습기회 상실뿐 아니라 국가적으로도 성장잠재력 저하, 세대 간 소득불균형 확대 등을 초래할 수 있으므로 향후 국가재정의 부담으로 작용할 수 있다는 점에서 시급한 해결해야 할 과제다. 이 같은 국가적 위기상황을 극복하기 위해 정부는 핵심 경제 비전으로 소득주도 성장과 일자리 중심의 포용적 경제를 제시하고, 국정의 최우선순위를 양질의 일자리 창출에 두고 있다. 한때 세계가 놀랄 만큼 급속한 경제성장(한강의 기적)을 이룬 우리 사회는 경제·사회적 양극화가 심화되었고, 국민의 인간적 존엄성과 생활권 보장에 대해 1차적 책임을 지고 있는 정부도 취약계층 지원에 한계에 보인다. 또 취약계층과 청년들의 취업난이 재난 수준에 이를 것이라는 우려와 함께 경제적 가치만을 추구하던 전통 기업의 역할이 한계를 드러내면서 사회문제를 해결할 대안으로 새로이 등장한 것이 사회적 목적을 추구하면서 재화 및 서비스의 생산·판매 등 영업활동을 하는 사회적 기업이다.

창업생태계는 기본적으로 시장원리의 영역이지만, 사회적 기업 창업이 기존기업 운영방식으로 부족했던 사회적 가치를 창출하면서 사회적 문제를 해결할 혁신모델로 교육문제, 소득불균형문제, 환경문제, 도시문제 등을 해결할 수 있는 매력적인 대안으로 떠오르고 있다. 하지만 사회적 기업 인증을 받으려면 설립 후 6개월이 지나야 하고 이익의 3분의 2 이상을 사회적 목적에 사용해야 한다는 기준 때문에 덜 매력적이지만 오늘날 청년창업의 대안으로 부상하는 주된 이유는 산업 대부분이 심각한 레드오션(Red ocean) 상황에서 비즈니스모델을 개발할 매력적 틈새 찾기가 어렵기 때문이다. 이제 청년창업을 우리 사회의 역동적인 경제주체로 자리 잡을 수 있도록 사회적 경제 관련 교육과 중장기적 육성정책 및 체계적인 지원정책을 마련해야 한다. 더불어 사회적 기업을 만들고 키워나갈 사회적 기업가와 사회적 기업 제품을 적극적 소비자, 사회적 기업에 기꺼이 투자하고자 하는 투자자, 진정한 사회적 혁신가를 양성하고 체계적으로 지원할 정부 등 사회구성원들이 사회적 가치에 공감하면서 능동적으로 참여하려는 분위기가 필요하다.

(2) 사회적 기업 창업지원 제도

청년창업은 새로운 고용 창출을 통하여 산업경쟁력을 높이고 한국경제의 미래를 위한 원동력으로써 산업의 혁신과 다양성을 실현하여 새로운 경제성장의 뿌리 역할을 한다. 지금 우리가 사회적 기업에 관심을 둬야 하는 이유는 지금까지의 획일적인 사회적 기업 지원정책보다는 현재의 사회적 기업들이 지속 가능한 성장을 할 수 있도록 업종별·성장단계별로 더 세분화된 지원체계와 정책

[표 12-7] 사회적 기업 지원제도

지원제도		지 원 내 용
경영지원 등		• 사회적 기업의 설립 및 운영에 필요한 경영·세무·노무·회계 등 경영컨설팅 및 정보 제공 등 지원. • 지원 한도 * 기초컨설팅: 연간 3.3백만원 * 전문컨설팅: 연간 3~20백만원 * 연간 2천만원, 5년간 총 5천만원 한도
재정지원	전문인력 채용지원	• 사회적 기업이 전략기획, 회계, 마케팅 등 사업 운영에 필요한 전문인력 고용시 인건비 지원 • 지원금은 200만원 한도로 일부 수혜 기관 자부담 자부담률: 20%(1차년도) → 30%(2차년도) → 50%(3차년도) - 사회적 기업: 2명을 3년간 지원(고령자 전문인력 추가 1명 지원, 50인 이상 기업 추가 1명 지원)
	사회적 기업 일자리 인건비 지원	• 사회적 기업이 사회적 일자리창출사업 참여시 참여자 인건비지원 • '15년 1인당 월 1,271천원 기준(사업주 부담 분 사회보험료 포함) - 연차별 지원금 차등 지급 사회적 기업: 1년차 80%, 2년차 60%, 3년차 30%(+20%) - 최초 약정일부터 계속고용 근로자는 3년차 50% 지원
사회보험료 지원		• 사업주 부담 4대 사회보험료 일부 지원(4년간, 1인당 105천원) - 사회적 기업 중 인건비 지원을 받지 않는 기관
세제지원 제공		• 사회적 기업에 법인세·소득세 3년간 100%, 향후 2년 50% 감면 • 취득세 등록면허세 50% 감면, 재산세 25%감면 • 사회적 기업이 제공하는 의료보건 및 교육 용역에 대하여 부가세면제
공공기관 우선구매 권고		• 사회적 기업이 생산하는 생산품이나 서비스의 우선구매를 권고 - 대상(중소기업제품 구매촉진 및 판로지원에 관한 법률): 국가기관(41), 자치단체(34), 공공기관 등 504개소
판로개척		• 사회적 기업이 생산하는 생산품 관련 정보를 접할 수 있도록 하여 사회적 기업 자생력 제고 지원
시설비 등 지원		• 사회적 기업의 설립·운영에 필요한 부지 구입비·시설비 등을 지원·융자하거나 국·공유지 임대 등 지원
사업개발비 지원		• 사회적 기업의 기술개발, R&D, 홍보 및 마케팅 등 경영능력 향상을 위한 사업비 지원. - 고용노동부 70%, 자자체 30%로 매칭하여 사회적 기업 1억원 내 지원
모태펀드		• 고용부 모태펀드출자 및 민간출자자 참여를 통해 사회적 기업투자조합 -(자펀드)를 결성, 사회적 기업에 대해 투자(투자운용사)

출처: 한국 사회적 기업 진흥원

이 강구되어야 민간기업으로 사회혁신을 이룰 수 있다. 고용노동부 인증을 받은 사회적 기업은 「사회적기업육성법」에 의거, 사회적 기업을 대상으로 하는 새로운 일자리 창출을 위하여 경영지원, 인건비·운영경비 등의 재정지원, 사회보험료 지원, 연계기업에 대한 조세감면, 공공기관 우선구매, 판로개척, 시설비 지원, 사업개발비 지원, 모태펀드 등 다양한 지원을 받을 수 있다. 하지만 독지가의 기부와 정부의 마중물에 기대어 연명하기보다는 사회적 금융이라는 틀 속에서 '선택과 집중'이라는 새로운 정책 방향이 고려되어야 한다. 또 우리 정부가 진행한 사회적 기업가 육성전략은 2~3개월 단기 아카데미 운영과 사회적 기업 체험, 해외 사회적 기업 인턴, 해외 봉사 기회제공이 전부다. 하지만 기업을 경영해 본 경험이 없어 시행착오를 많이 겪게 되므로 실전경험이 있는 사회적 기업가가 다른 사회적 기업의 컨설팅 업무를 맡도록 하는 시스템이 갖춰지면 그들의 경험을 활용하고 후배들이 겪는 시행착오를 상당 부분 줄일 수 있을 것이다.

(3) 사회적 기업과 청년창업 응원

경제적 가치(이윤추구)와 사회적 편익(사회적 기여)을 동시에 추구하는 사회적 기업의 정부 의존도가 높다는 지적은 많은 연구결과로 나타났고, 취약한 재무구조와 낮은 경제적 성과는 정부 지원중단 시 조직의 지속 가능성에 심각한 문제가 제기되고 있다. 하지만 사회적 기업(social enterprise)은 고용 없는 성장, 높은 실업률, 폭증하는 복지 수요 등에 대한 대안이기 때문에 여러 문제점을 해결할 정부 차원의 정책 대안과 사회적 기업의 생존 및 혁신성장을 위하여 다음 사항을 검토해야 한다.

① 사회적 기업의 창업가는 "이 일을 왜 하는가?"에 대한 깊은 성찰과 자기가 만들 사회혁신을 상상하면서 사회적 가치를 추구한다는 명쾌한 미션과 철학을 체득해야만 창업 및 운영의 고단함 속에서도 사회변화를 선도할 생존과 성장에너지를 확보할 수 있다.

② 아무리 명쾌한 사회적 목적을 가지고 사회적 가치를 창출하고 기업운영에 필요한 자원과 역량을 갖추었더라도 시장이 원하는 타당성 있는 비즈니스모델이 없다면 도태될 수밖에 없으므로 사회적 기업의 지속가능성과 성공을 위해서는 우선 지속 가능한 비즈니스모델을 만들어야 한다.

③ 사회적 기업의 운영기준이 정부지원에 따른 조직운영에 맞추어져 기업의 윤리적 운영, 수익 분배 등을 중시하지만 사회적 기업도 지속적인 수익을 추구하는 기업(enterprise)이므로 창의적인 아이디어로 새로운 가치창출(혁신)로 시장이 만족할 상품을 제공할 수 있어야 하며, 지속 성장하려면 경영역량의 습득과 핵심경쟁력 확보 그리고 지역개발과 연계하여 주민들의 공동이익을 창출할 수 있어야 한다.

④ 한국 사회적 기업들이 재무적 가치보다 사회적 가치에 집중하다 보면 경영 전문성 취약으로 이어지거나, 반면 사회적 기업 활성화를 위해 지나치게 수익성을 강조하다가 본연의 목적인 '공익가치와 수익성 간의 균형'을 잃을 수 있는데, 이 균형을 유지하기 위하여 균형 잡힌 사회적 기업가 양성으로 소명의식을 갖게 하고 사회적 기업가정신을 함양해야 한다.

⑤ 국가 차원에서 청소년들에게 혁신성과 창의성 및 위험감수성과 진취성, 그리고 도전정신과 창의적 아이디어 등과 같은 기업가정신을 함양하고, 더불어 사회적 경제를 뒷받침할 수 있도록 신뢰, 내부네트워크, 공동체 등 구성요소들과 사회적 가치를 연계해야 한다.

⑥ 사회적 기업은 초기 시장진입 과정에서 인지도와 품질경쟁력이 낮게 평가돼 시장에서의 경쟁력 확보 및 운영에 필요한 자본 확보의 어려움이 있기 때문에 공영TV나 오프라인 사회적 기업 상품판매장을 통하여 사회적 기업 제품의 판로 확대 및 사회적 공감대를 형성하고 확산함으로써 사회적 경제가 견고하게 정착할 수 있도록 체계적인 준비가 필요하다.

⑦ 사회적 기업의 활성화는 국가적 화두인 일자리 창출뿐만 아니라 역동적(dynamic) 경제의 새로운 성장 동력으로 인식하고, 실습을 포함한 사회적 기업 교

육을 통해 학생들에게 사회변화의 주도자가 되도록 영감을 불어넣으면서 액션 러닝(action learning: 문제해결 과정에 대한 성찰을 통한 학습)을 통한 실무능력을 갖춘 청소년들을 사회 혁신가(social innovator)로 육성할 사회적 기업가 양성시스템이 필요하다. 예를 들어 사회적 기업사관학교를 세워 사회적·경제적 가치 창출 능력을 갖춘 우수 인재들을 육성하고 그들이 사회혁신과 창업에 도전할 수 있는 분위기를 조성하며, 교육 및 법률 인프라 개선, 자금시장 개선, 창업 촉진 지원제도의 개선 등 전반적이고 체계적인 사회적 기업 운영시스템을 구축하여야 한다.

⑧ 정부 주도로 출발한 우리나라 사회적 기업의 경우 정부의 다양한 지원을 받고 있으나, 정부 보조금이 종료된 이후 대다수 사회적 기업들이 도산의 위험에 처했고 생존한 사회적 기업은 15%에 불과했다(국회입법조사처, 2014). 따라서 향후 정부가 직접적인 지원자로의 역할보다는 시장형성을 지원하고 자본시장의 불완전성을 보완하는 역할이 강화되어야 하고, 정부 보조금이 중단되더라도 지속적인 성장을 위한 수익모델이 확보되어야 한다.

4) 사회적 기업 사례

사회적 기업은 사회적 문제와 경제적 문제를 창의적이고 혁신적인 방법으로 동시에 해결하고자 하는 노력이므로 사회적 기업이 활성화된 사회는 공정하고 정의롭고 건강한 사회이며, 창조경제나 따뜻한 자본주의가 추구하는 사회이기도 하다. 사회적 기업의 성공적인 사례로 2006년 노벨평화상을 수상한 무하마드 유누스의 무담보소액대출(Micro-credit)과 그라민은행(Grameen Bank), 요구르트 회사인 그라민－다농 컴퍼니(Grameen-Dannon company), 그리고 잡지를 통해서 전 세계 노숙자들의 자립을 지원하는 고든 로딕(Gordon Roddick)과 존 버드(John W. Budd)의 '빅이슈(The Big Issue)', 음식으로 불우청소년과 사회의 어두운 곳에 희망과 사랑을 전하는 제이미 올리버(James T. Oliver) 의 피프틴(Fifteen), 빌 게이츠의 지원으로 유명해진 저개발국 치료제 개발 및 판매기업 원월드헬쓰(One world

Health), 미국의 1위 아이스크림 업체 밴앤제리(ben & jerry's)의 사회공헌과 연계하여 불우청소년의 안정적인 희망일터를 만든 쥬마벤처스(Juma Ventures) 등이 세계적으로 유명한 사회적 기업들이다.

특히 방글라데시의 그라민은행(Grameen Bank)은 치타공대학의 경제학 교수였던 무함마드 유누스에 의해 탄생하였다. 당시 무함마드 유누스는 가난에 허덕이는 사람들에게 자신의 돈을 빌려주는 소액신용대출(microcredit)을 하게 되고 이렇게 시작된 소액신용대출은 점차 많은 사람들이 찾게 되면서 무함마드 유누스는 그라민은행을 설립하였다. 그라민은행은 담보를 설정하도록 하면, 정작 가난한 사람들이 돈을 빌릴 수 없기 때문에 다른 은행들과는 다르게 '담보'가 필요 없는 방식이다. 담보도 없는 가난한 사람들에게 낮은 이자율로 돈을 빌려주는 그라민은행이 계속 유지될 수 있었던 이유와 성공 요인은 다음과 같이 살펴볼 수 있다.

① 지속적인 관심이다. 그라민은행은 보통 은행들과는 다르게 대출자가 경제적으로 자립할 수 있도록 도와준다. 즉, 가난한 대출자에게 일자리 정보를 제공해주는 것과 같은 일을 수행하며 대출자가 실질적으로 빈곤에서 벗어날 수 있도록 지원한다. ② 낮은 이자율이다. 그라민은행은 보통 은행보다 낮은 대출 이자를 적용하여 대출자들의 부담을 덜어주고 있다. 또한, 담보 없는 신용대출이기 때문에 높은 이자율의 사채로 인한 폐해를 막을 수 있다. ③ 집단대출 제도이다. 집단 대출제도란 말 그대로 5명의 대출자를 한 집단으로 묶어놓고 빌린 돈에 대해 공동으로 책임지게 하는 제도이다. 따라서 1명의 사람이 대출금을 제대로 상환하지 못하면, 남은 4명이 책임을 지는 것이다. 이같이 그라민은행은 다른 은행들에서는 찾아볼 수 없는 독특한 제도들을 통해 지속 생존할 수 있었고 이 제도들을 '신뢰'라는 바탕 속에서 실행해 나감으로써 98%의 상환율이라는 놀라운 결과를 보여주고 있다.

한편 한국에서 성공한 사회적 기업으로 잘 알려진 아름다운 가게(Beautiful Store)는 기부받은 중고품을 판매해 마련한 기금을 사회자선 및 공익사업에 쓰

빈곤퇴치운동 방글라데시의 그라민은행

1976년 방글라데시 치타공대 경제학과 교수 무하마드 유누스는 한 농촌에서 대나무 의자를 만들어 생계를 꾸리는 여성 노동자 42명이 굶고 있는 것을 보았다. 27달러밖에 안 되는 재료비를 융통하지 못해 손을 놓고 있던 그들에게 유누스는 주머니를 털어 돈을 대줬다. "길바닥에서 사람들이 굶어 죽고 있는데 경제학 이론이 무슨 소용인가." 강단을 뛰쳐나온 그는 1976년 빈민을 위한 은행을 설립했다. 옷 수선용 중고 재봉틀, 물건을 나를 손수레, 농사지을 송아지를 살 수 있는 창업자금을 50~150달러씩 빌려줬다. 대출 조건은 '가난'과 '일하려는 의지'였다. 놀랍게도 원금 회수율이 99%에 이르렀다. 사회적 기업의 원조(元祖)로 꼽히는 31년 전 세운 그라민은행은 2007년까지 710만 명에게 61억4,000만 달러를 대출했다. 무담보 소액 대출(마이크로크레딧)사업은 이제 직원 1만8,151명, 총 지점 2,185개를 운영하는 거대 은행으로 발전했다. 그라민은행은 지금까지 600만 명이 넘는 빈곤 계층에게 무담보 소액대출을 통해 삶의 희망을 전해줬고, 이 가운데 60%가량이 이미 빈곤을 탈출했다. 오늘날 진정한 사회적 기업가의 표본으로 칭송받는 유누스와 그라민은행은 2006년 노벨평화상을 받았다.

유누스 총재는 세계 최빈국 가운데 하나인 방글라데시를 전 세계에 널리 알렸고, '가난한 이들을 위한 은행가'로 불리며 방글라데시인들 사이에서도 가장 존경받는 인물이 되었다. 그가 꿈꾸는 이상사회(utopia)는 이타심과 창의성을 근간으로 한 새로운 자본주의라고 할 수 있다. 그라민은행에서 대출을 받아 작은 신발가게를 운영하고 있다는 코르세드(29) 씨는 "유누스 총재는 방글라데시인들을 구원한 사람"이라며 칭찬했다. 그라민은행은 동유럽·남미·인도 등 저개발 국가뿐 아니라, 미국·유럽 등 선진국을 포함한 전 세계 52개국에서 마이크로크레딧 사업을 펼치고 있다. 또 세계적인 다국적 유제품 회사인 프랑스 다농과 손잡고 '그라민-다농 컴퍼니'도 설립했고 그라민은행과 다농이 7,500만 달러를 투자해 설립한 '그라민-다농 컴퍼니'에서는 빈곤에 허덕이는 어린이들에게 45개 필수 영양소를 담은 요구르트를 생산해 공급하고, 새로운 일자리도 창출할 예정이다. 기업의 이윤을 사회 공공부문에 되돌려주고 효율성을 높여 재투자함으로써 확대 재생산을 이루겠다는 게 '사회적 사업'의 목표다.

기 위해 창설된 기관으로 영국의 '옥스팜(Oxfam)'이나 미국의 '굿윌(Goodwill)'을 모델로 하고 있다. 사용한 물건을 버리지 않고 재활용한다는 면에서 환경운동이고, 물품 재사용을 통해 사람과 사람을 연결 짓는다는 측면에서 새로운 생활공동체 운동이다. 사용한 물건을 〈재활용한다는 환경운동〉, 물품 재사용을 통해 사람과 사람을 연결 짓는 새로운 〈생활공동체 운동〉을 표방하며 기부받은 중고품을 판매해 마련한 기금을 사회자선 및 공익사업에 쓰기 위해 창설된 「아름다운 가게(Beautiful Store)」는 2002년 10월 국내 최초로 재활용가게를 개점했다. 사회적 반응을 이끌면서 성장한 아름다운 가게는 2021년 110개 지점 직원 411명, 2020년 매출 265억5,276만원 규모로 성장했다. "아름다운 가게의 성공요소"는 한국적 특수성 고려, 스토리텔링, 재미, 비용 최소화, 자원봉사자 참여, 사회적 가치를 실현한다는 명분과 비전의 공유 등 아울러 사회적 가치를 실현한다는 명분과 비전의 공유가 중요하게 제시된 점 등으로 알려져 있다.

또 폐자원을 이용한 악기로 연주하는 「노리단」은 2004년 '하고 싶은 일을 하며 먹고 살자'는 구호 아래 공연기획가, 청소년 등 11명이 모인 서울시립 청소년 직업체험센터인 하자센터의 첫 번째 문화·예술 동아리 '재활용상상놀이단'에서 출발했다. 재활용상상놀이단은 호주의 생태 퍼포먼스그룹인 '허법(Hubbub)'의 정신과 기술을 전수받아 한국에서 새롭게 발전시킨다는 취지로 폐타이어나 산업폐기물 자재 등으로 창의적인 악기를 만들어 공연하는 일종의 '놀이꾼'단체였다. 2006년 단체의 이름을 '노리단'으로 바꾸고 재활용을 바탕으로 사회적 활력과 지속가능한 즐거움을 디자인하는 문화·예술기업'을 지향하며 기업으로 전환해 2007년 사회적 기업 인증을 받았다. 노리단은 놀이와 재활용을 바탕으로 공연·교육·디자인의 3개 영역에서 활동하고 있다. 교육사업은 창의력이나 커뮤니케이션 등을 주제로 악기연주 및 공연을 활용해 워크숍을 진행하는 방식이다. 노리단에는 현재 5개의 공연팀이 있다. 13세 이하 어린이로 구성된 나마스떼, 통칭 오리지널 팀이라고 부르는 플레이·이매진·리싸이클 팀, 극장이나 해외 공연에 주력하는 프로젝트팀 등 5개 공연팀이 각각 독자적 레퍼토리로 독특한 공연을 진행하고 있다.

또 위안부 할머니들의 미술작품을 재해석한 상품들로 화제가 된 마리몬드(MARYMOND. 할머니들의 압화 작품을 활용한 상품개발), "위안부 할머니들에 대해 '못다 핀 꽃'이라고 규정하여 그 꽃이 늦게나마 활짝 필 수 있도록 도와드리고 싶었어요. 못다 핀 꽃에 나비라는 존재가 앉았을 때 꽃은 만개한다는 의미로 마리몬드라는 이름을 지었다고 한다. 마리몬드는 두 단어의 합성어다. '마리(Mary)'는 나비를 뜻하는 라틴어 '마리포사(Mariposa)'에서, '몬드(Mond)'는 빈센트 반 고흐의 작품 '꽃피는 아몬드 나무(Almond Blossom)'에서 따왔다. 디자인의 중심이 되는 꽃 패턴에는 저마다의 사연이 있다. 마리몬드 측은 일본군 '위안부' 피해자 할머니들 한 분 한 분의 이야기를 듣고 할머니의 사연을 모티브로 꽃 패턴을 제작한 후 이를 활용해 디자인 제품을 만들어 판매한다.

또 물품의 포장 및 운송 등을 대행해주는 물류 대행 서비스 두손컴퍼니(홈리스 일자리창출)는 행동하다의 'DO'와 일하고자 하는 '손', 돕고자 하는 '손'이 만난 것을 뜻하는 미션처럼 일자리를 만들어 빈곤퇴치를 달성한다는 목표로 2012년 설립된 사회적 기업으로 서비스형 풀필먼트(Fulfillment) '품고'를 운영하고 있으며 동시에 IT 기술과 빅데이터 분석을 활용해 스몰비즈니스의 성장을 돕는 풀필먼트를 제공하는 물류 스타트업이다. 전체인원의 30%가 노숙인 같은 취약계층이고, 취약계층의 쉼터, 일자리센터 복지기관 열 군데 정도가 연계돼 있어서 추천제로 취약계층을 뽑고 있다. 두손컴퍼니에서 일하는 모든 사람은 회사의 주인을 뜻하는 핸디맨(handyman)이라고 부른다. 기업을 위해 회사가 존재하는 게 아니라 회사가 사람을 위해 존재한다고 생각한다. 그래서 두손컴퍼니의 핵심가치는 초격차, 고객관점, 협업, 존중, 프로다움 5가지 조직문화가 두손의 DNA다.

Chapter 13

사업성 분석과 사업계획서(Business Plan)

Chapter 13

1

사업 타당성 분석(project feasibility analysis)

1) 사업 타당성 분석의 개념

사업타당성 분석 단계

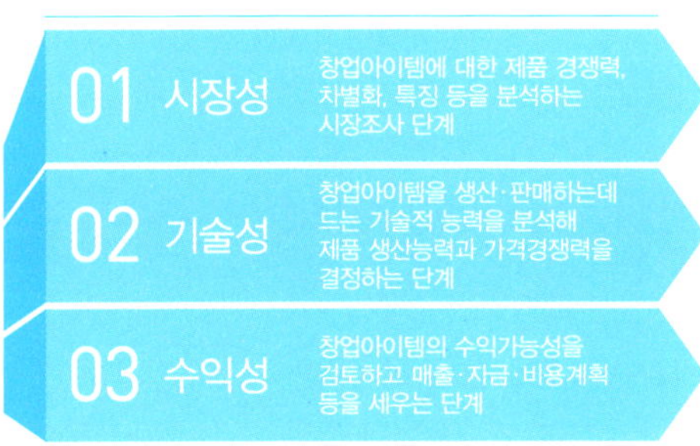

사업 타당성(project feasibility) 분석이란 계획하고 있는 신규사업(New Project)에 대한 시장성을 분석하고 비용 등 소요자금을 추정하며, 제조원가와 일반관리비 등을 예측하여 추정 대차대조표와 추정 현금흐름표를 작성해 봄으로써 계획하고 있는 사업의 경제성, 수익성, 차입원리금 상환 가능성 등을 종합적으로 검토하여 투입자본에 대한 투자자의 요구수익률 확보 여부를 분석하는 것이다. 또 고려하는 사업 아이디어를 추진할 경우 어느 정도의 수익을 실현할 수 있겠는가를 파악하는 활동이다. 이 같은 목표달성을 위한 사업성 분석은 세부적인 분석 활동을 제품의 마케팅 및 판매와 관련된 시장분석(market analysis), 생산과 관련된 기술분석(technical analysis), 그리고 이들 2가지를 토대로 수익성을 평가하는 재무분석(financial analysis) 등 3가지로 분석한다.

창업자는 자기중심적 관점이나 주먹구구 방식으로 수익을 계산하지 말고 내가 하는 사업에 대한 목표를 정확히 정하고, 손익계산 등 사업의 타당성을 검토한 후 사업계획을 점검해야 한다. 사업계획서 없이 사업을 진행하는 것은 설계도면 없이 집을 짓는 것과 마찬가지이므로 사업계획서는 치밀하게 준비하여야 한다. 사업성 분석의 결과가 사업의 성패를 정확히 예측하기는 어렵더라도 가능하면 가장 객관적이고 과학적인 사업성 분석을 통하여 사업의 성공 가능성과

사업 기회(opportunity)와 사업화 적정성 분석

기회(opportunity)란 기술적 실행가능성(technical feasibility)과 시장 수용 가능성(market acceptance)이 포함된 개념이며 다음 질문에 답할 수 있어야 한다.

① 평가기준(시장규모, 성장성, 수익기간)은 어떠한가?
② 잠재이익이 적절한 투자수익을 보장하는가?
③ 확장, 다각화, 통합·발전 가능성이 있는가?
④ 위험요인이 있더라도 이익이 지속적인가?
⑤ 새로운 제품·서비스가 진정한 욕구를 반영하는가?
⑥ 창업 후 진입장벽은 없는가?
⑦ 고객은 파악가능하고, 접근이 쉽고, 변화의 의지가 있는가?
⑧ 공급자의 핵심자원 통제로 인한 종속 및 손실 가능성은 있는가?

성공에 필요한 보완점을 검토함으로써 구상하는 나의 사업 아이템을 꼼꼼히 점검하여야 한다. 성공적인 창업을 위하여 실제 창업아이템으로 선정하기 위해서는 다음의 세 가지 사항 중 최소 한 가지 이상은 반드시 만족을 시켜야 한다. 첫째, 나의 아이템은 현재 시장 또는 고객들에게 만족되지 않은 욕구를 충족시켜 줄 수 있는 상품·서비스인가? 둘째, 나의 아이템은 현재 공급이 부족하여 해당 부분을 채워줄 수 있는 상품·서비스인가? 셋째, 나의 상품·서비스가 기존상품에 비해 유리한 조건 또는 차별화된 매력을 지녀 성공적으로 경쟁을 할 수 있는가? 이러한 질문에 긍정적인 응답을 할 수 있다면 본격적으로 사업 타당성을 분석할 만하다.

큰 틀에서 사업을 놓고 보면 사업에 대한 아이템도 모두 다르고, 환경도 다르므로 사업 타당성 분석에 대한 방법도 여러 가지이다. 하지만 가장 객관적이면서 실질적인 사업 타당성 분석을 위해 아래의 사항을 점검해 보

아야 한다. ① 사업의 기본분석을 해 본다. 나의 사업이 해당되는 업종에 대한 전망과 발전 가능성을 객관적으로 판단해 본다. 나의 사업은 어느 시기(태동기-발전기-성숙기-쇠퇴기)에 해당되는가? ② 시장에 대하여 분석한다. 나의 제품 또는 서비스에 대한 전체 수요는 과연 어느 정도인가? 해당 부분에 대해 국가별, 지역별, 성별, 연령별, 금액별로 반드시 세분화해 본다. ③ 나의 제품이나 서비스는 어느 정도의 경쟁력을 갖고 있으며, 예상되는 수익모델은 무엇인지 아주 구체적으로 기록한다. 즉, 나의 제품 또는 서비스가 정말 살아남을 수 있는 충분한 경쟁력이 있는지 그리고 제품 또는 서비스의 생산원가, 유통비용, 실제 판매가 등을 고려한 명확하고 객관적인 분석이 필요하다. ④ 운영에 대한 실질적인 비용 산출과정이 필요하다. 인적·물적 자원 조달과 구성, 마케팅 비용 등을 비롯한 전체적인 운영에 필요한 비용을 반드시 계산해 보아야 한다. 이 네 가지 항목이 사업 타당성 분석을 위한 아주 기본적이고 필수적인 요소들이다. 창업자들은 정말 좋은 아이템만 있으면 다 된다고 생각하거나 전망 있는 상품·서비스를 완성하면 이미 사업에 성공한 듯 착각하는 경우가 많지만, 사실 이 단계는 겨우 가능성이 조금 있는 수준으로 이해하여야 한다. 또 신규사업에 진출하려는 창업자는 사업의 실현 가능성을 검토할 때 구상 중인 사업이 지속 가능한가? 확장 가능한가? 투자유치는 가능한가? 경영 팀의 역량은 충분한가? 재무적 수익을 창출할 수 있는가? 과연 소비자들은 나의 제품을 구매할 것인가? 사회적 가치를 창출할 수 있는가? 구체적으로 어떤 사회적 계층의 어떤 문제를 해결할 수 있는가? 등에 명쾌하게 대답할 수 있어야 한다.

2) 사업 타당성 분석의 필요성

사업 타당성 분석은 창업을 실패로부터 지켜주고 성공확률을 높일 수 있기 때문에 중소기업 창업은 물론 아무리 작은 소규모 창업일지라도 필수적으로 작성해야 한다. 사업 타당성 분석의 필요성은 다음과 같다.

① 사업의 타당성 분석은 기업의 장래를 정확하게 파악하고 그를 통해 기업의 체계적 설계를 구성하고 적용할 수 있다.

② 사업 타당성 분석을 통해 사업의 위험요소를 사전에 점검하여 그에 상응하는 대비책을 마련함으로써 사업의 성공가능성을 증대시키고 또한 타당성이 없는 사업에의 투자를 회피함으로써 자원의 효율성을 높일 수 있다.

③ 사업의 주체로 하여금 능력과 환경에 알맞은 사업의 적정한 목표를 설정하고 나아가 범위와 규모 등을 제시할 수 있다.

④ 기업의 각종 투입변수를 조정하고 정확한 분석을 통하여 위험을 감안한 최적의 사업대안을 통하여 전략적 목표를 더욱 명확히 한다.

⑤ 사업의 기술성, 시장성, 수익성, 자금의 수지계획 등 각 항목을 사전에 분석하고 사업상의 중요도를 분석하여 경영의 효율성을 높일 수 있다.

⑥ 사업상의 균형요소, 즉 환경의 기회와 위협, 자사의 강점 및 약점 등을 사전에 정확하게 파악하고 거시적 관점에서 전략적 경영능력을 제고시킨다.

⑦ 정확한 사업 타당성 분석을 통한 생산 및 판매의 가능성을 파악하고 계수에 근거한 협상 능력을 향상할 수 있다.

⑧ 창업자 자신의 주관적인 사업구상이 아닌, 객관적이고 체계적인 사업 타당성 분석은 계획사업 자체의 성공률을 높일 수 있다.

⑧ 기업의 구성요소를 정확하게 파악함으로써 보완해야 할 사항을 미리 확인하여 조치할 수 있게 된다.

사업 타당성 분석은 사업을 통해 발생할 수 있는 실질적인 이익과 손해에 관해 분석하고 사업에 대한 철저한 분석을 통해 아래와 같은 효과를 얻기 위해 꼭 필요하다. ① 구상하고 있는 기업의 형성요소를 정확하게 파악하는 데 도움이 된다. ② 체계적인 기업이 되기 위한 기초 설계 역할을 할 수 있다. ③ 경영자는 기업의 직접적인 경영능력을 향상할 수 있다. 또 창업자의 이와 같은 사업 타당성 분석을 통하여 계획하고 있는 사업의 성공이 예상될 때 사업계획을 세우고

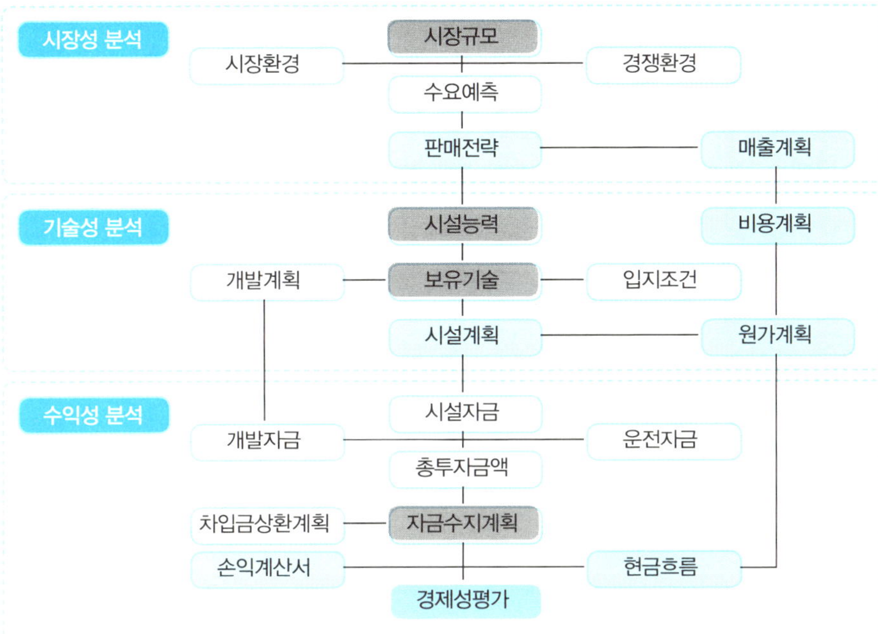

이에 필요한 자본을 동원하여 사업계획을 추진하게 된다. 실제 사업 타당성 분석을 실시할 때는 반복적인 수정이 필요한데 시장조사의 결과가 불리하게 보일 때는 그 사업계획을 포기하기보다는 시장조사의 목적을 재조정하여 조사를 다시 하는 것이다.

3) 사업 타당성 평가요소

사업 타당성 검토는 수치화된 매출과 원가구성요소뿐만 아니라 구체적인 목표수익에 대한 조사 분석이 필요하므로 사업을 시행하기 전에 특정 사업의 성공 가능성에 대한 정보를 파악하기 위해 사업추진능력, 기술성, 시장성, 경제성, 위험 정도 등을 분석하고 평가하는 총체적인 과정이다. 사업주체의 사업추진능력, 제품의 생산과 판매에 따르는 제반의 기술적인 문제, 시장조사와 판매가능 수요의 예측, 손익추정 및 경제성 등에 관한 정보를 입수하기 위해서 행하는 일련의 활동으로 사업 타당성 검토는 창업을 실패로부터 지켜줄 수 있는 가장 좋은 보조 장치이다. 사업 타당성을 객관적으로 검토할 때 체크(check)해야 할 요건들은 다음과 같다.

[표 13-1] 사업 타당성 분석의 평가 항목

평가 요소	세부 평가 항목
창업자의 사업수행 능력	• 기업가로서의 적성과 자질 • 창업자의 해당 업종 경험 및 지식 • 업종 선택의 적합성 • 창업자의 해당업종 업무수행 능력 • 기타 창업자의 전반적인 경영 능력
상품 우수성	• 고객입장에서 가격대비 우수한 상품인가? • 고객에게 인기와 상품경쟁력은 있는가? • 영업 조건 또는 A/S 가능 여부 • 상품 조달 및 공급의 용이성
시장성 및 판매 전망	• 해당 지역이 해당 업종과 잘 어울리는가? • PLC상 도입기 또는 성장기 산업인가? • 상품의 경쟁상황과 전망은 긍정적인가? • 시장 특성과 구조 및 동향분석 • 목표시장 선정 및 판매전략 • 동업자 또는 유사 제품과의 경쟁 상태 • 해당 상품의 경쟁력 및 경쟁 제품의 출현 가능성 • 국내외 가격 구조 및 가격 동향 • 판매처, 판매 조직 및 유통 경로 • 국내외 수요예측 및 중장기 수급 전망 • 해외 시장 분석에 의한 수출 가능수량 추정 • 기타 시장성 요소
기술적 타당성	• 제품의 기술 수준과 품질 성능 분석 • 기존 제품에 대한 비교 우위성 • 생산 시설 및 설비 계획 • 생산 능력 및 조업도 • 원재료 조달계획 • 기술 및 기능 인력 확보 • 예상 불량률 및 개선 가능성 • 기타 기술 및 생산 관련 타당성
수익성 분석	• 2~3년 내 흑자 수익 전망이 가능한가? • 투자수익 및 손익분기점 분석 • 계획사업의 경제성 평가 • 투자수익률(ROI)·손익분기점분석(BEP)·추정손익 검토 • 기타 경제적·재무적 타당성 분석

자금 수지 및 성장성 분석	• 소요자금의 규모 및 조달 가능성 • 현금 수지 분석 및 자금 운용계획 • 자금조달 및 운영 계획표 작성 • 차입금 상환 능력 검토 • 업종의 성장 가능성 검토
위험요소 분석	• 경쟁업체나 거래업체와의 분쟁 가능성 • 필요자금의 조기 조달 실패 가능성 • 입지조건의 부적합 가능성 • 전략제품 변경 및 판매단가 조정 • 원자재 파동 및 금리변동 가능성 • 시장경쟁 격화 및 법률상 제약 가능성

4) 성공적인 업종선정을 위한 7가지 기본원칙

어떤 업종을 선택할 것인가의 문제는 예비창업자들에게 가장 어려우면서도 중요한 문제이다. 최근의 창업동향을 분석하여 유망업종의 흐름을 파악하고, 자신에게 어울리는 업종이 어떤 것들이 있는지를 검토하며, 이들 업종의 사업성을 분석하되 최종적으로 자신의 여건에 맞는 업종을 선정해야 한다. 성공적인 업종선정을 위해서는 단순히 생각하지 말고 충분한 시간을 가지고 성실하고 인내심 있는 자세로 하나하나 풀어나가야 한다. 업종을 선정할 때 명심해야 할 원칙은 다음 7가지 기본원칙을 고려하여야 한다.

① 시대의 흐름에 맞는 업종을 선택해야 한다.

시대의 흐름과 자신과 맞는 업종을 선정하는 것이 업종선정의 전제조건이다. 사업 환경이 급변하고 있어 유망업종의 성쇠도 빨라지고 있다. 이미 사양화되기 시작한 업종을 선정하게 되면 모든 노력이 헛수고가 된다.

② 수익성이 높은 업종을 선택해야 한다.

투자 대비 수익률이 높아야 한다. 적어도 투자수익률이 3% 이상은 되어야 하며, 5~8% 되면 유망업종이라고 할 수 있다.

③ 성장성이 있는 업종을 선정해야 한다.

신규 업종은 아직 사업성이 검증되지 않아 지속적으로 사업을 할 수 있을지 판단하기가 어렵다. 또 성장기를 지나 성숙기에 접어든 업종은 점포 수가 많아 경쟁이 치열하다. 반면 사회적 소비 트렌드와 소비자 욕구와 일치하는 성장기 업종으로, 장기적으로 성장하는 업종이어야 한다.

④ 안정성이 높은 업종을 선정해야 한다.

수익률은 변동이 크지 않아야 한다. 경기변동에 민감하지 않아야 한다. 불경기나 호경기에 관계없이 꾸준히 매출이 발생하는 업종을 선정해야 안정적으로 사업을 진행할 수 있다.

⑤ 자신의 성격에 맞는 업종을 선택해야 한다.

자기가 좋아서 하는 일을 하게 되면 밤낮없이 일하더라도 쉽게 지치지 않고 일하는 과정이 재미있을 뿐만 아니라 결과에 대한 만족도가 크고, 아무리 어려운 상황이라도 헤쳐나갈 수 있는 강한 힘이 자신 속에서 나온다.

⑥ 경험이나 지식을 활용할 수 있는 업종이어야 한다.

잘 알지 못하는 분야에 진출하는 것만큼 위험한 일은 없다. 자신도 알지 못하는 수많은 함정이 도사리고 있기 때문이다. 따라서 경험이 부족한 분야에서는 더욱 철저한 사전준비가 필요하다.

⑦ 자금조달 범위 안에서 업종을 선정해야 한다.

자기 자본비율을 70% 이상 유지하는 것이 중요하다. 차입자금이 지나치게 많을 경우 조금만 어려운 상황이 발생해도 위기대처 능력이 급격히 악화되므로 자신이 감당할 수 있는 자금 범위 안에 있는 업종을 선정하는 것이 사업 리스크(risk)를 낮출 수 있다.

2

사업계획서(business plan)의 이해

1) 사업계획서(Business Plan)의 개념과 구성내용

사업계획서는 경영자가 기업을 설립하여 자신의 사업을 지속적으로 성장시키기 위한 아이디어와 계획을 구체화, 체계화시킨 계획으로 기업경영과 관련된 모든 외적요소(산업, 경쟁자, 시장전망, 소비자욕구, 관련정책 및 법규, 문화 등)와 기업 내적 요소(제품, 마케팅, R&D, 생산, 인적자원 등)의 현황과 전망 및 활용계획을 체계적으로 정리하여 실행 가능한 구체적인 계획(detailed plan)으로 발전시키는 것이다. 설계도 없이 건물을 짓는다면 과정의 어려움뿐 아니라 부실건축이 될 위험이 높아지듯이 사업계획서는 사업을 어떻게 경영할 것인지에 대해 기준을 제공하는 창업의 설계도이다. 여행할 때의 지도와 마찬가지로 사업계획서가 없으면 그 사람은 수많은 시행착오를 범하게 될 것이며, 이것은 창업자의 소중한 초기 자금(종자돈)의 낭비하는 원인이 된다.

예비창업자에게 사업계획서는 그 작성과정을 통해 계획한 사업의 전반적인 사항들에 대한 구체적인 점검과 검토가 가능해지고, 작성된 사업계획서는 이해관계자(동업자, 투자자, 사업제휴사의 경영자, 정부 기관 담당자 등)에게 자신이 하려는 사업을 이해시키기 위한 자료로 쓰이기 때문에 충실한 사업계획서 작성은 꼭 필요한 과정이다. 사업계획서의 핵심사항은 우수한 경영진, 매력적인 시장, 자사의 경쟁력, 합리적인 재무계획 등 자세한 내용이 포함되어야 하며, 특히 창업과정에서 가장 큰 어려움인 자금조달 해법으로 엔젤(투자자) 또는 금융기관 등 다양한 이해관계자들의 설득을 위하여 구체적이고 충실한 계획이 필요하다. 사업계획서(Business Plan)는 계획한 사업시행 시 발생 가능한 시행착오를 줄이는 길잡이 역할과 사업추진 세부계획 작성의 기본 프레임워크(framework) 역할을 한다.

좋은 아이디어를 토대로 한 사업계획이라도 이해하기 어렵고, 기업 내부에서나 제3자와 공유할 수 없는 것이라면 무용지물이 된다.

사업계획서에는 우선 무엇으로, 얼마를, 어떻게, 언제 벌 것인지의 얼개를 짜서 넣고 시장성 있는 제품을 만들어 소비자에게 어떻게 어필함으로써, 얼마만큼의 수익을 언제 올릴지 현실적인 목표와 비전이 있어야 한다. 예컨대 공유자전거 업체라면 온라인 플랫폼 사용자 확대전략과 지역 선정, 자전거 설치 및 관리, 대당 운영비와 요금제, 당국 및 기타 이해관계자들과의 갈등해결 방안, 공유 킥보드 등 유사 서비스와의 차별화 전략 등을 나타내야 한다. 이를 바탕으로 현재 자본력과 본격적인 수익 창출 시점, 지역당 올릴 수 있는 최고·최저 매출 규모, 사업 확대전략 등을 함께 담아야 한다. 또 투자자들은 어떤 악재가 닥쳐도 이겨내고 극복하는 의지와 확신이 있는 창업자를 선호하기 때문에 아이디어 수준의 제품·서비스를 언제 출시할 수 있으며, 수익을 올릴 수 있는 적절한 시점인가를 가늠하는 능력·의지를 중요하다. 맨땅에서 시작해야 하는 스타트업 창업자는 밤샘 근무 등 불안정·불규칙적인 생활은 기본이고, 경쟁사의 출현과 경영환경의 변화, 재무적 위험, 사기 등 수많은 위험에 노출될 수 있는데, 이런 역경을 뚫어낼 수 있는 창업자라는 점을 사업계획서에 포함해야 한다.

스타트업은 많은 위험에 노출돼 있는데 그중 가장 치명적인 것은 재무적 위기다. 초기 투자를 받아 제품·서비스 개발에서 본격적으로 매출이 일어나는 사이 많은 경우 자금의 공백이 발생한다. 대개 스타트업 1~2년 차는 초기 투자금으로 연명하는데, 매출이 발생하는 3년 차부터 사업의 성패가 드러나기 시작한다. 흔히 '데스밸리(Death Valley, 창업 3~7년차 기업의 고난기)'라 불리는데, 이런 재무적 위험을 어떻게 극복할 것인가 계획이 있어야 한다. 또 사업에 지나치게 몰입하면 자기객관화가 어려워 남의 눈에 잘 띄어도 창업자 눈에는 드러나지 않는 점이 있게 마련이다. 이를 객관화하기 위해서 그래픽 등 시각적 요소를 제거하면 사업계획서가 본질에 얼마나 충실하고, 구체적인지를 쉽게 알 수 있다. 이 자료를 토대로 '만약 내가 투자자라면 이 기업에 투자할 수 있을까, 혹은 동업할 수 있을까'라고 자문해보는 것도 좋은 방법이다. 이미 유니콘으로 성장한 스타트업의 사업계획서에 자신의 아이템을 대입한다든가, 정부나 대기업의 사업계획을 참고하는 것도 하나의 방법이다. 또 과거에 작성한 사업계획서와 최근 것을 수시로 비교해 바뀐 점을 확인하는 것도 비즈니스모델을 정교화하는 데 도움이 된다. 스타트업의 현재 모습이 아니라 아직은 존재하지 않는 성공을 가정한 미래를 보여주는 것이 유리하며, 사업계획서에는 사업의 비전과 리스크 관리, 임직원 간에 공감대 형성에 대한 내용을 명료하게 나타내야 한다.

사업계획서의 구성을 살펴보면, 우선 사업개요서(요약 사업계획서, Summary Plan)는 기업의 핵심내용만을 담아 2~4Page 내외로 요약하는 사업계획서로 주로 금융기관에 대출 신청 시 또는 투자자들에게 초기 설명 자료로 사용되는 사업계획이다.

사업계획서 작성 시 창업자가 고려해야 할 사항

사업기회를 명확히 하고 간결하면서도 효과적인 사업계획서를 작성하기 위해서는 다음의 7가지 질문에 각각 한 문장으로 답할 수 있어야 한다.

① 당신의 상품은 무엇인가?
② 누가 당신의 고객인가?
③ 누가 이 상품을 팔 것인가?(유통채널)
④ 얼마나 많은 사람들이 이 상품을 살 것인가?
⑤ 이 상품을 설계·생산하는데 필요한 자본은 얼마인가?
　또 그 돈은 어떻게 확보할 것인가?
⑥ 이 상품의 가격은 얼마로 정해야 하는가?
⑦ 언제 손익분기점(BEP)에 도달할 수 있을 것인가?

당신의 상품 및 서비스가 누구를 목표시장(Target)으로 어떻게 나아갈 것인가를 명확히 규명해야 한다.

– Sherwin Jr. Elton B. 〈The Silicon Valley Way〉. Energy House Publishing. 2010.

그리고 본 사업계획서(Full Business Plan)는 보통 20~40Page 정도로 작성하고, 주로 사업설명회나 IR자료 등으로 사용한다. 사업계획서에는 기업의 모든 것을 담아야 하며, 주요 내용에 대한 증빙자료를 부속서류로 첨부한다. 또 운영사업계획서(Operational Business Plan)는 회사 운영과 관련하여 목표설정과 평가, 효율적 자원 배분 등의 목적으로 작성되는 사업계획서이다. 사업계획서의 핵심사항은 우수한 경영진, 매력적인 시장, 자사의 경쟁력, 합리적인 재무계획 등이 자세하게 포함이 되어야 하며, 얼마나 이해관계자들을 설득하느냐도 경영자의 몫이다.

사업의 핵심내용이 담겨 있는 사업계획서(Business Plan)에는 [표 13-2]와 같은 구체적인 계획을 포함해야 한다.

[표 13-2] 사업계획서에 포함해야 할 내용

목 차	내 용
사업계획서 요약	사업기회 및 강점, 상품 및 기술, 자금조달계획, 약식 수익추정
회사 현황	일반개요, 주요연혁, 사업장 입지조건, 자본금 변동 및 주요 주주 현황, 관계회사 현황, 주요외부기관 수상 및 인증현황, 경영진 및 주요기술진, 제품연구 개발현황, 주요기술 및 특허상황, 조직 구성도
사업개요	제품, 시장분석, 경쟁업체분석, 마케팅계획, 매출추정, 계획사업 추진일정 및 소요자금 조달계획, 인재영입 등 인력 계획
제품·서비스	팔려는 제품 및 서비스와 소비자 효용과 장점 등을 소개
경쟁 분석	경쟁업체 현황 및 동향
산업분석 및 시장분석	산업현황 및 전망, 경쟁분석, 경쟁우위, SWOT분석, 시장특성분석, 수요공급분석, 시장점유율분석, 미래수요추정, 매출액 추정
기업의 철학	사명과 비전 그리고 핵심가치, 마케팅 전략, 운영전략
생산기술 및 시설운영계획	제품의 특성, 공정과 기술, 인력계획수립, 생산계획수립, 원가추정, 주요공정도, 원부자재 소요 및 조달, 생산 및 시설투자계획
마케팅 및 사업전략	판매계획, 예상 시장점유율, 총 자본이익률, 상품, 가격, 유통, 촉진 등 4P's(Product, Price, Promotion, Place)전략
재무계획	경제성평가, 수익모델, 추정 손익계산서, 추정 대차대조표, 현금흐름표, 향후 2~3년간 매출 및 재무계획
기타내용	기회와 위험요인, 사업 운영 시스템, 조직 및 인력, 차입금 현황 및 계획, 담보 제공 현황, 주요 경영활동과 관련된 계약 내용, 우발채무, 진행 중인 소송, 손해배상 우려가 있는 사항 등
제출자료	경영/기술진 이력서, 정관, 법인등기부등본, 사업자등록증 사본, 최근 2년간 결산서류, 주주명부, 특허관련서류, 인증서, 계약서 등

2) 사업계획서 작성원칙과 유의점

(1) 사업계획서 작성원칙

사업계획서 작성원칙은 충분성과 자신감, 명확성, 단순성, 일관성, 객관성과 신뢰성, 독창성, 실현 가능성 등을 고려하여야 한다.

① 사업계획서는 충분성과 자신감을 바탕으로 작성되어야 한다. 창업자 자신이 가지고 있는 목표 아이템을 제3자를 설득력 있게 납득시키는 것이 사업계획서의 제1 목표이다.

② 사업계획서는 명확성(Clarity)이 중요하다. Business Plan의 핵심(장점)을 명확히 제시하여야 한다.

③ 사업계획서는 단순성(Simplicity)이 중요하다. 전문가가 아닌 일반인도 알 수 있도록 서술하여야 한다.

④ 사업계획서는 일관성(Consistency)이 중요하다. 지각적 통일성, 문체의 일관성을 유지하면서 작성하여야 한다.

⑤ 사업계획서는 객관성(Objectivity)이 중요하다. 자신감이 넘쳐 제3자가 느끼기에 허황되고 실현 가능성이 없다고 판단될 때는 신뢰성에 큰 타격을 입을 수 있으므로 객관적인 Data를 근거로 하여 작성하여야 한다.

⑥ 계획사업의 핵심내용을 강조하여 부각해야 한다. 창업계획이 평범하면 제3자의 호감을 사지 못한다.

⑦ 자금조달 운용계획은 정확하고 실현 가능성이 있어야 한다.

창업자 자신이 조달 가능한 자기 자본은 구체적으로 현금과 예금이 얼마이며, 부동산 담보 등에 의한 조달액이 어느 정도 되는지를 표시함으로써 제3자로부터 창업자의 자금조달 능력을 신뢰하게 할 필요가 있다. 또 동업자, 금융기관 등으로부터의 조달계획을 구체적으로 표시하여야 한다.

(2) 사업계획서 작성의 장점 및 필요성

① 창업의 구체적인 윤곽을 보여준다.

머릿속에 흩어져 있던 생각들을 한곳에 모아서 구체적으로 사업의 형태와 모양을 결정할 수 있게 해준다. 또 강점과 약점을 분석하고 미흡하거나 약한 부분을 분석하는 중요한 자료가 된다.

② 신규사업의 타당성을 다양한 각도에서 체계적으로 점검해 볼 수 있다.

③ 건축의 설계도처럼 운영의 지침서가 된다.

창업 후에 운영하다 보면 사업 방향이 자신도 모르는 사이에 자주 바뀌거나 자신의 처음에 생각했던 방향을 잊어버릴 수 있는데 이런 때마다 사업계획서는 중요한 참고자료 및 지침서가 된다. 또 실제 project 진행 시 project 추진 상황을 관리하고 평가할 수 있는 핵심 자료로 활용할 수 있다.

④ 자본투자를 받기 위한 제출 서류가 된다.

자본이 부족하여 투자를 받으려고 할 때 자본투자가에게 제출하는 가장 기본적인 서류가 된다.

⑤ 현상을 명확히 분석함으로써, 장애 요인을 제거할 수 있는 도구를 제공하고 신규사업의 효율성을 높일 수 있게 한다.

⑥ 사업계획서는 성공을 위한 수단이다.

⑦ 머릿속에서 나오는 생각을 체계화한 것이 바로 사업계획서다.

⑧ 사업계획서는 명함과 같아서 자기의 외부적인 신용을 부여한다.

(3) 사업계획서 작성 시 주의할 점

① 창업의 목적이 개인적인 이익추구보다 공공의 이익추구이어야 한다.

② 사업 내용이 차별화되도록 노력한다. 특징이 없으면 성공할 수 없다.

③ 틈새시장을 집중적으로 공격할 전략을 제시한다.

④ 구체적인 숫자의 예측으로부터 사업이 성공할 것이라는 객관적인 자료를 보인다.

⑤ 제품의 가격, 이윤, 판매량, 시장점유율 등을 예측할 때는 지나치게 낙관적인 자세로 임하지 않는다.

⑥ 유능한 사람들이 모여 균형 잡힌 경영진이 되도록 인력을 구성한다.

⑦ 회사의 소요자본이나 운영비를 너무 적게 예측하지 않는다.

⑧ 예상되는 경쟁 관계를 과소평가하지 않는다.

⑨ 일회용 히트기술로는 회사를 지속시킬 수 없다. 지속적인 기술진보와 제품 향상이 될 수 있어야 한다.

⑩ 투자자를 찾을 때는 어떤 형태(경영에 관여할 파트너 또는 단순히 투자에만 관심이 있는 전문투자자)의 투자자를 원하는지 명확히 정의하여야 한다.

3 상품 및 서비스 분석

1) 상품·서비스 준비

창업 후 성장하는 기업으로 발전하려면 지속적으로 고객들의 선택을 받아야 하며 그러기 위해서는 진실과 정성을 모아 고객에게 충성함으로써 우선 고객의 마음을 얻어야 한다. 기업들은 기업의 경쟁력을 이루는 내부 혁신역량 강화요소뿐 아니라 모든 시장 경쟁적 요소(상품력 가격경쟁력, 브랜드이미지, 고객관계 관리 등)를 전사적 차원에서 고객지향적으로 혁신해야 한다. 이러한 요소들을 고객 입장에서 총체적으로 개선해야만 고객 관점의 효과성뿐만 아니라 효율성 있는 성과를 기대할 수 있다. 흔히 고객들은 자신이 제품을 사는 게 아니라 창의성을 구매한다고 느낀다. 또 자신이 지불하는 가격의 대가로 얻는 제품이 몇 가지 부품으로 조립한 세트가 아니라 제품력 이상의 가치여야 한다고 생각하는 것이다.

차별화를 위한 마케팅은 제조업자가 무엇을 생산할 것인가를 결정하고 난 뒤에 소비자들의 구매 욕구를 자극하지만 아이디어를 파는 비즈니스는 생산자가 주도하는 시장에서 이뤄진다. 소니(Sony)의 창업자 모리타 아키오(盛田昭夫) 회장은 "고객은 기술적인 이해가 부족하므로 고객의 욕구를 선도해야 한다"고 강조하였다. 그는 시장을 맹목적으로 추종하는 것이 아니라 제품의 가치를 고객들의 욕망과 일치시키는 것, 이른바 '가치혁신'을 펼쳐 보인 것이다. 단순히 제품을 사고파는 관계를 넘어 고객의 삶의 진정한 동반자, 고객의 삶에 기여할 수 있는 가치 창조자가 되겠다는 비전을 실천한 기업들만이 성장할 수 있다. 고객 만족 경영이란 기업의 경영활동을 고객지향적으로 계획하고 시행하는 것이며, 고객이 원하는 최고의 서비스를 제공하면서 고객의 소리를 수집하고 파악한 니즈(needs)를 바탕으로 고객 불만을 해소하고 경영활동을 개선하여 궁극적으로 고객을 만족시키는데 그 목적이 있다. 또 바람직한 기업은 단순히 상품을 팔아서 고객의 필요를 충족시키는 데서 한 걸음 더 나아가 고객의 가치를 향상시키고 생활의 질을 높여 행복한 고객, 행복한 나라를 만들어야 한다. 고객에게 행복감을 주는 기업은 반드시 고객들로부터 사랑의 보답을 받게 되며 시장에서 오랫동안 존속하게 될 것이다.

2) 제공할 상품의 총체적 가치

(1) 고객들은 왜 이 상품을 살까?

① 우리 상품 또는 서비스가 고객에게 어떤 이익을 주고 있는가?

② 우리 상품 또는 서비스는 어떤 가치를 제공하는가?

③ 우리 상품 또는 서비스에 어떤 품격을 담을 수 있는가?

(2) 디자인과 형태는 어떠한가?

① 간단한 그림이 고객에게 오히려 호감을 준다.

② 실제로 어떻게 생겼는지 그려 본다.

③ 호감을 담은 심벌(로고)을 통하여 구별이 쉽게 한다.

(3) 언제 출시하는 것이 바람직한가?

① 철저한 시장조사, 최종디자인 완성, 제품완성, 시장테스트 검토

② 시장테스트에서 발견한 문제점 개선, 제품출시, 소매점 진열평가

③ 역발상 타이밍을 검토할 수 있는가?

(4) 우리의 상품은 경쟁사 상품과 무엇이 다른가?

① 다른 경쟁사가 이미 그 일을 하고 있다고 가정한다.

② 상품의 성공에 영향을 미칠 수 있는 주요 특징을 작성한다.

③ 경쟁사의 제품과 비교해서 자사의 제품을 평가한다.

(5) 상품명은 무엇인가?

① 가능한 모든 유형의 이름을 포함시켜 검토하며 최소한 3개월 전에 제품의 이름을 짓는다.

② 브랜드이미지를 나타내도록 한다.

③ 상품에 스토리를 담아 전달하도록 한다.

4

시장(Market)과 경쟁자 분석(competitor analysis)

1) 고객의 이해

고객(customers, 顧客)은 기업이 창출된 재화와 용역을 구매하는 사람으로 기업의 생존와 성장을 결정하는 존재다. 업종을 불문하고 고객 응대 직원들은 기업과 소비자가 만나는 접점이고 이들의 언행 하나하나에 기업 이미지와 판매 실적이 좌우될 수 있다. 고객 만족이 경영의 주요 목표인 현실에서 기업이 고객 응대에 최선을 다하는 것은 당연하다. 이것이 집약된 게 '고객은 왕'이라는 말이다. 세계적 호텔 「리츠 칼튼(RITS Calton Hotel)」의 창업자 세자르 리츠(CÉSAR RITZ)는 1898년 호텔 리츠 파리(Ritz Paris)를 개업해 사업을 시작하면서 "손님은 절대 틀리는 법이 없다(le client n'a jamais tort)", "정당한 대가를 지불한 손님이라면 누구든 왕처럼 대우해야 한다"며 고객 최우선 경영방식을 최초로 도입하였다. 또 노드스트롬(Nordstrom)의 고객감동 전략은 * 무조건적 반품, * 원스톱 쇼핑, * 영웅적 서비스 세 가지이다. 노드스트롬 직원이 꼭 지켜야 할 한 가지 철칙은 어떤 상황에서라도 자신이 판단해 고객에게 좋다고 생각되는 것은 바로 실행에 옮기라는 것이다. 구매력이 있는 손님은 왕과 같이 떠받들어야 한다는 것은 소비자에게 선택받으려면 손님을 왕처럼 대우해야 한다는 뜻이다.

특히 세계 최대의 낙농제품 소매점인 스튜 레오나드(Stew Leonard)는 매장의 입구에 다음과 같은 문구가 적힌 거대한 대리석을 세워 놓았다. Rule 1. The customer is always right(고객은 언제나 옳다). Rule 2. If the customer is ever wrong, reread rule 1(고객이 옳지 않다면, 규칙 1을 다시 읽어라). 스튜 레오나드는 위와 같은 경영철학을 바탕으로 타사와 경쟁보다는 고객의 각기 다른 욕구를 충족시키는데 전념한 결과 1969년 7명이었던 직원 수는 2,300명으로 늘었고 수많은 충성고객들로 가득한 회사가 되었으며 매년 3억 달러 이상의 매출을 달성해 세계 최대의 낙농회사가 되었다. 사람들 대다수는 세계경제가 어렵고 총체적 불황이라는 요즘 상황에도 불황의 늪을 빠져나와 성공을 구가하고 있는 회사들의 성공스토리 속 전략의 핵심에는 고객이 있다. 고객 가운데 기업이 창조한 제품과 서비스에 대해 대가를 치를 의향이 있는 고객만이 기업을 존재하게 만드는 기반이므로 '고객은 언제나 옳다'는 Stew Leonard 의 경영철학은 심플하지만 최고의 전략이라고 할 수 있다.

> "보스는 단 한 사람, 고객뿐이다. 고객은 회장에서부터 하부의 구성원들까지 모두 해고할 수 있는 능력이 있다. 고객이 다른 곳에 돈을 쓰면 결국 우리는 일자리를 모두 잃을 수밖에 없다."
>
> – 샘 월튼(Samuel M. Walton), 유통 왕국 월마트 창업자

또 기업이 선택할 원칙은 고객이 원하는 것을 하면 되지만, 고객이 무얼 원하는지 알지 못하기 때문에 기업은 전화 조사, 심층 인터뷰, 관심그룹 운영 등 여러 방법을 통하여 조사하고 분석하거나 고객 행동을 관찰 또는 빅데이터를 분석하거나 테스트하기도 한다. 고객이 무얼 원하는지 알려면 돈도 시간도 많이

고객(customer)의 의미

① 고객은 궁극적으로 기업이 존재하는 이유이다.
② 고객은 항상 옳은 존재이고, 기업의 생사를 결정하는 심판관이다.
③ 고객은 총명하며 자신의 이익을 양보하지 않는 사람이다.
④ 고객님 당신은 우리의 상관입니다(You are the boss, 유나이티드 항공).
⑤ 고객은 우리에게 월급을 주는 가장 중요한 나의 주인이다(서두칠 사장).
⑥ 고객은 왕(王)이다, 고객은 황제(皇帝)다. 고객은 신(神)이다.
⑦ 고객은 신(神)보다 위대하다(우리의 삶을 영위하도록 이익을 준다).
⑧ 고객은 이기적인 상인에게 동조하지 않는 존재다.

소요될 뿐 아니라 고객은 속마음을 있는 그대로 나타내지 않기 때문에 고객이 정말 원하는 내용을 알기 쉽지 않고, 기업은 고객이 원하는 내용을 안다고 해도 고객마다 원하는 내용이 다르므로 기업이 고객의 요구에 맞추는 일은 대단히 어려운 일이다. 기업 입장에서 수많은 경쟁 기업들을 제치고 소비자의 선택을 받으려면 소비자의 니즈를 철저히 분석하고 연구하고 고객 만족을 위하여 노력해야 한다. 그렇게 노력해도 고객들은 칭찬보다 불만을 표출하는 클레임(claim)을 제기하기 쉽다. 기업은 클레임을 피하고 싶겠지만 사실 클레임의 상당 부분은 고객이 기업에 주는 기회로, 새로운 상품을 개발 및 새로운 시장을 창출하는 혁신의 계기가 되기도 한다. 또 창업기업이 타깃(Target)으로 정한 고객의 니즈를 정확히 파악하되 고객니즈의 현재와 잠재성을 함께 분석하여야 하며, 그 고객이 원하는 상품·서비스가 사업(Business) 측면에서도 매력적인가를 검토하여야 한다. 또 자사의 목표시장과 목표 고객은 누구이며, 목표시장의 크기와 성장성 그리고 시장 포지셔닝과 미래 전망에 대하여 정확히 이해하고 있어야 한다. 또 기업은 다양한 속성을 가진 고객에 대하여 어떻게 이해해야 하며, 그들의 행복을 위하여 적절히 대처하는가를 고민하여야 한다. 그 질문은 다음과 같다.

① 누가 우리의 고객인가? ② 그 고객의 우선순위는 무엇인가? ③ 누가 나의 고객이 되어야 하는가? ④ 고객에게 어떻게 가치를 부가할 것인가? ⑤ 어떻게 하면 내가 고객이 선택하는 첫 번째 조직이 될 것인가?

또 마케팅의 대부 피터 드러커(Peter F. Drucker)는 "고객 없이는 사업도 없다(No business without a customer)"는 명언으로 고객을 설명했고, 피터 드러커에게 고객은 기업의 본질과 직결된 핵심 개념이다. 고객은 기업이 창조한 새로운 제품과 서비스를 구입해서 자신의 욕구를 충족시키므로 기업의 존재 이유는 바로 고객 만족에 있다는 강조했다. 고객만족(CS)은 구매한 제품이나 서비스의 성능에 대하여 그것을 이용한 고객이 기대 이상의 경험을 했을 때 고객이 느끼는 상태를 의미한다. 즉 고객의 Needs(기능적 필요)와 Want(심리적 욕망)가 Expect(기대)에 최대한 부응하여 그 결과로 상품과 서비스의 구입이 반복되고 아울러 고객의 신뢰감이 연속적으로 이어지는 상태다. 만족한 고객은 기업에게 반복구매 가능성이 증가, 충성 고객이 될 가능성(단골고객 확보) 증가, 긍정적인 구전효과 기대, 경쟁사의 유인에 흔들리지 않음, 좋은 이미지로 인한 신규고객 창출, 판매 및 이용증대로 매출증가, 정보 및 아이디어 제공 등의 효과를 제공한다. 반면, 불만

고객을 제대로 알기 위한 질문

1) 고객의 의견을 듣고 있는가?

① 상품개발의 시작단계에서 고객과 이야기를 나누어 본다.
② 이 상품을 구매할 의향이 있는가? 있다면 얼마를 지불하겠는가?
③ 고객에 대하여 얼마나 알고 있는가를 점수로 평가한다.

2) 누가 진짜 고객인가를 정확히 파악한다.

① 목표 고객을 명확히 정의하라.
② 고객의 구매습관을 분석하라.
③ 누가 고객이고 누가 고객이 아닌지 정의되었는가?

3) 소비자모임을 활용하는가?

① 신제품 구상안, 경쟁사의 제품 · 포장 · 광고 등에 대하여 평가한다.
② 소비자의 제품사용패턴, 특정상품에 대한 소비자들의 반응을 살펴본다.
③ 고객에게 제품 · 서비스가 수용 가능한지 조사해 보았는가?

4) 고객가치(Customer Value) 분석

① 고객에게 제공하려는 제품 · 서비스가 명확히 정의되었는가?
② 고객에게 전달한 가치에 대한 대가를 어떻게 받을지 정의되었는가?
③ 고객이 왜 제품 · 서비스를 사는지 정의되었는가?
④ 고객 입장에서 새로운 제품 · 서비스가 갖는 장점 및 단점이 분석되었는가?
⑤ 고객에게 전달한 가치를 어떤 형태로 회수할 것인지 명확히 정의되었는가?
⑥ 명확한 고객가치(Clear Customer Value)가 명료하게 정의되었는가?

족한 고객은 기업에게 재구매 거부(판매 및 이용감소, 단골고객 상실), 보상 요구, 부정적 구전과 나쁜 이미지의 확산으로 잠재적 고객 상실, 매출감소 등의 결과를 초래한다. 고객 만족 수준을 높이는 가장 좋은 방법은 구매 전 고객의 기대를 높이되 동시에 구매 후 인식하는 가치를 높이는 총체적 고객만족(Total Customer Satisfaction: TCS)을 추구하는 것이다. 고객의 관점에서 기업의 모든 가치 창출 활동이 수행되고 전사적으로 통합 조정되어 고객에게 높은 가치를 제공할 때 진정한 고객 만족이 이루어질 수 있다. 따라서 고객만족 경영을 실현하기 위해서는 고객 및 고객의 기대와 욕구가 무엇인지를 명확히 파악해야 한다.

2) 시장조사(market research)의 절차와 주의 사항

시장성 분석이란 판매하고자 하는 상품을 어느 정도 팔 수 있겠는가를 조사·분석하는 것으로 이는 아이템선정 및 평가 시에도 활용할 수 있다. 시장분석의 목표는 미래에 발생할 마케팅 문제해결에 필요한 정보를 제공하는 것이므로 철저한 시장조사는 성공적인 기업경영을 위해서 필수사항이다. 판매량을 추정하기 위한 활동은 ① 시장의 특성, ② 수요 및 공급분석, ③ 미래 수요분석, ④ 매출액 추정 등으로 이루어진다. 시장분석을 통하여 고객의 특성, 경쟁자, 시장의 변화 동향 등에 대한 정보를 수집·분석하여 변화에 대응할 능력을 갖추게 되며, 이러한 정보는 창업자에게는 사업 타당성 분석의 기초자료가 되고, 기존의 사업자에게는 시장 변화를 감지 또는 예측하여 지속적인 성장능력을 준비하는 정조가 된다. 따라서 적절한 시장정보 없이 기업의 창업을 준비하거나 경영하는 것은 어둠 속에서 운전하는 것처럼 무모하다.

(1) 시장조사(market research)의 절차

① 해결하고자 하는 문제를 결정한다.

② 문제를 해결하기 위하여 조사가 필요한가?

③ 시장조사를 통하여 달성하고자 하는 목표와 목적을 모두 파악한다.

④ 목표달성을 위하여 필요한 자료를 파악한다.

⑤ 필요한 정보를 수집하는 계획을 수립한다.

⑥ 필요한 정보를 제공할 수 있는 사람이 누구인가를 파악한다.

⑦ 시장조사를 실시하고 필요한 정보를 수집한다.

⑧ 자료를 분석한다. 시장정보는 상황에 따라 세부적인 분석한다.

⑨ 얻어진 정보에 의거하여 결론을 개발하고, 행동 계획을 세운다.

(2) 시장규모와 시장분석 시 검토사항

① 전체 시장의 규모는 어느 정도인가?

② 이 시장은 성장하고 있는가?

③ 당신이 목표로 하는 시장 및 점유율은 어느 수준인가?

④ 누가 당신의 경쟁자인가?

⑤ 경쟁자 대비 당신의 강·약점은 무엇인가?

⑥ 목표시장의 전반적인 트렌드를 서술하고 있는가?

⑦ 목표시장에서 성공하기 위한 결정적 요소를 설명하고 있는가?

⑧ 현재 시장규모에 대한 객관적인 근거를 제시하고 있는가?

⑨ 미래시장의 성장률에 대한 객관적인 근거를 제시하고 있는가?

(3) 시장규모 예측 시 주의 사항

① 확실한 근거를 가지고 작성하라: 알 수 없는 많은 요소가 있더라도, 가능한 한 입증 가능한 숫자에 근거하여야 한다.

② 논리적으로 생각하라: 추정치는 논리적 결론이어야 하며, 논리적 비약이나 명시되지 않은 가정(assumption)에 의존해서는 안 된다.

③ 자료를 비교하라: 여러 가지 다양한 자료원(인터뷰, 통계, 전문가 의견 등)을 비교하여 객관성을 확보하여야 한다.

④ 창조적이 되라: 알 수 없는 변수가 존재할 경우에 대체적인 변수가 있는지를 찾아야 한다.

⑤ 그럴듯한지를 점검하라: 각 추정치가 적절한 규모인지 스스로 점검하여야 한다.

3) 경쟁자(Competitor) 탐색

경쟁자와의 경쟁에서 우위를 선점하려면 먼저 경쟁자에 대한 분석을 진행해야 한다. 경쟁자분석을 하면 경쟁자와 대비되는 자사의 강·약점을 파악할 수 있고, 자사에서 실행되는 전략에 대한 경쟁자의 반응을 살필 수 있다. 경쟁자를 분석하는 과정은 먼저 자사에 대해 자세히 파악한 후 경쟁자를 선정하고 분석하여 자사와 비교를 해야 한다. 분석결과에 따라 경쟁자의 행동을 예측하고 이를 기반으로 시사점을 도출하는 과정을 거쳐야 한다. 당사와 경쟁사의 핵심 고객가치, 목표 고객, 매출액, 가격, 시장점유율, 비용(cost), 제품 수, 유통채널 등의 측면에서 비교하여야 한다. 경쟁사의 강점과 약점을 분석하고 비교하며 경쟁우위 요소를 어떻게 유지할 것인가를 고려하여야 한다. 경쟁사에 비교해 당사가 가지고 있는 무형자산을 검토하고, 경쟁사와 당사의 시장에서 포지셔닝을 점검하여야 한다.

(1) 누가 당신의 경쟁 상대(Competitor)인가?

① 현재 시장에서 당신의 경쟁 상대는 누구인가?(5곳을 적어보라)

② 가장 강력한 잠재적 경쟁 상대는 누구인가?(1~2곳을 적어보라)

③ 경쟁기업을 어떻게 볼 것인가?

④ 어떤 기업을 자사의 경쟁기업으로 여기지 않을 것인가?

(2) 경쟁자(Competitor)의 역량은 어떠한가?

① 경쟁자의 미래 목표는 무엇인가?

② 경쟁자의 강·약점은 무엇인가?

③ 다른 경쟁자보다 뛰어난 경쟁우위 요소는 무엇인가?

④ 경쟁자가 알고 있는 산업 및 자사에 대한 기본 가정은 무엇인가?

(3) 경쟁자(Competitor)는 무엇을 하고 있는가?

① 경쟁자는 무엇을 하고 있으며 향후 전략적 이동계획은 있는가?

② 경쟁자는 어떻게 경쟁하고 있는가?(과거·현재·미래)

③ 경쟁자는 현재의 위치에 만족하고 있는가?

④ 경쟁사 정보를 도표로 체계화한다.

⑤ 의사결정 참고자료로 활용한다.

⑥ 경쟁자분석 3요소: 가격(Price), 규모(Volume), 비용(Cost)

(4) 고객이 경쟁사(Competitor) 상품을 선호하는 이유는?

① 소비자는 왜 일반제품보다 경쟁사 브랜드 제품을 선호하는가?

② 왜 특성상품은 다른 회사 제품보다 인기가 많은가?

③ 소비자 구매심리를 파악(시간, 비용, 품격유지)한다.

(5) 경쟁사(Competitor)의 비밀은 무엇인가?

① 품목별 원가구성요소를 계수화해보라.

② 언론홍보, 구인광고 등 참조하라.

③ 경쟁사의 마케팅자료들을 참고하라.

④ 경쟁업체 브랜드의 강점은 무엇인가?

⑤ 경쟁업체의 성장사와 현재 위치는 어떠한가?

⑥ 경쟁업체가 목표로 삼고 있는 시장은 어디인가?

⑦ 경쟁업체가 가진 경영상의 장점은 무엇인가?

⑧ 자사가 전략을 전개할 경우 경쟁기업의 예상 반응은?

⑨ 경쟁업체의 전략적 파트너십이나 제휴 관계를 확인하라.

(6) 산업 및 경쟁 정도 체크포인트(check point)

① 유사한 제품/서비스를 제공하고 있는 경쟁자가 누구인가?

② 잠재적인 경쟁자에 대한 분석이 되었는가?

③ 경쟁자와 당사 간의 경쟁 분야별 강·약점이 충분히 비교되었는가?

④ 경쟁사의 전략과 당사의 전략이 비교되었는가?

⑤ 경쟁사에 비교해 당사의 우위 요소(특히 Intangible)는 무엇이며, 계속 유지될 수 있는가에 대한 설명이 있는가?

⑥ 산업구조 및 경쟁영역 분석(Competitive Scope Analysis)

⑦ 시장규모 및 트렌드, 시장 성장성, 산업집중도(CR)

(7) 기존 경쟁자(Competitor)들의 경쟁 강도 파악

기존 경쟁자들의 경쟁 관계 및 경쟁수준과 자사와의 상대적 관계를 검토하고 그 변화에 대처할 수 있도록 유지하여야 하며, 잠재 경쟁자들과의 관계도 살펴야 한다.

[표 13-3] 기존 경쟁자들의 경쟁 강도

구분	내용
경쟁기업의 수	해당 산업에 참여하고 있는 경쟁기업의 수가 많을수록 경쟁강도가 심하다고 볼 수 있다.
경쟁기업의 상대적인 크기	해당 산업에 참여하고 있는 기업의 수가 동일해도, 경쟁사가 대기업이라면 경쟁강도가 훨씬 강하다고 할 수 있다.
제품 및 전략의 유사성 정도	산업 내 기업의 제품 및 전략의 유사성 정도도 경쟁의 강도에 영향을 미친다. 유사한 기업이 차별화가 큰 기업에 비하여 경쟁의 강도가 높을 것이다.
시장의 성장률	해당 시장의 성장률이 높다면 상대적으로 경쟁의 강도는 낮을 것이고, 해당 기업이 성장할 기회가 많을 것이다.
높은 고정비용	총원가 중 고정비용이 차지하는 비중이 크다면 고정비용의 커버를 위하여 치열한 경쟁을 하게 될 가능성이 크다.
철수 용이성 정도	기업이 시장에서 철수하고자 할 때 철수를 어렵게 만드는 요인이 있는 경우, 수익성이 악화되더라도 시장에 잔류하여 경쟁하는 선택함으로써 산업 전체의 경쟁강도가 높아지게 된다.

4) 제품수명주기(PLC)별 마케팅전략

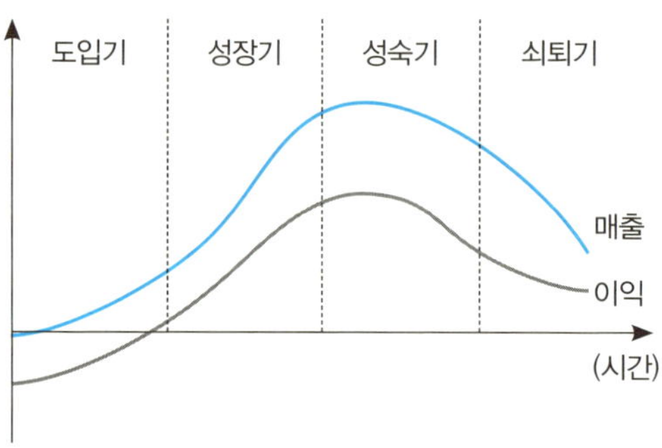

제품수명주기(Product Life Cycle)는 시장에 처음 등장하는 모든 신제품도 마케팅 환경요인들의 변화에 따라 일정한 패턴이 있다는 이론이다. 신제품이 시장에 도입된 후, 시간 경과에 따른 매출액 수준을 나타내는 시장수요의 변화패턴을 제품수명주기라고 하며, 제품수명주기는 일반적으로 제품이 시장에 처음 출시되는 도입기, 매출액이 급격히 증가하는 성장기, 제품이 어느 정도 소비자들에게 확산되어 성장률이 둔화되는 성숙기, 그리고 매출이 감소하는 쇠퇴기의 4단계로 구분할 수 있다. 구분된 각 단계 적절한 마케팅믹스(Marketing Mix = 4P) 전략을 세워야 한다. 제품수명주기 현상이 나타나는 이유는 크게 시장포화, 신기술, 경쟁으로 볼 수 있다.

[표 13-4] 제품수명주기에 의한 마케팅전략

구분	도입기	성장기	성숙기	쇠퇴기
특성	• 매출액 적음 • 고객당 비용 높음 • 손실 혹은 저수익 • 혁신적 고객층 • 경쟁자 적음	• 매출급증(시장확대) • 고객당 비용 감소 • 수익 증가 • 초기 수용 고객층 • 경쟁자 증가	• 매출 극대 • 규모의 경제 • 높은 수익발생 • 다수자 고객층 • 경쟁심화(가격경쟁)	• 매출 감소 • 고객당 비용 낮음 • 수익 감소 • 최종 수용 고객층 • 경쟁자 감소
목적	• 인지도(이점) 제고 • 제품 시용 유도 • 유통 채널 확보	• 시장점유율 극대 • 선도 이미지 부각	• 시장점유율 유지 • 수익 극대화	• 비용 절감 • 수확 극대화
전략	• 신속한 흡수전략 • 완만한 흡수전략 • 신속한 침투전략 • 완만한 침투전략	• 제품확장전략 • 품질/서비스 강화 • 유통범위 확장	• 시장변경 • 제품변경 • 마케팅믹스변경	• 원가절감 • 투자관리 • 시장지위 강화 • 니치시장 투자 • 수확전략
수단	광고/판촉/홍보	제품 선호 광고 인적판매 강화 판촉/홍보비중 감소	제품차별화광고 인적판매 강화 적극적인 판촉	광고/판촉비 절감 제품상기 광고

제품수명주기(Product Life Cycle) 단계별 상황과 전략은 다음과 같다.

(1) 도입기

도입기에는 주로 많은 자원을 투입하여 인지도를 높이고, 초기 구매를 자극함으로써 신상품의 확산을 촉진하고 새로운 고객을 확보하는 단계로 수익은 적자인 경우가 많다. 도입기에는 하나 또는 소수의 제품으로 시장이 구성되고 제품출시 초기이므로 판매량은 매우 낮으며 경쟁자는 거의 없다. 막대한 연구개발비용, 유통망 구축 비용, 촉진비용 등으로 기업은 적자상태를 나타내는 것이 보통이다. 소비자들은 신제품 구매에 따르는 위험을 쉽게 부담하는 혁신층을 중심으로 이루어지고 구체적인 마케팅믹스 전략으로 도입기 제품은 소비자의 욕구를 만족시켜 주는 기초적 수준의 제품을 제공하게 된다. 가격 결정은 제조가격에 부대비용을 더해 가는 원가 가준 가격방식을 취하는 경우가 많다. 유통망의 구축에서 유통업자들은 신제품의 성공여부를 확신할 수 없으므로 유통망 개설을 주저하게 되며, 주요 표적인 혁신적 소비자도 적으므로 선택적 유통망을 사용하게 된다. 촉진의 초점은 개별상표에 대한 촉진보다는 제품의 유형에 관한 정보를 소비자에게 제공하여 제품에 대한 기본적인 수요를 창출하는 게 일반적이다. 도입기의 가격전략은 크게 흡수가격 전략(Skimming Pricing)과 침투가격 전략(Penetration Pricing)으로 나눌 수 있다. 흡수가격 전략은 초기 고가전략으로 고급 이미지와 함께 높은 이익을 얻을 수 있다는 점에서 매력적인 전략이다. 반면 침투가격은 초기 저가전략이라는 장점 때문에 시장에 진입하기가 쉽고 단시간에 시장점유율을 높일 수 있다는 이점이 있다. 일반적으로 흡수가격 전략은 시장에 처음 나오는 신제품과 기술집약적인 제품에 적합한 전략이고, 침투가격 전략은 후발 미투(me too)제품에 맞는 전략이라 할 수 있다.

(2) 성장기

성장기는 시장이 빠르게 성장하는 단계로, 경쟁자가 등장하고 판매가 급속히 증가하므로 마케팅전략의 목표는 상표충성도가 높은 고객과 중간상들은 유치하고 구축하는 방향으로 진행된다. 또 생산원가가 낮아짐에 따라 판매가격도 낮아지며 매출과 수익을 확대할 기회가 열린다. 소비자의 대부분은 도입기에 이루어진 촉진과 구전효과에 의해서 신제품에 대한 정보를 얻어서 형성된 구매층으로, 이 제품에 대한 재구매 비율 증가로 매출액 증가가 이루어지게 된다. 마케팅전략의 목적은 시장점유율 확대에 있으며, 경쟁이 치열해지면서 가격은 대부분 시장침투가격을 사용하고, 집중적인 유통망의 사용으로 유통망을 광범위하게 구축하려고 시도한다. 촉진의 주요한 목표는 시장에서 자사 제품에 대한 인지도를 증가시키는 데 있다. 또 성장기는 일반대중이 제품을 구매하기 시작하는 때이므로 경쟁이 심화됨에 따라 촉진비용도 증가하나 시장도 급격히 커지므로 수익은 더욱 빠른 속도로 증가하게 된다. 성장기를 장기간 지속시키기 위해 기업들은 다음과 같은 전략을 사용할 수 있다. ① 제품의 품질과 스타일의 개선 및 새로운 특성의 추가, ② 새로운 모델과 자매제품의 개발, ③ 새로운 세분시장에 진입, ④ 유통망의 확대 및 새로운 유통채널로의 진입, ⑤ 제품고지

광고에서 제품선택 광고로 전환, ⑥ 가격에 민감한 소비자를 위한 가격인하 등이다.

(3) 성숙기

성숙기는 성장기에 진입한 경쟁자들로 인해서 잠재적으로 그 상품을 사용할 의향이 있었던 대부분 소비자는 상품을 수용한 상태가 된다. 따라서 산업 전체의 매출액은 어느 단계보다도 높은 상태이지만 제품 판매성장률은 점차로 감소하고 어느 시점에 이르러 수요는 정체 및 감소하게 된다. 통상 성숙기는 수명주기 상에서 가장 긴 기간을 차지하는데, 오늘날 우리에게 친숙한 제품들은 대체로 이 단계에 있다. 경쟁자들이 가격경쟁을 시도하고 공격적인 촉진전략을 구사하는 시기로, 이 단계의 목표는 이익 잠재력을 실제 이익으로 실현시켜 수익성을 높이는 이익 극대화전략과 경쟁기업에 대해 자사의 시장점유율 유지전략이다. 성숙기의 마케팅믹스 전략은 크게 시장 수정전략, 제품 수정전략, 마케팅믹스 수정전략으로 나눌 수 있다. 시장 수정전략은 구체적으로 새로운 세분시장과 새로운 사용자를 찾아내는 전략을 뜻하며 기존 사용자의 사용률을 증대시키는 방안도 포함된다. 가격 인하(引下)는 피하기 어려우며, 시장점유율을 방어하기 위해서 더욱 광범위한 유통망 구축을 지향하게 된다. 광고는 경쟁상표 제품과 자사상표 제품과의 차이와 이점을 강조하며, 경쟁제품 사용자의 상표전환을 유도하기 위해서 적극적으로 판촉활동을 실시한다.

(4) 쇠퇴기

쇠퇴기에는 제품이 시장에서 서서히 사라지면서 매출이 감소하는 단계로 기술의 변화 및 소비자 기호의 변화, 또는 경쟁 심화 등으로 인해 진행되는 경우이다. 쇠퇴기는 과잉설비와 가격 인하 및 이익의 축소 등으로 판매가 감소하면서 산업 전체 매출과 이익이 점차로 감소하게 된다. 이때 소비자의 대부분은 최종수용층이며, 이시기의 목표는 비용 절감과 투자비의 회수이고, 마케팅 초점은 대체품이나 소비자 기호의 변화에 따라 상품의 수요가 감소하므로 1차적 수요 유지에 있다. 쇠퇴기 전략으로는 시장에서의 철수전략과 수확 전략 및 유지 전략이 있다. 우선 추가 투자를 자제하면서 자연적으로 시장을 소멸하게 하는 수확 전략이고, 또 다른 하나는 재포지셔닝을 통해 시장을 활성화시켜 새로운 수명주기를 만드는 재활성화 전략이다.

[표 13-5] 시장 위치별 마케팅전략

시장선도 기업	시장도전 기업	시장 추종 기업	니치마켓 기업
■ 가장 큰 시장점유율 확보 ■ 가격, 신제품도입 촉진 수준에서 업계주도	■ 2~3위의 시장점유율 확보 ■ 공격적인 경쟁전략 수행	■ 혁신기업 모방 ■ 혁신에 따른 비용 부담이 없어 높은 이익 가능 ■ 신시장 진출가능	■ 소규모, 틈새시장에서 선도 기업 ■ 높은 수익 가능 ■ 틈새시장에 대한 지식 풍부
• 총 시장 확대전략 • 시장점유율 유지전략 • 시장점유율 증대전략	• 선도기업의 가격, 제품, 광고에 정면 대응 전략 • 가격경쟁 유도	• 복제전략 • 모방전략 • 각색전략	• 틈새시장 창출 • 틈새시장 확장 • 틈새시장 보호
시장침투, 신시장개척, 지리적 확장, 신용도개발, 사용량증대, 자원집중, 취약분야 포기전략 등	할인율 경쟁, 가격인하, 비 관련제품 다각화, 지역 다각화, 대체품 도입, 강력한 판촉 등	선도 기업 제품, 유통, 광고 등 모방과 차별화 동시추구, 선도기업 전략모방 후 향상 등	제품 특화전략, 고객 밀착 전략 등

5

매출액 추정과 손익분기점(BEP. Break Even Point) 분석

1) 매출액 추정과 추정 손익계산서

(1) 매출액의 추정

기존매출이 발생하고 있는 경우에는 전년도 대비 증가율 등을 감안하여 산출하면 쉽게 매출을 산출할 수 있지만 사업을 시작하기도 전에 사업에 대한 매출 및 수지 예측은 쉽지 않다. 특히 예비창업자의 경우 실전경험 부족으로 모든 내용을 계수화하여 산출근거를 작성하기 어렵겠지만 투자대비 이익률을 계산하거나 점포권리금의 적정 여부 등을 판단하는 데 활용할 수 있는 데이터이기 때문에 사업을 시작하기 전에 반드시 작성해 봐야 한다. 매출액 추정방법은 일반적으로 도소매업, 음식업 및 서비스업으로 구분해 아래와 같은 간단한 계산방식으로 개략적으로 추정해 볼 수 있다.

예상 매출액 추정방법

판매량에 의한 매출액 산출(제조업/도매업)

- 판매 가격×판매량 예) 의류 유통의 월 추정 매출액
  매출액=10,000원×500벌=5,000,000원

회전율에 의한 매출액 산출(음식점)

- 테이블 수×회전율×객단가×영업일수

예) 음식점 30평 규모의 월 추정 매출액은?
  매출액=30평/1.5평×2.5회전×2만원×25일=2,500만원

내점률에 의한 매출액 산출(소매점)

- 통행인구수×내점률×구매 비율×객단가×영업일수

예) 제과점의 월 추정 매출액은?

매출액=5,000명×3(%)×80(%)×6,000원×25일=1,800만원

사업장 면적에 의한 매출액 산출

- 사업장 면적×평당 일 매출액×매출일 수

※ 상권 및 입지에 따라 소매업 3만원, 음식업 2만원, 서비스업 5천 원~1만원

예) 음식점 40평 규모의 월 추정 매출액은?

매출액=40평×2만원×25일=2,000만원

인건비 배수에 의한 매출액 산출

- 월 인건비×인건비 배수(인건비 배수: 외식업 6~7배, 서비스 3~4배)

예) 월 400만원을 인건비로 지출하는 네일숍의 월 추정 매출액은?

매출액=400만원×3~4배=1.200~1.600만원

(2) 추정 손익계산서 작성항목과 관련 개념

① 매출액: 제품이나 상품을 판매함으로써 나타나는 재화나 용역의 가치로 매출 추정의 근거 자료의 월별 매출을 연도별로 합산

② 매출원가: 영업활동에서 영업수익을 올리는 데 필요한 비용 또는 판매하기 위하여 사들인 상품의 구입가격으로 직접비(재료비, 노무비)와 제조간접비를 분석하여 추정하거나 회사의 과거 자료를 통해 매출액에서 차지하는 비율로도 추정 가능

③ 매출총이익(생산이익)=매출액-매출원가(생산 비용)

④ 영업이익=매출총이익-판매비 및 일반관리비

매출총이익에서 판매활동에 소요된 판매 및 일반관리비를 차감한 것으로, 회사가 목적하는 영업활동의 결과로서 산출된 이익

⑤ 판매비: 상품과 용역의 판매 활동 결과로 발생하는 비용(변동비)

⑥ 일반관리비: 기업의 관리와 유지 등 회사의 일반관리 활동 결과로 발생된 비용(고정비)으로 인건비는 각 연도별 인력 운용계획에 의해 작성(평균상승률 적용)하고 판매비와 일반관리비 중 경비는 기준년도 예상액을 작성하여 물가상승률과 회사 규모 등을 고려하여 추정하거나 업계 평균치나 회사의 과거 자료를 통하여 비율을 산출

⑦ 경상이익 = 영업이익 + 영업외 수익 − 영업외 비용

⑧ 영업외 손익: 회사의 영업활동 이외에서 발생한 금액(수입이자, 수입배당금, 유가증권처분이익, 수입임대료 등)과 회사의 영업과 무관하게 발생한 비용(지급이자, 할인료, 외환차손 등)

⑨ 특별이익: 회사를 운영하며 비일상적으로 발생하는 수익

⑩ 특별손실: 회사를 운영하며 비일상적으로 발생하는 비용

[표 13-6] 추정 손익계산서 작성

2022.1.1. ~ 2022.12.31. 단위: 천원

구분	금액	비고
1. 매출액		항목별 계획수립
2. 매출원가		경비집행계획수립
3. 매출이익		Ⅰ−Ⅱ
4. 일반관리 및 판매비		
① 급료		고정급료 아르바이트생 포함
② 복리후생비		〃
③ 임차료		발생액 기준
④ 수도광열비		〃
⑤ 감가상각비		〃
5. 영업이익		Ⅲ−Ⅳ
6. 영업외수익		수입이자 등
7. 영업외비용		발생이자 등
8. 경상이익		Ⅴ+Ⅵ−Ⅶ
9. 법인세 등		
10. 당기순이익		Ⅷ−Ⅻ

⑪ 세전 순이익: 경상이익+특별이익－특별손실

⑫ 법인세 등: 소득금액과 법인세율(10%~25%)에 따른 법인세 및 법인세에 대한 주민세를 의미

⑬ 당기순이익: 세전 순이익－법인세 등을 차감

2) 손익분기점(Break Even Point) 분석

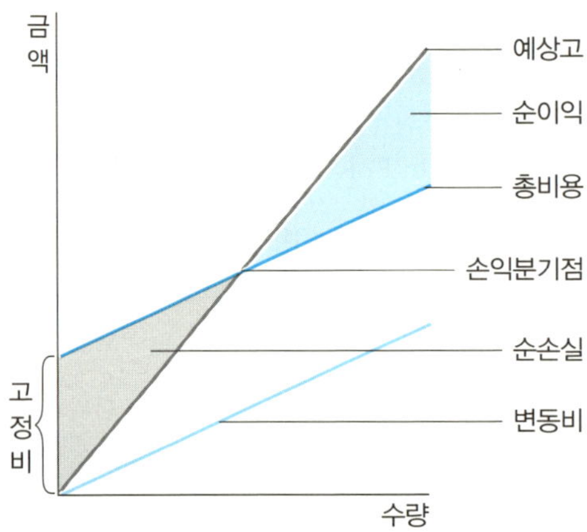

손익분기점(BEP)이란 한 기간의 매출액이 당해기간의 총비용과 일치하는 점으로, 매출액이 그 이하로 감소하면 손실이 나고, 그 이상이 되면 이익이 되는 기점이다. 손익분기점 분석에서는 보통 비용을 고정비와 변동비(또는 비례비)로 분해하여 매출액과의 관계를 검토한다.

매출액은 매출수량과 매출단가의 관계로 예측되므로 판매계획에서 BEP분석은 중요하다. 또 공헌이익이란 변동비를 초과하는 매출액으로 고정비를 회수하고 이익을 획득하는데 공헌한 이익을 의미한다. 또 비용(cost)은 생산 또는 판매량의 증감에 따라 고정비(固定費, fixed cost)와 변동비(變動費, variable cost)로 구분하며, 고정비는 일정 기간의 경영성과와는 무관하게 정해진 고정금액으로 발생하는 원가를 의미하며 관리직 인건비(고정급 급여), 감가상각비, 수선유지비, 제세공과금, 연구개발비, 교육훈련비, 금융비용(지급이자), 임차료, 보험료 등이 포함되며, 변동비는 직접재료비, 직접노무비(성과급), 외주가공비, 운반비, 판매수수료, 소모품비 등이 포함된다.

(1) 손익분기점 계산식

손익분기점(P) 계산식은 다음과 같다.

$$P=F/(1-V/S)$$

P: 손익분기점, F: 고정비, V: 변동비, S: 매출액

점포 창업의 경우 고정비는 창업 당시에 들어가는 부분과 매월 정기적으로 지출되는 부분으로 구분할 수 있다. 초기 투자비용 중 임대보증금이나 권리금 등은 금융비용으로, 인테리어비나 설비비 등은 감가상각비로 처리한다.

(2) 사례분석

A씨는 임대보증금 3,000만원, 권리금 6,000만원, 인테리어 비용 2,400만원, 설비비 1,200만원을 투자해서 15평짜리 피자가게를 열었다. 매월 인건비 200만원, 임대료 100만원, 관리비 50만원이 지출된다. A씨의 손익분기점 매출액은 얼마일까?

- 임대보증금과 권리금으로 지급한 9,000만원에 대한 매월 금융비용은 연 10% 금리를 적용했을 때 75만원이다.
- 인테리어비와 설비비로 들어간 2,400만원에 대한 감가상각비는 6년을 기준으로 하면 40만원이다.
- 변동비는 매출액에 따라 변하므로 변동비율(변동비/매출액)로 정한다. 매출액 대비 재료비와 소모품비는 35%를 적용한다.

(3) 손익분기점 매출액 계산

손익분기점 매출액을 계산하기 위해서는 고정비와 변동비율(V/S) 수치가 필요하다.

고정비(F)는 465만원, 변동비율(V/S)$=0.35$(35%), $P=F/(1-V/S)$

손익분기점 매출액$=$고정비$/(1-$변동비율$)=465/(1-0.35)=715$만원(월)

결국 A씨의 피자가게는 1개월에 적어도 715만원의 매출을 올려야 손실 없이 점포를 운영할 수 있다. 따라서 한 달 30일 영업할 경우 하루 평균 24만원 이상의 매출을 올려야 한다.

(4) 응용 1: 현재의 이익은?

A씨는 현재 월 1,200만원의 매출을 올리고 있다면 A씨는 이익을 얼마일까? 매출액이 손익분기점 매출액을 초과하게 되면 일정비율로 이익이 발생하게 된다. 이것을 공헌이익률이라고 하는데 여기서는 0.65(1 - 변동비 35%)이다. 이익은 매출액에 공헌이익률을 곱한 것에서 고정비를 뺀 금액이다.

$$R=S\times(1-V/S)-F$$

$$\text{이익}=\text{매출액}\times(1-\text{변동비}/\text{매출액})-\text{고정비}$$

이익=1,200×0.65 - 465=315만원. A씨가 월 1,200만원의 매출을 올리고 있다면 A씨는 315만원의 이익을 창출하고 있다.

(5) 응용 2: 500만원이 목표이익을 달성하려면?

A씨가 장기적으로 500만원을 목표이익으로 정했다면 필요 매출액은 다음과 같은 계산식으로 구할 수 있다.

$$\begin{aligned}\text{필요 매출액}&=(\text{고정비}+\text{목표이익})/(1-\text{변동비})\\&=(465\text{만원}+500\text{만원})/0.65=1,485\text{만원}\end{aligned}$$

A씨가 매월 500만원의 이익을 내려면 1,485만원의 매출을 올려야 하고, 하루 매출은 50만원을 올려야 한다. A씨는 현재 하루 매출 40만원이기 때문에 하루에 10만원 정도로 추가매출을 올리면 월 500만원의 목표이익에 도달할 수 있다.

Chapter 14

예비창업자가 알아야 할 세무 지식

Chapter 14

1

예비창업자의 회계 마인드와 세금상식

1) 사업과 세무 기초

절세는 사업의 기초이고, 사업준비 비용도 세금 감면 대상이며, 적자가 나더라도 부가세는 꼭 내야 한다. 예비창업자가 창업을 진행하게 되면 세금에 관한 용어조차 생소하고 내용은 어려워 피하고 싶더라도 세금문제를 소홀히 했다간 심하면 세무조사까지 받을 수 있다. 외면하고 싶은 세무 지식, 그러나 예비창업자가 알아야 할 세무 지식을 알아본다.

(1) 사업 형태부터 정하라

창업할 때 개인 기업으로 할지, 법인으로 할지를 정해야 한다. 개인 기업은 설립이 간단하고 기업 자금을 개인적으로 써도 문제가 없다. 하지만 규모를 키우기가 쉽지 않고 기업 채무에 대해 무한책임을 져야 한다. 반면 법인은 설립 등기를 해야 하고, 100원 이상의 자본금이 필요하다. 채무자에 대해 유한책임을 지고, 사업을 양도할 때 주식 양도에 대해서는 낮은 세율의 양도소득세가 부과된다.

(2) 사업 시작은 사업자등록부터 하라

사업을 시작하는 날부터 20일 이내에 관할세무서에 신청하면 사업자등록증을 내준다. 이때 흔히 놓치는 부분이 준비 기간 중의 비용 지출이다. 신청하는 날로부터 20일 이전의 기간 중 사업 관련 지출에 대하여 사업자의 주민등록번호를 이용해 세금계산서를 받을 수 있다. 세금계산서란 나중에 부가가치세를 환급받기 위해 꼭 필요한 서류다.

(3) 돈 벌면 내야 하는 소득세·법인세

1년간 번 소득에 대해 개인사업자는 소득세를, 법인은 법인세를 낸다. 두 세금 모두 중간예납제도가 있어, 세금을 두 번에 걸쳐 내도록 되어 있다. 두 세금 모두 벌어들인 돈에서 필요경비와 소득공제 등을 뺀 뒤 나오는 과세표준에 세율을 곱해 산정된다. 세율은 과표에 따라 다르게 산출된다.

(4) 적자가 나도 내야 하는 부가가치세

이 세금은 사업자가 아니라 소비자가 부담하는 세금이다. 즉 상품을 판매하거나 서비스를 제공할 때 판매자가 물건값에 10%의 부가세를 더해 징수했다가 국가에 납부하게 된다. 국세청 관계자는 "가끔 부가가치세를 받아내기가 귀찮다며 부가가치세를 빼고 물건값을 받으면 안 되느냐고 묻는데, 부가가치세는 꼭 받아서 내야 하는 필수 사항"이라고 말했다. 일반사업자의 부가가치세는 매출세액에서 매입세액을 차감하는 방법으로 계산된다. 예를 들어 호프집을 운영하는 사업자가 도매상으로부터 100만원의 맥주를 사올 때 상품가격(100만원)에 부가가치세(10만원)를 더한 110만원을 주고 사온다. 이때 사업자의 매입세액은 10원이 된다. 110원에 사온 맥주를 주인이 150만원에 팔려고 하면 그 금액의 10%인 부가가치세(15원)를 더해 165만원을 받게 된다(150만+15만원). 따라서 호프집 주인이 내야 할 부가가치세는 매출세액(15만원)에서 도매상으로부터 물건을 들여올 때 지급한 매입세액(10만원)을 뺀 5만원이 된다. 이때 맥주를 마신 사람이 부담한 부가세(15만원)는 호프집 사업자가 5만원을 국가에 납부하고, 나머지 10만원은 도매상이 납부해 정확히 일치하게 된다. 사업자가 원재료를 사올 때 세금계산서가 없으면 부가세(VAT) 공제를 받을 수 없으니 세금계산서를 잘 챙겨야 한다.

(5) 장부 기재 습관 들여야 한다

창업 초기부터 장부 쓰는 습관을 들이는 게 좋다. 복식부기 의무자는 장부를 작성해 비치해야 세무상 불이익을 당하지 않는데 이를 몰라 세금의 20%를 무기장 가산세로 납부하는 사례가 많다. 하지만 소규모 영세 상인은 간편장부 제도도 활용할 수 있다. 간편 장부 대상자가 복식부기로 장부 작성 시 종합소득세를 신고할 때 연간 100만원 한도 내에서 산출세액의 20% 세액공제를 받는다.

2) 경영의 관점에서 본 세금 절약 노하우(tip)

세금을 내야 하는 것이 사업자의 운명이지만 세금납부 방법 중 적법하게 절약할 방법이 있다면 그것이 바람직하므로 절세 요령을 알아본다.

① 회사에서 납부할 세금 또는 회사와 연관된 세금의 종류를 알고 있어야 한다. 이를 모른다면 당연히 절세는 어렵다.

② 납부 해야 할 세금의 과세요건이 무엇인지를 파악하고 있어야 한다. 과세요건을 피할 수는 없는지, 요건이 성립되는 때는 언제인지를 아는 것도 경영의 한 요소가 된다.

③ 세금을 절감할 수 있는 절세 방안을 아는 것은 매우 중요하고, 그에 필요한 증빙 또는 자료가 무엇이며, 경영시스템에서 검증절차를 갖추는 것도 중요하다.

④ 적극적인 절세 경영을 한다면, 회사에서 적용받을 수 있는 조세특례제도를 찾거나 이를 위해 경영적 노력을 하는 것도 중요한 선택이다.

⑤ 세금신고 및 납부를 잘못하면 어느 정도 제재가 따르는지 알아 두어야, 현금흐름 통제에서 위험을 회피하거나 위험을 줄일 수 있는 정책을 준비할 수 있다. 이를 위해서는 세무신고 전에 회사의 재무제표가 회사의 실질을 정확히 반영하고 있는지 검토해야 한다.

⑥ 재고자산과 주식의 변동, 부동산 또는 신규 프로젝트 관련 설비투자 등 중요한 자산거래에는 반드시 세금문제가 수반되므로, 사전에 충분한 검토를 해야 한다.

⑦ 가장 중요한 것은 사업용 계좌와 실물거래 내역이 상호 연결되고 있는지를 내부통제시스템을 통해 지속적으로 점검하는 일이다. 이는 부정을 막는 부수적인 효과도 있을 것이다. 이처럼 절세는 사업을 경영하는 자의 적극적인 관심과 노력으로 가능한 요소들이 매우 많다.

⑧ 동업제도를 활용하라. 개인별로 세금이 매겨지는 소득세는 누진세율 구조로 돼 있어 동업자가 있으면 세금도 줄어든다. 단 동업자가 가족 등 특수 관계인일 경우 탈세 목적이라고 추정되면 지분이 가장 큰 사람의 소득으로 본다.

⑨ 거래 증빙을 챙겨라. 일정 규모 이상이 됨에도 장부를 작성하지 않는 경우에는 기준 경비율이 적용되는데, 이때 기본적인 경비는 증빙 서류가 있어야 인정받는다. 따라서 세금계산서나 영수증을 꼼꼼하게 챙겨야 세금 부담을 줄일 수 있다. 거래처 경조사 등의 청첩장도 모으면 1장당 20만원까지 접대비로 인정받을 수 있다.

⑩ 통신요금도 공제 받아라. 휴대전화와 일반전화 요금에 부가가치세가 포함돼 있어 매입세액 공제를 받을 수 있다. 통신회사에 사업자임을 신고하고 사업자등록증을 팩스로 보내면 납부고지서의 '공급받는 자 등록번호란'에 사업자등록번호를 기재해 보내준다. 이것을 세금계산서 대용으로 활용하면 절세가 가능하다.

⑪ 대손 세액공제제도 활용하라. 미처 받지 못한 외상매출금에 대한 납부 부가세를 환급받게 한 제도다. 거래 상대방으로부터 부가세를 징수하지 못한 채 세금을 납부했을 때 부담을 줄여주는 것으로, 간이과세자가 아닌 일반 과세자만 자격이 인정된다.

2

사업자금 조달 시 세무전략

일반적으로 사업을 시작하기 위해서는 적지 않은 창업자금이 소요된다. 건물을 임차하는 경우 임차보증금과 시설장치 등에 창업자금이 소요되며 사업에서 수익이 발생할 때까지 창업자금으로 운영되기 마련이다. 이러한 창업자금을 마련하기 위해서는 본인 소유의 사업자금이나 타인에게 빌려서 마련하게 되는데 창업자금의 형성과정에서 발생할 수 있는 세무문제에 대해 살펴본다.

1) 자기자본으로 창업자금 조달하는 경우

(1) 자기 소유 재산

자기가 소유한 재산으로 창업자금을 조달하는 것이며 자금을 조달하는데 이자 비용과 같은 비용이 발생하지 않으므로 손금계상(비용처리)를 받을 수 없다. 따라서 사업을 운영하는데 발생하는 소득세 및 법인세에서 절세효과가 떨어진다고 할 수 있다. 또 사업자의 나이가 어리거나 소득세 신고실적이 없는 경우 자금출처조사의 대상이 될 수도 있다.

(2) 증여를 통한 자금조달

부모나 배우자에게 증여받아 창업자금을 조달하는 경우이며 증여세를 산출될 수 있다. 일반적으로 10년간 합산하여 부모에게 증여받는 경우 5천만원, 배우자에게 증여받는 경우 6억까지 증여공제를 받게 되므로 그 금액을 초과하여 증여받는 경우에는 증여세가 부과되며, 상속·증여세는 과세표준 구간에 따라 다음과 같은 세율을 적용한다.

[표 14-1] 상속·증여세는 과세표준

과세표준	세율	누진공제
1억 이하	10%	-
5억 이하	20%	1,000만원
10억 이하	30%	6,000만원
30억 이하	40%	1억6,000만원
30억 초과	50%	4억6,000만원

따라서 약 3억원을 증여하면 5천만원의 증여세가 산출된다. 그러나 세법에서는 창업 및 가업승계를 지원하기 위해 특례규정을 두고 있다. 특례내용은 증여범위 30억 한도 내에서 증여공제를 5억을 적용하며 증여세율도 누진세가 아닌 10%의 단일세율을 적용하도록 하는 것이다.

예를 들어 10억원을 부모에게 증여받는 경우 일반적인 증여라면 2.4억원이 증여세로 산출되지만 특례를 적용받게 되면 5천만원으로 감소하게 된다. 다만 적용요건과 사후관리가 있으므로 종합적으로 고려해야 한다. 그리고 창업자금으로 사용하기 위해 부모의 재산에 담보나 지급보증으로 자녀가 금융기관으로부터 대출을 받는 경우 증여세는 발생하지 않지만 자녀가 이를 상환하지 못하고 부모가 대신 상환하거나 경매로 처분되는 경우에는 대출받은 금액을 증여로 보게 되어 증여세를 납부해야 한다.

(3) 금융기관 차입으로 자금조달

자금이 부족한 경우 금융기관을 통해 차입을 하게 되는데 이러한 방법은 가장 흔한 타인자본 조달 방법으로서 보통 세무상 큰 문제는 발생하지 않다. 차입금 규모는 사업 규모와 자기 자금 규모 등을 감안하여 결정하는 것이 사업 리스크를 줄이는 길이며, 금융기관 차입 시 기술보증기금이나 신용보증기금, 지역

신용보증재단의 보증을 통하여 차입하는 경우 그 자금 조달조건이 매우 유리하기 때문에 우선적으로 이용하는 것이 좋다. 이렇게 금융기관을 통하여 사업용자금을 조달하여 사업에 투자한 경우 그 차입금에 대한 이자는 비용처리가 가능하다. 이 경우 차입약정서와 이자지급 내역서를 구비해야 한다.

(4) 지인에게 차입으로 자금조달

지인으로부터 차입하는 경우 세무상 문제는 이자를 적절하게 지급하고 있는지가 핵심이다. 이자를 지급하지 않는 조건으로 자금을 빌린 경우라면 적정이자 부분은 증여한 것으로 보아 증여세가 과세될 수 있다. 또 이자를 지급하는 조건으로 금전소비대차 계약이 되어 있다면 이자 부분에 대해서는 비용처리가 되어 소득세 절세효과가 있으나 이자를 수취하는 자에 대하여는 비영업대금의 이익에 해당하는 27.5%의 이자소득세를 원천징수하게 되며 이자소득금액에 관계없이 종합소득세 신고 시 합산하여 소득세를 내야 하므로 이자를 받는 사람 입장에서는 세무상 불리한 점이 있다.

사업자금 조달에도 세무전략 필요하다

창업하려면 사업자금이 필요하다. 임차보증금과 시설장치 등에 창업자금이 소요되며 사업에서 수익이 발생할 때까지 창업자금으로 운영되기 마련이다. 이러한 창업자금에 대하여 세무전략이 필요하다. 자신이 소유한 재산으로 창업자금을 마련한다면, 이자 비용이 발생하지 않으므로 손금계상(비용처리)을 받을 수 없다. 따라서 사업을 운영하는데 발생하는 소득세 및 법인세에서 절세효과가 떨어진다고 할 수 있다. 또 사업자의 나이가 어리거나 소득세 신고실적이 없는 경우 자금출처조사의 대상이 될 수도 있으니 유의해야 한다.

① 부모나 배우자에게 증여받아 창업자금을 조달하는 경우, 증여세가 산출될 수 있다. 10년간 합산하여 부모에게 증여받는 경우 3천만원, 배우자에게 증여받는 경우 6억

원까지 공제를 받게 되므로 그 금액을 초과하여 증여받는 경우에는 증여세가 부과된다. 그러나 현행 세법에서는 창업 및 가업 승계를 지원하기 위해 특례규정을 두고 있다. 30억 한도 내에서 증여공제를 5억을 적용하며 증여세율도 누진세가 아닌 10%의 단일세율을 적용하는 것이다. 다만, 적용요건과 사후관리가 있으므로 종합적으로 고려해야 한다.

② 창업자금으로 사용하기 위해 부모의 재산에 담보나 지급보증으로 자녀가 금융기관으로부터 대출을 받는 경우, 증여세는 발생하지 않는다. 하지만 이를 부모가 상환하거나 경매로 처분되는 경우, 대출액을 증여로 보게 되어 증여세를 납부해야 한다. 사업자금의 조달을 공동으로 하여 공동사업자등록을 하는 경우도 절세할 수 있는 방안이 될 수 있다. 사업운영으로 발생한 소득이 공동사업자에게 안분되어 귀속되므로 소득세 과세표준구간이 낮게 설정되므로 절세효과가 있는 것이다. 다만 이 경우 공동사업의 자금을 조달하기 위해 대출을 받는 경우 그 이자비용은 손금처리가 되지 않는다. 금융기관을 통하여 차입하는 경우, 보통 세무상 큰 문제는 발생하지 않는다. 차입금에 대한 이자는 비용으로 처리할 수 있기 때문이다, 차입약정서와 이자지급 내역서를 구비하고 있어야 한다.

③ 지인으로부터 차입하는 경우, 이자를 적절하게 지급하고 있는지가 핵심이 된다. 이자를 지급하지 않는 조건으로 자금을 빌린 경우라면 적정이자 부분은 증여한 것으로 보아 증여세가 과세될 수 있다. 또 이자를 지급하는 조건으로 금전소비대차 계약이 되어 있다면 이자 부분에 대해서는 비용처리가 되어 소득세 절세효과가 있지만 이자를 수취하는 자에 대하여는 비영업대금의 이익에 해당하는 27.5%의 이자소득세를 원천징수하게 된다. 이자소득 금액에 관계없이 종합소득세 신고 시 합산하여 소득세를 내야 하므로 이자를 받는 입장에서는 세무상 불리할 수 있다.

(5) 동업(partnership)으로 자금조달

사업자금의 조달을 공동으로 조달하여 공동사업자등록을 하는 경우도 절세할 수 있다. 사업운영으로 발생한 소득의 귀속이 공동사업자에게 안분되어 귀속되므로 소득세 과세표준구간이 낮게 설정되므로 절세효과가 있다. 다만 이 경우 공동사업의 자금을 조달하기 위해 대출을 받는 경우 그 이자비용은 손금처리(비용처리)가 되지 않게 됨을 유의해야 한다.

① 공동사업에 출자하기 위하여 대여받은 차입금에 대한 이자 비용은 업무와 관련 없는 비용에 해당하여 당해 공동사업장의 소득금액 계산에 있어 필요경비에 산입할 수 없는 것임(심사소득 2007-144)

② 공동사업에 출자하기 위하여 차입한 차입금의 지급이자는 업무무관 경비로 필요경비 산입할 수 없음(심사소득 2011-150)

(6) 크라우드 펀딩(Crowd Funding)으로 자금조달

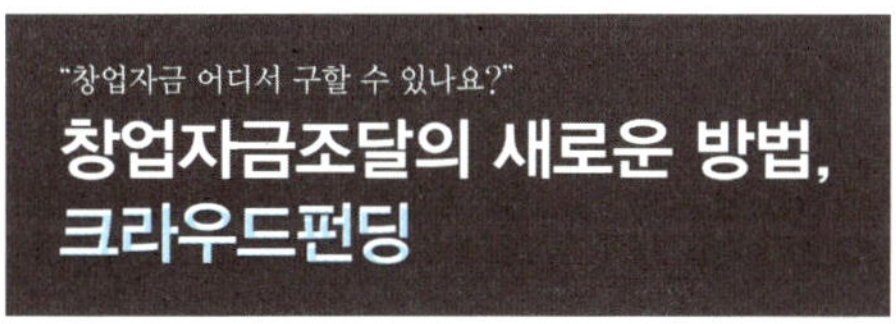

창업 시장에는 다양한 변수와 상황이 존재하지만 케이스에 상관없이 창업 성공에 가장 필요한 것은 자금, 유통채널, 마케팅전략이다. 그 중에서 자금을 마련하는 일은 가장 기업의 생존과 직결되는 부분이다. 왜냐하면, 자금이 마련되어 기본적인 운영이 되어야 유통채널을 통해 제품을 판매하고, 마케팅으로 사람들에게 비즈니스를 알릴 수 있기 때문이다. 최근 창업 시장에서는 크라우드 펀딩을 통해 자금을 마련하는 사람들이 많아지고 있다. 크라우드 펀딩은 군중 또는 다수를 뜻하는 크라우드(Crowd)와 자금조달을 의미하는 펀딩(Funding)을 조합한 합성어다. 크라우드 펀딩을 활용하면 시장에 나오기 전, 대중에게 직접 기술·비전을 검증받고 자금을 모을 수 있으며, 자금을 모은 대중이 팬으로 작용하고 홍보와 마케팅을 자발적으로 해주는 선순환 구조를 갖기 때문이다. 크라우드 펀딩이란 중개업자가 우수창업 기업을 발굴해 다수의 투자자로부터 창업에 필요한 자금을 모집하는 행위를 뜻한다. 다수의 투자자를 모집하는 행위는 자본시장법상 '공모'로 분류돼 증권신고서 제출 등의 의무가 따르지만 크라우드 펀딩의 경우 이같이 번거로운 절차를 면제받을 수 있다. 이 때문에 2016년 도입된 크라우드 펀딩은 첫해 펀딩 건수와 조달금액이 115건, 174억원이었지만 2017년는 183건, 278억원으로 증가하는 등 스타트업 기업들에게 인기를 끌고 있다. 2018년는 5월까지 이미 81건, 138억원에 달한 것으로 집계

됐다. 펀딩 성공률도 높아지고 있다. 펀딩 성공률은 2016년 45.1%에서 지난해 62.0%를 거쳐 올해는 지난 5월까지 73.6%를 기록 중이다.

크라우드 펀딩(Crowd Funding)

크라우드 펀딩 진행방법

첫 번째, 목표금액과 모금기간을 설정한다.

두 번째, 크라우드펀딩 플랫폼을 통해 제품/서비스를 대중에게 공개한다.

세 번째, 모집이 종료된 후, 목표금액의 100%가 모여 모집금액을 수령한다.

마지막, 투자해준 대중에게 투자에 대한 보답으로 제품/서비스를 제공한다.

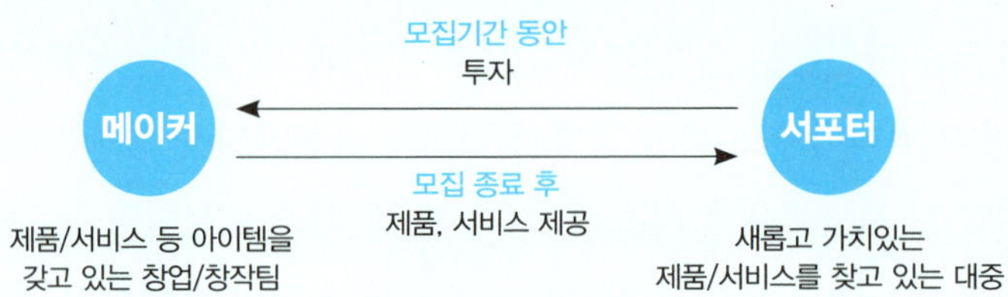

(7) 정부 지원자금으로 자금조달

"청년전용 창업자금"이란 우수한 아이디어와 기술력 그리고 사업성은 있으나, 자금이 부족하거나 부담이 되는 경우를 위해 창업 초기의 운영자금을 정부에서 지원해 주는 제도로써, 창업을 활성화하고 일자리를 창출하려는 목적으로 실행되고 있다. 대표자가 만 39세 이하로 사업 개시일로부터 3년 미만(신청, 접수일 기준)인 중소기업 및 창업을 준비 중인 자(최종 융자 시점에는 사업자등록 필요)로 융자 신청은 자가진단 → 사전상담 → 온라인 신청순으로 진행되며 당월 자금 신청 희망기업은 전월 말까지 자가진단 및 사전상담(온라인 신청 포함)이 필요하다.

[표 14-2] 청년전용 창업자금 지원

구 분	지원내용
지원형태	• 융자지원(금리 연 2.0%)
지원자격 대표와 기업	• 회사 대표 만 39세 이하 • 창업 3년 미만의 중소기업 또는 창업 준비자
지원내용	• 시설자금 – 생산설비 및 시험검사장비 도입 등에 드는 자금 – 정보화 촉진 및 서비스 제공 등에 드는 자금 – 공정설치 및 안 정성평가 등에 드는 자금 – 유통 및 물류시설 등에 드는 자금 – 사업장 건축자금, 토지구매비, 임차보증금 * 토지구매비는 건축허가(산업단지 등 계획입지의 입주계약자 포함)가 확정된 사업용 부지 중 6개월 이내 건축 착공이 가능한 경우에 한함 – 사업장 확보자금(매입, 경·공매) * 사업장 확보자금은 사업 영위 필요에 따라 기업당 3년 이내 1회로 한정 지원
운전자금	창업 소요 비용, 제품생산 비용 및 기업경영에 드는 자금
대출기간	– 시설자금: 10년 이내(거치 5년 이내 포함) – 운전자금: 6년 이내(거치 3년 이내 포함)
대출한도	기업당 1억원
중복 불가 서비스	최근 5년 이내 정책자금을 3회 이상 지원받은 기업 * 긴급경영안정자금, 투융자복합금융, 시설자금, 브랜드K 인증기업, 소재·부품·장비 중기부 선정 강소기업 100 및 스타트업 100, 소재·부품·장비 경쟁력위원회 추천 기업, 미래기업지원위원회 추천기업 등은 실적산정 및 신규 지원 시 예외 * 신성장기반자금(혁신성장지원자금)의 코로나19 피해 지원은 신규지원 시 예외

자료: 중소벤처기업부 중소기업정책실 글로벌성장정책관 기업금융과

3

기업의 설립과 사업자등록

1) 개인 기업의 설립 및 사업자등록

(1) 개인 기업 설립

개인 기업을 설립하는 것은 상법상 별도의 절차가 필요하지 않아 그 설립절차가 간편하고 휴·폐업이 비교적 자유롭다. 정부의 인·허가 업종을 제외하면 관할세무서에 사업자등록증을 교부받으면 바로 영업이 가능하다.

(2) 사업자등록

개인 기업의 경우 사업장을 선정 후 사업자를 관할하는 세무서 민원실에서 사업자등록을 신청하여야 한다. 부가가치세가 면세되는 경우 소득세법상의 면세사업자로 사업자등록을 하여야 하며, 동일 사업장에 면세업종과 과세업종을 겸업하는 경우 부가가치세법상의 사업자등록신청만 하면 된다. 사업장이 2곳 이상인 경우 사업장마다 등록신청을 하여야 하며, 사업개시일 부터 20일 이내에 하여야 한다. 다만, 사업개시 전이라도 상품이나 시설기자재 등을 구입하여 관련 세금계산서를 교부받고 싶으면 사업개시 전이라도 사업자등록 신청이 가능하다. 사업자등록증은 특별한 하자가 없는 한 신청 즉시 발급된다. 사업 시작 후 법정기간 내에 사업자등록을 하지 않는 경우 가산세를 부담할 뿐만 아니라 매입세액을 공제받을 수 없는 등 불이익을 당하게 되므로 주의하여야 한다.

개인사업자등록 시 구비서류는 다음과 같다.

- 사업자등록신청서
- 사업허가증 사본(음식, 숙박업 등 허가나 등록을 요하는 경우)

- 사업허가신청서사본이나 사업계획서(사업허가 전 등록 시)
- 2명 이상이 공동으로 사업을 하는 경우 이를 입증할 수 있는 서류(동업계약서 등)

부가가치세법에서는 사업개시일로부터 20일 이내 사업자등록을 신청하여야 한다고 규정하고 있다. 사업을 처음 시작하는 신규사업자들은 최초 매입세액이 발생한 후로 20일 이내에 사업자등록을 해야 그 매입세액은 부가가치세 신고 시 매입세액으로 공제받을 수 있다. 그러나 만약 기한 내 사업자 등록하지 않은 경우 매출액 대비 1%의 가산세(사업개시일로부터 예정신고 기간의 매출액 기준)가 발생한다. 또 매입세금계산서가 있어야 매입세액 공제를 받을 수 있는데 사업자등록 전이라 사업자등록번호가 없어 사업자등록번호가 기재된 세금계산서를 받을 수 없는 경우라면 공급받는 자의 사업자등록번호를 적는 난에 공급받는 자의 주민등록번호를 적어 세금계산서를 받으면 된다.

2) 법인기업(주식회사)의 설립 및 사업자등록

(1) 법인기업 설립

법인기업은 개인 기업과는 달리 법원에 설립 등기를 하여야 한다. 법인 설립에는 발기인 3인 이상이 참여하여야 하며 각각의 발기인은 1주 이상의 주식을 인수하여야 한다. 또한, 1인 이상 이사와, 1인 이상의 감사 취임하여야 한다. 상호의 경우 동일 특별시, 광역시, 시, 군에서는 동일 업종의 경우 중복상호의 사용이 불가능하므로 사전에 상호 등기의 여부를 확인하는 것이 좋다. 법인설립 시 자본금은 100원 이상이어야 하며, 납입 자본금의 0.4%(대도시에서 법인설립 시 3배 중과세)를 등록세, 등록세의 20%를 교육세로 납부해야 한다. 현금 납입 대신 현물출자에 의해 법인설립도 가능하다. 이 경우 현물출자자산에 토지, 건물, 자동차 등 취득세 과세대상 자산이 포함되어 있는 경우 취득세를 신고 납부하여야 한다. 일반적으로 현물출자에 의한 법인설립은 현금 납입보다 검사인을 선임해야 하는 등 그 절차가 복잡하고 까다로울 뿐만 아니라 설립비용도 많이 소요되어 실무에 있어서는 특별한 경우를 제외하고는 선호되지 않는다. 실무상 법인등기의 경우 법무사에 의뢰하여 일을 처리하는 것이 대부분이다.

(2) 사업자등록

법인기업은 법인설립등기 후 사업자등록신청을 하여야 한다. 사업자등록신청은 개인 기업과 절차가 같으며 다만, 첨부서류에 있어서 차이가 있다.

법인기업의 사업자등록신청 시 필요서류는 다음과 같다.

- 법인설립신고 및 사업자등록신청서
- 법인 등기부등본
- 정관사본
- 주주 및 출자자명세서
- 개시 대차대조표
- 사업허가증(해당 기업에 한함)

4

창업 후의 세무 실무

1) 개인 기업의 세금

(1) 부가가치세

① 부가가치세 개요

부가가치세(VAT: value-added tax)는 국세의 하나이며 1977년부터 실시한 일반 소비세로 거래 단계별로 상품이나 용역에 새로 부가하는 가치에 대하여 매기는 세금이다. 부가가치세(VAT)는 제품이나 용역이 생산·유통되는 모든 단계에서 기업이 새로 만들어 내는 가치인 '부가가치(附加價値)'에 대해 부과하는 세금으로 재화나 서비스 유통 시 표시되는 '소비자 가격'에 포함되어 있다. 부가가치세는 물건값에 포함되어 있으므로 실제로는 최종소비자가 부담하는 것이다. 이렇게 최종소비자가 부담한 부가가치세를 사업자가 세무서에 납부하는 것이므로, 부가가치세 과세대상 사업자는 상품을 판매하거나 서비스를 제공할 때 거래금액에 일정 금액의 부가가치세를 징수하였다가 납부해야 한다. 부가가치세가 포함된 금액을 '공급 대가', 부가가치세를 제외한 금액을 '공급가액'이라고 한다.

예를 들어 어떤 재화의 소비자 가격이 1,100원이라면 1,000원은 공급가액, 공급가액의 10%인 100원은 부가가치세가 된다. 따라서 소비자 가격이 1,000원이라면 909원이 공급가액, 91원이 부가가치세가 되는데, 매출 시 매출 부가가치세가 발생하고, 매입 발생시 매입 부가가치세가 발생한다. 부가가치세처럼 실제 세금을 부담하는 사람과 납부하는 사람이 다른 세금을 간접세라고 하며, 부가세는 결국 최종소비자가 전액을 지불하는 방식이며, 이 돈을 판매자가 가지고 있다가 국가에 대신 납부해야 한다. 본래 판매자가 가지고 있는 판매대금의 일부는 세금으로 내야 할 돈(부가세)이므로 애초 판매자 돈이 아닌데 일반사업자들이 구분하지 않고 관리하다가 막상 부가세를 납부할 시점에는 부담스러워하기도 하지만 곤란을 겪지 않으려면 부가세를 별도 통장으로 관리하는 것이 바람직하다. 따라서 분명히 기억해야 할 점은 매출 부가가치세는 납부해야 할 부가가치세이며, 매입 부가가치세는 납부할 부가가치세로부터 차감하여 납부해야 할 부가가치세액을 줄여주는 세금이다. 부가가치세란 상품(재화)의 거래나 서비스(용역)의 제공과정에서 얻어지는 부가가치(이윤)에 대하여 과세하는 세금이며, 사업자가 납부하는 부가가치세는 매출세액에서 매입세액을 차감하여 아래와 같이 계산한다.

납부세액(부가가치세) = **매출세액**(매출액의 10%) − **매입세액**(매입 때 부담한 세액)

따라서 부가가치세는 물건을 사면서 부담한 세금과 물건을 팔면서 다른 사람으로부터 받은 세금의 차액만을 일정 기간 계산하여 납부하는 것으로 결국은 소비자가 부담하게 된다. 부가가치세는 최종소비자가가 부담한다.

개인사업자의 경우 부가가치세를 계산하는 방법과 신고납부방법 등은 부가가치세 과세유형에 따라 달라지며 과세유형은 크게 일반과세자와 간이과세자로 나뉜다. 부가가치세는 6개월을 과세기간으로 하여 신고납부하게 되며 각 과세기간은 다시 3개월로 나누어 중간에 예정신고 제도를 두고 있다.

[표 14-3] 각 과세기간과 신고납부 기간

신고 구분		제 1 기	제 2 기
예정신고	대상 기간	01.01 ~ 03. 31	07.01 ~ 09.30
	신고 납부	04.01 ~ 04. 25	10.01 ~ 10.25
확정신고	대상 기간	04.01 ~ 06.30	10.01 ~ 12.31
	신고 납부	07.01 ~ 07.25	01.01 ~ 01.25

② 간이과세자의 부가가치세 처리

ⓐ 간이과세자적용대상자

간이과세제도는 사업규모가 상대적으로 작은 중소개인사업자에 대하여 세

부담을 덜어주고 부가가치세 신고납부 절차를 간소화하여 납세자의 편의를 도모하기 위한 제도이다. 간이과세자는 1년의 매출액이 4천8백만원 미만인 사업자가 해당된다. 그러나 제조업, 광업, 도매업, 부동산매매업을 영위하는 사업자는 매출액에 관계없이 간이과세자가 될 수 없다.

ⓑ 세액계산방법

간이과세자의 세액계산방법은 매출액에 업종별 부가가치율과 10%의 세율을 적용하여 납부세액을 계산한 다음 세법상 인정되는 각종 세액공제액을 차감하여 부가가치세액을 계산한다.

간이과세자의 부가가치세

= {매출액(공급대가) × 업종별 부가가치율(10%~40%) × 10%} − 각종세액공제액

ⓒ 신고납부방법

간이과세자는 1월 1일부터 12월 31일까지의 거래실적을 다음해 1월 1일부터 25일 사이에 부가가치세를 신고납부하면 된다. 이를 확정신고라 한다. 예정신고 기간에 대한 세액은 별도의 신고 없이 직전기간의 거래실적을 기준으로 사업장 관할 세무서에서 발부된 예정고지서상의 금액을 납부하면 된다.

ⓓ 기타 세무처리 시 유의사항

간이과세자는 거래 시 영수증을 발행하여야 하며 세금계산서는 발행할 수 없다. 세금계산서를 발행하려면 간이과세자 포기신고를 사업장 관할 세무서에 제출하여야 한다. 간이과세자가 세금계산서를 교부받으면 교부받은 업종별로 세금계산서상의 매입세액의 5%~30%를 세액공제 받을 수 있다. 신용카드를 가맹하고 신용카드매출분에 대하여는 매출액의 1.3%~2.6%(500만원 한도)에 상당하는 금액에 대해 세액공제를 받을 수 있다. 과세기간 매출액이 2천4백만원 미만인 경우 부가가치세의 납부의무가 면제된다.

ⓔ 신고 시 첨부해야 할 서류

간이과세자가 신고 시 제출할 서류는 다음과 같다.

- 간이과세자 부가가치세 신고서
- 매입처별 세금계산서 합계표 또는 매입세금계산서(해당자에 한함)
- 신용카드 매출전표 발행집계표(해당자에 한함)

(2) 일반과세자의 부가가치세

① 적용대상자

부가가치세 과세사업자 중 간이과세자 이외의 사업자는 모두 일반과세자이다. 간이과세자에 해당하는 사업자도 간이과세포기신고를 한 사업자는 일반과세자가 된다. 따라서 1년의 매출액이 4천8백만원 이상인 사업자와 제조업, 광업, 도매업, 부동산매매업을 영위하는 개인사업자는 모두 일반과세자로 취급된다.

② 세액계산방법

일반과세자는 매출세액(공급가액×10%)에서 매입세액(매입 시 부담한 세액)을 차감하여 납부세액을 계산한 다음 각종 세액공제를 하여 계산한다.

③ 신고납부방법

일반과세자의 신고납부방법은 간이과세자의 신고납부 방법과 동일하다.

④ 기타 유의사항

- 부가가치세는 매출세액에서 매입세액을 차감하여 계산하므로 매입세액이 매출세액보다 클 경우 환급세액이 생기며, 이 경우 환급세액을 납세자가 돌려받을 수 있다.
- 신용카드 세액공제는 간이과세자와 동일하나 소규모사업자의 부가가치세 면제와 수령한 세금계산서에 대한 세액공제는 매입세금계산서상의 세액이 매입세액으로 공제되므로 일반과세자에게는 해당하지 않는다.

⑤ 신고 시 첨부해야 할 서류

일반과세자의 부가가치세 신고 시 필요한 서류는 다음과 같다.

- 일반과세자 부가가치세 신고서
- 매출처별 세금계산서 합계표와 매입처별 세금계산서 합계표 영세율 첨부 서류: 수출대금입금증명서 등
- 대손 세액공제신고서
- 의제매입세액 공제신고서
- 사업설비투자실적명세서
- 신용카드 매출전표 발행집계표

(3) 부가가치세 신고/납부를 불성실하게 한 경우의 불이익

사업자는 부가가치세의 신고와 납부의무를 지게 된다. 그러나 사업자가 법정신고기한까지 신고하지 않거나 법정신고기한을 경과하여 신고한 경우 또는 과소 신고한 경우 등에 따라서 신고불성실 가산세 및 납부불성실가산세를 적용받게 된다.

① 신고불성실 가산세

ⓐ 무신고가산세

사업자가 법정신고기한까지 예정신고 및 확정신고를 하지 않을 경우 다음 기준에 따른 가산세를 납부하거나 환급세액에서 공제하도록 한다.

[표 14-4] 무신고 가산세

구분	내용
부정행위로 인한 무신고	납부세액의 40%+영세율과세표준×0.5%
일반적인 무신고	(납부세액－기납부세액)×20%+영세율과세표준×0.5%

ⓑ 과소 신고 가산세

사업자가 납부세액을 신고해야 할 금액보다 적게 신고하거나 환급세액을 많이 신고한 경우 다음의 가산세를 부과하거나 환급세액에서 공제하도록 하고 있다.

[표 14-5] 과소 신고 가산세

과소신고 가산세=(1)+(2)
(1) (부정과소 신고세액, 부정초과환급세액)×40%+(일반과소 신고세액, 일반초과환급세액 −기 납부세액)×10%
(2) 과소신고분 영세율 과세표준×0.5%

부가가치세 신고서 작성 시 매출세금계산서를 매입세액으로 잘못 기입하는 경우가 발생할 수 있는데 이 경우에는 이중의 과소신고가산세가 부과되므로 특히 주의해야 한다.

② 납부불성실가산세

사업자가 납부기한까지 부가가치세를 납부하지 않는 경우 다음의 가산세를 부과하거나 환급세액에서 공제하도록 하고 있다.

납부 불성실 가산세=미납세액 또는 과소납부세액

(4) 소득세

① 소득세 개요

소득세는 여러 가지 생산 활동을 통하여 얻는 개인의 소득에 대하여 납부하는 세금이다. 이때 '소득'이라 함은 연간 총수입금액에서 지출된 모든 비용을 공제한 순수이익을 의미한다. 그리고 소득은 종합소득금액, 퇴직소득금액, 양도소득 금액 등으로 나뉘며, 종합소득금액에는 이자, 배당, 부동산임대, 사업, 근로, 기타 면허소득 등이 모두 포함된다. 소득세의 납세의무자는 매년 1월 1일부터 12월 31일까지의 기간에 상기의 소득이 있는 모든 사람이다. 이러한 납세의 무자는 다음 해 5월 31일까지 다음에서 설명하는 방법에 따라 거주지 관할 세무서에 소득세 신고를 하고, 해당세액을 납부해야 한다. 그리고 사업소득자의 경우 11월 30일까지 직전년도 납부세액의 1/2을 선납하는 중간예납제도가 있다. 이하에서는 사업소득자를 위주로 세무처리에 대하여 살펴본다.

② 소득세의 계산방법

소득세의 계산방법은 다음과 같다.

총수입금액－필요경비

소득금액(이자, 배당소득 등 모든 종합소득금액이 합산)－기본공제 등(배우자, 부양가족 등)

과세표준×세율＝산출세액(소득세의 10%가 주민세가 가산된다)

[표 14-6] 개인 기업 소득세의 세율(2018.1.1 시행)

과세표준	세율	산 식
1,200만원 이하	6%	과세표준×
1,200만원 초과 ~ 4,600만원	15%	72만원+1,200만원 초과액×15%
4,600만원 초과 ~ 8,800만원	24%	582만원+4,600만원 초과액×24%
8,800만원 초과 ~ 1억5천만원	35%	1,590만원+8,800만원 초과액×35%
1억5천만원 초과 ~ 3억원	38%	3,760만원+1억5천만원 초과액×38%
3억원 초과 ~ 5억원	40%	9,460만원+3억원 초과액×40%
5억원 초과	42%	1억7,460만원+5억원 초과액×42%

필요경비 중 접대비나 기부금 등은 일정한도 내의 금액만 필요경비로 인정되며, 업무와 관련이 없는 비용이나 벌금, 과태료 등은 세법상 필요경비로 인정되지 않는 부분이 있으므로 유의하여야 한다.

③ 소득세의 신고

ⓐ 소득세 구분

소득세의 신고방법은 크게 장부를 작성하여 이를 근거로 신고하는 방법과 세무서에서 정한 표준소득률에 의해 신고하는 추계신고방법이 있다. 장부를 기초로 신고하는 방법은 그 사업의 종류 및 규모에 따라 간편장부 대상 사업자와 복식부기의무자로 다시 나뉜다. 그 구분은 다음과 같다.

간편장부 대상 사업자의 범위

㉮ 당해연도에 신규로 사업을 개시한 사업자

㉯ 직전년도의 수입금액이 다음의 금액에 미달하는 사업자

- ㉠ 농업, 수렵업, 임업, 어업, 광업, 도소매업, 부동산매매업 기타 ㉡ ㉢에 해당하지 아니하는 업종: 3억원
- ㉡ 제조업, 숙박 및 음식점업, 전기가스 및 수도사업, 건설업, 소비자용품수리업, 운수창고 및 통신업, 금융 및 보험업: 1.5억원
- ㉢ 부동산임대업, 사업서비스업, 교육서비스업, 보건 및 사회복지업, 개인 및 사회서비스업, 가사서비스업: 7천5백만원

㉰ 복식부기의무자

상기의 간편장부 대상 사업자 외의 사업자

ⓑ 추계신고방법

연간매출액에 세무서에서 업종에 따라 정하고 있는 표준소득률을 곱하여 계산된 금액을 소득금액으로 보아 이에 세율을 곱하여 소득세신고를 하는 방법이다.

ⓒ 간편장부 대상 사업자

상기의 기준에 해당하는 사업자는 다음에서 설명하는 복식부기에 의하지 않고, 가계부와 작성형식에 비슷한 간편장부를 기재하고 이를 근거로 소득을 계산하여 소득세를 신고한다.

ⓓ 복식부기 의무자

복식부기 의무자는 전표처리를 통한 정상적인 회계장부를 작성 비치하고, 이를 근거로 작성된 대차대조표, 손익계산서, 합계잔액 시산표를 첨부하여 종합소득세신고를 해야 한다.

ⓔ 각종 소득지급 시 원천징수 처리

사업자가 직원에게 급여(일용근로자 포함)를 지급하거나 이자소득을 지급하는 경우에는 소득 지급 시 법에서 정한 일정액을 원천징수하여 세무서에 신고 납부해야 하고 원천징수한 세액의 10%를 지방소득세로 지방자치단체에 신고 납부하여야 한다. 원천징수는 징수한 달의 다음 달 10일 전까지 신고 납부하여야 하며 이를 이행하지 않으면 가산세가 부과된다.

소득별 원천징수세율(주민세포함)은 다음과 같다.

- 이자소득: 지급액의 15.4%(비영업대금이익 27.5%), 법인에게 지급 시 22%
- 근로소득: 근로소득에 대한 간이세액조견표상의 금액(일용근로자는 6.6%)
- 사업소득: 지급액의 3.3%
- 기타소득: 지급액의 22%

ⓕ 사업장 현황신고

부가가치세 면세사업자의 경우 과세기간 종료 후 31일 이내에 사업장 관할세무서장에게 사업장에 대한 현황(기본경비, 자산현황 등)을 신고하여야 한다.

(5) 개별소비세

다음 사업을 하는 사업자는 개별소비세를 내야 한다.

- 나이트클럽, 카바레, 요정, 디스코클럽 등 과세유흥장소
- 귀금속판매, 모피의류 제조 등

개별소비세는 부가가치세와 별도로 매월 말일까지 자진 신고하여야 한다.

[표 14-7] 개별소비세 내역

과세범위	납세의무자	과세표준
과세물품	판매자	보석 및 귀금속제품은 판매장에서 판매가격 중 기준가격을 초과하는 가격
	제조장 반출 자	
수입신고인	수입신고시의 가격	고세가격+관세+통상이윤상당액
기타관세 납세자	물품의 제조장 반출 시의 가격	
입장행위	과세장소경영자	경마장·증기탕·투전기시설장소·골프장·카지노장, 경륜장의 입장요금 및 인원
유흥음식 행위	과세유층장소경영자	유흥주점요금

2) 법인기업의 세금

(1) 부가가치세

법인기업의 부가가치세도 개인 기업의 일반과세자와 비슷하다. 즉 부가가치세 계산방법과 신고서 작성방법, 첨부서류는 개인 기업과 같다.

법인기업과 개인 기업의 차이점은 다음과 같다.

- 법인기업은 간이과세제도가 없고, 모든 법인사업자가 일반과세자다.
- 법인기업은 예정고지 제도가 없다. 따라서 모든 법인은 확정 신고는 물론 4월과 10월에 예정신고를 하여야 한다.
- 법인기업은 신용카드매출분에 대한 세액공제 제도가 없다.

(2) 법인세

① 법인세 개요

내국법인과 국내사업장이 있는 외국 법인은 사업연도 종료일로부터 3월 내에 본점 소재지 관할 세무서에 법인세를 신고 납부해야 한다. 이때 법인의 사업연도는 당해 법인이 사업자등록 시 신청하여야 하며, 신청이 없는 경우에는 1월 1일부터 12월 31일까지로 한다. 또 법인은 토지 등을 양도하는 경우에 특별부가세를 법인세신고 시 함께 신고하여야 한다.

② 법인세의 신고

ⓐ 회계장부의 결산

법인세의 신고를 위해서는 먼저 상기의 개인사업자 중 복식부기 의무자의 경우와 같이 기업회계기준에 따라 회계장부를 작성하여야 한다.

과세표준을 산출하기 위한 기본절차는 소득세와 유사하다. 이를 근거로 사업연도의 종료 후 장부를 마감하고 합계잔액시산표, 대차대조표, 손익계산서, 제조(공사)원가명세서 등을 작성한다.

[표 14-8] 영리법인 법인세 세율

과세표준	세율	누진공제
2억원 이하	10%	-
2억원초과 ~ 200억원	20%	2천만원+(과세표준-2억원)×20%
200억원 초과 ~ 2,000억원	22%	4억2천만원+(과세표준-200억원)×22%
2,000억원 초과	25%	94억2천만원+(과세표준-2,000억원)×25%

ⓑ 세무조정

세무조정(稅務調整)이란 기업회계와 세법과의 차이를 조정하여 세무상의 이익을 계산하는 일련의 과정을 의미한다. 즉, 기업회계에 의해 계산된 수익과 비용을 세무상의 익금과 손금으로 재계산하는 절차를 뜻한다.

이때 대부분 법인들은 세무사나 공인회계사의 조정 지도를 받았다는 외부조정계산서를 첨부하여 법인세신고를 하게 된다

ⓒ 법인세의 신고 및 납부

법인은 다음의 서류를 첨부하여 사업연도 종료일로부터 3월 이내에 본점소재지 관할 세무서에 법인세 과세표준 신고서를 제출하여야 한다.

- 대차대조표, 손익계산서, 합계 잔액시산표, 제조(공사)원가명세서
- 이익잉여금 처분계산서

- 세무조정계산서
- 기타 부속서류

ⓓ 각종 소득 지급 시 원천징수처리

각종 소득을 지급하는 경우 개인과 동일하게 원천징수를 하여야 한다.

ⓔ 법인세의 중간예납

사업연도가 6월을 초과하는 법인은 사업개시일로부터 6개월간의 기간에 대하여 중간에 법인세를 납부할 의무가 있으며, 이를 법인세 중간예납제도라 한다. 법인은 중간예납 기간 종료일로부터 2월 내에 당해 중간예납세액을 신고 납부해야 한다.

3) 개인 기업과 법인기업의 세법상 차이점

법인설립을 위한 법적 절차가 개인 기업보다 복잡하고 회사를 청산하는 데도 별도의 절차가 필요하다. 개인 기업은 기업이윤이 전액 기업주에게 귀속되지만, 법인기업의 자금을 개인적인 용도로 사용하면 개인이 회사에 이자를 지급해야 하고, 회사가 금융기관에 지급한 이자가 일정부분 손금(비용)으로 인정되지 않는 등의 불이익을 받을 수 있다. 매출누락이나 가공경비 계상 시 차후에 개인기업에 비하여 많은 세금이 부과된다. 기타 상법, 세법에 따라 기업운영 상 많은 제약 또는 의무를 부담하여야 한다. 따라서 창업자는 개인 기업과 법인기업 가운데 어느 쪽이 절세효과가 더 큰지 비교함으로써 어떤 기업형태를 선택하는 것이 유리할지 판단하여야 한다.

일반적으로 세제 정책상 매출이 어느 정도 커지면 개인 기업보다 법인기업이 더 유리한 측면이 있다. 개인 기업과 법인기업의 소득세가 같아지는 구간은 당기순이익이 21,600,000원일 경우 소득세(1,200만원 이하 6%+1,200만원 초과 4,600만원 이하 15%)와 법인세(2억원 이하 10%) 동일하게 2,160,000원이며, 소득규모가 그 이상 초과할 때에는 개인 기업보다 법인형태인 주식회사가 더 절세효과가 크다는 것에 주목하여 창업형태를 결정하는 것이 좋다.

[표 14-9] 개인 기업과 법인기업의 세법상 차이점

내용	개인 기업	법인기업
적용세법	소득세법	법인세법
과세소득	총수입금액에서 필요경비를 차감한 금액	익금의 총액에서 손금의 총액을 차감한 금액
과세범위	법에서 열거한 소득만 과세되며 특정 소득에 대해서는 원천징수만으로 분리과세	법에서 제외하지 않는 한 모든 소득에 대해 과세되며 분리과세가 인정되지 않음
이중과세 여부	하나의 원천소득에 대해 이중과세되지 않음	부동산 등의 양도 시 법인세와 특별부가세가 과세되고, 주주의 경우 배당소득에 법인세와 소득세가 이중과세
과세표준 확정방법	사업자의 자진 신고로 결정	사업자의 자진 신고로 결정
세 율	소득금액에 따라 6%~38%의 초과누진 세율구조. 소득세의 10%를 지방소득세로 납부	소득금액에 따라 10%~22%의 초과누진 세율구조. 법인세의 10%를 지방소득세로 납부
납세지	개인 기업주의 주소지·거소지	법인등기부상의 본점 또는 주사무소
기장의무	수입금액에 따라 간이 기장의무자, 복식 기장의무자로 구분	수입금액에 관계없이 복식기장의무자
대차대조표 공고의무	대차대조표공고의무 없음	외감 대상 법인의 경우 법인세법상 삭제되었으나 상법상 남아 있음
과세기간	1월 1일부터 12월 31일까지	정관에서 정하는 회계기간

참고문헌

〈단행본〉

- B2C. 폴 슬로안(Paul Sloane). 10 Questions To Ask Yourself Before You Start Your Own Business 번역 요약.
- The Game-Changer: How You Can Drive Revenue and Profit Growth with Innovation(게임 체인저(시장을 통째로 바꾸는)) Lafley, A. G. / Charan, Ram 지음 Crown Business. 2008.
- "The Psychology of Selling", Brian Tracy 지음, 오승훈 옮김. 2006.
- Zero to One. 피터 틸, 블레이크 매스터스. 한국경제신문. 2014.
- 100년 기업의 성공열쇠, 가업승계 전략에서 찾아라. 김선화. 쌤앤파커스 펴냄. 2013.
- 100년 기업의 조건. 케빈 케네디. 이진원 옮김. 한스미디어. 2004.
- 100년 기업의 힘, 타타에게 배워라. 오화석. 매일경제신문사. 2013.
- 100년 기업을 위한 승계전략. 김선화 지음. 쌤앤파커스. 2013.
- 100억짜리 생각, 마이클 미칼코, 박종안 옮김, 위즈덤하우스, 2011.
- Kotler의 마케팅원리 14판. Philip Kotler & Gary Armstrong. 안광호·유창조·전승우 옮김. 시그마프레스. 2013.
- 같은 아이디어가 성공과 실패로 갈리는 이유. 스타트업 멘토링. 케빈 존슨. 예문사. 2016.
- 경영자가 가져야 할 단한가지 습관. 스즈키 도시후미 지음. 김진연 옮김. 지식공간 펴냄. 2016.
- 경영자가 된다는 것. 이타미 히로유키음. 이혁재 옮김. 예인(플루토북). 2010.
- 경영자 VS 마케터. 알 리스·로라 리스 저. 이장우, 최기철 역 흐름출판. 2010.
- 경영전략(Strategic Management). 장세진저. 박영사. 2012.
- 경영학의 이해 8판. William G. Nickels, James M. McHugh, Susan M. McHugh 공저. 권구혁, 박광태, 박주영, 장정주, 최진남, 홍광현 공역. 생능출판사. 2010.
- 괴짜처럼 생각하라(스티븐 레빗·스티븐 더브너 지음. 웅진지식하우스. 2015.
- 교세라에게 배우는 3가지 성공모델. SERI 마케팅전략실 정태수 연구원. 2007.
- 긍정적 알파 컨슈머를 만드는 유니크 브랜딩, Scott Deming 지음, 황부영 옮김. 비앤이북스. 2008.
- 기업가정신(William Bygrave 저, 이민화/이현숙 역), 동서미디어. 2013.
- 넘버원 세일즈맨의 비밀수첩(THE SECRET LIFE OF A #1 SALESMAN). 지은이 솔로몬 힉스, 미셸 존스. 옮긴이 변인영. 2018.

- 당신은 사업가입니까-창업 전 스스로에게 물어야 할 질문들. 캐럴 로스 지음, 유정식 옮김. 알에치코리아. 2014.
- 돈 버는 감성, Nobuhiko SHIMA(시마 노부히코)지음, 이왕돈, 송진명 옮김. 2008.
- 드림케팅. G.L. 롱지노티 뷔토니 지음. 김민주 옮김. 위즈덤하우스. 2007.
- 디자인풀 컴퍼니(The Designful Company) 경영을 디자인하다. 마티 뉴마이어(Marty Neumeier)저. 박선영역. 시그마북스. 2009.
- 러브마크, 브랜드의 미래. 케빈 로버츠 저. 양준희 옮김. 서돌. 2005.
- 무엇이 창업가를 만드는가? 마크 수스터(Mark Suster). 감수: 임정욱. 리디북스 출판. 2018.
- 미래경제와 사회속의 기업. 이주성·신승훈. 도서출판 청람. 2011.
- 베끼고 훔치고 창조하라, 김종춘 지음, 매일경제신문사, 2011.
- 브랜드자산 경영. 스코트 M, 데이비스. 데이비드 아커(David Aaker). 박영미 최원식옮김. 기회출판 거름. 2001.
- 비스니스보넬의 진화. 노상규, 오가닉 미디어랩, 2015,
- 비즈니스모델의 탄생(Business model generation). 저자 알렉산더 오스터왈더, 예스 피그누어. 역자 유효상. 타임비즈. 2011.
- 비즈니스 지니어스(번역서 Business Genius: A More Inspired Approach to Business Growth). 피터 피스크(Fisk, Peter) 지음 Capstone Publishing. 2009.
- 사업의 감각. 루디 마조키 지음. 최경은 옮김. 다산북스. 2019.
- 사회 속의 기업? 기업 속의 사회? 2판. 양성국. 도서출판 청람. 2010.
- 사회적 기업 Ⅰ. Carlo Borzaga, Jacques Defourny. 엮음. 박대석·박상하·고두갑 옮김. 시그마프레스. 2009.
- 사회적 기업이란 무엇인가? 김정원. 아르케. 2009.
- 새로운 업(業)의 발견. 김종현. 삼성경제연구소. 2006.
- 생각이 돈이 되는 순간: 전 세계가 열광한 빅히트 아이디어의 비밀(원서: The Creative Curve). 앨런 가넷 지음. 이경남 옮김. 알에이치코리아. 2018.
- 서른 살 빵집 사장의 망상노트. 홍준석 지음. 베이스라인. 2021
- 성공과 실패에서 배우는 여성 마케팅. 김미경. 위즈덤하우스. 2005.
- 스타트업 성공 방정식. 양민호 저. 미디어숲. 2020.
- 스토리(story) 창업 경영-피앤씨미디어(P&C Media). 2013.

- 스토리(story) 창업 경영 개정 3판 – 피앤씨미디어(P&C Media). 2017.
- 스토리(story) 기업가정신 – 피앤씨미디어(P&C Media). 2015.
- 스토리(story) 기업가정신 3판 – 피앤씨미디어(P&C Media). 2021.
- 스토리(story) 창업과 경영 사례 – 피앤씨미디어(P&C Media). 2015.
- 스토리(story) 창업과 경영 사례 3판 – 피앤씨미디어(P&C Media). 2019.
- 스토리텔링으로 성공하라. 스티븐 데닝 지음. 안진환 옮김. 을유문화사. 2006.
- 승자의 안목, 김봉국 지음, 센추리원 펴냄. 2013.
- 쓰레기도 팔 수 있는 8가지 전략. IGM 세계경영연구원 지음, IGM books 펴냄. 2012.
- 신뢰를 파는 것이 세일즈다. 오정환 외 지음. 호이테북스. 2017.
- 실패의 습관 모르면 성공할 수 없다. 도널드 R. 키오 저, 김원옥 역. 더난출판사. 2009.
- 아마존은 왜? 최고가에 자포스를 인수했나. 이시즈카 시노부지음. 이건호 옮김. 북로그컴퍼니. 2010.
- 아웃라이어(OUTLIERS). 말콤 글래드웰. 노정태 옮김. 김영사 2009.
- 어떻게 배울 것인가. 존 맥스웰(John C. Maxwell) 지음. 박산호 옮김. 비즈니스북스. 2014.
- 어떻게 성장할 것인가. 필립 코틀러·밀턴 코틀러 지음. 고영태 옮김. 청림출판. 2013.
- 어떻게 최고의 인재를 얻는가. 클라우디오 페르난데즈 아라오즈(Claudio Fernandez-Araoz) 21세기북스. 2015.
- 여성고객의 마음을 움직여라. 다카히라 아이저. 박진배역. 경성라인. 2013.
- 역사에서 경영을 만나다. 이재규. 사과나무. 2008.
- 욕망을 디자인하라. 정경원. 청림출판. 2013.
- 왜 팔리는가. 조현준 지음. 아템포 펴냄. 2013.
- 유쾌한 크리에이티브. 톰 켈리·데이비드 켈리 지음. 박종성 옮김. 청림출판. 2014.
- 원칙 중심 리더. 스티븐 코비. 김경섭 옮김. 김영사. 2001.
- 장수(長壽) 기업의 조건. 도요게이자이(東洋經濟). 해토 2005.
- 절대 변하지 않는 8가지 성공원칙. 브라이언 트레이시. 이종인 옮김. 더난출판사. 2006.
- 정글만리. 조정래. 해냄출판사. 2013.
- 지식시대와 경쟁, 그리고 흥망성쇠. 예병일의 경제노트. 2008.
- 지역과 세상을 바꾸는 사회적 기업. 양준호 지음. 두남. 2011.
- 창업가 체질. 저자 마쓰오 아키히토. 역자 박재영. 매경출판. 2017.

- 창업다이어리. 중소기업청·소상공인진흥원. 2012.
- 창업성공 11가지 성공의 법칙. 창업투데이. 2012.
- 체인지 메이커 혁명(원제: Rippling. Schwartz, Beverly). 베벌리 슈왈츠 지음.전해자 옮김. 에이지21. 2013.
- 크리에이터 코드: 세상에서 가장 창조적인 기업가들의 6가지 생각 도구. 에이미 윌킨슨 지음. 김고명 옮김. 비즈니스북스. 2015.
- 탁월한 아이디어는 어디서 오는가. 스티븐 존슨 지음. 한국경제. 2012.
- 통찰의 기술. 신병철. 지형. 2010.
- 트렌드 코리아 2014, 김난도외 4인. 미래의 창. 2013.
- 펌프킨 플랜: 나쁜 고객을 해고하라. 마이크 미칼로위츠 지음. 김태훈 옮김. 페퍼민트. 2013.
- 펌핑 크리에이티브(Pumping Creative). 곽숙철. 틔움. 2016.
- 포지셔닝(Positioning). 알 리스(Al Ries)와 잭 트라우트(Jack Trout). 2009.
- 프랜차이즈(우리시대 성공신화). 월간 창업&프랜차이즈 저. SPC(서울출판클럽). 2003.
- 필립 코틀러·밀턴 코틀러 공저, 고영태 옮김, 어떻게 성장할 것인가. 청림출판. 2013.
- 하버드 창업가 바이블(원제 WORTHLESS, IMPOSSIBLE, AND STUPID). 저자 다니엘 아이젠버그, 캐런 딜론. 역자 유정식. 다산북스. 2014.
- 한국의 장사꾼들. 신동일. 리더스북. 2013.
- 현대마케팅론. 유필화·김용준·한상만. 박영사. 2012.

〈일간지〉

- ZDNetKorea. 창업 아이디어 → 아이템화 위한 3가지 조건. 2018.4.5.
- ZDNetKorea. 정부 "청년들 맘껏 창업해라 … 28개 활성화 계획 추진" 2021.5.28.
- 건설경제신문. 비전, 핵심가치 그리고 조직력. 2012.6.26.
- 경기신문. 고령친화산업 활성화 위한 성장동력 추진. 2012.6.19.
- 경기일보. 창의력, 혁신을 이끄는 힘. 2012.12.27.
- 경인일보. 업의 본질과 블루오션. 2019.10.24.
- 경향신문. 사회적 기업이 희망이다. 사회적 기업'노리단' 2009.3.18.
- 경향신문. 로고, 기업을 말한다. 2013.11.22.

- 광주일보. 동업의 장단점과 보완전략. 2015.10.14.
- 교수신문. 창의력 제고를 위한 다섯 가지 제안. 2013.12.3.
- 국세일보. 사업자금 조달에도 세무전략 필요하다. 2013.6.26.
- 국제신문. 잠깐의 휴식 '산소방'…힐링시대 최적 아이템. 2012.12.26.
- 국민일보. 글로벌 톱 브랜드로 성공하는 7가지 조건. 2006.3.1.
- 국민일보. 탐욕은 당신을 괴물로 만든다. 2013.10.30.
- 농민신문. ICA 회원조합 중 매출 기준 4위·농식품 관련 1위…'만형' 역할. 2016.12.23.
- 뉴데일리. 신규 사업 수행 선결과제 '업의 개념'2009.5.19.
- 대구신문. 경영자가 버려야 할 것과 지켜야 할 것. 2020.7.16. 배종태 교수
- 동아일보. 1896년 '포드차 1호' 시 운전 성공. 2004.6.3.
- 동아일보. 스티브 잡스 못 키우는 한국. 2010.10.12.
- 동아일보. 정주영 – 이병철, 한국형 기업가정신 상징인물로 2010.12.3.
- 동아일보. 향후 10년 주도할 5대 마케팅 키워드. 2011.2.15.
- 동아일보. 기업의 사회적 책임(CSR)과 공유가치 창출(CSV) 개념 비교. 2011.11.18.
- 동아일보. 日에 없는 한국의 '창조혁신 DNA' 2012.8.31.
- 동아일보. "한국 청년들 창업도전 두려워해… 넷플릭스 같은 혁신기업 안나와" 2019.2.1
- 매일경제. 100년 기업을 몰락시킨 원인은? 2009.7.22.
- 매일경제. 이젠 기업이 소비자 가르치는 마켓 드라이빙 시대. 2009.7.22.
- 매일경제. 웰빙 창업, '유기농 반찬.' 2010.8.31.
- 매일경제. 대기업 이윤 나눠 갖기 식 초과이익 공유는 틀렸다. 2011.4.29.
- 매일경제. IBM 100세 비결 …장수비결 5가지 교훈. 2011.6.17.
- 매일경제. '마케팅 근시' 경계하세요. 2011.11.18.
- 매일경제. 4가지 가치 담아야 명품입니다. 2012.4.25.
- 매일경제. 유망 창업 아이템의 3가지 조건, 성장성·안정성·수익성. 2012.4.26.
- 매일경제. 2012년 창업시장 사로잡은 7가지 키워드. 2012.12.6.
- 매일경제. 조깅화에 칩 부착해 3배가치 만든 나이키. 2013.4.18.
- 매일경제. 기업가의 혁신?… 가치창출만 해도 충분. 2013.9.6.
- 매일경제. 잇단 실패는 성공 자양분…파괴적 스토리가 창조 2013.10.15.

- 매일경제. Buy One, Give One… 착한기업에 반하다. 2013.10.25.
- 매일경제. '빅데이터 분석으로 육류 매장 진열대를 바꾼다?' 2016.12.26.
- 매일경제. 역대 최저수준 기업가지수 더 떨어질 것 2016.12.27.
- 매일신문. 역발상 마케팅의 힘. 2010.7.3.
- 매트로. '넷플릭스'가 쏘아올린 구독, 밀레니얼 세대 업고 '훨훨' 2019.12.19.
- 머니위크. 창업트랜드, 웰빙열풍에 간편식까지 '도시락'이 뜬다. 2012.3.27.
- 머니투데이. 식지 않는 웰빙, 업그레이드 웰빙 창업. 2009.9.21.
- 머니투데이. 대학생 63.3% 창업 의향 있다. 2012.11.6.
- 머니투데이. 콘텐츠 분명해야 외식창업 시장에서 생존. 2012.12.6.
- 머니투데이. 새해 창업 도전을 생각한다면, OOO부터. 2013.12.21.
- 머니투데이. 금융권 창업 자금 지원부터 경영 컨설팅까지. 2013.12.21.
- 머니투데이. 신뢰와 소통이 창업의 시작이다. 2014.1.23.
- 머니투데이. 불황에 얇아진 지갑, '무소유 경제' 뜬다. 2014.2.11.
- 머니투데이. 창업 실패이유 '자금부족'이 2위, 1위는? 2014.10.3.
- 머니투데이. 너무 서두르고, 고생보단 대박 환상에 빠져. 2015.1.25.
- 머니투데이. 사람들이 말 안 하는 스타트업이 망하는 진짜 이유 5가지. 2015.1.25.
- 머니투데이. 고령화 시대 '실버 케어' 스타트업이 뜬다. 2016.2.13.
- 머니투데이. 산업구조 변화와 기업가 정신. 2019.3.21.
- 머니투데이. 아무리 좋아도 예쁘지 않으면 안 팔린다… 세계는 디자인 전쟁 중. 2021.11.22.
- 무역경제신문. 혁신적 스타트업이 사회를 바꾼다. 2020.11.22.
- 비즈넷타임즈. 114호. 리더에게 필요한 특성 6P's. 2005.1.26.
- 비즈니스워치. 기업몰락의 '5단계' 2013.11.8.
- 비즈니스워치. [실패에서 배운다] 모토로라의 몰락 원인 '자만' 2013.11.10.
- 비즈니스워치. [100년 기업] ④위기는 반드시 온다, 준비하라! 2014.5.21.
- 사례뉴스. '경험'을 구매하는 2030, 움직이는 정보로 고객을 사로잡아라!. 2020.12.9.
- 서울경제. 나누면 커집니다. 유한킴벌리. 2010.12.20.
- 서울경제. 선진국 융·복합화 바람유기농 식품 판매+스파 서비스, 럭셔리 소매점으로 수익 극대화. 2012.2.5.

- 서울경제. 값 내리고 품질은 높이고, 가치소비 아이템이 뜬다. 2012.7.22.
- 서울경제. 드러그스토어 시장 불황에도 잘 나가네. 2012.9.16.
- 서울경제. 왜 창업1세대 정신인가. 2013.1.1.
- 서울경제. 해동씨엔티, 정직한 먹거리 입소문 간편가정식 새 강자. 2013.1.24.
- 서울경제. 브랜드 가치 14% 상승한 삼성전자 세계 7위. 2016.11.8.
- 서울신문. 아마존, 세계 100대 기업 중 고객만족도 가장 높아 2013.12.14.
- 서울파이낸스. 창업시장 변화 주도하는 네 가지는? 2012.7.11.
- 세계일보. 한국 국가브랜드 가치 1조 9000억弗 '세계 9위' 2014.1.14.
- 스타트업 투데이. 창업하는 '이유'가 중요한 이유. 2020.1.17.
- 스타트업투데이. 대표스타트업, '청년창업사관학교'에서 시작하자! 2020.8.25.
- 스포츠조선. 新외식코드 웰빙 넘어 '힐링' 2012.7.9.
- 스포츠한국. 美·英 재활용사업 각광…대기업 형태로 진화 중. 2011.1.13.
- 스포츠한국. 요즘 뜨는 창업, 싱글족 웰빙 라이프를 겨냥하라. 2012.9.5.
- 아시아경제. 로베르토 베르간티 교수 "디자인 혁신이 성공 부른다" 2010.11.10.
- 아시아경제. 성장하는 고령친화산업…액티브시니어에 주목. 2016.3.7.
- 아이뉴스24. '쓰러지고 있는 창업자들'의 10가지 유형. 2003.8.25.
- 아이티투데이. 창업기업 절반 3년내 폐업! 정부 재도전 종합대책 발표 2013.10.30.
- 아크로팬. 인터브랜드, '베스트 글로벌 브랜드 2013' 발표. 2013.9.30.
- 열린창업신문. 창업기업 성공에 필요한 6가지는? 2015.9.2.
- 위키트리. CEO가 갖추어야 할 7가지 성공 조건. 2014.2.24.
- 이데일리. 이런 사람 창업하지 마라. 2007.8.13.
- 이데일리. [WSF 2015]"창업하기전 '왜'에 주목하라" 2015.6.10.
- 이데일리. 여러분 회사의 업의 본질은 무엇입니까? 2021.1.31.
- 이뉴스투데이. 음료수 라벨에 스토리와 감성 담아낸다. 2014.1.14.
- 이지경제. 최빈국에서 경제 강국으로…'한강의 기적' 순간들. 2017.9.11.
- 이코노미뉴스. 장수기업이 되기 위한 조건. 2014.11.14.
- 전자신문. 스타트업에 경영이 필요한가? 2014.1.7.
- 전자신문. 4차 산업혁명과 업(業)의 본질. 2017.10.24.

- 전자신문. 창업 초기, 시장규모는 어떻게 파악하나?. 2018.2.11.
- 전자신문. 창업을 바라보는 우리의 방식(2). 2019.1.13.
- 전자신문. [미래포럼] 혁신성장과 청년기업가정신. 2019.5.14.
- 전자신문. 김태형의 디자인 싱킹〈33〉 더 나은 세상을 위한 지혜(4). 2019.10.27.
- 제주일보. 딜레마 해결의 눈. 2021.3.16.
- 조선닷컴. 인포그래픽스. 21세기 예술가? 혁신가의 탄생. 2014.1.28.
- 조선비즈. 헤르만 지몬 "히든 챔피언 되려면 CEO 자질이 제일 중요" 2012.3.6.
- 조선비즈. "100년 버틴 상점만 3000곳… 부단한 기술혁신과 장인정신이 교토 장수기업의 비결" 2016.9.7.
- 조선비즈. 유럽 최대 LCC 라이언에어, "3년간 조종사 2000명 신규채용" 2021.7.13.
- 조선일보. 당신은 당신의 일에 1萬시간 쏟아 부었나? 아니라면 성공을 말하지 말라. 2009.2.14.
- 조선일보. [만물상] 사회적 기업. 2009.8.25.
- 조선일보. 성공적인 업종선정 위한 '7가지 기본원칙.' 2009.9.14.
- 조선일보. 당신은 이 셋을 가졌는가? 魂(혼·신념) 創(창·창의) 通(통·소통). 2009.10.17.
- 조선일보. 세계적 디자이너 손길 거친 생수… 이젠 '눈'으로 마신다. 2010.7.12.
- 조선일보. 民無信不立(신뢰가 없으면 조직은 무너진다). 2011.6.11.
- 조선일보. 진화하는 최고 비전기업 다시 100년을 향한 혁신. 2011.10.1.
- 조선일보. '무엇을 파느냐' 아닌 '고객이 왜 사느냐'의 관점서 봐야 業 보여. 2012.1.9.
- 조선일보. 시계 업체 스와치, 패션업으로 재 정의하자 새 시장 열려. 2012.1.9.
- 조선일보. 브랜드여 아우라(Aura)를 팔아라. 2012.1.17.
- 조선일보. 국민 96% "대기업, 혼자서 큰 것 아니다." 2012.4.19.
- 조선일보. 탄생 130년 만의 '진화'… 선풍기, 날개를 버렸다. 2012.8.15.
- 조선일보. 대기업이 주도하는 '혁신 4.0' 시대 활짝. 2012.9.1.
- 조선일보. 외식창업 트렌드 변화 "1~2인 가구를 공략하라." 2012.9.26.
- 조선일보. 자본주의 5.0. 2012.10.15.
- 조선일보. '서비스 황금 표준' 만든 리츠칼튼 어브 엄러 회장 "객실 청소원도 고객 위해 회사 돈 200만원 즉시 사용할 수 있어"2012.11.17.
- 조선일보. 유한양행, "환경경영으로 사회적 책임 다할 것." 2012.12.12.

- 조선일보. 글로벌 핫 이코노미 이스라엘. 2013.1.5.
- 조선일보. '돈 얼마나 벌 수 있나' 아닌 '고객에 어떤 혜택 있나'로 사업의 기준을 바꿔야. 2013.2.7.
- 조선일보. 애플 제치고 세계 혁신 1위 나이키… 뒤쫓는 아디다스. 2013.2.18.
- 조선일보. 내가 가진 것 이상을 추구하는 기업家가 돼라. 2013.3.29.
- 조선일보. 기업의 사회적 책임이란 무엇인가요? 2013.6.14.
- 조선일보. 기업의 사회적 책임 담은 '지속가능 경영보고서' 2013.7.23.
- 조선일보. 풍부한 이야깃거리가 브랜드에 정체성 부여. 2013.11.2.
- 조선일보. 고객만족 커지면 주가지수 오르고 실업률은 낮아져 2014.1.6.
- 조선일보. 항공·인터넷·이동전화 부문 한국 고객만족도, 美 ACSI 앞서 2014.1.6.
- 조선일보. 좋은 브랜드는 고객과 마음을 주고받는다. 2014.1.15.
- 조선일보. 1등 기업 넘어서기… '마라톤 혁신'이다. 2014.1.27.
- 조선일보. 창업强國 이스라엘의 힘은 '이민 온 엘리트' 실리콘밸리 닮아. 2014.3.8.
- 조선일보. CEO라는 단어에서 리더십의 본질을 읽자. 2014.5.17.
- 조선일보. 벤처는 철저한 계산… 假想의 고객 만들라. 2014.11.15.
- 조선일보. "내가 제2 저커버그" 美대학생 年40만명이 창업 공부; 세계 대학 스타트업 지원 열기… 美, 관련 프로그램만 5000여개 2016.1.6.
- 조선일보. 김영세 이노디자인 대표 "디자이너처럼 생각하면 미래가 보인다". 2016.2.3.
- 조선일보. 훌륭한 경영자 꾸준히 배출·선구자 정신·장인 정신, 50년 이상 장수기업들의 3가지 공통점. 2016.9.24.
- 조선일보. 50년 이상 장수기업들의 3가지 공통점. 2016.9.25.
- 조선일보. 옥스퍼드大의 면접 질문들. 2017.1.20.
- 조선일보. '개인기업 vs 법인기업' 어느 쪽이 유리한가요. 2017.4.18.
- 조선일보. "수학 문제 풀듯..." 의사·교수 버리고 창업 나선 영재들. 2020.11.14.
- 중기이코노미. 비전 세운 기업, 매출성장·영업익 모두 높다. 2016.9.28.
- 중앙일보. 소비자를 가르치려 하지 마라. 2007.1.16.
- 중앙일보. 빠른 추격자에서 최초의 개척자로 변신해야. 2012.8.27.
- 중앙일보. 프랜차이즈는 국민경제의 축, 서민경제의 안방이다. 2012.9.12.
- 중앙일보. 기업가정신 왜 중요한가요. 2016.11.22.

- 중앙일보. 카이스트 나와 돼지고기 파는 청년 '정육각' 김재연 대표. 2017.4.9.
- 중앙일보. 10년 뒤, AI 변호사·의사 등과 경쟁하려면… 내 핵심역량은 2018.1.14.
- 중앙일보. 스타트업의 성공은 운칠기삼…실패는 성공의 어머니. 2021.9.5.
- 창업일보. 소호(soho)창업자의 성공수칙. 2014.10.17.
- 컨슈머데이터뉴스. 예측 정확도 80%, 스티브 잡스의 '소름끼치는' 통찰력. 2019.10.10.
- 코메디닷컴. 성공한 기업가들은 생각이 어떻게 다른가 2014.8.10.
- 크리스천투데이. 이스라엘 민족의 가정관. 2012.11.21.
- 톱데일리. '니치마케팅' 선택이 무조건 답은 아니다? 2021.10.1.
- 파이낸셜뉴스. 사회적 기업가 육성사업 기업 5년 생존율 52.2%. 2019.12.9.
- 한겨레. 사회적 기업, 사회적 가치를 담다. 2019.7.1.
- 한겨레. '기업가정신' 한국, OECD 37개국 중 27위…1위는? 2021.7.1.
- 한국경제. BSC창시자 캐플란 교수와의 인터뷰. 2004.11.2.
- 한국경제. 소자본 창업, 성공하려면 '9계명'을 기억하라. 2012.1.27.
- 한국경제. 창조도 배움에서 싹튼다…첫 단추는 '생각의 교감' 2015.7.31.
- 한국경제. 전성철 IGM세계경영연구원 회장 "가치관 경영 기업, 매출성장률 4배↑" 2016.3.30.
- 한국경제. 코닥·노키아의 몰락…'달콤한 관성' 깨지 못하면 파괴당한다. 2016.8.5.
- 한국경제. 정답만 찾는 '비즈니스 싱킹'…혁신하려면 '디자이너처럼 생각하라'. 2016.11.5.
- 한국경제. 고성장기업 3년새 1000개 소멸. 2016.12.24.
- 한국경제. 자동차가 마차 대신 도로를 점령한 혁신은 바로 기업가가 만들어요. 2017.1.16.
- 한국경제. 고객가치 중심으로 생각을 디자인하라. 2017.2.9.
- 한국경제. 경쟁사와 경쟁에서 이기려면? 2017.10.16.
- 한국대학신문. 디자인싱킹' 적용해 프로젝트 수업 구현… 창의력·문제해결력 키운다. 2019.3.25.
- 한국일보. 손해 봐도 신용이 자본. 2015.11.9.
- 한국일보. 경영난에 멈춰 선 '착한 신발'… 탐스 코리아, 오늘 문 닫는다. 2019.12.31.
- 헤럴드경제. 실버시대에 뜬다, 노인 전문 일자리중개사업. 2011.5.20.
- 헤럴드경제. CEO의 최고 덕목은 … 미래에 대한 통찰력. 2012.5.21.
- 헤럴드경제. 100년 자부하던 산요도 코닥도… 추락 뒤엔 '실패키워드'있었다. 2012.10.12.

- 헤럴드경제. 독거노인 유품정리 대행. 2012.11.22.
- 헤럴드경제. 이스라엘 스타트업 성공비결은? 2012.11.24.
- 헤럴드경제. 불황, 렌탈이 新강자. 2012.12.1.
- 헤럴드경제. Can do' spirit… 한국경제 신화, 그들이 그립습니다. 2013.11.29.
- 헤럴드 경제. '착한' 기업이 오래 살아남는다. 2014.1.28.
- 헤럴드경제. 면도날부터 집까지…세계는 '구독경제. 2019.12.2.
- 환경일보, '체인지 유어 초콜릿(Change Your Chocolate)' 2014.2.7.
- bizwatch. 모토로라의 몰락 원인 '자만' 2013.11.10.
- CIO Korea. IT 리더십 레슨 '실패로부터 배우는 법' 2014.1.8.

〈주간 월간지 및 연구소 등〉

- CEO REPORT. 명품의 조건과 명품기업의 경영 전략. 2003.9.26.
- CNB저널. [제 310호] CEO가 꼭 알아야 할 경영의 7가지 포인트. 2013.1.21.
- CNB저널. [제316-317호] 리더는 위기를 기회로 바꾼다. 2013.3.11.
- LG경제연구원. 장수하는 CEO가 되는 비결. 2002.11.27.
- LG경제연구원. 진짜인재의 7가지 특징. 2007.2.2.
- LG경제연구원. 명품 CEO가 갖추어야 할 8가지 조건. 2007.6.24.
- MBC이코노미. 애플 창업자 스티브 잡스 통찰력의 비밀. 2012.11.8.
- M이코노미. 예비창업자Q&A / 기업경영Q&A. 2013.12.6.
- Trend Insight. Wait a minute! "Moment족"의 Moment를 공략하라. 2014년 01호.
- 동아비즈니스리뷰 116호. 비전보다 중요한 건 '비전 공유' 2012.11.1.
- 동아비즈니스리뷰 116호. 86년 전 오늘을 내다본 유일한 박사의 CSV경영. 2012.11.22.
- 동아비즈니스리뷰 96호.CSV, 경제번영과 사회정의로 가는 길. 2012년 1월호.
- 동아비즈니스리뷰. 116호. 비전보다 중요한 건 '비전 공유' 2012.11.1.
- 동아비즈니스리뷰. 사람은 왜 돈만 생각하면 이기적이 될까? 2013.5.30.
- 동아비즈니스리뷰. 135호. 구텐베르크·포드·잡스·셰익스피어… 위대한 혁신가는 모방에서 나왔다. 2013.8.22.
- 동아비즈니스리뷰 145호. 마케터를 위한 관찰의 기준 5가지. 2014.1.23.
- 디자인하우스. 혁신을 이루고 싶은가? 사물의 의미를 뒤집어라! 2011년 1월호.

- 매경프리미언. 자수성가 억만장자들의 첫 직업은? 2019.2.14.
- 시사저널e. '창업 실패 두렵다'는 청년들 "'페일콘' 필요해요" 2018.3.19.
- 월간 마이더스. '혼족' 늘자 '일코노미'가 뜬다! 2017년 1월호.
- 월간[CEO&]. 브랜드 로고의 의미와 기능. 2014년 2호.
- 월간 신동아. '행복배달'쇼핑몰의 비밀은'와우'재포스(Zappos). 646호(2013년 7월호).
- 이코노미스트. 아이템 발굴·기획·실행 단계별 '스테이지 게이트' 체제 갖춰라. 1336호(2016.5.30.)
- 이코노미스트. 경쟁(마이클 포터)의 神'이 CSV(공유가치 창출)를 강조하는 이유. 1376호(2017.3.20.).
- 이코노미스트. 수익화 전략, 창업자 의지, 위기대응 전략 중요. 1486호(2019.6.3)
- 이코노미스트. 폐방화복으로 만든 '착한 가방' 1496호(2019.8.12)
- 이코노미스트. 월정액 내고 정기적으로 상품·서비스 이용… 내년 세계 구독 서비스 시장 630조원 전망. 1514호(2019.12.23).
- 이코노미스트. 브랜드의 시대는 끝났는가? 1552호(2020.9.21)
- 이코노믹리뷰. 조윤성. 장수기업은 실적도 좋다. 2010.1.21.
- 이코노믹리뷰. [펫코노미2021①] 또 하나의 가족, 펫금융도 뜬다. 2021.6.26.
- 이코노미조선. 권오용의 행복한 경영 이야기. 2011.2.8.
- 이코노미조선. 품질보다 브랜드가 소비자 지갑 연다. 102호(2013.4.10).
- 이코노미조선. 밀리미터까지 계산하는 로고에 담긴 비밀. 2014.3.2.
- 이코노미조선. 현재의 성공을 무너뜨려야 혁신할 수 있다. 2015.6.2.
- 이코노미조선. "100년 버틴 상점만 3000곳…부단한 기술혁신과 장인정신이 교토 장수기업의 비결" 2016.9.7.
- 이코노미조선. 2023 년 전 세계 기업 75%가 구독 서비스 제공. 324호(2019.11.18).
- 이코노미조선. 브랜드 존재의 이유, '미션' 수립이 출발점. 386호(2021.3.8).
- 이코노미조선. 100년 기업의 비결. 디지털 전환과 팬데믹에도 굳건한 해외 장수기업 한국은 200년 이상 기업 전무…기민한 대응 관건. 402호(2021.6.28).
- 이코노믹리뷰. 충만한 기업가정신이 불로(不老)기업 만든다. 2011.5.13.
- 이코노믹리뷰. 미션과 비전은 나누면 곱하기가 된다. 2011.11.15.
- 이코노믹리뷰. 'Design Thinking(디자인 씽킹)' 제대로 이해되고 있는가? 2015.4.22
- 인사관리. 서비스모델과 수익모델은 왜 분리될 수밖에 없는가? 2015.9호.

- 인사이트코리아, '통찰'하고 '융합'하고 '상상'하고 '창조'하라! 2014.8.1.
- 주간동아. 공유가치창출과 창조경제 '두 바퀴' 923호(2014.1.27).
- 주간동아. 業의 본질. 1065호(2016.11.30).
- 중앙선데이. 실패의 경제학. 348호(2013.11.10).
- 중앙선데이. 창업교육 핵심은 인문학적 상상력 키우기. 468호(2016.2.28).
- 코리아위클리-플로리다. 성공하는 창업자들의 12가지 특징. 2016.5.12.
- 포보스코리아. 글로벌 장수기업의 성공 DNA. 201910호(2019.9.23).
- 포보스코리아. '쉬코노미' 시대가 온다. 202008호(2020.7.23).
- 포보스코리아. 가족기업의 성공 방정식. 202002호(2020.1.23)
- 한경비즈니스. 장수기업 성공 DNA '책임·결속력' 200년, 300년 기업 만들자. 2009.7.15.
- 한경비즈니스. 1명의 팬이 100명의 고객보다 이득인 이유. 1172호(2018.5.16)
- 한경비즈니스. 기업을 변화시키고 싶다면 '가치관 경영'을 하라. 2016.9.6.
- 한경비즈니스. "한국, 기업가정신 쇠퇴" 56.4%...가장 필요한 덕목은 '사회적 책임' 1위. 1217호(2019.3.26).
- 한국능률협회컨설팅. 월간 혁신리더. 지속성장 위한 4대 핵심역량. 2011.10.
- 한국자원순환 사회적 협동조합. 우리사회에 사회적 경제가 필요한 이유. 2017.7.19. 장원봉.
- KBS 1TV. 스페인 몬드라곤의 기적(KBS 스페셜). 2011.3.27.
- 정책브리핑. 청년 창업에 날개를…지원 정책·제도 살펴보니. 2021.6.21.
- 삼성경제연구원. http://www.seri.org
- 현대경제연구원, http://www.hri.co.kr 창조적인 아이디어 도출을 위한 노하우
- LG경제연구원. http://www.lgeri.com
- LG경제연구원). 주간경제. 장수 CEO의 5가지 경영 성공비결. 2004.3.3.
- LG경제연구원. 'Design Thinking', 창의성을 만들어 갈 수 있을까? 2015.10.12.
- LG경제연구원. 구성원 자발성을 깨우는 리더십. 2021.10.14.
- 여미영 외1(2016). 사회적 기업의 사회적 목적과 영리적 목적의 양립 가능성에 대한 탐색적 분석. 사회과학연구. 제42권 제1호.
- 육창환(2014), 창업가의 특성요인이 창업의지에 미치는 영향-창업 멘토링의 조절효과를 중심으로, 호서대학교 박사학위 논문.

- 한세억(2017), “사회적 기업의 성공요인과 시사점 – 친환경 사회적 기업 사례분석을 중심으로”, 사회적 경제와 정책연구. 제7권 제1호.
- 한국사회적 기업진흥원, www.socialenterprise.or.kr
- 자유기업원. 위기로부터 배우는 성공의 전략. CFE Report 158호
- 한국네슬레. http://www.nestle.co.kr
- SERI포럼 펀 경영연구소. http://www.seri.org/forum/funmanager
- 창업경영신문. http://www.sbiznews.com
- 조선일보 블로그 http://blog.chosun.com
- 창조경제혁신센터 http://blog.naver.com/ccei_forever/220551072245 창업 아이디어를 얻는 법
- 머니크랙https://moneycrack.tistory.com 사업 실패의 원인 7가지. 2015.5.28.
- 미래창조과학부 미래준비위원회. 10년 후 대한민국 뉴노멀시대의 성장전략 보고서.
- 국무조정실. 전국 17개 지역 창조경제혁신센터. 2016.2.29.
- KOTRA. ‘불황을 뚫은 세계시장 대박상품’ 보고서. 2012.9.5.
- 비지니스 인사이더(Business Insider). 성공한 기업가들은 생각이 어떻게 다른가
- 플래텀. “스타트업 비즈니스모델, 핵심은 고객” 매쉬업엔젤스 이택경 대표의 조언서. 2016.3.15.
- [이종훈의 혁신이야기] 뼈 때리는 혁신전략 3가지. 파괴적 혁신, 블루오션, 그리고 틈새시장. 2018.8.31.
- https://acquiredentrepreneur.tistory.com/39 [린스프린트 블로그 (Insights for Startups)]
- https://better-together.tistory.com/238 변계사 Sam의 테크 스타트업!
- http://blog.naver.com/jaeilseo/150000106873
- http://img.shinhan.com>cib>data>FSB_0707_12 [신한 FSB 리뷰(2008.4.1). 이달의 책] 디자인에 집중하라

찾아보기

ㄴ

ㄷ

ㄹ

ㅁ

ㅂ

ㅅ

ㅇ

ㅈ

기타

【저자소개】

수공(修空) 유성은(庾聖銀)

〈경 력〉

- 수공(修空) 유성은(庾聖銀) 충청북도 옥천 출생
- 한남대학교 경영학과 학부 · 석사 · 박사 졸업(경영학 박사)
- 중등학교 정교사, 효지도사, 칭찬지도사, 인성교육지도사
- 우송대학교 관광호텔외식경영학부 초빙교수
- 우송대학교 경영대학원(외식 CEO과정) 지도교수
- 대덕 대학교, 한남대학교, 충남대학교, 거제대학교 등 출강
- 한남대학교 경영연구소 전임연구원
- 건양대학교 외래교수 및 창업 심사위원 / 군사과학연구소 연구원
- 성산효대학원대학교. 대전 효지도사 교육원 교수
- 한국직업능력개발원. 직업능력 개발 훈련 교육기관 평가팀장
- 대전광역시 서구 민선 6기 공약이행 평가위원
- 대한민국 병역명문가 선정 - 「유성은가문」 병무청(2015 - 360)
- 「경영 및 인성함양 교실」 동행 정수(正修)학당 학장
- 다음카페 〈정수학당(http://cafe.daum.net/js-sch00l)〉 카페지기

〈연구논문〉

- 자전거 이용 증대를 위한 마케팅 전략 - 석사학위 논문
- 중소 제조 기업의 환경경영 관행(EMS) 애로점에 관한 연구 - 한국중소기업 학회
- e-biz기업 경영자들의 윤리 경영에 관한 연구 - 한남대 경영연구소
- 기업 윤리수준 결정 요인에 관한 연구 - 한국외식산업학회
- 기업 윤리수준이 경영성과에 미치는 영향 - 박사학위 논문

〈저 서〉

- 기업윤리와 경영성과 - 한국 학술정보. 2007
- 지성인(知性人)들의 세상보기 - 비즈프레스(Bizpress). 2010
- 효행(孝行)은 행복의 마중물 - 비즈프레스(Bizpress). 2011
- 만리향(萬里香)의 인품과 동행 - 비즈프레스(Bizpress). 2012
- 스토리 창업경영 - 피앤씨미디어(P&C Media). 2013. / 〈2판: 2014〉
  (2013 문화체육관광부 우수도서 선정)
- 우리 삶의 고귀한 알맹이 - 마인드탭(MIND TAP). 2015
- 스토리 기업가정신 - 피앤씨미디어(P&C Media). 2015. / 〈2판: 2016〉
- 스토리 창업과 경영 사례 - 피앤씨미디어. 2015. / 〈2판: 2017〉
- 스토리 창업경영 3판 - 피앤씨미디어(P&C Media). 2017
- 스토리 창업과 창업가정신 - 피앤씨미디어(P&C Media). 2018
  교육부 & 한국연구재단 연구 지원
- 스토리 창업과 경영 사례 3판 - 피앤씨미디어(P&C Media). 2019
- 스토리 기업가정신 3판 - 피앤씨미디어(P&C Media). 2021.

제4판
스토리 창업경영

초판 발행 2013년 7월 10일
제2판 발행 2014년 6월 20일
제3판 발행 2017년 6월 30일
제4판 발행 2022년 2월 1일

지은이 유성은
펴낸이 박노일

총괄기획 김중용 · 최준규
편 집 심성보

펴낸곳 pnc publishing and culture 피앤씨미디어
경기도 고양시 일산동구 강송로 153 310-1501
등록 제396-2012-000203호
전 화 070)7550-3758 팩 스 02)718-8554
홈페이지 www.pncmedia.co.kr 이메일 pnc@pncmedia.co.kr
ISBN 979-11-5730-809-5 93320

정 가 28,000원